Zuckmayer-Jahrbuch

Zuckmayer-Jahrbuch
Band 7 · 2004

Im Auftrag der Carl-Zuckmayer-Gesellschaft
herausgegeben von
Gunther Nickel, Erwin Rotermund
und Hans Wagener

Redaktion: Ulrike Weiß

Literarische und politische Deutschlandkonzepte 1938-1949

Beiträge zu einer Tagung des Deutschen Literaturarchivs Marbach und der Evangelischen Akademie Tutzing in Verbindung mit der Arno-Schmidt-Stiftung und der Carl-Zuckmayer-Gesellschaft

Herausgegeben
von
Gunther Nickel

Wallstein Verlag

Die Durchführung der Tagung wurde durch die Fritz-Thyssen-Stiftung gefördert. Die Drucklegung der Beiträge erfolgt mit Unterstützung der Arbeitsgemeinschaft Literarische Gesellschaften, des Kulturdezernats der Stadt Mainz und des Ministeriums für Wissenschaft, Weiterbildung, Forschung und Kultur Rheinland-Pfalz.

Die Carl-Zuckmayer-Gesellschaft verfolgt ausschließlich und unmittelbar kulturelle und wissenschaftliche Zwecke im Sinne der steuerrechtlichen Bestimmungen über Gemeinnützigkeit. Beiträge und Spenden sind laut Verfügung des Finanzamtes in Mainz steuerlich abzugsfähig.

Die Mitgliedschaft wird erworben durch Anmeldung beim Vorstand, Zahlung des ersten Jahresbeitrags und Bestätigung des Beitritts durch den Präsidenten. Beitrittserklärungen sind zu richten an die Carl-Zuckmayer-Gesellschaft, Postfach 33, D-55297 Nackenheim. Der Jahresbeitrag beträgt € 35,– für persönliche Mitglieder; Ehegatten vollzahlender Mitglieder, Studenten, Schüler und Auszubildende erhalten Ermäßigung. Korporative Mitglieder zahlen mindestens € 55,–. Öffentliche Bibliotheken, Schulen und Hochschulen zahlen den Satz für persönliche Mitglieder.
Die Mitglieder erhalten das *Zuckmayer-Jahrbuch* kostenlos.
Bankkonten: Sparkasse Mainz (BLZ 550 501 20) Nr. 150 000 651 und Volksbank Rhein-Selz e.G. (BLZ 550 619 07) Nr. 1 807 250.

Bibliographische Information Der Deutschen Bibliothek
Die Deutsche Bibliothek verzeichnet diese Publikation in der Deutschen Nationalbibliografie; detaillierte bibliografische Daten sind im Internet über http://dnb.ddb.de abrufbar.

© Wallstein Verlag, Göttingen 2004
www.wallstein-verlag.de
Vom Verlag gesetzt aus der Sabon
Umschlaggestaltung: Steffi Riemann
Druck: Hubert & Co, Göttingen
ISSN 1434-7865
ISBN 3-89244-721-7

Inhalt

Inhalt

Editorial

> *Grammatici certant et adhuc sub iudice lis est.*
> *Darüber streiten die Gelehrten, und noch*
> *ist der Streit nicht entschieden.*
> Horaz

Vom 31. Oktober bis 2. November 2003 fand im Deutschen Literaturarchiv Marbach ein internationales Symposion statt, dessen Thema diesem Buch seinen Titel gab: »Literarische und politische Deutschlandkonzepte 1938 bis 1949«. Anlaß für diese Tagung war der Plan zur Übersetzung und Publikation eines Deutschlandberichts, den Carl Zuckmayer 1947 für das Kriegsministerium der Vereinigten Staaten von Amerika geschrieben hat. Zusammen mit weiteren thematisch einschlägigen Texten aus Zuckmayers Nachlaß wird er nun – zeitgleich mit diesem Jahrbuch – erstmals veröffentlicht.[1]

Zuckmayers Aufzeichnungen verdienen deshalb besondere Beachtung, weil sie von einem Emigranten mit einem bemerkenswert vorurteilsfreien Blick auf die Verhältnisse in seiner ehemaligen Heimat geschrieben wurden und zugleich einen wichtigen Beitrag für eine Archäologie der Bewußtseins- und Mentalitätsgeschichte in der frühen Nachkriegszeit darstellen. Diese Zeit, besonders die damalige Haltung von Schriftstellern, die nicht zur Gruppe 47 gehörten oder sich in ihrem Umfeld bewegten, ist noch immer wenig erforscht. Neben den Darstellungen von Historikern[2] ermöglichen jedoch der von Thomas Koebner,

---

1 Carl Zuckmayer, *Deutschlandbericht für das Kriegsministerium der Vereinigten Staaten von Amerika*, hrsg. von Gunther Nickel, Johanna Schrön und Hans Wagener, Göttingen 2004.

2 Von den neueren Veröffentlichungen seien hervorgehoben: Klaus-Dietmar Henke, *Die amerikanische Besetzung Deutschlands*, 2. Aufl., München 1996; Anselm Doering-Manteuffel, *Wie westlich sind die Deutschen? Amerikanisierung und Westernisierung im 20. Jahrhundert*, Göttingen 1999; Axel Schildt, *Ankunft im Westen. Ein Essay zur Erfolgsgeschichte der Bundesrepublik*, Frankfurt am Main 1999; Wilfried Loth, *Die Teilung der Welt. Geschichte des Kalten Krieges 1941-1955*, München 2000; Norbert Frei / Sybille Steinbacher, *Beschweigen und Bekennen*, Göttingen 2001; Heinrich August Winkler, *Der lange Weg nach Westen*, 2 Bde., München 2002; Ulrich Herbert (Hrsg.), *Wandlungsprozesse in Westdeutschland. Belastung, Integration, Liberalisierung 1945-1980*, Göttingen 2002; Jörg Echternkamp, *Nach dem Krieg. Alltagsnot, Neuorientierung und die Last der Vergangenheit 1945-1949*, Zürich 2003.

Gert Sautermeister und Sigrid Schneider herausgegebene Sammelband
Deutschland nach Hitler,[3] Pionierstudien wie die Dirk van Laaks über
Carl Schmitts »Gespräche in der Sicherheit des Schweigens« und Wolfgang M. Schwiedrziks Portrait der »Gesellschaft Imshausen«,[4] Dagmar
Barnouws Monographie *Ansichten von Deutschland 1945*,[5] die Untersuchungen zur Arbeit von Mitgliedern der ›Frankfurter Schule‹ für die
amerikanische Regierung[6] sowie jüngst die ausführlich und material-
reich kommentierte Edition des Briefwechsels zwischen Ernst Jünger
und Gerhard Nebel[7] bereits eine gute Orientierung.

Die Tagung, deren Beiträge im vorliegenden siebten Band des *Zuck-
mayer-Jahrbuchs* veröffentlicht werden, sollte neue Fallstudien zum
Spektrum von Meinungen, Urteilen, Wünschen und Hoffnungen zur
Zukunft Deutschlands nach dem Zweiten Weltkrieg bündeln und diese
Übergangszeit jenseits der tradierten, nicht selten in manichäische Ge-
genübersetzungen verfallenden Dichotomie von ›Exil‹ und ›Innerer
Emigration‹ schärfer in den Blick nehmen. Der zeitliche Rahmen – vom
Jahr in dem Österreich »angeschlossen« wurde, die Münchner Konferenz stattfand und die Wehrmacht in die Tschechoslowakei einmar-
schierte einerseits bis zum Jahr der Gründung zweier deutscher Staaten
andererseits – markiert entscheidende historische Zäsuren, die sich
auch in den Erscheinungsdaten der ersten und der letzten Veröffentlichung Zuckmayers zu deutschlandpolitischen Fragen spiegeln: seinem Essay *Pro domo* aus dem Jahr 1938[8] und seinem Aufsatz *Jugend*

---

3 Opladen 1987.
4 Dirk van Laak, *Gespräche in der Sicherheit des Schweigens. Carl Schmitt
   in der politischen Geistesgeschichte der frühen Bundesrepublik*, Berlin
   1993; Wolfgang M. Schwiedrzik, *Träume der ersten Stunde. Die Gesellschaft Imshausen*, Berlin 1991.
5 Dagmar Barnouw, *Ansichten von Deutschland (1945). Krieg und Gewalt
   in der zeitgenössischen Photographie*, Frankfurt am Main, Basel 1997; vgl.
   auch Cornelia Brink, *Ikonen der Vernichtung. Öffentlicher Gebrauch von
   Fotografien aus nationalsozialistischen Konzentrationslagern 1945*, Berlin
   1998.
6 Alfons Söllner (Hrsg.), *Zur Archäologie der Demokratie in Deutschland,
   Band 2: Analysen von politischen Emigranten im amerikanischen Außen-
   ministerium 1946-1949*, Frankfurt am Main 1986; Herbert Marcuse,
   Feindanalysen. Über die Deutschen, hrsg. von Peter-Erwin Jansen, Lüneburg 1998; Peter-Erwin Jansen, *Deutsche Emigranten in amerikanischen
   Regierungsinstitutionen. Herbert Marcuse, Franz Neumann, Leo Löwenthal u.a.*, in: Peter-Erwin Jansen / Redaktion Perspektiven (Hrsg.), *Zwischen Hoffnung und Notwendigkeit. Texte zu Herbert Marcuse*, Frankfurt

im Niemandsland, den die *Deutsche Zeitung* am 31. Dezember 1949 veröffentlicht hat.[9] Die Entwicklung der Deutschlandbilder im ›Kalten Krieg‹ wurde auf der Tagung ausgespart. Die den vorliegenden Band beschließende Studie über Arno Schmidt gibt aber immerhin einen Ausblick auch auf dieses Kapitel der Nachkriegsgeschichte.

Bei der Auswahl der Referenten spielte nicht nur der Wunsch nach einem fächerübergreifenden Austausch eine wichtige Rolle. Es wurde auch bewußt ein relativ großes Spektrum der Standpunkte angestrebt, um nicht nur ein geregeltes Nacheinander von Beiträgen, sondern auch eine produktive Debatte sicherzustellen.[10] Differenzen zeigten sich vor allem an den diametral entgegengesetzten Urteilen über Thomas Manns Haltung nach dem Zweiten Weltkrieg. Einige Besucher des Marbacher Symposions überraschte die Vehemenz, mit der die ›Große Kontroverse‹ der Jahre 1945 bis 1947 gleichsam noch einmal ausgetragen wurde. Rolf Spinnler interpretierte diese Auseinandersetzung in seinem Tagungsbericht für die *Stuttgarter Zeitung* wohl zu Recht als symptomatisch für die gegenwärtige Situation, in der Deutschland nach dem Ende des Ost-West-Konflikts eine außenpolitische Neuausrichtung vornimmt.[11] In der kulturwissenschaftlichen Diskussion zeichnet sich allerdings nicht ab, daß die Bedeutung, die das Exil für die

am Main 1999, S. 39-58; Herbert Marcuse, *Das Schicksal der bürgerlichen Demokratie. Nachgelassene Schriften*, Bd. 1, hrsg. von Peter-Erwin Jansen, Lüneburg 1999; Peter-Erwin Jansen, *Leo Löwenthal – ein optimistischer Pessimist*, in: *Zeitschrift für Kritische Theorie*, Jg. 8, 2002, H. 15, S. 7-41.

7 Ernst Jünger / Gerhard Nebel, *Briefe 1938-1974*, hrsg. von Ulrich Fröschle und Michael Neumann, Stuttgart 2003. Vgl. auch Daniel Morat, *Techniken der Verschwiegenheit. Esoterische Gesprächskommunikation nach 1945 bei Ernst und Friedrich Georg Jünger, Carl Schmitt und Martin Heidegger*, in: Moritz Föllmer (Hrsg.), *Sehnsucht nach Nähe. Interpersonale Kommunikation in Deutschland seit dem 19. Jahrhundert*, Stuttgart 2003, S. 157-174.

8 Jetzt in: Carl Zuckmayer, *Die langen Wege. Betrachtungen*, Frankfurt am Main 1996, S. 69-132.

9 Wiederabgedruckt in: Zuckmayer, *Deutschlandbericht für das Kriegsministerium der Vereinigten Staaten von Amerika*, a.a.O. (Anm. 1), S. 228-238.

10 Vgl. Ernst Jünger, *Die Hütte im Weinberg*, in: Ernst Jünger, *Sämtliche Werke*, Bd. 3, Stuttgart 1979, S. 430.

11 Rolf Spinnler, *Als Ernst Jünger sich weigerte, einen Fragebogen auszufüllen. Intellektuelle und ihre Vorstellungen vom Nachkriegsdeutschland – ein Symposion im Marbacher Literaturarchiv*, in: *Stuttgarter Zeitung* vom 5. November 2003.

Legitimationsdiskurse der Bundesrepublik und der DDR hatte, inzwischen im Schwinden begriffen sei.

Eine Reihe der während des Marbacher Symposions geführten Kontroversen über die deutsche Mentalität der 1940er Jahre haben geschichtspolitische Bedeutung und sind daher unvermindert aktuell: Welches Maß an Zustimmung besaß die Politik Hitlers während der NS-Zeit tatsächlich, und welche kollektive Verantwortlichkeit ergibt sich daraus? Läßt sich in einem Land ein politischer Neuanfang initiieren, wenn man seiner Bevölkerung eine ausschließlich negative Identität zumutet? Kann mit Hilfe einer Besatzungsarmee eine politische »Reorientierung« bewirkt werden oder ist sie nicht ein – zumal von außen – kaum steuerbarer Prozeß, der mindestens einen Generationswechsel erfordert?

Es ist nicht abzusehen, daß sich – trotz der inzwischen begonnenen Historisierung der Nachkriegszeit – an der Gegenwärtigkeit und damit auch an der Strittigkeit solcher Fragen in absehbarer Zeit etwas ändern wird. Aber das ist, wie schon Horaz wußte, in der Wissenschaft ja nichts Ungewöhnliches.

Die Durchführung des Symposions wurde durch die Fritz Thyssen Stiftung für Wissenschaftsförderung ermöglicht, der für ihr finanzielles Engagement ebenso herzlich gedankt sei wie dem Deutschen Literaturarchiv Marbach sowie der Evangelischen Akademie in Tutzing, hier vor allem Dr. Roswitha Terlinden.

G.N.

Günter Scholdt

Was soll nur aus diesem Deutschland werden?

Stellungnahmen deutschsprachiger Schriftsteller
zwischen 1938 und 1949

Was soll nur aus diesem Deutschland werden? Solcherart sorgenvolle Fragen bestimmten in den Jahren zwischen 1938 und 1949 gewiß den Alltag ganzer Hundertschaften deutschsprachiger Schriftsteller. Sie mündeten in utopische, resignative oder pragmatische Antworten, in Programme oder Propaganda, in Medienkommentare und -appelle oder Ratschläge an Regierungsstellen und Militärbefehlshaber. Ausformulierte Politkonzeptionen finden sich darunter ebenso wie Vorläufiges oder bloß private, kryptopolitische Äußerungen, die gleichwohl das Meinungsbild vervollständigen. Neben politischen Aufsätzen, Aufrufen oder Programmen kommen also noch andere Quellen ins Spiel, z.B. Briefe, Tagebücher, Belletristik. Sie auszuschließen, erschwerte die Erklärung, warum in diesem Zusammenhang ausgerechnet Schriftsteller untersucht werden sollen und nicht vornehmlich andere Berufsgruppen der öffentlichen Sphäre. Ein solches Forschungsterrain aus Tausenden von Texten ist kaum überschaubar und zudem bislang wenig bearbeitet. Auch die folgende Überblicksskizze beschränkt sich schon aus Raumgründen auf eine knappe Auswahl repräsentativer Ideen.

Zunächst zu den NS-Schriftstellern: Mit dem Österreich- und Sudetenanschluß artikulieren nicht wenige von ihnen, die ursprünglich lediglich die Revision von Versailles gefordert hatten, ein expansives Großdeutschlandprojekt, das 1940 durch den Sieg über Frankreich und 1941 durch den Einmarsch in die Sowjetunion eine erneute Zuspitzung erfuhr. Hans Baumanns im Übermut sogar noch imperialistisch modifizierter Refrain »Und heute gehört uns Deutschland, und morgen die ganze Welt« drückt die Grundstimmung aus. Wenn jetzt von Anacker, Schumann, Menzel oder anderen Raumordnungsideen im Osten oder nationalsozialistische Europaideen propagiert wurden, ging es stets um deutsche Hegemonie innerhalb eines Staatensystems von mehr oder weniger Abhängigen. Im übrigen waren die jeweiligen Staatsvorstellungen antidemokratisch, völkisch-rassistisch sowie diktatorisch ausgerichtet. Auf diese wenigen Worte beschränke ich meine Ausführungen über NS-Autoren, nicht weil der Untersuchungsgegenstand per se unergiebig wäre. Aber selbst wo sich im Einzelfall bemerkenswerte Abweichungen vom vorgegebenen Politkurs finden,[1] bleibt das Faktum eines weitgehenden ideologischen Konformitätszwangs, vor allem aber der Umstand, daß diese Deutschland-Konzeptionen mit der Kapitulation schlechterdings obsolet und resonanzlos geworden sind.

Zuvor hatten sie allerdings ihre Wirksamkeit entfaltet, nicht zuletzt als Folie eines meist von Sicherheitsüberlegungen dominierten Kontrastprogramms der Regimegegner. Es überrascht daher wenig, daß diese als Reaktion ein ganz anderes Bild vom künftigen Deutschland entwarfen, das unverkennbar besiegt, in seiner Machtausübung ein für allemal beschränkt, bis zur Kriegsuntauglichkeit entwaffnet, darüber hinaus territorial verkleinert oder unter Kuratel gestellt werden sollte. Solche Vorstellungen wurden spätestens seit 1938 in Exilkreisen lebhaft diskutiert, z.B. im *Neuen Tage-Buch*, *Aufbau* oder *Freien Deutschland*. Im Vorgriff auf die (späteren) Beschlüsse der Potsdamer Konferenz und deren Grundsätze der Entmilitarisierung, Entnazifizierung, Demokratisierung und Entschädigung betroffener Länder, befürwortete man vielfach strenge Zwangsmaßnahmen, um den potentiellen Störenfried Deutschland ein für allemal auszuschalten.

Nicht selten geschah dies auf der Basis einer germanophoben Sozialanthropologie. Zu den prominentesten Verkündern eines solchen Negativmythos alles Deutschen zählt der in die USA emigrierte jüdische[2] Erfolgsautor Emil Ludwig. Er wie zahlreiche Geistesverwandte Vansittards, von Alfred Kerr über Friedrich Wilhelm Foerster bis Joseph

---

1   Ich nenne stellvertretend nur Hans Grimm, Edwin Erich Dwinger, Hans Bertram, Arnolt Bronnen, die kurzfristig affizierten Gottfried Benn und Friedrich Sieburg oder Jakob Schaffner.

2   Die Abstammung dürfte nicht ohne Einfluß auf die Radikalität seiner Auffassungen gewesen sein. Denn die Schockerfahrung der Verfolgung macht entsprechende Reaktionen leicht nachvollziehbar, ungeachtet des Umstands, daß sich unter jüdischen Schriftstellern stets auch bedeutende Vertreter einer gegensätzlichen Denkart finden (exemplarisch: Hermann Broch). Ein spezifisches Milieu kam hinzu, besonders unter amerikanischen Juden, das (z.T. bis heute) deutschlandskeptische Anpassungszwänge ausübte. Abstoßungskräfte wie extremes Unsicherheitsgefühl in bezug auf die ehemalige Heimat lassen sich unschwer statistisch belegen. Schließlich kehrten von den 278.500 jüdischen Flüchtlingen höchstens 4 % nach Westdeutschland zurück (Werner Röder / Herbert A. Strauss [Hrsg.], *Biographisches Handbuch der deutschsprachigen Emigration nach 1933*, Bd. II/1, München 1983, S. XV, XXXIX).

Roth,[3] statuierten mit weitgehend ähnlichen Klischees einen vermeintlich seit Tacitus wirksamen autoritären und aggressiven Nationalcharakter, vor dem sich andere Staaten vorsehen müßten. Ihm gegenüber bliebe nur die harte Hand, lange Besatzung, rigide Umerziehung und Kontrollen, territoriale Verkleinerung, Teilung und z.B. die Internationalisierung des Saar- und Ruhrgebiets, vor allem aber die Trennung Preußens vom übrigen Deutschland. Denn das – wie es hieß – seit Generationen völlig kulturlose und unschöpferische Preußen »ist eine Krankheit, die man in Quarantäne versetzen kann«.[4] Es gab zwar auch Anhänger eines preußischen Ethos wie Jochen Klepper oder Reinhold Schneider, doch der antiborussische Affekt war stärker, von Fritz von Unruh und Karl Otten über Elisabeth Langgässer und Theodor Haecker bis Alfred Döblin oder Alexander Abusch, und der Auflösung des Landes durch die Alliierten galten wenig Tränen. Der Morgenthau-Plan, mit dem z.B. Thomas Mann zeitweilig sympathisierte,[5] ergänzte die Containment-Optionen noch durch geplante Deindustrialisierung und Pastoralisierung.

Besondere Militanz zeigten Österreicher, die nun KuK-Rivalitäten reaktivierten, Friedrich Torberg z.B., der Preußentum schlankweg mit Sklaverei gleichsetzte, Joseph Roth, Lernet-Holenia und nicht zuletzt Werfel.[6] Bereits 1939 empfahl er zur Rettung vor der vermeintlichen historischen Mißgeburt Preußen-Deutschlands und seiner »Kasernenhofmenschen« eine »Ost-Union« um das ehemalige Österreich, dem seit zwei Jahrhunderten »einzig wirkliche[n] und produktive[n] Gegensatz zu Preussen«. Erst dieser 100-Millionen-Einwohner-Staat mit großer nicht-deutscher Mehrheit garantiere künftig den Weltfrieden. Was aber »von deutschen Stämmen zu diesem Bunde tritt«, werde sich »schon aus Ekel über die schmachvolle Vergangenheit leidenschaftlich selbst entpreussen und austrisieren«.[7]

3 Vgl. Günter Scholdt, *Autoren über Hitler. Deutschsprachige Schriftsteller 1919-1945 und ihr Bild vom »Führer«*, Bonn 1993, S. 598-601, 618.

4 Emil Ludwig, *Krieg gegen Preussen*, in: *Das Neue Tage-Buch*, Jg. 8, 1940, S. 134, vgl. S. 168.

5 Vgl. z.B. Thomas Mann, *Tagebücher 1944 – 1.4.1946*, Frankfurt am Main 1986, 2. Februar 1945, S. 145; 24. Juni 1945, S. 218.

6 Vgl. zum Nationalitätenstreit: Scholdt, *Autoren über Hitler*, a.a.O. (Anm. 3), S. 535-538, 626 f.

7 Franz Werfel, *Les deux Allemagnes*, in: *Das Neue Tage-Buch*, Jg. 7, 1939, S. 882, 884.

Aus solchen Wunschträumen erwuchs lediglich ein wieder selbständiges Österreich, was nach 1945 niemand mehr in Frage stellte. Umstrittener blieben französische Begehrlichkeiten, z.B. an der Saar, obwohl die Zonenverwaltung nicht zuletzt über kulturpolitische Aktivitäten manches versuchte. Frankophile Journalisten und Literaten wie der Remigrant Hans Bernhard Schiff oder Heinz Dieckmann erhielten Einflußfunktionen bei Radio Saarbrücken wie Alfred Döblin in Baden-Baden, und Johannes Kirschweng als populärster saarländischer Schriftsteller erklärte 1946: »jeder Mensch habe zwei Vaterländer: das eigene und dann Frankreich«.[8] Doch die Mehrheit von Autoren wie Bevölkerung dachte anders – wie sich spätestens 1955 bei der Abstimmung zeigen sollte.

Das galt zunächst auch für die Amputation der Ostgebiete, vor allem aber die Teilung Restdeutschlands. Hier hielten deutsche Schriftsteller mit ihrem Widerspruch nicht hinterm Berge: Alfred Kantorowicz etwa, dessen Zeitschrift *Ost und West* programmgemäß alles versuchte, um die deutschlandpolitischen Folgen des begonnenen Kalten Kriegs zu mildern.[9] Er wie Johannes R. Becher mühten sich rastlos auf dem ersten Gesamtdeutschen Schriftstellerkongreß in Berlin im Oktober 1947, die ideologischen Differenzen in Schranken zu halten. Ricarda Huch betonte damals als konsensfähiges Fazit die besondere Beziehung deutscher Dichter zur Einheit: »Die Sprache scheidet ein Volk von anderen Völkern, aber sie hält auch ein Volk zusammen.«[10] Optimisten wie Hans Werner Richter billigten Deutschland sogar eine weltpolitische Brückenfunktion zu:

Wir liegen zwischen Ost und West und so wie die Wellen einer sozialistischen russischen Kultur, Zivilisation und Politik vom Osten auf uns eindringt, so werden vom Westen die Wellen einer demokrati-

8 Johannes Kirschweng, *Bewahrtes und Verheißendes*, in: Johannes Kirschweng, *Gesammelte Werke*, Bd. 9, Saarbrücken 1983, S. 280.
9 Immer wieder beschwor er die Einheit eines künftig souveränen Deutschlands, kritisch gegenüber der Westadministration, verständnisvoll in bezug auf die Sowjetverwaltung, die schließlich seine Zeitschrift subventionierte. Selbst Stalins Autorität mußte dafür herhalten: Alfred Kantorowicz, *Stalin als Lehrmeister der nationalen Selbstbestimmung*, in: *Ost und West*, Jg. 3, 1949, H. 12, S. 3-7.
10 Ricarda Huch, *Begrüßung*, in: *Ost und West*, Jg. 1, 1947, H. 4, S. 25.

schen angelsächsischen Kultur und Lebenswelt an uns herangetra-
gen. So sind wir plötzlich zum Mittler [...] geworden.[11]

Für Alfred Andersch und andere war die Wahrung der deutschen Einheit geradezu identisch »mit der Erhaltung des Weltfriedens«.[12] Erich
Kästner nannte die sich anbahnende innerdeutsche Entfremdung phi-
liströses »Zonendeutschtum« und »moderne Krähwinkelei«, die »die
internationalen Spannungen auf deutschem Boden erhöht, statt reduziert«.[13] Und Joseph Drexel, der bereits im ›Dritten Reich‹ einschlägige
Widerstandsmeriten erworben hatte, ritt zornige Attacken auf die
Ministerpräsidenten, die eine Weststaatlösung akzeptierten. Er und
Richter, später auch zahlreiche Autoren der »Gruppe 47« favorisierten
in den weltanschaulichen Kämpfen der Großmächte strikte Neutralität
und eine Aufhebung der Teilung. Jede Parteinahme führe in ideologische Festlegungen, die künftig in letzter Konsequenz wiederum
»Vormarsch bis Stalingrad« oder »Dünkirchen« bedeute, diesmal als
Legionäre einer fremden Macht und im Bruderkrieg.[14] Der Ost-West-
Konsens in dieser Frage galt allerdings nur auf Zeit, wie sich exemplarisch an Erik Regers Entwicklung belegen läßt. Seine Berliner Erfahrungen mit der Sowjetpraxis, besonders die Zwangsvereinigung zur
SED, wandelten ihn, der ursprünglich ausgleichen wollte, zum ent-
schiedenen Vertreter eines US-Engagements.[15] Bereits 1947 setzte er
sich daher energisch für einen »Kernstaat West« ein.[16] Andere folgten
Schritt um Schritt.

11 Das Zitat stammt bereits aus seiner Kriegsgefangenenzeit (*Der Ruf* vom
   1. September 1945, zit. nach Uwe Puschner, *Der Ruf,* in: Michel Grunewald in Zusammenarbeit mit Hans Manfred Bock, *Le discours européen
   dans les revues allemandes [1945-1955],* Bern u.a. 2001, S. 115). Vgl.
   Hans Werner Richter, *Deutschland – Brücke zwischen Ost und West,* in:
   Der Ruf. Unabhängige Blätter der jungen Generation, hrsg. von Hans
   Schwab-Felisch, München 1962 (DTV-Dokumente), S. 46-49.
12 Alfred Andersch, *Deutsche Kommentare: Jahrhundert der Furcht?,* in: *Der
   Ruf,* 1. April 1947, zit. nach *Der Ruf,* a.a.O. (Anm. 11), S. 182.
13 Erich Kästner, *Reisender aus Deutschland,* in: Erich Kästner, *Werke,* Bd. 6,
   München, Wien 1998, S. 581.
14 Harold Hurwitz, *Die Stunde Null in der deutschen Presse,* Köln 1972,
   S. 386-388.
15 Vgl. ebd., S. 312, 343 (20. Februar 1946): »Mit Tarnung muß es nun zu
   Ende sein, gleich wie es mit jeder Tyrannei und allem, was auch nur entfernt nach totalitärem Staat aussieht, zu Ende sein muß.«
16 Ebd., S. 371.

Daß das künftige Deutschland ein friedliches sein müsse, war unumstritten. Entsprechende Forderungen erreichten die Öffentlichkeit vom Ausland her als Vorschläge zur gewaltsamen Demilitarisierung, die in Potsdam ja festgeschrieben wurde. Aber es hätte 1945 wohl keines Zwangs mehr bedurft angesichts einer Bevölkerung, die vom Krieg und Soldatsein schlicht genug hatte. Manche Minute des Kriegsgrauens sei »für ewig« in sein Bewußtsein »eingebrannt«, »und niemals werde ich vergessen, sie als Maßstab« künftigen Handelns zu bewahren, schrieb Böll 1943, und ein Jahr später: »für immer bin ich absoluter Anti-Militarist geworden.«[17] Vergleichbares findet sich hundertfach, von Erich Kästner über Arno Schmidt bis Erik Reger.[18] Ich nenne stellvertretend nur noch Wolfgang Borcherts pazifistisches Manifest mit der refrainartigen Verweigerungsformel »Sag NEIN!« zu allem, was je wieder Krieg fördert oder ermöglicht,[19] oder Ernst Jüngers 1941 begonnene Friedensschrift, die 1944 in Widerstandskreisen zirkulierte und zuletzt auch Rommel vorlag. Ihre Kernforderung lautet, daß die zahlreichen Opfer und Leiden des Weltkriegs für die ganze Menschheit »Frucht«, d.h. dauerhaften Frieden bringen müßten, nicht gewaltsam gesetzt und wiederum Anlaß für künftige Konflikte, sondern von allen akzeptiert, im Rahmen einer zu schaffenden Staatengemeinschaft.

Internationalität stand auch anderweitig hoch im Kurs. Denn nicht wenige Autoren optierten für ein kommunistisches Deutschland. Das gilt in erster Linie natürlich für SBZ-Remigranten wie Becher, Bredel, Brecht, Anna Seghers oder Arnold Zweig. Aber auch in den Westzonen fanden sich vielfach Anhänger eines Systemwechsels, wie etwa Stefan Heym, Stephan Hermlin oder Eduard Claudius, die bis zum Ausbruch des Kalten Kriegs ungestört im antifaschistischen Bündnis zur Geltung kamen. Ohnehin hatten die NS-Jahre auch außerhalb der KP die Akzeptanz kommunistischer Ideen zunächst gefördert, sei es durch verschiedene Volksfront-Aktivitäten,[20] sei es durch frontsozialistische

---

17 Heinrich Böll, *Briefe aus dem Krieg 1939-1945*, Bd. 2, Köln 2001, S. 950 (19. Februar 1943); S. 1035 (11. Mai 1944).

18 Eine sarkastische Variante findet sich in Gerhard Nebels Brief vom 6. Dezember 1949, in: Ernst Jünger / Gerhard Nebel, *Briefe 1938-1974*, Stuttgart 2003, S. 347.

19 Wolfgang Borchert, *Dann gibt es nur eins!*, in: Wolfgang Borchert, *Das Gesamtwerk*, Hamburg 1949, S. 318-321.

20 Exemplarisch für das Weiterleben solcher Überlegungen der Kongreß in Montevideo: Patrik von zur Mühlen, *Programme für ein Nachkriegsdeutschland im lateinamerikanischen Exil*, in: Thomas Koebner / Gert

Neigungen der Soldatengeneration, wie sie z.B. im *Ruf* zum Ausdruck kamen. »Der Menschengeist«, schrieb etwa Andersch 1946, »hat eine Stufe erreicht, in der ihm der private Besitz von Produktionsmitteln ebenso absurd erscheint wie vor 2000 Jahren die Sklaverei«.[21]

Von bürgerlicher Seite wurde dabei häufig eine wie immer zu realisierende Synthese angestrebt, ein dritter Weg zwischen pluralistischer Demokratie und sozialistischer Ökonomie. Klaus Mann etwa konzipierte 1939 sein Deutschland nach Hitler als selbstverständlichen Zusammenschluß aller oppositionellen Kräfte. »Ein erheblicher Anteil von Staatskapitalismus« sei ebenso wünschenswert wie die Beibehaltung »ökonomischer Privat-Initiative«.[22] Ähnliche Vorstellungen blieben selbst für KP-Renegaten wie Arthur Koestler oder Gustav Regler noch lange attraktiv. Sie hatten zwar, abgestoßen von deren skrupelloser Machtpolitik, mit ihrer Partei gebrochen, nicht aber mit dem utopischen Kern sozialistischer Visionen.

Es gab aber auch starke Gegentendenzen zu einer kollektiv orientierten Staatsidee. Man hatte genug von Gleichschritt, Gleichschaltung jeder politischen Ausrichtung und einer Epochentendenz zur vornehmlich statistischen Wahrnehmung der Gesellschaft.[23] Ortega y Gassets damals weit rezipierte Programmschrift *Aufstand der Massen* setzte den Kontrapunkt. Ernst Jüngers durch die neueren Geschehnisse erhärtete Überzeugung, man könne sich um Deutschland nicht mehr in Gemeinschaft bemühen, schuf immer neue individuelle Denkfiguren, von

Sautermeister / Sigrid Schneider, *Deutschland nach Hitler*, Opladen 1987, S. 175 f.

21 Alfred Andersch, *Das junge Europa formt sein Gesicht*, in: *Der Ruf*, a.a.O. (Anm. 11), S. 22.

22 Klaus Mann, *Nach dem Sturze Hitlers*, in: *Deutsche Volkszeitung* vom 16. April 1939, zit. nach Albrecht Betz, »*Der Tag danach*«, in: Koebner/ Sautermeister/Schneider, *Deutschland nach Hitler*, a.a.O. (Anm. 20), S. 40.

23 Vgl. den Aufsatz *Zwischen gestern und morgen* in der *Stuttgarter Rundschau* vom 29. August 1946 über das Lebensgefühl der jungen Generation: »Sie haben genug vom Kollektivismus. Sie wollen weder über noch neben sich jemand fühlen. Sie wollen endlich einmal allein sein« (zit. nach: *Droste Geschichtskalendarium. Chronik deutscher Zeitgeschichte*, Bd. 3/I, Düsseldorf 1986, S. 209). Konkret gegen kommunistische Lösungen richtet sich etwa Gerhard Nebel: »Niekisch kann ich nicht verstehen. Das wesentlichste, das, worauf es einzig ankommt, ist: die Freiheit zu bewahren, oder vielmehr: soviel Freiheit zu gewinnen, als überhaupt möglich ist. Und nun will er uns nach den 12 Jahren Hitler-Zuchthaus nun noch den bolschewistischen Kerker bringen« (Jünger/Nebel, *Briefe*, a.a.O. [Anm. 18], S. 60).

den Rautenklause-Eremiten der *Marmorklippen* über den machtresistenten Aussteiger in *Heliopolis* bis zum »Waldgänger« und »Anarchen« seiner späten Jahre. Von extremem Individualismus respektive Anarchismus war auch Gerhard Nebel geprägt. Friedrich Reck-Malleczewen beschwor die Gefahr des »Termitenstaats« bzw. der »Biologie des Massenmenschen«, den er ähnlich wie Flake, Thieß oder Kuby als unselbständig und führungsbedürftig ansah. Marie Luise Kaschnitz hielt Einsamkeit für eine opfervolle Aufgabe verantwortungsbewußter Einzelner, und ihr Beitrag in der ersten Nummer der *Wandlung* trug den bezeichnenden Titel *Vom Ich*.[24] Man las Hesses *Glasperlenspiel* als Apotheose des Individuums im gegenläufigen Zeitalter, Ernst Kreuder plädierte für eine Art Geheimbund romantischer Aussteiger, und Arno Schmidt ersann lustvoll-provokatorische Antikollektivphantasien wie in der futuristischen Robinsonade *Schwarze Spiegel*.

Man hat in solchen Vorbehalten gegen die Masse, die übrigens, abgesehen von den Propagandisten der sowjetischen »Volksdemokratie«, alle politischen Lager kennzeichnet, zuweilen elitäre Modernitätsängste und Demokratieskepsis ausgemacht, jene Haltung also, die bereits Weimar zum Verhängnis wurde.[25] Dies spielt gewiß eine Rolle. Doch wer es kritisiert, sollte gleichfalls einräumen, daß der politische Anschauungsunterricht der 1920er bis 1940er Jahre verständlicherweise dem Glauben an die Masse wenig förderlich war. Oder daß man gut daran tut, Demokratie nicht nur als erfolgreiches Aufklärungsprojekt, sondern stets auch in seinen bis heute nicht gebannten populistischen wie medienbedingten Entartungstendenzen wahrzunehmen.

Auch die mit Massenskepsis häufig verbundene Reserve gegenüber dem (technischen) Fortschritt speist nicht nur politisch gefährliche Nostalgie, sondern dämpft zugleich manche nicht weniger gefährliche Modernitätseuphorie. Gegen sie wandten sich noch im Weltkrieg Zeitdiagnosen wie etwa Friedrich Georg Jüngers *Die Perfektion der Technik*, und Rudolf Alexander Schröder kommentierte 1943 einen Luft-

---

24 Marie Luise Kaschnitz, *Von der Schuld*, in: *Die Wandlung*, Jg. 1, 1945/46, S. 144 f.; *Vom Ich*, in: ebd., bes. S. 18 f.
25 Anke-Marie Lohmeier, *Aufklärung und Propaganda*, in: *Internationales Archiv für Sozialgeschichte der deutschen Literatur*, Jg. 25, 2000, H. 2, S. 115-133; vgl. Nebel (Jünger/Nebel, *Briefe*, a.a.O. [Anm. 18], S. 253) im Zusammenhang mit Andersch: »Seltsam ist es, dass jedermann, ob rechts oder links, ob Positivist oder gläubig, politisch, wenn er die Intima auspackt, alles von einer ›aufgeklärten Despotie‹, also von einem Sulla erwartet.«

angriff, schlagender könne »der Religionsersatz durch Badewanne, Spülklosett, elektrischen Kocher und Radio nicht ad absurdum geführt werden als durch diesen infernalischen Kladderadatsch«.[26] Für Ernst Jünger manifestierte sich in den NS-Greueln nicht zuletzt technischer Fortschritt, vor allem das »Perfekte, das Desinfizierte«.[27] Seine Friedensschrift sah im Nihilismus die eigentliche Quelle des Übels, verkörpert im bloßen Techniker, im »rein mechanischen Insektenwesen«, dem man die Führung nicht überlassen dürfe.[28] Ein glückliches Gemeinwesen der Zukunft sollte geistige Gegengewichte schaffen; es brauche neue »Ordner«, »Theologen« und »Sammler an einem neuen Schatz von Legitimität«, verkündeten bereits die *Marmorklippen*.[29]

Jüngers religiöses Interesse, das mit der Bibellektüre im Zweiten Weltkrieg einherging, korrespondierte mit zahlreichen Empfehlungen von Schriftstellern der 1930er und 1940er Jahre zu einer Rechristianisierung des öffentlichen Lebens. Von Stefan Andres bis Franz Werfel, von Emil Barth bis Theodor Haecker, von Anton Betzner bis Alfred Döblin, von Werner Bergengruen bis Gertrud von Le Fort, Gerhard Nebel oder Reinhold Schneider, sah man die deutsche Katastrophe auch als Abfall von Gott, angefangen durch Renaissance, Säkularisierung oder vermassendes technisch-rationales Denken. Das dadurch bedingte seelische Vakuum müsse unbedingt wieder religiös gefüllt werden, solle Deutschland moralisch genesen. Auch die Kriegsbriefe Heinrich Bölls nennen als wichtigste Zukunftsaufgabe, »mit allen unseren Kräften für das Reich Gottes« zu wirken,[30] »an dieser großen Arbeit mitzutun, das Christentum nicht verschwinden zu lassen in jener Weltanschauung, wie sie üblicherweise von den Kanzeln gepredigt wird; die man nur noch eine ›Soziologie‹ nennen kann«.[31] Reinhold Schneider hoffte nach dem 8. Mai auf Umkehr durch Reue. So könne Gottes Gnade die Deutschen wandeln und Leid und Schuld zum Heil

---

26 Rudolf Alexander Schröder / Siegbert Stehmann, *Briefwechsel 1948–1945*, Witten/Berlin 1962, S. 174 (16. Dezember 1943).

27 Ernst Jünger, *Jahre der Okkupation*, Stuttgart 1958, S. 59 f. (12. Mai 1945).

28 Ernst Jünger, *Der Friede*, in: Ernst Jünger, *Werke*, Bd. 5, Stuttgart o.J., S. 233 f., 237.

29 Ernst Jünger, *Auf den Marmor-Klippen*, Hamburg 1939, S. 109; vgl. Jünger, *Der Friede*, a.a.O. (Anm. 28), S. 239.

30 Böll, *Briefe aus dem Krieg*, a.a.O. (Anm. 17), S. 1093 (21. Juli 1944).

31 Ebd., Bd. 1, S. 150 f. (20. Dezember 1940).

ausschlagen.[32] Ähnliches erwartete zeitweise Hermann Broch als Chance zur »Regeneration der Welt«.[33]

Innerhalb dieser Religionsbestrebungen gab es Gemeinsamkeiten, aber auch erhebliches konfessionelles Reibungspotential. Denn für Preußenhasser wie Langgässer oder Malleczewen galt bereits der Protestantismus als häretisch oder gottlos. Auch die Umsetzung der Religion in die politische, kulturelle und nicht zuletzt schulische Praxis bot Konfliktstoff. Rührten sich doch zugleich Gegenkräfte, die einer christlichen Renovatio wenig abgewinnen konnten und darin allenfalls einen ideologischen Überbau der Restauration erblickten: marxistische Schriftsteller natürlich, aber auch Autoren wie Arno Schmidt, dessen religionskritische Provokationen seit dem *Leviathan* ihm später sogar eine Anklage wegen Gotteslästerung einbrachten. Ohnehin artikulierte sich in der unmittelbaren Nachkriegszeit – man denke an Borchert, Kolbenhoff, Nossack oder den späten Benn – verstärkt eine Richtung, die nicht nur die nationalsozialistische, sondern zugleich alle Weltanschauungen über Bord zu werfen und (allein) selbstverantwortet zu leben empfahl. »Totaler Ideologieverdacht« lautete das Schlagwort der Stunde, in dem Kritiker wiederum Nihilismus witterten. Für utopische Staaten oder »Neue Menschen« jedenfalls fehlte vielen der Sinn.

In den Vorstellungen über Deutschlands Zukunft offenbart sich auch ein vehementer Generationenkonflikt. Er ergab sich wohl zwangsläufig aus dem Bewußtsein, von den Älteren in eine politisch-moralische Sackgasse manövriert worden zu sein. Aber er wurde auch geradezu mythisch statuiert in der Redaktions- und Gruppenphilosophie der vielgelesenen Zeitschrift *Der Ruf* als trotzige Standortbestimmung jener Altersgemeinschaft, die Andersch als »Männer und Frauen zwischen 18 und 35 Jahren« umschrieb, »getrennt von den Älteren durch ihre Nicht-Verantwortlichkeit für Hitler, von den Jüngeren durch das Front- und Gefangenschaftserlebnis, durch das ›eingesetzte‹ Leben also«.[34] »Selten in der Geschichte eines Landes«, schrieb Richter in einem berühmt gewordenen Aufsatz vom September 1946, habe sich »eine derartige geistige Kluft zwischen zwei Generationen aufgetan wie

32 Jutta Gossner, *Der Fall Reinhold Schneider*, in: Gerhard Hay (Hrsg.), *Zur literarischen Situation 1945-1949*, Kronberg 1977, S. 233 f.

33 Vgl. Michael Winkler, *Die civitas hominum als Wolkenkuckucksheim*, in: Koebner/Sautermeister/Schneider, *Deutschland nach Hitler*, a.a.O. (Anm. 20), S. 91, 96.

34 Andersch, *Das junge Europa formt sein Gesicht*, a.a.O. (Anm. 21), S. 25.

heute in Deutschland«.[35] Die eine rede, die andere schweige, unverstanden, glaubenslos geworden und stumm einer »unendliche[n] Flut von wohlgemeinten Reden« ausgesetzt. Sie schweige nicht, weil sie etwa »ratlos« wäre, »nichts zu sagen hätte oder die Worte nicht fände«:

> Sie schweigt aus dem sicheren Gefühl heraus, daß die Diskrepanz zwischen der bedrohten menschlichen Existenz und der geruhsamen Problematik jener älteren Generation [...] zu groß ist, um überbrückbar zu sein. [...] Vor dem rauchgeschwärzten Bild dieser abendländischen Ruinenlandschaft, in der der Mensch taumelnd und gelöst aus allen überkommenen Bindungen irrt, verblassen alle Wertmaßstäbe der Vergangenheit.[36]

Ein Neuanfang, in den sich die Jungen auch innerlich einbringen, müsse aus deren »Lebensgefühl« geboren werden, einer phrasenlosen Generation, die darauf warte, jene vielbeschworenen Zielvokabeln »Wahrheit, Recht und Freiheit« erst einmal tatsächlich zu erleben. Den Autoren des *Ruf* ging es mehrheitlich um rigorose Trennungsstriche, nicht um Schneckenwege der Reform, weshalb sie auch traditionellen Parteien mißtrauten. Sie plädierten für sozialistische Wirtschaftslösungen, die sie sich ohne diktatorische Folgen eines dogmatischen Marxismus vorstellten, glaubten an Europa, den Ausgleich von Ost und West sowie den Existentialismus im Sinne von Sartre oder Koestler. Ihr Haß galt dem Nationalsozialismus als dem Verursacher aller Misere. Aber sie verwarfen zugleich die Kollektivschuldthese und die Umerziehungsprogramme Washingtoner oder Moskauer Provenienz, indem sie »Propagandafreiheit« für sich reklamierten.[37]

Gewiß gehörte Naivität zur Annahme, als könne Deutschland binnen kurzem mehr sein als Objekt weltpolitischer Entscheidungen. Und es käme überhaupt nennenswert auf den Willen dieser Jahrgänge an – ein Mißverständnis, welches das schnelle Verbot der Zeitschrift unter ihrer alten Redaktion spektakulär beendete. Aber nur aus solcher Blauäugigkeit werdender Demokraten erwuchsen Mut, Elan und das Fünkchen Hoffnung, das die Verzweiflung jener Jahre übertönte. Natürlich war es auch ein wenig zu einfach, die politischen Schulden allein den Älteren, der Weimarer Generation, aufzubürden, von der ästhetischen Abnabelung ganz abgesehen. Aber der Grundimpuls war wohl gesund,

---

35 Hans Werner Richter, *Warum schweigt die junge Generation?* in: *Der Ruf,* a.a.O. (Anm. 11), S. 29.
36 Ebd., S. 30-32.
37 Ebd., S. 33.

sich nach einer ohnehin verlorenen Jugend nicht auch noch emotional erdrücken, wieder einmal gängeln und widerstandslos umerziehen zu lassen. In diesem existenzgefährdenden wie überlebenswichtigen Aufbegehren gegen ideelle Erblasten und den Erfahrungsschatz von zumeist selbst gescheiterten Lehrmeistern[38] liegt viel Echteres und Zukunftsweisenderes, als vielfach anerkannt worden ist. Ihm gegenüber erscheinen die 68er Unruhen, eingebettet in einen internationalen Mainstream und eine Medienlandschaft, die Skandale und Provokationen letztlich sogar finanziell belohnt, als Luxusrevolte und Konflikt aus zweiter Hand.

Eine der wenigen konkreten Utopien, die aus der deutschen Misere herauszuführen versprach, lag in der Hoffnung auf eine europäische Integration. In ihrer Beschwörung trafen sich in den Westzonen Schriftsteller und Publikationsorgane aller politischen Couleur, von den *Frankfurter Heften* über den *Ruf* bis zur *Deutschen Rundschau*. Bereits die erste Nummer des *Ruf* enthielt mit Anderschs Leitartikel *Das junge Europa formt sein Gesicht* ein Gemeinschaftsplädoyer, dem zahlreiche weitere folgten. Andere wie etwa Stefan Andres in seinem deutschfranzösischen Liebesroman *Die Hochzeit der Feinde* (1947) investierten ihre Hoffnungen in ein grenzüberschreitendes »Amor vincit omnia«.

Exemplarisch formulierte Ernst Jünger die Erkenntnis, daß zumindest der »Nationalstaat alten Stiles zu Ende« gehe. In diesem Sinne habe Deutschland den Krieg verloren.[39] Die Einsicht datierte bereits seit den frühen 1940ern, als seine Friedensschrift entstand. In einer Mischung aus Wunschdenken und hellsichtiger Epochendiagnose begriff er mitten im Weltkrieg dessen schreckliche Verheerungen als

---

38 So das Bewußtsein vieler Jüngerer. Stellvertretend: Andersch, *Das junge Europa formt sein Gesicht,* a.a.O. (Anm. 21), S. 24, oder Nebel (Jünger/ Nebel, *Briefe,* a.a.O. [Anm. 18], S. 61 [15. Januar 1946]): »Ferner stimme ich Ihnen völlig bei in der Ablehnung der weichen und feigen Bankerrotteure von 1933. Es ist erbarmungswürdig, wie diese gerupften Hähnchen jetzt unter dem Schutz der Fremden sich spreizen und Kikeriki schreien, nachdem es ihre Kläglichkeit war, die die Unterweltshefe Hitlers an die Macht gelassen hat.« Offenbar kursierten solche Vorwürfe auch im linken Gesinnungskreis: Marita Krauss, *Die Region als erste Wirkungsstätte,* in: Claus-Dieter Crohn / Patrik von zur Mühlen (Hrsg.), *Rückkehr und Aufbau nach 1945,* Marburg 1997, S. 36. Dazu Carl Zuckmayer, *Gedächtnisrede für Carlo Mierendorff,* in: *Die Wandlung,* Jg. 1, 1946, H. 12, S. 1105. Vgl. unten S. 41.

39 Jünger, *Jahre der Okkupation,* a.a.O. (Anm. 27), S. 143 f. (25. August 1945); vgl. S. 165 (15. September 1945); S. 257 (2. April 1946).

Chance zum Ausbruch aus einem imperialistischen Kreislauf der Gewalt. Nur die bittere Erfahrung zwinge den Menschen, »das Notwendige zu tun«, d.h. auf gewaltsamen Raumgewinn zu verzichten und statt dessen einvernehmlich neue, größere Reiche zu schaffen: »wenn jemals, so ist heute die Stunde zur Vereinigung gekommen und damit die Stunde, in der Europa in der Vermählung seiner Völker sich gründet«.[40] Die zusätzliche Attraktivität der Europa-Idee gerade für konservative Kreise von Süskind bis Pechel lag in der Vorstellung einer dritten Kraft zwischen den globalen Mächten der Moderne, als deren Spielball man sich erlebte und die man gleichermaßen als seelenlos materialistisch empfand: zwischen »Moskau« und »Detroit«. Dagegen stellte man die Erinnerung an das christliche Abendland und die Besinnung auf die entsprechende Wertegemeinschaft.[41]

Soweit ein kurzer Überblick über *einige* der verbreitetsten Deutschland-Konzeptionen, wobei die erwähnten Autoren meist für ein Dutzend nichtgenannter sprechen. Die politischen Ratschläge erwuchsen aus den jeweiligen Diagnosen bzw. Weltbildern, aber zuweilen war noch anderes im Spiel: krude Abhängigkeiten bzw. politisch-materielle Einbindung ins Konzept der Sieger. Es bedarf kaum der Worte, daß SBZ-Autoren die politische Linie zur Ostgrenze, zu Berlin, zu Enteignungen oder zum sozialistischen Elitenaustausch von Moskau vorgegeben wurde. Aber auch in den Westzonen war der Rahmen, innerhalb dessen abweichende Vorstellungen geäußert werden konnten, durch Medienlizensierungs- und -kontrollpraktiken eng begrenzt.[42]

Auch persönliche Erlebnisse oder Charakteranlagen beeinflußten die Diagnosen. Wer jenseits von erlittenem Leid zur sachlich-distanzierten

---

40 Jünger, *Der Friede*, a.a.O. (Anm. 28), S. 217.

41 Eine Sonderform solcher Traditionsanknüpfung bot in den späten 1930er Jahren bereits die retrospektive Lotharingien-Utopie des Priesterschriftstellers Johannes Kirschweng, durch die aktuelle saarländisch-lothringische Nationalitätskonflikte entschärft werden sollten. Er beschwor dabei eine seit dem Mittelalter existierende geistige Gemeinschaft auf der Basis derselben christlichen Überlieferung. Insbesondere der grenzüberschreitende Kult der heiligen Oranna möge ein völkerversöhnendes Band knüpfen.

42 Allenfalls Nadelstiche gegen spezifische Ungeschicklichkeiten der Entnazifizierung oder Demontage, die gewiß durchweg auf Ablehnung stieß, waren möglich. Bis zur Wende der Deutschlandpolitik im Kalten Krieg waren selbst antisowjetische Äußerungen riskant, und Proteste gegen die Zwangsumsiedlung führten zuweilen zu Repressalien (Hurwitz, *Die Stunde Null in der deutschen Presse*, a.a.O. [Anm. 14], S. 146, 332-334).

Analyse fähig oder willens war, urteilte freier als wer von Ressentiments überwältigt wurde. Wer vom Durchschnittsmenschen und seiner Fehlbarkeit ausging und nicht auf Helden, Märtyrer und völlig neue Gesellschaften setzte, war stärker vor Radikalismen gefeit, wie sie vielen Intellektuellen in ihrem Reinheitsfanatismus ohnehin nahestehen.

So forderte Gottfried Benn z.B. in einer geheimen Abrechnung 1943 die »Ausmerzung jeder Person, die innerhalb der nächsten hundert Jahre Preußentum oder das Reich sagt«. Die deutschen Geschicke seien einer europäischen Exekutive zu unterstellen, die »Kinder vom sechsten bis sechzehnten Jahr nach Wahl der Eltern in der Schweiz, in England, Frankreich, Amerika, Dänemark auf Staatskosten« zu erziehen.[43] Welch aparte Wandlung binnen eines Jahrzehnts vom Ideologen, der noch »Gehirne mit Eckzähnen« züchten wollte! Auch Thomas Mann war nicht eben zimperlich in seinen kalifornischen Erwägungen, je nach Laune mal eine, mal eine halbe Million NS-Deutsche zu liquidieren. Selbst Brecht klassifizierte den Vorschlag damals als »viehische Hygiene« oder »kalte Züchtigung« des »Stehkragens«.[44] Doch sprach auch aus seiner Kritik wiederum keine prinzipielle Blutscheu. Denn wo es nach dem 20. Juli 1944 vermeintlich die Richtigen traf, stand Brecht ausnahmsweise auf Hitlers Seite und begrüßte dessen »Säuberungen« in den Reihen der verhaßten »Junkergeneräle«.[45] Ihre Machtübernahme hätte zwar verhindert, daß in den folgenden neun Monaten noch mehr Menschen ums Leben kamen als in den fünf Kriegsjahren zuvor. Doch dies war um der sozialistischen Zukunft willen offenbar in Kauf zu nehmen. Auch das Fluchterlebnis radikalisierte, wie unten noch zu sehen sein wird.

43 Gottfried Benn, *Zum Thema Geschichte*, in: Gottfried Benn, *Gesammelte Werke*, Bd. 3, Wiesbaden 1968, S. 950.

44 Bertolt Brecht, *Journal Amerika 1942-1944*, 9.8.43, in: Bertolt Brecht, *Werke*, Bd. 27, Frankfurt am Main, Berlin 1995, S. 164; vgl. zum Kontext: Scholdt, *Autoren über Hitler*, a.a.O. (Anm. 3), S. 725.

45 Brecht, *Journal Amerika 1942-1944*, a.a.O. (Anm. 44), 21. Juli 1944, S. 197: »Als etwas über die blutigen Vorgänge zwischen Hitler und den Junkergenerälen durchsickerte, hielt ich für den Augenblick Hitler den Daumen; denn wer, wenn nicht er, wird uns schon diese Verbrecherbande austilgen? Zuerst hat er dem Herrnklub seine SA geopfert, jetzt opfert er den Herrnklub. Und was ist mit der ›Plutokratie‹? Die deutsche Bourgeoisie mit ihrem Junkergehirn erleidet einen Gehirnschlag. (Die Russen marschieren auf Ostpreußen.)«

Dies wirft die Frage auf, ob sich die Deutschlandbilder im Exil oder daheim bzw. der inneren oder äußeren Emigration[46] nennenswert unterscheiden, zumindest statistisch gesehen bzw. idealtypisch. Wenn ja, dürfte dies für so manche politische Nachkriegskonzeptionen nicht ohne Folgen geblieben sein. Einer Antwort kommt man gewiß näher, wenn wir zunächst einmal von den persönlichen Erlebnissen ausgehen. Für Exilanten war der dominierende Eindruck seit Hitlers Machtübernahme die Erfahrung von Rechtlosigkeit, Vertreibung, Flucht und Lebensgefahr. Als Reaktion darauf befürwortete eine Mehrheit von ihnen jenseits der Radikalpazifisten Stefan Zweig oder Max Herrmann-Neiße spätestens seit 1938 den Krieg als Lösung des Deutschlandproblems, so sehr sich manche auch aus Rücksicht auf ihre Gastländer oder politisch-ideologische Linientreue genötigt sahen, dies öffentlich zu verklausulieren.[47]

Dergleichen Hoffnungen fanden in Deutschland selbst unter Nazi-Gegnern nur ein zwiespältiges Echo. Man wünschte den Engländern und Franzosen zwar mehr Standhaftigkeit gegenüber Hitlers Vabanque-Strategie und war sich auch zunehmend bewußt, daß es ohne Krieg wohl kein Ende der Nazidiktatur geben werde. Aber in nachvollziehbarer Inkonsequenz fürchtete man ihn nicht weniger als diese, ja verdrängte ihn zuweilen regelrecht. Es ging um Hoffnungen von Termin zu Termin – wie Tagebücher von Kasack oder Klepper belegen –, um immer kürzere Aufschübe in berechtigter Furcht vor dem Schrecklichen, das einen unmittelbar treffen mußte. »Noch immer sträubte sich alles in mir«, schrieb z.B. Norbert Jacques über die letzten Augusttage 1939, »an die bevorstehende Katastrophe des Kriegs zu glauben, obgleich nicht mehr eine einzige Tatsache außer dem Irrglauben des Herzens [...] dagegen sprach«.[48]

Der Kriegsausbruch und anfängliche -verlauf gefährdeten zunächst einmal vor allem die Exilanten, während die überraschenden Siege

---

46 Ich verzichte hier auf eine Definition von »Innerer Emigration« samt ihrer (häufig polemisch in Frage gestellten) Begriffsgeschichte und verwende den Terminus lediglich zur Unterscheidung von regimekonformen Autoren. Vgl. dazu: Günter Scholdt, *»Ein Geruch von Blut und Schande?«* Zur Kritik an dem Begriff und an der Literatur der Emigranten im Innern, in: *Wirtschaft & Wissenschaft*, Jg. 2, 1994, H. 1, S. 23-28.

47 Das Entsetzen vieler Emigranten über die Appeasement-Politik Chamberlains, der geradezu zum Erzbösewicht gestempelt wurde, belegt dies hinlänglich. Vgl. Scholdt, *Autoren über Hitler*, a.a.O. (Anm. 3), S. 70-75.

48 Norbert Jacques, *Mit Lust gelebt*, St. Ingbert 2004, S. 433.

selbst für Hitler-kritische Schriftsteller in Deutschland eine große see-
lisch-moralische Belastungsprobe boten, die nur wenige makellos bestanden.[49] Stellte doch die Scheinevidenz so beachtlicher militärischer
Erfolge manchem die Frage, ob dies nicht – wie selbst Musil seinem
Diarium anvertraute – eine weltgeschichtliche Neuinterpretation des
Nationalsozialismus erzwinge[50] und ob es angesichts solcher Fakten
sinnvoll sei, im politischen Schmollwinkel zu verharren.[51] Die Wende
des Kriegsglücks erübrigte weitere Spekulationen und brachte es mit
sich, daß bald weniger Emigranten als die in Deutschland gebliebenen
Schriftsteller in akute Lebensgefahr gerieten, nicht zuletzt im stetig es-
kalierenden Bombenkrieg. In kaum einem anderen Bereich ist denn
auch die fundamentale Erlebnisdifferenz zwischen Draußen und Drinnen so mit Händen zu greifen wie in Urteilen über die mörderischen

49 Vgl. dazu exemplarisch: Gerhart Hauptmanns Tagebuchkonversionen, in:
   Hans von Brescius, *Gerhart Hauptmann*, Bonn 1976, S. 300-303.
50 Robert Musil, *Tagebücher*, Bd. 1, Reinbek, 2. Aufl., 1983, S. 494-496.
51 Sehr anschaulich: Jacques, *Mit Lust gelebt*, a.a.O. (Anm. 48), S. 448 f.:
   »Der Siegeslauf des deutschen Heeres begann. Man hat über diese Tatsache
   nicht frohlockt, aber sich ihr auf die Dauer gefügt. Die Masse der Sieghaf-
   tigkeit überbot auch oft schon durch ihre Arithmetik den Willen sich zu
   widersetzen und sie nicht wahrhaben zu wollen. Der Glaube an das Negative
   begann die Dinge zerrinnen zu lassen. Das wurde unterstützt durch eine
   ausländische Propaganda, die nicht ehrlicher war als die des Goebbels und
   den Kredit ihrer Auftraggeber stark abblassen ließ. [...] Das Tatsächliche
   hielt es auf dem Höhepunkt der Ereignisse mit Hitler: Die deutschen Heere
   campierten an der Atlantischen Küste, am Eismeer, am Mittelländischen
   Meer und standen dreitausend Kilometer tief in Rußland. In Frankreich
   scharten sich beeindruckend große Kreise um den von Hitler angenomme-
   nen Marschall Pétain. Mauriac schrieb 1940 über ihn: ›Folgt dem edlen
   Greis, den uns die Toten von Verdun sandten.‹ Claudel äußerte sich in demselben Jahr nicht weniger emphatisch: ›Schaut hin auf unseren Marschall!
   Oh Frankreich, höre auf den alten Mann, der sich gleich einem Vater zu dir
   hinabbeugt und dir väterlich zuspricht.‹ ... Drei Jahre später ließ er in Paris
   seinen *Seidenschuh* aufführen und das Unternehmen vom Wohlwollen der
   deutschen Propaganda bestrahlen. / In allen Ländern begann man mit der
   Möglichkeit zu rechnen, daß der Nationalsozialismus bliebe und Mitteleuropa seine Gesetze auferlegte. Wollte man sich nicht alle Lebenswerte
   rauben lassen, so mußte man versuchen, sich darauf einzurichten. [...] Seit
   1945 wollen sie es in keinem Land mehr wahr haben, daß jener Gedanke
   des Sichfügenmüssens die Masse auch des zum Widerstand neigenden Ele-
   ments beherrscht habe. Menschen sind keine Leitartikel.«

Luftangriffe, für die jüngste Publikationen wie Jörg Friedrichs *Der Brand* uns vielleicht stärker sensibilisiert haben als früher.

Die Musterung zahlreicher Stellungnahmen von Exilanten offenbart dabei zuweilen Deutschlandbilder von bemerkenswerter Militanz oder Indifferenz gegenüber dem Schicksal ehemaliger Landsleute. Das gilt z.B. für die antike Kälte, mit der Gustav Regler von Mexiko aus in einem Privatbrief die Zerstörung Bremens kommentierte und mit einem »Vae victis« bzw. dem Hinweis auf gegnerische Luftgreuel zur Tagesordnung überging.[52] Das zeigt eine nicht eben sensible Formulierung von Arnold Zweig wie: »Der Antigermanismus der Royal Air Force ist großartig und hat unsere volle Billigung und Bewunderung.«[53] Es betrifft die oberlehrerhafte, selbstgerechte Moral, mit der ein Thomas Mann via BBC seinen Landsleuten die »harte aber nützliche Tätigkeit der R.A.F. in Lübeck und Rostock«[54] nahezubringen suchte. Davon zeugt Mascha Kalékos poetische Vision einer Art frühen Neutronenbombe. Diese möge, heißt es in ihrem zynischen *Bittgesuch an eine Bombe*, bei der Zerstörungsarbeit in Deutschland lediglich die schuldlosen Gänseblümchen und Anemonen verschonen.[55] Beenden wir die Aufzählung entsprechender Horrorwünsche mit Georg Kaisers apokalyptischen Vernichtungseuphorien von 1943:

Ich habe den Untergang Deutschlands erlebt, ich sterbe zufrieden. Mit dem letzten heissesten Wunsch, dass dieser Krieg noch viele, viele Jahre dauern möge – und die Bomben wie Hagelkörner auf die verdammten Städte fallen. Gott hat in seiner allgütigen Vorsehung die-

---

52 Brief vom 9. April 1945 an Peggy Regler, in: Günter Scholdt, *Gustav Regler – Odysseus im Labyrinth der Ideologien*, St. Ingbert 1998, S. 328 f.: »It is a madness, but I feel very Greek about it. Inevitable course of destiny. Who started it? Those who have to suffer now did not feel very much, when their boys burnt Belgrad, Liège, Kreta. It was a boomerang. Vae victis, the Romans said.« Immerhin folgt noch der Zusatz: »This time one feels more than ever that most of those who suffer are the wrong ones.«

53 Arnold Zweig, *Antigermanismus* (1942), in: *Der Briefwechsel zwischen Louis Fürnberg und Arnold Zweig*, Berlin, Weimar 1978, S. 286.

54 Thomas Mann, *Gesammelte Werke in Einzelausgaben*, Bd. 11, Frankfurt am Main 1986, S. 524-527 (April 1942), S. 575 f. (30. Oktober 1943), S. 588 f. (28. März 1944); vgl. Thomas Mann, *Briefe*, Bd. 2, Frankfurt am Main 1979, S. 253 (5. Mai 1942); Mann, *Tagebücher*, a.a.O. (Anm. 5), S. 78 (18. Juli 1944).

55 Mascha Kaléko, *Verse für Zeitgenossen*, Cambridge 1945, S. 28.

sen Führerstrolch den Deutschen geschickt, damit endlich diese reu-
dige Nation vom Erdboden vertilgt werde.[56]

All dies sind leicht zu vermehrende Belege für eine zunehmende Perspektive von Außenstehenden, deren Deutschlandbeziehungen und
daraus folgend auch -konzeptionen die identifikatorische Komponente
verlorenging – gewiß nicht allen, wie etwa Brecht zeigt,[57] aber auch
keineswegs nur einer unrepräsentativen Minderheit. Solche Töne waren
von Autoren wie etwa Erich Kästner, Hugo Hartung, Heinrich Böll
oder Gertrud von Le Fort, welche die Zerstörung ihrer Heimatstädte
schockhaft erlebten, nicht zu hören.[58] Auch Ernst Wiechert, Albrecht
Goes oder Werner Bergengruen erwarteten aufgrund deutscher Verbrechen ein fast zwangsläufiges Weltgericht der Sieger, das als (letztlich
gottgewollte) Sühne angenommen werden müsse. Aber dies dispensier-
te sie nicht vom Mitleid mit den kollektiven Opfern, wie sehr sie auch
in Schuldkomplexe verstrickt sein mochten. Hans Erich Nossack ver-
mied in seiner Reportage über Hamburgs *Untergang* ausdrücklich
chauvinistische Töne, aber versagte sich gleichfalls jene peinliche Geste
einer allzu glatten Quasilegitimierung des Schrecklichen. Hans Leip
vergaß die Schuldfrage nicht in seinem ergreifenden *Lied im Schutt*, das
Hamburgs Zerstörung beklagt, aber er tat es auf der Basis mitfühlen-
der Trauer. »Entfremdet ist das Volk mir«, dichtete Reinhold Schneider
in einer Phase größter seelischer und politischer Isolation, fügte aber
bezeichnenderweise hinzu: »nur sein Leiden bedrängt mich nachts«.[59]
Ricarda Huch schließlich, deren Mut vor NS-Instanzen außer Frage
steht, bezeichnete die von ihr angstvoll erlittenen Luftangriffe als
Kriegführung, die »etwas Barbarisches hat«.[60] Und der wegen einer
Satire auf Görings Flieger strafversetzte Gerhard Nebel notierte im
Tagebuch: »Leute, die Phosphor auf unschuldige Frauen und Kinder

---

56 Georg Kaiser, *Briefe*, Frankfurt am Main 1980, S. 972 (23.2.43).
57 Vgl. z.B. das Gedicht *Die Rückkehr* (in: Bertolt Brecht, *Werke*, Bd. 12, Berlin, Frankfurt am Main 1988, S. 125) oder die Tagebuchnotiz vom 29.8.43
   (Brecht, *Journal Amerika 1942-1944*, a.a.O. [Anm. 44], S. 168).
58 Exemplarisch für die Tonlage: Erich Kästner, *... und dann fuhr ich nach
   Dresden*, in: Kästner, *Werke*, Bd. 2, München, Wien 1998, S. 90-95.
59 Reinhold Schneider, *Die Waffen des Lichts*, [1944], in: Reinhold Schneider,
   Gesammelte Werke, Bd. 5, Frankfurt am Main 1981, S. 110.
60 Marie Baum, *Leuchtende Spur*, Tübingen, Stuttgart 1950, S. 433 (Brief
   vom 25. Dezember 1943).

abrieseln lassen, taugen so wenig wie die Schinder in den Konzentrationslagern.«[61]

So sehr Schriftsteller in Deutschland sich also des Bibelspruchs »Wer Wind sät, wird Sturm ernten« erinnerten, so fern es zumindest den soeben Genannten lag, Verantwortlichkeiten zu verwischen: Kaum einer von ihnen hätte so relativ teilnahmslos am Schicksal der eigenen Bevölkerung bleiben können. Diese Feststellung moralisiert nicht, sondern erhellt nur die unterschiedlichen Perspektiven, Interessen wie Erfahrungen. Es ist schließlich eins, seine Hoffnungen auf die R.A.F. als kriegsentscheidende Waffe zu setzen – Klaus Mann sprach von »fliegenden Festungen der Demokratie«[62] –, ein anderes, von ihr bombardiert zu werden, wie andererseits die spezifische Mitleidlosigkeit mancher Exilanten, die schließlich mit der Gefahr der »Endlösung« konfrontiert waren, nicht schwerer zu verstehen ist als die größere Sensibilität der in Deutschland Lebenden. Diese waren schließlich von den Luftangriffen im Wortsinn betroffen und zu unmittelbarer konkreter Anschauung des Infernos gelangt, während andererseits ihr früheres Vorstellungsvermögen z. B. über die Misere des Exils, einschließlich der permanenten Vernichtungsdrohung, offenbar unzulänglich geblieben war. Dieser Schluß liegt nahe, wo ein Benn Exildasein mit »Badeorten« assoziierte[63] oder Thieß von den »Logen und Parterreplätzen des Auslands« sprach.[64] Vieles hat also mit direkter Anschauung zu tun, ein Umstand, der auch gegenwärtig in Erinnerung zu rufen wäre, wo die Befreiung mittels Bomber mal wieder Konjunktur hat.[65]

61 Gerhard Nebel, *Auf ausonischer Erde*, Wuppertal 1949, S. 158 (3. September 1943).

62 Klaus Mann, *Auf verlorenem Posten*, Reinbek 1994, S. 77; vgl. den nicht eben einfühlsamen Kommentar S. 75.

63 Gottfried Benn, *Antwort an die literarischen Emigranten*, in: Gottfried Benn, *Gesammelte Werke in acht Bänden*, Bd. 7, Wiesbaden 1968, S. 1699.

64 Frank Thieß, *Die innere Emigration*, in: J.F.G. Grosser (Hrsg), *Die große Kontroverse*, Hamburg 1963, S. 24. Unanfechtbar ist allerdings die dortige grundsätzliche Feststellung: »Es ist nun einmal zweierlei, ob ich den Brand meines Hauses selbst erlebe oder ihn in der Wochenschau sehe, ob ich selber hungere oder vom Hunger in den Zeitungen lese, ob ich den Bombenhagel auf deutsche Städte lebend überstehe oder mir davon berichten lasse.«

65 Auf Abstraktion führe ich auch eine Entgleisung des US-Militärhistorikers Ralph Peters zurück, der sich kürzlich in der *Frankfurter Allgemeine Zeitung* nicht entblödete zu formulieren, daß Deutschland jede Bombe ver-

Die zweite große (in unterschiedlichen Erfahrungen gründende) Meinungskluft betraf das Verhältnis der Bevölkerung zum NS-Regime – und dies mit erheblichen Auswirkungen auf die Vorstellung, wie Deutschland künftig behandelt werden sollte. Hier tendierten nicht wenige Exilanten, je länger der Krieg dauerte, zur weitgehenden Identifikation von Hitler und Deutschland. Der ausbleibende Aufstand schien ihnen Recht zu geben, die Problematik der Loyalitätsfalle, in die sich Durchschnittsdeutsche im Zweiten Weltkrieg beinahe zwangsläufig verfingen, kaum erörterungswert. Sieht man von Ausnahmen wie Zuckmayers *Des Teufels General* ab,[66] so betrachteten Exilanten dieses Dilemma, das z.B. die Kaschnitz so prägnant veranschaulichte,[67] offenbar kaum als wirklich tragischen Konflikt.[68] Daß auch einem so

diente, die auf seinen Boden niederging (Ralph Peters, *Hitler war wenigstens ehrlich*, in: *Frankfurter Allgemeine Zeitung* vom 15. Mai 2003). Der lausbubenhafte Verbalradikalismus, der leider in der gegenwärtigen Politdebatte bei Amerikanern einigen Anklang findet, steht in diametralem Gegensatz zum Erlebnistrauma eines Kindes, das solche Bombenhagel seinerzeit am eigenen Leib erfahren mußte. Als Kontrast lese man stellvertretend das anrührende Mundartgedicht *Kriesch* von Heinrich Kraus (in: Heinrich Kraus, *Poetische Haltestellen*, St. Ingbert 2002, S. 306 f.).

66 Ansatzweise auch Hans Habe, *Zu spät?*, New York 1940, S. 140 f.; Arthur Koestler, *Diesseits von Gut und Böse*, Bern, München 1965, S. 93, 99.

67 Kaschnitz, *Von der Schuld*, a.a.O. (Anm. 24), S. 144 f.: »Denn ungeheuerlich war die Fremdheit, der wir ausgeliefert waren. Den raschen Wellen eines scheinbar urkräftig dahinströmenden Flusses versuchten wir entgegenzustreben, und während wir uns kaum auf der Stelle zu halten vermochten, schien das Leben selbst zu entgleiten und zu vergehen. Waren Ufer und Himmel nicht lange Zeit heiter und licht, trieben die Schiffe nicht reich beladen dahin? Wer den Wohlstand mißachtete, war des Volkes Feind; wer moralische Bedenken erhob, war ein Sonderling, dessen Mißgunst angeprangert und dessen Weltferne verspottet wurde. Und vereinsamte uns schon das Leiden, so stieß uns die Hoffnung vollends aus dem Kreis der Gemeinschaft aus. Denn was wir erhofften, war ja gleichbedeutend mit dem Untergang des Volkes, dem wir angehörten. Es war gleichbedeutend mit der Vernichtung des Landes, in dem wir lebten und in dessen Erde wir tiefer als wir ahnten verwurzelt waren. [...] Im Guten wie im Bösen zu seinem Lande zu stehen, war jahrhundertelang der Grundsatz der Besten einer Nation; wer sich, und sei es auch nur in Gedanken, dem Feinde verbündete, fiel noch immer der Verachtung – auch des Gegners – anheim.«

68 Vgl. Ernst Jünger (26. Mai 1946): »Inzwischen sind uns die Söhne zu Vorbildern geworden – so geht es mir mit dem meinen, der in den Kerkern der Tyrannis saß, und der doch für das Vaterland gefallen ist. Ich weiß, daß

rebellischen, militär-, preußen- und deutschlandkritischen Geist wie
Heinrich Böll vor einer neuerlichen Niederlage wahrhaft schauderte,[69]
wo er doch (besonders als unter französischer Besatzung lebender
Rheinländer) die Folgen der ersten Kapitulation noch gut im Gedächtnis hatte, war für Emigranten aufgrund ihrer persönlichen Gefährdung
emotional häufig kaum nachvollziehbar.[70]
In der Konsequenz solcher Gleichsetzung der Deutschen mit ihrem
Regime lag es für viele Exilanten, daß einem Volk, das sich schon einmal in eine politisch so gefährliche Unmündigkeit begeben habe, zumindest auf absehbare Zeit die selbständige Regelung seiner Geschicke
versagt werden müsse. Thomas Mann etwa liebäugelte immer mal wieder mit einem Super-Versailles, das dem Deutschen Reich ein Ende gesetzt hätte bzw. dem Gedanken, den deutschen Staatsverband aufzu-
lösen und seine Bewohner »in einer neuen Welt [zu] zerstreuen, gleich
den Juden«. Die Maßnahme dünkte ihm als ›Befreiung‹ eines unglücklichen Volks von der Politik.[71] Und Emil Ludwig riet der künftigen Besatzungsarmee (neben allerlei Skurrilem wie einem 50jährigen Auf-
führungsverbot für Wagners *Ring* oder einem 5jährigen Ausreiseverbot
für Deutsche):

diese Verbindung von fast allen für unmöglich gehalten wurde – sie ist es
auch, im gleichen Sinne, in welchem die Begegnung zweier Parallelen un-
möglich ist. Doch schneiden sie sich im Unendlichen. Ich hatte zuweilen
während dieses Krieges sonderbare Pläne, doch schreckte mich immer das
Schicksal Coriolans. Zu den Distinktionen, auf deren Aufrechterhaltung
ich Wert lege, gehört auch die von Hoch- und Landesverrat« (Jünger/
Nebel, *Briefe,* a.a.O. [Anm. 18], S. 78 f.); vgl. Nebel, *Auf ausonischer
Erde,* a.a.O. (Anm. 61), S. 108 (12.8.43); Jochen Klepper, *Unter dem
Schatten deiner Flügel,* München 1976, S. 674 (9.11.38); Emil Barth,
Lemuria, in: Emil Barth, *Gesammelte Werke in zwei Bänden,* Bd. 2, Wiesbaden 1960, S. 488.
69 Böll, *Briefe aus dem Krieg,* a.a.O. (Anm. 17), Bd. 1, S. 573 (14. Dezember
1942), S. 599 (29. Januar 1943), S. 770 (18. Mai 1943); Bd. 2, S. 877
(8. September 1943); S. 1080 (2. Juli 1944).
70 Exemplarisch: Thomas Manns sarkastischer Kommentar, in: Mann, *Tagebücher,* a.a.O. (Anm. 5), S. 6 (7. Januar 1944: »Die deutschen Soldaten
kämpfen mit äußerster Zähigkeit für den Sieg u. die Verewigung des Nazi-
Regimes – damit man wohl unterscheide zwischen Nazis und deutschem
Volk«); vgl. Mann, *Briefe,* a.a.O. (Anm. 54), S. 397 (20. Oktober 1944).
71 Ebd., Bd. 1, S. 367 (30.7.34). Er wiederholt diesen Vorschlag noch in einem
Brief vom 25.11.45 an Hesse (Hermann Hesse, *Politik des Gewissens,*
Bd. 2, Frankfurt am Main 1977, S. 701).

Es genügt nicht, die Wehrpflicht abzuschaffen, aber Turner-, Sänger-
und andere Vereinigungen als Kerne für eine neue Armee zu dulden.
Jede Waffe in den Grenzen Deutschlands, auch der Revolver eines
Polizisten, muß in der Hand eines Fremden sein. Eine große Okku-
pationsarmee muß die neuen Gefahren im Keime ersticken. [...]
    In jeder einzelnen der deutschen Schulen und Hochschulen müs-
sen einige kontrollierende Männer und Frauen aus den Siegerstaaten
sitzen [...] und jedes Schulbuch, jede Schulfeier überwachen. [...]
Die deutsche Presse [...] darf in den ersten Jahren in keinem Falle demokratische Freiheit geniessen [...].
    [...] alle Staatsämter müssen von Fremden geleitet [...] werden.
Für einige Jahre kann es keine gesetzgebende [...] deutsche Versammlung geben. Deutschland sollte zunächst so regiert werden, wie
die Engländer mit großem Nutzen Ägypten regiert haben.[72]

Auch die in Deutschland lebenden NS-Gegner machten sich über ihre
zu einem erheblichen Teil nazifizierten Landsleute wenig Illusionen.
Die zehn Gerechten aber, die zur Schonung von Sodom und Gomorrha
gereicht hätten, waren für sie leichter zu erbringen als in der Sicht des
Auslands. Wußten sie doch, wie nichtssagend oder ambivalent manche
äußerliche Anpassung war und daß selbst kleine Gesten der Abwei-
chung ein Maß an Zivilcourage erforderten, das verächtliches Achsel-
zucken nicht verdiente. Eine moralische und gesellschaftliche Regeneration erschien ihnen nicht aussichtslos, und so hofften sie auf ein
baldiges Ende der Diktatur und eine faire Chance für einen freiheit-
lichen Wiederaufbau.
    Die dritte Erlebnisdifferenz ergab sich in der unmittelbaren Nach-
kriegszeit, in der Besatzung, Hunger, Kälte, Flüchtlingsströme, Woh-
nungsnot, Demontagen und lähmende Angst vor einer ungewissen Zukunft die Stimmung im weitgehend zerstörten Lande beherrschten. Die
Deutschlandpläne der meisten hier Lebenden fokussierten sich zunächst einmal schlicht auf die Chance zu überleben.[73] Darüber hinaus
fürchtete man nichts so sehr wie eine erneute Verwicklung in einen
Krieg. Daß eine große Schuld ihre Sühne fordere, wurde weithin akzeptiert, jedoch nicht kollektiv auf ein ganzes Volk überschrieben. Zudem

72 Emil Ludwig, *Was soll mit Deutschland geschehen?*, in: *Aufbau* (New
   York) vom 24. Juli 1942, S. 6 (Extrakt in: *New York Times* vom 6. Juli
   1942).
73 Exemplarisch: Anonyma, *Eine Frau in Berlin*, Frankfurt am Main 2003,
   passim.

betrachtete mancher die Kriegsverluste und Nachkriegshärten bereits als Teil der Buße.[74]

Das sahen viele Exilanten ganz anders. Zwar verwarfen nicht wenige von ihnen schon früh die Kollektivschuldthese, dies allerdings – wie Koebner schreibt – »im Widerspruch zu anderen Emigranten, denen, zumal während der Kriegsjahre, eine öffentliche und scharfe Lossprechung von Deutschland als Demonstration ihres Identitätswechsels wichtig war«.[75] Solche Urteile dienten nach der Kapitulation sogar explizit als Legitimierung einer strengen Besatzungspolitik, wurden auch eigens für deren Propagandaarbeit eingeholt.[76] Wenn nun also Autoren wie Werfel, Thomas Mann, Torberg, Döblin und tendenziell Anna Seghers,[77] dazu C.G. Jung oder Sigrid Undset sich entsprechend äußerten oder ein Lernet-Holenia, nun ausschließlich Österreicher, seinen Bannfluch gegen »Germanien« schleuderte,[78] drängten sie die pauschal Attakkierten beinahe zwangsläufig zur Verteidigung.[79] Während ein Stefan Heym sich sorgte, daß ein proklamierter harter Friede nicht hart genug exekutiert werde,[80] ein Thomas Mann versicherte, er gehöre »nicht zu den deutschen Emigranten, die sich heute mit patriotisch ausgebreiteten Armen vor ihr Land stellen«,[81] seiner Tochter Erika zur Blockade nur einfiel, sie glaube nicht, daß es im Moment in Berlin genug deutsche Demokraten gebe, die es wert wären, für sie zu kämpfen,[82] und die

---

74 Alfred Andersch, *Grundlagen einer deutschen Opposition*, in: *Der Ruf*, a.a.O. (Anm. 11), S. 94; Otto Flake, *Etwas über die Schuldfrage*, in: *Merkur*, Jg. 1, 1947, H. 1, S. 140; Anonyma, *Eine Frau in Berlin*, a.a.O. (Anm. 73), S. 289 (gemäß Nachwort v. C. W. Ceram); Gerhard Nebel, in: Jünger/Nebel, *Briefe*, a.a.O. (Anm. 18), S. 74 (4.5.46).

75 Thomas Koebner, *Die Schuldfrage*, in: Koebner/Sautermeister/Schneider, *Deutschland nach Hitler*, a.a.O. (Anm. 20), S. 302.

76 Hurwitz, *Die Stunde Null in der deutschen Presse*, a.a.O. (Anm. 14), S. 93.

77 Alexander Stephan, *Anna Seghers im Exil*, Bonn 1993, S. 174 f. Auch sie schrieb einen von General McClure angeforderten Text zur Unterstützung der Besatzungspropaganda. Stephans Deutung (S. 177), gerade dieser Text wende sich gegen die Kollektivschuldthese, scheint mir überinterpretiert.

78 Alexander Lernet-Holenia, *Germanien*, Berlin 1946, passim.

79 Zu daraus erwachsenden Fehlhaltungen: Kaschnitz, *Von der Schuld*, a.a.O. (Anm. 24), S. 147.

80 Stefan Heym, *Die Probleme einer Besatzungsmacht* (1946), in: Stefan Heym, *Wege und Umwege*, Frankfurt am Main 1983, S. 176.

81 Thomas Mann, *Quotations* (2. Juli 1944), in: Thomas Mann, *Gesammelte Werke in Einzelausgaben*, Bd. 13, Frankfurt am Main 1974, S. 211.

82 Englischer Originaltext, in: Irmela von der Lühe, *Erika Mann*, Frankfurt am Main, New York 1993, S. 227.

Vertreibungen für die meisten Emigranten kein brennendes Thema waren,[83] solidarisierten sich viele innerdeutsche Systemgegner, die über Jahre hinweg relativ isoliert gelebt hatten, nun plötzlich mit den kollektiv Angeklagten. Gertrud von Le Fort mobilisierte von der Schweiz aus das Rote Kreuz für notleidende deutsche Kinder. Sie und z.B. Walter Kolbenhoff antworteten Sigrid Undset und deren Kollektivschuldvorwurf. Ernst Jünger notierte am 22. Oktober 1945: »Wenn mich der Anblick des Deutschen während seiner Triumphe oft traurig stimmte, so flößt er mir jetzt, in seinem Unglück, die höchste Achtung ein.«[84] Und Werner Bergengruen schrieb: »Seit der Wende des April zum Mai 1945 ist es nur noch ein Unglück, ein Deutscher zu sein, aber nicht mehr eine Schande.«[85] Zu einer ähnlichen nationalen Verbundenheitsgeste verstand sich Ricarda Huch, nicht zuletzt in Erinnerung an diejenigen, die zu Deutschlands Rettung in den letzten Jahren ihr Leben geopfert hatten.[86]

83 Vgl. zur exemplarischen Gegenüberstellung extremer Positionen: Mann, *Tagebücher*, a.a.O. (Anm. 5), S. 258 f. (1. Oktober 1945): »Artikel der ›Volkszeitung‹ über die Leiden der Sudetendeutschen, aller, ohne Unterschied der Gesinnung, Enteignung und Vertreibung. Bringe wenig Mitleid auf.« Dagegen Ernst Jünger, *Jahre der Okkupation*, a.a.O. (Anm. 27), S. 89 (11. Juni 1945): »Am Abend meldete der Rundfunk, daß die Austreibung der deutschen Bevölkerung aus dem Sudetenland im vollen Gange ist. [...] Man hört auch hier von grauenhaften Ausmordungen. [...] Die Nachricht kam durch den Londoner Sender, dessen Empörung über die bei Unszulande begangenen Greuel ich während der letzten Jahre oftmals billigte. Was soll man aber von dem Behagen denken, das offenkundig über der Mitteilung dieser neuen Scheußlichkeiten waltete? Während die Stimme des feisten Frühstückers mir das Herz umdrehte, sah ich das namenlose Elend auf den Grenzstraßen. [...] Einäugige Humanität ist widriger als Barbarei.« Zum Grundsätzlichen: Louis Ferdinand Helbig, *Der ungeheure Verlust*, 3. Auflage, Wiesbaden 1996.

84 Jünger, *Jahre der Okkupation*, a.a.O. (Anm. 27), S. 202 (22. Oktober 1945); vgl. S. 214. »Der Antigermanismus scheint wie der Antisemitismus zu den Grundstimmungen der Welt zu gehören; er bedarf keiner Begründungen. Wenn man heute eine Zeitung aufschlägt, sieht man, daß ihm gefrönt wird wie einer Orgie, auch von den Landsleuten. Da wird kein Faden gelassen, der gut wäre, und das auch von Geistern, an deren Überlegenheit oder wenigstens Anstand man geglaubt hätte.«

85 *Compendium Bergengruenianum* Nr. 719 (unveröffentl. Typoskript im Deutschen Literaturarchiv Marbach; eine Veröffentlichung durch Frank-Lothar Kroll, N. Luise Hackelsberger und Sylvia Taschka steht bevor).

86 Huch, *Begrüßung*, a.a.O. (Anm. 10), S. 26-28.

Daß Deutschland auch einer politischen wie geistigen Regeneration bedürfe, war communis opinio, die konkrete Praxis der Entnazifizierung fand jedoch wenig Anklang. Deren bürokratische, nicht selten lebensfremde Umsetzung mit Millionen Fragebögen[87] erregte ebenso Anstoß wie groteske Ungleichbehandlungen. Auch wuchs das Bewußtsein, in welch hohem Maße Entnazifizierung von den Siegermächten ihrem politischen Eigeninteresse gemäß instrumentalisiert wurde. Die damit verbundene Reeducation als Zwangserziehung durch Härten und Schocks[88] mit nicht selten bigott-puritanischen Tendenzen, die sofort ins Nichts zerstoben, als der Ost-West-Konflikt neue Fronten eröffnete, war ausgesprochen unpopulär.[89] Einige Lizensierungspraktiken erinnern an dubiose Geheimdienstusancen.[90] Und die schematische Ahnungslosigkeit mancher Zensurmaßnahmen kam hinzu: Zeitweilig standen die Werke von Binding, Steuben, Clausewitz, gemeinsam mit dem Nibelungenlied, Walther von der Vogelweide, Jüngers *Friede*, Orwells *Animal Farm* oder Zuckmayers *Des Teufels General* auf dem Index der Westzonen, von den buchdicken Verbotslisten der SBZ ganz zu schweigen. Es war jene Mischung aus anfänglichem Fraternisierungs-

87 Dazu Ernst Jünger, *Jahre der Okkupation*, a.a.O. (Anm. 27), S. 153 (3. September 1945): »Rückkehrend fand ich auf meinem Schreibtisch einen langen Fragebogen des Arbeitsamtes für meinen Hausstand vor. ›Falsche Angaben werden durch die Gerichte der Militärregierung verfolgt.‹ Jetzt haben sie einen neuen Herrn. Ich wußte wohl, daß man dergleichen beibehalten würde, das Instrument ist zu bequem. Die Regierungen lösen sich wie Glieder eines Bandwurms ab; ihr Kopf, ihr intelligibler Charakter bleibt bestehen. Jede baut eine Reihe von neuen Zellen an das Gefängnis an.« Spätere ironisch-sarkastische Abrechnungen stammen von Ernst von Salomon (*Der Fragebogen*, Hamburg 1951) oder Sigmund Graff (*Goethe vor der Spruchkammer*, Göttingen 1951).
88 Dazu Dagmar Barnouw, *Gespenster statt Geschichte: Kollektivschuld und Erinnerung*, in: *Zuckmayer-Jahrbuch*, Bd. 5, 2002, S. 84.
89 Der Begriff »reeducation«, schrieb Andersch (*Das junge Europa formt sein Gesicht*, a.a.O. [Anm. 21], S. 24), klinge kaum schöner als die NS-Vokabel »Umschulung«. Man möge sich einmal klarmachen, »*wen* man rückerziehen« wolle. Wie könne abstrakte Belehrung mit den konkreten Eindrücken der letzten sechs Jahre konkurrieren, falls nicht die besten Kräfte aufgeboten würden, die politische Bildung zum Erlebnis machen? So bleibe wohl nur der selbständige Weg, »den die junge Generation Deutschlands allein zu gehen hat. Die Wandlung als eigene Leistung«.
90 Hurwitz (*Die Stunde Null in der deutschen Presse*, a.a.O. [Anm. 14], S. 148), erwähnt z.B. eigenartige Psychotests mit Alkohol.

verbot, schrittweise reduzierter Kollektivbeschuldigung, öffentlicher Reueerwartung und verschämtem Resozialisierungsversprechen auf der Basis von gewaltigem Hunger und momentaner Aussichtslosigkeit, die als Rezeptur zur moralischen Erneuerung wenig Chancen bot.

Wenn sich viele gegen die kollektive Gewissenserforschung auflehnten, taten sie es aber auch aus vitalem Selbstschutz oder dem Bewußtsein, etwas Wichtiges nicht einfach preisgeben zu dürfen. In einem klugen Aufsatz hat Gert Sautermeister herausgestellt, daß den Deutschen damals etwas abverlangt wurde, das die Gefahr öffentlicher »Wertminderung und (Selbst-)Erniedrigung« in sich trug und reflexhafte Abwehrmechanismen produzieren mußte. Er fährt fort:

> Die Abstraktheit des Richtens machte aus konkreten Subjekten mit einer besonderen Lebensgeschichte vielerorts die Objekte einer Umerziehungspädagogik, gestützt auf Demütigung, Einschüchterung und Bestrafung: so wurde denn ein Element faschistischen Geists, die totale und mit dem Schrecken gepaarte »Erfassung« der Individuen, flugs restauriert, allen antifaschistischen Absichten zum Trotz.[91]

Die psychologischen Fehler im Entnazifizierungsprogramm, von dem sich günstigstenfalls sagen läßt, es sei gut gemeint gewesen, sind genügend erörtert worden, von Hans Habe über Eugen Kogon bis Willy Brandt, der das Ganze einen »bürokratisierten Hexenprozeß«[92] nannte. Daß daraus eine gewisse nationale Trotzhaltung und zuweilen sogar falsche Solidarisierungen resultierten, war eigentlich erwartbar und mußte, von Habe bis Unruh, von Döblin bis Heym, nicht so stereotyp als Beleg für eine deutsche moralische Verstocktheit oder Renazifizierung gedeutet werden, wie es in zahlreichen Exiläußerungen, und nicht nur dort, geschah.[93] Vor allem aus der Rückschau auf eine mittelfristige

---

91 Gert Sautermeister, *Einspruch gegen die »Trauerrhetorik«*, in: Koebner/ Sautermeister/Schneider, *Deutschland nach Hitler*, a.a.O. (Anm. 20), S. 293; vgl. auch die substantielle Diagnose von Dagmar Barnouw, *Gespenster statt Geschichte*, a.a.O. (Anm. 88), S. 77-125.

92 Willy Brandt, *Links und frei*, München o.J., S. 395.

93 Man vergleiche zur exemplarischen Gegenüberstellung Klaus Manns alarmierende Befunde von 1946 (*Nazismus in Deutschland wieder im Aufwind*, in: Mann, *Auf verlorenem Posten*, a.a.O. [Anm. 62], S. 333-335) mit Alfred Anderschs gelassen argumentierender, noch heute überzeugender Lagebeurteilung (*Grundlagen einer deutschen Opposition*, a.a.O. [Anm. 74], S. 94-99). Vgl. Hans Werner Richter, *Zwischen Freiheit und Quarantäne*, in: *Der Ruf*, a.a.O. (Anm. 11), S. 109 f.

demokratische Erfolgsgeschichte der Deutschen erscheinen solche verbreiteten Kassandrarufe ein wenig schrill. Bis heute figuriert Mitscher-
lichs Titel-These von der *Unfähigkeit zu trauern* als scheinbar letztes
Wort in dieser Sache. Daß man den Verzicht auf öffentliche Zwangszer-
knirschung auch ganz anders einschätzen konnte, zeigen unaufgeregte
Äußerungen aus Frankreich, wo Raymond Aron 1949 feststellte, »kein
Volk könne auf Dauer ohne Würde leben«,[94] oder Jean Paul Sartre den
Deutschen 1947 von einer »willfährige[n] Selbstverleugnung« abriet,
die ihnen nicht jenen erwünschten »Pardon verschafft, den die Welt
ihnen gewähren kann«.[95]

Ein Dissens zwischen Inner- und Außerdeutschen wurde unausweichlich, wo jede Seite fast durchweg von den eigenen Opfern ausging
und die andere nurmehr als unangebracht wehleidig empfand. Eine
emotionale Barriere ergab sich zudem aus den Begleitumständen einer
ersten Wiederbegegnung. Die Exilanten kamen schließlich anfangs
nicht unbedingt als Kollegen, sondern – wie etwa Alfred Döblin, Hans
Habe, Stefan Heym, Curt Riess, Friedrich Wolf, Erich Weinert, Walter
Schönstedt, Klaus, Golo oder Erika Mann, Eduard Claudius, Fritz Er-
penbeck, Johannes R. Becher, Alexander Abusch oder Maximilian
Scheer – als Propaganda- wie Kulturoffiziere, Presse- oder Rundfunk-
kontrolleure, Prozeßreporter oder Berater des Militärgouvernements.
Als Chefredakteure, Herausgeber und Lizenzträger waren sie bedeutsame mediale Einflußpersonen[96] mit strikten Erziehungsaufträgen, die
in der Regel über Stellen und andere Vergünstigungen entschieden. Die
Remigranten der SBZ waren sogar Teil der Exekutive oder posierten als
kulturelle Aushängeschilder einer Diktatur, die nicht selten brutale Be-
satzungshärten legitimieren mußten. Kurz: Sie kamen manchmal als
Triumphierende und häufig als relativ Mächtige. Nicht zuletzt dieser
Umstand formte, nicht immer zum Vorteil, ihr Bild in Deutschland.

Auch waren die gegenseitigen Erwartungen zu unterschiedlich, um
überbrückt zu werden. Exemplarisch zeigt dies der Streit über Thomas
Mann, der 1945/46 den Medienwald rauschen ließ. Mögen sich in der

94 Raymond Aron, *Erwacht Deutschland schon wieder?*, in: *Der Monat*, Juni
   1949, zit. nach Thomas Keller, *Der Monat*, in: Grunewald, *Le discours européen dans les revues allemandes (1945-1955)*, a.a.O. (Anm. 11), S. 266.
95 Jean-Paul Sartre, *Der Dichter über sein Werk*, in: *Die Quelle*, Jg. 1, 1947,
   H. 2, S. 131.
96 Zu diesem Ergebnis gelangt Marita Biller (*Remigranten in der Publizistik
   im Nachkriegsdeutschland*, in: Crohn / Zur Mühlen, *Rückkehr und Aufbau nach 1945*, a.a.O. [Anm. 38], S. 274-287) zu Recht.

»Großen Kontroverse« auch manche Entgegnungen im Ton vergriffen haben, so zeugt die Auslassung des Nobelpreisträgers ihrerseits von einer Haltung, die selbst Gutwillige in Deutschland verstimmen mußte. Erich Kästner kommentierte den Vorfall damals mit dem ironischen Wortspiel, man habe hierzulande auf einen »Mann« gehofft, aber nur einen »Thomas Mann« vorgefunden, während Bassermanns spontane Rückkehrbereitschaft ihn fast zu Tränen gerührt habe.[97] Denn jetzt kam es vielen darauf an, daß die Exilanten »wir« und nicht »die« Deutschen sagten. Wer jetzt aus begünstigter Position heraus sich vor allem als Staatsanwalt gerierte, wo man so sehr der Fürsprecher bedurfte, hatte bei einem deutschen Publikum, das hungerte, fror und weitgehend perspektivlos dahinvegetierte, zunächst schlechte Karten. Dazu ein lakonischer Kommentar aus Jüngers *Strahlungen* vom 2. März 1946:

> Die kargen Rationen werden in diesem Monat auf die Hälfte gesenkt. Das ist das Todesurteil für viele, die bislang noch mühsam Schritt hielten [...]. Den Zeitungen entnehme ich, daß dieses Verhungern an vielen Stellen der Welt Befriedigung erweckt. [...]
>
> Das wäre erträglich und wird verständlich, wenn man sich mit der Tatsache abfindet, daß man den Krieg verloren hat und daß Schulden abzutragen sind. Unangenehmer sind die Landsleute, die sich einbilden, daß sie den Krieg mitgewonnen haben, wobei sie sich einer verhängnisvollen Täuschung hingeben.
>
> Das Gespräch mit solchen Gästen erinnert an die Zeiten der Gleichschaltung, in denen es mit umgekehrten Vorzeichen geführt wurde. Der Typus des Belasteten durchwandert die Systeme und mit ihm der Typus des Verfolgers, sich mit ihm ablösend, oft in derselben Person. Wenn heute die Russen einmarschierten, worauf sich schon viele vorbereiten, würden sich die Rollen erneut verteilen; davon lebt die politische Welt.[98]

Wenn bislang die Differenzen zwischen den Autoren intra et extra muros betont wurden, darf auch Verbindendes nicht vergessen werden. Las-

---

97 Erich Kästner, *Betrachtungen eines Unpolitischen*, in: Kästner, *Werke*, a.a.O. (Anm. 13), S. 518 f. In diesem Zusammenhang spricht Kästner vom »Künstlerpech«: »Den Deutschen fehlte der große, der überlebensgroße Dichter und Denker, der sich schützend, sammelnd und die Welt beschwörend hinstreckt und die Arme ausstreckt wie ein zweiter lieber Gott« (S. 518).

98 Jünger, *Werke*, Bd. 3, a.a.O. (Anm. 28), S. 625 f.

sen sich doch auch viele advokatorische Tendenzen durch Exilanten nachweisen, von Uhse bis Graf, von Feuchtwanger bis Broch, von Heinrich Mann bis Anna Seghers, die gegen Schwarzschilds Teilungspläne, Emil Ludwigs Morgenthau-Sympathien oder Hemingways blutrünstige Bestrafungsphantasien protestierten, sich dagegen wehrten, Deutschland und Hitler in eins zu setzen oder die Kollektivschuldthese ablehnten.[99]

Doch auch dies ist nur die halbe Wahrheit. Denn nicht jede Äußerung folgte der persönlichen Einsicht, sondern nicht selten schlicht parteistrategischen Leitlinien.[100] So war etwa für Kommunisten spätestens mit Stalins Diktum »Die Hitler kommen und gehen, aber das deutsche Volk, der deutsche Staat bleibt« die Diskussion beendet. Hinzu kam ein zeitliches Moment: Je länger der Weltkrieg dauerte, um so merklicher zerbrach die zuvor von einer Mehrheit öffentlich geäußerte Verbundenheit mit dem Geburtsland bzw. den darin vermuteten besseren Kräften. Denn die Gemeinsamkeitsbekundungen waren häufig unter Annahmen erfolgt, die sich zunehmend als unrealistisch erwiesen: insbesondere die Erwartung massiver Untergrundtätigkeit und eines letztlich erfolgreichen Aufstands. Als gegen Ende des Krieges immer deutlicher wurde, daß diese Hoffnungen trogen und weitere Details aus den Vernichtungslagern bekannt wurden, mehrten sich im Exil Urteile, die vom illusionistischen Vertrauen ins radikale Gegenteil umschlugen, wie Kestens Stoßseufzer belegt:

Der Lakaienwettlauf deutscher professioneller Antideutscher ist manifest genug. Nicht nur der Anbeter Mussolinis – Emil Ludwig –, nicht nur der klassische Kerr, 1914 germanischer Hunnenpatriot, schreiben täglich, um den Vansittart zu übertrumpfen. Deutsche Emigranten, die keine deutschen Chauvinisten sind, und doch nicht

---

99 Scholdt, *Autoren über Hitler,* a.a.O. (Anm. 3), S. 602-611, 615-617 (zu einem spezifischen sozialistischen Patriotismus), 619-622 (zum »Council for a Democratic Germany«).

100 Wie brüchig solche politisch erwünschte Harmonie war, offenbaren nur mühsam kaschierte Meinungsverschiedenheiten z.B. beim Schriftstellerkongreß 1947 in Berlin oder im Wortgefecht zwischen Adam Scharrer und Ehm Welk anläßlich eines Verdikts über die Daheimgebliebenen (Konrad Reich, *Ehm Welk,* Rostock, 7. Auflage, 1988, S. 331). Desgleichen strategische Diskrepanzen zwischen Johannes R. Becher und Ilja Ehrenburg (vgl. Winfried Halder, *Exilrufe nach Deutschland,* Münster, Hamburg, London 2002, S. 76).

von der Ausrottung ganzer Völker träumen, sind so selten geworden.[101]

Und der Einfluß solcher Denkweisen war nicht gering. Thomas Mann besaß weltweite Prominenz, und z.B. seine Weigerung, nach Deutschland zurückzukehren, vom *Aufbau* am 28. September 1945 demonstrativ auf der Titelseite verkündet, war eine kleine, für die Geschlagenen unangenehme Mediensensation. Erika Manns Bekanntheit in den USA belegt die Zahl von allein 90 Lesungen im Sommer 1945, und die Tendenz ihrer Ausführungen war nicht eben deutschfreundlich. Hans Habe, der, nach Amerika zurückgekehrt, mehr und mehr zu antideutschen Verdikten neigte,[102] war dort eine bekannte Größe mit Regierungskontakten. Und der bei Kollegen umstrittene Emil Ludwig galt in den USA allerdings vielerorts als Deutschland-Autorität. Seine zahlreichen Analysen dienten selbst Kongreßausschüssen als Entscheidungshilfe. Auch standen seine Empfehlungen eines unerbittlichen Friedens im Kontext ähnlicher Diagnosen von gleichfalls deutschstämmigen Publizisten[103] wie Leopold Schwarzschild, Kurt R. Grossmann, Hans Jacob, Louis Nizer, Friedrich Wilhelm Foerster, Richard M. Brickner, Paul Winkler und nicht zuletzt John Steel, der Roosevelts Annäherung an Vansittart oder Morgenthau als renommierter Deutschlandexperte popularisieren half.

Ganz ohne Einfluß war auch Carl Zuckmayer nicht, und mit ihm möchte ich schließen, als großem positiven Kontrapunkt. Dagmar Barnouw hat ihn und Erich Kästner zu Recht als bedeutende komplementäre Protagonisten eines geistigen Neubeginns gewürdigt.[104] Und es hat seinen Charme sich vorzustellen, wie der künftige politische und kulturelle Weg verlaufen wäre, wenn diese – leider unrepräsentativen – Vertreter ihres Standes noch größeren Einfluß auf die Entwicklung gehabt

---

101 Hermann Kesten, *Deutsche Literatur im Exil*, Frankfurt am Main 1973, S. 168 (Brief vom 9. Oktober 1942 an Philipp Loewenfeld). Mit einem Verzicht auf harsche Deutschenschelte hängt auch Zuckmayers relative Isoliertheit in Exilkreisen und paradoxerweise sogar seine heutige despektierliche Behandlung im veröffentlichten Bewußtsein zusammen.

102 Vgl. z.B. die Tendenz in: Hans Habe, *Amerikanische Niederlage in Deutschland*, in: *Aufbau* (New York) vom 21. März 1947, S. 1.

103 Vgl. Winkler, *Die civitas hominum als Wolkenkuckucksheim*, a.a.O. (Anm. 33), S. 93; Michael Winkler, *Deutschtum als Krankheit*, in: Michael Keßler / Rainer Funk (Hrsg.), *Erich Fromm und die Frankfurter Schule*, Tübingen 1992, S. 237-247.

104 Barnouw, *Gespenster statt Geschichte*, a.a.O. (Anm. 88), S. 125.

hätten. Beide unideologisch, beide mit bemerkenswertem sozialpsychologischen Realismus ausgestattet, beide Hoffnungsspender in schwerer Zeit.

Ein Kästner, der Leid und Leistungen der Emigranten keineswegs vergaß, sie in der Heimat wieder vertraut machen und zu gemeinsamer Verantwortung und Aufgabe zurückrufen wollte, und der dennoch selbstbewußt auf Respekt gegenüber dem gleichfalls schweren Schicksal vieler Daheimgebliebener bestand.[105] Ein Autor, der Nazis, Militärs und ihre Gefolgschaft haßte und dabei die Perspektive der zu täglichen Anpassungen erpreßten kleinen Leute nicht aus dem Auge verlor. Ein Zuckmayer, der nicht hochmütig und unfehlbar den Außenstandpunkt einnahm, sondern gerade jetzt Verständnis zeigte, zupackte, sich überhaupt einmal umfassend informierte. Der mit Kollegen im Lande sprach und korrespondierte, mit Studenten und Gefangenen diskutierte und – horribile dictu! – selbst ein SS-Lager besuchte, um die jetzigen Meinungen dieser Ideologisierten zu erkunden. Der wissen wollte, sich deshalb einfühlte, auch für sich selbst nicht ausschloß, Versuchungen ausgesetzt zu sein, und in dieser Haltung mit *Des Teufels General* ein Meisterdrama schuf, dessen Erziehungsgehalt bis heute sträflich unterschätzt wird.[106] Der nicht zuletzt die von Deutschen so ersehnte Mittlerrolle gerne akzeptierte, wie die folgenden Statements der Jahre 1944/45 beispielhaft belegen:

> Deutschland ist schuldig geworden vor der Welt. Wir aber, die wir es nicht verhindern konnten, gehören in diesem großen Weltprozeß nicht unter seine Richter. Zu seinen Anwälten wird man uns nicht zulassen. So ist denn unser Platz auf der Zeugenbank, auf der wir Seite an Seite mit unseren Toten sitzen, – und bei aller Unversöhnlichkeit, gegen seine Peiniger und Henker, werden wir Wort und Stimme immer für das deutsche Volk erheben.[107]
>
> Wir haben keinen Grund, anzunehmen, dass nicht gerade dort, wo Terror und Gewalttat ihr schändlichstes Gesicht gezeigt haben, eine tiefgehende und ehrliche Katharsis möglich ist. Die Reinigung

---

105 Auf entsprechende Verständnisverweigerungen reagierte er sarkastisch, wie z.B. in: *Gleichnisse der Gegenwart*, in: Kästner, *Werke*, Bd. 2, a.a.O. (Anm. 58), S. 153-156.

106 Differenzierend dagegen: Gunther Nickel, ›*Des Teufels General*‹ *und die Historisierung des Nationalsozialismus*, in: *Zuckmayer-Jahrbuch*, Bd. 4, 2001, S. 577-612.

107 Carl Zuckmayer, *Gedächtnisrede für Carlo Mierendorff*, a.a.O. (Anm. 38), S. 1105.

Deutschlands muss tiefgehend und gründlich sein, aber sie kann der Welt nichts nützen, wenn sie nur eine Zwangsmassnahme ist, wenn sie nicht von Innen kommt, und wenn ihr die Hilfe und das Vertrauen versagt bleibt, wie uns im Jahre 1918. Wie kann man »warten, dass etwas geboren wird«, und gleichzeitig die Geburtshilfe ablehnen? [...]

Ich sehe nichts Gutes darin, weder für Deutschland, noch für die Welt, wenn als krasser Pendelausschlag gegen den Wahnwitz des Pangermanismus nun ein ebenso krasser Antigermanismus geschaffen wird [...]: je mehr mir Amerika Heimat geworden ist [...] – desto stärker empfand ich die unzerstörbare Verbundenheit mit dem Volk, von dem ich herkomme, und den Wunsch, ihm auch in seiner schwärzesten Stunde gerecht zu werden.[108]

Oder unmittelbar nach der Kapitulation:

Unsere einzige Empfindung [...] ist heute die des leidenschaftlichen Wunsches, zu helfen und teilzunehmen. Ich denke mir oft, daß wir mit unserem andersgearteten Leben während der letzten sieben Jahre [...] ein Ausblick in die weite Welt für die eingegrenzten Menschen in ihren beengten Verhältnissen drüben sein würden – und den Amerikanern wiederum können wir eine Menge helfen, diese Welt drüben richtig zu verstehen und einzuschätzen.[109]

Welche Chance auf eine wirkliche Umerziehung hätte sich bei solcher Grundeinstellung aufgetan! Wieviel unnötiger Dissens zwischen Schriftstellern hätte vermieden werden können! Wir können die Zeit nicht mehr zurückdrehen. Aber wir sollten zuweilen Alternativen erwägen, die mir in jedem Fall glücklicher erscheinen als die schließlich vollzogenen tatsächlichen Abläufe. Gewiß hätte uns dies auch einen Teil jener ideologiekritischen Dauerlarmoyanz erspart, die seit sechs, zumindest aber drei Jahrzehnten die öffentliche Diskussion über deutsche Befindlichkeiten grundiert.

*

Die erfreulich ausgiebige wie auffallend emotionale Diskussion, die sich – häufig einen Moral- mit einem politischen Sachdiskurs vermen-

---

108 Carl Zuckmayer, *Offener Brief an Erika Mann*, in: *Aufbau* (New York) vom 12. Mai 1944, S. 7 f.
109 Carl Zuckmayer, *Brief nach Deutschland*, in: Hans Rauschning (Hrsg.), *Das Jahr '45 in Dichtung und Bericht*, München 1985, S. 184.

gend – meinem Marbacher Vortrag anschloß, veranlaßt mich zu einer
präzisierenden Nachbetrachtung, die ich ursprünglich für entbehrlich
hielt. Ich verbinde damit die Hoffnung, erwartbare künftige Auseinandersetzungen mögen sich im Kern auf *tatsächliche* Meinungsdifferen-
zen konzentrieren. Zunächst ein Wort zu den gesinnungsmäßigen Voraussetzungen der Debatte wie ihren argumentativen Folgen:

Wem es vornehmlich um Schuld, Sühne oder moralische Mahnung
zu tun ist, urteilt anders, als wer sich zentral für pragmatische Kata-
strophenanalyse, sozialpsychologische Verlaufsschemata, modellhafte
Einsichten oder gar konkrete (auch gegenwartsbezogene) Politlösun-
gen interessiert. Wer als stärksten Impuls die Notwendigkeit empfindet, der exilierten Opfergruppe umfassendste Gerechtigkeit widerfahren zu lassen, tendiert leichter dazu, den Hinweis auf politische oder
charakterliche Schwächen auch im Lager der Emigranten oder die (li-
terar-)historische Vertretung der heute vielfach dauerattackierten Daheimgebliebenen als Mangel an Sensibilität zu verdächtigen.

Nun sei eingeräumt, daß mein Vortrag – intentionsgemäß – die Akzente gegenüber den gegenwärtig üblichen Urteilen insofern etwas ver-
schob, als er auch einmal die innerdeutsche Perspektive gleichberech-
tigt und nachvollziehbar zur Geltung brachte. Dies geschah jedoch
keineswegs aus mangelndem Verständnis für die verfolgten und vertriebenen Schriftsteller. Sich in sie hineinzuversetzen, in ihre Todesangst,
Abscheu oder ihr nie mehr ganz zu beschwichtigendes Mißtrauen, fällt
mir gewiß nicht schwer, auch in manche ihrer Haß- und Rachegefühle,
die ich vermutlich angesichts vielfacher grauenhafter Schicksale geteilt
hätte. Daß sie sich nach solchen Erlebnissen, falls sie nicht einen völligen Bruch mit Deutschland vorzogen, mehrheitlich ausschließlich mit
einem radikalen (ethischen) Neubeginn zufrieden gaben und zudem
dringlich erwarteten, reumütig um Verzeihung gebeten, um Rat gefragt
und für ihre Leiden umfassend entschädigt zu werden, erscheint mir
ebenso plausibel wie manches verbitterte, in Teilen ungerechte und
weit über das Ziel hinausschießende Urteil aus ihren Kreisen, als viele
dieser Ansprüche uneingelöst blieben.

Aber Verständnis für derartige leicht erklärbare Schroffheiten oder
Verhärtungen impliziert vernünftigerweise keine sie betreffende Am-
nesie und auch keine entproblematisierende Idealisierung, die jeder Lebenserfahrung widerspricht. Und Sympathie für die Opfer heißt nicht,
aus falsch verstandener Pietät auf die Einsicht zu verzichten, daß Exilanten in nennenswertem Umfang ihrerseits prekäre Opfer ihrer eigenen
Erfahrungen wurden, die sie für den ideellen Neuaufbau nur bedingt
tauglich erscheinen lassen. Alle (Wieder-)Erziehung muß schließlich,

wo sie Erfolg haben soll, mit einem gewissen Vertrauensvorschuß geleistet werden. Furcht und Mißtrauen, so berechtigt sie nach den vergangenen Schreckenserlebnissen sein mögen, dürfen den geistigen Neuaufbau nicht dominieren. Auch ausgeprägtes Gerechtigkeitsverlangen wie fundierte und gewiß erfahrungsgesättigte Skepsis können unter Umständen bemerkenswert schlechte Ratgeber sein, wo es in einer als fast aussichtslos erscheinenden Lage zunächst einmal um praktische Hilfe und Hoffnungsvermehrung geht. »Fiat iustitia et pereat mundus« ist höchst selten ein politisches Erfolgsprinzip.

Man empfindet daher nicht exilfeindlich, wo man konstatiert: Wer schwer gelitten hat, bringt nur in Ausnahmefällen diejenige Souveränität und Offenheit mit, die eine mutige und tragfähige Zukunftsregelung erleichtert. Dies belegen zahlreiche weltpolitische Beispiele, wonach Lösungen und Aussöhnungen erst den weniger betroffenen nachfolgenden Generationen vorbehalten blieben. Wer sich, wie heute nicht selten, Exilanten nur als weitsichtige, ressentimentsfreie, allzeit grundlos befehdete Philanthropen vorstellen kann, nicht aber zugleich auch als traumatisierte Hasser mit zuweilen äußerst bedenklichen Reaktionen, befriedigt mehr sein Gutmenschentum, als er der Aufklärung dient. Brecht, der gewiß nicht an übertriebener Selbstkasteiung litt, wußte besser als seine heutigen Apologeten, warum er in eines seiner größten Exilgedichte die Verse einrückte, »Auch der Haß gegen die Niedrigkeit / Verzerrt die Züge. / Auch der Zorn über das Unrecht / Macht die Stimme heiser«, und mit den Worten endete: »Gedenkt unsrer mit Nachsicht«.[110]

Insofern wird auch die heute gängige einseitige Schuldzuweisung für die Entfremdung zwischen Emigration und Heimat der Komplexität der tatsächlichen Verhältnisse nicht gerecht. Natürlich gingen auch böse Vorurteile und manch schlechtes Gewissen allzu Angepaßter in die Debatte mit den Emigranten ein. Doch auch manchen Exilurteilen und -vorschlägen zu widersprechen, war weniger einsichtslose Selbstapologie als patriotische Solidarität mit am Boden Liegenden in einer Zeit, in der es buchstäblich um die Existenz des Restgebildes »Deutschland« und seiner Bewohner ging. Wenn Erika Mann z.B. in ihren Vorträgen wörtlich empfahl, Nachkriegsdeutschland müsse »leiden«, ihr Vater nichts dagegen hatte, daß Deutschland zehn bis zwanzig Jahre »gezüchtigt werde«, ein Emil Ludwig Mitgestaltungschancen der Deut

110 Bertolt Brecht, *An die Nachgeborenen*, in: Brecht, *Werke*, Bd. 12, a.a.O.
   (Anm. 57), S. 87.

schen vorläufig auf den Sankt-Nimmerleins-Tag verschoben wissen wollte und merkwürdigen Erziehungsidealen anhing,[111] wenn sich aufgrund solcher »Experten«-Äußerungen manchenorts in der Welt die Vorstellungen über eine deutsche Kollektivschuld, mangelnde Reue oder verbliebene Zukunftsgefahr verfestigten – Albert Einstein etwa verspottete einen ökonomischen Appell zugunsten Deutschlands als kontraproduktive »Tränencampagne«[112] –, war gewiß Einhalt geboten, weil die konkreten Folgen solcher Urteile sich schlicht in abertausend unterernährten oder verhungerten Kindern wie Erwachsenen beziffern ließen.

Aber selbst wo es nur um persönliche Wertungen oder individuelle Angriffe ging, waren Vorurteile zurückzuweisen, wie verständlich sie auch immer gewesen sein mochten. Denn bei aller »Kollektivscham«: Wer sich gegen ungerechte Schuldzuweisung nicht zur Wehr setzt, sei in Anlehnung an Martin Walser formuliert, empfindet sie nicht. Wenn ein Kurt Hiller z.B. Ernst Jünger vor das Nürnberger Gericht schleppen wollte, demonstrierte dies nicht nur seine Ahnungslosigkeit über innerdeutsche Geschehnisse im letzten Jahrzehnt. Er traf damit stellvertretend zugleich jene Identifikationsfigur, die andere auf einen neuen und besseren Weg hätte führen können.

Und zuletzt, um das Grundsätzliche auf den Punkt zu bringen: Das Kernthema der Tagung war für mich nicht die größtmögliche Würdigung des Leidens eines jeden Naziopfers, sondern die Beschäftigung mit Vorstellungen und Konzepten, die einer *zukünftigen* Problemlösung galten. Gerade die erhoffte Nutzbarkeit als Verhaltensmodell auch für aktuelle Krisen nötigt uns hier zu einer Nüchternheit, die auch vermeintlichen volkspädagogischen Wünschbarkeiten nicht nachgibt.

---

111 Emil Ludwig, *Geschichte der Deutschen,* Zürich 1945, S. 297: »Daß die Erziehung eines Volkes zu einer neuen Philosophie möglich ist, haben Lenins und Stalins Erfolge gezeigt: nach fünfundzwanzig Jahren planmäßiger Erziehung sind heut alle Russen unter vierzig Kommunisten. Dasselbe muß möglich sein mit dem Gedanken der Demokratie.«

112 Mann, *Tagebücher,* a.a.O. (Anm. 5), S. 755. Von ganz anderem analytischen und ethischen Niveau trotz beachtlicher Skepsis: Hermann Broch, *Bemerkungen zu einem »Appeal« zugunsten des Deutschen Volkes,* in: Hermann Broch, *Kommentierte Werkausgabe,* Bd. 11, Frankfurt am Main 1978, S. 428-452.

Ulrich Fröschle

Das andere Deutschland.
Zur Topik der Ermächtigung

Schöpferischer, o wann, Genius unsers Volks,
Wann erscheinest du ganz, Seele des Vaterlands?[1]

1. »Nicht das empirische Deutschland«

Deutschland hieß die Wirklichkeit, für die sie fielen. Nicht das empirische Deutschland, wie es war, sondern jenes wirklichere und wahrere Deutschland, das in der Tiefe unserer Geschichte angelegt ist, haben sie durch ihren Tod bestätigt. Dieses ihres wirklichen Opfers, das sie für eine Wirklichkeit brachten, haben wir uns würdig zu erweisen. Ihr Tod und jene Wirklichkeit, für die sie fielen, ist eins und dasselbe: denn indem sie fielen, zeugten sie für die Wirklichkeit jenes von ihnen geschauten Deutschlands.

Einem »empirische[n] Deutschland« steht in diesem Text ein anderes gegenüber, das »in der Tiefe unserer Geschichte angelegt« sein soll – die zitierte Passage entfaltet eine Oberflächen-Tiefen-Struktur, die topischen Charakter hat, mehr noch: Bei der Rede von einem solchermaßen zwiefach präsenten Deutschland handelt es sich um die typische Aktualisierung eines Topos. Es ist das Hoffnungsbild, daß sich unter dem jeweils gerade real existierenden ein »geschautes« besseres, ein wesenhaftes »anderes« Deutschland finde, das freilich von den Schlakken einer finstern Gegenwart, von trügerischen oder gar bösen Mächten befreit werden müsse, die dieses wahre und wirkliche Reich verzerren, verfälschen und unterdrücken. Insofern scheint der Topos stets mit einem ethisch-politischen Appell verbunden zu sein, der an substantielle Bestände anknüpft und dies gleichzeitig verknüpft mit der Forderung, der Schau zur Wirklichkeit zu verhelfen, d.h. die angelegten Potentiale zu verwirklichen. Ein zweites Beispiel zur Bestimmung dessen, was im folgenden als Topos des ›anderen Deutschlands‹ aufgefaßt wird:

---

1 Friedrich Hölderlin, *An die Deutschen*, in: Friedrich Hölderlin, *Gedichte nach 1800*, hrsg. von Friedrich Beissner, Stuttgart 1951 (Stuttgarter Hölderlin-Ausgabe 2,1), S. 9-11, hier: S. 11.

Ein heimlich Reich, so lag es wie vergangen,
So lag es wie im Traum und lag gefangen,
Doch einmal wussten wir, wird es geschehn,
Da wird des Volkes Wille es erwecken.
Und alle werden dann das Reich entdecken,
Das Deutschland heisst. – Deutschland wird auferstehen!

Es riefen uns die Stimmen unserer Ahnen,
Die Zukunft schien uns zu gemahnen:
›Ihr seid berufen! Deutsches Reich seid Ihr!‹
Es war das Reich, was wir in uns bewahrten.
Wie wir uns fest um unser Deutschland scharten!
Und Deutschland waren – Deutschland wurden: Wir!

Hier scheint es – wieder grammatisch in der Vergangenheitsform ge-
sprochen, doch für die Gegenwart gemeint – nur ein »heimlich«
Deutschland zu geben, das jedoch auch in diesem Fall als Potential der
Verwirklichung harrt: »In unsern Herzenstiefen« liegt es, wie es in dem
Gedicht weiter heißt, »wartend in der Dunkelheit«. Das erste Beispiel
für den Topos eines ›anderen‹, dem empirischen entgegengesetzten
Deutschland stammt von dem Philosophen und Pädagogen Alfred
Baeumler, und zwar aus einer Rede, die er am 18. Januar 1930, am
›Reichsgründungstag‹, vor Studenten der ›Deutschen Studentengemein-
schaft‹ in Dresden gehalten hatte. Veröffentlicht wurde sie in dieser
Form erst 1934 in der Reichshauptstadt, als Baeumler bereits ein wich-
tiger nationalsozialistischer Funktionsträger geworden war.[2] Das
zweite Beispiel wiederum ist der Schluß eines Gedichts des Poeten und
Kommunisten Johannes R. Becher; erstmals 1942 gedruckt, erschien es
Mitte 1943 im Rahmen seines Gedichtbandes *Dank für Stalingrad* im
Moskauer Verlag für fremdsprachige Literatur.[3] Es ist gewiß kein Zu-

---

2 Alfred Baeumler, *Der Sinn des Großen Krieges*, in: Alfred Baeumler, *Män-
   nerbund und Wissenschaft*, Berlin 1934, S. 1-29, hier: S. 19 f.; zu Baeumler
   vgl. Christian Tilitzki, *Die deutsche Universitätsphilosophie in der Weimarer Republik und im Dritten Reich*, Berlin 2002, S. 545-583 und öfter.

3 Johannes R. Becher, *Wo Deutschland lag ...*, Erstdruck in: *Internationale
   Literatur. Zentralorgan der Internationalen Vereinigung Revolutionärer
   Schriftsteller*, Jg. 12, 1942, Nr. 10; vgl. Johannes R. Becher, *Gedichte 1942-
   1948*, Berlin, Weimar 1967 (Gesammelte Werke 5), S. 78, Kommentar
   S. 783; zu Becher vgl. Alexander Behrens, *Johannes R. Becher. Eine politi-
   sche Biographie*, Köln u.a. 2003, zum Moskauer Exil besonders S. 190-
   223; Jens-Fietje Dwars, *Abgrund des Widerspruchs. Das Leben des Johannes
   R. Becher*, Berlin 1998, S. 357-499.

fall, daß Bechers Gedicht in demselben Jahr auch in der Zeitschrift *Freies Deutschland* abgedruckt wurde, dem Organ der gleichnamigen kommunistisch dominierten ›Bewegung‹ im mexikanischen Exil,[4] die sich in einer gewissen Konkurrenz zu der älteren, an der Sozialistischen Arbeiterpartei Deutschlands orientierten südamerikanischen Exilorganisation ›Das Andere Deutschland‹ und deren gleichnamiger Zeitschrift befand.[5] Die Positionen der eingangs zitierten Texte und ihrer Autoren könnten somit konträrer nicht sein: Hier der in ein Zentrum der nationalsozialistischen Macht im Umfeld Alfred Rosenbergs gelangende Ordinarius, dort das ›linke‹ Exil jenseits des Atlantiks bzw. im Herzen des Kommunismus, in Moskau. Das ›andere‹ Deutschland des späteren Nationalsozialisten Baeumler lag freilich während der Weimarer Republik im Geist der Frontsoldaten, den es Anfang 1930 noch immer erst durch eine »junge« Generation in die Realität hinein zu entfalten galt. 1934, als Baeumlers Rede im Druck erschien, wähnte er mit vielen weiteren Intellektuellen dieses ›andere‹ Deutschland mit der Machtübernahme Hitlers endlich offenbar geworden. Der ins Exil gezwungene Kommunist Becher hingegen definierte zwölf Jahre später den näheren Standort des eigentlichen Deutschland – dem eigenen Standpunkt entsprechend – in seinem bereits zitierten Gedicht ganz anders als Baeumler:

> Und dort lag Deutschland: in den Feldpostbriefen,
> In wehen Schreien, die nach Frieden riefen –
> Dort, dort lag Deutschland all die schwere Zeit.
> Und dort lag Deutschland: hinter jener Mauer,
> Wo der Gefangene, die Todesschauer
> Verachtend, schritt zum Richtblock, stolz wie nie!
> Und dort lag Deutschland: in der Mütter Trauer,
> In ihnen lag ein Deutschland ewiger Dauer.
> Die Antwort lautet: Deutschland waren sie![6]

---

4 *Freies Deutschland. Revista Antinazi · Antinazi Monthly* (Mexico), Jg. 2, 1943, Nr. 5, S. 10. Zu dieser Zeitschrift vgl. u.a. Fritz Pohle, *Das mexikanische Exil. Ein Beitrag zur Geschichte der politisch-kulturellen Emigration aus Deutschland*, Stuttgart 1986 (Germanistische Abhandlungen 60), S. 119-383.
5 Vgl. dazu im folgenden den vierten Abschnitt.
6 Im Zusammenhang: »Wie viele sind's, die deutsche Namen tragen / Und sprechen deutsch … Doch wird man einstmals fragen / Wo Deutschland war in all der schweren Zeit? / Wo Deutschland lag in jenen dunklen Tagen? / Wo hat am reinsten Deutschlands Herz geschlagen / Für Deutsch-

Dem Reich der Nationalsozialisten – »*sie* waren Deutschland *nicht*« – wird aus dem Exil heraus jede Legitimität bestritten, seine Repräsentationsbefugnis und symbolische Existenz negiert, durch die Rede in der Vergangenheitsform letztlich sogar sein reales Ende vorweggenommen. Jenem ›anderen‹ beschworenen Deutschland »ewiger Dauer« inner- und unterhalb des offiziösen Reiches aber schließt Bechers Gedicht mit dem eingangs zitierten »Deutschland waren – Deutschland wurden: wir!« die externe Position des Emigranten an und ein. Frappierend ist an diesem Text des kommunistischen Moskauer Exils der – redetaktische Bezüge überschreitende – Rekurs auf den Reichsmythos, und zwar just den eines »heimlichen« Reiches, das »wie im Traum [...] gefangen« lag. Worauf damit rekurriert wird – das sei an dieser Stelle zunächst nur vermerkt –, ist jener Kyffhäuser-Mythos des im Berge schlafenden Kaisers, der seinen Ausgang von dem in Sizilien residierenden Staufer Friedrich II. nahm, ein Faktum, das der Historiker Ernst Kantorowicz in einer großen Biographie in der Zwischenkriegszeit aufgegriffen und mit einer spezifischen, wiederum einschlägigen Deutung des George-Kreises verknüpft hatte.[7] Es eröffnet sich also, ausgehend von den beiden zitierten Beispielen, gleich im Eingang ein ganzes Spektrum höchst verschiedener weltanschaulicher Kontexte – bei einer gleichzeitig höchst verstörenden Ähnlichkeit der Redeweisen, die aus dem Topos des ›anderen Deutschland‹ entwickelt werden.

lands wahre Machtvollkommenheit? // Wo Deutsche sich zu Raub und Mord bekannten / Und sich zu Führern Deutschen Reichs ernannten, / Lag Deutschland dort? War Deutschland dort gelegen, / Wo Deutsche Deutschland unterworfen haben, / Und zogen aus, um Deutschland zu begraben, / Und Deutschland starb und darbte ihretwegen? // Und waren Deutschland sie, die unternahmen / Ein blutiges Geschaeft in Deutschlands Namen / Und hielten es für deutsche Ehrenpflicht, / Dass sie mit Galgen fremdes Land bebauten? / Dort lag nicht Deutschland, wird die Antwort lauten. / Die Antwort heisst: *sie* waren Deutschland *nicht*! // Wo Deutschland lag? In unsern Herzenstiefen, / Dort lag es, wenn wir wachten, wenn wir schliefen, / So lag es wartend in der Dunkelheit. / Und dort lag Deutschland: in den Feldpostbriefen, / [...] Die Antwort lautet: Deutschland waren sie! // Ein heimlich Reich, so lag es wie vergangen /[...] Und Deutschland waren – Deutschland wurden: Wir!« (vgl. Anm. 5).

7　Ernst Kantorowicz, *Kaiser Friedrich der Zweite*. Berlin 1927; vgl. dazu die Ausführungen im letzten Teil dieses Aufsatzes.

2. Das ›andere Deutschland‹ als Topos

2.1. Zur Funktionsweise eines Topos

Ist somit das Bild eines »anderen« Deutschlands – sei es nun ein »heimliches« wie bei Becher, sei es ein »wirklicheres« und »wahreres« wie bei Baeumler – eine rhetorische Leerformel, die von Kommunisten, Sozialisten, Sozialdemokraten, Konservativen aller Schattierungen und Nationalsozialisten gleichermaßen phrasenhaft zu jeder Gelegenheit und Zeit verwendet werden kann? Dann wäre dies ein »Topos« im oftmals abwertend verstandenen Sinne eines »Gemeinplatzes«. Ein Topos, um kurz auf den Begriff aus der klassischen Rhetorik einzugehen, ist seiner Grundbedeutung nach ein »Fundort« für Argumente, den der Redner aufsucht. Der Romanist Ernst Robert Curtius, der mit seiner Arbeit *Europäische Literatur und lateinisches Mittelalter* 1947 die moderne Topos-Forschung angestoßen hat, verdeutlicht dies an Beispielen:

> [E]in *topos* allgemeinster Art ist ›Betonung der Unfähigkeit, dem Stoff gerecht zu werden‹; ein *topos* der Lobrede: ›Lob der Vorfahren und ihrer Taten‹. Im Altertum wurden Sammlungen von solchen *topoi* angelegt. Die Lehre von den *topoi* – Topik genannt – wurde in eigenen Schriften behandelt.
>
> Die *topoi* sind also ursprünglich Hilfsmittel für die Ausarbeitung von Reden. Sie sind, wie Quintilian [...] sagt, ›Fundgruben für den Gedankengang‹ [...].

Im Laufe der historischen Entwicklung, so die bisweilen kritisierte These Curtius', »gewinnen auch die *topoi* eine neue Funktion. Sie werden Klischees, die literarisch allgemein verwendbar sind, sie breiten sich über alle Gebiete des literarisch erfaßten und geformten Lebens aus«.[8] Topoi sind aber zunächst einmal sprachliche Raster und Speicher zugleich, d.h. ein Topos kann auf einer basalen Ebene nicht nur als Suchformel für Argumente dienen, sondern in charakteristischen, »einleuchtenden« Wendungen auch ein bestimmtes Potential argumentativer Ak-

---

8 Ernst Robert Curtius, *Europäische Literatur und lateinisches Mittelalter*, 11. Auflage, Tübingen, Basel 1993, S. 79 f. Zur Grundlegung einer modernen Topik vgl. noch immer Lothar Bornscheuer, *Topik. Zur Struktur der gesellschaftlichen Einbildungskraft*, Frankfurt am Main 1976. Der Topos von einem ›anderen Deutschland‹ fungiert auch als literarisches »Klischee« im Sinne von Curtius (der dies nicht abwertend meinte); dem kann hier jedoch nicht nachgegangen werden.

zeptanz speichern und beim Rezipienten typische Reaktionen aufrufen.[9] In einem ersten Schritt wäre die Frage nach einem ›anderen‹
Deutschland tatsächlich als eine solche verhältnismäßig inhaltsoffene
»Suchformel« für Argumente im politischen Redefeld zu begreifen,
denn sie eröffnet ein Differenzschema, mit dem sich das jeweils real
existierende Deutschland nach negativen Merkmalen abklopfen und in
komplementärer Entgegensetzung positive Eigenschaften oder Potentiale als bessere Option postulieren lassen. Die Speicherfunktion dieses
Topos zeigt sich nicht zuletzt in seinem implizit auch appellativen Charakter bzw. den damit verknüpften expliziten Appellen, wie an den zitierten Beispielen zu sehen war. Man könnte diese Funktion des Topos
vom ›anderen Deutschland‹ pointierter mit Aby Warburgs Begriff der
›Pathosformel‹ charakterisieren: Im konkreten Sinn erfaßt sie bei Warburg bestimmte Ausdrucksgebärden, etwa solche des Schmerzes oder
der Lust, die in Bildern immer wieder auftauchen und in ihrer Verwendung nicht allein einen Typus zitieren, sondern vielmehr ein energeti-
sches Potential beim Betrachter ansprechen. Die ›Pathosformel‹ konstituiert gewissermaßen ein »Ereignis«, das von jedem Rezipienten stets
neu erfahren – nach Warburg: erlitten – wird.[10] In einer Nachlaßnotiz
bringt er auch das Bild einer »Energieconserve« auf,[11] das diese Eigenschaften des Topos plastischer ausdrückt; vor allem aus den Energetik-
Diskursen um 1900 heraus ist hier die ›Pathosformel‹ gleichsam »mit
Strom« aufgeladen. Die Verwendung solcher Begriffe im vorliegenden
Zusammenhang ist ganz in Warburgs Sinn zu verstehen: Der Topos
vom »anderen Deutschland« aktiviert zum einen als verbal codierter
komplexer Schlüsselreiz das spezifische Leidenspotential des jeweiligen
Adressaten bzw. Rezipienten und aktualisiert dieses als Ereignis in dessen persönlichem Fall – das Leiden am je real existierenden Deutschland. Zum anderen ermöglicht es der Topos als »Energieconserve«, im

9 Vgl. dazu auch Niklas Luhmann, *Die Gesellschaft der Gesellschaft*, Frankfurt am Main 1997, S. 317: Wiederverwendung, Verdichtung und Abstra-
   hierung bestimmter verbaler Kommunikationselemente machen diese zu
   »symbolisch generalisierten Medien«, die »ihrerseits dann wieder die
   Annahme- bzw. Ablehnungswahrscheinlichkeiten« konditionieren.
10 Aby Warburg, *Dürer und die italienische Antike* [1906], in: Aby Warburg,
   Ausgewählte Schriften und Würdigungen, hrsg. von Dieter Wuttke, Baden-
   Baden 1979, S. 125-135, hier: S. 126.
11 Zit. nach Ernst H. Gombrich, *Aby Warburg. Eine intellektuelle Biographie*, Frankfurt am Main 1981, S. 327: »Energieconserve – Symbol«; diese
   Notiz bündelt Warburgs Symbolbegriff. Für den Hinweis danke ich Michael
   Neumann (Dresden).

Versprechen eines ›anderen Deutschland‹ die implizite Leidensqualität zur Handlungsanweisung zu transformieren – jenes ›andere Deutschland‹ zur Verwirklichung zu bringen. Freilich ergibt sich daraus fast zwangsläufig auch eine gewisse pragmatische Ergebnisoffenheit des Topos: er ist nicht so determinierend, daß er ganz bestimmte, etwa politisch festgelegte Schlußfolgerungen erzwingen müßte. »Charakteristisch ist vielmehr«, wie Karl Heinz Göttert generell anmerkt, »daß *derselbe* Topos *unterschiedlichen* Zielen dienen kann, für ein *bestimmtes* Ziel also allererst zubereitet werden muß«.[12] Freilich ist solche »Zubereitung« nicht nur Ergebnis einer umgesetzten Intention, sie folgt meist einer Dynamik, die der Diskurs konstituiert, d.h. die jeweiligen Aktualisierungsformen sind immer auch bedingt durch Umformierungen des diskursiven Felds.[13] Die soziale Energie, die der Topos des ›anderen Deutschlands‹ bindet und speichert, ist, metaphorisch gesprochen, »reine Energie«, die nur dort politische Spannung erzeugen und wirksam werden kann, wo die Rezipienten die entsprechenden Rezeptoren für diesen Topos in gleich welcher Ausrichtung haben, d.h. wo noch an irgendeinem Deutschland gelitten wird und mithin das nationalstaatliche Paradigma virulent ist. Bevor im folgenden solche pragmatischen Umformierungen für diverse Arten des Leidens an Deutschland untersucht werden, ist der Topos jedoch in einer weiteren Perspektive zu beleuchten.

2.2. Die Funktion des Topos in anthropologischer Perspektive

Die Redeweise vom ›anderen Deutschland‹ gründet in ihrer formalen Struktur – wie dies Curtius bereits 1947 für einige Topoi grundsätzlich angedeutet hat – auf anthropologisch zu beschreibenden Kategorien. Curtius bemühte seinerzeit Carl Gustav Jungs Konzept der ›Archetypen‹ des kollektiven Unbewußten, »präexistenten Formen, [...] die erst sekundär bewußtwerden können und den Inhalten des Bewußtseins festumrissene Form verleihen«.[14] Ging der Psychoanalytiker da-

---

12 Karl Heinz Göttert, *Einführung in die Rhetorik. Grundbegriffe – Geschichte – Rezeption*, 3. Auflage, München 1998, S. 35.

13 Bornscheuer, *Topik*, a.a.O. (Anm. 8), auf dem das bis hierher entwickelte Verständnis aufbaut, versteht als Topos einen »in einem bestimmten soziokulturellen Kommunikationsgefüge relevante[n] Standard«, der unter den Aspekten der Symbolizität, Habitualität, Potentialität und Intentionalität zu betrachten ist (S. 208 f.).

14 Vgl. Carl Gustav Jung, *Archetyp und Unbewußtes*, 4. Auflage, Olten 1990 (Grundwerk in neun Bänden 2), S. 77-125, hier: S. 115. Er verweist ebd.

von aus, daß solche Archetypen angeboren seien,[15] und war dies für Curtius nur im Hinblick auf einzelne, spezifische Topoi wichtig, verfolgt etwa Peter Oesterreich heute mit seiner *Fundamentalrhetorik* einen kulturalistischen Ansatz, der generell die »topische Verfassung der Lebensweltbilder« in den Blickpunkt stellt.[16] Dies ist im einzelnen hier nicht auszuführen; es geht vielmehr um den Aufweis, daß und wie der Topos des ›anderen Deutschland‹ als Denkfigur ein typisches operatives Element grundsätzlich polemisch strukturierter Weltbilder darstellt und an spezifische Lagen gebunden ist. Panajotis Kondylis führt in seinem Buch *Macht und Entscheidung* – in zugespitzter Form auch in einem Beitrag zum *Handbuch des pragmatischen Denkens* – aus,[17] wie Weltbilder auf Absonderungsakten im Sinne einer Ent-Scheidung beruhen. Dieser Ent-Scheidung, der komplexen Sinneseindrücke etwa, verdankt das einzelne Subjekt »seine Welt und gleichzeitig seine Identität und konkrete Sehweise«.[18] Jeder dieser vorbegrifflichen und begrifflichen Absonderungsakte, die auch die dem Subjekt zur Disposition stehenden Alternativen allererst hervorbringen, ist nach Kondylis auf einer grundlegenden Ebene Machtanspruch: Das Subjekt verbindet »den Sinn der Welt mit der eigenen Stellung in ihr«.[19] Dabei ist von normativistischen Aufladungen im Sinne einer »Verurteilung« solchen Machtanspruchs abzusehen, denn Kultur zeichnet sich u.a. durch eine »Entkoppelung von Macht und Gewalt(ausübung) aus«, d.h. Macht kann »hier durch bloß ideelle Mittel seitens des physisch Unterlege-

(S. 114) auf analoge Begriffsbildungen bei Lucien Lévy-Bruhl (›représentations collectives‹), Hubert und Mauss (›Kategorien der Imagination‹) und im 19. Jahrhundert bei Adolf Bastian (›Elementargedanken‹).

15 Ebd., S. 115: »Das kollektive Unbewußte entwickelt sich nicht individuell, sondern wird ererbt«.

16 Peter L. Oesterreich, *Fundamentalrhetorik*, Hamburg 1990, S. 74-82. Bereits Bornscheuers *Topik*, a.a.O. (Anm. 8), verfolgt im Rückgriff auf Panofsky über Bourdieu einen kulturalistischen Ansatz, der sich mit der Funktion von Topoi im gesellschaftsgeschichtlichen Prozeß der Mentalitätsbildung befaßt (S. 96 f.; vgl. auch seine Schlußbemerkung S. 207-210).

17 Panajotis Kondylis, *Macht und Entscheidung. Die Herausbildung der Weltbilder und die Wertfrage*, Stuttgart 1984; Panajotis Kondylis, *Wissenschaft, Macht und Entscheidung*, in: Herbert Stachowiak (Hrsg.), *Pragmatische Tendenzen in der Wissenschaftstheorie* (Pragmatik. Handbuch pragmatischen Denkens 5), Hamburg 1995, S. 81-101.

18 Kondylis, *Macht und Entscheidung*, a.a.O. (Anm. 17), S. 17.

19 Kondylis, *Wissenschaft, Macht und Entscheidung*, a.a.O. (Anm. 17), S. 85.

nen« ausgeübt werden.[20] »›Geistiges‹ Leben, nämlich die Art und Weise, wie Ideen erworben und verbreitet werden«, gehorcht aber prinzipiell »den gleichen Gesetzen wie alle anderen Erscheinungen des sozialen Lebens, und demgemäß verschränkt es sich nicht weniger als diese mit dem Selbsterhaltungstrieb und -bestreben, mit dem Machtanspruch und -kampf«.[21]

Die Formel von einem ›anderen Deutschland‹, das im ›Innern‹, in der ›Tiefe‹, in der ›Dunkelheit‹, im ›Verborgenen‹ liegt, ist vor diesem Hintergrund nicht nur als ein einfacher Topos im bereits ausgeführten Sinn zu verstehen; sie scheint sich immer dort – in je aktualisierter und zubereiteter Form – zu häufen, wo es gilt, den Machtanspruch der »eigenen Identität innerhalb des mit ihr verwachsenen Weltbildes« zu behaupten, und dies besonders prägnant in »Zeiten, in denen die Selbsterhaltung besonders gefährdet und besondere Selbstdisziplin vonnöten ist«.[22] Der Topos würde damit genuin dem polemischen Inventar einer Art von ›Niederlagendenken‹ zugehören,[23] das sich seiner zur Verwindung und Überwindung von Ohnmachts- und Krisenerfahrungen, aber auch zur Mobilisierung und Wiedergewinnung von Machtpositionen bedient, selbst wenn manche seiner Zubereitungen diesem auf den ersten Blick zu widersprechen scheinen.

Es ist nun nach einigen ausgewählten historisch konkreten Aktualisierungsformen des Topos zu fragen,[24] um daran exemplarisch zu überprüfen, wie die verschiedenen Formierungen eines ›anderen Deutschland‹ im bisher ausgeführten Sinn als Weltbildoperationen funktionieren, wie ihr jeweiliger Machtanspruch sich gestaltet, welche Ohnmachtserfahrungen verarbeitet werden und wie der Topos in bestimmten Lagen bzw. Kontexten als mobilisierende ›Pathosformel‹ wirkt. Schließlich wird sich dabei zeigen, daß und wie die Rede vom ›anderen Deutschland‹ aus dem Bereich gewaltentkoppelter geistiger Sublimation und Selbsterhaltung in eine Rückkoppelung »von Macht und Gewalt(ausübung)« umschlagen kann.

20 Ebd., S. 83.
21 Kondylis, *Macht und Entscheidung*, a.a.O. (Anm. 17), S. 83.
22 Ebd., S. 26 f.
23 Vgl. Wolfgang Schivelbusch, *Die Kultur der Niederlage. Der amerikanische Süden 1865. Frankreich 1871. Deutschland 1918*, Berlin 2001.
24 Es kann z.B. nur am Rand auf die Erscheinungsformen des Topos in Westdeutschland und deren Erfolg bzw. Mißerfolg eingegangen werden; dies bedürfte eines weiteren Ausholens, auch aufgrund der differenten Öffentlichkeitsstruktur.

3. Der ›Andere Deutsche Staat‹

In einer kleinen Studie über *Die Legende vom anderen Deutschland*
befaßte sich der Hallenser Philosoph Manfred Riedel 1994 mit einer
der neuesten Aktualisierungen dieses Topos,[25] die, wenn dessen Funktion richtig bestimmt wurde, nicht zufällig mit einer klar lokalisier-
baren Krise eng verknüpft ist, und zwar mit einer realpolitischen und
sozialen ebenso wie mit einer weltanschaulichen Krise: Als 1989 der
Kollaps der DDR offenbar wurde, trieb dies in einem u.a. von Christa
Wolf mitverfaßten Aufruf *Für unser Land* eine Variation der Denkfigur
vom ›anderen Deutschland‹ hervor, deren Position im ›Feld der Macht‹
(Bourdieu) diffizil erscheint. In dem Aufruf hieß es aus einer klassischen Notwehrposition geistiger ›Eliten‹ gegenüber einem faktenschaf-
fenden ›Volk‹ heraus, der »Alternativcharakter der DDR als Der Andere Deutsche Staat« müsse »nicht nur gewahrt, sondern eigentlich erst
hergestellt werden«,[26] eine Redeweise, deren »ideologisch ›reine[n]‹
Widerspruch« freizulegen Riedels Anliegen war; er zeigt in seiner Analyse, auf die nur kurz verwiesen sein soll, wie der Fortgang jener sich in
sich selbst widerstrebenden Argumentation überdies harte Realität zu
verschleiern sucht, gleichzeitig aber enthüllt: Auf eine fortgesetzte
»Präsenz sowjetischer Streitkräfte in der DDR [...] vor allem als Stabili-
sierungsfaktor« wird in dem Aufruf gepocht.[27] Damit offenbart sich
diese jüngere Aktualisierungsform des Topos vom ›anderen Deutschland‹ in seiner widersprüchlichen Form als Symptom für eine noch
unklare, krisenhafte Herrschaftssituation, in der und aus der heraus gesprochen wird: Der Topos kann hier keine Wirksamkeit als ›Pathosformel‹ entfalten, da die ihn aufgreifenden Intellektuellen noch zu sehr mit
der alten Macht kontaminiert sind, auch wenn sie diese kritisch gesehen haben mögen – sie selbst geraten in deren Dekomposition auf
eine schiefe Ebene, und der Aufruf verpufft: er verfehlt die Adressaten.
    Die DDR als der friedliebende ›andere‹ deutsche Staat hatte sich ge-
genüber dem westdeutschen Teilstaat stets auch als Verwirklichung
einer Konzeption des ›anderen Deutschlands‹ zu legitimieren versucht,
die einerseits u.a. auf die Weimarer Klassik als rechtmäßiges »Erbe«
rekurrierte und sich andererseits gegen einen Feind, »den« Faschismus
und dessen »Verursacher«, definierte. Als etwa Otto Grotewohl am

25 Manfred Riedel, *Die Idee vom anderen Deutschland. Legende und Wirk-
     lichkeit*, Kassel 1994 (20. Kasseler Hochschulwoche 16).
26 Zit. nach ebd., S. 13.
27 Ebd.

24. März 1950 mit seiner Rede ›Die Regierung ruft die Künstler‹ die Deutsche Akademie der Künste in Berlin eröffnete, stützte auch er sich auf den Topos vom ›anderen Deutschland‹, wobei der Schwerpunkt seiner Neukonturierung auf dem Anschluß an jenes legitime »Erbe« lag:

> Das Bild der deutschen Nation war schon lange in den Werken seiner Künstler, seiner Dichter, Maler und Musiker vorgezeichnet, als schließlich die deutsche Einheit durch Bismarcks Blut-und-Eisen-Politik erzwungen wurde. Auch die Epoche der deutschen Klassik, mit Weimar als kulturellem Mittelpunkt, trug zur Entwicklung und Gestaltung des deutschen Nationalbewußtseins bei. Die Werke Lessings, Goethes, Schillers, Heines gaben unserer Nation in den Augen der Welt Umriß und Form und bilden unser kostbares Erbe.

Diese Passage zeichnet das reine Bild einer geistig geeinten Nation, die sich von der preußischen Machtpolitik in eine Zwangsjacke gepreßt fand,[28] und es ist wieder kaum Zufall, daß die Argumentationsfigur in einer Einleitung zur Sammlung von zwölf Grotewohl-Reden aufgegriffen wurde, die der ›Nationalautor‹ der DDR, Johannes R. Becher, verfaßt hatte.[29] Auch er war – ähnlich wie Baeumler zwölf Jahre früher – in einem Zentrum der Macht angelangt, die sich als endliche Offenbarung eines ›anderen Deutschland‹ verstand. An dieser Stelle nimmt nun die Frage nach dem Funktionieren des bezeichneten Topos, der ja einem krisenhaften Denken aus Positionen der Ohnmacht oder zumindest der Gefährdung zugeordnet wurde, eine interessante Wendung. Im nationalsozialistischen Deutschland konnte der zuvor auch im Feld der »konservativen Revolution« präsente Topos[30] nach der Machtüber-

---

28 Zu den Filiationen im 19. und frühen 20. Jahrhundert vgl. die knappen Hinweise bei Riedel, *Die Idee vom anderen Deutschland*, a.a.O. (Anm. 25), S. 34-38.

29 Otto Grotewohl, *Die Regierung ruft die Künstler*, in: *Deutsche Kulturpolitik. Reden von Otto Grotewohl*, Dresden 1952, S. 121-137, hier: S. 122 f.; ›Einleitung‹ des Nationalpreisträgers Becher S. V-XV, hier: S. XII. Zu Becher als ›Nationaldichter‹ vgl. Walter Schmitz, *Johannes R. Becher – der ›klassische Nationalautor‹ der DDR*, in: Günther Rüther (Hrsg.), *Literatur in der Diktatur: Schreiben im Nationalsozialismus und DDR-Sozialismus*, Paderborn u.a. 1997, S. 303-342. Zum Rekurs auf die Klassik vgl. den Überblick von Ingeborg Cleve, *Weimarer Klassik in der DDR. Ein Forschungsprojekt*, in: Heiner Timmermann (Hrsg.), *Die DDR – Analysen eines aufgegebenen Staates*, Berlin 2001, S. 409-419.

30 Vgl. Anm. 28.

nahme Hitlers nur eine periphere Rolle in der politischen Rhetorik des neuen Regimes spielen, allenfalls im Sinne einer historischen Legende der ›Bewegung‹, die sich als Repräsentantin des ›eigentlichen‹, vormals ›anderen‹ Deutschland 1933 ans Ziel gekommen sah: Es gab nun in der NS-Perspektive kein solches ›anderes‹ Deutschland mehr, sondern nur noch die unter dem Führer Hitler geeinte Nation. Mobilisierungs- und Pathosformeln wie die Beschwörung des ›Aufbruchs der Nation‹ eigneten sich besser, um auf fortgesetzter Dynamik der ›Bewegung‹ zu insistieren;[31] sehr verbreitet waren auch Topoi der Jugendfrische wie die ›Junge Welt‹ oder die Wendung vom ›neuen Deutschland‹.[32] Mit einer Formulierung Gert Uedings könnte daher ein Funktionsverlust des Topos vom ›anderen Deutschland‹ im NS-System konstatiert werden:

> Wenn ein Topos nichts anderes mehr zeigt, als daß eine Gestalt des politischen Lebens alt geworden ist, wenn er also nur noch eine vergangene Handlung nachträglich zu begründen vermag, hat er sein politisches Existenzrecht verloren. Denn er ist zu schwach geworden, um noch die Erwartungsaffekte des Publikums […] erregen und damit handlungsinitiierend wirken zu können.

Dies gilt freilich nur für die kontrollierte Öffentlichkeit des ›Dritten Reichs‹, wie noch auszuführen bleibt. Anders war das zunächst in der DDR – hier konnte der Topos vom ›anderen‹ Deutschland offensicht-

---

31 Vgl. Ulrich Fröschle, »*Radikal im Denken, aber schlapp im Handeln*«? *Franz Schauwecker:* »*Aufbruch der Nation*« *(1929)*, in: Thomas F. Schneider / Hans Wagener (Hrsg.), *Von Richthofen bis Remarque. Deutschsprachige Prosa zum I. Weltkrieg*, Amsterdam, Atlanta/ GA 2003 (Amsterdamer Beiträge zur neueren Germanistik 53), S. 261-298.

32 Das ›neue Deutschland‹ ist in den zeitgenössischen Printmedien als Begriff neben ›Deutschlands Erneuerung‹ allenthalben zu finden; *Junge Welt* hieß die ›Reichszeitschrift der Hitler-Jugend‹; vgl. Tatjana Schruttke, *Die Jugendpresse des Nationalsozialismus*, Köln, Weimar, Wien 1997 (Medien in Geschichte und Gegenwart 9), S. 65 f., 164. Interessante Filiationen ergaben sich nach 1945: Der Hauptschriftleiter des HJ-Organs, Herbert Reinecker, wurde in der Bundesrepublik ein erfolgreicher Filmautor, während der Name der Zeitschrift von der HJ an die FDJ überging: Die *Junge Welt* erhielt nun den Untertitel ›Zentralorgan der Freien Deutschen Jugend‹ (1. Jg., 1947) bzw. ›Organ des Zentralrats der FDJ‹. Nach der ›Wende‹ firmierte sie kurz als ›Linke sozialistische Jugendzeitung‹; heute schmückt sich eine mit der PDS sympathisierende Tageszeitung mit dem Namen des HJ- bzw. FDJ-Blattes. Parallel existierte in der SBZ/DDR von 1947 an eine ›Zeitung der Jugend‹ *Junge Welt*, aus der die *Jungle World* hervorging.

lich in die offiziöse Sprechweise der Macht integriert werden: Im Grunde organisierte er in der Form eines zum Mythos geronnenen ›Antifaschismus‹ zu einem großen Teil die politische Rhetorik des Staats zwischen ›Oder-Neiße-Linie‹ und bewachter Westgrenze.[33] Möglich war dies, weil sich die polemische Struktur des Topos auf den westlichen Teil Nachkriegsdeutschlands unter US-amerikanischer Hegemonie anwenden und übertragen ließ, einen Staat, der überdies selbst noch den Machtanspruch anmeldete, ›Rechtsnachfolger‹ des Deutschen Reichs und somit Realrepräsentation *eines* Deutschland zu sein, das per se stets Anspruch auch auf den sozialistischen Teil anzumelden schien. Verbunden mit dem marxistischen Befund, daß es die kapitalistischen Strukturen waren, die ›Imperialismus‹ und ›Faschismus‹ hervorgetrieben hätten, ist es in diesem Weltbild folgerichtig, den westlichen Teilstaat als bedrohlichen Feind zu bestimmen, als ideologische Verkleidung einer aggressiven Expansionspolitik durch den »amerikanischen Imperialismus und seine deutschen Knechte«.[34] Demgegenüber konnte man sich – gleichsam in fortgesetztem ›antifaschistischem Widerstand‹ – als friedliebendes, besseres, eigentliches und damit ›anderes‹ Deutschland definieren, dem auch im Westen zur Verwirklichung zu verhelfen war:

> Dank der Hilfe der Sowjetunion konnten im Osten Deutschlands die fortschrittliche demokratische Staatsordnung unserer Deutschen Demokratischen Republik als Bollwerk des nationalen Befreiungskampfes geschaffen und die stolzen und weithin sichtbaren Erfolge unseres Aufbaues errungen werden.[35]

33 Der ›Antifaschismus‹, der sich in seinem ›Anti-‹ stets als das bessere ›Andere‹ konstituiert, ist die idealtypische ideologische Zurichtung des polemischen Topos; zu seiner Legitimierungsfunktion vgl. u.a. Sigrid Meuschel, *Legitimation und Parteiherrschaft in der DDR*, Frankfurt am Main 1992, S. 29-40. Zur Struktur und Entwicklung der »Rede vom ›Anderen‹« vgl. die instruktiven, auf Hegel gestützten Ausführungen bei Riedel, *Die Idee vom anderen Deutschland*, a.a.O. (Anm. 25), S. 32-34.

34 So etwa der junge Wolfgang Harich, »*Abendland*« *oder nationale Souveränität? Der Kosmopolitismus – eine tödliche Gefahr für das deutsche Volk*, in: *Neue Welt. Halbmonatsschrift*, Berlin Jg. 4, 1949, Nr. 11, Juni 1949, S. 58-68, hier: S. 68.

35 Grotewohl, *Die Werktätigen ergreifen Besitz von den Schätzen der Kultur*, in: *Deutsche Kulturpolitik*, a.a.O. (Anm. 29), S. 179-186, hier: S. 185; auch diese Passage griff Bechers ›Einleitung‹ auf (S. XIV).

Auf der polemisch-operativen Ebene lag der Nutzwert des Topos somit auf der Hand; er ließ sich als »eine Bürgerkriegsidee«, wie es Riedel in anderem Zusammenhang nannte,[36] gegen den Bonner Staat wenden (Grotewohl: »*Das deutsche Volk ist gegen Bonn*«):[37] einerseits zur außenpolitischen Legitimierung der DDR, andererseits aber auch als Deutungsangebot für oppositionelle Kräfte innerhalb der BRD, »die Freunde des Friedens, die Freunde der Einheit, die Freunde des Wieder-aufbaues Deutschlands«,[38] die diese am Ideal eines imaginierten ›ande-ren Deutschland‹ oder gar an dessen vorgeblicher Realpräsenz, der DDR, messen wollten.[39]

Die Mobilisierungsfunktion des Topos in diesem Kontext bringt das Pathos Bechers beispielhaft zutage, etwa wenn er am 12. Juli 1952 Walter Ulbrichts Verkündigung des »planmäßigen Aufbaus des Sozia-

---

36 Riedel, *Die Idee vom anderen Deutschland*, a.a.O. (Anm. 25), S. 46; die dort verkürzt an den Gegensatz zwischen Brecht und Thomas Mann ge-knüpfte Wertung präferiert Manns Repräsentantentum; vgl. dagegen zum Kontext dieser Exildebatte Gunther Nickel / Johanna Schrön, *Carl Zuck-mayers ›Geheimreport‹ für das ›Office of Strategic Services‹*, in: Carl Zuck-mayer, *Geheimreport*, hrsg. von Gunther Nickel und Johanna Schrön, Göt-tingen 2002, S. 407-477; zu Manns Deutschlandbild vgl. Jochen Strobel, *Entzauberung der Nation. Die Repräsentation Deutschlands im Werk Thomas Manns*, Dresden 2000 (Arbeiten zur Neueren deutschen Literatur-wissenschaft 1), besonders S. 177-235 (›Exil: Das »Andere« Deutschland – und dessen Demontage‹).

37 Grotewohl, *Die Werktätigen*, a.a.O. (Anm. 35), S. 182. Kursiv im Original.

38 Ebd., S. 183.

39 Zur außenpolitischen Profilierung vgl. z.B. Chantal Metzger, *Vierzig Jahre Beziehungen zwischen Frankreich und der DDR*, in: Dorothee Röseberg (Hrsg.), *Frankreich und »Das andere Deutschland«*, Tübingen 1999 (Ca-hiers lendemains 1), S. 19-38, besonders S. 22 ff.; die Bedeutung des Topos für eine Legitimierung solcher Beziehungen wäre im einzelnen anhand di-verser Quellentypen zu untersuchen. Zur Anhängerschaft des »antifaschi-stischen« ›anderen Deutschlands‹ in der Bundesrepublik vgl. etwa die nur der späten DDR kritisch gesonnene Sammlung *Ein anderes Deutschland. Texte und Bilder des Widerstands von den Bauernkriegen bis heute*, hrsg. von Ulrike Haß u.a., Berlin 1978; polemisch bilanzierend Cora Stephan, *Wir lieben sie doch alle. Über die geistige Wiedererrichtung der DDR*, in: Cora Stephan (Hrsg.), *Wir Kollaborateure. Der Westen und die deutschen Vergangenheiten*, Reinbek 1992, S. 26: »Wenn es denn irgendeine von einer Mehrheit anerkannte DDR-Identität gab, dann läge sie womöglich hier – im antifaschistischen Anspruch, mit dem die SED-Propaganda durchaus er-folgreich die ›gutwilligen Kreise‹ der BRD zum Schulterschluß zwang«.

lismus« kommentierte: »Der Aufbau des Sozialismus [...] wird auch über die Grenzen unserer Deutschen Demokratischen Republik hinaus für ganz Deutschland das reale Modell einer besten deutschen Möglichkeit sein«.[40] Wie sich Bechers Zubereitung des Topos ganz im Rahmen der zu dieser Zeit gesamtdeutsch-nationalen Ausrichtung der sowjetischen Politik und der SED bewegte, so blieb die Verknüpfung des ›anderen‹ mit einer auf ganz Deutschland bezogenen Vision vor allem der Nachkriegszeit vorbehalten, bis die politische Rhetorik der DDR im Gefolge der von Bulganin und Chruschtschow im Juli 1955 erstmals offen entwickelten ›Zwei-Staaten-Theorie‹ auf das Konzept der Zweistaatlichkeit umschaltete.[41] Schon eine von der ›Vereinigung der Verfolgten des Naziregimes‹ (VVN) getragene, auch die ›bürgerlichen‹ Fraktionen berücksichtigende ›Schau der deutschen Widerstandsbewegung gegen das Naziregime‹, die unter dem Titel *Das Andere Deutschland* 1948/1949 modifiziert in Halle, Berlin und Leipzig gezeigt wurde, verkündete indes unter dem Signum der SED ganz mit dem Pathos des verlorenen Postens: »Der Wille aller Werktätigen wird die antifaschistisch-demokratische Einheit Deutschlands erzwingen · Kämpft mit uns!«[42]

Die – erst späterhin allmählich abnehmende und 1990 weitgehend erschöpfte – Integrationskraft der Pathosformel vom ›anderen Deutschland‹ auch nach dieser frühen Phase hat Manfred Riedel unter Verweisung auf den Erfolg des Topos selbst bei DDR-kritischen Schriftstellern hervorgehoben. Interessant und erklärungsbedürftig an dieser Fallgeschichte ist nun aber vor allem, daß bis zum Kollaps der DDR auf der bewußtseinspolitischen Oberfläche keineswegs an der Überwindung einer aktuellen Niederlage gearbeitet werden mußte. Zwar gab es

40 Johannes R. Becher, *Der historische Augenblick*, in: Johannes R. Becher, *Publizistik IV. 1952-1958*, Berlin, Weimar 1981 (Gesammelte Werke 18), S. 109-111, hier: S. 111. Bechers Artikel erschien in der *Täglichen Rundschau* vom 12. Juli 1952, als Walter Ulbricht auf der II. Parteikonferenz verkündet hatte, das ZK der SED schlage vor, »daß in der Deutschen Demokratischen Republik der Sozialismus planmäßig aufgebaut wird«.

41 Zu dieser Umstellung vgl. knapp Hermann Weber, *Geschichte der DDR*, aktualisierte und erweiterte Neuausgabe, München 1999, S. 176-178.

42 Vgl. *Das Andere Deutschland. Eine Schau der deutschen Widerstandsbewegung gegen das Naziregime*; die gleichnamigen, jeweils am Ausstellungsort publizierten Begleitbücher sind in der Deutschen Bücherei (Leipzig) erhalten; das Zitat ist aus dem Anhang des Leipziger Ausstellungsbuches (5.3.-10.4.1949), worin die VVN auch verkündete: »Unser Kampf geht weiter«.

das Szenario einer Bedrohung durch die Kräfte des Kapitals und seiner Handlanger sowie das Gespenst eines noch fruchtbaren ›Schoßes‹ des Faschismus; eine potentielle Niederlage im globalen Kräftemessen, d.h. eine Welt ohne Sozialismus war für die marxistisch-leninistische Geschichtstheologie aber kaum denkbar. Dennoch lassen sich auch in diesem Kontext Ohnmachtserfahrungen hypothetisch annehmen, die sich mit dem Topos des ›anderen Deutschland‹ verwinden ließen und dessen Beliebtheit bei den Deutungseliten der DDR über die gezeigte polemische Eignung im politischen Kampf hinaus erklären würden. Obschon solche Ohnmachtserfahrungen z.T. weit in der Vergangenheit lagen, konnten sie traumatisch präsent bleiben. Ein solches zu verwindendes Trauma lag im anscheinenden Versagen der deutschen Linken begründet, im Geburtsland des Karl Marx eine erfolgreiche Revolution – nach dem gescheiterten Versuch von 1918 – zustandezubringen; diese Erblast schien auch die Entstehungsgeschichte der DDR zu disponieren, ermangelte selbst ihr doch ein genuin revolutionärer Ursprung: Sie war ja »von oben« durch die sowjetrussische ›Befreiung‹, so der sozialistische Terminus technicus, installiert worden – den Sieg der Arbeiterklasse in der späteren DDR hatte die Rote Armee erfochten. Die für das ›linke‹ Projekt eines sozialistischen Gemeinwesens dergestalt schwierige bewußtseinspolitische Lage wurde zusätzlich kompliziert durch die Sicht der Dinge, die im ›Volk‹, dem Objekt jener ›Befreiung‹, vorzuherrschen schien, wie der nüchterne Rückblick Sergej Iwanowitsch Tjulpanows, eines hohen Offiziers der Sowjetischen Militäradministration in Deutschland (SMAD), konstatiert: »Objektiv war das deutsche Volk vom Faschismus befreit, aber psychologisch betrachtete die Mehrheit der deutschen Bevölkerung ihr Land als besiegt, es hatte kapituliert, und zwar bedingungslos«.[43] Die SBZ/DDR war zudem wirklich derjenige Teilstaat, der die Kriegsniederlage des Deutschen Reichs als hauptsächlicher Verlierer zu tragen hatte,[44] und zwar auf direkt erfahrbarer

43 Vgl. Sergej I. Tjulpanow, *Erinnerungen an deutsche Freunde und Genossen*, Berlin, Weimar 1984, S. 40. Er war zunächst als Oberst, dann als Generalmajor Chef der Informationsverwaltung der SMAD bis 1949.

44 Dies ist ein Aspekt von Heiner Müllers These, das Ende der DDR sei eigentlich Stalingrad gewesen (*Stalingrad war eigentlich das Ende der DDR. Ein Gespräch mit Detlev Lücke und Stefan Reinecke für ›Freitag‹, 18.6.1993*, in: Heiner Müller, *Gesammelte Irrtümer 3. Texte und Gespräche*, Frankfurt am Main 1994, S. 196-204, hier: S. 203 f.); vgl. dazu Helmut Mottel, *Projektionsverhältnisse – Medienästhetische Erinnerungsarbeit bei Lutz Dammbeck und Hans Jürgen Syberberg*, in: Jay W. Baird / Walter Schmitz

Ebene: Während in Westdeutschland bald ein durch den Marshall-Plan gefördertes ›Wirtschaftswunder‹ erarbeitet werden konnte, hatte der sozialistische Teil erheblich schwierigere Ausgangsbedingungen, nicht zuletzt aufgrund der exzessiven Demontage von Industrie- und Verkehrsanlagen, der Reparationslast[45] und des »schlechten Anschauungsunterrichts« der sowjetischen Besatzungsmacht,[46] die im übrigen schon vor 1945 einem Johannes R. Becher ebenso wie dem Großteil der späteren SED-Führungsspitze, der »Gruppe Ulbricht«, im Moskau der ›Säuberungen‹ z.T. brutal zur Anschauung gebracht worden war.[47]

Ein »positiver« Ursprungsmythos also, wie ihn die Nationalsozialisten 1933 unter freilich ganz anderen Voraussetzungen als »Erfolgsgeschichte« einer im Ersten Weltkrieg geborenen revolutionären Bewegung zu implementieren und zur Pathosformel einer ›Machtergreifung‹ aus eigener Kraft zu verdichten wußten, war für die »antifaschistisch-demokratische [...] Umwälzung«[48] hin zur DDR nur im Rekurs auf den kontinuierlichen heldenhaften Kampf eines ›anderen Deutschland‹ gegen übermächtige Gegenkräfte denkbar. Es blieb nichts anderes übrig, als an der Aura des sowjetischen Sieges durch Berufung auf die eigenen Märtyrer im ›antifaschistischen Widerstand‹ zu partizipieren, sich vom »Verlierer«, dem NS-Reich und dessen potentiellen Nachfolgern, abzuheben und der Roten Armee die allerdings effektive Hebammenrolle

(Hrsg.), *Kultur und Staatsgewalt. Formen und Folgen der Kulturpolitik im Dritten Reich und in der DDR*, Dresden 2004 (Arbeiten zur Neueren deutschen Literatur 14) [im Druck]; auch Riedel, *Die Legende vom anderen Deutschland*, a.a.O. (Anm. 25), S. 26 f.

45 Vgl. Werner Matschke, *Die wirtschaftliche Entwicklung in der SBZ: Vorgeschichte – Weichenstellungen – Bestimmungsfaktoren*, in: Alexander Fischer (Hrsg.), *Studien zur Geschichte der SBZ/DDR*, Berlin 1993 (Schriftenreihe der Gesellschaft für Deutschlandforschung 38), S. 97-116; Rainer Karlsch, *Allein bezahlt? Die Reparationsleistungen der SBZ/DDR 1945-1953*, Berlin 1993; Christoph Buchheim, *Wirtschaftliche Folgelasten des Krieges in der SBZ/DDR*, Baden-Baden 1995.

46 Andreas Malycha, *SED und Besatzungsmacht. Diskussionen um Reparationen und Übergriffe der Besatzungstruppen in den Landesverbänden der SED 1947/47*, in: Timmermann (Hrsg.), *Die DDR*, a.a.O. (Anm. 29), S. 237-254, hier: S. 250.

47 Vgl. Behrens, *Johannes R. Becher*, a.a.O. (Anm. 3), S. 195-207; Dwars, *Abgrund des Widerspruchs*, a.a.O. (Anm. 3), S. 417-426;

48 Stefan Doernberg, *Nachwort*, in: Tjulpanow, *Erinnerungen*, a.a.O. (Anm. 43), S. 153-161, hier: S. 153.

bei einer rhizomatisch an einzelnen Schwerpunkten und Leidensstätten durchbrechenden »revolutionären« Befreiung des ›anderen Deutschlands‹ zuzuweisen: »Wir haben doch gesiegt«.[49]

4. »[...] die besten Traditionen der deutschen Kultur«

Grotewohls Beschwörung eines »Bilds der deutschen Nation« aus den Werken »Lessings, Goethes, Schillers, Heines« als des wahren und guten Deutschland gegenüber dem in die Bismarck-Wilhelm-Hitler-Linie gerückten westlichen Teilstaat findet sich plakativ schon während der 1920er Jahre in der pazifistischen Zeitschrift *Das Andere Deutschland* vorgezeichnet,[50] wo Oskar Stillich programmatisch verkündete: »Das ›Andere Deutschland‹, das die besten Traditionen der deutschen Kultur vertritt, das sich an einem Goethe, einem Kant, einem Beethoven und den anderen Geisteshelden deutscher Geschichte orientiert«, werde von »den Völkischen« bekämpft und verfolgt: »Das absterbende militärische Deutschland, das den Geist von Potsdam nicht nur in der Vergangenheit sondern auch in Zukunft für die Blüte der Kultur hält, steht naturgemäß in scharfem Gegensatz zu diesem ›Anderen Deutschland‹, dem die Zukunft gehört«.[51] Am Anfang einer solchen spezifisch ›linken‹ Tradition des Topos ist Heinrich Mann zu finden, der schon im Mai 1919, die Münchner ›Zweite Räterepublik‹ war gerade zerschlagen worden, erklärte:

49 Vgl. die unter diesem Titel mit revolutionärem Pathos geschilderte Befreiung des Lagers Buchenwald im Leipziger Ausstellungsbuch *Das Andere Deutschland*, a.a.O. (Anm. 42), wo es heißt: »Das Lager rast. Alles will Waffen und drängt nach draußen. Die ersten Gefangenen werden eingebracht. Die Kasernen werden gestürmt. Der Lagerälteste schickt seinen ersten Aufruf durch das Mikrophon: ›Kameraden! Die Faschisten sind geflohen. Ein internationales Lagerkomitee hat die Macht übernommen!‹ [...] Das Internationale Komitee hatte sofort nach Auftauchen der ersten Panzer seine Arbeit aufgenommen ... Die Schlacht um das Konzentrationslager Buchenwald war geschlagen und gewonnen« (nicht paginiert).
50 Vgl. Helmut Donat / Lothar Wieland, *Das Andere Deutschland. Unabhängige Zeitschrift für entschiedene republikanische Politik. Eine Auswahl (1925-1933)*, mit einem Vorwort von Ingeborg Küster, Königstein/Ts. 1980. Die Zeitschrift war 1921 in Hagen unter dem Titel *Der Pazifist* gegründet worden.
51 Zit. nach Ingeborg Küster, *Mein Weg zum »Anderen Deutschland«*, in: Donat/Wieland (Hrsg.), *Das Andere Deutschland*, a.a.O. (Anm. 50), S. XI-XIVa, hier: S. XIII f.

Die Revolution [...] war nicht unnütz, wenn sie das wahre Deutschland, das verschüttet war, freilegt. Das wahre Deutschland, das, auf einer höheren Stufe der Weltentwicklung, nun wiedererstehen soll mit aller seiner Geduld, Einsicht und Gerechtigkeitsliebe, ist mächtig wie je.[52]

Als ein solches »wahres« und ›anderes Deutschland‹ verstanden sich die linkssozialistischen Pazifisten um Fritz Küster – den Mentor der Zeitschrift *Das Andere Deutschland* –, um Friedensstreiter wie Friedrich Wilhelm Foerster und den ehemaligen Generalmajor Paul Freiherr von Schoenaich;[53] ihr Feindbild, gegen das sie sich definierten, ist bereits deutlich geworden – es waren die »Völkischen« und das »militärische Deutschland«. Nach dem Zusammenbruch des Kaiserreichs hatte sich das Organ des Westdeutschen Landesverbands der ›Deutschen Friedensgesellschaft‹ – 1924 zunächst im Untertitel, von 1925 an dann im Titel – ›Das Andere Deutschland‹ genannt, indem es sich gegen ein »Deutschland der anderen« in der Weimarer Republik bis zum letztmaligen Verbot im März 1933 zu profilieren suchte; die zu verwindende Niederlage war auch hier das Scheitern des Revolutionsversuchs vom November 1918. Infolge der äußerst polemischen Grundhaltung, in der sich diese Pazifisten selbst mit moralischem Rigorismus als Vertreter des besseren Deutschland in Szene setzten und auch jeden Kompromiß der SPD am Maximalziel einer in gerechtem Frieden abgerüstet lebenden Gesellschaft maßen, war das Blatt schon während der Weimarer Republik verboten worden, zum ersten Mal im Januar 1932 durch den sozialdemokratischen Polizeipräsidenten Berlins, Albert Grzesinski.[54] Küster hatte schon im Juni 1931 die SPD verlassen und sich an der Gründung einer ›Arbeitsgemeinschaft für linkssozialistische

---

52 Heinrich Mann, *Kaiserreich und Republik*, in: Heinrich Mann, *Essays. Zweiter Band*, Berlin 1956 (Ausgewählte Werke in Einzelausgaben 12), S. 31-68, hier: S. 65. Der Essay war 1919 in dem Band *Macht und Mensch* erschienen.

53 Fritz Küster (1889-1966) war dadurch bekannt geworden, daß er im März 1928 wegen seiner Veröffentlichungen über die ›Schwarze Reichswehr‹ zu zehn Monaten Festungshaft verurteilt wurde. 1929 wählte die ›Deutsche Friedensgesellschaft‹ (DFG) Küster zum geschäftsführenden Vorsitzenden; vgl. die biographischen Angaben in der affirmativen Einleitung von Donat/ Wieland, *Das »Andere Deutschland« im Kampf um Wahrheit, Recht, Freiheit und Weltfrieden*, in: Donat/Wieland, *Das Andere Deutschland*, a.a.O. (Anm. 50), S. XXI-LXVIII.

54 Ebd., S. LII f.

Politik< beteiligt, die bald in der am 4. Oktober 1931 als Abspaltung der SPD-Parteilinken neugegründeten >Sozialistischen Arbeiterpartei Deutschlands< (SAPD) aufging.[55] Unmittelbar nach dem Verbot seiner Zeitschrift durch die Nationalsozialisten wurde er im März 1933 verhaftet und durchlief in den folgenden fünfeinhalb Jahren verschiedene Haftanstalten und Konzentrationslager, bis er im Sommer 1938 aus dem Lager Buchenwald entlassen wurde. Über Carlo Mierendorff, mit dem er sich im KZ Lichtenburg befreundet hatte, war er mit sozialdemokratischen Regimegegnern, so auch den dem >Kreisauer Kreis< nahestehenden Theodor Haubach und Julius Leber, in Verbindung getreten;[56] nach Mierendorffs Tod durch westalliierte Fliegerbomben in Leipzig im Dezember 1943 hatte sich Küster indes von politischen Aktivitäten zurückgezogen. Nach dem Krieg belebte er seine einst verbotene Zeitschrift unter gleichem Namen in Westdeutschland wieder und führte sie von 1947 an bis Anfang 1963, drei Jahre vor seinem Tod.[57] Die Zielrichtung blieb der alten Grundlinie aus Zeiten der Weimarer Republik verpflichtet: Nun agitierte die Zeitschrift allerdings gegen die Remilitarisierung Westdeutschlands und verfocht das politische Ziel eines neutralen, demilitarisierten und geeinten Deutschland. Küster wurde bald als Kommunist denunziert und 1951 aus der SPD, der er auf Zureden Kurt Schumachers wieder beigetreten war, ausge-

---

55 Zur SAPD vgl. Hanno Drechsler, *Die Sozialistische Arbeiterpartei Deutschlands (SAPD). Ein Beitrag zur Geschichte der deutschen Arbeiterbewegung am Ende der Weimarer Republik*, Meisenheim/Glan 1965 (Marburger Abhandlungen zur Politischen Wissenschaft 2); Helmut Arndt / Heinz Niemann, *Auf verlorenem Posten? Zur Geschichte der Sozialistischen Arbeiterpartei. Zwei Beiträge zum Linkssozialismus in Deutschland*, Berlin 1991.

56 Vgl. Donat/Wieland, *Das »Andere Deutschland« im Kampf*, a.a.O. (Anm. 53), S. LVIII f.; zu Mierendorff, Haubach und Leber, Vertretern der >rechten< Sozialdemokratie, die im >Kreisauer Kreis< die Idee einer den Nationalsozialismus überwindenden >Sozialistischen Aktion< als Volksbewegung vertraten, vgl. Ger van Roon, *Neuordnung und Widerstand. Der Kreisauer Kreis innerhalb der deutschen Widerstandsbewegung*, München 1967; vgl. auch Dorothea Beck, *Julius Leber. Sozialdemokrat zwischen Reform und Widerstand. Mit den Briefen aus dem Zuchthaus*, Berlin 1983, S. 188.

57 Vgl. Donat/Wieland, *Das »Andere Deutschland« im Kampf*, a.a.O. (Anm. 53), S. LIX f. 1963, drei Jahre vor Küsters Tod, übernahm seine Frau die Redaktion bis 1969; Schwerpunkt war nun die Agitation gegen die Notverordnungen und gegen den Krieg der US-Amerikaner in Vietnam (S. LXI).

schlossen.[58] Die in drei Systemen so streitbare wie riskante Biographie Küsters, der das Land nicht verlassen wollte und an dem »Deutschland der anderen« im Konzentrationslager litt, bildet eine spezifisch ›linke‹ Aktualisierungstradition des Topos nicht nur ab, sondern lebte sie vielmehr. Überdies war er an ihrer Ausbildung maßgeblich beteiligt, denn in seinem Zeitungsprojekt der 1920er Jahre konnte der Topos des ›anderen Deutschland‹ erstmals zu einer Institution gerinnen, als Name »besetzt« und mit einer Reihe einschlägiger, bereits gängiger Stereotypen verknüpft werden, die fortan jene ›linke‹ Formierung des Topos bestimmten.

An diese Aktualisierungsrichtung, die sich insbesondere am holzschnittartigen Feindbild ›Preußen‹ ausrichtete,[59] schlossen sich im Exil, genauer im lateinamerikanischen Exil, die diversen sozialdemokratischen und an der SAPD orientierten Emigrantengruppierungen an, um sich 1937 zunächst um eine in Buenos Aires ohne parteiliche Festlegung gegründete Hilfsorganisation zu sammeln. Diese griff auf Küsters Etikettierung als ›Das Andere Deutschland‹ zurück und gab bald ein gleichnamiges Blatt unter der Federführung des vormaligen SPD- bzw. SAPD-Reichstagsabgeordneten August Siemsen heraus.[60] Die Organisation bildete schnell örtliche Gruppen auch in anderen lateinamerikanischen Ländern. Ihr größter publizistischer und organisatorischer Erfolg war ein ›Kongreß der deutschen Antifaschisten Südamerikas‹, der Ende Januar 1943 in Montevideo in Uruguay abgehalten werden

58 Ebd., S. LX.

59 Zur Kritik an diesem auch in der frühen Exilforschung tradierten Stereotyp vgl. Alfred Kantorowicz, *Politik und Literatur im Exil. Deutschsprachige Schriftsteller im Kampf gegen den Nationalsozialismus*, München 1983, S. 27 f.

60 *Das Andere Deutschland · La Otra Alemania* (Buenos Aires/Montevideo), hrsg. von August Siemsen, Jg. 1, 1938, Nr. 1 (Mai) bis Jg. 11, 1949, Nr. 175 (10. Januar). Vgl. dazu Hendrik Groth, *Das Argentinische Tageblatt. Sprachrohr der demokratischen Deutschen und der deutsch-jüdischen Emigration*, Hamburg 1996 (Medien & Politik 7), S. 168-174; Sebastian Schoepp, *Das »Argentinische Tageblatt 1933-1945«. Ein Forum der antinationalsozialitischen Emigration*, Berlin u.a. 1996, S. 40-43, 152-154. Zu Siemsen, der 1952 zunächst in die Bundesrepublik und 1955 in die DDR übersiedelte, wo er in die SED eintrat, vgl. die biographischen Angaben bei Groth (S. 209). Zum Umfeld interessant Hermann Schnorbach, *Für ein »anderes Deutschland«. Die Pestalozzischule in Buenos Aires (1934-1958)*, Frankfurt am Main 1995 (Pädagogische Beispiele. Institutionengeschichte in Einzeldarstellungen 9).

konnte, wohin die Organisation nach dem Militärputsch in Argentinien 1943 bis 1945 aufgrund eines Verbots hatte ausweichen müssen.[61] Wie schon angedeutet, stand *Das Andere Deutschland (DAD)* in einem Konkurrenzverhältnis zu der 1942 gegründeten, ebenfalls weit ausgreifenden *Bewegung Freies Deutschland in Mexiko*,[62] die nach dem deutschen Angriff auf die Sowjetunion am 22. Juni 1941 der kommunistischen Strategie eines breiten Bündnisses gegen Hitler verpflichtet war und daher auch mit bürgerlich-konservativen Repräsentanten arbeitete, die Schaltstellen aber mit »eigenen Leuten« besetzte. Auf dieses äußerst komplizierte Geflecht und die diffizilen Auseinandersetzungen der verschiedenen Exilvereinigungen und -blätter soll in diesem Rahmen nicht weiter eingegangen werden. Was hier interessiert, ist die Funktionsweise des Topos vom ›anderen Deutschland‹ im Exil, war er doch in Lateinamerika wieder organisatorisch und mit einer eigenen Zeitschrift institutionalisiert worden. Nicht nur diese politisch-kulturelle Vereinigung *DAD*, die sich übrigens bis nach dem Krieg erhielt und zur Hilfsorganisation für die notleidende Bevölkerung des besiegten Landes wandelte, verwandte mit ihrem Publikationsorgan einigen Aufwand darauf, die Existenz eines ›anderen Deutschland‹ – im Exil ebenso wie im nationalsozialistischen Reich – unter Beweis zu stellen.

In ihrem Engagement gegen Hitler für ein ›anderes Deutschland‹ konnte den ins Exil vertriebenen Deutschen, deren Biographien und Selbstentwürfe aus den bekannten Koordinaten ihrer vertrauten Lebenswelt gerissen und meist vor einen Neuanfang in unbekanntem Terrain gestellt worden waren, das Bewußtsein zuwachsen, Repräsentanten eines besseren Deutschland zu sein und ihnen so eine neue »Bestimmung« zukommen. Den meist sehr an ihrer ehemaligen Heimat hängenden Vertriebenen hielt die Formel vom ›anderen Deutschland‹ überdies die Hoffnung offen, in dem ihnen unter der nationalsozialistischen Eisdecke fremd gewordenen Reich jene alte Heimat anzunehmen, die eine Rückkehr erlaubte, und das besonders in der Zeit, als die militäri-

61 Vgl. Groth, *Das Argentinische Tageblatt*, a.a.O. (Anm. 60), S. 173.
62 Vgl. etwa Pohle, *Das mexikanische Exil*, a.a.O. (Anm. 4), S. 169-171, 245-274; Irmtrud Wojak, *Exil in Chile. Die deutsch-jüdische und politische Emigration während des Nationalsozialismus 1933-1945*, Berlin 1994 (Dokumente, Texte, Materialien / Zentrum für Antisemitismusforschung der TU Berlin 16), S. 223 f., 234, 236-253; Patrick von zur Mühlen, *Exil in Brasilien. Die deutschsprachige Emigration 1933-1945*, in: *Exil in Brasilien. Die deutschsprachige Emigration 1933-1945. Eine Ausstellung des Deutschen Exilarchivs 1933-1945. Die Deutsche Bibliothek, Frankfurt am Main*, Leipzig u.a. 1994, S. 11-24, besonders S. 19-23.

schen Erfolge Hitlers diese aufs äußerste in Frage stellten.[63] Das Geschäft des Flüchtlings ist bekanntlich das Hoffen, wie Bertolt Brecht aus eigener Erfahrung bemerkte.[64] In solcher Lage und Sicht wurde der Topos aus der Bindung und Hoffnung heraus zum Instrument einer differenzierten und vorsichtigen Einschätzung der Menschen, die – wie nicht zuletzt Fritz Küster als linkssozialistischer Vertreter – in Deutschland geblieben waren und nicht alle fanatische Anhänger Hitlers sein konnten. Die Rede von jenem ›anderen Deutschland‹, dem man sich selbst zuordnete, hatte in diesem Zusammenhang eine weitere wichtige Funktion für die damit operierenden Emigranten: Der Topos implizierte eine Empfehlung an die Alliierten, das im Exil, aber auch das im Reich lebende ›andere Deutschland‹ bei der Kriegszielpolitik und der Nachkriegsplanung zu berücksichtigen. Wie ernsthaft die Hoffnung war, nach einem Sieg über Hitler am Neuaufbau und der Gestaltung des Landes mitwirken zu können, wird angesichts der zahlreichen Entwürfe und Verfassungsmodelle für die Zeit »danach« deutlich, wie sie von unterschiedlichsten Exponenten im Exil entwickelt wurden, etwa vom ehemaligen Vizekanzler, Reichsjustiz- und Innenminister Erich Koch-Weser in Brasilien,[65] aber auch von Otto Strassers ›Schwarzer Front‹, die einem dissidenten nationalen Sozialismus verschrieben war.[66]

So nahm die Rede vom ›anderen Deutschland‹ in den Diskussionen, die in der Öffentlichkeit der Westmächte darüber geführt wurden, wie die Deutschen insgesamt zu bewerten seien, eine zentrale Stellung ein. Für die Emigranten, die sich des Topos bedienten, ging es dabei nicht nur darum, sich selbst für eine wie auch immer geartete Nachkriegsoption in Vorschlag zu bringen. Angesichts von Debatten, wie sie etwa

63 Zur ›Rückkehr‹-Problematik vgl. exemplarisch Wojak, *Exil in Chile*, a.a.O. (Anm. 62), S. 253-262.

64 »The exile's trade is: hoping. It affords no gilt-edged securities«; Bertolt Brecht, *The Other Germany*, in: Bertolt Brecht, *Schriften 3*, Berlin, Weimar, Frankfurt am Main 1993 (Werke. Große kommentierte Berliner und Frankfurter Ausgabe 23), S. 24-30 sowie Übersetzung und Kommentar S. 432-439, hier: S. 25; vgl. auch ebd. S. 30 f. und S. 440 f.: *Das andere Deutschland* [zuerst 1944].

65 Zur Mühlen, *Exil in Brasilien*, a.a.O. (Anm. 62), S. 19.

66 Vgl. Patrick von zur Mühlen, *Der »Gegen-Führer« im Exil. Die Otto-Strasser-Bewegung in Lateinamerika.* In: *Gedanken an Deutschland im Exil und andere Themen*, hrsg. im Auftrag der Gesellschaft für Exilforschung von Thomas Koebner, Wulf Koepke und Joachim Radkau, München 1985 (Exilforschung 3), S. 143-157.

in Frankreich schon vor dem Krieg im Sommer 1939 vor allem in der rechtskatholischen Zeitschrift *L'Epoque* und dem Blatt der ›Section Française de l'Internationale‹ *Le Populaire* geführt wurden, war das Beharren auf einem ›anderen Deutschland‹ für die Exilfraktionen auch insofern wichtig, als man hier die Optionen verhandelte, wie mit einem – damals noch hypothetisch – besiegten Deutschland generell umzugehen wäre. Die zwischen dem ›rechten‹ Parlamentarier und Journalisten Henri de Kerillis auf der einen und Sozialisten wie Léon Blum und Jean-Baptiste Severac auf der anderen Seite aufgekommene Auseinandersetzung wurde von den deutschen Exilblättern genau beobachtet und kommentiert.[67] Bereits vor dem Krieg zeichneten sich dabei die Mechanismen und Positionen der späteren Debatten ab, die in den heftigen publizistischen Auseinandersetzungen um Lord Vansittarts *Black Record. Germans Past and Present* ihre wohl stärkste Zuspitzung erfuhren. Vansittart, der die Deutschen gegenüber Lord Halifax als »one race of bone-headed aggressors« bezeichnete und die Ansicht vertrat, »that eigthy per cent of the German race are the political and moral scum of the earth«,[68] war bereits vor dem Ersten Weltkrieg den Franzosen zugeneigt, während er die Deutschen verabscheute; seine Überzeugung, daß es eine deutsche ›Rasse‹ mit dominant negativen Eigenschaften gebe, kongruierte mit jenen Vorstellungen de Kerillis', denen Severac und Blum schon im Sommer 1939 entgegengehalten hatten: »Wir glauben, dass unter dem nationalsozialistischen Deutschland sich ein anderes Deutschland verbirgt und sucht«.[69] Mit einer Kritik wurde solche Rede

67 Vgl. Martin Hart, *Das eine und das andere Deutschland*, in: *Sozialistische Warte* (Paris), Jg. 14, Nr. 31, 4. August 1939, S. 733-736 (das Organ des ›Internationalen Sozialistischen Kampfbunds‹); C[urt]. G[eyer]., *Das andere Deutschland. Hitler und das deutsche Volk sind nicht ein und dasselbe*, in: *Neuer Vorwärts. Sozialdemokratisches Wochenblatt* (Paris), Nr. 319, 30. Juli 1939, S. 1; vgl. ebd. Ausschnitte aus Artikeln Blums, Severacs und de Kerillis'. Geyer vertrat später zeitweise selbst ›vansittartistische‹ Positionen.
68 Zit. nach Norman Rose, *Vansittart. Study of a Diplomat*, London 1978, S. 242, zum *Black Record* ebd. S. 219-277; vgl. jüngst Jörg Später, *Vansittart. Britische Debatten über Deutsche und Nazis 1902-1945*, Göttingen 2003 (Moderne Zeit. Neue Forschungen zur Gesellschafts- und Kulturgeschichte des 19. und 20. Jahrhunderts 4).
69 Severac, zit. nach *Neuer Vorwärts*, a.a.O. (Anm. 67), S. 2; er und Blum entfalten ihre gegen de Kerillis gerichtete Argumentation idealtypisch aus dem Topos des ›anderen Deutschland‹. Eine ähnliche Debatte gab es in den USA, wo u.a. Emil Ludwig eine rabiat antideutsche Position vertrat, während die Geschwister Erika und Klaus Mann anfangs *The Other Germany* (New

vom ›anderen Deutschland‹ indes stets konfrontiert: Wenn es nicht gar
wie bei Vansittart zum Generalverdacht kam, auch hinter den ›anderen
Deutschen‹ verberge sich die Fratze des ›Hunnen‹, so wurden angesichts der anfänglichen Kriegserfolge derselben die Fragen drängender,
warum jenes ›andere Deutschland‹ in Hitlers Reich nichts unternahm
und ihn gewähren ließ, ob es nicht gar nur eine Fiktion des Exils sei,
gleichsam eine Beschwörung des Erdgeists:

Karikatur von Ludwig Wronkow in: Aufbau *(New York),
Jg. 10, 12. Mai 1944: »Erst wenn das ›andere Deutschland‹
den Spuk so zerbläst, wird man ihm glauben können«.*

York 1940, konzipiert vor Kriegsausbruch) verteidigten; vgl. – auch zu Erika
Manns ›vansittartistischer‹ Wende – Shelley Frisch, *Erika Mann, ›Vansittartism‹ and the ›Other Germany‹. The Shape of a Debate in Exile,* in: Oorlogsdocumentatie 40-45, 5. Jg., 1950, S. 97-118, und Alexandra Paffen in
vorliegendem Band.

Emigranten wie Heinrich Fraenkel, aber auch der britische Verleger
Victor Gollancz, Sohn eines aus Polen zugewanderten Rabbiners,[70]
oder das KPČ-Mitglied Eduard Goldstücker, um nur drei Exponenten
in Großbritannien zu nennen, bemühten sich energisch, den Nachweis
zu führen, daß jenes ›andere Deutschland‹ existierte und auch tätig
war: »Während des Krieges stellte ich mit Paul Eisler eine Anthologie
The Other Germany zusammen, die in polemischer Absicht gegen den
Chauvinismus des Lord Vansittart die humanistische Tradition der
deutschen Kultur hervorheben sollte. Sie ist nicht erschienen.«[71] In
London gelesen werden konnte hingegen Fraenkels gleichnamiges
Buch, das er in derselben Frontstellung wie Goldstücker geschrieben
und 1942 veröffentlicht hatte; der Titel bildete nur eine besonders markante Zuspitzung seiner einschlägigen Publizistik in dieser Sache. Als
Emigrant, der schon vor 1933 lange in Großbritannien gelebt hatte,
wandte sich Fraenkel immer wieder entschieden gegen den »Vansittartismus« der frühen 1940er Jahre, der schließlich nicht nur die Behandlung der Deutschen nach dem Krieg im Blick hatte, sondern auch zur
Herabsetzung der Hemmschwelle gegen eine erklärtermaßen auf die
deutsche Zivilbevölkerung zielende Kriegführung wie die des ›Area
bombing‹ beigetragen haben dürfte.[72] Fraenkels Arbeit am Bild eines
›anderen Deutschland‹ sollte bis weit in die Nachkriegszeit reichen: Mit
Roger Manvell zusammen veröffentlichte er 1964 eine vielrezipierte
Darstellung von Vorgeschichte, Verlauf und Folgen des Attentats vom
20. Juli 1944.[73]

---

70 Fraenkels einschlägige Publikationstätigkeit hatte mit dem Buch *The Ger-
    man People Versus Hitler* (London 1939) eingesetzt. Er arbeitete eng mit
    Gollancz zusammen; vgl. zu diesem Ruth Dudley Edwards, *Victor Gollancz.
    A Biography*, London 1987.
71 Eduard Goldstücker, *Prozesse. Erfahrungen eines Mitteleuropäers*, Mün-
    chen, Hamburg 1989, S. 286: »Das Manuskript wurde vom Staatssicher-
    heitsdienst bei meiner Verhaftung beschlagnahmt und nie zurückgegeben«.
    Der Germanist und Diplomat wurde 1951 in der Tschechoslowakei im
    Zuge der Slánský-Prozesse wegen vorgeblich »zionistisch-trotzkistischer
    Umtriebe« verhaftet, durchlief diverse Gefängnisse und kam im Frühjahr
    1955 bis zu seiner Entlassung Ende des Jahres ins Arbeits- bzw. »Konzen-
    trationslager« (S. 250) Joachimsthal zur Zwangsarbeit im Uranerzabbau.
72 Vgl. Fraenkels Erinnerungen *Lebewohl, Deutschland*, Hannover 1960,
    S. 55-77.
73 Heinrich Fraenkel / Roger Manvell, *Der 20. Juli*, mit einem Vorwort von
    Wolf Graf von Baudissin, Frankfurt am Main, Berlin 1964; der britische
    Titel war *The July Plot*, der amerikanische *The Men Who Tried to Kill Hitler*.

Mit sich abzeichnendem Kriegsende und nach der Besetzung Deutschlands ging es denen, die den Topos weiter in Anschlag brachten oder nun erst verstärkt aufgriffen, vor allem darum, in der Rede vom ›anderen Deutschland‹ eine Chance für den Neuanfang jenseits des ›Morgenthau-Plans‹ zu bewahren, also Positionen wie jene zu stärken, die der britische Premier Clemens Attlee in einer Kabinettsvorlage vom Januar 1945 hinsichtlich der ›Non-Fraternization‹ bei der Besetzung Deutschlands aus pragmatischen Gründen vertrat: Attlee betonte zwar deren grundsätzliche Berechtigung; »sie dürfe aber nicht dahingehend interpretiert werden, daß alle Deutschen als Untermenschen (›sub-humans‹) zu behandeln seien. Ein solches Verhalten würde das Ziel verfehlen; und im Gegenteil: daraus erwachse Revolution«.[74] Emphatisch war etwa die programmatische Reihe ›Dokumente des anderen Deutschland‹ einem Offenhalten der deutschen Zukunft verpflichtet; sie erschien 1945/46, vom Verleger selbst ediert, bei Friedrich Krause in New York. Der vierte und letzte Band dieser Reihe, der von dem im New Yorker Exil lebenden Publizisten Karl Otto Paetel u.a. mit Originalbeiträgen Carl Zuckmayers und der bekannten Journalistin Dorothy Thompson herausgegeben wurde, stand unter dem Titel *Deutsche Innere Emigration* und versammelte ›[a]nti-nationalsozialistische Zeugnisse aus Deutschland‹.[75] Vorangegangen waren *Goerdelers politisches Testament* als erster Band, eine Monographie Paetels über Ernst Jünger und eine von Hellmut Lehmann-Haupt verantwortete Auswahl deutscher Gegenwartslyrik, unter anderem mit Gedichten Reinhold Schneiders.[76] Karl Otto Paetel, der aus der ›bündischen Jugend‹ kam und in der Weimarer Republik einen dezidierten ›Nationalbolschewismus‹ vertreten hatte, gehörte wohl nicht zuletzt deswegen keiner der

74 Ullrich Schneider, *Nach dem Sieg: Besatzungspolitik und Militärregierung 1945*, in: Josef Foschepoth / Rolf Steininger (Hrsg.), *Britische Deutschland- und Besatzungspolitik 1945-1949. Eine Veröffentlichung des Deutschen Historischen Instituts London*, Paderborn 1985, S. 47-64, hier: S. 57.

75 *Deutsche Innere Emigration. Anti-nationalsozialistische Zeugnisse aus Deutschland*, gesammelt und erläutert von Karl O. Paetel, New York 1946 (Dokumente des Anderen Deutschland 4).

76 Friedrich Krause (Hrsg.), *Goerdelers politisches Testament*, New York 1945 (Dokumente des Anderen Deutschland 1); Karl Otto Paetel, *Ernst Jünger. Die Wandlung eines deutschen Dichters und Patrioten*, ebd. 1946 (Bd. 2); *Neue deutsche Gedichte*, ausgewählt von Hellmut Lehmann-Haupt, ebd. 1946 (Bd. 3). Lehmann-Haupt spielte eine nicht unwichtige Rolle beim Aufbau des westdeutschen Buchhandels.

Exilfraktionen wirklich zu; zwar fungierte er als Nordamerika-Korrespondent der in Chile verlegten *Deutschen Blätter,* doch schrieb er auch für diverse andere Zeitungen und Journale, darunter *Das Andere Deutschland* August Siemsens.[77] Will man seine Position und die des Verlages von Friedrich Krause charakterisieren, so einte sie die Grundüberzeugung, daß die Kollektivschuldthese »undemokratisch und unchristlich« sei, »keiner ernsthaften juristischen Logik« standhalte und einen »Gipfel der Ungerechtigkeit und Unmenschlichkeit« bilde: »Ihre Anerkennung bedeutet die Anwendung einer der giftigsten Nazi-Methoden durch Leute, die den Geist des Nazismus für immer zerstören wollen«, heißt es etwa in Friedrich Krauses Herausgebervorwort zu jenem Band *Deutsche innere Emigration.*[78] Paetel bezog seine Propagierung eines ›anderen Deutschlands‹ vor allem auf Protagonisten, die – von Ernst Wiechert bis zu den Brüdern Jünger, aber auch von Mierendorff über Haubach und Leber bis zu den Kreisen des 20. Juli 1944 – einer letztlich antistalinistischen, insgesamt konservativen Grundhaltung zuzuordnen waren, die zudem auf einen eigenen Weg Deutschlands zwischen den Systemen setzten und damit für viele, insbesondere aber orthodox-marxistische und auf die ›Westernization‹ fixierte Exilvertreter schwer zu akzeptieren schienen.[79] Zumal der mit traditionsreichen adligen Namen verbundene militärische Widerstand mußte mit den im Exil allenthalben dominierenden antipreußischen Stereotypen kollidieren.[80] Paetels Sammelband hatte überdies mit dem umstrittenen Begriff

77 Vgl. Franz-Joseph Wehage, *Karl Otto Paetel. Leben und Werk eines Literaturkritikers, mit einer umfassenden Bibliographie seiner Publikationen,* New York u.a. 1985 (Europäische Hochschulschriften, Reihe I 789), dort auch eine Bibliographie.

78 Paetel, *Deutsche Innere Emigration ,* a.a.O. (Anm. 75), S. 7.

79 Vgl. Franz-Joseph Wehage, *Einführung,* in: Karl Otto Paetel, *Ein Deutsches Tagebuch,* hrsg. von F.-J. Wehage, New York u.a. 1995 (American University Studies, Series I, Germanic Languages and Literature 105), S. 1-26, hier: S. 8-10. Paetel hing in der Nachkriegszeit dem Konzept einer ›Dritten Front‹ an: Die für Deutschland als lebensbedrohlich erkannte manichäische Aufspaltung in feindliche Blöcke sollte mit einem blockfrei-neutralen, von einem ethischen Sozialismus inspirierten ›Dritten Weg‹ überwunden werden; vgl. dazu auch Wolfgang M. Schwiedrzik, *Träume der ersten Stunde. Die Gesellschaft Imshausen,* Berlin 1991.

80 Vgl. dazu z.B. Ines Reich / Kurt Finker, *Reaktionäre oder Patrioten? Zur Historiographie und Widerstandsforschung in der DDR bis 1990,* in: Gerd R. Ueberschär (Hrsg.), *Der 20. Juli. Das »andere Deutschland« in der Vergangenheitspolitik,* Berlin 1998, S. 158-173.

›Innere Emigration‹ an jene Diskussionen angeknüpft, die vor allem in den Westzonen des besetzten Deutschen Reichs um den moralischen Stellenwert der Emigranten bzw. der im Lande gebliebenen Autoren geführt wurde.[81] Was aufgrund der Kanonisierung der Debatte um Thomas Mann als *Die große Kontroverse* im kulturellen Feld der Nachkriegszeit bis heute nur am Rande vermerkt wurde,[82] ist der zweite große Streit jener Jahre, in dem es um die Stellung Ernst Jüngers ging. War Mann als Vertreter des Exils mit seinen z.T. harschen Verlautbarungen über »die Deutschen« umstritten, stand Jünger als dessen Antipode wegen seiner nationalrevolutionären Publizistik vor 1933 unter Beschuß, vor allem aus der SBZ, aber auch von Emigranten und Remigranten in den Westzonen. Auf Jünger als Prototyp eines unter Hitler im Lande »anständig« gebliebenen Repräsentanten bauten wiederum die Hoffnungen nicht weniger Angehöriger der konservativen, nicht-nationalsozialistischen Nachkriegseliten.[83] Mit seinen apologetischen Arbeiten über Jünger hatte Paetel in dieser kulturpolitischen Debatte unmittelbar interveniert und den Blick auf jene dissidente ›Emigration in Deutschland‹ unter Hitler konzentriert, die *Die neue Weltbühne* aus dem Exil heraus schon im November 1933 auszumachen vermochte:

Emigration in Deutschland

Unter diesem Titel veröffentlichte vor längerer Zeit die ›Frankfurter Zeitung‹ einen Artikel, in dem sie das Los jener Deutschen schilderte, die, aus ihrem bisherigen Wirkungskreis gerissen, in Deutschland verharren, abgekapselt von der Welt und ohne jede Beziehung zu dem, was um sie herum vorgeht. [...] Das Schicksal der Emigration in Deutschland ist schwer. Manche fühlen sich aus materiellen

81 Vgl. u.a. Jost Hermand / Wigand Lange, »*Wollt Ihr Thomas Mann wiederhaben?*« *Deutschland und die Emigranten*, Hamburg 1999.
82 J.F.G. Grosser, *Die große Kontroverse. Ein Briefwechsel um Deutschland*, Hamburg u.a. 1963; vgl. dagegen die außerhalb der Jünger-Forschung zu wenig beachtete Studie von Norbert Dietka, *Ernst Jünger nach 1945. Das Jünger-Bild in der bundesdeutschen Kritik (1945 bis 1985)*, Frankfurt am Main 1987 (Europäische Hochschulschriften, Reihe I, Deutsche Sprache und Literatur 1010), S. 58-78.
83 Vgl. dazu die Korrespondenz zwischen Jünger und Gerhard Nebel in dieser Zeit und das Material im Kommentar (*Briefe 1938-1974*, hrsg., kommentiert und mit einem Nachwort von Ulrich Fröschle und Michael Neumann, Stuttgart 2003).

Gründen an Deutschland verhaftet, die meisten aber können sich von dem Lande nicht losreißen, dem ihr Leben gehörte. Die Zahl der Emigranten in Deutschland ist groß; um ihretwillen darf der Kampf gegen den Nationalsozialismus nicht als ein Kampf gegen Deutschland geführt werden.[84]

Rechnete sich einer solchen »innere[n] Emigration« ausgerechnet auch Thomas Mann bei der Lektüre dieser Zeitschrift 1933 »im Grunde« noch zu,[85] lagen die Akzente Paetels und der Nachkriegsdiskussion auf stärker spezifizierten Personenkreisen, deren konkrete Aktualisierungspraxis des Topos vom ›anderen Deutschland‹ nun abschließend zu beleuchten ist.

5. Inneres Reich und heiliges Deutschland

In den Polemiken der Nachkriegszeit wurden die unter dem Begriff der ›Inneren Emigration‹ subsumierten Vertreter bisweilen in ironischer oder gar abfälliger Weise als die »Stillen im Lande« bezeichnet, so von dem aus dem New Yorker Exil kommenden Gerhard Wilhelm Speyer in einer heftigen Polemik u.a. gegen die Brüder Ernst und Friedrich Georg Jünger im August 1946.[86] Dieser Rekurs auf eine pietistische Wendung indes trifft – unbeabsichtigt – genau den Kern eines Teils der ›Inneren Emigration‹. Mit notgedrungen sehr viel unschärferer Grenzziehung als jener zwischen dem Exil und dem Land, aus dem die Exilanten geflohen waren, gab es Ermächtigungsversuche ohnmächtiger Subjekte mittels des Topos vom ›anderen Deutschland‹ auch im Lande selbst. Hier wurde er jedoch aktualisiert, indem man sich auf ein ›inneres Reich‹ stützte, das nach Vorstellung der herrschenden Partei durch deren Sieg eigentlich obsolet war.[87] Ihre ideenhistorisch folgenreiche

---

84 N.N.: *Brief aus Berlin*, in: *Die neue Weltbühne. Wochenschrift für Politik · Kunst · Wirtschaft* (Prag / Zürich), Jg. 2, 1933, Nr. 44, 2. November 1933, S. 1369-1374, hier: S. 1373 f.

85 Thomas Mann, *Tagebücher 1933-1934*, hrsg. von Peter de Mendelsohn, Frankfurt am Main 1980, S. 243 (Eintrag vom 7. November 1933).

86 Gerard W. Speyer: *Die Stillen im Lande*, in: *Die Neue Zeitung. Eine amerikanische Zeitung für die deutsche Bevölkerung* (München), Jg. 2, 1946, Nr. 67, 23. August 1946, [S. 4].

87 Die gleichnamige, schon seit 1932 geplante, aber erst von 1934 an erscheinende Zeitschrift gehört nur am Rande in diesen Kontext; vgl. Marion Mallmann, *Das Innere Reich. Analyse einer konservativen Kulturzeit-*

Prägung hat diese Variante in der Tat im deutschen Pietismus gefunden, und sie wurde in der Folgezeit politisch wirksam. Von einem »verborgenen Vaterland« etwa war die Rede bei den »Predigern des Patriotismus« im 18. Jahrhundert, wie sie Novalis genannt hat. Die politischen Erben des Pietismus im 18. und 19. Jahrhundert verkündigten ein »in mythischer Wesensschau erfahrene[s] ›innere[s] Vaterland‹«, wie Gerhard Kaiser in seiner grundlegenden Studie *Pietismus und Patriotismus im literarischen Deutschland* gezeigt hat.[88] Dieses »innere Vaterland« bildete sich

> [...] in einer Spannung zur Wirklichkeit aus. Es ist wohl deutlich, daß ein solcher patriotischer Spiritualismus den [...] politischen Gegebenheiten in Deutschland, die den Staatsbürger von allen eigentlich politischen Handlungsmöglichkeiten weitgehend abschneiden, durchaus entspricht, während eine politische Programmbildung eben unvorstellbar ist.[89]

Es stellt sich dar als eine Art von »eschatologischer Idee und steht im Gegensatz zur politischen Realität des (aufgeklärt) absolutistischen Fürstenstaats in Deutschland. Dennoch«, so Kaiser zu dieser spezifischen Ausprägung der Denkfigur, »fließen dem realen Staat aus dem subjektivistisch-spirituellen Patriotismus erhaltende Energien zu, denn indem der pietistisch gestimmte Patriot den Staat im Licht seines innern Ideals sieht, deutet er ihn um, statt ihn praktisch zu verändern«.[90] Bereits in diesem Zusammenhang formte sich aber die zumindest unterschwellig politische Konzeption eines ›anderen Deutschland‹ aus, das sich in einer gleichsam eingeweihten, heimlichen Elite innerhalb des real existierenden Staats geborgen weiß, aus der heraus es in die profane Umgebung entfaltet werden kann: »Die Gruppen der Patrioten entwickeln ein geistesaristokratisches Sektenbewußtsein«, so Kaiser, »das sie gegen die Uneingeweihten abschließt. Sie betrachten sich als

---

schrift im Dritten Reich, Bonn 1978 (Abhandlungen zur Kunst-, Musik- und Literaturwissenschaft 248).

88 Gerhard Kaiser, *Pietismus und Patriotismus im literarischen Deutschland. Ein Beitrag zum Problem der Säkularisierung*, 2., erg. Aufl., Frankfurt am Main 1973; man könnte freilich auch direkt auf die Bibel zurückgehen oder das Akt-Potenz-Modell des Aristoteles in Anschlag bringen, um die »metaphysische« Einfärbung des Topos geistesgeschichtlich und typologisch zu begründen, doch führt das hier zu weit.

89 Ebd., S. 49.

90 Ebd., S. 225 f.

Gesendete und finden noch in der Anfeindung eine Bestätigung ihrer
Sendung«.[91] Das Programm eines inneren, spirituell gefaßten Vaterlands entwickelte sich, um es verkürzend zusammenzufassen, aus der
Nichtverfügbarkeit realer politischer Macht und bildete in dieser frühen
Ausprägung ein kompensierendes und zudem über die religiöse Energie
mobilisierendes Konzept. Eine solche Wendung einzelner Subjekte
nach innen ist auch für das nationalsozialistische Deutschland vielfach
zu belegen, und sie darf keinesfalls grundsätzlich mit einer »inneren
Kündigung« gleichgesetzt werden; vielmehr verband sie sich mit tradierten spirituellen Mustern, und zwar in wenigstens zwei Varianten.
Deren erste bejahte einerseits prinzipiell den nationalsozialistischen
›Aufbruch der Nation‹, zog sich andererseits aber gleichzeitig, als nicht
direkt der ›Bewegung‹ zugehörig, nach innen zurück. Angesichts des
›Führers‹ der in der ›Erweckung‹ Deutschlands erfolgreicheren nationalsozialistischen Konkurrenz verkündete etwa der Nationalrevolutionär Franz Schauwecker 1934: »Aber wir sagen dem Volk: Ein Volk, ein
Reich, ein Gott!«.[92] Das Reich wolle »seine Innerlichkeit zur Macht
erheben«, wird Thomas Manns Wort von der »machtgeschützten Innerlichkeit« appellativ umformuliert. Diese Aktualisierung des Topos,
die dem ›neuen Deutschland‹ zwar den Befund zumutet, das eigentliche
und ›andere‹ Reich nicht richtig in die politische Wirklichkeit umgesetzt zu haben, bleibt aber dennoch in jenem von Kaiser für das
18. Jahrhundert analysierten Rahmen, in dem auf eine eigene politische Programmbildung verzichtet und die Energien in tätiger Arbeit am
›inneren Reich‹ dem politisch »realen Staat« zugeführt werden.[93] Man
weist sich damit im ›neuen Deutschland‹ allenfalls eine bestimmte spiri-
tuelle Schlüsselkompetenz und Berufung zu.

Die zweite Variante eines während des ›Dritten Reichs‹ im ›inneren
Vaterland‹ geschauten ›anderen Deutschland‹ wiederum führt direkt in
die politische Dissidenz und zur Tat. Hier weiß man sich in einer »verkehrten Welt« – mit einem anderen, sehr alten Topos zu sprechen – des
richtigen Grundes der eigenen Existenz sicher. Was der Hitler-Atten-
täter Claus Schenk Graf von Stauffenberg in seinem angeblich letzten
Ausruf das »heilige Deutschland« nannte, als er auf Befehl des Generals Fromm mit anderen Verschwörern zusammen im Hof des Reichs-

91 Ebd., S. 227.
92 Franz Schauwecker: *Das Reich der Deutschen*, in: *Deutscher Almanach für
das Jahr 1934*, Leipzig 1933, S. 11-21, hier: S. 16.
93 Vgl. Fröschle, »*Radikal im Denken, aber schlapp im Handeln*«?, a.a.O.
(Anm. 31), S. 290-298.

kriegsministeriums in der Berliner Bendlerstraße am 20. Juli 1944 er-
schossen wurde,[94] steht ebenfalls in dieser bis in den deutschen Pietismus zurückreichenden Aktualisierungstradition des Topos von einem
inmitten des real existierenden Deutschland anwesenden ›inneren
Vaterland‹. Stauffenbergs letzte Worte verweisen auf Hölderlin, dessen
›Gesang des Deutschen‹, eine Ode über das »Vaterland« als »heilig
Herz der Völker«, kaum zufällig über dem Schreibtisch des sozialdemokratischen Mitverschwörers Theodor Haubach hing,[95] der nach
dem Schauprozeßurteil von Hitlers »Wyschinski«[96] am 23. Januar
1945 in Plötzensee hingerichtet wurde. Hölderlin war der Fluchtpunkt,
auf den hin sich vor allem der Kreis um Stefan George ausgerichtet
hatte;[97] in diesem Kreis, dem Stauffenberg zugehörte, konnte sich über
den Ersten Weltkrieg hinweg das Konzept eines ›geheimen Deutschland‹ ausbilden, das in zwei Texten nicht nur en passant aufscheint,
sondern programmatischen Stellenwert gewinnt: in Georges gleich-
namigem Gedicht und in der Vorbemerkung von Ernst Kantorowiczs
Buch *Kaiser Friedrich der Zweite*. Ursprünglich aus einer gnostischen
Kulturkritik heraus[98] modelliert Georges vermutlich in den frühen
1920er Jahren entstandener Text *Geheimes Deutschland* die Strategie
einer Emigration nach innen, die aus einem Nachvollzug der Goethe-
schen Flucht in die *Italienische Reise* das lyrische Ich in die »heilige
heimat« zurückverweist, wo »ursprünglicher boden« zu finden sei. In
»den äussersten Nöten« schufen »die Himmlischen«, wie es im ersten
Teil des Gedichts unter dem Signum des »Abgrunds« heißt, »Neuen
raum in den raum …«. Nicht zuletzt inspiriert von Hölderlins Hymne

---

94 Peter Hoffmann, *Claus Schenck Graf von Stauffenberg und seine Brüder*,
   Stuttgart 1992, listet die unterschiedlichen Quellen und Versionen, die über
   Stauffenbergs letzte Worte berichten, auf (S. 598 f.).
95 Vgl. Roon, *Neuordnung und Widerstand*, a.a.O. (Anm. 56), S. 181.
96 So nannte Hitler angeblich Roland Freisler; vgl. Walter Wagner, *Der Volks-*
   gerichtshof im nationalsozialistischen Staat, Stuttgart 1974 (Quellen und
   Darstellungen zur Zeitgeschichte 16/III), S. 839.
97 Vgl. dazu Henning Bothe, »*Ein Zeichen sind wir, deutungslos*«. *Die Rezep-*
   tion Hölderlins von ihren Anfängen bis zu Stefan George, Stuttgart 1992.
98 Vgl. Michael Pauen, *Dithyrambiker des Untergangs. Gnostizismus in Ästhe-*
   tik und Philosophie der Moderne, Berlin 1994, S. 65 f.: Pauen weist auf
   den bei Mallarmé rezipierten gnostischen Akosmismus hin, »die Überzeugung also von der Minderwertigkeit der den Sinnen sich darbietenden
   Natur, ebenso wie der Glaube, daß die *eigentliche Wirklichkeit* allenfalls
   der *geistigen Schau* auserwählter Subjekte zugänglich sei«.

›Germanien‹, worauf Bernhard Böschenstein hinwies,[99] empfiehlt Georges Text seinem ›Staat‹ weiteres Reifen:

> Nur was im schützenden schlaf
> Wo kein taster es spürt
> Lang in tiefinnerstem schacht
> Weihlicher erde noch ruht –
> Wunder undeutbar für heut
> Geschick wird des kommenden tages.[100]

Ernst Kantorowicz, der später als Jude emigrieren mußte, trug zur Zirkulation der Formel von einem ›geheimen Deutschland‹ dadurch bei, daß er dieses in seiner vieldiskutierten Geschichte des Stauferkaisers Friedrich des Zweiten in einer Vorbemerkung explizit an den Reichsgedanken anschloß und damit politisierte: Zur Zeit der Siebenhundertjahrfeier der Universität Neapel habe am Sarkophag Friedrichs II. in Palermo ein Kranz gelegen, der die Inschrift trug: »Seinen Kaisern und Helden das geheime Deutschland«; dies dürfe man als Zeichen annehmen, »daß auch in andern als gelehrten Kreisen eine Teilnahme für die großen deutschen Herrschergestalten sich zu regen beginne – gerade in unkaiserlicher Zeit«.[101] Entsprang diese Konturierung des Topos eines ›anderen‹ Deutschland »unter dem wüsten Oberflächenschorf« (Karl Wolfskehl 1910)[102] dem Leiden sowohl an den Verhältnissen des wilhelminischen wie des parlamentarisch-demokratischen Deutschen Reichs, schien 1933 mit der ›Machtergreifung‹ eine ganz andere Lage

---

99 Bernhard Böschenstein, *Stefan Georges Spätwerk als Antwort auf eine untergehende Welt*, in: Bernhard Böschenstein / Wolfgang Braungart / Ute Oelmann (Hrsg.), *Stefan George: Werk und Wirkung seit dem ›Siebten Ring‹*, Tübingen 2001, S. 1-16, hier: S. 14.

100 Stefan George, *Geheimes Deutschland*, in: Stefan George, *Das Neue Reich*, Stuttgart 2001 (Sämtliche Werke in 18 Bänden 9), S. 46-49, hier: S. 49.

101 Vgl. dazu im weiteren Eckhart Grünewald, *Ernst Kantorowicz und Stefan George. Beiträge zur Biographie des Historikers bis zum Jahre 1938 und zu seinem Jugendwerk »Kaiser Friedrich der Zweite«*, Wiesbaden 1982 (Frankfurter historische Abhandlungen 25), besonders S. 74-80, zur Rückbindung des ›geheimen Deutschland‹ an Hölderlin durch Hellingrath S. 77; Ulrich Raulff, *»In unterirdischer Verborgenheit«. Das geheime Deutschland – Mythogenese und Myzel. Skizzen zu einer Ideen- und Bildergeschichte*, in: Barbara Schlieben / Olaf Schneider / Kerstin Schulmeyer (Hrsg.), *Geschichtsbilder im George-Kreis. Wege zur Wissenschaft*, Göttingen 2004, S. 93-115.

102 Zit. nach ebd., S. 75.

gegeben, auf die der innerlich heterogene George-Kreis, dem bekanntlich auch zahlreiche Juden angehörten, in unterschiedlicher Weise reagierte.[103] Kantorowicz, der als ausgezeichneter Veteran des Ersten
Weltkriegs zunächst nicht von der Entlassung jüdischer Wissenschaftler aus dem Öffentlichen Dienst betroffen war, hatte seine Lehre in
Frankfurt am Main aus Protest gegen diese Maßnahmen niedergelegt,
nahm sie aber auf Bitten der Universitätsleitung im Wintersemester
1933/34 vorübergehend wieder auf. Am 26. November 1933 schrieb
er an George über seine Vorlesung, die er über das Interregnum des
Mittelalters hielt und mit einer Rede über ›Das geheime Deutschland‹
eröffnete:

> Dieses thema scheint mir auch deswegen als ganz geeignet · weil aus
> ihm die notwendige geburt eines ›geheimen Deutschland‹ nach dem
> zusammenbruch des stauferreichs deutlich hervorgehen dürfte.
> Denn die staufer hatten ja – zum einzigen mal in der deutschen ge-
> schichte – das ›geheime Dtschl‹ von damals i.E. das ›*Römische*‹ zum
> offiziellen Dtschl erhoben ... und seit dieses im berge schlummert
> und auch kein trommeln den berg zum aufspringen bringt hat jen-
> seits des knilch-nürnberg-reformatoren- usw. -deutschen eben not-
> wendig das ›andere‹ entstehen und geheim bleiben müssen · sollte
> nicht alles verholzen oder verfliessen.[104]

Gerade weil der Topos vom ›anderen Deutschland‹ im ›Dritten Reich‹
nicht in die Redeweise der Macht integriert werden konnte wie etwa in
der frühen DDR, mußte er für eine sich bildende Gegenöffentlichkeit
im Lande besondere Bedeutung erlangen.[105] Lag zwar zunächst für
einige, insbesondere in der Linie Friedrich Wolters' stehende, Kreismit-
glieder eine »verhaltene [...] Bejahung der nationalsozialistischen Bewegung als eines ›Seinesgleichen‹ nahe« – »im Sinne Kommerells und
Stauffenbergs, die die Entwicklungen als ›Baustein‹ eines künftigen gei-

---

103 Vgl. dazu Michael Petrow, *Der Dichter als Führer? Zur Wirkung Stefan
  Georges im ›Dritten Reich‹*, Marburg 1995, zu Widerstand und Exil von
  Mitgliedern des George-Kreises besonders S. 83-86; Carola Groppe, *Die
  Macht der Bildung. Das deutsche Bürgertum und der George-Kreis 1890-
  1933*, Köln u.a. 1997 (Bochumer Schriften zur Bildungsforschung 3),
  S. 651-676.
104 Zit. nach Groppe, *Die Macht der Bildung*, a.a.O. (Anm. 103), S. 665 f.
105 Freilich stand der Topos auch in der DDR durch die politische Umorien-
  tierung auf eine Zweistaatlichkeit – und damit seine Teilfreigabe durch
  die Staatsmacht – teilweise gegenöffentlichen Modellierungen zur Verfügung.

stigen Staats nutzen wollten« –,[106] bot der Topos des ›geheimen
Deutschland‹ als des ›anderen‹ schließlich demselben Stauffenberg die
Möglichkeit, seine Abwendung von Hitlers empirischem Reich im al-
ten Muster des George-Kreises zu vollziehen.

So konnte sich auch der christliche Nationalkonservative Hubertus
Prinz zu Löwenstein aus der »Binnenemigration« des noch unter Völ-
kerbundsverwaltung stehenden Saargebiets heraus in der ersten Ausgabe seiner nur in vier Nummern erschienenen und dann verbotenen
Wochenzeitung Das Reich am 6. Dezember 1934 auf Deutschland als
»Heiliges Reich« berufen, wie der programmatische Leitartikel überschrieben war; in derselben Ausgabe führte er überdies mit Bezug auf
Kantorowicz explizit den Stauferkaiser gegen Hitler ins Feld: Friedrichs II. Bild sei »im heutigen Deutschland erloschen«.

> Es muß wohl so sein, er war ein ›Fremder‹, mehr noch: er war Vier-
> teljude durch seine Mutter, Constanze, Königin von Sizilien, deren
> Mutter aus dem jüdischen Hause Pierleoni stammte.
> Um so lebendiger mag er uns sein, die wir vor der Geschichte des
> verflossenen Jahrtausends nicht minder Verantwortung fühlen, wie
> vor der des kommenden.[107]

Ein Gedenkartikel anläßlich des einjährigen Todestages von Stefan George – er war am 4. Dezember 1933 bei Locarno gestorben – führt dies
auf derselben Seite fort. Dem sich wider Erwarten behauptenden real
existierenden Deutschland der Nationalsozialisten wird jenes ›andere‹,
mit Kantorowiczs Stauferbuch historisch und utopisch begründete
Deutschland entgegengehalten. »[D]er fürst des geziefers verbreitet
sein reich«, heißt es hier mit Stefan Georges Gedicht ›Der Widerchrist‹,
dem wiederum mit dem Dichter ein idealer Führer entgegengehalten
wird: »›... / er heftet – Das wahre sinnbild auf das völkische banner / Er
führt durch sturm und grausige signale / des frührots seiner treuen
schar zum werk / des wachen tags und pflanzt auf das Neue Reich.‹
Das vorzubereiten«, zieht Löwenstein gleich selbst den entsprechenden
Schluß, »ist der Sinn aller kommenden Arbeit, ist die Mahnung an alle,
die sich der Verzerrung unserer Sendung nicht unterwerfen«.[108]

106 Ebd., S. 657.
107 [Hubertus Prinz zu Löwenstein], *Kaiser Friedrich II*, in: *Das Reich. Wo-
    chenzeitung für deutsche Politik* (Saarbrücken), Nr. 1 vom 6. Dezember
    1934, S. 4.
108 [Hubertus Prinz zu Löwenstein]: *Stefan George*, ebd.; zu dem von der Ju-
    gendbewegung und George beeinflußten Löwenstein vgl. *Deutsche Intel-
    lektuelle im Exil. Ihre Akademie und die »American Guild for German*

Aus Georges ›Staat‹ sowie seinen dichterischen Emanationen speiste sich also die Denkfigur des geheimen ›anderen‹ Deutschland auch für konservative Exponenten des Exils; so überrascht es nicht, daß sich die britische Propaganda des Gedichts vom ›Widerchrist‹ bediente, um es mit Flugblättern, die 1942 von Flugzeugen aus abgeworfen und verstreut wurden, unter das »Volk Hölderlins« (Hellingrath) zu bringen.[109] Vor diesem Hintergrund wird auch Bechers eingangs zitierte Anknüpfung an die Reichstradition plausibel; er folgte mit ihr einerseits einer Maxime Stalins, der es für lächerlich erklärt hatte, »die Hitlerclique mit dem deutschen Volk und dem deutschen Staat zu identifizieren«, da die geschichtliche Erfahrung besage, »daß die Hitlers kommen und gehen, das deutsche Volk aber, der deutsche Staat bleibt«;[110] andererseits schien Bechers nationales Pathos mit einer Disposition verbunden, die ihn zum »Sänger des Vaterländischen« und damit zu einem nationalen kulturellen Repräsentanten in der DDR werden ließ.[111] Das Pathos, mit dem er sich am 23. Oktober 1943 in einer Rundfunkrede gleichsam über die Gräben hinweg an seine vormaligen ideologischen Kontrahenten, die Nationalrevolutionäre Ernst Jünger, Franz Schauwecker, Friedrich Hielscher und Werner Beumelburg, wandte, schien jedenfalls ebenso »echt« wie jenes im eingangs zitierten Gedicht. Bechers Aufforderung, die zweifellos Stalins pragmatischer Politik und damit einer »Bürgerkriegsidee« diente, ruhte bei alldem doch auf Grundsätzlichem, nämlich seinem Glauben an die Existenz des ›anderen Deutschlands‹: »Erlösen Sie den deutschen Geist, erlösen Sie das Reich von dem Hitler-Übel durch die befreiende Tat!«[112]

Cultural Freedom«. Eine Ausstellung des Deutschen Exilarchivs 1933-1945 der Deutschen Bibliothek, Frankfurt am Main, München u.a. 1993, besonders S. 5-27, zur Zeitschrift *Reich* und ihrem Kontext S. 43-51; Eckhart Grünewald, *Das Reich und das »wahre Deutschland«. Die Bedeutung Stefan Georges für Hubertus Prinz zu Löwenstein (1906-1984), den Organisator der »Deutschen Akademie der Künste und Wissenschaften im Exil«*, in: Schlieben/Schneider/Schulmeyer (Hrsg.), *Geschichtsbilder im George-Kreis*, a.a.O. (Anm. 101), S. 379-389.

109 Vgl. Petrow, *Der Dichter als Führer?*, a.a.O. (Anm. 103), S. 87 f.

110 Johannes R. Becher, *Stalins Wort*, in: Johannes R. Becher, *Publizistik II. 1939-1945*, Berlin, Weimar 1978 (Gesammelte Werke 16), S. 110-117, hier: S. 112.

111 Vgl. ebd. Bechers Versuche einer Aneignung Hölderlins: *Sänger des Vaterländischen*, S. 298-301; *Hölderlin*, S. 352-354.

112 Zit. nach Wojciech Kunicki, *Projektionen des Geschichtlichen. Ernst Jüngers Arbeiten an den Fassungen von »In Stahlgewittern«*, Frankfurt am Main 1993, S. 353.

Solche »befreiende Tat« war indes die Sache Jüngers nicht; er zog dem Attentat einen Attentismus vor, der bei aller Agitation schon seine Weimarer Zeit charakterisiert hatte. Für Jüngers Modell, die eigene Ohnmachtserfahrung gegenüber der an die Macht gelangten NSDAP, der »flachsten« der konkurrierenden »Schulen«, zu verwinden, hat Harro Segeberg den treffenden Begriff einer »antizentralistischen Wahrnehmungselite« geprägt, die sich dem organisierten Deutschland entzieht und »tieferen Schichten« verpflichtet weiß.[113] Ganz ähnlich propagierte Gottfried Benn, vom NS-Staat zurückgewiesen und enttäuscht, den Rückzug in die »Zelle«, wo »reiner Geist« Eigentliches bewahrt und die Ermächtigung vorbereitet:

> [...] das werden die retten, die im Orden, die im Elitismus, in der Askese, die im Fasten sind. In Klöstern, schwarze Mönche, wenige, in einem unauslöschlichen Schweigen, in einer unumstößlichen Passivität [...]. Dort erleben sie das Ende, die Mitternacht. Dort vollführen sie ihr Amt der Verbindung und der Übertragung von den Keimen der Lebenden von einem Zyklus zu dem anderen. Dank ihnen ist die Tradition trotz allem gegenwärtig, die Flamme brennt. Sie sind die Wachenden, und wenn die Zeiten gekommen sind, lenken sie die Kräfte der Auferstehung.[114]

Sie alle folgten Bechers Aufruf im Geist eines ›anderen Deutschland‹ nicht, wohl auch, weil die Anteile einer »Bürgerkriegsidee« aus Moskau bei ihm zu überwiegen schienen. Die Mobilisierungsfunktion des Topos in seiner Ausrichtung auf ein ›geheimes Deutschland‹ im Sinne Georges – und letztlich Hölderlins – erwies sich schließlich in der Dynamik, die der ethische Diskurs des George-Kreises selbst entwickelte

---

113 Vgl. Harro Segeberg, *Regressive Modernisierung*, in: Harro Segeberg (Hrsg.), *Vom Wert der Arbeit. Zur literarischen Konstitution des Wertkomplexes »Arbeit« in der deutschen Literatur (1770-1930)*, Tübingen 1991, S. 337-378, hier: S. 376. Jüngers Bemerkung über die »Münchener Schule, die flachste«, findet sich in den *Strahlungen* (23. April 1943). 1945 setzte indes ein »zweiter Frühling« Jüngers in politicis ein, indem er u.a. mit seinen Sendschreiben zur ›Friedensschrift‹ »einzugreifen« versuchte; vgl. Ulrich Fröschle / Michael Neumann, *Nachwort*, in: Jünger / Nebel, *Briefe*, a.a.O. (Anm. 83), S. 921-944.

114 Gottfried Benn, *Sein und Werden*, in: Gottfried Benn, *Prosa 2*, hrsg. von Gerhard Schuster, Stuttgart 1989 (Sämtliche Werke 4), S. 207-212, hier: S. 211 f. Hier wird schön deutlich, daß der Ermächtigungstopos vom ›anderen Deutschland‹ stets auch eine ›Führungsfrage‹ impliziert.

und auf die Körper seiner Jünger übertrug, um in Anlehnung an Foucault zu sprechen.[115] Aus einem Ethos heraus, wie es im heutigen Deutschland kaum mehr denkbar ist,[116] kam es in Stauffenberg und seinen Mittätern zu einer erneuten Verkoppelung von geistiger Verwindung der Ohnmachtserfahrung und Gewalt im Topos des ›anderen Deutschland‹:

Aber kommt, wie der Stral aus dem Gewölke kommt
Aus Gedanken vielleicht, geistig und reif die That?
Folgt die Frucht, wie des Haines
Dunklem Blatt, der stillen Schrift?[117]

In Stauffenbergs Fall ist diese – rhetorische – Frage allenthalben zu bejahen.

115 Das ist auch gegen Clemens Pornschlegels anregende Studie *Der literarische Souverän. Studien zur politischen Funktion der deutschen Dichtung*, Freiburg/Br. 1994 (Rombach Wissenschaft – Reihe Litterae 24), zum ›Geheimen Deutschland‹ besonders S. 171-229, einzuwenden, die leider in Ideologiekritik strikter Observanz und Spekulation Theweleitscher Provenienz abgleitet: Sie muß nicht nur differenziertere Bezüge zu Motivationen aus der politischen Situation Deutschlands nach dem ›Versailler Vertrag‹ ausklammern, sondern auch von epochemachenden Erscheinungen des ›politischen Dichters‹ auf der ›Linken‹, von Heinrich Mann bis Hiller, Rubiner u.a. absehen, ganz zu schweigen von den vorbildstiftenden sowjetischen und italienischen Staatskulturexperimenten, damit ihr Einsichten des Kalibers gelingen, Heidegger etwa hätte 1936 nur den Kunstwerkaufsatz Benjamins lesen müssen, »um begreifen zu können« ... (S. 228 f.).
116 An das u.a. durch Fraenkel vermittelte positive Bild des 20. Juli versuchte in der BRD etwa Wolf Graf von Baudissin mit seinem Vorwort zu Fraenkel anzuknüpfen und den Topos gegen die DDR in Stellung zu bringen (vgl. Anm. 73); auf weitere westdeutsche Versuche, das ›andere Deutschland‹ fruchtbar zu machen (etwa bei der späteren südwestdeutschen FDP; vgl. deren Zeitschrift *Das andere Deutschland* bzw. *Das neue Vaterland*) kann hier nicht mehr eingegangen werden; zu den Problemen mit dem 20. Juli in der BRD vgl. Peter Steinbach, *Widerstand im Dritten Reich – die Keimzelle der Nachkriegsdemokratie? Die Auseinandersetzung mit dem Widerstand in der historischen politischen Bildungsarbeit, in den Medien und in der öffentlichen Meinung nach 1945*, in: Ueberschär (Hrsg.), *Der 20. Juli*, a.a.O. (Anm. 80), S. 98-124, besonders S. 104-118; vgl. auch die dort folgenden Beiträge.
117 Hölderlin, *An die Deutschen*, a.a.O. (Anm. 1), S. 9.

Gregor Streim

Unter der ›Diktatur‹ des Fragebogens.

Ernst von Salomons Bestseller Der Fragebogen *(1951)*
und der Diskurs der ›Okkupation‹

Im April 1951 gelang Ernst Rowohlt sein zweiter verlegerischer Coup in der Nachkriegszeit. Nach C.W. Cerams (alias Kurt W. Marek) ›Archäologie-Roman‹ *Götter, Gräber und Gelehrte* (1949) avancierte Ernst von Salomons ›autobiographische Reportage‹[1] *Der Fragebogen* trotz des beträchtlichen Umfangs von über 800 enggedruckten Seiten und des für damalige Verhältnisse stattlichen Preises von 19,80 DM binnen kurzer Zeit zu einem weiteren Bestseller der jungen Bundesrepublik.[2] Der Verkaufserfolg verdankte sich dabei wohl zu gleichen Teilen der schriftstellerischen Begabung des Autors, seinem skandalumwitterten Namen wie dem brisanten Inhalt. In seiner äußeren Gestalt – ein schwarz-silberner Leineneinband unter schwarz-weiß-rot glänzendem Schutzumschlag – wie in seiner polemischen Erzählkonzeption – der Erzählung der eigenen Lebensgeschichte als Antwort auf den ›großen‹ Fragebogen der amerikanischen Militärregierung – war *Der Fragebogen* von vornherein als Provokation angelegt, als ein

---

1 Die Genrebezeichnung stammt von Klaus Harpprecht, *Salomonisches. Ein* »*Fragebogen«: Aufschlüsse, aber keine Antwort,* in: Zeitwende, Jg. 23, 1951/52, S. 249-254, hier: S. 250.

2 Nachdem die erste Auflage von 10 Tsd. sofort vergriffen war, erschienen noch 1951 in kurzem Abstand weitere Auflagen (bis 66 Tsd.). 1952, als auch eine preiswertere Taschenbuchausgabe (6,80 DM) angeboten wurde, stieg die Auflage auf 181 Tsd., 1953 auf 212 Tsd. Exemplare. Mitte der 1950er Jahre brachte der Europäische Buchklub eine Lizenzausgabe heraus, später auch der Bertelsmann-Verlag. 1961 erschien eine rororo-Taschenbuchausgabe (mit der Dreibandnummer 419/420/421), die mehrfach neu aufgelegt wurde. 1985 erfolgte eine Neuauflage der gebundenen Ausgabe – begleitend zur Ausstrahlung des Fernsehfilms *Ami go home oder: Der Fragebogen von Ernst von Salomon* in der ARD am 29. September 1984 (Drehbuch und Regie: Rolf Busch; Produktion: NDR), mit Heinz Hönig als Darsteller Salomons. Kurze Zeit nach der deutschen Erstausgabe erschien eine französische Übersetzung bei Gallimard in Paris, 1954 eine englische Ausgabe bei Putnam in London und Anfang 1955 eine amerikanische Ausgabe bei Doubleday in New York.

demonstrativer Verstoß gegen die Regeln des ›herrschenden‹ Diskurses
über Schuld und Verantwortung, als ironischer Kommentar zur Theorie und Praxis der Entnazifizierung.[3] Die entsprechenden Reaktionen
ließen denn auch nicht auf sich warten. Von einer »peinlichen Stink-
bombe« und »faschistisch verschmockten Autobiographie«[4] war die
Rede, von »Attentat«[5] und »Gift«,[6] von einem »gefährliche[n]«[7] und
zynischen Text. Aber auch vom ›erregendsten Buch‹ der letzten Jahrzehnte, einem »*Document humain* ersten Grades«, das »ganz und gar
deutsch« sei.[8] Salomon selbst präsentierte sich derweil der Boulevard-
presse vor seiner Wohnung auf Sylt in der Pose, die er sein ganzes Leben
am besten beherrschte: die des ›Geächteten‹.[9] Und er bekam Zustimmung in zahlreichen privaten Briefzuschriften begeisterter Leser,
die gestanden, er habe ihnen »aus der Seele geschrieben«, habe »sachlich und ungeschminkt die Wahrheit« zu sagen gewagt, endlich einmal

3   Ernst Rowohlt setzte damit eine Verlagspolitik fort, die er schon in der
    Weimarer Republik erfolgreich praktiziert hatte. Schon damals hatte er mit
    der politischen Provokation geschäftliche Erfolge erzielt, indem er mit Ar-
    nolt Bronnens *O.S.* (1929), Ernst von Salomons *Die Geächteten* (1930)
    und Hans Falladas *Bauern, Bonzen, Bomben* (1931) reportagehafte Romane
    über den militanten Nationalismus publizierte. Gerhart Pohl hat diese
    »Methode der moralischen und politischen Bedenkenlosigkeit« in einem
    ›sehr offenen Brief‹ an den Verleger Anfang 1952 als die »Verlagsmethode
    Rowohlt« gebrandmarkt. (Gerhart Pohl, *Die großen Tips*, in: *Der Monat*,
    Jg. 4, 1952, H. 40, S. 439-443, hier: S. 439 f.).
4   Friedrich Luft, *Ein literarischer Remer. Zu Ernst von Salomons »Fragebo-
    gen«*, in: *Die Neue Zeitung* (Frankfurt am Main) vom 27. Oktober 1951.
5   Pohl, *Die großen Tips*, a.a.O. (Anm. 3).
6   Rüdiger Proske, [Replik auf die Rezension von Wolfgang Bächler], in: *Aus-
    sprache. Eine europäische Zeitschrift*, Jg. 2, 1951, S. 156.
7   Gert H. Theunissen, *Der Fragebogen des Herrn von Salomon. Ein blen-
    dendes, aber gefährliches Buch*, in: *Die Welt* (Hamburg) vom 19. April
    1951.
8   Jan Molitor, *Die Antworten auf einen großen Fragebogen. Zu Ernst von
    Salomons neuem Buch*, in: *Die Zeit* (Hamburg) vom 19. April 1951.
9   Vgl. die *Blitz*-Reportage *Der Geächtete – der Geachtete. »Der Blitz« bei
    Ernst von Salomon zu Gast*, in: *Der Blitz. Wochenzeitung für junge Men-
    schen* (Hamburg) vom 27. August 1952: »Es ist wahr, Ernst von Salomon
    ist ein Geächteter. Einstige Freunde, Minister, sehen an ihm vorbei. Man
    will Ernst von Salomon nicht mehr kennen – das heißt, man darf es nicht
    mehr. Da ist ja dieser ›Fragebogen‹ ... Vielleicht ist das die Noblesse einer
    Demokratie?«

eine »objektive Schilderung der Vorgänge« im Nationalsozialismus gegeben.[10]

Was war das Erregende an Salomons Bericht? Und was war das ›ganz und gar Deutsche‹ an ihm? Und warum setzte das Thema ›Fragebogen‹ solche Emotionen frei? Die Ursachen dieser Wirkung erschließen sich dem heutigen Leser des Buches nicht unmittelbar, obwohl es von politischer Geschichte handelt und der Verfasser keinen Hehl aus seiner antidemokratischen Gesinnung macht. Salomon zeichnet darin den eigenen Lebensweg vom preußischen Kadetten zum Freikorpskämpfer und zum Schriftsteller nach und verbindet dies mit einer anekdotenreichen und teilweise burlesken Schilderung der nationalrevolutionären Zirkel in der Weimarer Republik und im ›Dritten Reich‹. Im Stil einer Reportage und eines Abenteuerberichts schildert er seine Zeit im Freikorps des Kapitäns Erhardt, seine Beteiligung am Kapp-Putsch, an der schleswig-holsteinischen Landvolkbewegung und am Rathenau-Mord, seine Erlebnisse als nicht-nazistischer Nationalrevolutionär im ›Dritten Reich‹ und schließlich die Erfahrungen während seiner fünfzehnmonatigen Gefangenschaft in amerikanischen Internierungscamps in Deutschland. Am Ende dieses letzten, anklagenden Teils steht der emphatische Ausruf »Es lebe Deutschland!«[11] Zweifellos mußte diese

---

10 Zit. aus dem Konvolut von Briefzuschriften zum *Fragebogen* im Nachlaß Salomon, DLA Marbach.

11 Salomon wurde von der amerikanischen Besatzungsmacht am 11.6.1945 in ›automatic arrest‹ genommen und 15 Monate in den ›Civilian Internment Camps‹ Natternberg, Plattling, Langwasser und Landsberg interniert. Mit diesen automatischen, nach Listen verfahrenden, Verhaftungen versuchte die Besatzungsmacht in einem ersten Schritt all die Personen und Gruppen auszuschalten, die mit Nazismus und Militarismus in Verbindung gebracht und als potentielle Gefahr angesehen wurden (vgl. dazu Lutz Niethammer, *Alliierte Internierungslager in Deutschland nach 1945. Vergleich und offene Fragen*, in: Christian Jansen / Lutz Niethammer / Bernd Weisbrod (Hrsg.), *Von der Aufgabe der Freiheit. Politische Verantwortung und bürgerliche Gesellschaft im 19. und 20. Jahrhundert. Festschrift für Hans Mommsen zum 5. November 1995*, Berlin 1995, S. 496-492, bes. S. 474). Salomon wurde dieser Gruppe aufgrund seiner rechtsterroristischen Vergangenheit und seiner Beteiligung an der Ermordung Walther Rathenaus zugeordnet; ›irrtümlich‹, wie ihm bei seiner Entlassung mitgeteilt wurde, da er für diese Tat schon in der Weimarer Republik eine fünfjährige Zuchthausstrafe abgebüßt hatte. Die Empörung über diese ›irrtümliche‹ Verhaftung und darüber, daß auch seine Lebensgefährtin, trotz ihrer jüdischen Herkunft, zusammen mit ihm verhaftet und kurzzeitig interniert

so gar nicht schuldbewußte ›Beichte‹ eines überzeugten Nationalisten als politisches Bekenntnis und als Affront gegen die Demokratie gewertet werden. Damit ist der eminent politische Charakter, den diese Publikation im Jahr 1951 hatte, aber noch nicht voll erfaßt. Denn dieser erschließt sich erst, wenn man ihre Position im Feld der damals aktuellen ›vergangenheitspolitischen‹[12] Entscheidungen und Debatten bestimmt.

Im folgenden soll der politische und diskursgeschichtliche Kontext von Salomons Bestseller in zweierlei Hinsicht rekonstruiert werden. Zum einen wird es um seine Darstellung der Entnazifizierung bzw. des alliierten Fragebogens gehen, zum anderen um die zeitgenössische Rezeption des Buches und ihre politischen Referenzen. Salomons Darstellung der Entnazifizierung soll dabei nicht isoliert betrachtet werden, sondern als Manifestation eines in der frühen Nachkriegszeit in rechtskonservativen Kreisen weit verbreiteten Diskurses, den man als antikolonialistischen Diskurs oder – in Anlehnung an einen Buchtitel Ernst Jüngers – als Diskurs der ›Okkupation‹ bezeichnen könnte. Der Fragebogen, genauer müßte man sagen, die Fragebögen der alliierten Militärregierung(en) repräsentierten in den Augen ihrer rechten Kritiker als pars pro toto die Besatzungspolitik, sie schienen in ihrer technisch-bürokratischen Gestalt zugleich aber auch das Wesen der Besatzung zu symbolisieren. Nachdem die Grundelemente der Darstellung des Fragebogens aus Äußerungen verschiedener Autoren dieses Spektrums re-

---

worden war, begründen den Haß gegen die amerikanischen Besatzer, der den letzten, ca. 150 Seiten umfassenden Teil des autobiographischen Berichts prägt, in dem die Zeit im ›Lager‹ behandelt wird. Der Schreibgestus dieses letzten Teils unterscheidet sich, wie auch von den Rezensenten immer wieder bemerkt wurde, deutlich von dem der vorangehenden. Während die Szenen aus der Weimarer Republik und dem ›Dritten Reich‹ als Burleske und die eingeschobene Geschichte einer Frankreich-Reise (die bereits ein Jahr zuvor unter dem Titel *Boche in Frankreich* als separates Taschenbuch bei Rowohlt erschienen war) als ›sachliche Romanze‹ erzählt sind, herrscht hier der Ton der Anklage und des nationalistischen Bekenntnisses. Dies zeigt sich insbesondere in der sympathisierenden Darstellung der mitgefangenen Nationalsozialisten, wie des hohen SA-Führers und letzten Gesandten des NS-Regimes in der Slowakei, Hanns Ludin, mit dessen (angeblich) letzten Worten vor der Hinrichtung, »Es lebe Deutschland!«, Salomon seinen ›Bericht‹ enden läßt (Ernst von Salomon, *Der Fragebogen*, Hamburg 1951, S. 806).

12 Vgl. dazu Norbert Frei, *Vergangenheitspolitik. Die Anfänge der Bundesrepublik und die NS-Vergangenheit*, München 1999 [EA 1996].

konstruiert worden sind, sollen anschließend die identitätspolitischen Implikationen dieses Diskurses aufgezeigt werden. Denn da im Widerstand gegen das ›Fragebogensystem‹ immer auch das eigene Deutschseins verhandelt wurde, war der Diskurs der ›Okkupation‹ zugleich ein Diskurs über nationale Identität.

Fragebögen als Instrument der Entnazifizierung

Bevor auf Salomons Fragebogen-Kritik und den Diskurs der ›Okkupation‹ eingegangen wird, ist kurz die historische Rolle zu skizzieren, die Fragebögen im Rahmen der alliierten Entnazifizierungspolitik zwischen 1945 und 1948 spielten. Fragebögen waren ein wesentliches Instrument zur Durchführung der Entnazifizierung und kamen als solches in allen Besatzungszonen zum Einsatz, je nach besatzungspolitischer Zielsetzung in sehr unterschiedlichem Umfang und unterschiedlicher Verbreitung. Der berühmt-berüchtigte ›große‹, 131 Fragen umfassende Fragebogen, den Salomon seinem autobiographischen Bericht zugrunde legte, wurde von der amerikanischen Militärregierung konzipiert, die der Entnazifizierung den höchsten politischen Stellenwert beimaß und sie mit moralischem Rigorismus verfolgte.[13] Der Fragenkatalog erstreckte sich von Angaben zur Person und zur Ausbildung über Mitgliedschaft in Parteien und Organisationen bis hin zu Reisen und Sprachkenntnissen. Vorangestellt war eine ›Warnung‹, in der darauf hingewiesen wurde, daß eine nicht vollständige und nicht eindeutige Beantwortung der Fragen als »Vergehen gegen die Verordnungen der Militärregierung« bewertet und »dementsprechend geahndet« würde.

Um die erbitterte Ablehnung zu verstehen, auf die gerade der ›große‹ Fragebogen bei einem Großteil der Bevölkerung stieß, muß man allerdings den Funktionswandel kennen, den dieses Mittel im Zuge veränderter besatzungspolitischer Direktiven erfuhr. Fragebögen wurden von den alliierten Behörden in der Anfangszeit der Besatzung nur zur schematischen Erfassung von NS-Funktionsträgern und als Mittel politischer Personalsäuberung eingesetzt. Mit dem *Gesetz zur Befreiung von Nationalsozialismus und Militarismus*, dem sogenannten ›Befrei-

13 Vgl. Wolfgang Benz, *Vom Umgang mit nationalsozialistischer Vergangenheit in der Bundesrepublik*, in: Jürgen Danyel (Hrsg.), *Die geteilte Vergangenheit. Zum Umgang mit Nationalsozialismus und Widerstand in beiden deutschen Staaten*, Berlin 1995 (Zeithistorische Studien, Bd. 4), S. 46-60, hier: S. 50.

ungsgesetz‹, und der Einführung der deutschen Spruchkammern, einer
schöffengerichtlichen Behörde mit öffentlichem Ankläger, 1946/47 ver-
wandelten sie sich dann aber in den Westzonen zu einem juristischen
Instrument massenhafter individueller Beschuldigung.[14] Waren 1945
nur die Inhaber politischer und wirtschaftlicher Schlüsselstellungen
mittels Fragebogen überprüft worden, so mußten nach dem ›Befreiungsgesetz‹ in der amerikanischen Zone alle Deutschen über 18 Jahre
den ›großen‹ Fragebogen ausfüllen.[15] Das bedeutete nicht allein eine
extreme Ausdehnung des betroffenen Personenkreises. Noch wichtiger

14 Das ›Gesetz zur Befreiung von Nationalsozialismus und Militarismus‹ wurde auf Grundlage einer Entnazifizierungsdirektive des Alliierten Kontroll-
   rats am 5. März 1946 in der amerikanischen Zone verkündet und regelte
   die Übergabe der Durchführung der Entnazifizierung an deutsche Stellen
   unter Oberaufsicht der Militärregierung. Es wurde mit Änderungen Mitte
   1947 in der französischen Zone übernommen, und Ende 1947 trat eine
   ähnliche Regelung in der britischen Zone in Kraft. Vgl. Clemens Vollnhals
   (Hrsg.), *Entnazifizierung. Politische Säuberung und Rehabilitierung in den
   vier Besatzungszonen*, München 1991, S. 16. Auch das ›Befreiungsgesetz‹
   hatte zum Ziel, alle diejenigen, die die nationalsozialistische Gewaltherrschaft aktiv unterstützt oder gegen Grundsätze der Menschlichkeit versto-
   ßen hatten, von der Einflußnahme auf das öffentliche, kulturelle und wirtschaftliche Leben auszuschließen. Im Unterschied zur bisherigen Entnazifizierung sollte die Beurteilung nun aber im Einzelfall und in »Abwägung der
   individuellen Verantwortlichkeit und der tatsächlichen Gesamthaltung«
   und nicht nach dem äußeren Merkmal der Parteizugehörigkeit erfolgen:
   »Grundlage des mit dem Gesetz geschaffenen Spruchkammerverfahrens
   bildete die Registrierung der gesamten Bevölkerung. Alle Deutschen über
   18 Jahre hatten den berühmt-berüchtigten ›Fragebogen‹ auszufüllen. Die
   Grobsortierung der Fragebogen erfolgte durch die öffentlichen Kläger der
   Spruchkammern. Sie schieden den vom Gesetz nicht betroffenen Personen-
   kreis aus und nahmen entsprechend der Formalbelastung eine vorläufige
   Einstufung in fünf Gruppen vor. Hauptschuldige (I), Belastete (II: NS-Akti-
   visten, Militaristen, Nutznießer), Minderbelastete (III), Mitläufer (IV) und
   Entlastete (V)« (ebd., S. 17 f.) – Zu den Fehlern und Hemmnissen der Ent-
   nazifizierung auf amerikanischer und deutscher Seite vgl. Klaus-Dietmar
   Henke, *Die Grenzen der politischen Säuberung – Deutschland nach 1945*,
   in: Ludolf Herbst (Hrsg.), *Westdeutschland 1945-1955. Unterwerfung,
   Kontrolle, Integration*, München 1986, S. 127-133. Zu den konzeptionellen Mängeln des amerikanischen Entnazifizierungsprogramms vgl. Peter
   Graf Kielmansegg, *Lange Schatten. Vom Umgang der Deutschen mit dem
   Nationalsozialismus*, Berlin 1989, bes. S. 32.
15 Vollnhals, *Entnazifizierung*, a.a.O. (Anm. 14), S. 17.

MILITARY GOVERNMENT OF GERMANY
Fragebogen

WARNING: Read the entire Fragebogen carefully before you start to fill it out. The English language will prevail if discrepancies exist between it and the German translation. Answers must be typewritten or printed clearly in block letters. Every question must be answered precisely and conscientiously and no space is to be left blank. If a question is to be answered by either "yes" or "no", print the word "yes" or "no" in the appropriate space. If the question is inapplicable, so indicate by some appropriate word or phrase such as "none" or "not applicable". Add supplementary sheets if there is not enough space in the questionaire. Omissions or false or incomplete statements are offenses against Military Goverment and will result in prosecution and punishment.

WARNUNG: Vor Beantwortung ist der gesamte Fragebogen sorgfältig durchzulesen. In Zweifelsfällen ist die englische Fassung maßgebend. Die Antworten müssen mit der Schreibmaschine oder in klaren Blockbuchstaben geschrieben werden. Jede Frage ist genau und gewissenhaft zu beantworten und keine Frage darf unbeantwortet gelassen werden. Das Wort „ja" oder „nein" ist an der jeweilig vorgesehenen Stelle unbedingt einzusetzen. Falls die Frage durch „ja" oder „nein" nicht zu beantworten ist, so ist eine entsprechende Antwort, wie z. B. „keine" oder „nicht betreffend" zu geben. In Ermangelung von ausreichendem Platz in dem Fragebogen können Bogen angeheftet werden. Auslassungen sowie falsche oder unvollständige Angaben stellen Vergehen gegen die Verordnungen der Militärregierung dar und werden dementsprechend geahndet.

A. PERSONAL / A. Persönliche Angaben

1. List position for which you are under consideration (include agency or firm). — 2. Name (Surname). (Fore Names). — 3. Other names which you have used or by which you have been known. — 4. Date of birth. — 5. Place of birth. — 6. Height. — 7. Weight. — 8. Color of hair. — 9. Color of eyes. — 10. Scars, marks or deformities. — 11. Present address (City, street and house number). — 12. Permanent residence (City, street and house number). — 13. Identity card type and Number. — 14. Wehrpass No. — 15. Passport No. — 16. Citizenship. — 17. If a naturalized citizen, give date and place of naturalization. — 18. List any titles of nobility ever held by you or your wife or by the parents or grand parents of either of you. — 19. Religion. — 20. With what church are you affiliated? — 21. Have you ever severed your connection with any church, officially or unofficially? — 22. If so, give particulars and reason. — 23. What religious preference did you give in the census of 1939? — 24. List any crimes of which you have been convicted, giving dates, locations and nature of the crimes. —

1. Für Sie in Frage kommende Stellung: ....

2. Name .... 3. Andere von Ihnen benutzte Namen
$\qquad$ Zu-)Familien-)name $\qquad$ Vor-(Tauf-)name

oder solche, unter welchen Sie bekannt sind ....

4. Geburtsdatum .... 5. Geburtsort ....

6. Größe .... 7. Gewicht .... 8. Haarfarbe .... 9. Farbe der Augen ....

10. Narben, Geburtsmale oder Entstellungen ....

11. Gegenwärtige Anschrift...
(Stadt, Straße und Hausnummer)

12. Ständiger Wohnsitz ....
(Stadt, Straße und Hausnummer)

13. Art der Ausweiskarte .... Nr. .... 14. Wehrpaß-Nr. .... 15. Reisepaß-Nr. ....

16. Staatsangehörigkeit .... 17. Falls naturalisierter Bürger, geben Sie Datum und Einbürgerungsort an

....

18. Aufzählung aller Ihrerseits oder seitens Ihrer Ehefrau oder Ihrer beiden Großeltern innegehabten Adelstitel.............

....

19. Religion ....,.... 20. Welcher Kirche gehören Sie an?................. 21. Haben Sie je offiziell oder inoffiziell Ihre Verbindung mit einer Kirche aufgelöst? .... 22. Falls ja, geben Sie Einzelheiten und Gründe an. ....
.... 23. Welche Religionsangehörigkeit haben Sie bei der Volkszählung 1939 angegeben? .... 24. Führen Sie alle Vergehen, Übertretungen oder Verbrechen an, für welche Sie je verurteilt worden sind, mit Angaben des Datums, des Orts und der Art. ....
....

B. SECONDARY AND HIGHER EDUCATION / B. Grundschul- und höhere Bildung

Name & Type of School (if a special Nazi school or military academy, so specify) Name und Art der Schule (im Fall einer besonderen NS.- oder Militärakademie geben Sie dies an)	Location Ort	Dates of Attendance Wann besucht?	Certificate Diploma or Degree Zeugnis, Diplom od. akademischer Grad	Did Abitur permit University matriculation? Berechtigt Abitur od. Reifezeugnis zur Universitätsimmatrikulation?	Date Datum

25. List any German University Student Corps to which you have ever belonged. — 26. List (giving location and dates) any Napola, Adolf Hitler School, Nazi Leaders College or military academy in which you have ever been a teacher? — 27. Have your children ever attended any of such schools? Which ones, where and when? — 28. List (giving location and dates) any school in which you have ever been a Vertrauenslehrer (formerly Jugendwalter).

25. Welchen deutschen Universitäts-Studentenburschenschaften haben Sie je angehört?

26. In welchen Napola, Adolf-Hitler-, NS.-Führerschulen oder Militärakademien waren Sie Lehrer? Anzugeben mit genauer Orts- und Zeitbestimmung. ....

27. Haben Ihre Kinder eine der obengenannten Schulen besucht? .... Welche, wo und wann? ....

....

28. Führen Sie (mit Orts- und Zeitbestimmung) alle Schulen an, in welchen Sie je Vertrauenslehrer (vormalig Jugendwalter) waren.
....

C. PROFESSIONAL OR TRADE EXAMINATIONS / C. Berufs- oder Handwerksprüfungen

Name of Examination Name der Prüfung	Place Taken Ort	Result Resultat	Date Datum

Druck von Richard Bechtle, Eßlingen a. N.

war, daß das Entnazifizierungsverfahren dadurch zu einem Strafverfahren wurde. Dies erwies sich in zweierlei Hinsicht als problematisch. Zum einen, weil es in den Spruchkammerverfahren zu einer Umkehrung der Beweislast kam, die dem traditionellen Strafrecht entgegenstand und das Rechtsempfinden der Bevölkerung verletzte. Die Widerlegung der Schuldvermutung wurde zur Aufgabe des Betroffenen. Gleichzeitig wurde den vorläufig als mutmaßliche Hauptschuldige oder Belastete eingestuften Personen bis zur Klärung ihres Falles die Beschäftigung in aufsichtsführenden, organisatorischen und personalpolitischen Funktionen, etwa im öffentlichen Dienst, verboten.[16] Problematisch war dieses Verfahren zum anderen, weil es auf der Annahme beruhte, daß die vielfältigen Formen der Anpassung und Einbindung der Deutschen in den NS-Staat in einer quasi-juristischen Prüfung eindeutig zu klassifizieren und zu bewerten seien. Der ›strukturelle Opportunismus‹ oder die Unterstützung, die das Regime im Rahmen der Volksgemeinschafts-Ideologie erzielt hatte, war durch Fragebögen und Spruchkammern jedoch kaum zu erfassen.[17] Die Einbeziehung des Bereichs politisch-moralischer Verantwortung in das Spruchkammerverfahren dürfte jedenfalls ein wesentlicher Grund dafür gewesen sein, daß der ›große‹ Fragebogen von einer breiten Schicht als inquisitorisches Instrument zur Gewissenserforschung angesehen wurde, obwohl er keine Meinungen und Weltanschauungen, sondern auf rein schematische Weise Funktionen, Dienstgrade, Mitgliedschaften und ähnliches – daneben allerdings auch das Wahlverhalten[18] – abfragte.

Die Ausdehnung des Personenkreises und die Verlagerung des Verfahrens auf die Ebene der gerichtsähnlichen Spruchkammern wirkten im Sinne der Entnazifizierung eher kontraproduktiv. Die kollektive Befragung und die große Zahl der Beschuldigten führten vielfach zu einer Solidarisierung der Mitläufer mit nationalsozialistischen Aktivisten und beförderten eine »allgemeine Exkulpationssolidarität«.[19] Das Verfahren selbst wurde von einer Mehrheit als Willkür empfunden, da es oftmals zu persönlichen Zwecken mißbraucht wurde und in der Praxis

---

16 Vgl. ebd., S. 18.

17 Vgl. Henke, *Die Grenzen der politischen Säuberung – Deutschland nach 1945*, a.a.O. (Anm. 14), S. 127-129. Henke übernimmt den Begriff des ›strukturellen Opportunismus‹ von Hans Buchheim.

18 Unter den Punkten 108 und 109 wurde gefragt, für welche Partei bei der Novemberwahl 1932 und bei der Wahl im März 1933 gestimmt worden war.

19 Kielmansegg, *Lange Schatten*, a.a.O. (Anm. 14), S. 35.

zur Rehabilitierung auch schwer belasteter Nationalsozialisten führte.[20] Die abwertende Bezeichnung der Spruchkammern als ›Mitläuferfabriken‹ im Volksmund brachte dies zum Ausdruck. So verlief sich die Entnazifizierung im juristischen Verfahren, bevor sie mit der Verschärfung des Ost-West-Konflikts und der Konzeption eines Weststaates im Frühjahr 1948 von amerikanischer Seite aus abrupt abgebrochen und 1949/50 dann auch von deutscher Seite aus abgeschlossen wurde.[21] Als Salomon mit großer Geste seine ›Antwort‹ auf den Fragebogen vorlegte, wurden die tatsächlich durchgesetzten politischen Säuberungen gerade weitgehend revidiert und die ›Opfer‹ der Entnazifizierung rehabilitiert.[22]

20 Vgl. Vollnhals, *Entnazifizierung*, a.a.O. (Anm. 14), S. 55-64. Mit Blick auf die amerikanischen Umfragen unter der deutschen Bevölkerung konstatiert Vollnhals: »Im November 1945 äußerten 50 Prozent aller Befragten ihre Zufriedenheit mit der Durchführung der Entnazifizierung – d.h. mit der rigiden Entlassungspraxis der Militärregierung –, im März 1946 fiel die Zustimmung auf 34 Prozent, im September 1947 auf 32 und im Mai 1949 betrug sie nur noch 17 Prozent.« (S. 61) »Die Frage, ob das Befreiungsgesetz ein Strafgesetz und ob es als rückwirkendes Gesetz rechtswidrig sei, beherrschte [...] die öffentliche Diskussion.« (S. 20) Ausführlich zur amerikanischen Entnazifizierungsplanung vgl. auch Lutz Niethammer, *Entnazifizierung in Bayern. Säuberung und Rehabilitierung unter amerikanischer Besatzung*, Frankfurt am Main 1972, bes. Kap. 1. Zur Problematik der Spruchkammerverfahren und dem Eindruck der Willkür vgl. auch Manfred Kittel, *Die Legende von der »Zweiten Schuld«. Vergangenheitsbewältigung in der Ära Adenauer*, Berlin, Frankfurt am Main 1993, S. 31-41.
21 »Insbesondere die bürgerlichen Parteien, im Einklang wohl mit der überwiegenden Mehrzahl der Deutschen, drangen darauf, mit der Entnazifizierung Schluß zu machen und sich auf die strafrechtliche Verfolgung krimineller Taten zu beschränken. Öffentliche Äußerungen, die das ›Unrecht der Entnazifizierung‹ mit dem Unrecht, das der Nationalsozialismus begangen habe, in einem Atemzug nannten, wurden nicht als Entgleisungen empfunden. Die ›Abschlußgesetzgebung‹ der Jahre 1949/50, für die die Verantwortung bereits allein bei den deutschen Parlamenten lag, lief denn auch auf eine allgemeine Amnestie – freilich nicht für strafrechtliche Delikte – hinaus« (Kielmansegg, *Lange Schatten*, a.a.O. [Anm. 14], S. 37).
22 Vgl. dazu Frei, *Vergangenheitspolitik*, a.a.O. (Anm. 12), Kap. I.

Die Entnazifizierung als Missionierung: der rechtskonservative Diskurs der ›Okkupation‹

Wenn man die Stellungnahmen rechtskonservativer oder konservativ-revolutionärer Intellektueller zu den alliierten Fragebögen untersucht, begegnen einem viele der zeittypischen Kritikpunkte und Abwehrreaktionen. Es handelt sich vor allem um den Vorwurf, es würden Handlungen mit strafrechtlichen Mitteln verfolgt, die gar nicht justiziabel, sondern allenfalls moralisch zu beurteilen seien, und den Vorwurf der rückwirkenden Anwendung von Gesetzen. Hinzu kommt das verbreitete Bewußtsein kultureller Überlegenheit über den Ankläger. Ein illustratives Beispiel dieser Mentalität bietet das zeitgleich mit Salomons Bericht erschienene Bändchen des Bühnenautors Sigmund Graff *Goethe vor der Spruchkammer* (1951). In Graffs Erzählung, die die Form der Eckermannschen Gespräche zitiert, muß Goethe sich in einem Traum vor einem Tribunal von Handwerkern und Arbeitern, das mit einer fremdartigen und fremdländischen ›Paragraphenordnung‹ hantiert, für seine Napoleonverehrung verantworten und gegen den Vorwurf des »Cäsarismus« verteidigen.[23] Über seinen Peiniger berichtet Goethe:

> in seinen ganzen Ausführungen und allen dabei angezogenen Paragraphen war immer nur von Cäsarismus und cäsaristisch die Rede, ohne daß jemals der Versuch einer abgrenzenden Definition gemacht wurde [...].[24]

Und was jener Ankläger, den in ganz Weimar und ganz Thüringen kein Mensch kannte, auf Grund einer in einem unmöglichen Fabelland erlassenen Paragraphenordnung vorbrachte, das bediente sich offensichtlich nur deshalb so vieler fremdartiger Worte und Wendungen, weil man das eine Wort, auf das es der Gegenseite ankam,

---

23 Sigmund Graff, *Goethe vor der Spruchkammer oder Der Herr Geheimrath verteidigt sich. Nach Johann Peter Eckermanns Gesprächen mit Goethe in seinen letzten Jahren*, Göttingen 1951, S. 57. »Rache ist immer etwas Häßliches, aber Rache unter dem Schein des Rechtes ist wohl das Verwerflichste, was sich denken läßt.« (S. 96) – Graff war zuvor literarisch vor allem mit Stücken und Essays hervorgetreten, die das Ethos des Frontsoldaten und das Erlebnis des Ersten Weltkriegs beschworen. Im ›Dritten Reich‹ erschienen von ihm u.a. *Unvergeßlicher Krieg. Ein Buch vom deutschen Schicksal* (1936), *Eherne Ernte. Gedichte im Krieg 1939/1941* (Hrsg. 1941), *Über das Soldatische* (1943).

24 Graff, *Goethe vor der Spruchkammer*, a.a.O. (Anm. 23), S. 57.

hinter solchem ablenkenden Aufputz verbergen wollte, nämlich das
Wort ›Vergeltung‹, oder wenn ich es noch deutlicher sagen soll: Rache![25]

Sowohl bei Graff als auch bei Salomon erschöpft sich die Kritik am
Fragebogen allerdings nicht in der juristischen Problematisierung und
artikuliert mehr als nur gekränkten Kulturstolz. Denn beide greifen in
ihrer Beschreibung der Befragung auf ein spezifisches Bild- und Begriffs-
feld zurück, und zwar auf das des Terrors. Das imaginäre Tribunal, vor
dem Goethe sich bei Graff zu verantworten hat, ist den Wohlfahrtsaus-
schüssen der Französischen Revolution nachgebildet.[26] Und Salomon
spricht ganz direkt vom »Terror« des Fragebogens.[27] Was um so bemerkenswerter ist, als der Verfasser in der Weimarer Republik selbst an
rechten Terroraktionen mitgewirkt und wegen seiner Beteiligung am
Rathenau-Mord eine fünfjährige Zuchthausstrafe verbüßt hatte. Wenn
Salomon den alliierten Fragebogen als Terror bezeichnet, meint er allerdings einen ganz anderen Terror als den physischer Gewalt. Er spricht
von einem perfiden System der Vereinzelung und Erfassung, das die
Betroffenen zum Verrat am eigenen Volk zwinge:

Angesichts des gesamten Tenors dieses Fragebogens und in Kenntnis
der Tatsache, daß fast jeder Deutsche zumindest der westlichen Teile
unseres Landes gehalten ist, ihn auszufüllen, muß ich geschärften
Gewissens endlich die Befürchtung heben, teilzuhaben an einem
Akte der unter seinen nicht kontrollierbaren Umständen doch geeignet sein kann, einem Lande und einem Volke, dem ich unausweichlich angehöre, zu schaden im Auftrag fremder Mächte, die ihre
Herrschaft ausüben lediglich durch die historische Tatsache des
deutschen Zusammenbruchs […].[28]

Die Rede vom Terror durchzieht als feststehender Topos die Stellungnahmen rechtskonservativer Autoren zur Entnazifizierung. Gerhard
Nebel spricht von einem »geistigen Terror«, der dem der Nazizeit nicht
nachstehe,[29] Friedrich Georg Jünger von einem demokratischen Poli-

---

25 Ebd., S. 62.
26 Vgl. ebd., S. 29.
27 Salomon, *Der Fragebogen*, a.a.O. (Anm. 11), S. 50.
28 Ebd., S. 9 f.
29 Brief von Nebel an F.G. Jünger vom 22. Mai [1947], in: Friedrich Georg
Jünger, »*Inmitten dieser Welt der Zerstörung*«. *Briefwechsel mit Rudolf
Schlichter, Ernst Niekisch und Gerhard Nebel*, mit Einleitungen und Kommentaren hrsg. von Ulrich Fröschle und Volker Haase, Stuttgart 2001,
S. 175.

zeistaat,[30] Carl Schmitt von »Revolutionstribunalen und Volksgerichts-
höfen«, die den »Schrecken nicht mildern, sondern verschärfen«.[31] Der
Fragebogen bzw. das ›Fragebogensystem‹ ist in dieser Sicht nicht allein
ein Instrument im Dienst ›fremder Mächte‹, es erweist sich in seiner
standardisierten Form selbst als fremde Macht, und zwar als Agent der
westlichen, nihilistischen Moderne. »Die Registratur«, schreibt Salomon, »ist die sublimste Form des Terrors, jene, aus der alle Folgen des
Schreckensregiments überhaupt erst resultieren. Ein Mann in der Kar-
tei ist schon ein so gut wie toter Mann.«[32]

Diese Kritik am Fragebogen und an der Entnazifizierung insgesamt
folgt einem tradierten Muster der Modernekritik, das sich bis zur
Romantik und deren Kritik am mechanistischen Denken der Aufklärung und am jakobinischen Terror der Französischen Revolution zu-
rückverfolgen läßt. In ganz ähnlicher Weise wird nun das Gedankengut
der Französischen Revolution bzw. die ›Ideologie des Liberalismus‹ für
den ›Terror‹ der Entnazifizierung verantwortlich gemacht und darüber
hinaus als eigentlicher Grund der ›Okkupation‹ ausgemacht. Im Diskurs der ›Okkupation‹ erscheinen Besatzung und Entnazifizierung
daher nicht als Folgen der Nazidiktatur, sondern als Elemente einer
Globalisierung nach amerikanischem Muster.

Diese Konzeption der Besatzung läßt sich besonders deutlich an den
Texten der Journalistin Margret Boveri aufzeigen. Boveri, die im ›Dritten Reich‹ USA-Korrespondentin der *Frankfurter Zeitung* und Mitar-
beiterin der Wochenschrift *Das Reich* war und in der Bundesrepublik
zu den profiliertesten Kritikern der Westintegration zählte, füllte ihren
Fragebogen nur unter Protest aus. In der hinter der 131. Frage angefüg-
ten Spalte »REMARKS / Bemerkungen« notierte sie: »Ich lehne das System der Fragebogen und ihre Anwendung auf die Deutschen im allgemeinen und mich im Besonderen ab.«[33] Die Begründung dafür lieferte

---

30 Brief von F.G. Jünger an Nebel vom 13. Juni 1947, in: Jünger, »*Inmitten
   dieser Welt der Zerstörung*«, a.a.O. (Anm. 29), S. 177.

31 Carl Schmitt, *Ex Captivitate Salus. Erfahrungen der Zeit 1945/47*, Köln
   1950, S. 57. – Vgl. a. Schmitts *Gesang eines Sechzigjährigen*: »Ich kenne
   die vielen Arten des Terrors, / Den Terror von oben und den Terror von
   unten, / Terror auf dem Land und Terror aus der Luft, / Terror legal und
   außerlegal, / Braunen, roten und gescheckten Terror, / Und den schlimm-
   sten, den keiner zu nennen wagt. / Ich kenne sie alle und weiß ihren Hand-
   griff« (ebd., S. 92).

32 Salomon, *Der Fragebogen*, a.a.O. (Anm. 11), S. 50.

33 Zit. n. der faksimilierten Abbildung von Boveris Fragebogen in: »*Ich möchte
   schreiben und schreiben*«. *Margret Boveri – Eine deutsche Journalistin*.

sie in ihrer 1946 publizierten *Amerika-Fibel*, einem Sachbuch zur amerikanischen Geschichte und Mentalität, das man aber auch als Streitschrift gegen die Entnazifizierung lesen konnte und wohl auch sollte. Die Praxis der Befragung und schematischen Erfassung wird darin als Ausdruck einer spezifisch amerikanischen Mechanisierung des Denkens erklärt. Der Fragebogen sei »nicht als Tortur für die besiegte Nation eigens erfunden« worden, schreibt Boveri, sondern er sei ein selbstverständlicher Bestandteil des amerikanischen Lebens.[34] Dadurch, daß diese Praxis der Datenermittlung scheinbar sachlich als typisch amerikanisch erklärt wird, erscheint ihre Ausdehnung auf Deutschland aber zugleich als Akt der Kolonisation, als Versuch, auch »den deutschen Menschen« auf mechanische Weise zu erfassen und nach amerikanischem Standard umzuformen.[35] An dieser Erklärung ist bemerkenswert, wie ein sozialtechnisches Verfahren, das allgemeiner Bestandteil technologisch-rationaler Wirtschaftssysteme ist, als kulturell fremd

Ausstellungskatalog. Staatsbibliothek zu Berlin, Preußischer Kulturbesitz, Wiesbaden 2000, S. 21.

34 Margret Boveri, *Amerika-Fibel für erwachsene Deutsche. Ein Versuch, Unverstandenes zu erklären*, Berlin 1946, S. 46. – Die Ansicht, daß die Massenbefragung mittels standardisierter Interviews oder Fragebögen ein typisch amerikanisches Phänomen sei, das Europa und (insbesondere dem nationalsozialistischen) Deutschland fremd bleiben müsse, hatte schon 1940 Elisabeth Noelle in ihrer Dissertation vertreten; Elisabeth Noelle, *Amerikanische Massenbefragungen über Politik und Presse*, Frankfurt am Main 1940 (Zeitung und Zeit, NF, Reihe A, Bd. 16). Die Massenbefragungen erklärte Noelle als Folge der »demokratische[n] Ideologie« (S. 4), die das gesamte amerikanische Denken beherrsche und eine eigene Öffentlichkeit hervorgebracht habe. Während die Öffentlichkeit in den USA die »Stellung einer Aktiengesellschaft« habe, sei sie in Deutschland ein »Volkskörper«, der geführt werden müsse. (S. 1) Der Gedanke, daß sich Massenbefragungen auf Deutschland übertragen ließen, erscheine den Deutschen daher abwegig. »Vom Standpunkt der Amerikaner« aber, »denen das Empfinden für die Verschiedenheit der Völker in erstaunlicher Weise abgeht, liegt in der Frage der Übertragung einer amerikanischen Erscheinung auf europäischen Boden kein Problem« (S. 132; für den Hinweis auf Noelles Dissertation danke ich Dr. Norbert Grube).

35 »Die Amerikaner haben die Deutschen nach den Gesichtspunkten, die sie interessieren, aufgeteilt in Einheiten, die ausnahmslos durch eindeutige Antworten zu bestimmen sind – Parteimitglied oder nicht, Auslandsreisen oder nicht, Erwerb jüdischen Besitzes oder nicht – und damit glauben sie den deutschen Menschen zu erfassen [...]« (Boveri, *Amerika-Fibel*, a.a.O. [Anm. 34], S. 45).

ausgegrenzt wird.[36] Daß Fragebögen auch in Deutschland nicht unbekannt und gerade in der NS-Zeit intensiv eingesetzt worden waren,
wird von Boveri nicht erwähnt. Salomon dagegen stellt den amerikanischen Fragebogen ausdrücklich in eine Reihe mit den zahlreichen Fragebögen, die er zwischen 1933 und 1945 ausfüllen musste.[37] Er tut dies
allerdings nur deshalb, weil er das ›Dritte Reich‹ selbst als Erschei-
nungsform einer totalitären Moderne bewertet.[38]

In Boveris *Amerika-Fibel* treten zwei für den Diskurs der ›Okkupation‹ charakteristische Argumentationsfiguren hervor. Dies ist zum einen
die Gleichsetzung von technischer Rationalität, Demokratie und Totalitarismus.[39] Und es ist zum anderen die Zurückweisung des universellen
Gültigkeitsanspruchs der Menschenrechte sowie, damit zusammen-
hängend, die Beschreibung des aufklärerischen Universalismus als reli-
giös-mythischer Denkform. Die Amerikaner seien von dem tiefen
Glauben erfüllt, so schreibt die Journalistin, daß ihre ›bill of rights‹
»für alle Völker und Zeiten« gültig sei.[40] Die politischen Ideen der

36 Vgl. dazu Gregor Streim, *Berichterstatterin in den ›Landschaften des Ver-
rats‹. Margret Boveris Amerika-Darstellungen aus der Kriegs- und Nachkriegszeit. Mit dem Briefwechsel zwischen Margret Boveri und Carl Zuckmayer*, in: *Zuckmayer-Jahrbuch*, Bd. 5, 2002, S. 475-510.

37 Vgl. Salomon, *Der Fragebogen*, a.a.O. (Anm. 11), S. 7f.

38 Ein Grundelement der polemischen Strategie des *Fragebogen* liegt in der
impliziten und expliziten Gleichsetzung von ›Drittem Reich‹ und alliierter
Besatzung und dem Versuch, das westliche Demokratiemodell durch vermeintliche Parallelen zum Nationalsozialismus zu diskreditieren, etwa
wenn von den »demokratischen Stigmen« des NS-Staates gesprochen wird:
»Aber ich fürchte, Hitlers Behauptung, seine ideologische Konzeption sei
die Konzeption der Demokratie, wird schwer zu widerlegen sein. Das Erklären der Welt aus einem Zentralpunkt heraus, das Gewinnen der Massen
durch Überreden, die Legitimation des Weges zur Macht durch Wahlen, die
Legitimation der Macht selbst durch das Volk – ich fürchte es wird schwer
zu widerlegen sein, daß dies demokratische Stigmen sind [...]« (ebd.,
S. 415).

39 Zur Deutung des Nationalsozialismus als Modernitätsphänomen und zur
Ausweitung der Totalitarismuskritik auf das gesamte westliche demokratische System vgl. Richard Herzinger, *Ein extremistischer Zuschauer. Ernst
von Salomon: Konservativ-revolutionäre Literatur zwischen Tatheroik und
Resignation*, in: *Zeitschrift für Germanistik*, NF, Bd. 8, 1998, S. 83-96,
bes. S. 90 f.

40 Boveri, *Amerika-Fibel*, a.a.O. (Anm. 34), S. 14. – Zur Relativität der
Menschenrechte vgl. auch Graff, *Goethe vor der Spruchkammer*, a.a.O.
(Anm. 23), S. 97, 99.

europäischen Aufklärung firmieren bei Boveri daher als amerikanische
»Exportware«, die USA selbst als »Heimat und Zentrale einer geistigen
Weltmission«, die darin bestehe, »die Zurückgebliebenen in der Welt
aufzuklären und zu erziehen« und insbesondere die Europäer aus ihrer
Geschichte herauszulösen.[41] In ganz ähnlicher Weise beschreibt Salomon die Rhetorik der Entnazifizierung und Reeducation als säkularisierten Erlösungsglauben. Die »Stimme Amerikas« identifiziere sich
mit der »geoffenbarten Stimme aus dem Himmel zur Stunde der Geburt Jesu Christi« und verurteile vom Standpunkt absoluter Glaubens-
gewißheit aus alle Abweichungen als krankhaft und sündhaft.[42]

Diese Darstellung der Entnazifizierung als quasi religiöser Missionierung läßt sich auch bei Autoren wie Gottfried Benn, Carl Schmitt
oder Ernst Jünger nachweisen. Benn kultivierte in der frühen Nachkriegszeit die Rolle des unter allen Regimes verfemten und verbotenen
Denkers, obwohl er persönlich keinen Restriktionen unterlag. Seinen
politisch-provokanten *Berliner Brief*, mit dem er sich 1949 im *Merkur*
erstmals in der Öffentlichkeit zurück meldete, leitete er ironisch-bissig
mit der Mitteilung ein, daß sein »Fragebogen in Ordnung« sei,[43] um
anschließend die ›Gleichschaltung‹ des Denkens unter den Parolen von
Demokratie und Humanität zu geißeln:

> Das Abendland ist nämlich meiner Meinung nach gar nicht zugrunde
> gegangen an den totalitären Systemen oder den SS-Verbrechen [...],
> sondern an dem hündischen Kriechen seiner Intelligenz vor den poli-
> tischen Begriffen. Das Zoon politikon, dieser griechische Mißgriff,
> diese Balkanidee, – das ist der Keim des Untergangs, der sich jetzt
> vollzieht.[44]

In den Augen Carl Schmitts hatte Benn sich mit seinem öffentlichen
Bekenntnis, daß sein Fragebogen in Ordnung sei, bereits der Kollabo-

---

41 Boveri, *Amerika-Fibel*, a.a.O. (Anm. 34), S. 14.
42 Salomon, *Der Fragebogen*, a.a.O. (Anm. 11), S. 109.
43 Gottfried Benn, *Berliner Brief, Juli 1948*, in: Gottfried Benn: *Sämtliche
   Werke. Stuttgarter Ausgabe*, in Verbindung mit Ilse Benn hrsg. von Gerhard Schuster, Bd. V, Stuttgart 1991, S. 56-61, hier: S. 56. – Am 2. Oktober
   1947 hatte Benn noch in einem Brief an Frank Maraun geschrieben: »Ich
   lasse mich nicht entnazifizieren. Nicht aus Opposition allein, sondern
   auch, weil meine neuen Sachen sofort wieder den Sturm erregen würden,
   der heute gefährlich ist und in den Kasematten enden könnte« (Gottfried
   Benn, *Ausgewählte Briefe. Mit einem Nachwort von Max Rychner*, Wiesbaden 1957, S. 119).
44 Benn, *Berliner Brief*, a.a.O. (Anm. 43), S. 57.

ration mit dem ›Feind‹ schuldig gemacht. Benns Diagnose der politischen Situation stimmte er indessen weitgehend zu.[45] Anders als Benn deutete er den Fragebogen jedoch nicht als ›griechische‹ Idee, sondern als spezifisch moderne, als »bolschew[istisch]-amerikanische Erfindung«,[46] die zur »Gehirnwäsche«[47] diene: »Wir stehen alle unter Ideologieverdacht; und die Verhänger dieses Verdachts haben heute ganze Besatzungsarmeen zur Verfügung.«[48] In den Haßtiraden seines *Glossariums* ging Schmitt, der von den Amerikanern mehrfach inhaftiert und wegen intellektueller Vorbereitung des Angriffskrieges angeklagt worden war,[49] allerdings noch weit über das Maß der sonst üblichen Kritik hinaus. Dort zeichnet er das Schreckensbild einer jüdischen Versklavung des deutschen Volkes und stilisiert sich selbst als christliches Opfer.[50]

Ernst Jünger weigerte sich bekanntlich, den Fragebogen auszufüllen, und durfte deshalb in der britischen Besatzungszone nicht publizieren. In seinem Tagebuch dient ihm die Verwendung von Fragebögen als Beweis für die Kontinuität zwischen dem ›Dritten Reich‹ und der alliierten ›Okkupation‹, die er genau wie Salomon als Erscheinungsformen derselben totalitären Moderne ansieht:

45 Vgl. Carl Schmitt, *Glossarium. Aufzeichnungen der Jahre 1947-1959*, hrsg. von Eberhard Freiherr von Menke, Berlin 1991, S. 225 f. »Wer auf dieser Bühne tanzt, ist schon gerichtet, ausgerichtet und gerichtet, ganz gleichgültig, was er vorbringt. So, wie der arme Bernanos auf der UNESCO-Bühne in Genf.« (S. 226)

46 Ebd., S. 226, 227.

47 Ebd., S. 94.

48 Ebd., S. 227. – Schmitt deutet die Besatzung im Rahmen seiner Weltbürgerkriegstheorie, der zufolge es sich beim Zweiten Weltkrieg um einen ideologischen Krieg zwischen liberaldemokratischem und kommunistischem ›Glaubenssystem‹ nach dem Muster der Religionskriege der Renaissance handelte: »[I]n mancher Hinsicht wiederholt sich heute, mit säkularisierten Parolen und in globalen Dimensionen, die Art von Bürgerkrieg, die in den konfessionellen Kriegen des 16. und 17. Jahrhunderts in Europa und auf kolonialem Boden ausgetragen wurde« (Schmitt, *Ex Captivitate Salus*, a.a.O. [Anm. 31], S. 14 [Antwortende Bemerkungen zu einem Rundfunkvortrag Karl Mannheims]).

49 Vgl. dazu Carl Schmitt, *Antworten in Nürnberg*, hrsg. und kommentiert von Helmut Quaritsch, Berlin 2000.

50 »Ich bin jetzt einer der Gepfählten« (Schmitt, *Glossarium*, a.a.O. [Anm. 45], S. 232). Vgl. auch ebd., S. 264.

Rückkehrend fand ich auf meinem Schreibtisch einen langen Fragebogen des Arbeitsamtes für meinen Hausstand vor. »Falsche Angaben werden durch die Gerichte der Militärregierung verfolgt.« Jetzt
haben sie einen neuen Herrn. Ich wußte wohl, daß man dergleichen
behalten würde, das Instrument ist zu bequem. Die Regierungen lösen
sich wie Glieder eines Bandwurms ab; ihr Kopf, ihr intelligibler Charakter bleibt bestehen. Man baut eine Reihe von neuen Zellen an das
Gefängnis an. Die Staatskunst läuft immer mehr darauf hinaus, bei
alledem die Illusion der Freiheit zu erzeugen, also ist neben der Polizei die Propaganda das Hauptmittel.[51]

Jüngers Tagebuch von Mai 1945 bis Mai 1948, das erst 1958 unter
dem Titel *Jahre der Okkupation* publiziert wurde, ist nicht nur formal
als Fortsetzung der Kriegstagebücher angelegt, sondern es konzipiert
die Nachkriegszeit auch als Fortführung des Zweiten Weltkriegs. Eines
Kriegs allerdings, der von Jünger von vornherein als Effekt des Moder-
nisierungsprozesses, als globaler Glaubenskrieg bzw. ›Weltbürgerkrieg‹
und, geschichtsphilosophisch überhöht, als Etappe auf dem Weg zu
neuer, höherer Ordnung aufgefaßt ist.

Deutschsein als Glaubensfreiheit

Überblickt man die zitierten Quellen, so kann man feststellen, daß der
Fragebogen im Diskurs der ›Okkupation‹ weder als politisches Instrument der Säuberung noch als primär juristisches Instrument repräsentiert wird. Er erscheint vielmehr als ein politisch-religiöses Mittel, das
auf die innerste Sphäre des Menschen, auf das Denken und moralische
Empfinden, zielt. Er könne »die gesamte Einrichtung des Fragebogens«
nicht anders auffassen, schreibt Salomon, »als einen modernen Versuch, mich zu einer Gewissenserforschung zu bewegen«.[52] Damit erhält umgekehrt aber auch der Protest und Widerstand gegen den Fragebogen eine kulturelle Bedeutung. Es geht in rechtskonservativ-nationaler
Sicht um nichts Geringeres als um die Verteidigung kultureller Identität
gegen den Zugriff eines totalitären Glaubenssystems. Und deshalb entwerfen alle hier betrachteten Stellungnahmen zum Fragebogen und zur
Entnazifizierung zumindest indirekt immer auch ein bestimmtes Bild des

---

51 Ernst Jünger, *Jahre der Okkupation*, Stuttgart 1958, S. 153 f. (Eintrag vom
   3. September 1945).
52 Salomon, *Der Fragebogen*, a.a.O. (Anm. 11), S. 8.

Deutschseins. Wenn Boveri ironisch feststellt, die Amerikaner glaubten, mit Ja-Nein-Antworten »den deutschen Menschen zu erfassen«,[53] dann ist impliziert, daß der ›deutsche Mensch‹ sich wesenhaft vom amerikanischen Menschen unterscheidet. In dieser Weise wird das spezifisch Deutsche auch bei den anderen Autoren vornehmlich durch Negation umschrieben: als das, was sich dem Zugriff der totalitären Ideologien entzieht und der globalen Modernisierung widersteht.

Auf diesem Hintergrund ist nun auch die anfangs gestellte Frage zu beantworten, was das ›ganz und gar Deutsche‹ an Salomons Lebensbericht war, das ihm ein Rezensent attestierte. Deutsch an Salomons Buch, so darf man vermuten, war die Geste des Protests gegen die Gewissenskontrolle. Das polemische Grundkonzept seines *Fragebogens* bestand darin, daß der als inquisitorisch empfundenen Befragung ein Bericht entgegengesetzt wurde, der alle Züge einer Konfession aufwies. Salomon versuchte das von Boveri kritisierte Ja-Nein-Schema genüßlich ad absurdum zu führen, indem er selbst die einfachsten Fragen zur Person mit seitenlangen Erinnerungen und Anekdoten beantwortete. Er wies damit einerseits die Frage nach individueller Schuld implizit als naiv und unangemessen zurück, andererseits begegnete er dem vermeintlichen Zwang zur ›Gewissenserforschung‹ mit emphatischer Berufung auf die »Glaubensfreiheit«.[54] Als ein neuer Luther – oder, wenn man die antireligiöse Einstellung Salomons berücksichtigt, als ein neuer Stirner – verteidigte er die Sphäre der »freie[n] Willensentscheidung des Einzelnen«[55] und des »menschlichen Subjektes höchst subjektive[n] Weg« zur »Erlösung« gegen eine Macht, die eben dies bestritt und »bereits die Hälfte [des] Erdballes erobert« hatte:[56]

> Schon haben sich, vollkommen außerhalb der Bildungswelt und von ihr nicht faßbar und nicht zu beherrschen, die Massen zu formieren begonnen und formiert, welche das Bekenntnis mit ihrem strengsten Element der Aufrichtigkeit über die Wahrheiten stellen, keinen Zweifel lassend, daß zugleich mit diesem Akt auf eine Ganzheit Anspruch erhoben wird, innerhalb deren keine freie Willensentscheidung des Einzelnen mehr möglich ist […].[57]

---

53 Boveri, *Amerika-Fibel*, a.a.O. (Anm. 34), S. 45.
54 Salomon, *Der Fragebogen*, a.a.O. (Anm. 11), S. 109.
55 Ebd., S. 185.
56 Ebd., S. 109.
57 Ebd., S. 184. – In ähnlicher Weise beruft sich Graffs Eckermann auf Luther: »darüber, wie der Wahrheitsheld von Worms über eine solche Obrigkeit

Es läßt sich hier eine für das rechtskonservative Lager insgesamt charakteristische Diffusion der Argumentationslinien beobachten. Die sachliche Kritik am Fragebogen als einem für die juristische und moralische Feststellung von Schuld ungeeigneten Instrument wandelt sich zur Fundamentalkritik des westlichen Modernisierungsmodells und wird dabei zu einem Element nationaler Identitätsstiftung. Salomon bezeichnete es als Absicht seines Buches, »einen solidarischen Akt« der Deutschen herbeizuführen, um so die durch den Fragebogen »künstlich herbeigeführte Vereinzelung« wieder aufzuheben.[58] Das Modell dazu lieferte er im letzten Teil, der die Zeit im amerikanischen Internierungslager behandelt und in dem er beschreibt, wie sich ehemalige Angehörige der Waffen-SS und ehemalige Nazi-Gegner im Lager als Schicksals- und Opfergemeinschaft (gegen die ›Okkupanten‹) zusammenschließen. Die Konnotation des Deutschseins mit ›Glaubensfreiheit‹, ›geistiger Offenheit‹ oder ›Sachlichkeit‹ ist ein fester Topos im Diskurs der ›Okkupation‹. »Wir sind okkupiert, aber nicht erobert«, konstatierte Carl Schmitt: »Erobern kann nur derjenige, der seine Beute besser kennt als sich selbst. Wer im Westen oder Osten sollte uns also erobern können?«[59]

Faßt man die bisher gemachten Beobachtungen zusammen, dann läßt sich ein charakteristisches Funktionsprinzip des ›Okkupations‹-Diskurses ausmachen. Es besteht darin, daß er zwei verschiedene Darstellungs- und Erklärungsmodelle miteinander verknüpft, nämlich das der Säkularisierung und das der Modernisierung. Während die Entnazifizierung im Säkularisierungsparadigma als Element eines Glaubenskriegs und Versuch der Missionierung erklärt wird, erweist sie sich im Modernisierungsparadigma als Phänomen des aufklärerischen Universalismus und der technisch-ökonomischen Globalisierung. Der Fragebogen erscheint dabei einmal als Mittel einer Inquisition und ein anderes Mal als Instrument eines spezifisch modernen, nämlich ideologischen Terrors. Und diese doppelte Codierung der Entnazifizierung spiegelt

denken würde, ist wohl auch kein Zweifel möglich. Er würde gegen eine solche Obrigkeit einen geharnischten Sendbrief nach dem anderen schleudern. Und gewiß würde Luther in seiner derben Sprache, die kein Blatt vor den Mund nahm, eine Obrigkeit, die zu solcher Bedrückung der ihr von Gott anvertrauten Untertanen die Hand bietet, eine heimtückische Brut und ihr Werk einen Teufelsdreck nennen« (Graff, *Goethe vor der Spruchkammer*, a.a.O. [Anm. 23], S. 66).

58 Salomon, *Der Fragebogen*, a.a.O. (Anm. 11), S. 10 f.

59 Schmitt, *Glossarium*, a.a.O. (Anm. 45), S. 115.

sich in der doppelten Bestimmung nationaler Identität: als Glaubensfreiheit und als Ideologieresistenz.

»Der Fragebogen« in der öffentlichen Debatte

Als Salomons Buch im April 1951 erschien, löste er ein ungeheures
Presseecho und eine erregte literarisch-politische Debatte aus. Die
Emotionen entzündeten sich dabei erwartungsgemäß vor allem am
letzten Teil, dem Bericht über die Internierungszeit, in dem das Internierungslager als nationalsozialistisches KZ, die amerikanischen Soldaten als Gestapo und die einsitzenden Deutschen als unschuldige Opfer
willkürlicher Siegerjustiz präsentiert werden.[60] Provokativ für die einen, befreiend für die anderen war vor allem, daß Salomon eine Fokus-
verschiebung im Umgang mit der jüngsten Vergangenheit vornahm. Indem er den Blick nicht auf die Opfer des Nationalsozialismus, sondern
auf die ›Opfer‹ der alliierten Besatzung richtete, relativierte er den Un-
rechtscharakter des NS-Staates und wies zugleich die Frage nach der
Verantwortung oder Schuld der Deutschen zurück. Und mehr noch:
Die Schuldfrage erscheint im *Fragebogen* als Element der politisch-reli-
giösen Missionierung durch die Siegermacht. »Die allermeisten«, so
beschreibt er sympathisierend die Haltung der Lagerinsassen, »standen
diesem vertrackten Begriff ›Schuld‹ völlig verständnislos gegenüber«.[61]
Politische Brisanz erhielt diese Verschiebung im Kontext der gleich-
zeitigen ›vergangenheitspolitischen‹ Weichenstellungen, mit denen die
junge Bundesrepublik sich von der vorangegangenen Entnazifizierungspolitik distanzierte. Nachdem schon 1949 ein erstes Straffrei-
heitsgesetz verkündet worden war, das eine Amnestie von großen Teilen der von Entnazifierungsbehörden Verurteilten verfügte, wurde im
April 1951 – eben zu dem Zeitpunkt, als Salomons Buch auf den

---

60 Kurt W. Marek, der 1946-1950 das Rowohlt-Lektorat in Hamburg leitete
und auch Salomons Buch betreute, hatte – anscheinend vergeblich – versucht, den Autor zu mehr ›Gerechtigkeit‹ in der Darstellung des Internie-
rungslagers zu veranlassen. Nach der Lektüre der entsprechenden Passage
schrieb er an Salomon: »Hier sollte wenigstens *einmal* ein echter Nazi, ein
KZ-Nazi auftreten. Auch dies wäre im Sinne der Gerechtigkeit. Ihr Lager
erscheint als eine Versammlung unschuldiger Lämmer, weisser Täubchen«
(Brief von Kurt W. Marek an Salomon vom 2. Oktober 1950 im DLA Marbach, Nachlaß Salomon).
61 Salomon, *Der Fragebogen*, a.a.O. (Anm. 11), S. 697.

Markt kam – das sogenannte ›131er‹-Gesetz verabschiedet, mit dem
die Re-Integration von 300.000 verdrängten Beamten und Berufssolda-
ten in den öffentlichen Dienst geregelt wurde. Gleichzeitig verstärkte
man die Anstrengungen, eine Amnestierung der in alliierten Gefängnissen einsitzenden Kriegsverbrecher herbeizuführen.[62] Mit all diesen
Maßnahmen versuchte die Bundesrepublik faktisch und symbolisch
mit der Besatzungszeit und der Entnazifizierung abzuschließen.[63] Im
Zusammenhang damit veränderte sich der öffentliche Diskurs. War
während der Entnazifizierung von politischer Seite aus die Anerkennung des NS-Unrechts und der deutschen Verantwortung gefordert
worden, so mehrten sich in der Öffentlichkeit nun die Stimmen, die das
Unrecht der Entnazifizierung anprangerten und gegen die Ungerechtigkeit des (unterstellten) Kollektivschuldvorwurfs angingen.

Salomon traf mit seiner Kritik der Entnazifizierung so gesehen einen
Nerv der Zeit und ins Zentrum der vergangenheits- und erinnerungs-
politischen Auseinandersetzung. Im nationalistischen und rechtskonservativen Lager begrüßte man den *Fragebogen* als Signal eines Diskurs-
wechsels oder doch wenigstens als mutig-freches Aufbegehren gegen
die vermeintlichen Diskurszwänge der Entnazifizierungspolitik. »Sie
haben eine Lawine ins Rollen gebracht«, schrieb Armin Mohler – damals Privatsekretär Ernst Jüngers – an Salomon, »und das Erscheinungs-

---

62 In den Jahren 1950-52 drängten Parteien, Kirchen und Verbände mit aller
Kraft auf eine Lösung der ›Kriegsverbrecherfrage‹, sprich auf die Freilassung der in alliierten Gefängnissen einsitzenden Kriegsverbrecher, wozu
auch hohe NS-Funktionäre und KZ-Personal zählten. Zur Erscheinungszeit
von Salomons Buch erregte insbesondere der Streit um die ›Landsberg-
Häftlinge‹ die deutsche Öffentlichkeit, bei dem es um die Vollstreckung
von Todesurteilen in der Haftanstalt Landsberg ging. Aufgrund der Proteste reduzierte die amerikanische Hochkommission die Zahl der Todesurteile
drastisch, verkürzte viele Haftstrafen und sprach einige Begnadigungen
aus. Trotzdem verstärkte sich das negative Bild der amerikanischen Besatzungsmacht. Infolge der Agitation gegen die Landsberg-Entscheidung er-
rang die rechtsradikale Sozialistische Reichspartei (SRP) von Otto Ernst
Remer bei den niedersächsischen Landtagswahlen 11 Prozent der Stimmen. Zur Landsberg-Debatte vgl. Ulrich Brochhagen, *Nach Nürnberg.
Vergangenheitsbewältigung und Westintegration in der Ära Adenauer*,
Hamburg 1994, S. 32-56; allgemein zum politischen Umgang mit der
Kriegsverbrecherfrage vgl. Frei, *Vergangenheitspolitik*, a.a.O. (Anm. 12),
Kap. II; zur Geschichte der SRP ebd., S. 326-360.

63 Vgl. zu diesem Komplex Frei, *Vergangenheitspolitik*, a.a.O. (Anm. 12),
hier bes. S. 15.

datum des ›Fragebogen‹ wird einmal in späteren Geschichtskalendern
stehen als Datum eines entscheidenden seelischen Umschwungs.«[64] Die
vielen, ganz überwiegend zustimmenden, privaten Briefzuschriften, die
Salomon erhielt, dokumentieren eine ähnliche Sichtweise. Neben der
»Aufrichtigkeit« und »absoluten Ehrlichkeit« wird darin immer wieder der »Mut« und die »Offenheit« des Verfassers gelobt: »Es ist darin
sehr viel gesagt, was unbedingt gesagt werden musste. Es hat sich bisher
nur niemand gefunden, der sich getraut hätte, diese Sachen auszuspre-
chen.«[65] Die These des Tabubruchs wurde vor allem vom Kreis der
Freunde und ehemaligen Weggefährten Salomons in die öffentliche Debatte getragen, wobei sie – ebenso wie der Verfasser selbst[66] – auf eine
Skandalwirkung des Buches spekulierten. »Der Aufruhr kann beginnen
…«, schrieb Jan Molitor in der *Zeit*.[67] Wenn es »mit rechten Dingen«
zugehe, meinte Hans Zehrer im *Sonntagsblatt*, dann müsse »es jetzt eigentlich einen Skandal geben«. Und fügte mit einer zynischen Reminiszenz an die frühere Putschistenzeit folgenden Gruß an den Freund hinzu: »Und sollte es wieder explosiv verlaufen …, es gibt Besuchszeiten
und man darf sicher Pakete schicken!«[68] Ähnlich äußerte sich Armin
Mohler, der das Buch im »Vakuum« verortete, das in Westdeutschland
nach der »Lockerung des Besatzungsgriffes« entstanden sei, und es als
eine Art Probe auf die Pressefreiheit und die vergangenheitspolitische
Souveränität der Bundesrepublik betrachtete:

So spannend der »Fragebogen« für die meisten seiner Leser sein mag –
noch aufregender war für die meisten die Frage, ob »sie« das Buch
verbieten würden. Vorzensur und Lizenzzwang sind zwar aufge-

---

64 Brief von Armin Mohler an Salomon vom 18. September 1951 im DLA
   Marbach, Nachlaß Salomon. – Schon früher hatte Gretha Jünger Salomon
   in Briefen mitgeteilt, daß sein Buch allabendlich im Hause Jünger vorgele-
   sen werde und große Erheiterung auslöse; vgl. den Brief Gretha Jüngers an
   Salomon vom 22. April 1951 im DLA Marbach, Nachlaß Salomon.
65 Zitiert aus verschiedenen privaten Briefzuschriften aus den Jahren 1951
   und 1952 im DLA Marbach, Nachlaß Salomon.
66 Vgl. z.B. folgende Interviewäußerung: »Mein Buch ist eine Herausforderung, klar, meinen Sie, das weiß ich nicht? […] Natürlich lehnt die gesamte
   Lizenzpresse mein Buch ab« (Ernst von Salomon: »*Erfolg macht dick*«, in:
   Süddeutsche Zeitung [München] vom 17. November 1952).
67 Jan Molitor, *Die Antworten auf einen großen Fragebogen. Zu Ernst von
   Salomons neuem Buch*, in: *Die Zeit* (Hamburg) vom 19. April 1951.
68 H. Z-r. [d.i. Hans Zehrer], *Sprengstoff!*, in: *Das Sonntagsblatt* (Hamburg)
   vom 22. April 1951.

hoben, aber Handhaben für ein nachträgliches Eingreifen gäbe es genug. Aber die nicht mehr ganz zuständige Besatzungsmacht schweigt, das noch nicht ganz zuständige Bonn hat anderes zu tun, und in dem Vakuum streifen die Rezensenten sachte an den neuralgischen Punkten vorbei.[69]

Auch wenn die rechten Publizisten versuchten, die Debatte um Salomons Buch als Fortsetzung der Entnazifizierungspolitik und den Autor als (wiederholtes) Opfer einer Gesinnungskontrolle hinzustellen,[70] zeigt der Überblick über die Rezensionen ein breites Meinungsspektrum und eine durchaus eigenständige und differenzierte Kritik. Tatsächlich erschien eine ganze Reihe zustimmender Artikel, und von den Gegnern forderte niemand ein Verbot des Buches.[71]

---

69 NIUS [d.i. Armin Mohler], *Ferngelenkter Reißer. Zu Ernst von Salomons* »*Der Fragebogen*«, in: *Tat. Schweizerische unabhängige Tageszeitung* (Zürich) vom 4. August 1951. – Kritischer äußerte sich Mohler über Salomons Buch später im *Merkur*: Armin Mohler, *Zeitgeschichte als Drehbuch und als Katechismus*, in: *Merkur*, Jg. 6, 1952, H. 1, S. 84-90.

70 So schrieb der mit Salomon befreundete Bruno Brehm: »Das Buch ist mittlerweile von wenigen gelobt und von vielen verrissen worden, verrissen worden in einer Art, die ihresgleichen an Gift, Galle und Bosheit sucht« (Bruno Brehm, *Der Mann, der sich's nicht richten wollte. Zu Ernst von Salomons Erlebnisbuch* »*Fragebogen*«, in: *Tagespost* [Graz] vom 30. November 1951). Die Tendenz, Salomon zum Märtyrer seiner Überzeugung zu machen, läßt sich auch an einer Besprechung in der Züricher *Weltwoche* ablesen. Salomon wird dort mit Hemingway und Ernst Jünger verglichen, die ebenfalls das »von der französischen Revolution herkommende Fortschritts- und Freiheits-Ideal der amerikanischen Propaganda« in Frage stellten und deshalb von den »Exponenten des amerikanischen Fortschritts-Glaubens« und den »amerikanischen Propagandisten in Europa« »fast fanatisch« abgelehnt würden. Dabei verteidige auch Salomon Werte, und zwar die »des Patriotismus, der Religion und des sozialen Anstandes«, Werte, »die leider von der amerikanischen Propaganda nicht nur in Asien, sondern auch in Europa und Amerika selbst oft zu frivol in Frage gestellt« würden (K.V., *Vom Fememörder zum Moralisten. Ernst von Salomon:* »*Der Fragebogen*«, in: *Die Weltwoche* [Zürich] vom 29. Juni 1951).

71 Mohler konstruierte einen Gegensatz zwischen der öffentlichen Kritik in der Presse und der schweigenden Zustimmung der Leser: »Der Chor der Leser […]: er kauft und liest. Sein Widerpart, die Presse, verhält sich fast ebenso einhellig: mit wenigen Ausnahmen verdammt er […].« Der »Zauber«, den das Buch auf die Deutschen ausübe, liege darin, daß »zum ersten Mal an so sichtbarer Stelle amerikanische Unmenschlichkeiten geschildert«

Unter der großen Mehrheit der ablehnenden Kritiken bildeten diejenigen, die Salomons Buch als politische Gefahr bewerteten, eine
Minderheit. In dieser Gruppe der Rezensenten überwiegt die Furcht,
Salomons Buch könnte das Wiedererstarken faschistischer Tendenzen
begünstigen, welches sich mit den zeitgleichen Wahlerfolgen der rechts-
radikalen SRP Otto Ernst Remers in Niedersachsen anzudeuten schien.
Curt Bley schrieb in der *Welt am Sonntag*, Salomon breche »Herrn Remer literarisch die Bahn« und sein Buch richte sich »gegen den Bestand
der neuen Republik«.[72] Friedrich Luft sprach im gleichen Sinn in der
Neuen Zeitung von einem »literarischen Remer« und unterstellte Salomon »das gemeinste literarisch-politische Kalkül«.[73] Gerhart Pohl
nannte die Reportage ein »literarisches Attentat auf Deutschland«.[74]
Die Kritik machte sich dabei nicht an Salomons Polemik gegen die Entnazifizierungspolitik fest – die Unzulänglichkeit des amerikanischen
Fragebogens wurde allgemein anerkannt –, sondern vor allem an der
Schilderung seiner ›Lager-Erfahrung‹. Alfred Polgar meinte mit Blick
auf die verklärende Darstellung aller im Internierungslager festgehal-
tenen Deutschen, Salomon mache »Stimmung für Faschismus und Hit-
lerei«, und wertete das Erscheinen des Buches bitter-ironisch als Zeit-
phänomen:

würden und es »die erste Darstellung des sogenannten ›anständigen Nationalsozialisten‹« enthalte (NIUS, *Ferngelenkter Reißer*, a.a.O. [Anm. 69]).
Diese Deutung wird fortgeschrieben in der politisch-tendenziösen Darstellung von Markus Josef Klein, *Ernst von Salomon. Eine politische Biographie. Mit einem Vorwort von Armin Mohler*, Limburg a.d. Lahn 1994, bes.
S. 272 f.
72 Curt Bley, *Ein fragwürdiger »Fragebogen«. Ernst v. Salomon wirft wieder
Bomben*, in: *Welt am Sonntag* (Hamburg) vom 27. Mai 1951.
73 Friedrich Luft, *Ein literarischer Remer*, a.a.O. (Anm. 4). – Im Ton zurück-
haltender, in der Sache aber ebenso kritisch war das Urteil von Theodor
Eschenburg: »Der unpolitische Deutsche mit seinem Hang zum Nationalismus und seiner Antipathie gegen alles Demokratische könnte in diesem
Buch einer beglückenden Bestätigung seiner eigenen Empfindungen ge-
wahr werden« (Theodor Eschenburg, *Bilanz eines Konservativen Revolu-
tionärs. Zu dem Buche: Ernst von Salomon, Der Fragebogen*, in: *Geschichte in Wissenschaft und Unterricht*, Jg. 2, 1951, S. 617-620). Ähnlich argu-
mentierte Klaus Harpprecht, der zu Salomons Darstellung des ›Unrechts‹
im Internierungslager bemerkte: »Das ist ein Schlüsselwort: die Betäubung
des eigenen Schuldgefühls, wenn der Finger auf die Wunde der Schuld im
Gewissen der ›anderen‹ gelegt werden kann, – ein Schlüsselwort für Remer
und die Seinen ...« (Harpprecht, *Salomonisches*, a.a.O. [Anm. 1], S. 253).
74 Pohl, *Die großen Tips*, a.a.O. (Anm. 3), S. 441.

Echte Nazis sind nur noch schwer zu finden. Antisemiten leichter, aber im allgemeinen wächst die Bereitschaft, den Juden zu verzeihen, was man ihnen angetan hat. Von Faschismus und dergleichen wollen nur noch ganz wenige etwas hören.[75]

Die Verteidiger Salomons werteten die politische Kritik am *Fragebogen* als Fortsetzung der Entnazifizerungs- und Reeducationpolitik der amerikanischem Besatzungsmacht. Mit »Reeducation-Eifer« und moralischem Rigorismus würde gegen Salomon vorgegangen.[76] Dabei könne nur »politische Voreingenommenheit« gegen »die Einsicht verblenden«, daß der »rigorose Wille zur Redlichkeit gegenüber sich selbst als innerster Nerv das Salomonsche Buch zusammenhält«.[77] Immer wieder hob man die ›Aufrichtigkeit‹ des Lebensberichts hervor: Es handle sich um »ein sehr persönliches Dokument«,[78] um ein »Dokument dieser deutschen Jahre«, ihrer »Verwirrung und entsetzlichen Schicksalhaftigkeit«.[79]

Gerade die Aufrichtigkeit und der Dokumentcharakter – und damit auch die literarische Form – von Salomons Buch wurde aber in der Mehrzahl der kritischen Besprechungen problematisiert. Die Auseinandersetzung mit Salomons Reportage wurde hier weniger als politische denn als erinnerungspolitische geführt. Im Zentrum der Debatte um das Buch stand damit die Frage nach der Form und der politischen Funktion des Erinnerns an den Nationalsozialismus und die Besatzungszeit.

Die Argumentation der Apologeten Salomons folgte im wesentlichen den Rezeptionsvorgaben des Autors und des Verlags. Der Klappentext des Rowohlt-Verlags hatte das Buch als »Dokument einer Gewissens- und Wahrheitsprüfung für unser Halbjahrhundert« angekündigt, dabei aber bereits zwei Kategorien miteinander verwirrt, die Salomon im Buch streng trennte. Denn der Gewissensprüfung, die nach dem subjektiven Empfinden vieler Zweck des alliierten Fragebogens war, ver-

---

75 Alfred Polgar, *Eine gespenstische Erscheinung*, in: *Der Monat*, Jg. 3, 1951, H. 36, S. 654-656.

76 Christian E. Lewalter, *Lufthiebe gegen einen Unpolitischen. Ernst v. Salomons »Fragebogen«, seine Gegner und seine falschen Freunde*, in: *Die Zeit* (Hamburg) vom 21. Juni 1951.

77 Ebd.

78 Richard Kirn, *Das Buch vom Fragebogen. Versuch einer ersten Wertung*, in: *Frankfurter Neue Presse* vom 28. April 1951.

79 u.l., *Brilliant, erregend – aber ...*, in: *Christ und Welt* (Stuttgart) vom 31. Mai 1951.

weigerte sich der literarische *Fragebogen* demonstrativ. Das literarisch-politische Konzept von Salomons Buch bestand, wie gesehen, ja gerade darin, die Frage nach der Bewertung der Vergangenheit und des eigenen Handelns, durch ›authentisches‹ Erinnern zu konterkarieren. So beschreibt es der Autor in seinen einleitenden Bemerkungen auch selbst:

> Das Verfahren welches sich durch diesen [amerikanischen] Fragebogen dokumentiert, kennt keinen Verteidiger, aber gerade, weil niemand weiß, welche Absichten es verfolgt, weiß auch niemand, ob in seinen Methoden nicht doch unvermutet die Möglichkeit einer Wahrheitsschöpfung verborgen ist. Dieser Möglichkeit will ich dienen, in der Hoffnung, daß gleich mir noch vielen der gleiche Anreiz lächelt, so daß am Ende doch aus der Quantität der Antworten sich die Qualität eines wenigstens annähernd wahren Bildes extrahiert über das, was in unserem Lande geschah, und wie es eigentlich gewesen ist. Dann aber richten sich die Fragen dieses Fragebogens nicht an mein Gewissen, sondern an mein Gedächtnis![80]

Wahrheit wird hier bestimmt als die Summe persönlicher Erinnerungen, und dieses (episodische) ›Gedächtnis‹ wird dem ›Gewissen‹ entgegengesetzt, dem die politische oder moralische Bewertung des Vergangenen obliegt. Die irritierende und erregende Wirkung des *Fragebogens* ist zu einem großen Teil in der hier programmatisch umrissenen Vertauschung der Antwortebene bzw. des Genres begründet; darin, daß der Autor die allgemein als inquisitorisch, also an das Gewissen gerichtet, aufgefaßten Fragen mit Lebenserinnerungen beantwortet, mit einem bunten Panorama von Geschichten, Beschreibungen und Anekdoten.

In den Augen seiner Kritiker hatte Salomon damit zwar eine treffende Polemik gegen die Beschränktheit der Reeducation geliefert, war der im Klappentext angekündigten Auseinandersetzung mit der jüngsten Vergangenheit zugleich aber geschickt ausgewichen. Ernst Glaeser nannte Salomons Bericht eine »kesse Beichte«, die Unbehagen weniger wegen ihres Inhalts als wegen der »Methode ihres Vortrags« erwecke. Ein »nicht unerheblicher Mann«, der aktiv an der »Erwürgung der Weimarer Republik« mitgewirkt habe, stelle sich nicht »seiner historischen Schuld oder einem hohen Tribunal«, sondern setze sich statt dessen zur Plauderei »in den bequemen Beichtstuhl des Rowohltschen Verlags«: »Er erinnert sich, statt zu wissen.«[81] Und mehr noch: »Er will

80 Salomon, *Der Fragebogen*, a.a.O. (Anm. 11), S. 12.
81 Ernst Glaeser, *Kesse Beichte*, in: *Stuttgarter Zeitung* vom 2. Juni 1951.

nicht wissen, was wirklich war, sondern nur das, was ihm widerfuhr.«[82]
In ähnlicher Weise widersprach Robert Haerdter der Behauptung des
Verlags, hier würde eine für die Deutschen repräsentative ›Gewissens-
und Wahrheitsforschung‹ vorgelegt. Salomons Buch ›dokumentiere‹
allein die Ressentiments des Verfassers, der »sein vorzügliches Gedächtnis […] zum Standpunkt seiner Betrachtung« mache.[83] »Was heißt hier
›aufrichtig‹?«, fragte Gert H. Theunissen.[84] Und Karl Korn meinte, daß
es »mit der Aufrichtigkeit allein zur Rechtfertigung eines Buches nicht
getan« sei.[85] Was hier als Opposition von Erinnern und Wissen artikuliert wird, läßt sich analytisch als Streit um das kollektive Gedächtnis
beschreiben. Denn letztendlich geht es nicht um die Authentizität der
Salomonschen Erinnerungen, sondern um den mit ihnen verknüpften
politischen Anspruch. Gegen diesen Anspruch richtet sich die Kritik
der Gegner, die ein kollektives Gedächtnis entwerfen, in dessen Zentrum die Anerkennung des NS-Unrechts und der deutschen Verantwortung steht und das so Handlungsorientierung für Gegenwart und Zukunft geben soll.[86]

Die öffentliche Debatte um Salomons Bestseller läßt zweierlei deutlich werden. Sie belegt zum einen die Möglichkeit massiver Kritik an
der Entnazifizierung und Reeducation. Sie zeigt zum anderen, daß in
dem in den führenden Zeitungen und Zeitschriften geführten Diskurs
über die jüngste Vergangenheit die Frage nach der deutschen Verantwortung und Schuld dominant war. In dieser Konstellation lief Salomons Polemik ins Leere. Nach dem Ende der Reeducationpolitik und
der Etablierung einer unabhängigen Presse konnte die These, der

---

82 Ernst Glaeser, *Die Literatur der Null und ihr Verfechter. Randbemerkun-
   gen zu einer Diskussion*, in: *Die Neue Zeitung* (Frankfurt am Main) vom
   27. Oktober 1951.

83 r.h. [d.i. Robert Haerdter], *Die alten Geschichten*, in: *Die Gegenwart*,
   Jg. 6, Nr. 130 vom 1. Mai 1951, S. 20 f.

84 Gert H. Theunissen, *Der Fragebogen des Herrn von Salomon. Ein blen-
   dendes, aber gefährliches Buch*, in: *Die Welt* (Hamburg) vom 19. April
   1951. – Vgl. auch ders., *Rache des Enterbten. Eine nihilistische Selbstent-
   blößung*, in: *Rheinischer Merkur* (Bonn) vom 27. Juli 1951.

85 Karl Korn, *Bilanz Katzenjammer*, in: *Frankfurter Allgemeine Zeitung* vom
   19. Mai 1951.

86 Zum politischen Charakter des kollektiven Gedächtnisses vgl. Aleida Assmann / Ute Frevert, *Geschichtsvergessenheit – Geschichtsversessenheit.
   Vom Umgang mit deutschen Vergangenheiten nach 1945*, Stuttgart 1999,
   bes. S. 41-49.

Schulddiskurs sei den Deutschen im Zuge einer Missionierung von
außen aufoktroyiert worden, kaum mehr plausibel gemacht werden –
es sei denn, man unterstellte eine unsichtbare Meinungsmanipulation.
Hatte Salomon in seinem Buch versucht, die Verantwortungsfrage als
inquisitorische Praxis einer Okkupationsmacht zurückzuweisen, so
wurde diese nun von der deutschen Öffentlichkeit an seine Antworten
gerichtet. Der Autor geriet dadurch vom Erscheinungstag seines Buches
an in die Defensive und zog sich auf die Position des mutwillig Mißver-
standenen zurück.[87]

87 Symptomatisch hierfür war die Diskussionsveranstaltung im Rahmen der
   vom Buchhändler Gerhard Ludwig im Kölner Hauptbahnhof organisierten
   ›Mittwochgespräche‹ am 17. Oktober 1951, in der sich der Autor erstmals
   der öffentlichen Diskussion stellte. Salomon hatte sich für sein Eingangs-
   statement das Thema »Die Aufgabe des Schriftstellers in dieser Zeit« ausgesucht, zog sich nach einigen kritischen Fragen aber schnell auf den
   Standpunkt zurück, diesen Titel nur ironisch gemeint zu haben. Vgl. dazu
   u.a. Ernst Glaeser, *Die Literatur der Null und ihre Verfechter. Randbemer-
   kungen zu einer Diskussion*, in: *Die Neue Zeitung* (Frankfurt am Main)
   vom 27. Oktober 1951. Vgl. auch die Photos von dieser Veranstaltung im
   Spiegel (Hamburg) vom 31. Oktober 1951.

DER SPIEGEL

JETZT WERDE ICH GESCHLACHTET, ergab sich Ernst von Salomon, Autor des „Fragebogen", als die vom Kölner Bahnhofsbuchhändler Gerhard Ludwig geladene Lesergemeinde im überfüllten Wartesaal 1. Klasse in zweistündiger Diskussion den „Fragebogen" zerfetzte. In Hemdsärmeln auf der Heizung thronend, verteidigte Salomon seinen Roman, in dem er die 131 Fragen der amerikanischen Militärregierung autobiographisch und nicht sehr „aufbauend" beantwortet. Verleger Ernst Rowohlt (o. l.) saß unbeweglich zu Salomons Füßen und nahm die Kritik am „Fragebogen", der mit 40 000 Exemplaren heute sein zweiter Bestseller (nach „Götter, Gräber und Gelehrte") ist, lächelnd hin. Den Vorwurf, das Buch verwirre durch seine Tendenz „Die Demokraten machen es auch nicht besser" Jugendliche und politisch unreife Menschen, beantwortete Rowohlt mit einem Hinweis auf den Buchpreis: „Wer hat denn heute 19,80 DM als unreifer Jüngling?" Der einzige Mann, der für Salomon die Stimme erhob, war einer, der das Buch nicht gelesen hatte.

Dagmar Barnouw

Die nationalsozialistische *Reichsidee*: Utopie, Fundamentalismus, Identitätspolitik

Alles was im ›Dritten Reich‹ getan, gesagt, geschrieben wurde, ist zu einem ungewöhnlich hohen Grad perspektivischen Entstellungen unterworfen, so auch die in dieser Periode entworfenen Deutschlandbilder. Das gilt besonders dort, wo es sich um Projekte wie die für die nazistische Ideologie so zentralen Realisierungsversuche der ›Reichsidee‹ handelt. Im Interesse eines besseren historischen Verständnisses werden diese utopistischen Projekte hier in einen *spezifischen* historisch-politischen Kontext gestellt – die kulturelle und territoriale Identitätspolitik, wie sie in der SS-Institution ›Ahnenerbe‹ getrieben wurde – und an die politische Entwicklung einer *spezifischen* Person gebunden – den SS-Offizier Hans Ernst Schneider. Schneiders Fall ist aus mehreren Gründen instruktiv, nicht zuletzt wegen seines dramatischen, illegalen, verheimlichten Identitätswechsels zu Hans Schwerte im Mai 1945. Fast genau 50 Jahre später zeigte sich der erfolgreiche, hochdekorierte, linksliberale Germanistikprofessor Hans Schwerte selbst an, um einer gefürchteten Entdeckung an seinem 85. Geburtstag zuvorzukommen. So wurde dieser Identitätswechsel ein halbes Jahrhundert nach Kriegsende zur notorischen »Schneider-Schwerte«-Affäre, einer der seit der Mitte der 1980er Jahre periodischen, immer mehr ritualisierten und immer schneller auf einander folgenden, bitteren deutschen Erinnerungsdebatten. Aber gerade die Doppelidentität Hans Schwertes in der Nachkriegszeit ermöglicht eine Art von Doppelperspektive auf die ideologischen Überzeugungen und Tätigkeiten seines jungen Alter ego Hans Ernst Schneider während der Nazi-Zeit, die dann Vergleichsmöglichkeiten mit anderen utopistischen fundamentalistischen Ideologien erlaubt, wie man sie bei Diskussionen über das ›Dritte Reich‹ höchst selten findet. Denn für diese Zeit gilt in vielem immer noch das manichäische Szenario einer überhistorischen, religiös verabsolutierten »Einzigartigkeit von Auschwitz« und damit eines überhistorischen, radikalen Bösen des Nationalsozialismus. Die heftigen und in vielem irrationalen Reaktionen auf die Entdeckung von Schwertes Identitätswechsel waren denn auch in hohem Maß mit einer historisch uninformierten, dämonisierenden Kriminalisierung des archetypischen SS-Offiziers Hans Ernst Schneider verbunden.

Als Mitglied der SS-Institution ›Ahnenerbe‹ hatte der junge Germa-

nist Schneider in den Jahren 1938-1945 das aktivistische, national-
sozialistische Deutschlandkonzept des ›Dritten Reiches‹ propagiert.
Seine Aufsätze, Denkschriften und Vorträge aus dieser Zeit waren als
Handlungsanweisungen für die Realisierung der ›Reichsidee‹ durch die
Realisierung der kulturellen, politischen und militärisch-territorialen
Expansions-Intentionen des Nationalsozialismus zu verstehen: das
›Dritte Reich‹ als germanozentrisches, westeuropäisches Herrschafts-
gebiet. In der Nachkriegszeit hat dann Schneider in seiner neuen Identität als Hans Schwerte in Vorträgen und Schriften wiederholt die
destruktiv prämodernen, regressiven, irrationalen, religiopolitischen
»fundamentalistischen« Aspekte dieser utopistischen ›Reichsidee‹ aufgezeigt – implizit aber unmißverständlich in seinem Buch über *Faust
und das Faustische. Ein Kapitel deutscher Ideologie* (1962); explizit im
Nürnberger Gespräch (1965). Hier zitierte er unter anderem Himmlers
berüchtigte Feststellung »Das wird unsere Leistung vor der Geschichte
sein, daß wir Tausende und Millionen getötet haben, aber anständig
dabei geblieben sind« und verwies auf ihre Wichtigkeit für ein Verständnis der nationalsozialistischen Ideologie:

> Im Morden ist nicht nur eine Roboterpflicht ausgeführt worden,
> sondern hier ist aus »religiöser« (in allen Anführungszeichen, die wir
> nur setzen können) Überzeugung getötet worden … Himmler und
> seine Leute dachten »germanisch« in Völkerwanderung-Ideologien:
> der Ritt in den Osten, das unmenschliche Freund-Feind-Denken. Es
> gibt nur den Auserwählten oder den total Fremden, den Feind, der
> vernichtet werden muß, um der Ordnung der Welt willen. So ist
> Auschwitz, einmal symbolisch genommen, das erschütterndste und
> radikalste Beispiel für das, was eine ideologische Stereotype, die
> etwa 150 Jahre seit der deutschen Spätromantik angelegt worden ist,
> zu »leisten« vermag, wenn sie nicht mehr unter der Kontrolle des
> vernünftigen Denkens gehalten wird.[1]

1   Hans Schwerte, *Faust und das Faustische. Ein Kapitel deutscher Ideologie*,
    Stuttgart 1962, S. 10: »Das auszeichnende Bejahen der Tragödie und der
    tragischen Schuld Fausts als eines germanischen-deutschen amor fati, das
    ›faustische‹ Dennoch und Trotz-Alledem, das Annehmen also des Titani-
    schen, des Tragisch-Vermessenen, auch des schuldhaften und rücksichts-
    losen Durchsetzens des ›großen‹ Individuums als eines wahrhaft Mensch-
    lichen, als des eigentlich Humanen, des Deutsch-Humanen, eben: als des
    eigentlich ›Faustischen‹ mit dem Weltausgriff über jede abgesteckte Grenze
    hinaus.« Vgl. auch *Das Nürnberger Gespräch Haltungen und Fehlhaltun-
    gen in Deutschland*, hrsg. von Hermann Glaser, Freiburg 1965, S. 110 f.

Schwertes Ausführungen unterstreichen die offensichtliche aber meist nicht genügend reflektierte Tatsache, daß Ideologien utopistisch, Utopien ideologisch motiviert sind. Alle Glaubenssysteme stützen sich auf die (zumindest teilweise) Aufhebung einer kritischen, realistischen Rationalität; alle Projektionen einer radikal Neuen Ordnung auf ein Glaubenssystem.

Schwertes Kritik kam aus seiner unmittelbaren Erfahrung, und dann persönlichen Erinnerung an die Performanz des nationalsozialistischen Deutschlandkonzepts, der ›Reichsidee‹ Schneiders, also seiner eigenen politischen Tätigkeit im ›Dritten Reich‹. Diese direkte, persönliche Verbindung ist wichtig, weil sie Eigenschaften der Nazi-Utopie betrifft, die für den jungen Schneider und viele andere junge Akademiker, die in den kulturpolitischen SS-Institutionen Arbeit finden würden, eine besondere Anziehungskraft hatten. Schneiders illegaler Identitätswechsel 1945 war eine Folge der Konfrontation mit den Folgen der Nazi-Herrschaft, an deren Ausübung er beteiligt gewesen war – eine vergangene Beteiligung, deren schädlichen Einfluß auf seine Zukunft er fürchtete. Schwerte konnte und wollte also diese Anziehungskraft nicht als persönlich erlebte eingestehen; aber auch wenn er Schneiders Erfahrungen zu verdrängen gesucht hätte, waren sie doch auf eine Weise untergründig präsent, die es Schwerte in der Nachkriegszeit ermöglichte oder leichter machte, gerade die Wichtigkeit der ideologischen, utopistischen Aspekte der Kriminalität dieser neuen Ordnung zu sehen und hervorzuheben. Hier soll versucht werden, Schneiders Erfahrungen mit dem Deutschlandkonzept des ›Dritten Reichs‹ etwas mehr unter den Bedingungen seiner Situation in seiner Zeit zu sehen, was eine »Entdämonisierung«, und dann teilweise »Normalisierung« seiner Tätigkeiten – unter *seinen*, nicht unseren Bedingungen – zur Folge haben wird. Eine solche im Kontext der Nazi-Periode immer noch verdächtige »Historisierung« ist aber nur möglich, wenn die extremen Bedingungen dieser Zeit zumindest teilweise auch mit unseren verglichen werden. Die »böse deutsche Vergangenheit«, die nicht vergehen will, weil es genügend (und nicht nur gute) Gründe gibt, sie nicht vergehen zu lassen, stellt in dieser Hinsicht besondere Anforderungen an die Flexibilität der zeitlich multidimensionalen Perspektive des Historikers: In diesem »Bösen« der Vergangenheit lassen sich Vergleichsmöglichkeiten mit kulturpolitischen Problemen der Gegenwart finden, gerade weil diese Gegenwart sich so unbefragt und unverändert an die moralisch-politischen Verpflichtungen der Vergangenheit gehalten hat.

Mitte der 1930er Jahre verhielt sich Schneider gegenüber dem neuen politischen Regime re-aktiv, so wie viele andere gut ausgebildete, poli-

tisch verunsicherte junge Deutsche mit miserablen Zukunftsaussichten.
Solche politische Re-Aktivität war und ist keinesfalls harmloser, aber
leichter zu beeinflussen und zu steuern als im üblichen Sinne »reaktionäre« (konservative) Positionen. Sie ist charakteristisch für Krisenzei-
ten und eine wichtige Dimension des utopistischen Fundamentalismus,
der wiederum ein wichtiger Aspekt des ›Dritten Reichs‹ war. So hat sich
in den letzten Jahrzehnten der fundamentalistische Islam in teilweiser
Reaktion auf den von den USA zu unkritisch unterstützten politischen
Zionismus in seiner Auswirkung auf das religiös-politische Sicherheits-
bedürfnis Israels entwickelt. Und der politische Zionismus hat sich entwickelt in Reaktion auf die Ereignisse des Zweiten Weltkriegs und den
dadurch ungemein verstärkten Verdacht eines seit Jahrtausenden allgegenwärtigen und allmächtigen, schicksalhaften Antisemitismus – ein
Verdacht, der wiederum das prä-moderne Sicherheits- und Reinheits-
bedürfnis Israels gestützt hat. Es gibt deutliche Parallelen zwischen
dem 1947 gegründeten Muslimstaat Pakistan als dem islamischen
»Land der Reinen« und dem 1948 gegründeten jüdischen Staat Israel
als dem von Gott verheißenen Land der Juden. In beiden Staaten können zwar Muslims und Juden endlich auf Dauer in Sicherheit mit ihresgleichen zusammen leben, aber unter den utopischen Bedingungen dieser Staatsgründungen ist dieses Versprechen einer sicheren, dauernden
Identität mit sich selbst sogleich eine auf Dauer angelegte, sich selbst
beschränkende Verschlossenheit nach außen: Juden können *nur* mit
Juden; Muslims *nur* mit Muslims leben. Das ›Dritte Reich‹ als das
schicksalhafte Reich *der* Deutschen, und expansiver *des* Deutschen, ist
nur zu verstehen im Zusammenhang deutscher Reaktionen auf die
Katastrophe des Ersten Weltkriegs. Dieser erste konsequent technologische Krieg mit moderner Zerstörungspotenz war zwar nicht allein
von den Deutschen *verschuldet*, aber allein von ihnen *verloren* worden.
Die deutschen Eliten hatten ihn in Unkenntnis seiner neuartig schrecklichen Natur zunächst begrüßt als Verteidigung der authentischen
deutschen Kultur gegen die inauthentische westliche Zivilisation: im
Oktober 1914 unterzeichneten etwa hundert bekannte Intellektuelle,
Künstler, Wissenschaftler, Politiker, Schriftsteller einen Aufruf *An die
Kulturwelt*, den Thomas Manns *Betrachtungen eines Unpolitischen*
(1918) am Ende des Krieges, aus dem er anscheinend nichts gelernt
hatte, noch einmal bestätigten.

Vor allem im Anfangsstadium des ›Dritten Reichs‹ – dem Stadium, in
dem sich junge Deutsche wie Schneider in die neuen (utopischen) SS-
Institutionen eingliedern ließen – ist eine von all diesen Utopien geteilte
fundamentalistische, re-aktive Regressivität zu beobachten, zu der

auch die religiös-politische und teilweise rassische Absonderung und
Reinheit gehört. Die Verheißungen einer neuen Ordnung, eben der utopischen Konstruktion, pflegen ihre Legitimität und Autorität aus den
glanzvollen kulturellen und politischen Errungenschaften einer weit
zurückliegenden nationalen oder Stammes-, jedenfalls Gemeinschafts-
Vergangenheit zu beziehen, z.B. die islamischen von Moguls beherrschten Stadtstaaten in Persien und Indien; oder das römische Reich
deutscher Nation. Oft berufen sie sich aber auch, und hier in deutlich
emotional-irrationaler Weise, auf die dauernde Erinnerung uralter, ver-
nichtender Niederlagen wie den katastrophalen arabischen Sieg von
Ghadessiah über die Perser im Jahre 637, der den Beginn der islamischen Invasion in Asien bedeutete; oder die Unterwerfung und Zwangs-
Christianisierung der Sachsen durch Karl den Großen im Sachsenkrieg
772-804 mit dem hochpolitischen Ereignis der Taufe Widukinds im
Jahre 785. Wenn der heutige fundamentalistische Islam den amerikanischen internationalistischen politischen Imperialismus und die techno-
kratische kulturelle Globalisierung für alles islamische Leiden in der
Welt verantwortlich macht, dann sah der fundamentalistische Nationalsozialismus den allgegenwärtigen Feind im westlichen, vor allem
dem jüdischen, kapitalistischen und sozialistischen Internationalismus.
Nach Samuel P. Huntingtons Hypothese von »Islam's bloody borders«
in seinem viel diskutierten *The Clash of Civilizations and the Remaking
of World Order* (1998) ist gewalttätige Militanz synonym mit Islam,
und soweit man das auf den fundamentalistischen Islam beschränkt,
der aber schon in der Vorgeschichte Pakistans eine Rolle spielte, ist das
nicht so abwegig. Der Hauptgrund scheint die von sonst sehr verschiedenen Kulturen geteilte, nicht auszulöschende kollektive Erinnerung an
politisches, kulturelles und militärisches Versagen auf dem Hintergrund einer großen Vergangenheit zu sein; und daraus folgend ein exi-
stentielles Ressentiment gegenüber der erfolgreicheren westlichen technokratischen Zivilisation – wie das ›Dritte Reich‹.[2]

Einer der Gründe für die Anziehungskraft des ›Dritten Reichs‹ war
die kulturell zentrale Rolle des ›Neuen Menschen‹ – eine bereits im

---

2 Für eine komplex differenzierte Kritik des fundamentalistischen Islam siehe
   Dagmar Barnouw, *Naipaul's Strangers*, Bloomington, Indiana 2003, Kapitel
   4, 5, und 6. Huntington ist schon aus diesem Grunde sehr kritisch gegenüber der meist kulturell uninformierten und politisch unüberlegten, militärischen Eingriffsfreudigkeit der USA in die Angelegenheiten islamischer
   Staaten.

Endstadium des Ersten Weltkriegs wichtige überpolitische Vorstellung –, der in neuen oder re-organisierten Institutionen für eine neue, vitale und widerstandsfähige nationale und sozialistische Gemeinschaft arbeiten würde. Gerade dieses Versprechen, das im »genialen« Unterschied zur internationalistischen, eschatologischen kommunistischen Gemeinschafts-Ideologie die Wichtigkeit des Individuums in seiner Bedeutung für die Gemeinschaft jetzt und hier feierte, mußte für große Bevölkerungsgruppen attraktiv sein, die sich in den so rapiden wie tiefgreifenden politischen, ökonomischen, kulturellen Veränderungen der Weimarer Moderne nicht zurecht fanden und sich verloren und verlassen fühlten – eine kollektive Befindlichkeit, die Alfred Rosenbergs kulturpolitische Projekte schon vor der ›Machtergreifung‹ immer wieder ansprechen. Sie vor allem reagierten positiv auf die kombinierende Balance zwischen Typ und Individuum, zwischen der großen, ganz-deutschen Gemeinschaft und den kleineren, übersichtlicheren lokalen, regionalen Gemeinschaften. Leni Riefenstahls *Triumph des Willens* ist eine brillante visuelle Dokumentation dieser Balance in dem Bekenntnis des singulär und partikulär georteten Individuums zu der größeren, umfassenden nationalen Gemeinschaft. Dieses Bekenntnis, wie Riefenstahl *filmisch* sehr genau gesehen hat, bestätigt die Individualität und Ortung gerade in ihrer Aufhebung und ist deshalb sowohl modern-säkular als auch archaisch-religiös: in der filmischen Darstellung *erscheint* »die deutsche Jugend« als eine Gruppe von attraktiven Jugendlichen mit ihren Fahnen, die alle einzeln ihren Namen und ihre Herkunfts-Region nennen und mit dieser individualisierenden Nennung, die ein An- und Aufruf ist, in die Gemeinschaft aufgenommen und eingegliedert werden. Dazu photographierte Riefenstahl diese gemeinschaftsbestätigenden Akte mit geschickt genutzter perspektivischer Kontrolle, so daß die in der technokratischen Gegenwart des zeitgenössischen Betrachters bereits archaischen Spaten der SA-Männer am Lagerfeuer als noch eindeutiger archaische Speere erscheinen: das Uralte im ganz Neuen der nationalsozialistischen Utopie.

Die Kulturpolitik und die politische Organisierung einer geschickt mit den Requisiten der Zukunft *und* Vergangenheit operierenden nationalen und sozialen Selbsterfindung reflektierte die Tatsache, daß das neue Regime das Resultat einer Revolution von rechts-unten war. Siegfried Kracauer hatte schon Ende der 1920er Jahre in seinem bahnbrechenden dokumentarischen Bericht *Die Angestellten* auf die Anfälligkeit dieser vom Abstieg aus dem Bürgertum bedrohten »Klasse« für utopistische nationalistische Versprechungen hingewiesen. 1933 wußte der Student Hans Ernst Schneider sehr wenig von Hitlers Programm

und den Zielen seiner »nationalen Revolution«, aber er teilte die anti-
bürgerlichen, antikirchlichen Gefühle vieler junger Deutscher, und die
NS-Bewegung schien ihm dafür repräsentativer, auf jeden Fall nicht so
fremd wie der stalinistisch-beeinflußte deutsche Kommunismus der
späten Weimarer Periode, obwohl er sich Anfang der 1930er Jahre
auch dafür interessiert hatte. Nach Hitlers ›Machtergreifung‹ hoffte
Schneider, wie eine große Mehrheit bürgerlicher Deutscher aller Alters-
gruppen und auch politischer Sympathien, daß das neue Regime sich
nun weniger aggressiv gebärden würde. Bis zu einem gewissen Punkt
sollte sich die Hoffnung erfüllen – allerdings nur zeitweilig und nur für
die intendierten Einwohner des ›Dritten Reichs‹, die Leute innerhalb
der Mauern von Utopia. Der faschistische Totalitarismus des ›Dritten
Reichs‹ galt am Anfang den »Feindgruppen« außerhalb Utopias,
obwohl er sich als der dystopische Kern der Utopie spätestens bei
Kriegsbeginn in den Ereignissen im Osten enthüllte. In seiner autoritären Phase hat der Faschismus zeitweilig die utopischen Versprechungen des guten Lebens in einer umgreifenden deutschen Gemeinschaft
für bestimmte Bevölkerungsgruppen eingelöst – das nationalistisch-so-
ziale bessere Hier und Jetzt –, was im Sowjet-Kommunismus nie der
Fall war und auch nicht zu sein brauchte, da der eschatologische
Geschichtsbegriff solche Einlösungen auf eine unbestimmte Zukunft
verschieben konnte. Aber bei aller Wichtigkeit der materiellen Lebens-
verbesserung war der wichtigste Aspekt der nationalsozialistischen
Reichsidee für junge Akademiker wie Schneider der politische und kulturelle Nationalismus, die Politik der authentischen Identität in der
und durch die nationale Gemeinschaft.

Zu diesem Thema gibt es einen instruktiven Briefwechsel zwischen
Karl Jaspers and Hannah Arendt vom Winter 1933 über Jaspers' *Max
Weber. Deutsches Wesen im politischen Denken, im Forschen und Phi-
losophieren* (1932). Am 1. Januar 1933 schrieb Arendt aus Paris dem
von ihr verehrten, bewunderten Jaspers, von dem sie viel intellektuelle
und materielle Unterstützung (Stipendien) erfahren hatte, um ihm für
das Buch zu danken, aber auch um ihm von ihren spezifischen Schwierigkeiten damit zu berichten:

Sehr verehrter, lieber Herr Professor, haben Sie meinen herzlichsten
Dank für den Max Weber, mit dem Sie mir eine große Freude bereitet haben. Daß ich Ihnen erst heute für die Schrift danke, hat einen
bestimmten Grund: eine Stellungnahme ist mir von vornherein
durch Titel und Einleitung erschwert. Es handelt sich dabei nicht
darum, daß Sie in Max Weber den großen Deutschen, sondern daß

Sie in ihm »das deutsche Wesen« darstellen und daß Sie dieses mit »Vernünftigkeit und Menschlichkeit aus dem Ursprung der Leidenschaft« identifizieren. Das bereitet mir die gleiche Schwierigkeit der Stellungnahme wie die zu dem eindrucksvollen Patriotismus Max Webers selbst. Sie werden verstehen, daß ich als Jüdin dazu weder Ja noch Nein sagen kann und daß mein Einverständnis ebenso unpassend wäre wie eine Argumentation dagegen. Ich brauche mich noch nicht zu distanzieren, solange es sich um den »Sinn der deutschen Weltmacht« handelt und ihre Aufgabe für die »Kultur der Zukunft«. Mit dieser deutschen Aufgabe kann ich mich noch identifizieren, wenn ich auch nicht in aller Fraglosigkeit mit ihr identisch bin. Für mich ist Deutschland die Muttersprache, die Philosophie und die Dichtung. Für all das kann und muß ich einstehen. Aber ich bin zur Distanz verpflichtet, ich kann weder dafür noch dagegen sein, wenn ich den großartigen Satz Max Webers lese, zur Wiederaufrichtung Deutschlands würde er sich auch mit dem leibhaftigen Teufel verbünden. Und in diesem Satz scheint mir gerade das Entscheidende offenbar zu sein.[3]

Jaspers antwortete umgehend und sehr besorgt:

Was ist das nur für eine fatale Sache mit dem deutschen Wesen! Es ist mir wunderlich, daß Sie als Jüdin sich vom Deutschen unterscheiden wollen. Aber statt darauf einzugehen, möchte ich versuchen, Ihnen den Sinn meiner Sätze zu interpretieren in der Hoffnung, wenn nicht jetzt, so in einem kommenden Gespräch doch noch Ihre Zustimmung zu gewinnen.

Das war natürlich eine im Rückblick unsinnige Hoffnung, die sich nicht bewähren konnte. Die »etwas wunderliche Formulierung« »Vernünftigkeit und Menschlichkeit aus dem Ursprung der Leidenschaft«, schrieb Jaspers, sei »nicht als Deutschheit zu fassen« sondern als Ausdruck für das deutsche Wesen als »unbestimmte geschichtliche Totalitätsintention«, und er habe sie vor allem aus pädagogischen Gründen gewählt. Und jetzt kommen Argumente, die ich hier ausführlich zitieren möchte, weil sie für die Situation 1933 sehr aufschlußreich sind. »Ich finde«, so Jaspers,

---

3 Hannah Arendt / Karl Jaspers, *Briefwechsel 1926-1969*, hrsg. von Lotte Köhler und Hans Saner, München 1985, Nr. 22; für spätere Auflagen wurde der Titel geändert in *Max Weber: Politiker – Forscher – Philosoph*.

in der nationalistischen Jugend soviel guten Willen und echten Schwung in verworrenem und verkehrtem Geschwätz, daß ich unter Anerkennung des Willens zu deutschem Selbstbewußtsein sie hinweisen möchte auf den Anspruch an sich selbst, der darin liegt, ein Deutscher zu sein. Daher habe ich einen nationalistischen Verlag [Gerhard Stalling's *Schriften an die Nation*] für geeignet gehalten, an die Leser zu kommen, die dieses erziehlichen Impulses bedürfen und vielleicht sich selbst danach sehnen. ... Das Wort »deutsch« ist so viel mißbraucht, daß man es ja kaum noch benutzen darf. Ich habe den vielleicht hoffnungslosen Versuch gemacht, es durch Max Webers Gestalt ethisch zu erfüllen. Dieser Versuch wäre aber nur gelungen, wenn auch Sie sagen könnten: so ist es, ich will eine Deutsche sein. Wenn Sie von Muttersprache, Philosophie und Dichtung reden, so brauchen Sie nur noch das geschichtlich-politische Schicksal hinzuzufügen, und es ist gar keine Differenz mehr. Dieses Schicksal ist *heute*, daß Deutschland nur in einem geeinten Europa sein kann, daß die Aufrichtung im alten Glanze nur durch die Einigung Europas geschehen kann, daß der Teufel die egoistische Spießerangst der Franzosen ist, mit der zu paktieren unausweichlich werden wird. Denn das Reich *des* Deutschen, das von Holland bis Österreich, von Skandinavien bis zur Schweiz reichen müßte, ist unmöglich und wäre für die gegenwärtige Weltepoche noch zu klein.

Jaspers konnte natürlich nicht wissen, daß es ein Reich *des* Deutschen als germanozentrisches, nordwestliches europäisches Reich sein würde, für das Schneider und viele andere junge Deutsche, ursprünglich durchaus »guten Willens und echten Schwungs«, sich einsetzen würden. Schneider sollte für dieses Reich von 1940 an in Holland, Norwegen, und Belgien werben und noch in den letzten Kriegsjahren seine kulturelle eher denn seine politisch-militärische Macht zu verteidigen suchen.

Arendts Antwort war ebenso prompt. Sie verweist auf die geschichtliche Komplexität der jüdischen Situation im ständigen Prozeß der Zuwanderung aus dem Osten und Assimilation: »Deutschland im alten Glanze ist Ihre Vergangenheit, welches die meine ist, ist kaum mit einem Worte zu sagen.« Die Einigung Europas liege auch ihr am Herzen, aber:

Sie werden sie um jeden Preis wollen, Deutschlands wegen. Ich kann sie, so wie sie mir heute allein denkbar scheint, nämlich unter der Vorherrschaft Frankreichs, also gerade des Landes, das verhältnismäßig sekur und unerschüttert ist, nicht wollen. Sie wäre mir in

dieser Form zugleich das Fürchterlichste – darüber könnte mich keine
Aufrichtung Deutschlands trösten.[4]

Für Jaspers bedeutete das »Reich *des* Deutschen« die Idee einer lebensfähigen europäischen Verbundenheit und, in gewissem Sinne, erlösen-
den Verbreitung und Ausbreitung der deutschen Hochkultur, die er mit
vielen Weimarer Intellektuellen teilte, jungen und älteren, jüdischen
und nicht-jüdischen, ein breites Spektrum politischer Positionen und
Gruppierungen, zu denen bald die Institution ›Ahnenerbe‹ gehören
würde. Es geht hier um die emotionale und intellektuelle Bindung an
eine durch die deutsche Hochkultur bestimmte »Deutschheit« und
einen damit verbundenen europäischen kultur-politischen Status
Deutschlands, die bei vielen bürgerlichen, gebildeten Deutschen zu finden war, unter ihnen auch Arendt. Damit hängt auch Arendts den deutschen Kulturbruch überdauernde Faszination von Heideggers Philo-
sophieren zusammen, das so stark an die deutsche Sprache gebunden
war. Sie selbst würde sich, wie auch Kracauer, Alfred Schütz und andere exilierte Deutsche, in Amerika mit und von der Zeit verwandeln
lassen und ihre Bücher auf Englisch schreiben, was für Adorno Hoch-
verrat an der kulturellen Deutschheit war: das Wesentliche, Eigentliche
ermahnte er Kracauer, der gerade *Theory of Film* veröffentlicht hatte,
könne man nur auf Deutsch sagen; und es kam nicht von ungefähr, daß
er sprachlich mit Heidegger den Jargon der Eigentlichkeit teilte.[5]
    Diese »Eigentlichkeit« der deutschen Identität fand Heidegger, wie
viele andere Intellektuelle, Geisteswissenschaftler und Philosophen, im
Anfangsstadium des ›Dritten Reichs‹. Wenn wir heute über sie zu Gericht sitzen, über all die kompromittierten Germanisten und Historiker
unter den Universitätsprofessoren, dann vor allem, weil wir immer gewußt haben, wie die Sache ausgegangen ist. Aus der zusammen-
gedrängten zeitlichen Perspektive des Rückblicks konnten wir sehen,
wie gefährlich ihre Variationen des nationalsozialistischen Deutschlandbildes in Wirklichkeit gewesen sind. Dabei konnten wir aber keinesfalls sicher sein, daß wir uns in ähnlichen Situationen sehr viel anders verhalten hätten; und in den meisten Fällen hatten wir auch nicht
ernsthaft versucht, uns in die für diese »Nazi-Professoren« damals
geltenden politischen und kulturellen Prozesse zurückzuversetzen.
Jaspers' Weber-Buch kam zu spät für Schneider und andere junge Kul-

4   Ebd., Nr. 23 f.
5   Brief zitiert in Dagmar Barnouw, *Critical Realism History, Photography,
    and the Work of Siegfried Kracauer*, Baltimore 1994, S. 187 f.

tur-Nationalisten. Beunruhigt von dem radikalen Regierungswechsel –
er war persönlich alles andere als radikal – verbrachte Schneider den
Sommer 1933 beim ›Freiwilligen Arbeitsdienst‹ des Stahlhelm, zu der
Zeit noch ein Arbeitsbeschaffungsprogramm.[6] Der Stahlhelm wurde
aber gleich von der SA übernommen, und damit auch Schwerte, der
dann als »Referent für Volkstumsarbeit« in der NS-Organisation ›Kraft
durch Freude‹ arbeitete, die ein Teil der ›Deutschen Arbeitsfront‹ war.
Seine Königsberger Dissertation schloß er 1935 ab, und 1936 erhielt er
einen Posten als »stellvertretender Hauptabteilungsleiter« in der ost-
preußischen Organisation ›Volkstum und Heimat‹, die 1934 von Alfred
Rosenbergs ›Nationalsozialistischer Kulturgemeinde‹ übernommen
worden war. Diese wiederum war das Resultat einer Reorganisation
des ›Kampfbundes für deutsche Kultur‹: die Wörter »Kraft«, »Front«,
»Gemeinde«, »Kampf« kamen in fast allen Namen und Titeln der vielen NS-Kultur-Organisationen und Veröffentlichungen vor, um deren
vitale, kämpferisch-gemeinschaftliche Natur hervorzuheben, im ausdrücklich betonten Gegensatz zur abgelebten, überlebten, überholten
»Systemzeit« von Weimar.

In der Mitte der 1930er Jahre reflektierte die hektische Organisation
und Reorganisation der mit der propagandistischen Verbreitung der
NS-Kulturpolitik beauftragten Institutionen die sich im Aufbaustadium
der ›Neuen Ordnung‹ häufenden persönlichen und ideologischen Konflikte und Machtkämpfe. Die Gründung des ›Kampfbundes‹ ging auf
die im August 1927 auf dem NSDAP-Parteitag in Nürnberg getroffene
Entscheidung zurück, eine »nationalsozialistische Gesellschaft für Kultur und Wissenschaft« unter Rosenbergs Führung zu gründen. Rosenbergs (undatiertes) Manifest fordert den »Kampf um den Rang der
verschiedenen Werte«, und um das »Ringen des internationalen
Gedankens mit dem Gedanken eines rassisch gebundenen Volkstums«.
Internationalismus bedeutete, auf der einen Seite, »Weltrepublik«,
»Materialismus«, »Trusts«, »Großbanken«, »schrankenlosen und un-
gebundenen Individualismus« und, auf der anderen, Marxismus in
Gestalt von »liberaler Sozialdemokratie« und/oder »terroristischem
Bolschewismus«. »Rasse, Staat, Sprache und Geschichte«, erklärte

---

6   Das Modell für den *Arbeitsdienst* war der *Vaterländische Hilfsdienst* zur
    Zeit des ersten Weltkriegs, der während der Wirtschaftskrise 1931 als frei-
    williges *Arbeitsdienstlager* für arbeitslose Jugendliche zwischen 18 und 25
    Jahren reaktiviert wurde. 1935 führte die NSDAP den *Reichsarbeitsdienst*
    ein.

Rosenberg, müssen von allen negativen Einflüssen gesäubert werden, aber er nennt hier keine »Feindgruppen«.

Die Richtlinien für den 1929 gegründeten ›Kampfbund für deutsche Kultur‹ sind in der Formulierung ihrer Intention, dem deutschen Volk die Verbindung zwischen Rasse, Kunst, Wissenschaft, Moral und kämpferischen Werten klar zu machen, ebenso allgemein gehalten.[7] Die erste Ausgabe der *Mitteilungen des Kampfbundes für deutsche Kultur* (Januar 1929) enthielt einen programmatischen Artikel *Die Geisteswende,* der Deutschlands politischen und ökonomischen Zusammenbruch mit »innerer Glaubenslosigkeit« in Bezug auf den Wert »des Deutschtums« und seiner Ziele begründet. Die Deutschen fühlten sich angesichts der schlechten geistigen Gesundheit ihres Volkes einsam, verlassen, hoffnungslos. Ausschließlich an einer »Weltrepublik« und »Menschheitskultur« interessiert, hätten die Intellektuellen nicht die wichtigste zeitgenössische Aufgabe akzeptiert, »das blutmäßig gebundene Volkstum« als »urewigen Born alles Schöpferischen« zu retten. Für sie galt nur ein internationales Kollektiv von Individuen, die sich ihrer Rasse, ihrem Staat, ihrer Sprache und Geschichte entfremdet hatten. Existierende »Bünde kultureller Art« wie die Kant- and Goethe-Gesellschaften hätten nicht für die richtigen Ziele gekämpft, sondern seien dem Einfluß der »Asphalt-Feuilletonisten oder internationalistischen, an ihrem Volkstum Verrat übenden Gelehrten« erlegen, »die dem Wollen der deutschen Großen genau entgegengesetzt sind«. Es sind die üblichen Klagen gegen den zersetzenden Einfluß von Weimarer Intellektuellen – Rosenberg nennt Emil Ludwig, Thomas Mann, Ernst Toller, Arnold Zweig, Jakob Wassermann, Lion Feuchtwanger, Arnolt Bronnen, Leonhard Frank, Alfred Neumann, Erich Kästner, und vor allem Kurt Tucholsky.[8] Aber Rosenberg spricht auch das für junge Leute wie Schneider sehr konkrete Problem einer so abstrakten wie verwirrenden, zunehmend globalen Mechanisierung und Zersplitterung an und stellt dagegen das Ideal des Neuen Menschen in seiner im Natürlichen verankerten physischen und geistigen Gesundheit und Ganzheit. Das ideologische Zentrum dieser utopistisch-fundamentalistischen Kulturpolitik war der Kampf gegen die entfremdende, entwurzelnde westliche Globalisierung und die daraus resultierende Einsamkeit und

---

7 Zitiert in: Joachim Lerchenmüller / Gerd Simon, *Masken-Wechsel. Wie der SS-Hauptsturmführer Schneider zum BRD-Hochschulrektor Schwerte wurde und andere Geschichten über die Wendigkeit deutscher Wissenschaft im 20. Jahrhundert,* Tübingen 1999, S. 39.

8 Ebd., S. 41-43.

Verlassenheit des Individuums in der Weimarer Periode, zu deren »Heilung« es der Bodenständigkeit einer deutschen Gemeinschaft bedurfte: die Positivität der von allen schädlichen Einflüssen gesäuberten nationalen Werte wie *Rasse, Staat, Sprache und Geschichte* würde die Negativität des westlichen Internationalismus überwinden.

Der ›Kampfbund‹ baute in kurzer Zeit »Stützpunkte, Ortsgruppen und Landesleitungen«[9] auf, und bis August 1933 waren bereits »Fachgruppen« für Film und Theater, Musik, bildende Kunst, Baukunst und Technik, Schrifttum, Wissenschaft und Volksbildung, Volkstumsarbeit, Kleinkunstbühne, Körperbildung, Tanz und deutsche Vorgeschichte eingerichtet. Außerdem waren Verbindungen hergestellt mit Organisationen wie »Reichsverband deutsche Bühne«, »Reichsstelle zur Förderung deutschen Schrifttums«, Bildungsabteilung des Deutschen Handlungsgehilfen-Verbandes, Börsenverein der deutschen Buchhändler, Gesellschaft für deutsche Kultur, Deutsche Burschenschaft, Deutsche Sängerschaft.[10] Das Resultat war ein bemerkenswert rasch etablierter, gut funktionierender Komplex gleichgeschalteter pädagogischer und kultureller Projekte und Institutionen, der immer noch weiter wuchs, auch nachdem der ›Kampfbund‹ zur ›Nationalsozialistischen Kulturgemeinde‹ geworden war, und diese ›Volkstum und Heimat‹ übernommen hatte. Schneiders unmittelbarer Vorgesetzter war Mitglied der ›NS-Kulturgemeinde‹ und der »Gaupropagandaleitung Hauptstelle Kultur« Ostpreußen, der »Gauvolkstumswart« Alfred Zastrau, ein im selben Jahr wie Schneider promovierter Germanist.[11] Er hatte sich an der Universität Königsberg durch seine Argumente für die Notwendigkeit einer »Neuen Sprachwissenschaft« ausgezeichnet, die die veraltete Philologie des 19. Jahrhunderts mit dem neuen Konzept der deutschen Sprache als der historischen Form des deutschen Wesens und Wirklichkeitsbewußtseins ersetzen sollte. Dieses Konzept ermöglichte höchst spekulative aber politisch korrekte etymologische Argumente für eine Verbindung zwischen den Wurzeln für *sprechen* und *sprühen*, womit die aktivistische, performative Dimension nationalsozialistischer Sprachakte betont wurde. Unschlagbar war seine Annahme einer linguistischen Verbindung zwischen den Worten *Wahrhaftigkeit* und *Wehrhaftigkeit:* je kämpferischer desto wahrer. Aus dem Rückblick er-

9 Ebd., S. 43, Anm. 16.
10 Ebd., S. 43.
11 Die Informationen über Schneiders Promotion in Königsberg sind nicht ganz sicher: vgl. ebd., S. 24 f. Schneider trug den Doktor-Titel 1936, ehe er in die SS eintrat.

scheinen diese Argumente grotesk, aber denken wir daran, daß sich
spekulative Argumente auf dieser Ebene der Plausibilität ohne Mühe in
politisierten Identitätsstudien aller Farben und Formen finden, die zur
Zeit an westlichen Universitäten angeboten werden. In diesem Stadium
des NS-Experiments handelte es sich bei Philogermanizismus als Vorstufe des Pangermanizismus um eine kulturelle Politik der Identität auf
der Basis einer verabsolutiert-negativen Erinnerung an die sozialen und
politischen Schwierigkeiten der Weimarer Systemzeit – wie es bei Afri-
can-Americans die amerikanische (und nur diese) Sklaverei sein kann,
bei Feministinnen »die« patriarchalische Gesellschaft, bei postkolonia-
listischen Theoretikern »der« Kolonialismus: die utopische fiktionale
Einheit, Reinheit, Solidarität der mit sich selbst und sonst nichts identi-
schen Gruppe.

Zastraus ausführliche *Denkschrift* vom 31. Juli 1936 zur kulturpolitischen Bedeutung von ›Volkstum und Heimat‹, eine Kombination von
pseudo-germanischen archaischen Neologismen und ideologischen
Schlagwörtern, war typisch für den utopistisch-aktivistischen Kon-
struktivismus des Frühstadiums des ›Dritten Reichs‹. Die Arbeit der
Organisation wird als integraler Teil der geistigen und ideologischen
Erziehungsarbeit der NSDAP im Sinne von Rosenbergs Richtlinien gesehen, bei besonderer Hervorhebung »kameradschaftlicher Fühlung-
nahme«, »schneller, zuverlässiger Zusammenarbeit mit allen irgendwie
in Frage kommenden Staats- und Parteistellen«, »Richtigkeit ihrer weltanschaulichen und kulturpolitischen Grundsätze« und »wachsender
Wirkung, Kraft und Reichweite ihres sachlichen Könnens, Einsatzes und
Vorbildes«. Diese Erziehungsarbeit spielte eine außerordentlich große
Rolle, weil sie für die Artikulierung des »boden- und heimatgebunde-
nen Volkstums« in »Volkskunde, Volkskunst, Volkssprache, Volksmu-
sik, Volksspiel, Volkstanz, Volkserziehung, Volksfest« als »Regungen
und Formen eines echten und ursprünglichen Volks-Kulturlebens« verantwortlich war.[12] Der Begriff *Volk* bedeutete die Rechtfertigung und
Inkarnation der zentral wichtigen *Gleichschaltung*, also des erz-uto-
pischen Prinzips der erst autoritär und dann totalitär durchgesetzten
Koordinierung aller utopischen Subsysteme, um alle noch vorhan-
denen demokratischen Institutionen mit ihren rationalen »checks and
balances« so weit zu eliminieren, daß zunächst das meiste und schließlich alles unabhängige politische Denken und Handeln ab- oder aus-
geschaltet werden kann.

12 Ebd., S. 52.

Die kulturellen Werte von Blut, Boden, Heimat, des Lokalen und Regionalen, von Authentizität und Ursprung sind substanziell wichtige Teile des Deutschlandbilds des ›Dritten Reichs‹. Sie gehen auf den kulturell-politischen Nationalismus der zweiten Generation der deutschen Romantik und dessen neoromantisch-konservative Variationen im Verlauf des 19. Jahrhunderts zurück. Der Nationalsozialismus teilt mit dem Marxismus die irrationale Fiktion einer inhärenten existentiellen Macht, Weisheit und Solidarität der Masse als Gemeinschaft: Volk und Proletariat. Die beiden Ideologien unterscheiden sich in Bezug auf die Formen und Funktionen der Gemeinschaft: ein rassisch und regional differenzierender, organischer Nationalismus und ein homogenisierender technokratischer Internationalismus; eine auf suprahistorische Blutbande gegründete, völkische Solidarität und ein historisch entwikkeltes, Solidarität stiftendes Klassenbewußtsein. Dementsprechend betonte Zastraus *Denkschrift* vor allem den Reichtum und die Vielfalt der spezifischen kulturellen Ausformungen der zentralen nazistischen Werte von Blut, Boden und Heimat und bezog sich dabei auf einen Artikel *Heimatmuseum und Volkstumsarbeit* von Hans Ernst Schneider, der gerade im Juni-Heft des *Jungen Ostens,* der Hauszeitung von ›Volkstum und Heimat‹, erschienen war.

Die Verwaltungsstrukturen von ›Volkstum und Heimat‹ waren zu der Zeit relativ locker und reflektierten indirekte Methoden von Einfluß und Überredung oder Überzeugung, die die NSDAP von der Jugendbewegung und der Reformpädagogik übernommen hatte. Diese Methoden waren für den Erfolg der nazistischen Basisarbeit mit der Jugend wichtig – methodisch sollten sie sich auch bei Schneiders späterer Arbeit in Holland bewähren, als er mit propagandistischen Schriften und Vorträgen für die Realisierung eines germanozentrischen nordwesteuropäischen Reiches plädierte. Aber die demokratischen Impulse der Jugendbewegung konnten sich in den politisch aufgeladenen, sich rasch vermehrenden NS Erziehungs-Programmen für die deutsche Jugend nicht lange halten. Zastrau und Schneider waren im Sommer und Herbst 1936 sehr aktiv, wie die Berliner *Börsen-Zeitung* (5. November 1936) auflistete: »Singwochen« (13), »vierzehntägige Blockflötenkurse« (10), »achttägige Rüstlager und Arbeitswochen« (4), »Lied- und Tanzabende« (34), »mehrmonatige Rundreise der Hohnsteiner Puppenspieler mit 500 Spielnachmittagen und -abenden«, »Liedschulungen für die Politische Leitung« (9), »Volkskunstausstellungen« (6), »volkskundliche Studienfahrten« (3), »Vortragsreisen« (7) und vieles mehr. Im ganzen erscheint dieses Programm bemerkenswert idyllisch und Schneiders Arbeit mit und an der ›Reichsidee‹ als ›Volksidee‹

harmlos; aber das würde sich spätestens bei Kriegsausbruch ändern, und schon 1936 wurden Zastraus »Kämpfe« mit dem »politischen Katholizismus« lobend erwähnt.[13] Schneiders Tätigkeit war vor allem »Schulung« durch »Volkskunst« und »Brauchtumskunde« und die Aufführung von »Volksspielen« mit Laiendarstellern. Die kommunistische Basisarbeit benutzte ähnliche Propagandamethoden, vor allem in den Jugendorganisationen, und sie betonte ebenso die Wichtigkeit spontaner und kreativer Gemeinschafts-Tätigkeiten wie Singen, Tanzen, Laientheater. Diese performativen Realisierungen eines radikalen Kommunarismus übten nach dem radikalen Individualismus der Weimarer Periode eine große Anziehungskraft auf junge Leute aus, und Schneider war keine Ausnahme.

Aus dieser Zeit stammt Schneiders fiktives Gespräch zwischen Friedrich dem Großen und dem Dichter und Poetologen Johann Christoph Gottsched während des Siebenjährigen Krieges (1756-63), *Königliches Gespräch* (1936). Gottsched, dessen *Versuch einer Critischen Dichtkunst vor die Deutschen* (1730; 4. Auflage 1751) großen Einfluß auf die literaturtheoretischen Debatten der Zeit hatte, erklärt dem alternden, kriegsmüden preußischen König und Liebhaber der französischen Sprache und Literatur seine Verantwortlichkeit für die deutsch-preußische kulturelle Entwicklung. Preußen ist nun militärisch der europäischen Großmacht Österreich ebenbürtig, und allein der preußische König hat die politische und militärische Macht, »ein Volk zu bilden«. Ohne ein Deutschland, ein deutsches Volk, in dem sich ein »auseinanderstrebender Haufen deutsch redender Menschen« vereinigt zusammenfinden könnte, war der Kampf des Dichters für ein deutsches Theater von Anfang an zum Scheitern verurteilt; und so auch die Bemühungen der nach ihm Kommenden. Es war allein der König, der politisch Führende und militärische Handelnde, der das ins Leben rufen könnte, was der Dichter brauchte: ein Volk im national-kulturellen Sinne. Darin sieht Gottsched des Königs »Mitarbeit an der Dichtung des werdenden Volkes [...] niemand könnte diese Arbeit für Sie ableisten. Mögen andere Ihrer Kriege fluchen, ich segne sie, denn sie bedeuten mir den Anbruch echteren Seins [...]. Deshalb sage ich: wir übrigen können jetzt nur schweigen, denn die Tat liegt bei Ihnen [...]. Schon heute marschieren Ihre Soldaten mit dem Dichter kommender Zeiten.«[14] Schneiders kulturnationalistischem, sprachlich nicht ungeschicktem Text war ein religiös-

13 Ebd., S. 53-55.
14 Hans Ernst Schneider, *Königliches Gespräch*, Braunschweig, Berlin, Hamburg 1936, S. 52 f.

politisches Gedicht in verkitschtem Rilkisch-Georgischen Stil vorangestellt, das exaltiert die kommende Größe Deutschlands als deutsches
›Reich‹ feiert.

War die Fiktion von der Vergangenheit in die Gegenwart projiziert:
Schneiders Arbeit mit und an der ›Reichsidee‹ als ›Volksidee‹? oder die
Zukunft: die Reichs- und Volksidee als kulturell-politisch militante Expansion? Schneider trat 1937 aus der SA aus, angeblich wegen journalistischer Schwierigkeiten, und wurde Mitglied der SS, die bessere be-
rufliche Aufstiegsmöglichkeiten bot, und zwar mit Hilfe eines politisch
einflußreichen Mentors, der besonders angetan war von dem *Königlichen Gespräch*. Sein Auftrag war zuerst Unterricht in ›Volkskultur‹ in
einem österreichischen ›Landesdienstlager‹ für nationalsozialistische
studentische Organisationen und »Gegenarbeit« im Gebiet des »politischen Katholizismus«. Nach dieser Probezeit wurde er, 28jährig, im
Februar 1938 nach Berlin ins Hauptquartier des SS-Rasse- und Sied-
lungshauptamts[15] berufen, und die Zeit, die Schwerte sechzig Jahre
später als die guten Jahre in Schneiders Leben erinnern sollte, war vorbei. Im Oktober 1938 wechselte er in das SS-Projekt ›Ahnenerbe‹ über,
mit dem er bis Kriegsende verbunden bleiben sollte, ab 1943 als Leiter
einer lose verbundenen Subsektion ›Germanischer Wissenschaftseinsatz‹. Eine seiner Aktivitäten war die Herausgabe der Zeitschrift *Weltliteratur* bis zu ihrer Einstellung 1944, die als ein wichtiger Teil des
›Kriegseinsatzes der Geisteswissenschaften‹ angesehen wurde: es handelte sich um »wissenschaftliche« Unterstützung für nationalsozialistische Ziele wie die kulturelle und politische Kommunarität der germanischen Völker, eine Vitalisierung der Reichsidee und die Wichtigkeit
der Blutbande zwischen allen nordischen Völkern. Bei den Verfassern
der Artikel handelte es sich oft um Germanisten in höheren Positionen
in SS-Institutionen. Schneiders spezifischer »Kriegseinsatz« war die
bereits erwähnte ›Sonderaufgabe‹ in Den Haag, wohin er im Juli 1940
geschickt wurde, um die Wissenschaftspolitik in Holland, später auch
in Flandern und Norwegen, im Sinne des Philo(Pan)-Germanizismus
des ›Ahnenerbes‹ zu beeinflussen. ›Ahnenerbe‹ stand bereits in Verbindung mit der germanisch-völkischen holländischen »Parallelorgani-
sation«, ›Der Vaderen Erfdeel‹, und die Aufgabe war, die kulturellen
Gemeinsamkeiten der holländisch-germanischen und deutsch-germani-
schen Kultur zu betonen und dabei offensichtliche politische und militärische Dimensionen dieser Verbindung so viel wie möglich herunter-

15 Lerchenmüller/Simon, *Masken-Wechsel*, a.a.O. (Anm. 7), S. 53-55.

zuspielen – eine Strategie, die Schneiders vermittelndem Temperament entgegenkam und die er mit Geschick und Erfolg anwendete.

Die Einleitung zum ersten Heft der *Weltliteratur* (November 1940), ein Produkt der Zusammenarbeit von Schneider und der ›Volkschen Werkgemeenschap‹, lobte vor allem die jungen Beiträger als Teil des »völkischen Stoßtrupps« in Holland und Belgien, der die »völkische Weltanschauung« und die Idee einer pangermanischen Gemeinschaft in Vorbereitung einer neuen europäischen Ordnung verbreitete. Es sei die Macht dieser Idee eines neuen Europas und nicht die politisch-militärische Macht Deutschlands, die diese jungen Autoren so »leidenschaftlich und kämpferisch einsatzbereit« gemacht habe.[16] Die »politischen Aufgaben der deutschen Wissenschaft, insbesondere der Volkskunde in den westlichen und nördlichen germanischen Randgebieten« sah Schneider in einem Vortrag in Salzburg Anfang 1943 (nach einer erhaltenen Zusammenfassung) als »Umwertung von Germanenkunde zum Erziehungswerk, ein sinnvoller Kriegseinsatz der deutschen Geisteswissenschaften«.[17] Im Oktober 1943 veröffentlichte Schneiders gleichaltriger, wissenschaftlich ambitiöserer und erfolgreicherer Kollege Hans Rössner einen langen Aufsatz zu diesem Thema in der *Weltliteratur*, in dem er die Wichtigkeit der »deutschen Geisteswissenschaft« definierte als erstens »Erhaltung und Stärkung der geistigen und seelischen Widerstandskraft des deutschen Volkes«, zweitens »geistige Auseinandersetzung und Abwehr der Denkformen und Weltbilder unserer Gegner«, drittens »Bewahrung, Neuordnung und Gestaltung des europäischen Raumes und seiner Inhalte aus den organischen Lebensgesetzen heraus, zunächst noch im Vollzug der militärischen Entwicklung, gleichzeitig aber als erster Ansatz zu einer künftigen friedensmäßigen Ordnung«. Diese Aufgaben würden zu einer »Neuordnung der Wissenschaft« auf der Grundlage von historischer »Wirklichkeit« und »Sinn« führen.[18] Ein Jahr später, Im Herbst 1944, als die Alliierten bereits von allen Seiten anrückten, würde sich Schneider auf diesen Aufsatz für sein Konzept eines »Totalen Kriegseinsatzes der Wissenschaft« im Rahmen der Sektion ›Germanischer Wissenschaftseinsatz‹ stützen. Es war ein Dokument erstaunlicher Selbsttäuschung, was die Lebensfähigkeit eines germanozentrischen Europagedankens anlangte, das dabei aber auch bereits einige Bedenken hinsichtlich der

---

16 Zitiert in ebd., S. 164.
17 Ebd., S. 219-221.
18 Ebd., S. 172 f.

Führung eingestand.[19] Schneider plädierte hier für eine »straff zusammengefaßte Arbeitsgemeinschaft aller noch in den SS-Hauptämtern tätigen oder von diesen SS-Hauptämtern angesetzten oder beauftragten Wissenschaftler«, um die »Zersplitterung der Aufgaben und Wissenschaftler« innerhalb der SS-Hauptämter aufzuhalten. Die Aufgabe des ›Germanischen Wissenschaftseinsatzes‹ müsse jetzt sein, die »vordringlichen und vertraulichen Aufgaben der politischen Kriegsführung« zu unterstützen, die »das harte Gebot der Stunde im äußersten Einsatz aller Kräfte unseres Volkes« verlange. Die »Wissenschaftsarbeit der SS« würde in der Gründung eines ›Germanischen Reichsinstituts‹ bestehen, das sich über die »eigentlichen germanischen Aufgaben« hinaus mit »gesamteuropäischen Problemen« in ihrer Wichtigkeit für die »germanische Gemeinschaftsleistung« beschäftigen würde, um so »den geschlossenen Kampf wissenschaftlich gegen alle uns entgegenstehenden Weltanschauungsmächte zu führen«.[20] Schneiders aktivistischer, germanozentrischer Europagedanke und sein Vorschlag, an diesem weltanschaulichen »Kampf« alle noch verfügbaren deutschen Wissenschaftler zu beteiligen, fand Unterstützung bei seinen Kollegen im ›Ahnenerbe‹.[21] Noch im März 1945 unterbreitete er eine »Themenstellung für den Einsatz der Geisteswissenschaft« in einem vom ›Sicherheitsdienst‹ geplanten »Großeinsatz in Presse und Rundfunk«: Erstens: »Die Rassenidee in der deutschen Volksordnung und der europäischen Neuordnung«: »Klärung und Darstellung des wissenschaftlichen Rassebegriffs«, zweitens: »Begriff und Wirklichkeit des europäischen Lebensraums. Die deutsche Anschauung in Idee und Politik«; drittens: »Die geistige Lage in den europäischen Ländern«; viertens: »Wesen, Anteil und tatsächliche Bedeutung des germanischen Einflusses in der europäischen Völkergemeinschaft«; fünftens: »Deutsche Ordnungsleistungen und Führungsfehler in den besetzten Gebieten während des Krieges«; sechstens: »Sonderleistungen Europas gegenüber Asien und Amerika«.[22]

Schneiders Reaktionen auf den unmittelbar bevorstehenden Zusammenbruch des ›Dritten Reichs‹ spiegelten die panische Hyperaktivität all der anderen »letzten Einsätze«: die surreal detaillierten und bei Nichtbeachtung mit dem Tod zu bestrafenden (und vielfach bestraften) Anweisungen an alle noch lebenden Deutschen, alte Männer, Frauen,

19 Zitiert in: ebd., S. 231-33.
20 Ebd., S. 233.
21 Ebd., S. 239-246.
22 Zitiert in ebd., S. 242 f.

Kinder, das von allen Seiten bedrängte Vaterland bis zum bitteren Ende zu verteidigen. Aber bei den als Handlungsanweisungen zu verstehenden Denkschriften Schneiders und seiner Kollegen kam noch das verzweifelte – gegen allen Zweifel, über allen Zweifel hinaus – Festhalten an der Selbsttäuschung bezüglich der Position des ›Dritten Reichs‹ in Europa dazu. Es gibt einige schwache Anzeichen von Selbstzweifeln, z.B. beim vierten Thema die Frage, wie weit germanisch-deutsche »Grundwerte (etwa Treue, Ehre, Freiheit usw.)« im Bewußtsein und Handeln des deutschen Volkes und anderer europäischer Völker »heute ansprechbar« seien; und im fünften Thema das Eingeständnis von »Führungsfehlern«, das aber nicht die Tatsache des Führungsanspruches selbst berührt. Die utopische Perspektive hatte sich bis zum bitteren Ende erhalten.

Aber nicht darüber hinaus. Schneiders persönliche Schuld, außer seiner Angehörigkeit zu der bei Kriegsende als kriminell erklärten SS, war seine Propagandaarbeit für ideologischen Pangermanismus. Unter den Umständen *seiner* Situation war sie erfolgreich, weil Schneider sich mehr auf Prozesse der Überredung verließ, als auf direkte Indoktrinierung. Das bedeutete aber auch, daß er seinen Lesern und Zuhörern, und bis zu einem gewissen Grad auch sich selbst, die Politik der totalen Herrschaft im Zentrum der nazistischen Weltanschauung verbarg. Trotzdem ist durchaus plausibel, daß die unwiderlegbare Evidenz der katastrophalen Folgen dieser totalen Herrschaft 1945 maßgeblich Schneiders »Konversion« zu einer radikal anderen Zukunft beeinflußt hat. Sicherlich haben diese Folgen sein neues Ego Schwerte motiviert, das alte Europakonzept umzudenken: Mitte der 1950er Jahre gab er zusammen mit Wilhelm Spengler eine Europa-Reihe *Gestalter unserer Zeit* im konservativen Stalling Verlag heraus (*Denker und Deuter im heutigen Europa* und *Forscher und Wissenschaftler im heutigen Europa*), an der auch Hans Rössner mitarbeitete. Es war derselbe Verlag, der Ende 1932 Jaspers' in gewisser Weise kulturnationalistisches Buch über Max Weber als großen Deutschen veröffentlicht hatte. Spengler, Schneider und Rössner hatten in den letzten Kriegsjahren am nationalsozialistischen Europa-Gedanken gearbeitet, der die Vorherrschaft Deutschlands voraussetzte. Nach der völligen Diskreditierung dieser Art von Nationalismus wurde der Begriff »Europa« viel diskutiert. Wie Schneider war auch Schwerte an den Reaktionen seines Publikums interessiert, aber sein Europagedanke war grundlegend anders. Das historische Europa konnte nur durch eine Neutralisierung der alten Nationalismen überleben, und für Schwerte wie auch für die Bundesrepublik, in der und mit der er sich über das nächste halbe Jahrhundert entwickeln sollte, waren das kontinuierliche Prozesse der Demokratisierung und Liberalisierung.

Am Ende bleibt die Frage: Wie konnte Schwertes Alter ego Schneider so anfällig sein für den nationalsozialistischen Philogermanizismus mit seinen neologischen visuellen und verbalen Archaismen und seiner utopistischen Exklusivität in Verbindung mit territorialer, totalitärer Expansion – eine Mischung, die sich im Rückblick so gefährlich wie lächerlich ausnimmt? Und es scheinen in der Tat fast eher die grotesken als die finsteren Gräßlichkeiten der nazistischen Version von Orwells »Newspeak« gewesen zu sein, die Schutzstaffeln, Obersturmbannführer und Gauvolkstumswarte, die es so leicht machten, das ganze Nazi-Phänomen politisch-moralisch entrüstet für seine tödliche Albernheit zu verachten. Aber diese Reaktion hat auch Versuche verhindert zu verstehen, welche Rolle dieser neue »Primitivismus« im utopischen ›Dritten Reich‹ spielte. Generell ist Sprachkontrolle durch Neologismen für utopische Organisationen so üblich wie wirkungsvoll. Außerdem paßt, im Gegensatz zum kommunistischen »Newspeak«, der nazistische pseudogermanische Komplex von Neologismen in die utopische Tradition seit Tacitus' *Germania*, in die Thomas More ausdrücklich sein originäres *Utopia* stellte. Gemeint ist hier der Topos der Wiedererlernung barbarischer Tugenden an dem Gegensatz zwischen den physisch und psychisch gesunden, naturgebundenen, bodenständigen germanischen Stämmen und den überkultivierten, überorganisierten, degenerierten Römern. Dieser Topos war ein wichtiges Thema in den intellektuellen Diskussionen über unterschiedliche Grade und Arten von kultureller Komplexität in der zweiten Hälfte des 18. Jahrhunderts, als die Weltumsegelungen Cooks und anderer so viel neue, aufregende Information über rassische und kulturelle Vielfaltigkeit zugänglich gemacht hatten – man denke an die Diskurse Rousseaus, Diderots, Herders, Kants, Georg Forsters, um nur einige zu nennen. Der Topos der Rückbesinnung auf kulturelle Einfachheit und damit »Heilung« von modernen Identitätsproblemen tauchte im 19. Jahrhundert in der Folge der industriellen Revolution verstärkt wieder auf. Diesmal blieb es nicht bei Debatten über Rousseaus und Herders anthropologische Spekulationen, sondern es ging nun um die politisch potente Forderung der kulturellen Rückkehr in eine mythische germanische Vergangenheit prä(anti)kapitalistischer, natürlicher Ganzheit und Einfachheit. Die paradiesisch egalitäre Gemeinschaft, die man sich von diesem »Zurück zu den Wurzeln« versprach, würde die politische, soziale und ökonomische Zwieträchtigkeit »heilen«, die mit der Erfahrung der technologischen Moderne verbunden war. William Morris' Utopie-Klassiker *News from*

Nowhere (1890) war der kulturell-konservative, anti-kapitalistische Gegenentwurf zu *Looking Backward* (1888), der in diesen Jahren sehr erfolgreichen technologisch und sozial progressiven Utopie des Amerikaners Edward Bellamy. Beide Autoren waren Sozialisten, die sich aktiv für Arbeiter-Verbände einsetzten, aber in sehr unterschiedlichen kultur-politischen Situationen. Bellamys Text ist ein frühes Beispiel affirmativer Science-fiction in seiner Projektion des Freiheits-Potentials wachsender technologischer Komplexität und, damit zusammengehend, neuer sozialer Organisationenprinzipien. Morris' utopischer Roman ist stark beeinflußt von Rousseaus Argumenten für kulturelle Einfachheit, die auf ein früheres Entwicklungsstadium zurückgreifen, ehe Begriffe wie Besitz und Identität Ungleichheit schaffen konnten. Dazu folgt Morris auch Mores *Utopia*, indem er Tacitus' folgt: das Lob für die Gesundheit, den Gemeinschaftssinn, die Naturnähe der germanischen Völker im abwertenden Unterschied zur römischen (europäischen) Hyperkomplexität, Hyperindividualismus und schädlicher, weil schwächender Abhängigkeit von moderner Technologie. Die nazistische Utopie des mythischen neu-alten ›Dritten Reiches‹ verband politisch-psychologisch genial die Positionen von Morris und Bellamy – eine Misch-Position, die im Endstadium der Weimarer Republik für viele Bevölkerungsgruppen attraktiv sein *mußte*. Sie schien eine, für viele *die* Antwort auf die schwierigen Erfahrungen radikaler Veränderungen in der Arbeitswelt durch rapide technologische Entwicklung: zunehmende Bevölkerungsdichte als negative Isolierung im Kollektiv eher denn positive Bindung in und an der Gemeinschaft, politische Polarisierung, extreme ökonomische Unsicherheit. In dieser Situation war die Vorstellung einer geistigen und physischen Gesundung durch Gemeinschaft und Einheit besonders vielversprechend, und das hieß Offenheit für eine politische Rhetorik, die ein besseres Leben im ›Dritten Reich‹ versprach. Die »Neue Ordnung« benutzte diese Ängste und Wünsche in der Propagierung des Zurückgehens auf »die Wurzeln«, »das Organische«, »die Blutbande«, die Macht des Bodens, des einfachen, naturgemäßen Lebens und bediente sich dabei der zunehmend komplexen Kommunikationstechnologien von Radio und Film und der domestizierten, völkischen Versionen anderer neuer oder verbesserter Technologien wie Auto (Volkswagen), Autobahnen, Flugzeuge, Bautechnik, Chemie, Physik etc.

Von außen gesehen sind alle Utopien wörtliche oder metaphorische Inseln: getrennt durch räumliche oder ideologische Entferntheit, uniform, verschlossen, geheimgehalten zum Schutz der utopischen Selbst-Erfindung. Diese Exklusivität sollte sich im späteren Stadium des ›Dritten Reichs‹ explosiv durchsetzen, als es zunehmend gewalttätig wurde und sich schließlich selbst zerstörte. Thomas More, dessen Gründungs-Fiktion *Utopia* der »heilige« Text des politischen Kommunismus des 19. und 20. Jahrhunderts werden sollte, hatte diese Gefahr bereits im frühen 16. Jahrhundert vorausgesehen, wenn er den Leser auf die »corruptio pessima optimi« verwies, also die radikale Transformation von Utopia zu Dystopia in dem Moment, in dem die Orthodoxie, die Ideologie der Neuen Ordnung allmächtig wird, ihr eigener Selbstzweck, totalitär. Das heißt natürlich nicht, daß das Deutschlandbild des Nationalsozialismus in irgendeinem Stadium dieser Utopie ein »Optimum« im Sinne von intellektuellen Utopisten wie More, Marx oder Morris erreicht hätte. Aber es sollte doch daran erinnern, daß Leute wie Hans Ernst Schneider, vor allem im Frühstadium des ›Dritten Reichs‹, in mancher Weise Idealisten waren, nämlich in der Hoffnung befangen, daß sie trotz der Exklusivität dieser Utopie für ein besseres Leben für mehr Menschen arbeiteten. Wenn es jetzt sehr schwer fällt zu glauben, daß sie damals »wirklich« daran geglaubt haben könnten, dann sollte man daran denken, daß diese spätere Ungläubigkeit auch bei vielen vormaligen Gläubigen, z.B. Hans Schwerte, zu finden ist. Diese spätere Ungläubigkeit, das Unvermögen, sich in den früheren Zustand zurückzuversetzen, vor allem wenn er radikal anders war, ist charakteristisch für das »Danach« der dystopischen Enthüllung der Utopie; und sie ist auch das Paradox im Zentrum der deutschen Schwierigkeiten mit der Erinnerung an die Nazi-Vergangenheit. Wenn dieses Paradox vielleicht auch nicht gelöst werden kann, so könnte es doch informierter, nüchterner und rationaler diskutiert werden, und das ist nur möglich im Kontext seiner Historizität.

Erwin Rotermund und
Heidrun Ehrke-Rotermund

Lord Vansittart und die Folgen

Diskussionen über das »Andere Deutschland«
in der deutschen Exildichtung – am Beispiel von
Dosio Kofflers Spiel Die Deutsche Walpurgisnacht *(1941)*

Die Opposition innerhalb des »Dritten Reiches« hat in der Exilliteratur nach 1933 naturgemäß eine große Rolle gespielt. Man wollte das Ausland über die Zustände im nationalsozialistischen Staat aufklären und zugleich um Sympathie für jene Kräfte werben, die als Garanten für eine Rückkehr zu demokratischen Verhältnissen angesehen wurden. Zu denken ist vor allem an die zahlreichen KZ-Berichte, Braunbücher und »Deutschland«-Romane.[1] Die Zerschlagung des organisierten Widerstands der Arbeiterparteien im Laufe der 1930er Jahre führte dann dazu, daß das Oppositionsthema in der Literatur der Emigranten zurücktrat.

Nach Ausbruch des Zweiten Weltkriegs wurde der Nachweis der Existenz eines »anderen Deutschlands im ›Dritten Reich‹« immer schwieriger. Angesichts der nationalsozialistischen Expansionsbestrebungen und der ihr dienenden Maßnahmen änderte sich die öffentliche Meinung in den Asylländern zuungunsten Deutschlands, zumal in England. Hatte Chamberlain noch am 3. September 1939 in seiner Rechtfertigung der britischen Kriegserklärung vor dem Unterhaus von »Hitlers Krieg« gesprochen und das deutsche Volk explizit von der Schuld für seinen Ausbruch ausgenommen, so gab man diese Differenzierung zwischen militaristischen Nationalsozialisten und »vernünftigen« kriegsunwilligen Deutschen in der Folge auf. Das hatte auch taktische Gründe:

Je deutlicher wurde, daß der bislang für Großbritannien so verlustarm verlaufene Krieg sich nicht abbrechen lassen und in Zukunft weit größere Opfer verlangen würde, desto klarer verlangte die Kriegspropaganda zur Demonstration und Stärkung des britischen Durchhaltewillens nach dem Feindbild der Deutschen insgesamt, die

1 Vgl. Gisela Berglund, *Deutsche Opposition gegen Hitler in Presse und Roman des Exils. Eine Darstellung und ein Vergleich mit der historischen Wirklichkeit*, Stockholm 1972.

ihren nationalsozialistischen Führern zwar nicht begeistert, aber doch bereitwillig in den Krieg gefolgt waren und ihn jetzt so erfolgreich ausfochten.[2]

Nach Churchills Regierungsübernahme wurde diese Sicht offiziell verbindlich. Sie erhielt ihre schärfste Ausformulierung durch Lord Robert Vansittart, der bis 1938 Chef des Foreign Office gewesen war und dort bedeutenden Einfluß auf die britische Außenpolitik genommen hatte. Von September 1940 an hielt Vansittart im Overseas Programme der BBC sieben Vorträge über das deutsche Volk, die unter dem Titel *Black Record: Germans Past and Present* im Januar 1941 als Broschüre veröffentlicht wurden.

In seinem autobiographischen Buch *Ein leichtes Leben* (1963) erwähnt Robert Neumann diese Schrift und berichtet von seinem damaligen Plan, mit Victor Gollancz zusammen einen »Anti-Vansittart« zu verfassen. Die einflußreiche Broschüre des »eben pensionierten Deutschland-Experten des Foreign Office« habe »man in Deutschland bis heute nicht gelesen«.[3] Für die literaturwissenschaftliche Exilforschung gilt dieser Vorwurf – von wenigen Ausnahmen abgesehen[4] – noch heute. In ihr finden sich zumeist nur beiläufige Hinweise auf Vansittarts Progagandavorträge und die Reaktion bestimmter Autoren auf sein Deutschlandbild. Es lohnt sich aber, nicht nur die Rezeption Vansittarts bei den emigrierten Politikern und in der Programmatik der Exilautoren,[5] sondern auch die spezifisch literarische Reaktion auf Vansittart in den Blick zu rücken. Unser Beitrag konzentriert sich auf

2 Detlev Clemens, *Herr Hitler in Germany. Wahrnehmung und Deutungen des Nationalsozialismus in Großbritannien 1920 bis 1939*, Göttingen, Zürich 1996, S. 436.

3 Robert Neumann, *Ein leichtes Leben. Bericht über mich selbst und Zeitgenossen*, Frankfurt am Main, Wien, Zürich 1965, S. 129.

4 Wulf Koepke, *Die Bestrafung und Besserung der Deutschen. Über die amerikanischen Kriegsziele, über Völkerpsychologie und Emil Ludwig*, in: Thomas Koebner u.a. (Hrsg.), *Deutschland nach Hitler. Zukunftspläne im Exil und aus der Besatzungszeit*, Opladen 1987, S. 79-87; Ehrhard Bahr, *Die Kontroverse um »Das Andere Deutschland«*, in: *Deutschsprachige Exilliteratur seit 1933*, Bd. 2, *New York*, hrsg. von John M. Spalek und Joseph Strelka, Tl. 2, Bern 1989, S. 1493-1513; Konrad Feilchenfeld, *Lord Vansittart und die deutsche Emigration in England*, in: Sigrid Bauschinger und Susan L. Cocalis (Hrsg.), *Wider den Faschismus. Exilliteratur als Geschichte*, Tübingen, Basel 1993, S. 23-40.

5 Erich Matthias, *Sozialdemokratie und Nation. Ein Beitrag zur Ideengeschichte der sozialdemokratischen Emigration in der Prager Zeit des*

satirische Texte, in denen es in Form von fiktiven Reiseberichten um die Verifizierung oder Falsifizierung der Hypothese einer Identität von Nationalsozialismus und deutschem Volk geht. Im Mittelpunkt soll das Stück *Die deutsche Walpurgisnacht* (1941) des aus Galizien stammenden und im englischen Exil lebenden Schriftstellers Dosio Koffler (1892-1955) stehen, in dem mit großem intertextuellen Aufwand ein Bild des Naziterrors sowie ein Idealbild des »anderen Deutschlands« gezeichnet wird.[6] Das Werk ist in englischen Intellektuellenkreisen stark beachtet worden. Die 1943 erschienene Kofflersche Schrift *Vansittartitis*, eine Verteidigung Vansittarts gegen seine Anhänger und seine Kritiker, soll zur Erläuterung der Satire herangezogen werden. Sie läßt eine erhebliche Modifikation seines Deutschlandbildes erkennen, deren Gründe zu analysieren sind.[7]

Das Thema von Vansittarts *Black Record* ist Deutschland und das Leid, das es seinen Nachbarvölkern zugefügt hat und noch immer zufügt. Mit Blick auf die gescheiterte Appeasementpolitik und angesichts der Kriegssituation soll vor der gefährlichen »Nachsicht« mit Deutschland gewarnt werden.[8] Die Grundthese lautet: die Deutschen sind anders als andere Völker; sie sind kriegerische Barbaren geblieben. Ihre konstanten Charaktermerkmale sind Neid, Selbstmitleid und Grausamkeit: Deutschland ist der »Große Kannibale«.[9] Zum Beweis für diese These wird die deutsche Geschichte seit der Zerstörung des Imperium

Parteivorstandes 1933-1938, Stuttgart 1952 (vgl. bes. S. 268-281: Die Emigrationssozialdemokratie und der »Vansittartismus«); Joachim Radkau, *Die Exil-Ideologie vom »anderen Deutschland« und die Vansittartisten. Eine Untersuchung über die Einstellung der deutschen Emigranten nach 1933 zu Deutschland*, in: *Aus Politik und Zeitgeschichte*, Beilage zur Wochenzeitung *Das Parlament*, B 2/70 (10. Januar 1970), S. 31-48; ders., *Die deutsche Emigration in den USA. Ihr Einfluß auf die amerikanische Europapolitik 1933-1945*, Düsseldorf 1971; Jörg Später, *Vansittart. Britische Debatten über Deutsche und Nazis 1902-1945*, Göttingen 2003.

6 Dosio Koffler, *Die deutsche Walpurgisnacht. Ein Spiel in 5 Szenen*, mit einem Nachwort von Karl Riha, Mannheim 1987.

7 Dosio Koffler, *Vansittartitis. A Polemic*, translated from the German by E. Fitzgerald, London, New York, Melbourne (1943). Jörg Später sieht zwischen der *Deutschen Walpurgisnacht* (1941), der er nur wenige Sätze widmet, und der *Vansittartitis*-Broschüre (1943) in der Einschätzung des »anderen Deutschland« keine Differenz: Später, *Vansittart*, a.a.O. (Anm. 5), S. 139.

8 Robert Vansittart, *Black Record: Germans Past and Present*, London 1941, S. 16. Die folgenden (übersetzten) Zitate werden nach dieser Ausgabe belegt.

9 Ebd., S. 25.

Romanum durch die Germanen herangezogen, wobei Vansittart vergangene und gegenwärtige Ereignisse ständig miteinander vergleicht, um immer wieder dieselben Nazimethoden sogenannter »deutscher Helden«[10] zu erkennen. Die deutsche Geschichte erscheint als Produkt der Charaktermerkmale des deutschen Volkes: so wird dessen Neidaffekt besonders im Neid auf das Britische Empire sichtbar, und die deutsche Grausamkeit findet ihren modernen Ausdruck in der Verfolgung von Juden und Christen, zumal in den Verbrechen der Konzentrationslager. Ein weiteres deutsches Charakteristikum tritt in der besonderen Art, mit Hilfe von Fälschungen und Vertragsbrüchen Krieg zu führen, hervor. Solche Praktiken kulminieren in Hitlers Lügen über seine Expansionsabsichten in Europa, die Vansittart detailliert auflistet.[11] Im Ganzen erscheint der Nazismus als logisches Ergebnis der deutschen Geschichte, Hitler ist kein »Unfall«[12] derselben.

Die spätere Möglichkeit eines »neuen Deutschland« schließt Vansittart nicht aus. Es müsse aber ein »ganz neues Deutschland« sein, »das Deutschland, das man sich immer vorgestellt habe, das aber nie existierte«.[13] Die bisherige Nichtexistenz eines »anderen« Deutschlands sieht Vansittart durch die geringe Anzahl der mit dem Nationalsozialismus nicht Einverstandenen gegeben: »die Guten existieren«, sind aber »bis heute nicht zahlreich genug gewesen, um die Wagschale zu senken«.[14] In gewissem Widerspruch dazu stehen Stellen, an denen von »vielen Deutschen«[15] geredet wird, die die Nazipraxis ablehnen. Sie fallen jedoch wegen ihrer Wirkungslosigkeit nicht ins Gewicht. Vom politischen Widerstand der Arbeiterparteien und anderen Formen der Opposition oder der »Resistenz« (Broszat) ist bei Vansittart nicht die Rede; nur einmal fällt beiläufig der Name Niemöller.[16] Man vergleiche damit die ausführlichen Hinweise auf die deutsche Opposition in Victor Gollancz' Anti-Vansittartschrift *Shall Our Children Live or Die?* von 1942.[17] Als irrelevant angesichts der von Deutschland verursachten Leiden werden in *Black Record* schließlich auch »strahlende

---

10 Ebd., S. 22.
11 Ebd., S. 8.
12 Ebd., S. 12 u.ö.
13 Ebd., S. 14.
14 Ebd., S. IV.
15 Ebd., S. 4.
16 Ebd., S. 10.
17 Victor Gollancz, *Shall Our Children Live or Die? A Reply to Lord Vansittart on the German Problem*, London 1941, S. 39 ff.

wirkungslose Engel« wie Hölderlin angesehen.[18] Das gleiche gilt für die »deutsche Literatur, Medizin, Musik« und »Philosophie«.[19]

Vansittart hat seine Aussagen über die Deutschen nicht als Geschichtsphilosophie oder -theorie verstanden. Er betonte, »streng praktisch«[20] orientiert zu sein. Da er sich aber über den Gesamtverlauf der Geschichte Deutschlands seit der Antike äußerte, nimmt es nicht wunder, daß man sich kritisch zu seiner deterministisch-selektiven Verfahrensweise geäußert hat. So bemängelten Gollancz[21] und andere, daß Vansittart national übergreifende, aber die deutsche Entwicklung entscheidend mitbestimmende Tendenzen wie den europäischen Imperialismus des 19. Jahrhunderts gänzlich außer Acht gelassen habe. Ähnliches gilt für andere Epochen.

Man geht aber an der Eigenart von *Black Record* vorbei, wenn man ihn als wissenschaftliche Studie über den deutschen Nationalcharakter auffaßt. Das Werk ist eine Propagandaschrift, deren Genese und Intention in der Lebensgeschichte ihres Verfassers und vor allem in der konkreten Kriegsgegenwart begründet sind. Es richtet sich in persuasiver Absicht an die Weltöffentlichkeit und erhebt Anklage gegen einen lebensgefährlichen Feind und notorischen Störer des Weltfriedens. Die einzelnen rhetorischen Elemente dieser Anklagerede – der Klappentext verwendet den Begriff »indictment« – können hier nicht analysiert werden, ebenso nicht ihre spezifisch poetisch-bildhaften Verfahrensweisen, die den versierten Schriftsteller verraten. Es sei nur auf das pejorative Symbol vom alle anderen Vögel tötenden »deutschen Metzgervogel« (butcher bird) hingewiesen, welches durchgehend verwendet wird – eine monistische Metapher, die keine Differenzierungen erlaubt – im Gegensatz zu dualistischen Bildern wie *Germany: Jekyll and Hyde*, das Sebastian Haffner 1940 popularisiert hat.[22]

18 Vansittart, *Black Record*, a.a.O. (Anm. 8), S. 50.

19 Ebd., S. 54.

20 Ebd., S. V.

21 Gollancz, *Shall Our Children Live or Die?* a.a.O. (Anm. 17), S. 12ff.

22 Sebastian Haffner, *Germany: Jekyll & Hyde. 1939 – Deutschland von innen betrachtet*, aus dem Englischen von Kurt Baudisch, München 2001 (die erste Ausgabe erschien 1940 in London). Die Geister scheiden sich in der Frage, ob Robert Vansittart ein »Deutschenhasser« war oder nicht. Er selbst hat das vehement bestritten und darauf hingewiesen, er habe die Existenz »der Guten« in Deutschland nie bezweifelt, sondern lediglich ihre zu geringe Zahl moniert. Seine Trennung zwischen Einzelnem und Gesamtvolk ermöglichte aber pauschale Verallgemeinerungen völkerpsychologischer Art, die noch stets die Grundlage von Haß und Diskriminierung wa-

Dieses hier nur knapp skizzierte Deutschlandbild übte eine eminente Wirkung aus und führte, zumal in England und in den USA, zu erbitterten Kontroversen zwischen Anhängern und Gegnern Vansittarts.[23] Wir konzentrieren uns auf Dosio Kofflers Text, der als direkte Reaktion auf *Black Record* und sozusagen in nächster Nähe von dessen Verfasser entstanden ist. Werk und Autor sind sogar in der Exilforschung wenig bekannt. Darum zunächst einige biographisch-historische Daten.

ren. Vansittarts Maxime »Der Deutsche ist oft ein moralisches Wesen, die Deutschen niemals; und es sind die Deutschen, die zählen« (*Black Record*, a.a.O. [Anm. 8], S. 18) schuf ein – besonders in den Massenmedien – heute noch erkennbares Schema, mit dessen Hilfe Vorurteile weiterhin am Leben gehalten werden können (vgl. dazu einen Buchtitel wie Giles MacDonogh, *A Good German. Adam von Trott zu Solz*, London, New York 1989). Es ist auch wenig überzeugend, wenn das Deutschlandbild des Lords als lediglich für seine Propagandaschrift *Black Record* gültig hingestellt wird. Vielmehr legte Vansittart selbst größten Wert darauf, daß er die für die Entmenschlichung der Deutschen in *Black Record* zentrale Metapher vom Metzgervogel schon 1907 mit sechsundzwanzig Jahren zur Erklärung der politischen Lage konzipiert habe. Die also sechsundzwanzig Jahre vor der »Machtergreifung« erfundene Idee ging ihm »niemals wieder« aus dem Kopf (ebd., S. 1). Sie entstand also auf dem Hintergrund der zwischen dem Britischen Empire und dem deutschen Kaiserreich bestehenden Konkurrenz. Dementsprechend unterschied Vansittart in undifferenzierter Schwarzweißmalerei auch zwischen dem militaristischen Preußen und einem politisch schwachen Österreich, das die eigentliche deutsche Kultur repräsentieren sollte, die er liebte (vgl. Robert Vansittart, *Begegnungen mit Hofmannsthal*, in: Helmut A. Fiechtner [Hrsg.], *Hugo von Hofmannsthal. Der Dichter im Spiegel seiner Freunde*, Bern, München 1963, S. 49 sowie Norman Rose, *Vansittart. Study of a Diplomat*, London 1978, S. 14 f.).

23 Vgl. die oben genannten Werke von Matthias, Radkau und Später, a.a.O. (Anm. 5). Jörg Später, der eine äußerst gründliche Analyse und Herleitung aller Elemente des Vansittartschen Deutschlandbildes gibt, stellt auch die interessengeleiteten, irrational-vorurteilsvollen Züge desselben deutlich heraus. Er nimmt jedoch an, daß gerade Vansittarts Ressentiment ihn befähigt habe, das Einverständnis »der deutschen Bevölkerung« mit dem »deutschen Krieg« sowie die »Brutalisierung der deutschen Kriegsführung und die deutschen Massenverbrechen« vorherzusehen. In paradoxer, sich auf Adorno berufender Zuspitzung spricht Später davon, daß »im Falle Vansittarts [...] die Unvernunft im Dienste der Vernunft« gehandelt habe: »Seine Meinung über die Deutschen wurde zur Einsicht, weil die objektive Welt sich dem Bild näherte, das der Verfolgungswahn von ihr entwarf« (Später, *Vansittart*, a.a.O. [Anm. 5], S. 447).

Koffler, 1892 geboren, entstammt einer jüdischen Gutsbesitzerfamilie aus Galizien, die seit 1900 in Berlin lebte.[24] Die wichtigsten literarischen Leitfiguren des jungen Koffler waren Goethe und Karl Kraus. In der Weimarer Zeit hat er zeitkritische Filmskripte verfaßt (*Kreuzzug des Weibes*, 1926; *Wilhelm II.*, 1931). 1933 emigrierte er nach Prag, wo er sein erstes satirisches Drama *Die Liebesinsel* (1938) schrieb.[25] 1938 gelang ihm die Flucht nach England; dort trat er der Emigrantenorganisation *Freier deutscher Kulturbund* (FDKB) bei.[26] Wegen der kommunistischen »Gängelung« des FDKB verließ er ihn schon im März 1940. Bereits ein Jahr zuvor hatte er zusammen mit Kurt Hiller die *Gruppe Unabhängiger Deutscher Autoren* (GUDA) gegründet, der auch »Vansittartisten« wie Hans Jaeger und Bernhard Menne angehörten.[27] Diese Vereinigung übte, wie ein früheres Mitglied in der Rückschau schrieb, »auf britische und alliierte Kreise eine Anziehungskraft aus, die in keinem Verhältnis stand zur Zahl ihrer Mitglieder«.[28] Koffler hatte ferner Kontakte mit konservativen englischen Intellektuellen, so auch mit Vansittart. Der ehemalige Chefredakteur der *Times*, Wickham Steed, Churchills und Vansittarts Vertrauensmann, wird sogar als sein Freund bezeichnet.[29] Er vermittelte Koffler einen Verlag für die Publikation der deutschen und englischen Ausgabe[30] seiner *Deutschen Walpurgisnacht* und schrieb dafür auch ein Vorwort.

---

24 Zum Biographischen vgl. Karl Riha, *Zur Recherche nach Dosio Koffler*, in: Koffler, *Die deutsche Walpurgisnacht*, a.a.O. (Anm. 6), S. 89-113.

25 Dosio Koffler, *Die Liebesinsel. Komödie in 5 Akten*, Prag 1938. Vgl. dazu Rolf Tauscher, *Literarische Satire des Exils gegen Nationalsozialismus und Hitlerdeutschland*, Hamburg 1992, S. 166-177. Vgl. auch die Neuausgabe des Werkes, hrsg. von Karl Riha, Frankfurt am Main, Bern, New York, Paris 1990.

26 Vgl. den von Karl Riha mitgeteilten Bericht von Kofflers Freund Eugen M. Brehm, in: Koffler, *Die deutsche Walpurgisnacht*, a.a.O. (Anm. 6), S. 105 f.

27 *Exil-Literatur 1933-1945*, eine Ausstellung aus Beständen der Deutschen Bibliothek, Frankfurt am Main (Sammlung Exil-Literatur). Ausstellung und Katalog: Werner Berthold, 3. Auflage, Frankfurt am Main 1967, S. 186 f. Zur GUDA vgl. auch Kurt Hiller, *Leben gegen die Zeit [Logos]*, Reinbek 1969, S. 322 ff.

28 Brehm, in: Koffler, *Die deutsche Walpurgisnacht*, a.a.O. (Anm. 6), S. 106.

29 Vgl. den von Karl Riha mitgeteilten Bericht des ebenfalls nach England emigrierten Filmpublizisten Hans Feld, der mit Koffler seit 1926 bekannt war: ebd., S. 102.

30 *The German Witches' Sabbath. A Satire in Five Scenes*, London 1942.

Kofflers Stück ist eine Art satirischer Reisebericht. Sowohl in Prosa-
form als auch in szenischer Gestaltung spielten Reiseschilderungen
schon bald nach 1933 in der Exilliteratur eine Rolle. Man kann sie als
Versuche auffassen, affirmativen ausländischen Reiseberichten über
das »Dritte Reich« zu widersprechen. Es waren insbesondere britische
Reiseberichte, deren Autoren oftmals vermeintliche »Errungenschaften« des Regimes, insbesondere die neuen sozialen Institutionen, in den
Vordergrund rückten und die massiven terroristischen Maßnahmen als
revolutionäre Übergangserscheinungen herabstuften.[31] Sie beanspruch-
ten dabei, ein aus eigener konkreter Erfahrung gewonnenes »wahres
Bild« vom »Dritten Reich« zu vermitteln. Dagegen stellten die satirischen Reiseberichte der Exilanten mit Hilfe von anachronistisch ver-
fremdeten Beobachterfiguren – man bot Swifts Gulliver, Voltaires
Candide oder einen Zulu aus Afrika auf[32] – Terror und brutale Unterdrückung in den Mittelpunkt, ebenso die Existenz einer beträchtlichen,
allerdings machtlosen Opposition.

1940 wurde in London ein satirisches Werk von Albert Fuchs urauf-
geführt, das man als Vorläufer von Kofflers *Deutscher Walpurgisnacht*
lesen kann. Es trägt den Titel *Wo liegt Deutschland?*[33] und war Bestandteil des zweiten Programms (1940) des österreichischen Exilka-
baretts *Das Laterndl*. Der Angriffspunkt dieses Reiseberichts hat sich
gegenüber den früheren Prosasatiren geändert: es geht nicht mehr um
Korrektur positiver ausländischer Meinungen über Deutschland, sondern um Widerspruch gegen dessen undifferenzierte Generalverurtei-
lung. Wahrscheinlich hat Koffler dieses kleine Stück gekannt. Thema

---

31 Vgl. Angela Schwarz, *Die Reise ins Dritte Reich. Britische Augenzeugen im
    nationalsozialistischen Deutschland (1933-1939)*, Göttingen, Zürich
    1993, S. 392: »Die Besucher kamen in einzelnen Bereichen nicht selten bei
    einzelnen Fragen zu wesentlichen Erkenntnissen. Nimmt man jedoch die
    Augenzeugenberichte der britischen Beobachter im Dritten Reich in ihrer
    Gesamtheit, so spiegelt sich darin eine grobe Unterschätzung des National-
    sozialismus, sowohl seiner innenpolitischen als auch seiner außenpoliti-
    schen Äußerungsformen«.

32 Arthur Holitscher, *Gullivers Reise zu den Blähariern* (1933), in: Ruth
    Greuner (Hrsg.), *Zeitzünder im Eintopf. Antifaschistische Satire 1933-
    1945*, 3. Auflage, Berlin 1980, S. 70-78; Balder Olden, *Candide oder: Im-
    mer noch die beste aller Welten* (1934), in: ebd., S. 120-124; Carl Brinitzer,
    Ein Zulu schreibt aus Germany (1938), in: ebd., S. 180-184.

33 Albert Fuchs, *Wo liegt Deutschland?* Kopie eines sechzehnseitigen Typo-
    skripts im Deutschen Kabarettarchiv Mainz.

ist die Bedrohung der Marsmenschen durch die Deutschen. Ein Professor, »der sich als Spezialist für die Kultur primitiver, barbarischer bzw. kannibalischer Völker einen Namen gemacht hat«, plädiert auf der »Versammlung der Mars-Bewohner«[34] für die totale Vernichtung der den gesamten Kosmos bedrohenden Deutschen. Ein »alter Mann« fordert jedoch unter Hinweis auf die früheren Verdienste Deutschlands, dem Urteil über dieses Land müsse vorausgehen, daß man es »sehe und höre«.[35] Der Professor wird sodann auf die Reise nach Deutschland geschickt, wo er seine Kenntnisse über dessen Gegenwart und insbesondere dessen Vergangenheit durch »wirkliche inside-informations« erweitern solle.[36] Es wird eigens hervorgehoben, daß der Antrag des Alten »der Denkweise unseres Planeten entspricht«.[37] Damit appelliert der Autor an den für die britische Mentalität typischen Vorrang der Empirie gegenüber abstrakten Theorien.

»Die Annahme, daß eigene Anschauung, der Aufenthalt in Deutschland unverzichtbar sei für die Bildung eines stichhaltigen Bildes vom Nationalsozialismus«,[38] gehört übrigens zu den Charakteristika englischer Deutschlandbesucher seit 1933. In Albert Fuchs' Stück führen die persönlich gewonnenen »Gesamteindrücke« zur Falsifizierung der Hypothese, »Führung und Volk« seien »im dritten Reich weitgehend identisch«. Sie sind vielmehr nach Auskunft des Professors »ungefähr so identisch, wie Ehrlichkeit und Verrat, Sachlichkeit und Tollwut, Friedfertigkeit und Mord«.[39] Die vorhergehenden Szenen verbildlichen diesen Tugend- beziehungsweise Lasterkatalog. Sie sind antithetisch gebaut: auf antisemitischen Terror folgt Lessing mit seiner Ringparabel; auf die Drangsalierung von christlichen Kirchenbesuchern Matthias

---

34 Ebd., S. 1.

35 Ebd., S. 3.

36 Ebd., S. 3 f. In seinem instruktiven *Laterndl*-Aufsatz erwähnt Richard Dove Fuchs' Stück nur mit einem Satz: Richard Dove, *Theater of War: The Austrian Exile Theatre Laterndl*, in: Anthony Grenville (Hrsg.), *Germanspeaking Exiles in Great Britain. The Yearbook of the Research Centre for German and Austrian Exile Studies*, Jg. 2, 2000, S. 209-229, hier: S. 212 f.

37 Ebd., S. 3. Fuchs' Stück gehört in die Tradition utopischer Mars-Literatur, die, ausgehend von dem weitverbreiteten Buch *Mars* des amerikanischen Astronomen Percival Lowell (1895), ein Idealbild des intelligenten und friedliebenden, dem Menschen überlegenen Marsbewohners gezeichnet hat.

38 Angela Schwarz, *Die Reise ins Dritte Reich*, a.a.O. (Anm. 31), S. 130.

39 Albert Fuchs, *Wo liegt Deutschland?*, a.a.O. (Anm. 33), S. 16.

Claudius' berühmtes Antikriegsgedicht, auf hyperbolische Nazi-Propa-
ganda die Schlußstrophe aus Gottfried Kellers *Die öffentlichen Ver-
leumder*.⁴⁰ Beim Besuch eines »Arbeitslagers« für Mädchen schließlich
erweist sich durch das Absingen einer Parodie des Horst-Wessel-Lie-
des, daß diese im Grunde an ihrer früheren proletarisch-sozialistischen
Gesinnung festhalten.

Aufklärerischer Humanismus, Christentum und Sozialismus erscheinen somit exemplarisch-umrißhaft als Antipoden intra muros des Nationalsozialismus. Unklar bleibt aber, wie hoch der Autor ihre konkrete
politische Wirksamkeit einschätzt. Der Marsprofessor spricht am
Schluß davon, daß man »die Beseitigung des dritten Reiches getrost seinen irdischen Gegnern überlassen«⁴¹ könne. Ob hiermit die genannten
innerdeutschen Kontrahenten des Regimes, die Emigranten, die Alliierten oder alle diese Kräfte zusammen gemeint sind, ist schwer zu entscheiden. In der Logik der »Beweisführung« läge am ehesten die Integration der internen deutschen Opposition in den Gesamtwiderstand
gegen das »Dritte Reich«. Gegen die Annahme, daß mit den »irdischen
Gegnern« nur die erwähnten drei Antipoden gemeint sind, spricht allein schon ihre stark literarische Charakterisierung, wie sie in den zitierten klassischen Texten und auch in Lessings Wendung von
»Deutschlands ewigem Geist«, der »sein« werde, »der er war«,⁴² zum
Ausdruck kommt.

Dosio Kofflers ebenfalls im »Dritten Reich« spielende *Deutsche
Walpurgisnacht* ist wesentlich differenzierter angelegt als Albert Fuchs'
Kabarett-Text. Sie stellt eine phantastische Reise der in der Weimarer
Fürstengruft aufgeschreckten Klassiker Goethe und Schiller dar, zu de-
nen sich noch Nietzsche gesellt. Man ist sich nicht einig über den Na-
tionalcharakter der Deutschen angesichts der gegenwärtigen Greuel.
Besonders kritisch äußert sich Goethe; er nimmt anfangs die Position
Vansittarts ein.⁴³ Zur Klärung des »Problems« wird ähnlich wie bei

---

40 Ebd., S. 16. Kellers Gedicht wurde in Kreisen der Inneren Emigration wie
auch in der Exilliteratur häufig zitiert.
41 Fuchs, *Wo liegt Deutschland?*, a.a.O. (Anm. 33), S. 16.
42 Ebd., S. 7.
43 Später, *Vansittart*, a.a.O. (Anm. 5), S. 139, faßt folgenden aus der *Deutschen Walpurgisnacht* zitierten Satz als direkte Meinungskundgabe Kofflers auf: »[...] aber er wollte ›die paar weißen Raben aus unserem Volk‹
auch nicht als Alibi für die ›deutsche Pest‹ mißbraucht sehen«. Dieser Satz
ist jedoch Goethe in den Mund gelegt, der in der ersten Szene noch die Van-
sittartsche Position vertritt. Das Wort »Alibi« bezieht sich in der *Deut-*

Fuchs an den empirischen Sinn der Briten appelliert, allerdings in goe-
thesprachlicher Formulierung: es geht um die »sinnliche Anschauung«
vom »heutigen Reich«, nicht um »graue Theorie«.[44] Ermöglicht wird
diese konkrete Anschauung durch den zur Humanität bekehrten Mephisto, der die Drei durch die Wolken und das Toben der Walpurgisnacht in das KZ Buchenwald und dann in eine Ordensburg führt. Dort
machen sie erschütternde Erfahrungen mit dem Naziterror sowie dem
brutalen antisemitischen und antichristlichen Erziehungssystem. Ihren
Erkenntnisprozeß kombiniert Koffler mit der außenpolitischen Entwicklung von 1938 bis zum Hitler-Stalin-Pakt. Sie stellt sich als eine
Serie von Vertragsbrüchen dar, die der Autor durch einschlägige Zitate
aus Reden des »Führers«, gesprochen von einer »hysterischen Stimme«
aus dem Äther, ohrenfällig macht.[45] Man kann fast von einer akusti-
schen Illustration der Sätze Vansittarts über Fälschung und Lüge in der
deutschen Politik sprechen.[46]

So groß die Übereinstimmungen zwischen Vansittart und Koffler in
der Sicht auf das NS-Regime sind, so stark divergieren sie in der Einschätzung der nichtnationalsozialistischen Kräfte in Deutschland. In
der ersten Szene bereits wendet sich Mephisto gegen eine pauschale
Verurteilung der Deutschen. Er wandelt das Bild von den zwei Seelen in
Fausts Brust ab und behauptet damit zumindest eine paritätische Ver-
teilung von Gut und Böse – ein klares Gegenbild zu Vansittarts »butcher bird«:

> Zwei Deutschland wohnen, ach, in seiner [=Europas] Brust,
> Das eine will sich von dem andern trennen:
> Das eine tobt in derber Mordeslust
> Mit der Gestapo klammernden Organen;
> Das andre hebt gewaltsam sich vom Dunst
> Zu den Gefilden hoher Ahnen –[47]

schen Walpurgisnacht übrigens nicht auf die Deutschen der Nazizeit, sondern auf Goethe, der als Aufgabe herausstellt, die »Distanz« der Klassiker
»so nachdrücklich durch das Alibi unsrer alten Erkenntnisse zu unterstreichen, daß diesem Deutschland jede etwaige Lust, mit uns zu paradieren,
gründlich vergehe« (Koffler, *Die Deutsche Walpurgisnacht*, a.a.O. [Anm. 6],
S. 12).

44 Koffler, *Die deutsche Walpurgisnacht*, a.a.O. (Anm. 6), S. 13.
45 Ebd., S. 65 ff.
46 Vansittart, *Black Record*, a.a.O. (Anm. 8), S. 8.
47 Koffler, *Die Deutsche Walpurgisnacht*, a.a.O. (Anm. 6), S. 12

152 Erwin Rotermund / Heidrun Ehrke-Rotermund

Repräsentiert wird das »andere Deutschland« durch die Klassiker Goethe und Schiller, die als Normfiguren der Kofflerschen Satire fungieren.[48] Ihre Leittexte sind unter anderem Goethes »im Jahre 1781 [...] in Buchenwald«[49] geschriebenes Gedicht *Das Göttliche* und Schillers Ode *An die Freude*, mit der das Stück beginnt und die auch auf seinen Schlußseiten zitiert wird.[50] Koffler beschränkt sich aber nicht, wie das in der Lessing-Szene bei Albert Fuchs der Fall ist, auf eine plakative Gegenüberstellung von Terror und bekannten Textzeugnissen klassischer Humanität. Schiller und Goethe erscheinen vielmehr als Reflektierende, Diskutierende und Handelnde, die sich mit der brutalen Realität auseinandersetzen und dabei auch zu Modifikationen ihrer Einstellung gegenüber den Deutschen kommen. Hier spielt die Figur des Mephisto eine wichtige Rolle als Anreger des Diskurses über Deutschland und die Deutschen. Er bringt die entscheidenden Sachverhalte auf den Begriff und ist de facto das Sprachrohr des Autors Koffler. Eine ähnliche Aufgabe erfüllt Nietzsche, der überdies, im Sinne einer totalen Korrektur der nationalsozialistischen Nietzsche-Verehrung, als Apologet des jüdischen Volkes in Erscheinung tritt.[51]

Am markantesten kommt das »andere Deutschland« in der Buchenwald-Szene zur Sprache, in der ein inhaftierter Schauspieler ausführlich über eine Rezitation des berühmten Dialogs zwischen Marquis Posa

---

48 Zu den satirisch-parodistischen Elementen der *Deutschen Walpurgisnacht* vgl. Erwin Rotermund, *Parodistische und kontrafaktische Goethe-Rezeption in der deutschen Exilliteratur 1933-1945: Schnog, Mehring und Koffler*, in: Peter Ensberg / Jürgen Kost, *Klassik-Rezeption. Auseinandersetzung mit einer Tradition. Festschrift für Wolfgang Düsing*, Würzburg 2003, S. 147-160, hier: S. 155 ff. Zur allgemeinen Bedeutung Goethes für die Schriftsteller der Emigration vgl. jetzt die ausführliche Bestandsaufnahme von Brita Eckert, *Goethe-Rezeption im Exil 1939-1949*, in: *Exilforschung. Ein internationales Jahrbuch*, Bd. 18, 2000, S. 230-253.

49 Ebd., S. 45. Goethe hat das Gedicht zuerst 1783 im *Tiefurter Journal* veröffentlicht. Es wurde vermutlich im selben Jahr, vielleicht aber schon früher verfaßt.

50 Koffler, *Die deutsche Walpurgisnacht*, a.a.O. (Anm. 6), S. 5, 78, 83.

51 Vgl. bes. ebd., S. 59 ff. In seinem 1933 geschriebenen, allerdings erst 1952 erschienenen Buch *Die dritte Walpurgisnacht* hat bereits Kofflers großes Vorbild Karl Kraus die Unbrauchbarkeit Nietzsches zum »philosophischen Treuhänder des nationalsozialistischen Gedankens« herausgestellt: *Die Dritte Walpurgisnacht*, 2. Auflage, München 1955 (*Werke von Karl Kraus*, hrsg. von Heinrich Fischer, Bd. 1, S. 59-64). Kraus wie Koffler führen allerdings nur positive Äußerungen Nietzsches über die Juden an.

und König Philipp aus *Don Carlos* berichtet. Im »Dritten Reich« war dieser, wenn die Forderung nach »Gedankenfreiheit« ausgesprochen wurde, öfters Anlaß zu Szenenapplaus.[52] Dieses Ereignis ist in der Exilpresse stark beachtet worden.[53] Koffler baut es zu einer eindrucksvollen Demonstration des oppositionellen Geistes in Deutschland aus. Dabei wird die in der Wirklichkeit eher passive Äußerung des Mißfallens in einem direkten verbalen Angriff auf den in der Führerloge sitzenden Diktator verwandelt. Der Originaltext erfährt eine erhebliche Veränderung: Aus dem Schillerschen Dialog werden nur die schärfsten antidespotischen Stellen wiedergegeben;[54] Koffler hat sie überdies durch entsprechende Sätze aus *Wilhelm Tell*[55] verstärkt. Die Antworten Philipps verwendet er nicht; Hitler spricht statt dessen die bekannten Sätze des Landvogts Geßler (»Ich will ihn beugen, diesen starren Sinn / Den kecken Geist der Freiheit will ich beugen!«)[56]. Der Effekt des solchermaßen aktualisierten Textes wird als überwältigend dargestellt: »ein Rausch des Jubels / Umbrandet mich«.[57] Vorher war bereits die Rede davon, daß die »Führerloge« von »der feinsten Schwingung des Seismographen« erschauere, »durch den der Freiheitsdrang der Menge bebt«.[58]

Koffler will die Wirkung einer oppositionellen Aktion demonstrieren, die sich unter Extrembedingungen vollzogen hat: das Ganze war keine echte »Schillerfeier«, sondern eine von Überwachungsinstanzen durchgeführte Veranstaltung, bei der die »Haltung des Publikums« angesichts der »zündenden Proklamationen des großen Freiheitsdichters«[59] beobachtet werden sollte. Die Grenzen der Wirksamkeit sind jedoch offensichtlich. Die Gestapo »verhaftet, was sie einfängt«,[60] der

52 Vgl. *Klassiker in finsteren Zeiten 1933-1945. Eine Ausstellung des Deutschen Literaturarchivs im Schiller-Nationalmuseum Marbach a.N.* (Ausstellung u. Katalog: Bernhard Zeller in Zusammenarbeit mit Friederike Brüggemann u.a.), Bd. 1, Marbach 1983, S. 409-413.

53 Ebd., S. 413.

54 Koffler, *Die deutsche Walpurgisnacht*, a.a.O. (Anm. 6), S. 38. Vgl. *Don Carlos* III 10, V. 3160-3214 u. V. 3215-3224 (Koffler hat einige Verse ausgelassen und leichte Änderungen angebracht).

55 Ebd., S. 39. Vgl. *Wilhelm Tell* II 2, V. 1274-1280; IV 1, V. 2123 f. u. IV 2, V. 2408-2410.

56 Ebd., S. 37. Vgl. *Wilhelm Tell* IV 3, V. 2719 f., 2782 f.

57 Ebd., S. 38.

58 Ebd., S. 37 f.

59 Ebd., S. 37.

60 Ebd., S. 39.

Schauspieler wird blutig niedergeschlagen und ins KZ Buchenwald verbracht.

In ähnlicher Weise folgt gegen Schluß des Stückes auf die Aktion eines »Geheimsenders« des »ewigen Deutschlands« die Reaktion des Regimes: es fallen »*Revolverschüsse, der Sender verstummt*«.[61] Kurz vorher hatte Nietzsche die zentrale Frage aufgeworfen: »Und welchen Beitrag haben wir aus dem Innern Deutschlands zu erwarten?« Das andere Deutschland sei »stumm«. Hierauf erfolgt eine scharfe Appeasement-Kritik Mephistos:

> Selbst wenn sie [die Internationale des Adels] es wäre, nicht sie wäre zu tadeln, denn die Irrenhäusler des Auslands waren es ja, die ihr das Rückgrat brachen, indem sie den gemeinsamen Feind von Triumph zu Triumph vorwärtsschoben [...].[62]

Nietzsche zeigt sich mit dieser Begründung für die vermeintliche Stummheit der deutschen Opposition noch nicht zufrieden und radikalisiert seine Frage ganz im Sinne Vansittarts: »Womit hat sich denn dieses angebliche ewige Deutschland in Gegensatz zum unewigen gestellt?«[63] Schillers Antwort läßt an Deutlichkeit nichts zu wünschen übrig:

> muß [es] sich Ihnen erst vorstellen, nach alledem, was wir soeben und was wir vorher in den Kerkern erschüttert vernommen haben?[64]

Bestätigt wird diese Auffassung von den Unterdrückten als »legitimsten Erben«[65] des klassischen Humanismus durch Goethes Schlußvision eines »freien Volkes« »auf freiem Grund«[66]. Die »sinnliche Anschauung« hat mithin zur Korrektur seiner ursprünglichen Totalkritik an den Deutschen geführt. Ausgelöst wird diese Vision durch die Botschaft eines »zweiten Geheimsenders«, der, wiederum im Namen des »ewigen Deutschlands« sprechend, »Heroen des Geistes und der Humanität, der Kunst und der sozialen Gerechtigkeit« von Goethe bis zu prominenten Emigranten und zu Pastor Niemöller als Vertreter der

---

61 Ebd., S. 81.
62 Ebd., S. 80.
63 Ebd., S. 81.
64 Ebd.
65 Ebd.
66 Ebd., S. 83. Vgl. Goethe, *Faust*, 2. Tl., V. 11579-11586. Aus »von meinen Erdentagen« (V. 11583) wird bei Koffler, dem Kontext »anderes Deutschland« entsprechend, »von unsern Erdentagen«.

inneren Opposition aufzählt. Es wird eine enge Verbindung zwischen dem geistigen Deutschland und den Menschen in den Konzentrationslagern hergestellt, und damit – unter Auslassung der unterdrückten großen Arbeiterparteien – die quantitative und qualitative Existenz eines »anderen Deutschlands« »bewiesen«:

> Sie alle [die »Heroen des Geistes«] sind nicht wie ein Kranichzug spurlos über uns hinweggeflogen, nein, sie haben eine nicht in Äonen verwischbare Spur ihrer Erdentage hinterlassen, auf der wir namenlosen Millionen – wie die überfüllten Folterlager und deren unversiegbare Reservoirs beweisen – im Bunde mit euch dort draußen der Erlösung vom höllischen Alpdruck zustreben, um dereinst im Gewimmel freier Völker gleichfalls auf eignen freien Grund zu treten![67]

Den diesem Deutschlandbild zugrundeliegenden »gut«-»böse«-Dualismus überträgt Mephisto auch auf England. Durch den »großen Antipoden« zur »deutschen Bestie« – gemeint ist Churchill – erhebe sich »das ewige England der Humanität aus der Lethargie« (der Appeasementpolitik); denn es habe den »aus seiner eigenen Unterwelt aufbrodelnden Dunst gerochen«.[68] Was hiermit gemeint ist, geht aus einem längeren H.G. Wells-Zitat hervor, in dem von dunklen Mächten (»obscure forces«) in England die Rede ist, die die Ehre und Kraft Frankreichs untergraben hätten und die nun eine illiberale systematische Einschüchterung von freiheitlich gesonnenen Antihitler-Emigranten betrieben. Leute in hohen Ämtern erlaubten deren Internierung und Mißhandlung, damit habe man Nazi-Arbeit getan.[69]

Aus diesem »Manifest der englischen Sektion eurer Internationale« (gemeint ist der Pen-Club) zieht Mephisto den Schluß,

67 Ebd., S. 82 f.

68 Ebd., S. 79. Pläne, die BBC für eine Sendung des auch aufgrund seiner funkischen Elemente für die Aufklärung sowohl des deutschen als auch des britischen Publikums sehr geeigneten Stückes zu gewinnen, sind damals gescheitert. Das Informations-Ministerium reagierte nach Kofflers eigener Aussage ausweichend, vielleicht wegen der zu starken »Anti-Vansittart«-Tendenz, vielleicht auch wegen der Kritik an bestimmten britischen Vorkriegs-Irrtümern (*Vansittartitis*, a.a.O. [Anm. 7], S. 19). Angesichts der Eindringlichkeit, mit der alle diese »Tendenzen« in der *Deutschen Walpurgisnacht* formuliert wurden, leuchten die Vermutungen des Autors durchaus ein. Zur gesamten Wirkung der *Deutschen Walpurgisnacht* vgl. Rotermund, *Parodistische und kontrafaktische Goethe-Rezeption in der deutschen Exilliteratur 1933-1945*, a.a.O. (Anm. 48), S. 157-159.

69 Ebd., S. 79 f.

daß die Fronten dieses Wettkampfs nicht mehr zwischen den einzelnen Ländern verlaufen, ja nicht einmal mehr zwischen den sozialen
Klassen der einzelnen Länder, sondern zum erstenmal quer durch
alle Länder zwischen dem Adel aus allen sozialen Schichten, also
auch des Proletariats – und dem Mob aus allen sozialen Schichten,
also auch der Lordschaften und Fürstlichkeiten.

Der nationale Dualismus Nazi-Deutschland – »anderes« oder »ewiges
Deutschland« geht mithin in der globalen Antithese »Internationale
des Adels« – »Internationale« des »Mobs« auf.[70]

Man könnte von den zuletzt erwähnten Stellen her den Eindruck
bekommen, als handele es sich bei Kofflers Darstellung des »anderen
Deutschland« vorwiegend um die Dramatisierung von Proklamationen, die aus der Exilpublizistik sattsam bekannt sind. Dem steht jedoch
die eindrucksvolle Bühnenpräsenz der Normfiguren gegenüber, die
ihren Deutschland-Diskurs größtenteils in Originalzitaten aus Werken
Goethes, Schillers und Nietzsches formulieren. Der große intertextuelle
Aufwand wird unterstützt durch den Einsatz nonverbal-akustischer
Zeichen vom unartikulierten Geräusch bis zum Chorgesang. Koffler
war mit den modernen Medien seit den 1920er Jahren vertraut und hat
die des Hörspiels hier intensiv zur Verschärfung des dem Werk zugrunde liegenden Dualismus verwendet.[71]

1943, zwei Jahre nach der *Deutschen Walpurgisnacht* also, erschien
Kofflers 53 Seiten starke Polemik *Vansittartitis*, in der er den Verfasser
des *Black Record* verteidigt. Er spricht auch von Kritikern, die »so
weit« gegangen seien, sein »Buch ›eine Antwort auf Lord Vansittarts
Schwarzen Bericht‹ zu nennen«, und von »vielen der prominentesten
›Anti-Vansittartisten‹«, die »ihn mit ihren Glückwünschen geehrt« hät-

---

70 Ebd., S. 80.
71 Koffler läßt Schiller die in scharfem Kontrast zum »zackigen Gaunerjar-
   gon« (ebd., S. 82) der Nazis stehende Diktion der Klassiker explizit verteidigen. Dieser spricht von der »Praxis jener Menschenfresser draußen, die
   sogar unser kostbarstes Gut in den Generalbann miteinbeziehen, unsre
   deutsche Sprache, weil [...] diese ja auch das Organ der Barbaren sei«
   (ebd., S. 83). Vgl. Vansittart, *Black Record*, a.a.O. (Anm. 8), S. 25, und vor
   allem ders., *Lessons of My Life*, New York 1943, S. 220 u. 236 (zit. bei
   Später, *Vansittart*, a.a.O. [Anm. 5], S. 248 f.). – Typoskripte der für die
   BBC bestimmten Funkfassung und der für die Produzenten Brüder del
   Guidices geschriebenen (nicht gedrehten) Filmversion befinden sich im
   Deutschen Exilarchiv 1933-1945 der Deutschen Bibliothek, Frankfurt am
   Main.

ten. Dem stellt der Autor die Tatsache gegenüber, daß sein Werk das
»Interesse des Lords und seine Sympathie in einem solchen Maße erregt habe«, daß dieser sich »alle Mühe« gab, die »Publikation mit offi-
zieller Unterstützung sicherzustellen«.[72] Sei die *Deutsche Walpurgisnacht* also eine Pro- oder Anti-Vansittart-Schrift? Die Wahrheit liege in
der Mitte. Es gebe »natürlich« ein paar Dissenspunkte, aber »Meinungsverschiedenheiten im Detail« seien nicht hinderlich, »voraus-
gesetzt, ›die Moral der Geschichte‹ ist in Ordnung«.[73]

Diese Formulierung weist schon darauf hin, daß Koffler in der *Vansittartitis*-Broschüre eine Position bezogen hat, die auf der Skala zwischen Pro und Contra mehr in der Pro-Richtung zu suchen ist. In allem
Grundsätzlichen ist Koffler mit Vansittart einverstanden. Seine »Polemik« ist der umfassende Versuch, die Auffassungen des Lords für dessen diverse Kritiker akzeptabler zu machen. Dabei geht es ihm nicht
nur um die Zurückweisung von bestimmten sozialistischen Erklärun-
gen zur Genese des deutschen Faschismus, sondern zum Beispiel auch
um die Begründung des Faktums, daß Vansittart sich nicht über die
Zusammenarbeit der britischen Rüstungsindustrie mit dem »Dritten
Reich« geäußert habe: ihm liege »sehr viel« daran, »Abschweifungen«
zu vermeiden, »damit sein Hauptthema in seinem ganzen Schrecken
hervorstechen« könne.[74] Wichtiger noch für Kofflers Vansittart-Inter-
pretation ist sein Bemühen, den Lord von falschen Anhängern abzuset-
zen, die, von der »Vansittartitis« befallen, die Ausrottung des gesamten
deutschen Volkes propagiert hatten.[75]

Alles dieses steht in keinem Widerspruch zur *Deutschen Walpurgisnacht* von 1941. Anders ist es mit der Bewertung der innerdeutschen
Opposition bestellt. Kofflers Bild vom »anderen Deutschland« hat sich
gegenüber seiner Satire von 1941 stark verändert. Das betrifft einmal
den zahlenmäßigen Umfang der innerdeutschen Hitlergegner, für die
Vansittart 25 % ansetze, womit er sogar »einen guten Teil«[76] weiter als
Koffler gehe. Dieser spricht von »Rattenfängern«, die die Zahlen der
deutschen Opposition »übertrieben«.[77] Des weiteren wird auch die
Qualität des Widerstandes geringer eingeschätzt. Begriffe wie »ewiges
Deutschland« werden nicht mehr verwendet. Koffler erwähnt die in

---

72 Koffler, *Vansittartitis*, a.a.O. (Anm. 7), S. 19.
73 Ebd., S. 20.
74 Ebd., S. 44.
75 Ebd., S. 10 f.
76 Ebd., S. 21.
77 Ebd., S. 38.

der *Deutschen Walpurgisnacht* so eindrucksvoll inszenierten klassisch-humanistischen Zeugen des »anderen Deutschlands« jetzt eher beiläufig und vermeidet jeden konkreten Hinweis auf diesem zugehörige gegenwärtige Kräfte. Nur den »Bischof von Münster« nennt er, bemängelt an dessen Reden gegen die Euthanasie-Verbrechen aber die gleichzeitige positive Erwähnung der deutschen Armee.[78] Es war wohl das Argument der Wirkungslosigkeit des »anderen Deutschlands«, das Koffler vor allem zu seiner Revision veranlaßt hat. Über entsprechende Hoffnungen Victor Gollancz' und anderer auf eine Revolution des Volkes gegen die Naziherrschaft äußert er sich abfällig,[79] wobei er die Stärke der staatlichen Repression nicht mehr, wie in der *Deutschen Walpurgisnacht*, als zureichenden Grund für das Ausbleiben revolutionärer Aktionen anerkennt. Was die Zukunft Deutschlands nach einem alliierten Sieg angeht, so müsse die »deutsche Opposition« bei der »harten Abrechnung« der Sieger »ein kleines Unrecht« zugunsten der Realisierung »eines großen Rechts« riskieren, das heißt wohl, daß sie entsprechende Überprüfungsprozeduren zu erdulden hat.[80] Andererseits sollen die Oppositionellen, »ein sehr kleiner Teil des Ganzen«, mit »Schlüsselpositionen im Land betraut werden«.[81]

Was sind die Motive Kofflers für die Verminderung seiner ursprünglichen Differenz zu Vansittarts Einschätzung des »anderen Deutschlands«? Es ist offenbar primär der schockierende Eindruck der »Massaker an den Juden«[82] im Osten, von denen die britische Öffentlichkeit Ende des Jahres 1942 erfahren hat. Gegen Schluß der *Vansittartitis*-Schrift zitiert Koffler ein längeres Dokument, das am 19. Dezember 1942 in *Time & Tide* publiziert worden war. Die Einmaligkeit der deutschen Verbrechen steht für Koffler damit fest; angesichts »der schrecklichsten Verbrechen in der menschlichen Geschichte«[83] wird für ihn die Frage nach Umfang und Bedeutung einer Opposition, die solches nicht verhindern konnte, zweitrangig.

Die gegenüber der *Deutschen Walpurgisnacht* noch gesteigerte Annäherung Kofflers an Vansittart wird hierdurch plausibel gemacht, allerdings nicht zwingend begründet. Man muß seine gesamte psychosoziale Situation im Londoner Exil ins Auge fassen. Das Gefühl der

---

78 Ebd., S. 35.
79 Ebd., S. 23.
80 Ebd., S. 31.
81 Ebd., S. 49.
82 Ebd., S. 48.
83 Ebd., S. 50.

Entwurzelung und Stigmatisierung teilte er mit den allermeisten Emigranten.[84] Im Gegensatz aber zu den Angehörigen der Exilparteien und der größeren künstlerischen Organisationen, die so etwas wie einen kollektiven Rückhalt besaßen, entbehrte der Individualist Koffler solcher identitätsstabilisierenden Institutionen. Bei der GUDA handelte es sich um eine sehr kleine Gruppe; hinzu trat ein nachhaltiger Streit mit ihrem Vorsitzenden Kurt Hiller. Wirtschaftliche Schwierigkeiten und gesundheitliche Probleme mögen das Ihre getan haben. Die erwähnten politischen Erfahrungen der Jahre 1942/43 reduzierten dann die Kraft der Vorstellung vom »anderen Deutschland«, die ihm als in der deutschen Kulturtradition wurzelnden Juden bis dahin geholfen hatte, den diskriminierenden Ausschluß aus seinem früheren Lebenskreis zu kompensieren.[85] Mit der *Vansittartitis*-Schrift trug er dann dem Deutschlandbild jenes Kreises der konservativen britischen Intelligenz um Vansittart Rechnung, der ihm eine neue kollektive Sicherung bot und welcher zugleich die politische Macht zu repräsentieren schien. Ausdruck dieser Beziehung sind auch die teils ernstgemeinten, teils satirischen Phantasien über die zukünftige Bestrafung der Nazis und ihrer Mitläufer am Schluß der Broschüre.[86]

Die gewählten Beispiele mögen gezeigt haben, daß die Auseinandersetzung mit Vansittart nicht nur als theoretisch-politischer Diskurs existiert, sondern auch spezifisch literarisch-poetische Ausformungen gefunden hat. Es würde sich sicherlich lohnen, in Form der zweistelligen Relation Vansittart-Antivansittart andere fiktionale Werke der Exilliteratur seit 1939/40 zu untersuchen und dabei weitere durch den *Black*

84 Vgl. zur Verarbeitung dieses Gefühls den Aufsatz von Michael Winkler, *Germany – Jekyll and Hyde. Nationale Stereotypen und die Suche nach kultureller Identität im Exil*, in: Bauschinger / Cocalis (Hrsg.), *Wider den Faschismus*, a.a.O. (Anm. 4), S. 1-22.

85 Vgl. die allgemeine Formulierung einer solchen Kompensation in Erich Sterns Buch *Die Emigration als psychologisches Problem*, Boulogne-sur-Seine 1937, S. 41 f.: die »eigentümliche Problematik der jüdischen Situation [...] besteht vor allem für diejenigen, die mit Geist, Sitte und Kultur des Landes, in dem sie lebten, eng verbunden waren, wie die deutschen Juden. [...] Viele verstehen überhaupt nicht, was in Deutschland geschieht, sie können es nicht begreifen. Eine große Reihe von Menschen hilft sich mit zweierlei Erwägungen: das gegenwärtige Deutschland ist nicht das wahre Deutschland. Dieses sei vielmehr repräsentiert durch Kant, Goethe, Beethoven usw. [...]«. Vgl. auch den Beitrag von Ulrich Fröschle in diesem Band, S. 47-85.

86 Koffler, *Vansittartitis*, a.a.O. (Anm. 7), S. 49 ff.

Record und seine Folgeschriften provozierte Deutschland-Bilder zu erkunden. Für die in den USA erschienenen Werke müßte man vor allem
auf die einschlägigen Bücher des Vansittartisten Emil Ludwig rekurrie-
ren,[87] in dem die oppositionellen Kräfte im »Dritten Reich« womöglich
noch geringer veranschlagt werden als in *Black Record*.[88]

Das Jahr 1945 bedeutete für diese Auseinandersetzungen keine
Grenzlinie. So finden sich in den Autobiographien und Memoiren der
Exilautoren aus den ersten Jahrzehnten nach Kriegsende Belege für
eine fortdauernde Beschäftigung mit Vansittarts Generalverdikt. Robert Neumann zum Beispiel hat zwar seinen alten Plan von 1941, mit

---

87 Vgl. Koepke, *Die Bestrafung und Besserung der Deutschen*, a.a.O. (Anm. 4),
    S. 81 ff. Es gibt allerdings auch direkte Verbindungslinien von Vansittart zu
    deutschen Vansittartisten im nordamerikanischen Exil, vgl. Erika Mann,
    *First Interview With Lord Vansittart. The Unheeded Prophet of the British
    Foreign Office Talks of Germans to a German Writer*, in: *Vogue* (New
    York) vom 1. Januar 1942.

88 Emil Ludwig, *The Germans*, translated from the German by Heinz & Ruth
    Norden, London 1942, S. 377: »The few exceptions – the splendid clergy-
    men, pacifists and Trade Unionists who were locked up and killed for their
    convictions – add up to not even one in every thousand Germans.« In sei-
    nem 1943/44 geschriebenen und 1949 publizierten Roman *Es waren ihrer
    sechs* zum Beispiel reagiert der in die USA emigrierte Alfred Neumann auf
    solche sich in Prozentzahlen ausdrückenden Behauptungen zum Umfang
    der Opposition in Nazideutschland. Das den Widerstand der »Weißen
    Rose« in sehr freier Form nachgestaltende Werk konzentriert sich, wie
    schon der Titel andeutet, auf die Überlegungen und Handlungen von sechs
    Personen, unterstellt aber, daß hinter ihnen sechs Millionen gleichgesinnter
    Mitakteure stehen. Anfangs erscheint diese Annahme in Form einer als-ob-
    Fiktion, die den Imperativ fortdauernden oppositionellen Handelns be-
    glaubigt. So memoriert Sophia im Gefängnis die für den Fall der Dezimie-
    rung geltenden Verhaltens-Richtlinien der Gruppe: »Werden wir alle sechs
    verhaftet, so haben wir zu handeln, als wären wir nicht sechs, sondern
    sechzig oder sechzigtausend oder sechs Millionen [...]« (S. 26). Später wer-
    den die »sechs Millionen« von den Widerständlern bereits als Faktum an-
    gesehen (S. 187). Dasselbe gilt für die Gegenseite. So äußert sich der Präsi-
    dent des Volksgerichtshofs besorgt über die Zunahme des Widerstandes
    seit 1939: »Hinter ihnen sitzen sechs Hochverräter [...] und wieviel Hoch-
    verräter hinter den sechs sitzen, ist mit dem bloßen Auge nicht zu erkennen
    [...]. Ich bin der Meinung, daß der Fall Hennings, zu Anfang des Krieges
    und selbst Ende 1940 zur Aburteilung gekommen, noch keine Potential-
    rechnung [!] bedeutet hätte, sondern ein Einzelfall gewesen wäre« (S. 357).
    Vgl. auch S. 362 f., 372, 376, 400 f., 406 f. und 453.

Gollancz einen »Anti-Vansittart« zu verfassen, nicht realisiert; er schrieb jedoch eine Parodie mit dem Titel *Die Protokolle der Weisen von Bonn. Aus: Schwarze Chronik*, in der er Vansittart von einem »geheimen Deutschen Weltversklavungsplan« reden läßt. Um das (vermeintliche) Historischwerden der vergangenen Konflikte anzudeuten, hat er diesen Text 1955 zusammen mit Parodien auf Hans Grimm, Ilja Ehrenburg und Ernst von Salomon in der Rubrik *Die alten Kämpfer* veröffentlicht.[89]

Abschließend geben wir noch ein weiteres Beispiel für den Versuch, aus der Rückschau den gravierenden Eindruck von Vansittarts Totalverurteilung der Deutschen literarisch zu bewältigen. In seiner Autobiographie von 1966 berichtet Carl Zuckmayer von einem Besuch bei Vansittart, den Alexander Korda 1938 vermittelt hatte. Es handelt sich fast um eine kleine Lustspielszene:

Nach kurzer Zeit hatte man sich [in England] abgewöhnt, diesen Mister Bollwerk [Hitler] für ›quite a good chap‹ zu halten – statt dessen aber gleich alle Deutschen für blutrünstige Hunnen. Dies schien schon jetzt Lord Vansittart zu tun, in dessen Haus mich Alexander Korda mitnahm, und der mich sofort fühlen ließ, daß ihm ein Deutscher, ganz gleich welcher politischen Kategorie, höchst unwillkommen sei. [...] Als ich beim Whisky meine Freunde in Deutschland erwähnte, jene Männer, die – ob rechts oder links – sich der Diktatur nicht beugten und täglich ihren Kopf riskierten, wurde er ärgerlich bis zum Grade der Unhöflichkeit. Die Deutschen, erklärte er brüsk, seien geborene Feinde aller Zivilisation und ewige Störenfriede jeder humanen Weltordnung. Auf die persönliche Haltung weniger einzelner käme es dabei nicht an, das seien unerhebliche Nuancen. Man könne mit diesem Volk nichts anderes tun, als was schon die Römer mit den Germanen tun mußten, nämlich es unterwerfen oder hinter einen Limes verbannen. Wir setzten das Gespräch nicht fort, zumal Korda, der fürchtete, daß ich nun meinerseits in Rage kommen könne, und der mich schließlich hier eingeführt hatte, mir fortgesetzt auf den Fuß trat.

Das war nun ein britischer Nationalist.[90]

---

89 Robert Neumann, *Die Protokolle der Weisen von Bonn. Aus: Schwarze Chronik*, in: Robert Neumann, *Mit fremden Federn. Der Parodien zweiter Band*, Berlin (West) 1961 (Ullstein Bücher 340), S. 155-178 (hier: S. 156-158).

90 Carl Zuckmayer, *Als wär,s ein Stück von mir. Horen der Freundschaft*, Frankfurt am Main 1997, S. 136 f.

Jörg Später

Die Kritik des »anderen Deutschland«

*Otto Lehmann-Rußbüldt, Karl Retzlaw und Hans Jaeger
im Londoner Exil*

Wenn zwei Emigranten sich in London trafen, galt die erste Frage nicht dem Wetter oder der Gesundheit. Sie hieß: Wie stehen Sie zu Vansittart? Otto Lehmann-Rußbüldt war erstaunt über diesen Umstand, über den »Entrüstungssturm« aus »jeder Richtung« im Londoner Exil. Die Emigranten, die ansonsten in jeder Frage ein Dutzend verschiedener Meinungen hätten, hielten in der Ablehnung und Verkennung Lord Vansittarts wie Pech und Schwefel zusammen. Sie verschrieben ein »Meer von Tinte« über alle möglichen Dinge, die Vansittart gar nicht behauptet habe. Die Emigranten würden den Untergang, die Vernichtung Deutschlands befürchten und nicht sehen, »daß das Deutschland Kants und Goethes« – also das vielfach beschworene ›andere Deutschland‹ – schon in Groß-Preußen aus Blut und Eisen untergegangen war und [...] Wilhelm II. ihm den Rest gegeben hat«.[1]

Was war eigentlich geschehen? Der ehemalige Chefdiplomat des Foreign Office, Lord Robert Vansittart, sorgte während des Zweiten Weltkrieges in Großbritannien mit markanten Thesen über die Deutschen und ihre Geschichte für eine emotional aufgeladene Debatte über den Charakter des Feindes und die zu errichtende Nachkriegsordnung in Europa. In seiner eine halbe Million Mal verkauften Broschüre *Black Record* zeichnete er das Bild eines von Neid, Selbstmitleid und Grausamkeit gekennzeichneten kriegerischen deutschen Volkes. Insbesondere wies er die Vorstellung eines »anderen Deutschlands« zurück: So startete er eine Kampagne, die beweisen sollte, daß die deutsche Sozialdemokratie, die deutschen Kirchen und die deutschen Kulturschaffenden kein Widerpart zur militaristischen und nationalistischen politischen Kultur seien, sondern Teil des »deutschen Problems«. Vansittarts Anklage der deutschen Nation, ihrer Taten, ihrer Geschichte und ihrer geistigen Besitzstände sowie seine These, der Nationalsozialismus sei in erster Linie »deutsch«, entfachte in Großbritannien eine höchst emotionale und hitzige Diskussion über den Charakter der

---

1 Churchill College (CC), Vansittart (VNST) II, 1/19: »Die einzige mögliche Widerlegung Vansittarts«, Lehmann-Russbüldt, 12. Januar 1942.

Deutschen, aber auch über die vermeintlich extreme Deutschfeindlichkeit des ehemaligen Staatssekretärs. Die deutsche Frage und ihre Lösung standen im Zentrum des öffentlichen Räsonnements, aber auch hysterischen Fabulierens, in dessen Verlauf der Name Vansittart über den Begriff des Vansittartismus zu einer Metapher für einen Rassismus gegen die Deutschen wurde.[2]

Mit seiner Anklage der deutschen Nation, besonders der Kritik an der These vom »anderen Deutschland«, brachte Vansittart auch das deutsche Exil in London in Aufruhr. Innerhalb der Sozialdemokratie meldete sich eine Gruppe zu Wort, die forderte, man müsse den Ort des Exils nutzen, um umzudenken und die deutsche Geschichte, insbesondere die der Sozialdemokratie, neu zu vermessen und zu reflektieren. Ihr Befund war: »Es gibt ein deutsches Problem«. Diese Aussage meinte, daß die Sozialisten die geistige Verfassung der deutschen Nation in den Mittelpunkt stellen und sie lernen sollten, die deutsche Frage mit den Augen ihrer europäischen Nachbarn zu betrachten. Doch die Adaption von Vansittarts Perspektive stieß auf schroffe Ablehnung und offene Feindseligkeit. Wie in der britischen Öffentlichkeit machte sich die »Vansittartitis« breit – nur entstand in der Exilszene ein noch giftigeres Klima von Verdächtigungen, Gerüchten und Intrigen, an dessen Entstehen alle Parteien beteiligt waren und das zum Bruch zwischen dem Parteivorstand der emigrierten SPD und einer Gruppe von sechs Dissidenten führte, zu der mit Curt Geyer ein Vorstandsmitglied und Vordenker der Partei gehörte. Geyer definierte den Nationalsozialismus nicht als Faschismus, sondern als Ausdruck eines spezifisch deutschen Nationalismus, und ihn interessierten weniger die sozioökonomischen Verhältnisse, die dem Nationalsozialismus zugrunde lagen, als die geistige Verfassung einer seit 1914 sich auf Abwegen befindenden Nation. Vor allem in jener »Erblast von 1914« – der volksgemeinschaftliche Massenkonsens und der institutionelle Burgfrieden – sahen Geyer und seine Mitstreiter den »Fluch der bösen Tat« (Carl Herz) wirken: einerseits das Modell der nationalistisch-aggressiven Integration, auf das die Nationalsozialisten aufbauen konnten, andererseits das historische Versagen der SPD, das sich nun im Zweiten Weltkrieg zu wiederholen schien. Die Gruppe verlangte politisch die bedingungslose Unterordnung der Sozialdemokraten unter die Kriegsziele der westlichen Alliierten, und sie forderte ein deutliches Bekenntnis sowohl zur

2　Vgl. zur Debatte, ihrer Genealogie und ihrer Bedeutung mein gerade erschienenes Buch *Vansittart. Britische Debatten über Deutsche und Nazis, 1902-1945*, Göttingen 2003.

einseitigen Abrüstung, als auch zur materiellen Wiedergutmachung für die Schäden und das Leid, das Nazideutschland über Europa gebracht habe. Neben einem Garantiefrieden wollte sie aber auch eine geistige Erneuerung der Sozialdemokratie. Sie griff die nach ihrem Erachten unkritische Haltung der Sozialdemokratie gegenüber dem deutschen Volk an, bemängelte die Indifferenz gegenüber dem Nationalismus als wirkungsmächtigste Kraft der deutschen Geschichte und warf der SPD schlußendlich vor, selbst eine nationalistische Partei zu sein.

Dieser auch von gewichtigen Teilen der Labour Party geteilte Vorwurf empörte die auf Einladung der britischen Schwesterpartei nach London gekommenen Sozialdemokraten. Aus ihrer Perspektive kam es einem Skandal gleich, daß sie nicht als »natürliche Verbündete« der Alliierten behandelt wurden, waren es doch die Sozialdemokraten gewesen, die vor dem NS-Regime hatten fliehen müssen. Während sie von Anfang an verkündet hätten, Hitler bedeute Krieg, habe der Westen eine Politik des Appeasement betrieben. In den Augen der Sozialdemokraten war der Krieg ein internationaler Bürgerkrieg zwischen Demokratie und Diktatur, dessen Front durch alle Nationen hindurch ging. Das Vordringen des Vansittartismus in die Labour Party und in die Sozialistische Arbeiter-Internationale betrachteten sie als den Sieg von Nationalismus, Hass und reaktionärem Denken, die Gruppe der Abweichler als Verräter. Mit den wachsenden Angriffen auf die Partei und ihre Geschichte verhärtete sich die Abwehrhaltung der Londoner Sozialdemokraten. Der Parteivorstand blieb in den Fragen von Abrüstung und Wiedergutmachung uneindeutig, bekämpfte bis 1943 die Forderung nach militärischer Besatzung Deutschlands und agitierte nach Casablanca gegen die Formel der »Bedingungslosen Kapitulation«. Auch bestritt man, daß es überhaupt so etwas wie »ein deutsches Problem« gäbe. Die Forderung nach geistiger Erneuerung der Sozialdemokratie verwarf man als unbegründet.

Die Gruppe der Dissidenten bildete nach dem Zerwürfnis in der Verlagsgesellschaft »Fight for Freedom« (FFF) einen eigenen Diskussions- und Forschungszirkel. Sie erarbeitete historische Fallstudien, welche die These von der Kontinuität eines aggressiven deutschen Nationalismus als Kern historischer Entwicklung belegen sollten. Sie versuchte, gesellschaftliche Strukturen des Kaiserreichs und der Weimarer Republik mit diesen nationalistischen Ideen zu vermitteln und materialistische Gesellschaftstheorien historisch zu konkretisieren. Hier deutete sich eine Frühform der Sonderweg-Historie an, welche die geradlinige Ausrichtung der historischen Entwicklung auf 1933 vornahm und den westlichen Normalweg idealisierte. Der Ort des Exils war also nicht

nur ein Raum, in dem die politischen Flüchtlinge fremd gegenüber der
»normalen« Öffentlichkeit blieben und in dem ihre angespannten
Lebensverhältnisse, ihre angezweifelten politischen Identitäten und ge-
pflegten Feindschaften zu neurotischen Ausbrüchen drängten. Das Exil
konnte auch ein Ort sein, der produktiver geistiger Arbeit auch zu Gute
kommen konnte. Hilfreich dafür war eine gewisse kritische Distanz zu
den großen Parteien der Weimarer Republik und zu dem Konformitäts-
druck, den diese in ihrem Willen, die eigene Identität zu verteidigen,
gerade im Exil ausübten.

Staatenlos im Nirgendwo: Otto Lehmann-Rußbüldt

Während die Vertreter der einstigen großen Weimarer Parteien sich in
der Ablehnung Vansittarts einig wußten, suchten die hier vorgestellten
Intellektuellen gerade wegen Vansittarts kritischer Sicht auf das »andere
Deutschland« die Nähe zu dem vermeintlichen Deutschenhasser.

Wie stand der Eingangs zitierte Otto Lehmann-Rußbüldt zu Vansittart? Die »pazifistische Kämpfergestalt«,[3] die sich selbst im »politischen Niemandsland der Heimatlosen, Staatenlosen, Portemonnaielosen
und Grenzenlosen« verortete, geriet in Exilkreisen schnell in Verruf,
ein Informant Vansittarts zu sein.[4] Zu dem streitbaren Publizisten hatte
Lehmann-Rußbüldt allerdings erst Ende 1941 schriftlichen Kontakt
aufgenommen, vor allem weil er eine geistige Nähe vermutete, die über
die rein politische hinausging. Lehmann-Rußbüldt fragte Vansittart, ob
dieser seine Schrift *Interviews im Jenseits* übersetzen wolle.[5] »Informant« wurde Lehmann-Rußbüldt also erst, nachdem der Vorwurf bereits erhoben worden war. Nach dieser ersten Kontaktaufnahme ent-

---

3   So Hans Wehberg in einer Würdigung zum 75. Geburtstag in: *Die Frie-
    denswarte*, Jg. 47, 1947, Nr. 6, S. 365-368, hier: 365 (Exil-Archiv der
    Deutschen Bibliothek [EA/DB], EB 75/177, A.IV.12).
4   Archiv der sozialen Demokratie (AdsD), IJB-ISK, Korresp. B, 41, Lehmann-
    Rußbüldt an Eichler, 13. September 1941.
5   Vansittart zeigte sich über das Manuskript entzückt, verwies ihn aber an
    E.W. Dickes, den Übersetzer des Rauschning-Buches *Gespräche mit Hitler*
    (1940) (englisch: *The Beast from the Abyss*, London 1941; vgl. CC,
    VNST II, 1/19: Vansittart an Lehmann-Rußbüldt, 3. Januar 1942). Das
    Buch erschien letztendlich nicht in Englisch, sondern nach dem Krieg in
    Deutschland: *Interviews im Jenseits. Plaudereien, Satiren und Visionen ei-
    nes Weltbürgers*, Hamburg 1948.

wickelte sich ein reger gedanklicher Austausch zwischen dem »philosophischen Anarchisten« und dem »Realisten«.[6] Der Emigrant beriet den Lord etwa, wie die Proteste hoher Geistlicher in Deutschland gegen Übergriffe der Nazis an kirchlichen Institutionen einzuschätzen seien – nämlich als rein innenpolitische Angelegenheit, die kein Aufbegehren der Kirche gegen den im Gegenteil vorbehaltlos unterstützten Krieg impliziere.[7] Und er warnte ihn vor den politischen Zielen des im Juli 1943 von Stalin ins Leben gerufenen Nationalkomitees Freies Deutschland: »Wer mit den preußischen Generälen geht, fällt immer hinein, mag die Sache gelingen oder scheitern.« In Preußen werde immer gegen links geschossen, gerade dorthin, wo die sogenannten Zivilisten des Manifestes ständen.[8]

Vor allem in der Frage der Funktion von Propaganda stimmte Lehmann-Rußbüldt mit Vansittart überein. Von einer Angebotspolitik an das deutsche Volk hielt er nicht viel, denn:

> Warum laufen jetzt diejenigen Deutschen nicht einfach zu den Russen über, die als Sozialisten, Kommunisten und entschiedene Demokraten 1933 noch über 13 Millionen Stimmen gegen Hitler abgaben? [...] Die waffenfähigen Männer von ehemaligem Reichsbanner und Rot-Front haben früher oft vertröstet: Wenn wir nur erst die Waffen in der Hand haben! « Jetzt sind die Waffen in ihren Händen, jetzt laufen ihre Generäle sogar in Unterhosen vor den Russen davon, aber die deutschen Hitlergegner laufen mit ihnen anstatt entgegengesetzt. Wenn der Massenimpuls zu einer Meuterei erst dann erwacht, wenn es kein Kunststück mehr ist, dann ist es zu spät, so wie es 1918 zu spät war.[9]

Die ausbleibende Meuterei der verheizten Soldaten erklärte Lehmann-Rußbüldt in einem Artikel vom Oktober 1942, der die sukzessiv sich

6 EA/DB, EB 75/177, A.I.2: Lehmann-Rußbüldt an Sternfeld, 20. September 1943.
7 CC, VNST II, 1/19: Lehmann-Rußbüldt an Vansittart, 2. Dezember 1941. Vansittart lieferte sich mit dem Bischof von Chichester, George Bell, über diese Frage eine Debatte in der *Times* (vgl. Später, *Vansittart*, a.a.O. [Anm. 2], S. 204-209).
8 Labour History and Archiv Centre Manchester, JSM/INT/GER/9: Rundbriefe 8 und 9 vom August und September 1943. Gut sechs Wochen nach Lehmann-Rußbüldts Rundbriefen warnte auch Lord Vansittart in der *Sunday Dispatch* (London) vom 3. und 10. Oktober 1943 vor dem »Spiel mit dem Feuer«.
9 Ebd.

ausweitenden Kriegsverbrechen von Reichswehr und Wehrmacht in
beiden Weltkriegen behandelte und in dem Vansittart folgende Stelle
unterstrichen hatte:

> The German people are to be so deeply implicated in the Nazi crimes
> that there is no escape for them, since even a passive attitude to some
> extent constitutes complicity.[10]

Einschüchterung in einem Kampf um Sein oder Nichtsein – das war
Lehmann-Rußbüldts Ratschlag. Er befürwortete die Forderung nach
bedingungsloser Kapitulation »des deutschen Volkes in Waffen«,[11] lange
bevor sie im Januar 1943 von Roosevelt und Churchill in Casablanca
zur offiziellen Politik erklärt wurde, denn: »Mit Deutschen müßt Ihr
nur per Befehl sprechen, dann werden sie ganz manierlich.«[12] Doch
statt darüber nachzudenken, »wie man Deutschland kaputt schlägt,
daß die Fetzen fliegen«, diskutierten derweil die deutschen Emigranten
haarspalterisch darüber, ob man den Deutschen nicht zu viel Unrecht
antue.[13]

Dieselben Strategien, den Erfordernissen des Tages aus dem Weg zu
gehen, beobachtete Lehmann-Rußbüldt in der Schuldfrage, wo diejenigen am meisten über Schuld redeten, die sie verleugnen wollten:

> Ob ein ganzes Volk anzuklagen sei, ist [...] »zur Zeit« ein akademi-
> scher Streit. Es ist ein »Problem«, wie das berühmte der Scholastiker
> über die Freiheit des menschlichen Willens: daß ein Esel zwischen
> zwei gleichgroßen Bündeln Heu verhungern müsse, weil er sich nicht
> entscheiden kann, welches Bündel er zuerst essen solle. [...] solche
> »Probleme« [sind] deshalb nicht lösbar, weil schon die Fragestellung
> meistens ein Mittel ist, um von ernsthaften Problemen abzulenken.
> Aber die deutschen Emigranten versuchen es jeden Tag aufs Neue,
> das akademische Problem Burkes zu lösen. Sie sollen lieber Chur-
> chill zu Hilfe kommen und es den Alliierten in die Ohren schreien,
> daß Nazi-Tyrannei und preußischer Militarismus dasselbe ist.[14]

10 CC, VNST II, 1/19: Manuskript *German Measures of ›Proved Efficiency‹*,
   Oktober 1942.
11 AdsD, IJB-ISK, Korresp. B, 41: Zirkularschreiben Nr. 3, 25. August 1941.
12 AdsD, IJB-ISK, Korresp. B, 41: Lehmann-Rußbüldt an Eichler, 23. September 1941.
13 AdsD, IJB-ISK, Korresp. B, 41: Zirkularschreiben Nr. 4, 12. September
   1941.
14 International Institute for Social History (IISH), NL Herz, B.VIII.3.I.b.336.:
   Lehmann-Rußbüldt, Rundbrief Nr. 11 (November 1943).

Statt akademische Debatten wollte Lehmann-Rußbüldt konkrete Aktionen. So regte er im März 1943 an, daß die deutsche politische Emigration sich den Aufruf des polnischen Schriftstellers Czarnomski »How to stop the German Murderers« in der *Sunday Dispatch* zu eigen machen solle. Den zehn Millionen deutschen Soldaten müsse man mitteilen, daß sie zur Zwangsarbeit außerhalb Deutschlands herangezogen würden, falls sie nicht zum Feind überliefen.[15] Lehmann-Rußbüldt war einer der wenigen Intellektuellen, denen der Massenmord in Osteuropa, insbesondere das Schicksal der Juden, nahe ging. »Should and Could the Jews Return to Germany?«, fragte er in einem Aufsatz vom Februar 1945.[16] Den Versuch, die Juden zu töten hätten schon viele unternommen, »but no previous persecution has ever been accompanied with such huge numbers of victims or with such ›German thoroughness‹ of psychological and deadly technique«. Der Antisemitismus sei ein unmißverständliches Symptom einer degenerierten Nation, der seine Wurzeln im aggressiven Militarismus habe. Denn die »Lehre von 1918« – »this irrefutable logic of madness« – sei für die Militaristen gewesen:

> We have lost the war through the fault of the Jews, Marxists and pacifists. Consequently, if we want to win the next war, we must begin by neutralising the Jews, Marxists and pacifists thoroughly and completely.

Im Krieg dann, habe sich der Geist des totalen Sieges, von dem die deutsche Armee wie die Naziorganisationen durchdrungen gewesen seien, gegen die Verteidigungslosen gewandt. Über die Frage der Rückkehr der überlebenden Juden war Lehmann-Rußbüldt gespalten. Eine gerechte und demokratische Ordnung in Europa könne ohne die Restitution der Rechte und des Eigentums der Juden nicht möglich sein. Ein neues humanitäres Deutschland müsse den Juden selbstverständlich neben der materiellen Kompensation eine bedingungslose Einladung zur Niederlassung und zur Staatsbürgerschaft aussprechen. Auf der einen Seite der Medaille stand also: Ohne Rückkehr der Juden keine Heilung für Demokratie und humanitäres Deutschtum. Andererseits machte sich Lehmann-Rußbüldt über das Fortleben des Antisemitismus keine Illusionen. Die Rückkehrfrage sah er nicht nur als politische,

---

15 EA/DB, EB 80/169: *Erklärung* und *An die deutschen Emigrantenfreunde in England*, 28. März 1943.

16 EA/DB, EB 75/177, E. III. Das Buch, aus dem dieser Aufsatz stammte, konnte ich nicht ermitteln.

sondern eine, die jeder Jude für sich sorgfältig abwägen müsse: »Intuition, wisdom and above all self-esteem and dignity, must forbid the Jews to consider the possibility of return before they are certain that ›another Germany‹ will really be in existence.«[17]

Eine solche Sensibilität für die besondere Situation der Juden und eine solche Aufmerksamkeit für die Antisemitenfrage war ungewöhnlich. Vielleicht benötigte man den Abstand zu Parteiapparaten und anderen Institutionen, vielleicht mußte man sich staatenlos im Niemandsland befinden, um die Vernichtung der Juden nicht als eine Kriegstragödie unter anderen zu begreifen.[18] Für den parteiungebundenen, nichtmarxistischen Radikaldemokraten, der persönliche Bekanntschaften und Freundschaften quer durch alle Lager pflegte, traf dies beides zu, wie auch für Dosio Koffler, der die »Endlösung« nicht nur beim Namen genannt hatte, sondern sie auch als das zentrale Ereignis im Krieg bewertete.[19] Lehmann-Rußbüldt war Zeit seines Lebens ein Einzelgänger, er hatte seine eigenen Gedanken, ging seine eigenen Wege, kurz: er war der Typ der in keinen Verein eintrat, den er nicht selbst gegründet hatte.[20] So rief er zusammen mit Eduard Bernstein,

17 Ebd., S. 135, 136, 138 und 151.
18 Vgl. Enzo Traverso, *Auschwitz denken. Die Intellektuellen und die Shoa*, Hamburg 2000 (1997).
19 Vgl. Dosio Koffler, *Vansittartitis. A Polemic*, London 1943, S. 26.
20 So lockerte sich auch der zunächst enge Kontakt mit Vansittart mit der Zeit. Dafür war das sich trübende Verhältnis zu Walter Loeb verantwortlich. Lehmann-Rußbüldt zeigte sich enttäuscht darüber, wieviel Gewicht Vansittart Loebs Rat gegenüber dem seinen beimaß und daß Vansittart sich nicht genügend für deutsche Antinazis eingesetzt habe, die in amerikanischen Gefangenenlagern dem Terror von Nazis ausgesetzt seien (vgl. EA/DB, EB 80/160: Lehmann-Rußbüldt an Retzlaw, 15. August 1944). Mit wachsender Distanz wurde er kritischer. Im August 1944 schrieb er über Vansittart: »Er war sicher wie wenige damals voran. Aber er blieb stehen. Und so ist er jetzt im Hintertreffen« (vgl. ebd.). Sachlich liege er meistens richtig, aber seine Form sei falsch: »Wenn ein Richter ein sehr hartes Urteil fällt, so ist es Sache seiner Kunst, es so auszudrücken, dass selbst der Betroffene ein Gefühl der Richtigkeit des Urteils hat.« Man dürfe nie vergessen, daß Verbrechen, Unsoziales, Inhumanes ein »Produkt aus Milieu und Individuum« seien, ferner, daß das Milieu »der Stärkere ist« (Ebd.: Lehmann-Rußbüldt an Retzlaw, 9. April 1944). Im Herbst 1944 verteidigte er Lord Vansittart zwar gegen seinen antivansittartistischen Freund Wilhelm Sternfeld, verortete sich aber selbst »jenseits von Vansittartismus und Antivansittartismus« (EA/DB, EB 75/177, A.I.2.: Lehmann-Rußbüldt an Stern-

Hans Delbrück, Albert Einstein, Kurt Eisner und Ernst Reuter 1914 den Bund Neues Vaterland ins Leben, aus dem 1922 die Deutsche Liga für Menschenrechte hervorging. Er gehörte zum radikalen Flügel der pazifistischen Bewegung, der im Streit um die Kriegsschuld und den Versailler Vertrag sich gegen einen übergreifenden abstrakten Pazifismus aussprach und statt dessen die größenwahnsinnige preußisch-deutsche Macht- und Eroberungspolitik anprangerte.[21]

Dabei war Lehmann-Rußbüldt keineswegs ein Deutschenfeind. Im Gegenteil: Ihm ging es um die »Wiedergeburt des Deutschtums«. Dafür allerdings mußte »Deutschland« in seinen Augen verschwinden. Das Deutschtum sah er durch Goethe, Herder, Kant, Beethoven und den Freiherr von Stein verkörpert, Persönlichkeiten, die sich um den Menschen und sein Wohlergehen gesorgt, den Staat als ein Mittel und nicht als das Ziel betrachtet und Harmonie statt Feindschaft zu den anderen Völkern gepredigt hätten; kurz, im Deutschtum – wie er in seiner Schrift *Neues Deutschtum* (1939) darlegte[22] – sei der Deutsche ein Weltbürger, ein Humanist. Wie der geistesverwandte Friedrich Wilhelm Foerster sah Lehmann-Rußbüldt in Bismarck das Gegenprinzip personifiziert. Preußen, das war der Feind Europas und letztlich auch Deutschlands. Den Militarismus – »eine Gesinnung, die Konflikte zwischen Personen oder Nationen grundsätzlich nach dem so genannten ›Recht des Stärkeren‹ entscheiden und nicht anerkennen will, daß Gerechtigkeit nach einem anderen Maßstab festgestellt werden muß«[23] – sah Lehmann-Rußbüldt folgerichtig als konstitutionellen Defekt des verpreußten Deutschtums, den Nationalsozialismus als geradlinige Fortsetzung des Kriegsgeistes. Nur eine Abkehr vom Militarismus, nur ein Ende der Eroberungspolitik, nur ein geistiger Wandel könne das humanitäre Deutschtum vor dem Untergang retten. Lehmann-Rußbüldt verlangte ein Bekenntnis: erstens, »daß der Krieg von 1914 nur der erste mißlungene Versuch war, was jetzt der Nationalsozialismus unter seinem Führer Hitler aufs Neue versucht«; und zweitens »daß bei

feld, 6. September 1944). Im Februar 1945 schließlich bekannte er Retzlaw: »Früher schrieb er [Vansittart] mir aufmerksam. Jetzt nicht mehr« (EA/DB, EB 80/160: Lehmann-Rußbüldt an Retzlaw vom 6. Februar 1945).

21 Vgl. Helmut Donat, *Die radikalpazifistische Richtung in der Deutschen Friedensgesellschaft (1918-1933)*, in: Karl Holl / Wolfram Wette (Hrsg.), *Pazifismus in der Weimarer Republik. Beiträge zur historischen Friedensforschung*, Paderborn 1981, S. 27-46, hier: S. 29 f.

22 Das Buch erschien in der Edition Nouvelles Internationales des ISK.

23 Otto Lehmann-Rußbüldt, *Neues Deutschtum*, Paris 1939, S. 15 f.

dem jetzigen Völkergemisch in Europa die Wiederherstellung Deutschlands in irgendeiner Form der Vergangenheit nicht in Frage kommen kann«.[24] Ohne Reue kein Bekenntnis, ohne Bekenntnis kein geistiger Wandel, ohne Wandel keine Zukunft – das war auch die Gedankenkette Lord Vansittarts. Das »andere Deutschland« war untergegangen und mußte erst wieder geschaffen werden. Diejenigen, die nun, während des Krieges von einem »anderen Deutschland« schwärmten, waren in beider Augen Phantasten, Obskurantisten oder Nationalisten.

Spartakus redivivus: Karl Retzlaw

Auch Karl Retzlaw war ein unabhängiger Typ, wenngleich er, der Choleriker, nicht wie Lehmann-Rußbüldt die Freundschaften, sondern eher die Feindschaften quer durch alle Lager pflegte. »Retzlaw war ein Zelot, ein Fanatiker, ein Mann, der zwar Toleranz predigte, aber sie selbst nicht gewährte«, beschrieb ihn sein Freund Hans Jaeger. Er überwarf sich mit Kommunisten und Sozialdemokraten und haßte den »Bindestrich-Sozialismus«, so daß er in keine Versammlung mehr gehen konnte, außer in den Klub der Konstruktivisten. Aber auch hier rief das enfant terrible öfters Sturmszenen hervor. »Nur eine unermüdliche Geduld und der gute Wille bei Retzlaw, der bei allen seinen Fehlern im Grunde das Beste wollte, führten uns über diese Klippen hinweg«, erinnerte sich Jaeger.[25]

Karl Retzlaw, mit bürgerlichem Namen Karl Gröhl, gehörte im Ersten Weltkrieg dem Spartakus-Bund an. Doch bereits damals wurde sein Glaube an das deutsche Volk erschüttert. Die Wahrheit war, so schrieb er in seinem Lebensbericht »daß eine einzige frische amerikanische Division stärker war als alle Propaganda«.[26] Das Argument »bei der Masse bleiben« verblaßte für ihn in jenen Tagen auch deshalb, weil es als Legitimation der Burgfrieden-Politik der SPD diente.[27] Schien für ihn auch eine Revolution unmöglich, so war das Nichtmitmachen dennoch eine Pflicht, denn – so hieß es in einem der Spartakus-Briefe – »den deutschen Militarismus überwinden, heißt jetzt nichts anderes,

24 Ebd., S. 63.
25 Institut für Zeitgeschichte (IfZ), ED 210, Bd 1: »Memoiren eines Emigranten«, S. 329-331.
26 Karl Retzlaw, *Spartakus. Aufstieg und Niedergang. Erinnerungen eines Parteiarbeiters*, Frankfurt am Main 1974, S. 42 und 76.
27 Ebd., S. 53.

als den Kadavergehorsam der organisierten Arbeiter gegenüber Legien und Co. überwinden. Hier in diesem völlig kritiklosen, geistlosen, mechanischen Gehorsam einer Hammelherde, steckt einer der wesentlichen Wurzeln des Militarismus.«[28] Mit genau dieser Einstellung beurteilte er auch die Möglichkeiten des Widerstandes in Deutschland im Zweiten Weltkrieg.

Anläßlich der Flucht von Rudolf Hess nach England schrieb er Robert Vansittart: »Die Flucht ins Ausland ist nur wenigen möglich, aber die Flucht vor dem Regime zu passiver Resistenz und Sabotage ist allen möglich.«[29] Später berichtete er von dem Fall eines jungen Mannes, der längere Zeit in Deutschland herumreiste und Postschecks fälschte. Warum können das nicht die Widerständler, fragte er. Die deutschen Emigranten und Flüchtlinge, die erzählten, in Deutschland könne infolge der Wachsamkeit der Gestapo nichts gemacht werden, seien Lügner, Defätisten und Feiglinge.[30] Das Problem sei ein anderes:

> Wenn doch diese Untertanen nicht so eifrige, gehorsame Untertanen wären, wenn sie nur weniger eilig, weniger fleißig, weniger tapfer, weniger grausam, weniger willig zu jedem Verbrechen, weniger diensteifrig vor den Behörden, weniger sorgsam in den Fabriken, weniger denunziantisch wären, dann wäre der Krieg aus.[31]

Passive Resistenz sei für alle möglich, Sabotage für viele – zumindest »hatten wir doch [im Ersten Weltkrieg] schon alles organisiert und schon alles mal gemacht«. Jeder Arbeiter könne mehr sabotieren, als je kontrollierbar sei.[32]

Doch wer verhinderte in Retzlaws Augen Resistenz, Sabotage und Widerstand? »Die Tragödie in Deutschland ist doch, daß die konspirative Arbeit dort vor den Sozialdemokraten ebenso geheim gehalten werden muß wie vor der Gestapo.« Polizeispitzel seien sie schon im Ersten Weltkrieg gewesen: Der Spartakusbund habe damals von den Sozialdemokraten mehr Schwierigkeiten zu erwarten gehabt als von der Polizei. »Ein Huhn wird sich eher zum Adlerflug erheben, ehe so ein deutscher Speckbonze ein Revolutionär wird!« Für Retzlaw war die Noske-Mentalität der SPD der entscheidende Türöffner für Hitler gewesen und für mehr:

28 Ebd., S. 58.
29 EA/DB, EB 80/160: Retzlaw an Vansittart, 16. Mai 1941.
30 Ebd.: Retzlaw an Vansittart, 14. März 1944.
31 Ebd.: Retzlaw an Gerson, 18. April 1943.
32 Ebd.

Die deutsche Sozialdemokratie hat die deutschen Arbeiter zu Beitrags-
zahler und Duckmäuser gemacht, sie hat jedes Gefühl für Revolution und Auflehnung durch Ebert-Noske-Severing so radikal ausge-
brannt, daß die deutschen Arbeiter genau so morden an den Fronten
wie die Nazis auch.[33]

Nach Großbritannien war Retzlaw im März 1940 mit Hilfe des britischen Geheimdienstes gekommen.[34] Hier gründete er den Bund Deutscher Revolutionärer Sozialisten. Retzlaw fand zwar keine Bündnis-
partner, aber immerhin einen interessierten Robert Vansittart, dem er
wie vielen im November 1941 einen Programmentwurf zusandte, der
nicht nur »eine humane, freiheitliche, antimilitaristische, politisch ver-
antwortungsbewußte Mentalität im deutschen Volk« anzustreben versprach, sondern auch eine föderalistische Basis für die neue deutsche
Gemeinschaft forderte. Retzlaw gewann, obwohl er Sozialist war, Vansittarts Respekt, weil ihm das Schicksal der unterdrückten Polen,
Tschechen, Holländer mehr am Herzen lag als das künftige der Deutschen, die doch, wie er meinte, nicht so leiden werden, wie heute die
unterdrückten Völker leiden müßten.[35] Und so wurde Karl Retzlaw
wie Lehmann-Rußbüldt ein »informeller Mitarbeiter« Lord Vansittarts. Retzlaw versorgte ihn mit Material, das Vansittart in Artikeln

33 Ebd. In einem anderen Brief an Lehmann-Rußbüldt schrieb er: »Ein Sprich-
wort sagt ›Wer den Löwen weckt, den frisst er zuerst‹. So ist es mit der
Klasse. Man weckte sie, dann tat man nichts, dann bekam sie der Gegner in
die Hand. Man darf doch nie vergessen, dass es nur in Ländern, in denen
eine sozialdemokratische Partei war, der Faschismus gesiegt hat« (ebd.:
Retzlaw an Lehmann-Rußbüldt, 7. Februar 1942).
34 In der Weimarer Zeit hatte Retzlaw immer am Rande der Legalität gelebt.
Ironischerweise war er kurzzeitig Polizeipräsident in München und Kommissar für das Polizeiwesen der Räterepublik. 1926 wurde er erneut verhaftet, nachdem er fünf Jahre zuvor bei einem Befreiungsversuch beteiligt
gewesen war. Nach Hitlers Machtübernahme ging er zunächst nach Saarbrücken, brach dort mit der KPD, der er die ganzen Jahre über angehört
hatte und entzweite sich schließlich von den Trotzkisten, nachdem diese im
Saarland die Bewaffnung der Arbeiter gefordert hatten – was in den Augen
Retzlaws einer Bewaffnung der Nazis gleichgekommen wäre (IfZ, ED 210,
Bd. 10: VS 24, November 1942, »Das Programm des BDRS«). Nach der
Eingliederung des Saarlandes in das Reich flüchtete er über Straßburg nach
Paris.
35 EA/DB, EB 80/160: Retzlaw an Sykes, 27. November 1942.

verarbeitete.[36] Vor allem informierte er ihn jedoch über die Umtriebe des „anderen Deutschland" – zum Beispiel über die Ausstellung »Allies Inside Germany«.

Diese wurde im Juli 1942 vom Freien Deutschen Kulturbund in Großbritannien mit großem Publikumserfolg präsentiert. Diese Ausstellung, schrieb er Vansittart, sei eine bewußte, grobe Irreführung der englischen Öffentlichkeit. Hier sei mit Ausnahme der Londoner *Zeitung* nur Propaganda-Literatur ausgestellt, die vor 1938 verbreitet worden war, zum Teil aus dem Spanischen Bürgerkrieg, zum Teil aus dem Pariser Exil. Die Ausstellung wolle eine günstige Stimmung für Deutschland schaffen, »auf die sich später alle Raubmörder, die heute in den überfallenen Ländern wüten, berufen können«.[37] Retzlaw berichtete Vansittart über ihre beachtliche Wirkung. So habe die *News Chronicle* gelernt:

> The resistance movement is growing daily, Socialists, Communists and Catholics, who once worked separately against the Nazis, have now joined forces. Over 200.000 of them are actively engaged within the Reich, printing and distributing illegal news sheet which are reaching at least 4.000.000 readers every month.[38]

Retzlaw kommentierte weiter einen Artikel des sozialistischen Intellektuellen Henry N. Brailsford, der als einen der Macher der Ausstellung »my friend Colonel Hans Kahle« genannt hatte, »who commanded 3.080 Germans on the other side in Spain, of whom 1.080 were killed«. Retzlaw wollte gerne wissen, »wieviel von den 1.080 gefallenen Deutschen bei inneren Streitigkeiten umkamen und wieviel Brailfords Freund ›Oberst‹ Kahle auf dem Gewissen habe«. Er ließ Vansittart wissen, es habe viele begeisterte Kämpfer gegeben, die nicht »Paradeschritt vor Kahle üben und auch nicht an die Unfehlbarkeit der Kommunisten und ihres Thälmanns« geglaubt hätten. Diese Leute seien wahlweise Trotzkisten, Anarchisten oder Juden genannt worden: »Das sind die Leute, die immer und überall an allem Schuld sind.« Dieser Kahle trete

---

36 Zum Beispiel über Heinrich Himmler (Vansittarts Himmler-Artikel, *Himmler the Ferret*, erschien in der *Evening News* [London] vom 25. Mai 1945) oder die »Hundertschaft zur besonderen Verwendung« Severings und Grzesinskis, die der SS vorausgegangen sein soll (EA/DB, EB 80/160: Retzlaw an Vansittart, 27. Juli 1944, und Vansittart an Retzlaw, 19. Juli 1944 und 27. April 1945).
37 CC, VNST II, Bd. 20: Retzlaw an Vansittart, 22. Juli 1942.
38 Zit. n. ebd., *News Chronicle* (London) vom 11. Juli 1942.

nun hier in London »im Geiste Thälmanns für ein freies Großdeutschland« auf, das heiße mit »Nazibegriffen und im Namen eines Geistes,
der für die Bekämpfung von Versailles und Youngplan« stehe.[39]
   Die Kommunisten waren Retzlaw genauso verhaßt wie die Sozialdemokraten, zumal er ihnen selbst lange Jahre angehört hatte. Da sie
zum »anderen Deutschland« gerechnet wurden, wurde Walter Loeb,
der Direktor der vansittartistischen Fight for Freedom-Verlagsgesell-
schaft, auf Retzlaw aufmerksam und bot ihm im Herbst 1942 an, eine
Broschüre über die Geschichte des deutschen Kommunismus zu verle-
gen. Retzlaw zögerte, weil er allzuviel Negatives über die sowjetische
Politik schreiben müsse, was er eigentlich angesichts der Kriegssituation nicht wolle. Denn es habe nach dem Tode Luxemburgs und dem
Ausssscheiden Paul Levis im Grunde keine deutsche kommunistische
Partei mehr gegeben. Andererseits habe es unabhängig von der Abhängigkeit zu Moskau durchaus eine tiefe Verwurzelung des Militarismus
und des Nationalismus in der deutschen Arbeiterschaft gegeben, unabhängig welcher Partei die Arbeiter angehörten:

> Ich bin im Laufe der Jahre 1912-1933 in tausenden Arbeiterwoh-
> nungen, bei Funktionären und Mitgliedern der Sozialdemokraten
> und der Kommunisten gewesen. In hunderten Wohnungen sah ich
> Bilder von Bebel, Liebknecht, Lenin – neben Bildern ›Aus meiner
> Militärzeit‹: Kompanie-Aufnahmen mit dem eingesetzten eigenen
> Bild und dem Kaiserbild – nach dem Weltkriege![40]

Retzlaw entschied sich, doch zu schreiben. *German Communists* erschien im Februar 1944, zu einem Zeitpunkt, als die Ehrenburg-Linie
gerade Teile der Londoner Kommunisten erfaßt hatte. Die Parteikom-
munisten hatten den Kampf gegen Vansittart allerdings nicht einge-
stellt, sondern verfuhren arbeitsteilig – wohl, um sich im Sinne Stalins
alle Optionen offen zu halten, nachdem es zu Spannungen mit den
westlichen Alliierten um die zweite Front und die Polenfrage gekom-

39 Ebd. Retzlaw fügte noch hinzu, daß es tatsächlich eine, wenn auch schwache Untergrundarbeit gegen die Nazis und gegen den Krieg gebe. Im Unterschied zu den »deutschen Wichtigmachern in England oder in den USA«
   befürworteten diese Kreise jedoch »harte und rücksichtslose Schläge gegen
   Deutschland«.
40 EA/DB, EB 80/160: Retzlaw an Loeb, 9. Dezember 1942.

men war.[41] Retzlaw begann seine Darstellung des deutschen Kommunismus mit dem Ersten Weltkrieg, als sich zwei Wege des Antiimperialismus herausbildeten: der marxistische, antikapitalistische und internationalistische der Rosa Luxemburg und der ins Nationalistische gewendete antiwestliche des Paul Lensch. Dessen Konzeption habe sich nach der Niederlage Deutschlands und infolge der Unterordnung unter die Politik Moskaus in der Weimarer Zeit durchgesetzt: Ablehnung des Versailler Vertrages, Rapallo, Ruhrbesetzung, Schlageter-Kurs, Young-Plan, bis die machtbesessene und korrupte Partei schließlich versucht habe, den Nationalismus der Nationalsozialisten zu übertreffen. Somit seien die deutschen Kommunisten nicht nur genauso kompromittiert wie die Sozialdemokraten, sondern auch noch mitschuldig an Hitlers Sieg.[42]

So erinnerte Karl Retzlaw an die Ursprungssünde des Ersten Weltkrieges, an den Beginn des Dreißigjährigen Krieges zwischen Deutschland und England, den Beginn der endlosen Kette von Katastrophen, an den Fluch der bösen Tat wie schon vor ihm Lord Vansittart.

---

41 Der Kulturbund setzte seine nationale Linie fort, welche die Widerstandsbewegung in Deutschland aufbauschte. Ein unglaublich dreistes Beispiel ist ein Flugblatt des »Allies inside Germany Council« und der »Free German League of Culture in Great Britain« vom Juli 1943, das über ein Zehn-Punkte-Programm einer illegalen deutschen Friedensbewegung berichtete, das auf einer geheimen Konferenz im Rheinland aufgestellt worden sein sollte (vgl. Labour History Archive [LHA], LP/JSM/INT/GER/8: »The German People at the Crossroads. The Ten-Point Programme of the illegal German Peace Movement«, Juli 1943). Im Zuge des Ehrenburg-Kurses formierte sich ein antideutscher Flügel in der KPD um Wilhelm Koenen, Siegbert Kahn und Karl Becker. Das Spiel mit verteilten Rollen funktionierte wie folgt: Der Kulturbund war national, die Kommunisten beschimpften die Deutschen und dazwischen war die Freie Deutsche Bewegung, die zwar viel von dem bevorstehenden Aufstand in Deutschland sprach, aber die Anerkennung der Oder-Neiße-Grenze zwischen Deutschland und Polen forderte. Zum Vansittartismus in der KP-Gruppe und ihres Organs *Freie Tribüne* vgl. Lieselotte Maas, »*Unerschüttert bleibt mein Vertrauen in den guten Kern des deutschen Volkes*«. *Der Kommunist Paul Merker und die Exil-Diskussion um Deutschlands Schuld, Verantwortung und Zukunft*, in: Thomas Koebner u.a. (Hrsg.), *Deutschland nach Hitler. Zukunftspläne im Exil und aus der Besatzungszeit 1939-1949*, Opladen 1987, S. 181-183.
42 Spartakus, *German Communists*, London 1944, S. 78.

Vom Volkssozialisten zum Antivolksimperialisten: Hans Jaeger

Der politische Lebensweg Hans Jaegers war einer mit vielen Kurven und Wendungen. Der Volkssozialist, Jahrgang 1899, trat nach dem Kriegsdienst im Dezember 1918 zunächst dem Spartakusbund bei, dann der KPD. Nach seinem Studium der Geschichte, Germanistik, Philosophie und Volkswirtschaft und Redaktionstätigkeiten in Nachrichtenagenturen übernahm er 1925 die Leitung des Marx-Engels-Verlags, zunächst im Frankfurter Institut für Sozialforschung, dann in Berlin. Innerhalb der KPD engagierte er sich im AgitProp-Bereich und hatte Kontakt zu nationalrevolutionären Kreisen. Nach der nationalsozialistischen Machtübernahme war Jaeger zur Fahndung ausgeschrieben und flüchtete im März 1933 nach Prag. Von den dreißiger Jahren an wies Jaeger immer wieder auf den bevorstehenden Einbruch des Nationalsozialismus in die Arbeiterklasse hin und glaubte, diesen durch die Integration nationaler und ständischer Elemente in eine neue deutsche Arbeiterbewegung bekämpfen zu können. Diese später von ihm entschieden abgelehnte Überzeugung führte Jaeger zeitweilig in die Nähe Wilhelm Sollmanns, Otto Strassers, Wenzel Jakschs, Hermann Rauschnings sowie des bündischen Hans Ebelings und weg von den Kommunisten. 1933 erfolgte sein Parteiaustritt und -ausschluß. Kurz darauf gründete Jaeger mit dem ehemaligen sozialdemokratischen Reichtstagsabgeordneten Arthur Arzt und dem Journalisten und Schriftsteller Max Cahén die »Volkssozialistische Bewegung«, um mit anderen nationalrevolutionären Kräften eine Volksbewegung gegen Hitler auf neuer Grundlage und nicht mehr allein auf der Klassenbasis zu organisieren.[43] Bevor aber das Volk bewegt wurde, zerstritten sich die Drei. Der Kreis um Jaeger führte den Namen weiter, betonte aber immer mehr demokratisch-sozialistische Elemente, brach die Verbindung mit den Nationalisten Jaksch und Strasser ab und achtete auf die Unabhängigkeit der Gruppe. In London, wohin Jaeger nach der Besetzung Prags via Polen und Dänemark im April 1939 gelangte, umfaßte seine Gruppe – die »Deutsche Volkssozialistische Bewegung« – immerhin 40 Mitglieder. Im September 1942 gründete Jaeger dazu als »volkssozialistische Frontorganisation« (Röder) den »Klub Konstruktivisten«, der sich in der Tradition Karl Liebknechts, Kurt Eisners, Gustav Landauers, Carl von Ossietzkys und Erich Mühsams präsentierte, so

---

43 Vgl. Werner Röder, *Die deutschen sozialistischen Exilgruppen in Großbritannien. Ein Beitrag zur Geschichte des Widerstandes gegen den Nationalsozialismus*, Hannover 1968, S. 65.

daß die Volkssozialisten als durchaus gewichtige Gruppe im Exil gelten konnten, obwohl sie nicht in die Union deutscher sozialistischer Organisationen aufgenommen worden waren.[44]

Daß die Volkssozialisten von der SPD zurückgewiesen wurden, lag kaum an ihren gesellschaftspolitischen Vorstellungen. Eher war die enge Beziehung zur polnischen Exilregierung ein Grund für die Distanz, sicher aber die Frontstellung, welche die Volkssozialisten gegen Nationalismus und »Volksimperialismus« – ein Imperialismus der alle sozialen Klassen und Schichten integriere – in London nach und nach bezogen. Der mühelos vollzogene Wandel von der Belebung nationaler Traditionen der Arbeiterbewegung zum Antinationalismus beziehungsweise vom Volkssozialismus zum Antivolksimperialismus war sicherlich drastisch, hatte aber zumindest eine gewisse Logik. Die Kontinuität im Jaegerschen Denken lag in der Ablehnung eines abstrakten Marxismus und in der Ablösung der Klasse zugunsten des »Volkes« als zentrale politische Kategorie. Zum einen brauchte die Entdeckung des Volksimperialismus für den Volkssozialisten keinen Bruch bedeuten. Denn wenn das Problem das Volk war, wenn also der Nationalsozialismus in allen Bevölkerungsschichten verankert war, so sehr auch graduelle Unterschiede vorliegen mochten, so mußte auch die Lösung aus dem Volk kommen beziehungsweise bei der Umerziehung des ganzen Volkes ansetzen. Gerade weil der Volksimperialismus hegemonial geworden war, mußte man Volkssozialist sein oder werden. Zum anderen führte sein Revisionismus Jaeger nicht in die Versuchung, von einem »kapitalistischen Krieg« zu sprechen. Die Konsequenz einer solchen Zuordnung wäre nach Jaeger die Verneinung einer spezifischen »deutschen Frage«[45] und – obwohl von den meisten orthodoxen Sozialisten nicht vollzogen – ein revolutionärer Defätismus gewesen. »Ich erinnere mich an das Pfui eines deutschen Trotzkisten, als er von der Burgfriedensparole der Labour Party hörte«, berichtete Jaeger in seinen Memoiren.

> Ich hörte von einem SAP-Mann in Frankreich, der erklärte, der Marxismus gebiete, den Feind im eigenen Lande, also in Frankreich zu suchen. Und ich konnte nicht umhin zu sagen, daß es ein Glück sei, wenn die Arbeiter jetzt nicht der marxistischen Parole, der Arbeiter

---

44 Ebd., S. 67.
45 IfZ, ED 210, Bd. 12: »Unpopuläre Gedanken. Ein Wort an Alt-Sozialisten und Neo-Nationalisten«, hrsg. von den Deutschen Volkssozialisten, Juli 1942.

habe kein Vaterland und müsse den Feind im eigenen Land suchen, folgten. Denn dann würde Hitler siegen.[46]

Weil er den Marxismus der alten Arbeiterbewegung ablehnte, konnte er den Nationalismus als eine »selbständige Kraft« erkennen:

> Der Marxismus konnte diese Kriegsursache aus dem deutschen Nationalismus, konnte diese Massenbewegung, deren Nationalismus unter sozialen Vorzeichen [...] entstand, konnte diesen Volksimperialismus nicht voraussehen.[47]

Zumindest durfte man den Volksimperialismus in Jaegers Augen nicht wegreden, so wie es weite Teile des Exils praktizierten – die Linken sogar mehr als die Bürgerlichen, die erleichtert waren, noch andere Schuldige als sie selbst präsentiert zu bekommen. Den Prüfstein dafür, inwiefern dieses Exil für einen geistigen Neuanfang bereit war, sah Jaeger in der Haltung zur Abrüstung und zur Wiedergutmachung.[48] Wer also wie der Sozialdemokrat Victor Schiff eine »Blitz reconciliation« forderte, war von vornherein nicht als Gegner von Nationalismus und Militarismus anzuerkennen.[49] Insgesamt vermißten die Volkssozialisten »mehr Takt« im Umgang mit den Opfern Nazi-Deutschlands.[50] In der Debatte über den Nationalismus bemerkte Jaeger eine »besondere Reizbarkeit«, weil den meisten Emigranten »die seelische Situation, den Krieg auf der anderen Seite zu erleben, über die Kraft ging«.[51] Die Abwehrreaktionen der Deutschen, so Jaeger, gründete auf ein beleidigtes Nationalgefühl, das blind gemacht habe für die Realitäten und ihre Hintergründe. Die Angst der Linken vor einem neuen Versailler Vertrag sei hinzugekommen, die sich allmählich in einen Verfolgungswahn gesteigert habe, in »eine hysterische Angst, daß man durch ungünstige außenpolitische Verhältnisse wieder um die innenpolitische Chance gebracht« werde. Aber in dieser Weise hätte sich die Exillinke »zum Sklaven des Nationalismus« gemacht.[52] Ihre Propaganda sei deshalb im Grunde darauf hinausgelaufen, »um mildernde Unstände für Deutschland zu plädieren, Deutschland damit einen besseren Frieden zu sichern und sich auf diese Weise eines Tages in Deutschland gegen den Vorwurf

---

46 Ebd., Bd. 1: »Memoiren eines Emigranten«, S. 257.
47 IfZ, ED 210, Bd. 12: »Die Massenbasis des Hitlerregimes«, Juli 1942.
48 Ebd., Bd. 10: VS 8 (1942), »Zur Diskussion über die deutsche Frage«.
49 Ebd.: VS 56 (Oktober 1943), »Verschiedenes«.
50 Ebd.: VS 16 (August 1942), »Mehr Takt«.
51 Ebd., Bd. 1: »Memoiren«, S. 337.
52 Ebd.: S. 340 f.

ungenügender ›nationaler Haltung‹ zu schützen«.[53] Nicht zuletzt sei die Debatte mit einer Intoleranz ausgetragen worden, »die leider in deutschen Dingen so häufig ist«.[54]

Betrachteten sich Hans Jaeger und die Volkssozialisten zwar als politische Gegner der Stampfers und Schiffs, so waren sie damit noch nicht die Genossen der Loebs und Geyers. Sie waren wie Lehmann-Rußbüldt und Retzlaw Sympathisanten und sahen sich selbst als »dritte Front«. Sie stimmten FFF in der Analyse der Sozialdemokratie, des marxistischen Lagers, der Linken, in der Betonung der nationalistischen Tendenzen im deutschen Volk, in der Beurteilung der Opposition und in der Forderung nach Wachsamkeit zu. Dennoch mißfielen den Volkssozialisten einige Elemente der FFF-Politik und -Argumentationsweise. Erstens gehe die proalliierte Einstellung von FFF so weit, alles hinzunehmen. Zweitens sei die Gruppe »überheblich wie masochistisch wie resigniert, pessimistisch, negativ und destruktiv«.[55] Sie sei drittens »typisch sozialdemokratisch«, nämlich undynamisch, uneinheitlich und auf die Labour Party fixiert. Auch eine Ähnlichkeit mit den Kommunisten unterstellte Jaeger: »Sie nuancieren nicht. Die Kommunisten taten das in der sozialen Sphäre und sprachen von ›Sozialfaschismus‹, [...] und die Loeb-Leute sprechen von Nationalismus«, wo man von Mangel an Kritik und politischer Reife sprechen sollte.[56]

Was war nun der Nationalsozialismus für die Volkssozialisten? Wie sah das Verhältnis von Faschismus, Nationalismus, Sozialismus in dieser neuen Gesellschaftsformation aus? Jaeger analysierte den Nationalsozialismus in erster Linie als radikalen Nationalismus: »Der Nationalismus ist der Oberbegriff. Der Nationalsozialismus ist nur eine, seine letzte, seine teuflischste, sadistischste, grausamste Ausdrucksform.«[57] Aber er formulierte praziser: »Nazis und Faschisten haben den Nationalismus sozial untermauert.«[58] Die Frage, die dieser Aussage unausgesprochen zu Grunde lag, war, wie es der Nationalsozialismus geschafft hatte, das »Teufelswerk« zu vollbringen, eine gesamte Gesellschaft mit ihren Klassenspaltungen in seinen Staat zu integrieren und eine Art

---

53 Ebd., Bd. 11: VS 63 (Juni 1944), »Deutsche Propaganda unter den Alliierten«.
54 Ebd., Bd. 1: »Memoiren eines Emigranten«, S. 343.
55 Ebd., Bd. 10: VS 19/43 (Mai), »Unser Verhältnis zu Loeb«.
56 Ebd.: VS 21 (Oktober 1942), »Zur SPD-Antwort auf Gollancz-Wonderland«.
57 Ebd.: VS 4/43, »Das Verhältnis von nationalsozialistisch und deutsch«.
58 Ebd., Bd. 31: »Begriffsanalyse Faschismus – Nazismus«, S. 7.

»Volksimperialismus« zu entfesseln.[59] Der Faschismus-Begriff konnte die soziale Kohäsion nur mit Terror erklären, eine Analyse, welche die Volkssozialisten nicht überzeugte. Die Integrationsleistung bestand für Jaeger darin, daß der Nationalismus die Bürger für den Sozialismus und der Sozialismus die Arbeiter für den Nationalismus entschädigt habe. Ein sozial motivierter Nationalismus – »das war die neue Kombination aus nationalistisch und sozialistisch, anstatt aus nationalistisch und kapitalistisch beziehungsweise internationalistisch und sozialistisch«. Jaeger entwickelte eine Herrschaftsanalyse, die das Neuartige des Nationalsozialismus betonte. Die neue Qualität galt aber nur für die inneren Verhältnisse des Reiches. In der außenpolitischen Perspektive sah er dagegen wie alle Vansittartisten die Kontinuitäten zu Weimar und Kaiserreich stärker ausgeprägt als das qualitativ Neue:

> Die Zielsetzungen der früheren Regime waren die gleichen. Sie wurden nur im Kaiserreich mit unzulänglichen Methoden, mit einem nicht bis zu den letzten Konsequenzen dressierten Volk, mit Halbheiten, mit undynamischen Menschen, mit einem Rest von Hemmungen verfolgt.[60]

Nun aber war die Disziplin durch Hingabe, Überzeugung und Fanatismus ersetzt und dort, wo diese fehlten, mit der Loyalität von Mitgefangenen und Mitgehangenen des volksimperialistischen Projekts.

Eine ungewöhnliche Perspektive wählte Jaeger in der Beschreibung des »deutschen Problems«. Hier wartete er mit einem Cocktail an Faktoren auf, die allesamt völlig untypisch für linke Analysen waren. Jaeger zählte vier Momente auf, die er jeweils für sich alleine als ziemlich unerheblich betrachtete, deren Zusammenwirken aber »das Problem unserer Tage« konstituiere: Erstens liege Deutschland im Herzen Europas, zweitens habe Deutschland eine riesige Einwohnerzahl; dazu komme drittens die große deutsche Organisationsfähigkeit und viertens das psychische Moment der deutschen Unrast und Unzufriedenheit.[61] Imperialismus und Faschismus könne es überall geben, aber nur in Deutschland sei durch das Zusammenkommen des geographischen, bevölkerungspolitischen, technischen und völkerpsychologischen Faktors ein Problem entstanden, vor dem höchste Wachsamkeit geboten

---

59 IfZ, ED 210, Bd. 10: VS 23 (Oktober 1942), »Betrachtungen über die innerdeutsche Opposition und die Möglichkeit einer deutschen Revolution«.
60 Ebd.: VS 4/43, S. 2.
61 Ebd., Bd. 10: VS 1/43 (Januar 1943), »Das Problem unserer Tage«.

sei. Vor allem der psychologische Faktor beschäftigte Jaeger. Er übernahm den in dieser Zeit häufig bemühten Zusammenhang von Minderwertigkeitskomplex und Überwertigkeitskomplex gegenüber den slawischen Völkern, kleinen Nationen und Nichteuropäern.[62] Er arbeitete sich an deutschen Selbstbildern des armen, immer betrogenen Volkes oder des deutschen Michels ab, die zu einem regelrechten Verfolgungswahn geführt hätten. Er bedauerte die Indifferenz gegenüber der Freiheit und den Untertanengeist, der alles hinnehme und alles ausführe.

Wie bei den meisten deutschen Sympathisanten Lord Vansittarts war bei Jaeger die Moral das Movens zum Dissens mit der sozialdemokratischen Community. In der Debatte um die Schuldfrage an Nationalsozialismus und Krieg ließen die Volkssozialisten die These, der Terror sei schuld, daß es in Deutschland zu keinem Widerstand gegen das Regime komme, nicht gelten: Man könne zwar Menschen durch Terror zwingen zu arbeiten und auch zu kämpfen, »aber man kann sie niemals zwingen, gut zu arbeiten und gut zu kämpfen«.[63] Der innenpolitische Terror der Nationalsozialisten beweise keineswegs, daß der Widerstand enorm groß sei, sondern nur, daß die Nazis allein regieren wollten.

> Die Schuld des deutschen Volkes liegt in der Solidarität der Anständigen mit den Mördern, der Friedlichen mit den Verbrechern, die sofort einsetzt, wenn es sich um die sogenannten deutschen Belange handelt.[64]

Diesen Schutz nicht zu gewähren, die nationale Gemeinschaft mit den Rechtsbrechern aufzukündigen, sah Jaeger als eine wesentliche Aufgabe des Exils an, ja als Ausdruck einer patriotischen Haltung: »Indem wir an unserem Land Kritik üben, dienen wir unserem Land am besten.«[65] Wer jetzt die Verantwortlichkeit für die nationalsozialistischen Verbrechen ablehne, unterstütze diejenigen, welche die Deutschen in einem Status der politischen Unreife halten wollten, und förderten damit einen neuen Nationalismus. Jaeger bewegte sich zwischen Patriotismus und Kollektivscham einerseits und dem Willen andererseits, ge-

---

62 So unter anderem auch von Vansittart in seinem Buch *Lessons of My Life*, New York 1943, S. 164.

63 Ebd., Bd. 10: VS 42/43 (August 1943), »Der Terror ist es ›schuld‹«, S. 1.

64 Ebd., Bd. 10: VS 28a/43 (Juni 1943), »Referat Bernhard Menne über Reducation«.

65 Ebd.: VS 64 (Juni 1944).

gen den nationalen Strom zu schwimmen und für die Zerschlagung Nazideutschlands auch die notwendigen Mittel nicht zu scheuen. Ja, er war der Überzeugung, daß beides zusammengehörte, sollte eine radikale geistige Erneuerung glücken: Um deutscher Patriot zu sein, mußte man antideutsch im Sinne Lord Vansittarts sein.

Otto Lehmann-Rußbüldt, Karl Retzlaw und Hans Jaeger waren drei Intellektuelle, die einen gewissen Abstand zu den Weimarer politischen Parteien hielten, die in London ein Refugium gefunden hatten, nicht zuletzt, weil sie diese Parteien für den Aufstieg der Nationalsozialisten mitverantwortlich machten. Schon diese kritische Sicht auf die Vorgeschichte des Nationalsozialismus machte sie für Lord Vansittarts Ansichten über den fest verwurzelten Nationalismus in der politischen Kultur Deutschlands empfänglich. Lehmann-Rußbüldt stand für eine Tradition der nichtmarxistischen Linken, die eine moralische Erneuerung nach dem Ersten Weltkrieg vergeblich angeprangert hatte; Retzlaw, der sich noch immer in den Fußstapfen Luxemburgs, Liebknechts und Levis bewegte, für die Tradition des Spartakusbundes; und Hans Jaeger für eine Konzentration auf das Volk als Bezugspunkt politischen Denkens und Handelns, die sich zunächst in der Hoffnung auf eine Volksrevolution gegen Hitler im Volkssozialismus und während des Krieges, nachdem offensichtlich war, daß eine solche Erhebung Wunschdenken war, in der These vom Volksimperialismus äußerte. Lehmann-Rußbüldt, Retzlaw und Jaeger verdeutlichten, daß Sympathie mit Vansittarts Sache kein Gesetz kannte. Schon die deutschen Mitglieder von Fight for Freedom hielt kein gemeinsames gesellschaftspolitisches oder erkenntnistheoretisches Band zusammen. Es war der Wille, Deutschland militärisch vollständig zu besiegen und geistig zu erneuern; es war die Annahme, für eine Erneuerung der geistigen Verfassung der deutschen Nation bedürfe es auch einer Selbstkritik des vermeintlich anderen, besseren Deutschlands; es war die Empörung über die tatsächlichen oder vermeintlichen Ausweichmanöver gegen diese Selbstkritik im deutschen Exil; und es war ein rigoros vorgetragener moralischer Impetus, daß die Sicherheit und das Wohlergehen der Opfer Deutschlands vor dessen zukünftigen Interessen zu stehen hätten, die sie ins Lager der Vansittartisten getrieben hatte. Die Kritik der Rede vom »anderen Deutschland« war in den Augen der Sympathisanten Vansittarts der erste Schritt, um einen als verhängnisvoll gedeuteten deutschen Sonderweg zu verlassen. Sie war eine der von Lehmann-Rußbüldt geforderten »Taten«, damit »das deutsche Volk« – wie es Carl Herz ausgedrückt hatte – »in den politischen Weltzusammenhang, aus dem es durch eine unheilvolle Entwicklung hinausgelangt ist, wieder eingefügt werden« kann.[66] Die geforderte »innere Angleichung an den Westen« bedurfte einer Distanzierung von der nationalen Loyalität, zu der auch das Bekenntnis zum »anderen Deutschland« gezählt wurde, und die Suche nach einem neuen geistigen, moralischen und politischen Standpunkt.

66 International Institut for Social History, Amsterdam, NL Herz, A.I.56: Carl Herz an Loeb, 10. Februar 1942.

Frank-Lothar Kroll

Das Deutschlandbild Werner Bergengruens im Spiegel seiner Tagebücher

Exil und ›Innere Emigration‹ – lange Zeit sind diese beiden Erlebnis-größen von der historischen wie auch von der literaturwissenschaft-lichen Forschung in strikter Trennung, ja in bewußter Entgegensetzung zueinander thematisiert worden, so als handle es sich dabei um zwei Phänomene von absoluter Inkommensurabilität. In den 1950er und frühen 1960er Jahren galten die Autoren der ›Inneren Emigration‹[1] weithin als Repräsentanten eines »besseren Deutschlands«, während die Exilanten vielfach pauschal in die Nähe einer Art »Fünften Kolonne Moskaus« gerückt wurden und damit aus dem anti-totalitären Kon-sens der Adenauerzeit herauszufallen drohten.[2] In den 1970er und 1980er Jahren hingegen hatten sich die Urteilsmaßstäbe nahezu umge-kehrt: Jetzt galten die nach 1933 in Deutschland lebenden und arbei-tenden Schriftsteller als Träger einer »affirmativen«, bei aller vermeint-lichen Distanz zum Regime Hitlers letztlich doch systemkonformen Haltung, während die Exilautoren als Vertreter der moralisch saube-ren, klar antifaschistischen und im Übrigen auch ästhetisch-qualitativ höherwertigen Position erschienen.[3] Erst in den 1990er Jahren haben

---

1 Zur Wortgeschichte vgl. Gisela Berglund, *Einige Anmerkungen zum Be-griff der Inneren Emigration*, Stockholm 1974. Als Alternativ-Begriffe die-nen der literaturwissenschaftlichen Forschung der 1990er Jahre Wortprä-gungen wie z.B. »regimekritische Literatur« oder »Literatur der Zwischen-reich-Autoren«.

2 Vgl. Die repräsentative Darstellung von Herbert Wiesner, »*Innere Emigra-tion*«. *Die innerdeutsche Literatur im Widerstand 1933-1945*, in: Her-mann Kunisch (Hrsg.), *Handbuch der deutschen Gegenwartsliteratur*, München 1965, S. 695-720; ähnlich Harald von Koenigswald, *Die Gewalt-losen. Dichtung im Widerstand gegen den Nationalsozialismus*, Herborn 1962.

3 Repräsentativ für diese Haltung z.B. Franz Schonauer, *Deutsche Literatur im Dritten Reich. Versuch einer Darstellung in polemisch-didaktischer Ab-sicht*, Olten/Freiburg 1961; Ernst Loewy, *Literatur unterm Hakenkreuz. Das Dritte Reich und seine Dichtung. Eine Dokumentation*, Frankfurt am Main 1969; Horst Denkler / Karl Prümm (Hrsg.), *Die deutsche Literatur im Dritten Reich. Themen, Traditionen, Wirkungen*, Stuttgart 1976; Ralf Schnell, *Literarische Innere Emigration 1933-1945*, Stuttgart 1976; Ralf

sich die Auffassungsunterschiede in der Forschung wieder stärker an-
genähert.[4] Eine Reihe neuerer Untersuchungen und Sammelbände stellte
nun Repräsentanten der ›Inneren Emigration‹ und des Exils in vergleichender Perspektive einander gegenüber[5] und regte dabei eine noch-

Schnell, *Dichtung in finsteren Zeiten. Deutsche Literatur und Faschismus*,
Reinbek 1998.

4 Vgl. hierzu vor allem die Forschungen von Günter Scholdt, *Autoren über
Hitler. Deutschsprachige Schriftsteller 1919-1945 und ihr Bild vom »Führer«*, Bonn 1993; Günter Scholdt, *»Ein Geruch von Blut und Schande?«
Zur Kritik an dem Begriff und an der Literatur der Emigration im Innern*,
in: *Wirtschaft und Wissenschaft*, Jg. 2, 1994, S. 23-28; Günter Scholdt,
*Heiße Eisen. Ostdeutsche Schriftsteller und ihr Umgang mit heiklen The-
men im Dritten Reich*, in: Frank-Lothar Kroll (Hrsg.), *Deutsche Autoren
des Ostens als Gegner und Opfer des Nationalsozialismus. Beiträge zur
Widerstandsproblematik*, Berlin 2000, S. 13-44; Günter Scholdt, *Deutsche
Literatur und »Drittes Reich«. Eine Problemskizze*, in: Frank-Lothar Kroll
(Hrsg.), *Die totalitäre Erfahrung. Deutsche Literatur und Drittes Reich*,
Berlin 2003, S. 13-34; vgl. ferner Friedrich Denk, *Die Zensur der Nachgeborenen. Zur regimekritischen Literatur im Dritten Reich*, Weilheim
1995; Friedrich Denk, *Regimekritische Literatur im Dritten Reich. Eine
Problemskizze*, in: Frank-Lothar Kroll (Hrsg.), *Wort und Dichtung als Zufluchtsstätte in schwerer Zeit*, Berlin 1996, S. 11-33; Friedrich Denk, *»Das
Buch muß abgelehnt werden«. Notizen zu Gertrud Fusseneggers »Moh-
renlegende«*, in: Frank-Lothar Kroll (Hrsg.), *Grenzüberschreitungen. Festschrift für Gertrud Fussenegger*, München 1998, S. 157-169; wichtig sodann Ekkehard Blattmann, *Waren Reinhold Schneider und Jochen Klepper
Faschisten? Oder: Christliche Dichter im literarhistorischen Elend*, in: Lothar Bossle (Hrsg.), *Wirkungen des Schöpferischen. Festschrift für Kurt
Herberts zum 85. Geburtstag*, Würzburg 1986, S. 213-219; Heidrun Ehrke-Rotermund / Erwin Rotermund, *Zwischenreiche und Gegenwelten.
Vorstudien zur »Verdeckten Schreibweise« im »Dritten Reich«*, München
1999; vgl. bereits Heidrun Ehrke-Rotermund / Erwin Rotermund, *Literarische Innere Emigration und literarischer Widerstand*, in: Viktor Žmegač
(Hrsg.), *Geschichte der deutschen Literatur vom 18. Jahrhundert bis zur
Gegenwart*, Bd. 3/1 (1918-1945), Königstein/Ts. 1984, S. 355-384; neuerdings auch Horst Denkler, *Was war und was bleibt? Versuch einer Bestandsaufnahme der erzählenden Literatur aus dem »Dritten Reich«*, in:
Zeitschrift für Germanistik, Neue Folge, Jg. 9, 1999, S. 279-293; eine aktuelle Forschungsskizze jetzt bei Frank-Lothar Kroll, *Kultur, Bildung und
Wissenschaft im 20. Jahrhundert*, München 2003, S. 78 f.

5 Vgl. zuletzt Annette Schmollinger: *»Intra muros et extra«. Deutsche Literatur im Exil und in der Inneren Emigration*, Heidelberg 1999; ferner Günter

malige Neubewertung des Phänomens ›Innere Emigration‹ an. Im Rahmen dieser derzeit noch in vollem Gang befindlichen Neubewertung[6] wurde nicht nur eine spezifische Form von »Modernität« sichtbar, die manchen Erzeugnissen der Literaturlandschaft des ›Dritten Reichs‹ unzweifelhaft zuzusprechen ist.[7] Darüber hinaus wurden auch ästhetische Gemeinsamkeiten, formale Verwandtschaften und inhaltliche Parallelen im Blick auf Exilautoren wie auf »innerdeutsche« Schriftsteller gleichermaßen diagnostiziert, die es der historischen und literaturwissenschaftlichen Forschung nahelegen, »die sterilen moralischen Aufrechnungen zwischen innerer und äußerer Emigration zu den Akten zu legen«[8].

Einen starken Impuls erhielt der mit alledem in Gang gekommene wissenschaftliche Perspektivenwechsel mit der vielbeachteten Publikation des *Geheimreports* von Carl Zuckmayer, welcher in seinen 1943/44 entstandenen Charakterskizzen über führende Persönlichkeiten des deutschen Kulturlebens, die während des ›Dritten Reichs‹ in Deutschland geblieben waren, für einen fairen Umgang mit »jene[n] Kreise[n] des deutschen Volkes« plädierte, »die nie hinter Hitler standen, sondern selbst seine ersten Opfer waren«.[9] Und der Emigrant Zuckmayer stellte dabei ausdrücklich immer wieder die spezifischen Umstände

Scholdt, »*Den Emigranten nach aussen entsprechen die Emigranten im Innern.« Kasacks Diktum und die Kritik an einem Begriff*, in: Helmut John / Lonny Neumann (Hrsg.), *Hermann Kasack – Leben und Werk. Symposium 1993 in Potsdam*, Frankfurt am Main 1994, S. 99-109.

6 Vgl. zuletzt Günter Scholdt, *Kein Freispruch zweiter Klasse. Zur Bewertung nichtnazistischer Literatur im »Dritten Reich«*, in: *Zuckmayer-Jahrbuch*, Bd. 5, 2002, S. 127-177.

7 Vgl. z.B. Sebastian Graeb-Könneker, *Autochthone Modernität. Eine Untersuchung der vom Nationalsozialismus geförderten Literatur*, Opladen 1996; Christine Caemmerer / Walter Delabar (Hrsg.), *Dichtung im Dritten Reich? Zur Literatur in Deutschland 1933-1945*, Opladen 1996; Hans Dieter Schäfer, *Kultur als Simulation. Das Dritte Reich und die Postmoderne*, in: Günther Rüther (Hrsg.), *Literatur in der Diktatur. Schreiben im Nationalsozialismus und DDR-Sozialismus*, Paderborn, München, Wien, Zürich 1997, S. 215-245; Walter Delabar / Horst Denkler / Erhard Schütz, *Banalität mit Stil. Zur Widersprüchlichkeit der Literaturproduktion im Nationalsozialismus*, Bern, Berlin, Frankfurt am Main, New York, Paris, Wien 1999.

8 Scholdt, *Autoren über Hitler*, a.a.O. (Anm. 4), S. 775.

9 Carl Zuckmayer, *Geheimreport*, hrsg. von Gunther Nickel und Johanna Schrön, Göttingen 2002, S. 11.

künstlerischer Artikulation in der Diktatur in Rechnung, die eine simple Alternative von »Dissens und Opposition« oder »Mitläuferschaft und Kollaboration« nicht zuließen, wie übrigens auch ein Blick auf die Modalitäten und Mechanismen nationalsozialistischer Literaturpolitik lehrt.[10] Zuckmayer urteilte dabei aus der Perspektive dessen, der nach 1933 bzw. 1938 den für ihn persönlich keineswegs leichten Gang ins amerikanische Exil angetreten hatte, sich gleichwohl seiner deutschen Heimat und den dort ausharrenden Freunden eng verbunden fühlte – eine Perspektive, die ihm trotz der räumlichen Ferne sehr differenzierte Urteile über die aktuelle Situation im ›Dritten Reich‹ und über die Möglichkeiten der hier weiterhin publizierenden Autoren nahelegte.

Werner Bergengruen (1892-1964) war einer jener im nationalsozialistischen Deutschland gebliebenen Autoren,[11] persönlich infolge seiner in Berlin verbrachten Jahre (1921-1925 und 1927-1936) mit Zuckmayer gut bekannt, und auch er hat, zeitgleich mit Zuckmayer, angesichts der Herausforderungen durch den Totalitarismus über Deutschland und die Deutschen nachgedacht. Er tat dies freilich nicht in seinen im ›Dritten Reich‹ erschienenen Buchpublikationen.[12] Hier pflegte er –

10 Darüber zuletzt umfassend Jan-Pieter Barbian, *Literaturpolitik im »Dritten Reich«. Institutionen, Kompetenzen, Betätigungsfelder*, überarbeitete und aktualisierte Ausgabe München 1995; Jan-Pieter Barbian, *Institutionen der Literaturpolitik im »Dritten Reich«*, in: Rüther, *Literatur in der Diktatur*, a.a.O. (Anm. 7), S. 95-129; ferner Siegfried Lokatis, *Hanseatische Verlagsanstalt. Politisches Buchmarketing im »Dritten Reich«*, in: *Archiv für Geschichte des Buchwesens*, Jg. 38, 1992, S. 1-189.

11 Eine moderne, heutigen wissenschaftlichen Ansprüchen genügende Biographie Bergengruens fehlt; ältere Überblicksdarstellungen bieten Günther Klemm, *Werner Bergengruen*, 4. Auflage, Wuppertal 1958; Werner Wilk, *Werner Bergengruen*, Berlin 1968; Hans Bänziger, *Werner Bergengruen. Weg und Werk*, 4. Auflage, Bern, München 1983; zuletzt Frank-Lothar Kroll, *Dichtung als Kulturvermittlung. Der Schriftsteller Werner Bergengruen*, Filderstadt 1997; für den Zusammenhang vgl. auch die spärlichen, aber sehr instruktiven autobiographischen Notizen bei Werner Bergengruen, *Bekenntnis zur Höhle. Autobiographisches Nachwort*, in: Werner Bergengruen, *Die Feuerprobe. Novelle* (1933), Neuausgabe Stuttgart 1973, S. 49-55; Werner Bergengruen, *Privilegien des Dichters*, Vorwort von Reinhold Schneider, mit Photos und vollständiger Bibliographie, 2., erweiterte Auflage, Zürich 1962; , Werner Bergengruen, *Schreibtischerinnerungen*, Zürich 1961; Werner Bergengruen, *Rückblick auf einen Roman*, Mainz 1961.

12 Insgesamt erschienen in der Zeit des ›Dritten Reichs‹ 28 Bergengruen-Titel; vgl. *Werkverzeichnis Werner Bergengruen*, in: Frank-Lothar Kroll (Hrsg.),

notgedrungen – eine parabelhafte, von der Technik indirekter Anspielungen und verdeckter Kritik »zwischen den Zeilen« geprägte Schreibweise – etwa in der 1937 erschienenen Novelle *Die drei Falken*, in der ein Krüppel zur Verkörperung humaner Gesinnung und weitherziger Lebensauffassung wird. Dies war in den Jahren staatlich durchgeführter Ermordung geistig und körperlich Behinderter ein bewußtes Zeichen, das auch als ein solches verstanden wurde. Ähnliche Zeichen setzten die zu jener Zeit veröffentlichten Romane Bergengruens: *Am Himmel wie auf Erden* (1940) – als großangelegte Schilderung der existentiellen Deformierung einer menschlichen Gemeinschaft unter dem Druck einer drohenden Katastrophe – sowie *Der Großtyrann und das Gericht* (1935), das wohl wichtigste Buch der ›Inneren Emigration‹ überhaupt –, als Parabel über den Mißbrauch der Macht in der Diktatur. Diese publizierten Werke bieten indes allesamt kaum Ansatzpunkte, um über das von Bergengruen in jenen Jahren vertretene Deutschlandbild gültige Aussagen treffen zu können. Solche Aussagen finden sich vielmehr in einem Quellenzeugnis besonderer Art, das bisher nur auswahlweise an verstreuten Stellen veröffentlicht wurde[13] und erst jetzt in

Flucht und Vertreibung in der Literatur nach 1945, Berlin 1997, S. 123 f. Die bisher einzige Monographie über Bergengruens Einstellung zum Nationalsozialismus von Albert J. Hofstetter, *Werner Bergengruen im Dritten Reich*, Diss. Freiburg/Schweiz 1968, ist wissenschaftlich mittlerweile überholt. Wichtig weiterhin die Darstellung von Bänziger, *Werner Bergengruen*, a.a.O. (Anm. 11), S. 7-29; zum Ganzen auch Dietrich A. Binder (Hrsg.), *Bergengruens Briefe nach Graz. Zur konservativen Opposition in der Kriegszeit*, in: *Österreich in Geschichte und Literatur*, Jg. 27, 1983, S. 281-306.

13 Vgl. Werner Bergengruen, *Aus gelegentlichen Aufzeichnungen*, in: Werner Bergengruen, *Das Geheimnis verbleibt*, Geleitwort von Ida Friederike Görres, Zürich 1952, S. 63-79; Werner Bergengruen, *Dichtung und Dichter*, in: ebd., S. 109-127; Werner Bergengruen, *Dichtergehäuse. Aus den autobiographischen Aufzeichnungen*, hrsg. von Charlotte Bergengruen, mit einem Nachwort von Emil Staiger, Zürich 1966; Werner Bergengruen, *Geliebte Siebendinge. Aus den nachgelassenen Aufzeichnungen*, ausgewählt und hrsg. von Charlotte Bergengruen, Zürich 1972; Werner Bergengruen, *Über Symbolik*, in: *Literaturwissenschaftliches Jahrbuch*, Neue Folge, Jg. 16, 1975, S. 1-7; Werner Bergengruen, *Genie und Talent*, in: ebd. Jg. 18, 1977, S. 1-11; Werner Bergengruen, *Von der Richtigkeit der Welt. Unzeitgemäße Zustimmung*, ausgewählt und eingeleitet von N. Luise Hackelsberger, Freiburg, Basel, Wien 1988; Werner Bergengruen, *Compendium Bergengruenianum. Aus den Aufzeichnungen 1940-1945*, in: *Internationale katholische Zeitschrift* »Communio«, Jg. 21, 1992, S. 540-544; Jg. 22, 1993, S. 91-96.

einer wissenschaftlich kommentierten Edition greifbar ist:[14] Werner Bergengruens autobiographische Aufzeichnungen, von ihm selbst *Compendium Bergengruenianum* genannt. In gewisser Weise bietet der ›Innere Emigrant‹ Bergengruen mit diesen Aufzeichnungen ein innerdeutsches Pendant zum Exilautor Zuckmayer und erweist sich diesem dabei in manchen Einschätzungen, Wertungen und Urteilen auf erstaunliche Weise als eng verwandt. Insofern können die Aufzeichnungen Bergengruens zur Rolle des Schriftstellers in der Diktatur einen vielleicht nicht unwichtigen Beitrag zur Vermittlung von Deutschlandbildern der »inneren« und »äußeren« Emigration leisten, wie dies seitens der literaturwissenschaftlichen Forschung schon seit einiger Zeit eingefordert worden ist.[15]

Bergengruen hat in seinen Aufzeichnungen das Verhältnis der ›Inneren Emigranten‹ zu den Exilautoren nachhaltig erörtert. Er hatte Verständnis und Mitgefühl für die nach 1933 aus Deutschland Geflohenen und empfand den Akt der Emigration als echte Charakterprobe[16] – auch wenn er für sich selbst einen solchen Schritt zu keiner Zeit ernsthaft erwogen hat.[17] Sein Verständnis für die Emigranten hinderte ihn indes nicht daran, den von ihm hochverehrten Thomas Mann[18] wegen dessen Reaktion auf jenen »offenen Brief« heftig zu kritisieren, den Walter von Molo 1945 an Thomas Mann mit der Aufforderung gerichtet hatte, nach Deutschland zurückzukehren, um am Wiederaufbau des deutschen Geisteslebens teilzunehmen. Thomas Mann hatte im

---

14 Werner Bergengruen, *Schriftstellerexistenz in der Diktatur. Aufzeichnungen und Reflexionen zu Politik, Geschichte und Kultur 1940-1943*, hrsg. von Frank-Lothar Kroll, N. Luise Hackelsberger und Sylvia Taschka, München 2004. Nach dieser Edition wird im Folgenden zitiert.

15 Vgl. Claus-Dieter Krohn / Erwin Rotermund / Lutz Winckler / Wulf Koepke (Hrsg.), *Aspekte der künstlerischen Inneren Emigration 1933-1945*, München 1994; neuerdings Winfrid Halder, *Sehnsucht nach universaler Gerechtigkeit. Zum Verhältnis von »Innerer Emigration« und Exil während des Dritten Reiches*, in: Kroll, *Die totalitäre Erfahrung*, a.a.O. (Anm. 4), S. 173-195.

16 Vgl. Bergengruen, *Schriftstellerexistenz in der Diktatur*, a.a.O. (Anm. 14), Nr. 123.

17 Bergengruen sprach zwar fließend Russisch, aber nur sehr schlecht Französisch und war des Englischen so gut wie gar nicht mächtig. Dies schloß, anders als im Falle Zuckmayers, einen Exilaufenthalt in den Vereinigten Staaten faktisch aus.

18 Vgl. Werner Bergengruen, *Zum Tode Thomas Manns* (1955), in: Werner Bergengruen, *Mündlich gesprochen*, Zürich 1963, S. 158-160.

Verlauf der sich daraus ergebenden Kontroverse die Vertreter der ›Inneren Emigration‹ pauschal denunziert – alle ihre Werke gehörten eingestampft![19] Aus einer solchen Sichtweise sprach für den von ihr unmittelbar betroffenen Bergengruen »Mangel an Takt, Augenmaß und Instinkt«, und er unterstellte Thomas Mann – hierin übrigens ähnlich wie Zuckmayer urteilend[20] – einen aus Doktrinarismus erwachsenden fehlenden Sinn für die realen politischen Gegebenheiten im Deutschen Reich nach 1933.[21]

Zunächst sollen einige allgemeine Bemerkungen den inhaltlichen Charakter und die formale Gestalt der Bergengruenschen Notate erhellen. Die Aufzeichnungen umfassen nicht nur die Jahre der nationalsozialistischen Gewaltherrschaft. Sie erstrecken sich vielmehr, von 1940 bis 1963 reichend, über fast ein Vierteljahrhundert deutscher Zeitgeschichte und bieten damit eine Fülle auch retrospektiver, das Epochenjahr 1945 weit hinter sich lassender Reflexionen über Deutschland und die Deutschen. Thematisch beziehen sich die Aufzeichnungen – insgesamt handelt es sich um 3679 handgeschriebene Seiten in 29 Kladden – nicht allein auf die konzeptionelle Auseinandersetzung des Autors mit Fragen und Problemen der europäischen Geschichte, der nationalsozialistischen Diktatur oder der Zukunft Deutschlands. Zunächst eher als Sammlung unzusammenhängender Überlegungen, Beobachtungen und Betrachtungen aus fast allen Bereichen des geistigen Lebens im Sinne eines Gedankentagebuchs begonnen, verdichten sich die Notate im Jahrfünft zwischen 1943 und 1947 zu grundsätzlichen, teilweise sehr umfänglichen Ausführungen über Probleme deutscher Zeitgeschichte nach 1933, um sich dann im Verlauf der 1950er und frühen 1960er Jahre wieder stärker der Niederschrift persönlicher Bekenntnisse, Erinnerungen und Begegnungen zu widmen.

In diesem Rahmen vermitteln die Aufzeichnungen mit ihrer Fülle prägnant formulierter Aphorismen, Sentenzen und Einsichten ein essayistisches Zeitpanorama von hohen Graden. Dabei hat sich Bergengruen selbst, seine Grenzen als Schriftsteller markierend, die Fähigkeit

---

19 Vgl. Thomas Mann / Frank Thieß / Walter von Molo, *Ein Streitgespräch über die äußere und die innere Emigration*, Dortmund 1946; J.F.G. Grosser (Hrsg.), *Die große Kontroverse. Ein Briefwechsel um Deutschland*, Hamburg, Genf, Paris 1963.
20 Vgl. Zuckmayer, *Geheimreport*, a.a.O. (Anm. 9), S. 460 f.
21 Vgl. Bergengruen, *Schriftstellerexistenz in der Diktatur*, a.a.O. (Anm. 14), Nr. 951.

zur Essayistik und zu »einläßlicheren Betrachtungen«[22] rundweg abgesprochen. Er könne zwar leidlich »Geschichten erzählen«; zur Ab-
fassung gedanklich-abstrakt oder gar systematisch disponierter Auslassungen habe er jedoch »einfach nicht Verstand genug«:[23] »Mein Leben
lang habe ich die Neigung gehabt, dem Geschehenen und Gewachse-
nen den Vorrang vor dem Behaupteten zuzuerkennen und mich lieber
von Tatsachen belehren als von Theorien und Konstruktionen beste-
chen zu lassen.«[24] Eine solche Selbsteinschätzung wird, angesichts des
im Folgenden näher darzulegenden Charakters der Bergengruenschen
Notate, weitgehend revisionsbedürftig sein.

Strittig ist bei alledem die literarische bzw. literaturwissenschaftliche
Zuordnung der Notate. Es ist nicht ganz unproblematisch, sie der
Gattung der Tagebücher zuzurechnen. Auch Bergengruen hat diesen
Begriff für seine Aufzeichnungen nicht verwendet, sondern sie zunächst
mit dem Titel *Allerleirauh* versehen. Da aber 1961 ein von Hans
Magnus Enzensberger herausgegebenes Buch unter diesem Rubrum erschien,[25] entschied er sich für die gelegentlich schon früher von ihm ge-
wählte Titulatur *Compendium Bergengruenianum* als Gesamtbezeich-
nung für alle Notate. Vergleicht man die Notizen mit anderen literarischen Tagebüchern aus der Zeit des ›Dritten Reichs‹,[26] etwa mit denen
von Emil Barth,[27] Ernst Jünger,[28] Reinhold Schneider,[29] Felix Hart-

22 Bergengruen, *Dichtergehäuse*, a.a.O. (Anm. 13), S. 214.
23 Ebd., S. 216; vgl. auch S. 195, 205 (»Theorieferne« und »Tendenzlosig-
keit« seiner Dichtung), S. 349: »[...] daß ich kein Systematiker bin und
mich auf die Sprache der Abstraktion wenig verstehe. Was zu mir – und
vielleicht auch aus mir – spricht, ist die Sprache der Anschauung, des Bildes, der Gestalt und des Symbols«.
24 Werner Bergengruen, *Die Antwort der Geschichte*, in: Kurt Ihlenfeld
(Hrsg.), *Die Stunde des Christentums. Eine deutsche Besinnung*, Berlin-
Steglitz 1937, S. 12.
25 Hans Magnus Enzensberger, *Allerleirauh. Viele schöne Kinderreime*,
Frankfurt am Main 1961.
26 Dazu allgemein Lothar Bluhm, *Das Tagebuch zum Dritten Reich. Zeugnisse der Inneren Emigration von Jochen Klepper bis Ernst Jünger*, Bonn
1991.
27 Emil Barth, *Lemuria. Aufzeichnungen und Meditationen*, Hamburg 1947.
28 Ernst Jünger, *Gärten und Straßen. Aus den Tagebüchern von 1939-1940*,
Berlin 1942; Ernst Jünger, *Strahlungen*, Tübingen 1949; Ernst Jünger, *Jahre
der Okkupation*, Stuttgart 1958.
29 Reinhold Schneider, *Tagebuch 1930-1935*, Redaktion und Nachwort von
Josef Rast, Frankfurt am Main 1983.

laub,[30] Friedrich Reck-Malleczewen,[31] Jochen Klepper,[32] Horst Lange,[33] Gerhard Nebel[34] oder Theodor Haecker,[35] so ist auffällig, daß Bergengruen, im Unterschied zu den genannten Autoren, in seinen Aufzeichnungen kaum jemals den Niederschlag konkreter politischer Tagesereignisse vermerkt. Dies mag, zumindest bis 1945, mit der für viele Diarien der ›Inneren Emigration‹ charakteristischen Neigung zusammenhängen, Vorgänge der aktuellen Tagespolitik entweder nicht zu thematisieren oder sie, aus Furcht vor Enttarnung und Entdeckung, nur in verschleiernder Weise zu schildern.[36] Das Ausweichen auf eine »private« Schreibform bot auch Bergengruen manche Gelegenheit, sich über die von Gerhard Nebel einprägsam geschilderte »Kerkersituation«[37] in der Diktatur innerlich hinwegzusetzen. Als »das letzte mögliche Gespräch in einem totalen Staat«[38] wurde das Tagebuch so zu einer Art persönlichen Überlebenshilfe und eröffnete vielen mit Veröffentlichungsverbot belegten Autoren der ›Inneren Emigration‹ eine Gelegenheit, die künstlerische Identität angesichts drückender alltäglicher politischer Herausforderungen relativ ungebrochen zu bewahren. Günter Scholdt rechnet die Gattung des Tagebuchs denn auch »zu den stärksten Literaturleistungen im Reich [...], [die] den retrospektiven

---

30 Felix Hartlaub, *Im Sperrkreis. Aufzeichnungen aus dem Zweiten Weltkrieg*, hrsg. von Geno Hartlaub, Hamburg 1955; Felix Hartlaub, *»In den eigenen Umriss gebannt«. Kriegsaufzeichnungen, literarische Fragmente und Briefe aus den Jahren 1939 bis 1945*, hrsg. von Gabriele Lieselotte Ewenz, 2. Bde., Frankfurt am Main 2002.

31 Friedrich Reck-Malleczewen, *Tagebuch eines Verzweifelten*, Lorch, Stuttgart 1947.

32 Jochen Klepper, *Unter dem Schatten deiner Flügel. Aus den Tagebüchern der Jahre 1932-1942*, hrsg. von Hildegard Klepper, Stuttgart 1956; Jochen Klepper, *Überwindung. Tagebücher und Aufzeichnungen aus dem Kriege*, hrsg. von Hildegard Klepper, Stuttgart 1958.

33 Horst Lange, *Tagebücher aus dem Zweiten Weltkrieg*, hrsg. und kommentiert von Hans Dieter Schäfer, Mainz 1979.

34 Gerhard Nebel, *Bei den nördlichen Hesperiden. Tagebuch aus dem Jahre 1942*, Wuppertal 1948.

35 Theodor Haecker, *Tag- und Nachtbücher 1939-1945*, München 1947; Theodor Haecker, *Tag- und Nachtbücher 1939-1945*, erste vollständige und kommentierte Ausgabe, hrsg. von Hinrich Siefken, Innsbruck 1989.

36 Vgl. Bluhm, *Tagebuch*, a.a.O. (Anm. 26), S. 285.

37 Nebel, *Bei den nördlichen Hesperiden*, a.a.O. (Anm. 34), S. 6.

38 Ernst Jünger, *Strahlungen I*, in: Ernst Jünger, *Sämtliche Werke. Erste Abteilung. Tagebücher. Bd. 2: Tagebücher II*, Stuttgart 1979, S. 4, 13.

Spott über angeblich leere Schubladen der inneren Emigration als ten-
denziöse Ahnungslosigkeit demaskieren«.[39]

Das Deutschlandbild des ›Inneren Emigranten‹ Werner Bergengruen,
wie es in seinen autobiographischen Notaten zutage tritt und für den
literarischen bzw. politischen Diskurs der 1940er und frühen 1950er
Jahre innerhalb Deutschlands von einiger Bedeutung gewesen ist, setzt
sich aus vielen verschiedenen Komponenten zusammen. Historische,
philosophische und theologische Überlegungen konstituieren es ebenso
mit, wie Gegenwartsdiagnosen und Zeitkritiken, Deutungen der Katastrophe des Nationalsozialismus oder kulturpessimistische Prognosen
über die zukünftige Entwicklungsrichtung Deutschlands und Europas
in »abendländischer« Perspektive.[40] Eine im engeren Sinne politische
Deutschlandkonzeption, ein konkretes Programm oder gar einen Plan
zur staatlichen Erneuerung Deutschlands hat Bergengruen bei alledem
nicht entworfen und auch nicht besessen. Eine derart programmatische
Haltung lief seinem Verständnis von der Rolle des Schriftstellers in der
Gesellschaft strikt zuwider und trennte ihn von der Position seines ihm
in vielem sonst so verwandten Freundes Reinhold Schneider.[41] Der
weitgespannte Themenkomplex »Deutschlandbilder bei Werner Bergengruen« präzisiert sich im Fokus dreier ausgewählter Leitmotive, deren
Abfolge sich aus dem Duktus wie auch aus der inhaltlichen Schwerpunktsetzung der Bergengruenschen Tagebücher selbst ergibt: (I) Deutungen des Nationalsozialismus; (II) Gegenwartsdiagnose und Zeitkritik; (III) Positionierungen Deutschlands in Europa vor und nach der
Katastrophe 1945.

39 Scholdt, *Kein Freispruch zweiter Klasse*, a.a.O. (Anm. 6), S. 176.
40 Vgl. für den Zusammenhang Heinz Hürten, *Der Topos vom christlichen
   Abendland in Literatur und Publizistik nach den beiden Weltkriegen*, in:
   Albrecht Langner (Hrsg.), *Katholizismus, nationaler Gedanke und Europa
   seit 1800*, Paderborn 1985, S. 131-154; ferner Axel Schildt, *Zwischen
   Abendland und Amerika. Studien zur westdeutschen Ideenlandschaft der
   50er Jahre*, München 1999.
41 Vgl. dazu jetzt Ekkehard Blattmann, *Reinhold Schneiders Ideenlaboratori-
   um. Notate aus dem »Freiburger Kreis« um Karl Färber und Reinhold
   Schneider*, in: Kroll, *Die totalitäre Erfahrung*, a.a.O. (Anm. 4), S. 267-301.

I. Deutungen des Nationalsozialismus

Zahlreiche Notate Bergengruens aus den ersten Wochen und Monaten nach dem Zusammenbruch des ›Dritten Reichs‹ geben nüchterne Antworten auf die jüngst wieder heftig diskutierte Frage, »wie aus Deutschen Nazis wurden«[42] und unterscheiden sich damit deutlich von jenen zahllosen emotional geprägten »Abrechnungen« mit Hitler, wie sie für das Genre der Rechtfertigungsliteratur unmittelbar nach 1945 so charakteristisch gewesen sind.[43] Während viele, ja die meisten dieser frühen Rechenschaftsberichte zum ›Dritten Reich‹ verständlicherweise ganz unter dem Gesichtspunkt moralischer Verdammung, apokalyptischer Dämonisierung und personalistischer Zuspitzung der Zeit von 1933 bis 1945 standen – paradigmatisch für eine solche Interpretationshaltung war Friedrich Meineckes 1948 mit großer Resonanz aufgenommene Buchveröffentlichung *Die deutsche Katastrophe* –, gelangte Bergengruen in seinen zeitgleich niedergeschriebenen Notaten zu einer erheblich differenzierteren, durchaus auch selbstkritischen Sicht. Von besonderer Bedeutung ist in diesem Zusammenhang die Betonung der unlöslichen Verschränkung von unbestritten verbrecherischen und dem Anschein nach gutwilligen Motiven in der nationalsozialistischen Ideologie, der Hinweis auf jenes – wie Bergengruen es nannte – »Gemisch von mala und bona fides«, das Erfolg und Anziehungskraft des Nationalsozialismus wie auch Verführbarkeit und schuldhaftes Verstricktsein der ihm Verfallenen, besonders in den Jahren vor 1939, wesentlich erklären hilft: »Der Nationalsozialismus« – so Bergengruen –

> ist nicht wie ein Blutregen vom Himmel gefallen [...] er hatte Gründe, Anstöße, Vorgeschichten [...] Mit der Zeit [...] wird man ihn affektloser untersuchen und [...] gewahr werden, daß zu diesem verwüstenden Strom sich die verschiedenartigsten Bäche vereinigt hatten; und keineswegs sind es nur trübe Sumpfgewässer gewesen [...] Der Nationalsozialismus hätte nie zur Herrschaft kommen können, wenn er von vornherein ausschließlich die niedrigsten Instinkte der Menschen angerufen hätte. Er gab den Hunderttausenden [...] etwas, das über ihr winziges privates Dasein hinausging, etwas, das

---

42 Peter Fritzsche, *Wie aus Deutschen Nazis wurden*, Zürich, München 1999.
43 Dazu explizit Thomas Koebner, *Die Schuldfrage. Vergangenheitsverweigerung und Lebenslügen in der Diskussion 1945-1949*, in: Thomas Koebner, *Unbehauste. Zur deutschen Literatur in der Weimarer Republik, im Exil und in der Nachkriegszeit*, München 1992, S. 320-351.

sie für einen höheren Lebensinhalt meinten halten zu dürfen. [...] Er war [...] ein Protest gegen den banalen Fortschrittsoptimismus und begründete [...] die Herrschaft der absoluten Banalität. Er war ein Protest gegen die Kollektivisierung, die er selber zur Glorie führen sollte. Er war ein Protest gegen Korruptionserscheinungen des öffentlichen Lebens, an deren Stelle er [...] eine verhunderttausendfachte Korruption setzte. Er war ein Protest des Elementaren gegen die [...] Normierung und Polizierung des Daseins, und es war eine grausige Ironie, daß er selber es sein mußte, der alle geschichtlich bekannten Beispiele der Normierung und Polizierung überboten hat.[44]

Für weitaus schwerwiegender als die anfängliche Anfälligkeit großer Teile der deutschen Bevölkerung gegenüber der nationalsozialistischen Ideologie erachtete Bergengruen – gerade mit Blick auf den gesellschaftlich-politischen Konsolidierungsprozeß im Nachkriegsdeutschland – den Umstand,

> daß der Kampf zwischen dem Nationalsozialismus und seinen deutschen Gegnern nicht ausgetragen worden ist. Der Nationalsozialismus wurde von außen her gestürzt. [...] Uns aber ist es nicht gelungen, den Feind zu Fall zu bringen. [...] Es hätte nicht gleich die Niederwerfung sein müssen: Schon das wäre von unschätzbarem Wert gewesen, wenn sich [...] irgendetwas gezeigt hätte, das einer spontanen Volkserhebung gleichgesehen hätte [...] Aber den folgsamen Deutschen fehlte der Befehl zur Befehlsverweigerung [...]. Und als die Alliierten schon zwei Kilometer vor dem Ortseingang standen, selbst da rührte sich niemand.[45]

Aus solchen, 1949 niedergeschriebenen Worten sprach selbstverständlich keine postume Relativierung oder gar moralische Diskreditierung des deutschen Widerstandes gegen Hitler. Bergengruen konnte sich selbst diesem Widerstand zurechnen. Er hatte von Anfang an keinerlei Sympathien für den Nationalsozialismus gehegt und – wie er es sah – aus Solidarität mit den Heimgesuchten (seine Frau war »Halbjüdin«) den nicht ungefährlichen und auf keinen Fall bequemeren Weg des Verbleibens im Land des Schreckens gewählt. Er hatte Widerstand auf

---

44 Bergengruen, *Schriftstellerexistenz in der Diktatur*, a.a.O. (Anm. 14), Nr. 811; vgl. auch Bergengruen, *Rückblick auf einen Roman*, a.a.O. (Anm. 11), S. 30 f., gegen eine Interpretation des Nationalsozialismus als homogenes Macht- bzw. Ideengebilde.

45 Bergengruen, *Schriftstellerexistenz in der Diktatur*, a.a.O. (Anm. 14), Nr. 1035.

seine Weise geleistet, nicht freilich in offener literarischer Kritik, sondern vor allem in Gedichten, die er in hektographierter Form eigenhändig verteilte und verschickte, darin den Methoden der Widerstandsgruppe »Die Weiße Rose« verwandt, mit deren Mitgliedern der seit 1936 in München lebende Bergengruen in relativ engem Kontakt stand.[46] Aber gerade deshalb erschien ihm der in den Aufbaujahren der Bundesrepublik vielfach zur Funktion einer konsensstiftenden Geschichtslegende für das neue Staatswesen relativierte und instrumentalisierte Umgang mit dem deutschen Widerstand problematisch. Zahlreiche Notate Bergengruens aus der Zeit nach 1949 belegen das unmißverständlich.

Den antitotalitären Konsens der westdeutschen Nachkriegszeit indes hat Bergengruen in seinen Aufzeichnungen vollauf mitgetragen. Es war für den im Widerstand zum Regime Hitlers Gefestigten selbstverständlich, eine klare Trennungslinie zwischen Faschismus und Nationalsozialismus zu ziehen, ersteren als spezifisch westeuropäischen antidemokratischen Gestus zu empfinden, welcher »im Gegensatz zum Nationalsozialismus so viele Elemente der Mäßigung in sich trug«,[47] den Nationalsozialismus hingegen – neben dem Bolschewismus und mit diesem zusammen – als einen der beiden einander strukturell verwandten Zweige totalitären Denkens zu entlarven.[48] Nationalsozialismus und Bolschewismus erschienen Bergengruen als zwei von gleichgearteten Wesens- und Wirkprinzipien gelenkte Systeme, deren Werdegang in parallelen Entwicklungsbahnen verlief: zunächst die Verabsolutierung einer Idee, danach die Ablösung des Idealen durch das Opportune.

Ein erreichter Zustand soll bewahrt werden [...] dergleichen hat nichts mehr mit der Idee zu tun, alles dagegen mit dem Wunsche nach Zustandsbewahrung, als deren Werkzeug nun die Idee erscheint. Als Charakteristikum der nächsten Phase stellt sich das [...] unaufhaltsame Entweichen aller über den vermeintlichen Vorteil hinausgehenden Gedankenelemente dar [...] Die [...] verhüllenden

---

46 Dazu jetzt N. Luise Hackelsberger, *Das Wort als Waffe. Werner Bergengruen, Carl Muth und der Kreis um die Zeitschrift »Hochland« im Dritten Reich*, in: Kroll, *Die totalitäre Erfahrung*, a.a.O. (Anm. 4), S. 103-116.

47 Bergengruen, *Schriftstellerexistenz in der Diktatur*, a.a.O. (Anm. 14), Nr. 1066; vgl. auch ebd., Nr. 1105, über die relative Harmlosigkeit des italienischen Nationalismus: »Was sein fascistisches Aufflammen gefährlich machte, war doch nur die deutsche Freundschaft.«

48 Zur Wesensverwandtschaft von Nationalsozialismus und Bolschewismus vgl. ebd., Nr. 1066, 1398.

Ideenschleier werden rissig. Endlich plagt sich, von ein paar hiermit beauftragten Halbsubalterner abgesehen, niemand mehr mit Flick-versuchen.[49]

Mit alledem wird die Erfahrung des Totalitarismus – »rechter« wie »linker« Provenienz gleichermaßen – für Bergengruen zum konstituie-renden Moment seiner Zeitkritik, seiner Gegenwartsdiagnosen wie auch seiner Zukunftsprognosen – und zugleich zum ausschlaggeben-den Merkmal, das aus seiner Sicht die eigene Zeit von allen vorher-gehenden Geschichtsepochen schied.

II. Gegenwartsdiagnose und Zeitkritik

Bergengruen hat seine eigene Gegenwart, das Zeitalter der Ideologien, unter dem Aspekt eines fundamentalen Epochenwechsels gedeutet, einer Zeitwende, deren Ausmaß den Grad eines »normalen« geschichtlichen Wandels weit übertraf und nur mit den ganz großen Umbrüchen in der Entwicklungsgeschichte der Menschheit verglichen werden konnte. »Womit wir es zu tun haben, das ist«, so notierte er 1945, »der tiefste Einschnitt unserer Geschichte seit der Berührung der germanischen Völker mit der mediterranen Kultur, das heißt also: seit dem Beginn unserer eigentlichen Geschichte überhaupt.«[50] Bergengruen ging hier nicht so weit wie Ernst Jünger, der, wenige Jahre später, in seiner ge-schichtsphilosophischen Reflexion *An der Zeitmauer* für das 20. Jahr-hundert einen globalen Epochensprung konstatierte, welcher mit menschheitsgeschichtlichen Maßstäben nicht mehr zu fassen war, eine gleichsam aus der historischen Umlaufbahn hinausführende Bewegung markierend, die nicht nur einen Abschnitt der Geschichte beendete, sondern »Geschichte« selbst fragwürdig erscheinen ließ.[51] Für Bergen-

---

49 Ebd., Nr. 1146.
50 Bergengruen, *Dichtergehäuse*, a.a.O. (Anm. 13), S. 122; vgl. auch ebd., S. 175: »[...] der Beginn eines neuen Zeitalters«.
51 Vgl. Ernst Jünger, *An der Zeitmauer*, Stuttgart 1959; ferner Ernst Jünger, *Der Weltstaat. Organismus und Organisation*, Stuttgart 1960, S. 22 f. (Ende der »humanen« Epoche der Menschheitsgeschichte); Ernst Jünger, *Annäherungen. Drogen und Rausch*, Stuttgart 1970 (Sämtliche Werke, Bd. 11. Essays V. Stuttgart 1978), S. 282 f.; Jünger spricht in diesem Zusammenhang von einem »großen Übergang« (S. 298, 306, 307); vgl. auch Ernst Jünger, *Vom Ende des geschichtlichen Zeitalters*, in: *Martin Heidegger zum siebzigsten Geburtstag. Festschrift*, Pfullingen 1959,

gruen vollzog sich der Wandel noch innerhalb der Geschichtszeit, besaß gleichwohl Dimensionen, die eine Inbezugsetzung zu früheren Epochenzäsuren – 1815, 1789, 1648, 1517, 1492, 800, 476 – schlechterdings ausschlossen. Was sich im 20. Jahrhundert vollzogen hatte, erschien als historischer Kontinuitätsbruch, »für welche[n] die Vergangenheit keine Analogien mehr bietet«.[52] Noch das 19. Jahrhundert stand in einem relativ ungebrochenen Zusammenhang mit allen vorangegangenen Jahrhunderten abendländischer Geschichtsentwicklung. Es war, so Bergengruen, kein Jahrhundert »für sich«, sondern »das Abschlußjahrhundert einer großen Zeitperiode, die [jedoch] von den jetzigen Tagen [des Dichters eigener Gegenwart also] durch unüberbrückbare, unausfüllbare Klüfte getrennt ist«.[53]

Die Erfahrung solchen Gezeitenwechsels konzentrierte sich bei Bergengruen – wie könnte es anders sein – auf den Erlebnisgehalt der deutschen Geschichte im 20. Jahrhundert und auf die Präzedenzlosigkeit der nach 1933 bzw. 1939 von Deutschland ausgehenden und ganz Europa in den Untergang treibenden Verbrechen. »Tatsächlich«, so notierte der Dichter im letzten Kriegsjahr 1945, »gibt es zu dem, was wir erlebt haben, und noch erleben, innerhalb der abendländischen Sphäre keine Vergleichspunkte«.[54] Die Herrschaft des Nationalsozialismus hatte das Kontinuitätsband deutscher Geschichte unwiederbringlich zertrennt und eine Kluft zur Vergangenheit aufgerissen, die auch in Zukunft nicht mehr ausgefüllt oder überbrückt werden konnte – wobei der Nationalsozialismus, wie auch sein ideologisches Pendant, der sowjetische Bolschewismus, einmal mehr als einander verwandte Ausprägungsformen totalitärer Tendenzen der Moderne galten,[55] ver-

---

S. 309-341 (Gegenwart als Zeit kosmischer Wandlungen, in denen ein Äon durch einen neuen abgelöst wird). – Eine Theorie vom Ende des bürgerlichen Zeitalters hatte Jünger bereits in seiner 1932 erschienenen Schrift *Der Arbeiter. Herrschaft und Gestalt* entwickelt; zum Ganzen Hans-Peter Schwarz, *Der Konservative Anarchist. Politik und Zeitkritik Ernst Jüngers*, Freiburg i. Br. 1962, S. 87 ff., sowie Frank-Lothar Kroll, *Utopie als Ideologie. Geschichtsdenken und politisches Handeln im Dritten Reich*, 2. Aufl. Paderborn, München, Wien, Zürich 1999, S. 35 ff., 293 ff.

52 Bergengruen, *Schriftstellerexistenz in der Diktatur*, a.a.O. (Anm. 14), Nr. 1309.

53 Ebd., Nr. 1500.

54 Ebd., Nr. 761.

55 Zur Wesensverwandtschaft von Nationalsozialismus und Bolschewismus vgl. auch Werner Bergengruen, *Zum Geleit*, in: Rudolf Pechel, *Zwischen den Zeilen. Der Kampf einer Zeitschrift für Freiheit und Recht 1932-1942*.

standen als Vorläufererscheinungen für derzeit noch unbekannte, in jedem Fall aber bedrohliche und unheilverkündende Entwicklungsperspektiven für die nähere und fernere Zukunft.

In solchen Äußerungen artikulierte sich eine entschieden resignative Grundstimmung, und derart resignative Stimmungen waren beim späten Bergengruen keine Ausnahmeerscheinung. Eine konstante Lektüre des *Compendium Bergengruenianum* zeigt den Autor vielmehr immer wieder als einen mit kulturpessimistischen Reflexionen Beschäftigten – ein Befund, der dem geläufigen Bild Bergengruens als Lobsängers ewiger Ordnungen, heiler Welten und positiver Lebensbezüge keineswegs entspricht. Äußerungen optimistischer Daseinsbejahung werden in den Aufzeichnungen aus dem letzten Lebensjahrzehnt vollkommen überlagert von sorgenvollen Zukunftsprognosen, schrillen Szenarien einer bevorstehenden »Totalherrschaft des Durchschnitts«,[56] vom Bild atomarer Katastrophen,[57] rigider Menschenzüchtungen[58] und absoluten Freiheitsentzugs für den Einzelnen.[59] »Schon heute« – so Bergengruen Ende der 1950er Jahre –

> scheint es ausgemacht, daß die Zukunft nichts kennen wird, als die Totalität, und es wird wenig Unterschied machen, ob man von totaler Demokratie oder von totalem Autoritätsstaat spricht. Denn den Verlockungen, die an die Menschheit herantreten, [...] kann erfolgreich nur innerhalb von Totalsystemen nachgegeben werden. Wer heute aktiv in der Politik steht, der kämpft entweder für etwas, das auch ohne seine Hilfe sich verwirklichen wird, oder gegen etwas, das er nicht aufzuhalten vermag. Man bedarf seiner höchstens, damit kurzlebige Spielregeln für Übergangszeiten geschaffen werden.[60]

Aufsätze, Wiesentheid 1948, S. 14 f.; zu entsprechenden Positionen und Erkenntnissen der aktuellen vergleichenden Totalitarismusforschung vgl. zusammenfassend Detlef Schmiechen-Ackermann, *Diktaturen im Vergleich*, Darmstadt 2002; ferner Hans Maier / Michael Schäfer (Hrsg.), *»Totalitarismus« und »Politische Religionen«. Konzepte des Diktaturvergleichs*, Bd. 1-3, Paderborn, München, Wien, Zürich 1996-2002; Eckhard Jesse (Hrsg.), *Totalitarismus im 20. Jahrhundert*, Bonn 1996; zuletzt Hans Maier, *Deutungen totalitärer Herrschaft 1919-1989*, in: *Vierteljahrshefte für Zeitgeschichte*, Jg. 50, 2002, S. 349-366.
56 Bergengruen, *Dichtergehäuse*, a.a.O. (Anm. 13), S. 381.
57 Vgl. ebd.
58 Vgl. Bergengruen, *Schriftstellerexistenz in der Diktatur*, a.a.O. (Anm. 14), Nr. 1242.
59 Vgl. ebd., Nr. 1244.
60 Ebd., Nr. 1243.

Derart kulturpessimistische Sichtweisen rückten Bergengruen an die Seite jener modernitätskritischen Autoren, die sich als Gegenströmung zum Weimarer Zeitstil der »Neuen Sachlichkeit« schon in den 1920er und frühen 1930er Jahren vernehmlich artikuliert hatten[61] und über die Ära des ›Dritten Reichs‹ hinweg bis in die 1960er Jahre einen maßgeblichen Platz im literarischen Leben auch der frühen Bundesrepublik behaupten konnten.[62] Die von den Autoren dieser Richtung vertretene Position zeichnete sich durch eine Betonung christlich-humanistischer Wertmaßstäbe aus, eine an »abendländischen« Überlieferungszusammenhängen orientierte Haltung, die, anders als die Vertreter der literarischen Avantgarde, konservative, um Anknüpfung an die kulturellen Traditionsbestände Alteuropas bemühte Strategien zur Lösung der Gegenwartskrise entwickelten.[63]

Konservative Kritik an den als negativ empfundenen Erscheinungsformen der Moderne – Entpersönlichung und Verbürokratisierung, Rationalisierung und Entmythisierung, Technisierung, Nivellierung und Vermassung – durchzieht denn auch weite Teile der Bergengruenschen Notate, vor allem jene aus den späten 1940er Jahren. Bergengruens Einschätzung der eigenen Gegenwart vollzog sich ganz von der Warte des konservativen »Abendländers«, der die drohende Totalisierung aller Lebensbereiche[64] als fundamentale Herausforderung für die überlieferte und gerade im Widerstand gegen die Diktatur bewährte

---

61 Dazu erhellend Ulrike Haß, *Militante Pastorale. Zur Literatur der antimodernen Bewegungen im frühen 20. Jahrhundert*, München 1993; vgl. ferner bereits maßgeblich Hans Dieter Schäfer, *Die nichtnationalsozialistische Literatur der jungen Generation im Dritten Reich*, in: Hans Dieter Schäfer, *Das gespaltene Bewußtsein. Über deutsche Kultur und Lebenswirklichkeit 1933-1945*, 3. Auflage, München, Wien, S. 7-54.

62 Vgl. Hans Dieter Schäfer, *Zur Periodisierung der deutschen Literatur seit 1930*, in: Hans Dieter Schäfer, *Das gespaltene Bewußtsein*, a.a.O. (Anm. 61), S. 55-71.

63 Eine umfassende Untersuchung zu dieser Autorengruppe der »anderen Moderne« zählt zu den dringendsten Desideraten der gegenwärtigen literaturwissenschaftlichen Forschung; vgl. neuerdings Daniel Hoffmann, *Die Wiederkunft des Heiligen. Literatur und Religion zwischen den Weltkriegen*, Paderborn, München, Wien, Zürich 1998, bes. S. 42 ff., 84-90; für den Zusammenhang auch Thomas Rohkrämer, *Eine andere Moderne? Zivilisationskritik, Natur und Technik in Deutschland 1880-1933*, Paderborn, München, Wien, Zürich 1999.

64 Vgl. Bergengruen, *Schriftstellerexistenz in der Diktatur*, a.a.O. (Anm. 14), Nr. 1154, 1247, 1328.

alteuropäische Werteordnung empfand. Die Verlagerung des Handlungsschwergewichts von der selbstverantwortlichen Persönlichkeit auf anonyme Ausschüsse und Kollektive;[65] das hemmungslose Emporwuchern staatlicher Bürokratien und Apparaturen;[66] der omnipotente Automatismus undurchschaubarer Verwaltungsmaschinerien;[67] Schablonisierung, Normierung und Nivellierung des gesellschaftlichen Beziehungsgefüges[68] – die mit alledem zutage tretende Zeitdiagnose[69] ist gekennzeichnet durch eine teilweise geradezu fatalistisch anmutende Haltung[70] und zeigt Bergengruen auch hier in Übereinstimmung mit zahlreichen kulturkonservativen Autoren der frühen Bundesrepublik, die im Rückgriff auf unveränderliche, allen Wandlungen der Zeit enthobene Daseinskräfte den einzigen Ausweg aus der Krise der Gegenwart erblickten.[71]

Zahlreich waren in diesem Zusammenhang Zeugnisse, die Bergengruen als eine »auf Maß, Bestand und Dauer angelegt[e]« Natur auswiesen,[72] als einen Mann der »Kontinuität«[73] und des »Kontinuums«,[74] »der Entwicklungen, nicht der [...] Brüche«.[75] »Versuche, die Welt aus den Angeln zu heben, haben mich nie gelockt. Wichtig und

---

65 Vgl. Bergengruen, *Von der Richtigkeit der Welt*, a.a.O. (Anm. 13), S. 52.

66 Vgl. ebd., S. 62; Bergengruen, *Dichtergehäuse*, a.a.O. (Anm. 13), S. 192; Bergengruen, *Schriftstellerexistenz in der Diktatur*, a.a.O. (Anm. 14).

67 Vgl. Bergengruen, *Dichtergehäuse*, a.a.O. (Anm. 13), S. 411

68 Vgl. ebd., S. 267; Bergengruen, *Geliebte Siebendinge*, a.a.O. (Anm. 13), S. 100; Bergengruen, *Von der Richtigkeit der Welt*, a.a.O. (Anm. 13), S. 56.

69 Dazu explizit Frank-Lothar Kroll, *Geschichtserfahrung und Gegenwartsdeutung bei Werner Bergengruen*, in: Kroll, *Wort und Dichtung als Zufluchtsstätte in schwerer Zeit*, a.a.O. (Anm. 4), S. 45-63.

70 Bergengruens »Fatalismus« – nur der sein Schicksal Suchende und bewußt Annehmende galt ihm als wahrhaft »frei« – ist auch in den meisten seiner größeren Prosawerke als prägendes Formprinzip präsent; vgl. Elisabeth Sobota, *Das Menschenbild bei Bergengruen. Einführung in das Werk des Dichters*, Zürich 1962; Hans Bänziger, *Das Menschenbild bei Werner Bergengruen*, in: Kroll, *Wort und Dichtung als Zufluchtsstätte in schwerer Zeit*, a.a.O. (Anm. 4), S. 37-44.

71 Dazu demnächst aus zeitgeschichtlicher Perspektive Frank-Lothar Kroll (Hrsg.), *Die kupierte Alternative. Konservatismus in der Bundesrepublik Deutschland*, Berlin 2005.

72 Bergengruen, *Dichtergehäuse*, a.a.O. (Anm. 13), S. 70.

73 Ebd., S. 206.

74 Werner Bergengruen, *Der dritte Kranz*, Zürich 1962, S. 541.

75 Bergengruen, *Von der Richtigkeit der Welt*, a.a.O. (Anm. 13), S. 46.

tröstlich war mir immer der Blick auf die Angeln, in denen sie sich bewegt und doch ruht.«[76] Überlieferung und Dauer,[77] Konventionen und gesicherte Maßstäbe[78] – das waren die Fixpunkte, von denen aus Bergengruens konservative Zeitkritik ihre Orientierungen bezog. Mit einer bestimmten politischen Haltung oder gar der Anhängerschaft an eine politische Partei hatte all dies wenig zu tun.[79] Überhaupt war Bergengruens Konservativismus in einem weitaus geringeren Maße »politisch« als etwa derjenige Reinhold Schneiders. Zwar finden sich auch bei Bergengruen einzelne Versatzstücke einer konservativen politischen Theorie: Lob der Ungleichheit,[80] Insistieren auf aristokratische Haltung,[81] positive Einstellung zur monarchischen Staatsform[82] bei gleichzeitiger Kritik an den Auswüchsen demokratischer Massenherrschaft.[83] Doch erlangten derartige Bekundungen niemals den Rang einer geschlossenen politischen Theorie.

Welche staatliche Organisationsform für Deutschland konnte einer solchen Weltsicht gemäß sein?

76 Bergengruen, *Aus gelegentlichen Aufzeichnungen*, a.a.O. (Anm. 13), S. 63.

77 Vgl. Bergengruen, *Dichtergehäuse*, a.a.O. (Anm. 13), S. 358; Bergengruen, *Von der Richtigkeit der Welt*, a.a.O. (Anm. 13), S. 22.

78 Vgl. Bergengruen, *Dichtergehäuse*, a.a.O. (Anm. 13), S. 286.

79 Ausdrücklich wendet sich Bergengruen gegen die »krähwinkeligen Karikatur[en] im Stile der deutschnationalen Patentpatrioten Hugenbergscher Richtung« (Bergengruen, *Schriftstellerexistenz in der Diktatur*, a.a.O. [Anm. 14], Nr. 1362) und gegen dogmatisch fixierte Parteiprogramme, »diese Verzerrung und Verfälschung des Konservatismus« (Bergengruen, *Aus gelegentlichen Aufzeichnungen*, a.a.O. [Anm. 13], S. 93).

80 Vgl. z.B. Bergengruen, *Von der Richtigkeit der Welt*, a.a.O. (Anm. 13), S. 54 f., 116.

81 Vgl. Bergengruen, *Schriftstellerexistenz in der Diktatur*, a.a.O. (Anm. 14), Nr. 1239.

82 »Die Monarchie hat sich meistens als ein Bollwerk gegenüber totalitären Strömungen gezeigt«; Bergengruen, *Schriftstellerexistenz in der Diktatur*, a.a.O. (Anm. 14), Nr. 1321. Bergengruen teilte diese dezidiert royalistische Haltung mit seinem Freund Reinhold Schneider, aber auch mit anderen zeitgenössischen Autoren wie Jochen Klepper, Wilhelm Hausenstein, Rudolf Borchardt oder Friedrich Reck-Malleczewen.

83 Vgl. z.B. Bergengruen, *Dichtergehäuse*, a.a.O. (Anm. 13), S. 412 f.: »Die Demokratie ist für mich keine Weltanschauung, sondern ein Zustand – man könnte auch sagen: eine Geschichtsperiode«, ein »derzeit freilich nicht zu entbehrende[r] Notbehelf«.

III. Positionierungen Deutschlands in Europa
vor und nach der Katastrophe 1945

Wie bei vielen vor allem katholischen Autoren der ersten Jahrhundert-hälfte erschien auch bei Bergengruen in den späten 1930er Jahren zu-nächst noch das »Reich« im Licht einer idealen, historisch und zugleich überzeitlich allgemeingültigen Ordnungsform.[84] Bereits in der ersten, 1932 veröffentlichten Ausgabe seines Reisebuches *Baedeker des Her-zens* bekannte Bergengruen: »Europa hat keine größere Idee hervorge-bracht, als die des Römischen Reiches: das irdische Reich als Vorform des Gottesreiches.«[85] Der 1937 erschienene Gedichtband *Der Ewige Kaiser* potenzierte und präzisierte derartige Reichsvisionen, beschwor im Bild des Kaisers die göttliche Rechtsordnung gegen Unrecht und Tyrannei und stellte dem Zerrgebilde des ›Dritten Reichs‹ die Sehn-suchtsgestalt des »Heiligen« Römisch-deutschen Reiches entgegen.[86] In

84 Dazu noch immer maßgeblich Klaus Breuning, *Die Vision des Reiches. Deutscher Katholizismus zwischen Demokratie und Diktatur (1929-1934)*, München 1969; vgl. ferner Lothar Kettenacker, *Der Mythos vom Reich*, in: Karl Heinz Bohrer (Hrsg.), *Mythos und Moderne. Begriff und Bild einer Rekonstruktion*, Frankfurt am Main 1983, S. 261-289; Jost Her-mand, *Der alte Traum vom neuen Reich. Völkische Utopien und National-sozialismus*, Frankfurt am Main 1988; Herfried Münkler, *Das Reich als politische Vision*, in: Peter Kemper (Hrsg.), *Macht des Mythos – Ohn-macht der Vernunft?*, Frankfurt am Main 1989, S. 336-358; Rolf Peter Sie-ferle, *Die konservative Revolution und das »Dritte Reich«*, in: Dietrich Harth / Jan Assmann (Hrsg.), *Revolution und Mythos*, Frankfurt am Main 1992, S. 178-205; zuletzt Frank-Lothar Kroll, *Die Reichsidee im National-sozialismus*, in: Franz Bosbach / Hermann Hiery / Christoph Kampmann (Hrsg.), *Imperium, Empire, Reich. Ein Konzept politischer Herrschaft im deutsch-britischen Vergleich*, München 1999, S. 179-196, sowie im größe-ren Rahmen Michael Essig, *Europäische Identitätsfindung. Das Reich als europäische Vision*, Hildesheim, Zürich, New York 1999.
85 Werner Bergengruen, *Baedeker des Herzens. Ein Reiseverführer*, Berlin 1932, S. 252.
86 Vgl. dazu Werner Bergengruen, *Der ewige Kaiser* (1937), 2. Auflage Graz 1951, S. 76, ferner Werner Bergengruen, *Deutsche Reise*, Berlin 1932, S. 17 f., 47, 53, 61, 69 (Reich als Abbild des Gottesreiches), S. 78 f.; zu Bergen-gruens Reichsmystik der 1930er und 1940er Jahre vgl. N. Luise Hackels-berger, *Werner Bergengruen. Zum neunzigsten Geburtstag des Dichters*, in: *Mendelssohn-Studien*, Jg. 5, 1982, S. 168 f., N. Luise Hackelsberger, *Werner Bergengruen im Dritten Reich*, in: Hinrich Siefken / Hildegard

den autobiographischen Aufzeichnungen der frühen 1940er Jahre setzte sich diese Sichtweise zunächst ungebrochen fort – wobei Bergengruen nicht nur das mythisch verklärte »Sacrum Imperium« des Mittelalters im Blick hatte, sondern auch die Spätformen des Alten Reiches im 17. und 18. Jahrhundert, einschließlich der nachfolgenden universal-abendländischen Ordnungssysteme des 19. Jahrhunderts: Heilige Allianz,[87] Deutscher Bund,[88] föderalistische und gesamteuropäische Verfassungsstrukturen.[89]

Diese pointierte Artikulationsform der Reichsidee hat Bergengruen nach dem Zweiten Weltkrieg nicht mehr gepflegt. Wohl dagegen erschien ihm bis in die 1960er Jahre hinein das »Alte Reich« weiterhin als Idealbild der staatlichen Verfaßtheit Deutschlands. Dies galt gerade auch im Unterschied zum kleindeutschen Kaiserreich von 1871, für dessen Erscheinungsbild Bergengruen zumeist nur tadelnde Worte aufzubringen vermochte. Allzu anmaßend wirkten auf ihn die Manifestationen »neudeutschen« Nationalgefühls, eines Nationalgefühls, das »Ausländern [...] nichts zu verdanken haben wollte«[90] und das wie in einem negativ fokussierenden Brennspiegel die »schlechte« Seite des janusköpfigen deutschen Wesens zur Entfaltung kommen ließ: ruhelose Geschäftigkeit,[91] Schwanken zwischen extremen Alternativen,[92] lakaienhafte Untertanengesinnung.[93]

Deutlich drückte sich in solchen Urteilen die erhöhte Sensibilität des Balten gegenüber gewissen Erscheinungsformen des »reichsdeutschen« Nationalcharakters aus – des Balten, der niemals verwinden konnte, warum »einem abstrakten Vaterlandsbegriff die konkrete, so geliebte

---

Viereгg (Hrsg.), *Resistance to National Socialism. Kunst und Widerstand. Forschungsergebnisse und Erfahrungsberichte*, München 1995, S. 73 f.

87 Vgl. Bergengruen, *Schriftstellerexistenz in der Diktatur*, a.a.O. (Anm. 14), Dokument Nr. V.

88 Vgl. ebd., Nr. 539.

89 Vgl. Bergengruen, *Aus gelegentlichen Aufzeichnungen*, a.a.O. (Anm. 13), S. 96.

90 Bergengruen, *Schriftstellerexistenz in der Diktatur*, a.a.O. (Anm. 14), Dokument Nr. V.

91 Vgl. Bergengruen, *Aus gelegentlichen Aufzeichnungen*, a.a.O. (Anm. 13), S. 96.

92 Vgl. Bergengruen, *Schriftstellerexistenz in der Diktatur*, a.a.O. (Anm. 14), Nr. 739: »Bald wurde jede deutsche Größe bespien, bald jeder deutsche Speichel als Größe ausgerufen«.

93 Vgl. Bergengruen, *Dichtergehäuse* a.a.O. (Anm. 13), S. 159.

Heimat geopfert werden mußte«,[94] und der, wurzelnd im konservativen
Traditionsboden Alteuropas, den Nationalismus stets als revolutionäre
Entartungserscheinung der Moderne empfunden und verurteilt hat.[95]
Immer wieder hat der von Hause aus an den Umgang mit Angehörigen
fremder Volksgruppen und Nationalitäten, an das Nebeneinander
deutscher und russischer, lettischer und estnischer Kultur gewöhnte
Autor die ihm so unbekömmliche Haltung bewußt herausgekehrten
Deutschtums registriert und kommentiert – so etwa in einer Tagebuch-
notiz aus dem Jahr 1943:

> Das Sprichwort ›Lieber den Bauch verrenkt, als was dem Wirt ge-
> schenkt‹ ist sehr deutsch. Deutsch ist der Zug zur unbedingten Aus-
> nutzung des Gebotenen. [...] Ich erinnere mich einer Dichtertagung,
> bei der viele Teilnehmer sich mit den Zigarren und Zigaretten, die
> bei den einzelnen gesellschaftlichen Veranstaltungen auslagen, die
> Taschen füllten. Wo der Durchschnittsdeutsche an einen schwedi-
> schen oder russischen Imbißtisch gerät, da sättigt er sich schlau
> lächelnd an den überreichlich zur Auswahl stehenden Vorspeisen ge-
> gen einen Pauschalpreis, dessen verhältnismäßige Geringfügigkeit
> von der Voraussetzung bestimmt ist, der Gast werde ein paar Vor-
> speisen wählen und sich im Übrigen an die nachfolgenden Haupt-
> gerichte halten. Von Russen und Balten wurde das Auskosten des
> Menüs bis zur letzten Kartoffel immer als spezifisch reichsdeutsch
> empfunden. Läßt man in einem deutschen Wirtshaus etwas übrig, so
> wird man gefragt, ob es einem nicht geschmeckt habe. Denn es gilt
> als selbstverständlich, daß man, was einmal bezahlt wird, auch über
> die Sättigungsgrenze hinunterzwingt. Dieser Zug ist ebenso wie der
> Neid aus den engen und gedrückten Verhältnissen zu erklären, in
> denen der Deutsche durch so lange Strecken seiner Geschichte zu

94 Bergengruen, *Von der Richtigkeit der Welt*, a.a.O. (Anm. 13), S. 21; zu den
    typisch »baltischen« Aspekten in Bergengruens Werk vgl. J. Birznieks, *Die
    Bedeutung des baltischen Hintergrunds in Werner Bergengruens Erzählun-
    gen*, in: Acta Baltica, Jg. 10, 1970, S. 157-209; Günter Wirth, *Das Balti-
    sche bei Bergengruen und das Sarmatische bei Bobrowski*, in: *Der
    Deutschunterricht*, Jg. 47, 1994, S. 486-491; Zur Differenz zwischen »bal-
    tischer« und »reichsdeutscher« Gesinnung in diesem Zusammenhang vgl.
    Waltraut Rosenberg, *Deutsch-baltische und reichsdeutsche Wesensart als
    Ergebnis historischer Entwicklung*, in: Waltraut Rosenberg, *Baltisch-deut-
    sche Kulturbeziehungen. Aufsätze zum 18. und frühen 19. Jahrhundert*,
    hrsg. von Gerhard Lüpkes, Wedemark 1996, S. 109-115.
95 Vgl. Bergengruen, *Dichtergehäuse*, a.a.O. (Anm. 13), S. 411 f.

Hause gewesen ist. Würden ihm aber durch ein Wunder diese Verhältnisse erweitert und erhoben, so würden vermutlich diese Züge nicht verschwinden, sondern ins Große gehen und die schrecklichsten Mißverhältnisse bilden.[96]

In den Zusammenhang solcher Wertungen gehört auch die Tatsache, daß Bergengruen die Verhängnisspur der deutschen Geschichte mit Otto von Bismarck beginnen ließ,[97] und daß er infolgedessen den Untergang der von Bismarck geschaffenen Großmacht »Deutsches Reich« im Jahr 1945 mit der Hoffnung auf einen auch weltpolitisch fundamentalen Neubeginn verband. Noch im letzten Kriegsjahr hatte er seinem Wunsch nach einem Staaten- und Völkersystem Ausdruck verliehen, »das die partikularen Kräfte bindet, ohne sie zu fesseln, die Uneinsichtigen belehrt, ohne sie zu zertrümmern, die Widerstrebenden nötigt, ohne ihnen das Stachelgefühl erlittener Vergewaltigung zu hinterlassen«.[98] Bereits im zweiten Nachkriegsjahr jedoch waren Träume und Illusionen solcher Art zerstoben. Sie wichen vielmehr der Ernüchterung, der Enttäuschung und dem Gefühl, »die entscheidende Gelegenheit zur Neufassung der Welt«[99] schon wieder versäumt und weder eine Korrektur obsolet gewordener Grenzen, noch eine Überwindung nationaler Egoismen, noch gar die Schaffung eines gesamtabendländischen Aktionsraumes erreicht zu haben – von einer moralischen

96 Bergengruen, *Schriftstellerexistenz in der Diktatur*, a.a.O. (Anm. 14), Nr. 273.
97 Bergengruen spricht immer wieder von Bismarck als einem »Reichsverderber«.
98 Ebd., Nr. 457; vgl. in diesem Zusammenhang auch den leidenschaftlichen Appell zur Gewinnung eines erneuerten Menschenbildes bei Werner Bergengruen, *Im Anfang war das Wort* (1947), in: Werner Bergengruen, *Mündlich gesprochen*, a.a.O. (Anm. 18), S. 321 f.; Werner Bergengruen, *Das Wandelbare und das Unvergängliche in unserer Zeit* (1947), in: ebd., S. 383, 386 f.
99 Bergengruen, *Schriftstellerexistenz in der Diktatur*, a.a.O. (Anm. 14), Nr. 832: »Alles, was jetzt geplant, eingeleitet, unternommen wird, geht vom Festhalten an den alten Souveränitäts-, Grenz- und Nationalbegriffen aus. Inmitten des Krieges war man unvergleichlich weiter«; Bänziger, *Werner Bergengruen*, a.a.O. (Anm. 11), S. 26, spricht im Zusammenhang vom »Verschwinden jener Hoffnungen, die auf Verwirklichung drängen« um 1950 von »Bergengruens Altersrealismus«; für den zeitgeschichtlichen Zusammenhang vgl. auch Thomas Koebner / Gert Sautermeister / Sigrid Schneider (Hrsg.), *Deutschland nach Hitler? Zukunftspläne im Exil und aus der Besatzungszeit 1939-1945*, Opladen 1987

Erneuerung oder einer geistigen Wende, wie Bergengruen sie zusammen mit Reinhold Schneider und anderen in Deutschland ausharrenden Schriftstellern 1945 für möglich gehalten hatte, ganz zu schweigen. Hier, im Blick auf ein gemeinschaftliches Beklagen versäumter Chancen und nicht realisierter Alternativen bei der Neugestaltung Deutschlands und Europas, wäre ein Anhaltspunkt gegeben, um die Autoren der ›Inneren Emigration‹ und jene des Exils aus heutiger Sicht in vergleichender Perspektive gegenüberzustellen und in mancherlei Positionen einander anzunähern. Aber das böte Stoff für eine eigene Untersuchung.

Dirk Walter

Der tägliche Kram – ein Deutschlandkonzept?

Erich Kästners Beitrag zur Reeducation 1945-1948[1]

Bei Erich Kästner ein Deutschland*konzept* ausmachen zu wollen, mag – auf den ersten Blick – erklärungsbedürftig erscheinen. Lohnt der Versuch bei einem Autor, dessen Werk vor 1945 von pessimistischen Diagnosen nur so strotzt? Hatte er nicht schon 1931 sein Gedicht *Die Entwicklung der Menschheit*[2] mit dem resignativen Fazit enden lassen, auch nach Millionen Jahren seien wir letztlich »noch immer die alten Affen«, ethisch unveränderbar und – so in seinem Gedicht *Das letzte Kapitel*[3] – bestenfalls zur globalen Selbstvernichtung fähig? Ist angesichts solcher Texte über die scheinbar unverbesserliche »Dummheit« und »Bosheit«

---

1   Zu Kästner nach 1945 gibt es mittlerweile eine ganze Reihe von Darstellungen. Die meines Erachtens kenntnis- und materialreichsten enthalten die Biographien von Franz Josef Görtz / Hans Sarkowicz, *Erich Kästner. Eine Biographie*, München 1998, besonders S. 250-276, und von Sven Hanuschek, *Keiner blickt dir hinter das Gesicht. Das Leben Erich Kästners*, München, Wien 1999, besonders S. 305-315 und 322-347, sowie die Einzelstudien: Dagmar Barnouw, *Erich Kästner und die Neue Zeitung. Inländische Differenzierungen*, in: Manfred Wegner (Hrsg.), *Die Zeit fährt Auto. Erich Kästner zum 100. Geburtstag*, Ausstellungskatalog, Berlin 1999, S. 143-152; Klaus Doderer, *Erich Kästners »Silberne Zeit«*, in: *Erich Kästner Jahrbuch 1999*, 2000, S. 141-160; ders.: *Erich Kästner. Lebensphasen, politisches Engagement, literarisches Wirken*, Weinheim, München 2002, besonders S. 91-103 und 123-127. Einen »Vorläufer« stellt die Dissertation von Nicola Leibinger-Kammüller dar: *Aufbruch und Resignation. Erich Kästners Spätwerk 1945-1967*, Diss. Universität Zürich, Eigendruck 1988. Diese Arbeit erschien vor den weiterführenden biographischen Arbeiten der jüngsten Zeit und wirkt etwas unkritisch referierend oder paraphrasierend und weist mehrfach Nachlässigkeitsfehler auf. Dennoch scheint mir der Tenor der dort getroffenen Wertungen nicht verfehlt.

2   *Erich Kästner, Werke* (Zitatangaben nachfolgend nur nummeriert als: I, II usw.), hrsg. von Franz Josef Görtz, München, Wien, 1998, I, S. 175 f.; laut Herausgeberanmerkung S. 437 Erstdruck im April 1931.

3   I, S. 171 f. Zum scheinbaren Kästnerschen Geschichtsfatalismus vgl. Dirk Walter, *Zeitkritik und Idyllensehnsucht. Erich Kästners Frühwerk (1928-1933) als Beispiel linksbürgerlicher Literatur in der Weimarer Republik*, Heidelberg 1977 (Reihe Siegen 5), S. 10-18.

der Menschen[4] die Frage nach einem Konzept nicht schon deshalb verfehlt, weil der Begriff letztlich die Forderung nach positiver, konstruk-
tiver Umsetzung einschließt?

Nun kann man natürlich – und dies ist sicherlich die angemessene
Rezeptionsweise – all die Melancholien und apokalyptischen Schwarz-
sehereien Kästners als provokatorische Pose begreifen, eine Übertreibung, die nichts mehr erhofft als widerlegt zu werden.[5] Aber dann
bleibt immer noch das Problem, daß dieser Autor als Moralist allen
gesellschaftlichen und politischen Theorien eher abhold war[6]. Paradigmatisch ist sein *Spruch für die Silvesternacht*, in dem er 1936 so flott
wie bieder formulierte: »Lasst das Programm! Und bessert euch drauf-
los!«[7]

Wie immer dem sei, Tatsache ist, daß Kästner in den ersten Jahren
nach dem zweiten Weltkrieg eine exponierte Rolle zukam, da ihm die
Mittel gegeben waren, mit seinen Ansichten über Deutschland eine
breite Öffentlichkeit zu erreichen:

 – zum einen als Feuilletonchef der *Neuen Zeitung*, des Presseorgans
   der US-Besatzungsmacht für die deutsche Bevölkerung;
 – dann als Herausgeber der Jugendzeitschrift *Pinguin*;
 – und nicht zuletzt als Mitinitiator und Autor des berühmten Nach-
   kriegskabaretts der Münchener »Schaubude«.

In allen drei Fällen handelt es sich um Medien oder Foren mit großer
Verbreitung bzw. starker Resonanz: Die *Neue Zeitung*, deren fester

4 Ebd, S. 13 in Erweiterung von Egon Schwarz, *Die strampelnde Seele. Erich
   Kästner in seiner Zeit*, in: Reinhold Grimm / Jost Hermand, *Die sogenannten Zwanziger Jahre*, Bad Homburg 1970, S. 113. Die Äußerungen Kästners beschränken sich dabei weitgehend auf die Welt der Erwachsenen.
   Lediglich in der Kinderwelt sieht er eine intakte oder herstellbare Ordnung.
5 Walter, *Zeitkritik und Idyllensehnsucht*, a.a.O. (Anm. 3), S. 17 f., 55 f.,
   106-109 und 269-274 und Kästners entsprechende Aussagen in: *Eine kleine
   Sonntagspredigt* (*Die Neue Zeitung* [München; im folgenden: NZ] vom
   4. August 1947; II, S. 127-130). Der nachfolgende Beitrag widmet unter
   anderem auch dem Aspekt des Kästnerschen Wirkungsoptimismus' Aufmerksamkeit.
6 Zu Kästners ideologischer Position vor 1945, besonders in den 1920er Jahren, John Winkelman, *Social Criticism in the Early Works of Erich Kästner*, Columbia, Missouri 1953; Kurt Beutler, *Erich Kästner. Eine literatur-
   pädagogische Studie*, Weinheim 1967; Schwarz, *Die strampelnde Seele*,
   a.a.O. (Anm. 4); Walter, *Zeitkritik und Idyllensehnsucht*, a.a.O. (Anm. 3).
7 In: *Doktor Erich Kästners Lyrische Hausapotheke*, Zürich 1936; vgl. I,
   S. 262 und 459.

Mitarbeiter er von Oktober 1945 bis wahrscheinlich April 1948 war,[8] schwankte in ihrer Auflagenzahl zwischen einer und zweieinhalb Millionen, und konnte zeitweise die Wünsche nach Abonnements nicht befriedigen.[9] Sie war somit eines der vorrangigen Massenmedien der Zeit. Ungleich geringere Auflagenzahlen hatte natürlich die Jugendzeitschrift *Pinguin* aufzuweisen. Sie bewegten sich aber bis 1949 immerhin zwischen 60.000 und 200.000 Exemplaren.[10] Schließlich das Kabarett. Auch hier ist unbestritten, daß die Nachkriegszeit zugleich eine Blütezeit darstellte. Schon wenige Wochen nach dem Zusammenbruch schossen allenthalben Kabarettbühnen wie Pilze aus dem Boden und stießen auf ein geradezu sehnsüchtiges Publikum.[11] Wenn Kästner also ab Frühjahr 1946 neue Texte für die »Schaubude« schrieb, dann durfte er auch hier mit entsprechend breiter Aufmerksamkeit rechnen.

Soviel zunächst zu seinen Möglichkeiten, mit Gedanken über Situation und Zukunft Deutschlands ein Publikum zu finden. Existiert nun aber bei ihm überhaupt so etwas wie ein Deutschlandkonzept? Eine größere theoretische Abhandlung aus seiner Feder zu dem Thema existiert in der Tat nicht. Vielmehr war es die tägliche Arbeit in seiner Funktion als Feuilletonchef, Herausgeber und Autor, mit der er in summa Orientierung bot, was mit und aus Deutschland und den Deut-

8 Zur Zeitspanne vgl. Hanuschek, *Keiner blickt dir hinter das Gesicht*, a.a.O. (Anm. 1), S. 323, wohl zurecht im Gegensatz zu Görtz/Sarkowicz, *Erich Kästner*, a.a.O. (Anm. 1) und anderen.
9 Vgl. Hans Habe, *Im Jahre Null*, München 1977, S. 108; Kyong-Kun Kim, *Die Neue Zeitung im Dienste der Reeducation für die deutsche Bevölkerung 1945-1946*, Diss. München 1974, S. 63; Dominique Herbet, *»Die Neue Zeitung«, un journal américain pour la population allemande (1945-1949)*, Villeneuve-d'Ascq 1997, S. 227. Die Angaben variieren, belegen jedoch generell die große Leserzahl.
10 Vgl. Birgit Ebbert, *Erziehung zu Menschlichkeit und Demokratie. Erich Kästner und seine Zeitschrift »Pinguin« im Erziehungsgefüge der Nachkriegszeit*, Frankfurt 1994 (Europäische Hochschulschriften 583), S. 135 f.
11 Vgl. Kästners Aussage zum August 1945: »Wenn sich alle Pläne dieser Wochen verwirklichten, gäbe es bald mehr Kabaretts und Theater als unzerstörte Häuser« (*Kleine Chronologie statt eines Vorworts*; II, S. 12). Kabarettgründungen und -aufführungen der Nachkriegszeit dokumentiert unter anderem: *Droste Geschichtskalendarium. Chronik deutscher Zeitgeschichte*, Bd. 3/1: *Das besetzte Deutschland 1945-1947*, Düsseldorf 1986; zum »Hunger nach kulturellen Veranstaltungen« vgl. auch Meike Wagner, *Satire in Trümmern*, in: *Die Zeit fährt Auto*, Ausstellungskatalog, a.a.O. (Anm. 1), S. 154. Das Haus der »Schaubude« in der Reitmoorstraße bot über 600 Plätze, die bei den Aufführungen dann auch zumeist zur Gänze besetzt waren.

schen werden sollte. In diesem Sinne möchte ich auch an die Stelle des Wortes Konzept lieber den Begriff des *produktiven Deutschlandbildes* setzen, das sich mosaikartig aus all diesen Aktivitäten ergibt.

Kästner hat dreieinhalb Jahre nach Kriegsende eine Auswahl[12] seiner publizistischen und kabarettistischen Beiträge in dem Bändchen *Der tägliche Kram*[13] zusammengestellt. Schon in der ambitionslosen Titelgebung verrät sich seine Vorstellung, was das Land am dringendsten brauchte: Aufbauarbeit im kleinen statt großer Pläne. Seine oft zitierte Aussage vom Juli 1946 dazu lautet: »Wer jetzt Luftschlösser baut, statt Schutt wegzuräumen, gehört vom Schicksal übers Knie gelegt.«[14] Diese Ansicht illustriert er auch im Dezember 1946 mit einer etwas plakativen »Lehrstück«-Szene für die jugendlichen Leser des *Pinguin*, der er den Titel *Reden ist Silber*[15] gibt: Während sich auf der einen Seite der Bühne drei Theoretiker über die Stimmigkeit des passenden Begriffs »Aufbau / Neubau / Wiederaufbau?« zerstreiten, ist auf der anderen Bühnenseite ein schweigender Mann dabei, eine Ruine mit Mörtel und Ziegelsteinen wieder zu einem bewohnbaren Haus zu machen, was ihm auch gelingt.

Dergleichen entsprach nun wiederum völlig dem Tenor der *Neuen Zeitung*. Die Titelseite ihrer ersten Ausgabe vom 18. Oktober 1945 enthält eine Zeichnung des britischen Karikaturisten Low, auf der ein Mann und eine Frau – den Blick auf einen Berg aus Trümmern gerichtet – Jacke ausziehen und Ärmel hochkrempeln. Die Überschrift lautet: *Auf die Arbeit jedes einzelnen kommt es an!*

Die darunter abgedruckten Geleitworte des Militärgouverneurs Eisenhower schlagen jedoch einen ungleich härteren Ton an:

Der moralische, geistige und materielle Wiederaufbau Deutschlands muß aus dem Volk selbst kommen. […] Das deutsche Volk muß er-

---

12 Weitere Artikel erschienen dann erst in der Werkausgabe 1959 unter dem Aktualität signalisierenden Titel *Neues von Gestern*; deren Zusammenstellung ändert sich in einigen Fällen in den folgenden Werkausgaben 1969 und 1998. Der Abdruck kabarettistischer Beiträge ist bis zur Ausgabe 1998 unter jeweils verschiedenen Überschriften ebenfalls ergänzt worden. Zumindest im Falle des *Täglichen Krams* wäre es eine interessante interpretatorische Aufgabe, zu ermitteln, welche Überlegungen Kästner 1948 zu seiner Auswahl bewogen haben mochten (bezeichnenderweise fehlt z.B. der Thomas-Mann-kritische Artikel *Betrachtungen eines Unpolitischen*).

13 Erstdruck: Weihnachten 1948 im Oberbadischen Verlag Singen, vgl. II, S. 421.

14 *Der tägliche Kram*, in: *Pinguin*, Juli 1946; II, S. 82.

15 II, S. 375-379.

kennen, daß es [...] sich losmachen muß von jenem Herdengeist, mit dem es 12 Jahre hindurch behaftet war. Deutschland muß ein Land friedlicher Arbeiter werden, in dem der einzelne fähig ist, seine Initiative zu gebrauchen – oder Deutschland wird keine Zukunft haben.

Die Säuberung von Nazis und Nazitum wird mit allen zu Gebote stehenden Mitteln durchgeführt werden. [...] Neben dem National-sozialismus muß aber auch der Militarismus vernichtet werden. [...] Militarismus muß aus der deutschen Gedankenwelt ausgerottet werden.[16]

Wohl wird zum Zeitpunkt des Abdrucks dieser Worte der Morgen-thau-Plan nicht mehr wirklich angestrebt, und die Aprildirektive Eisen-howers, man komme als Sieger über einen Feindstaat, nicht als Befrei-er[17], erscheint durch mehrfache Lockerung der Fraternisierungsverbote abgemildert.[18] Aber bei allem Appell zum Neuanfang spricht doch aus nahezu jedem Satz der harte und mißtrauische Ton einer Besatzungs-macht, die die radikale Umerziehung eines ganzen Volkes für nötig hält. Dabei läßt die suggestive Häufung des Wörtchens »muß« sogar Zweifel aufkommen, ob Eisenhower überhaupt an die »Umerziehbar-keit« glaubt.[19] Und unabhängig davon, wie man heutzutage zu der

---

16 NZ vom 18. Oktober 1945; der Originalabdruck der Titelseite der Erstaus-gabe findet sich unter anderem bei Hans-Joachim Netzer, *Die Neue Zei-tung*, in: *Gazette*, Jg. 2, 1956, S. 16. Barnouw, *Erich Kästner und die Neue Zeitung*, a.a.O. (Anm. 1), S. 150, spricht bei Eisenhowers Geleitwort sogar von einer »unmißverständliche[n] Drohung an die Deutschen«; Hanu-schek, *Keiner blickt dir hinter das Gesicht*, a.a.O. (Anm. 1), S. 324, ver-weist zurecht auch auf die stilistischen Relikte, zumindest der Übersetzung, die nur allzu deutlich an den Ton von NS-Verlautbarungen, -reden und -pro-paganda gemahnen.
17 Direktive JCS (Joint Chiefs of Staff) 1067 vom 26. April 1945, vgl. Kim, *Die Neue Zeitung*, a.a.O. (Anm. 9), S. 15 f. Diese Direktive war noch stark von Morgenthauschen Vorstellungen geprägt (vgl. auch Birgit Bödeker, *Amerikanische Zeitschriften in deutscher Sprache 1945-1952*, Frankfurt am Main 1993, S. 16).
18 *Droste Geschichtskalendarium* 3/1, a.a.O. (Anm. 11), dokumentiert auf S. 33, 49 und 80 zwischen Juni und September 1945 drei Phasen.
19 Habe, *Im Jahre Null*, a.a.O. (Anm. 9), S. 32, behauptet, daß es – entgegen der Klischeevorstellung von pro- und antideutschen Einstellungen – unter den maßgebenden Männern der Besatzungspolitik nur zwei Lager gegeben habe: eines, das an »Umerziehbarkeit« und eines, das an »Unerziehbar-keit« geglaubt habe.

Reeducation in Theorie oder Praxis stehen mag, schon der Stil verdeutlicht ein unauflösbares Paradox: daß nämlich die demokratischen Ideale von Freiheit und Toleranz unter dirigistischer Aufsicht und Lenkung einer Besatzungsmacht vermittelt werden sollten.[20]

Wie verhält es sich mit Kästner in diesem Umfeld? Betrachtet man das Gesicht des Feuilletons der *Neuen Zeitung* und die rund 90 eigenen Beiträge der ersten drei Jahre,[21] so wird deutlich, daß es ihm nicht darauf ankam, als Sprachrohr der Besatzungsmacht rigide Forderungen weiterzugeben, sondern vielmehr die positiven Komponenten des Reeducation-Gedankens herauszustellen. Daß er dabei ein gehöriges Maß an gedanklicher Eigenständigkeit demonstrierte, wird später noch darzulegen sein.

Die immanenten Maximen seiner Arbeit lauten:
- inhaltlich: Deutschland bedarf (neben dem materiellen) eines kulturellen und geistigen Neuaufbaus
- und sozialpsychologisch: Deutschland bedarf – und dies ist mindestens ebenso wichtig – der mentalen, seelischen Voraussetzungen, einen solchen Aufbau überhaupt zuwege zu bringen, bedarf, vereinfacht gesagt, der permanenten Ermutigung.

Wie sieht das konkret aus? Als Chef des Feuilletons ist Kästner der Hauptverantwortliche für die Artikelauswahl des Ressorts: Überschaut man die Ausgaben der *Neuen Zeitung* zwischen 1945 und 1949, so wird zunächst einmal ein Leitgedanke deutlich: der der geistigen Öffnung. Um das unter Hitler eingeengte deutsche Blickfeld zu erweitern, bietet das Feuilleton einen breiten Einblick in die zeitgenössische internationale Literatur, insbesondere mit Texten aus dem angelsächsischen, amerikanischen und französischen Sprach- und Kulturraum. Die Liste der vertretenen Autoren liest sich wie ein Vademecum literarischer Weltprominenz der Zeit von Jean Anouilh bis Thomas Wolfe.[22] Breiten Raum gibt Kästner auch den deutschen Exilautoren, besonders

---

20 Bödeker, *Amerikanische Zeitschriften in deutscher Sprache*, a.a.O. (Anm. 17), S. 35 (in Anlehnung an: Karl-Ernst Bungenstab, *Umerziehung zur Demokratie? Re-education-Politik im Bildungswesen der US-Zone 1945-1949*, Düsseldorf 1970).

21 Hanuscheks Zahlenangabe von 89 Beiträgen bis 1953 (*Keiner blickt dir hinter das Gesicht*, a.a.O. [Anm. 1], S. 325) bedarf hier einer geringfügigen Korrektur.

22 Beispielsweise Bernanos, Bromfield, Buck, Camus, Duhamel, Eliot, Gide, Giraudoux, Hemingway, O. Henry, Lewis, Malraux, Maugham, Priestley, Saroyan, Sartre, Steinbeck ,Valéry, Wilder.

Alfred Kerr, Thomas und Heinrich Mann, Bertolt Brecht, dann Fritz von Unruh, Alfred Polgar, Oskar Maria Graf, Hermann Kesten, Alfred Neumann, Johannes R. Becher. Von F.C. Weiskopf wird 1946/47 eine 10-teilige Serie über die deutsche Literatur im Exil abgedruckt und auch Alfred Döblin schreibt im Februar 1946 eine vergleichende Betrachtung über »die beiden deutschen Literaturen«.

Was die ›andere‹, die inländische, Literatur anbelangt, so druckt Kästner auch Beiträge von im Lande gebliebenen Autoren ab. Zu nennen wären beispielsweise Horst Lange, Oda Schaefer, Manfred Hausmann, Werner Bergengruen, Rudolf Hagelstange, Ernst Wiechert, Ernst Penzoldt und Hermann Kasack. Auch wenn insgesamt die Schwerpunktsetzung bei den Emigranten liegt,[23] verdeutlicht das gemeinsame Erscheinen der Texte, ihr räumliches Beieinander, daß das Prinzip der geistigen Öffnung mit der Strategie des Brückenschlags einher geht.[24]

Kästners eigene Artikel zum Kunst- und Kulturbetrieb – und hierin besteht schon ein deutlicher Unterschied zu vielen Rezensionen und Kritiken unserer Tage – weisen fast immer über den speziellen Anlaß hinaus und streben aktuelle Zeitdiagnose an. Insbesondere in den ersten eineinhalb Jahren sind sie geleitet von dem Gedanken, Befreiungsgefühl und Wiederaufleben zu dokumentieren.[25] Es beginnt mit dem *Münchener Theaterbrief* vom 18. Oktober 1945, in dem er den »edlen Eifer« aller Kulturschaffenden in der allgemeinen Not hervorhebt:

---

23 Hanuschek, *Keiner blickt dir hinter das Gesicht*, a.a.O. (Anm. 1), S. 332.
24 Dieser Gedanke wird zur selben Zeit von dem späteren Habe-Nachfolger Hans Wallenberg in einer Reaktion auf Leserzuschriften betont: »Was, so hieß es […], haben uns die ›zerbrochenen Stimmen der Emigranten‹ zu sagen? Es ist einfach, diesen Mangel an Verständnis zu beklagen. Wichtig ist jedoch nur, einen Beitrag zu seiner Beseitigung zu leisten. Wenn heute tatsächlich Daheimgebliebene und Vertriebene eine Mauer trennt, so kommt es nicht darauf an, das voller Resignation festzustellen, sondern darauf, diese Mauer systematisch niederzureißen. Daß bei einem solchen Prozeß auf keiner Seite nur Gebende und nur Nehmende stehen, bedarf kaum der Erwähnung« (Hans Wallenberg, *Brücken statt Mauern*, NZ vom 11. Januar 1946; auszugsweise wieder abgedruckt in: *»Als der Krieg zu Ende war«. Literarisch-politische Publizistik 1945-1950*. Ausstellung des Deutschen Literaturarchivs im Schiller-Nationalmuseum, Marbach a.N., München, Stuttgart 1973, S. 30). Zur Problematik von Geben und Nehmen siehe weiter unten in der vorliegenden Darstellung.
25 Barnouws ähnlich lautender Befund für den Auftaktartikel Kästners (*Erich Kästner und die Neue Zeitung*, a.a.O. [Anm. 1], S. 145) kann generalisiert werden.

[...] alles tritt schattenhaft zurück hinter das, was nun, nach zwölf Jahren geistiger Fesselung und Bedrohung, endlich wieder winkt: die Freiheit der Meinung und der Kunst![26]

Im April 1946 schreibt er über den *Darmstädter Theaterfrühling* – so schon der symptomatische Titel – und stellt fest, »wie lebendig eine tote Stadt sein kann«.[27]

Einen Monat später rezensiert er drei ausländische Stücke in München mit den einleitenden Worten:

Die deutschen Theater befinden sich zur Zeit in einem für heutige Verhältnisse höchst abnormen, beinahe anstößigen Zustande: sie leben! [...] Die Politik quetscht sich an den Zonengrenzen die Finger. Die Wirtschaft schaut verlangend über die alten und die neuen Zäune. Die Industrie probiert alles Mögliche, sich nach der unbarmherzig schwindenden Rohstoffdecke zu strecken. [...] Nur das Theater, diese unverfrorene Welt des schönen Scheins – das Theater lebt![28]

Im Juni desselben Jahres schließlich erklärt er die Schauspieltruppen, die das deutsche Publikum mit den neuen Stücken des Auslands bekannt machen, zu »Schrittmacher[n] beim Wiederaufbau«.[29]

Wo Kultur unter demokratischen Bedingungen wiederaufleben soll, bedarf es lebendiger Diskussion. Geistige Öffnung bedeutet für Kästner auch Offenheit im Umgang mit Kunst. Die *Augsburger Diagnose*[30] belegt die damit verbundene problematische Dialektik. Im Jahreswechsel 1945/46 findet in Augsburg auf Anregung der Militärregierung eine Ausstellung »Maler der Gegenwart« statt, bei der mit der Eintrittskarte auch »Stimmzettel« mit drei Fragen verteilt werden. Das offensichtlich als eine Art Demokratietest gedachte Unternehmen führt laut Kästner zu einem nicht gerade ermutigenden Ergebnis: Häufig wurden statt konkreter Antworten auf die Leitfragen freie Meinungsäußerungen niedergeschrieben. Diese enthalten auch Reaktionen, die ein Weiterleben der NS-Haltung gegenüber »Entarteter Kunst« befürchten lassen. Für Kästner ist das besonders Bedrückende daran, daß die härtesten Urteile (bis hin zu KZ für die Künstler) offensichtlich von jungen Leuten gefällt werden. Seine Reaktion:

26 VI, S. 485.
27 NZ vom 5. April 1946; VI, S. 531.
28 *Der schöne Schein als Realität*, NZ vom 31. Mai 1946, nicht aufgenommen in Werkausgaben.
29 *Eurydike in Heidelberg*, NZ vom 14. Juni 1946; VI, S. 548.
30 NZ vom 7. Januar 1946; II, S. 28-33.

[...] hier muß etwas *geschehen*! Radikal und schnell! Nicht nur dieser Jugend wegen. Obwohl das wahrhaft Grund genug wäre. Sondern auch um der deutschen Kunst willen, deren natürliches Wachstum, deren Entwicklung zwölf Jahre künstlich unterbrochen worden ist! [...] Gibt es überhaupt etwas, das helfen kann? Erziehung kann helfen. Und zwar, wenn es um Kunst geht: Kunsterziehung. [...] Geschmacksbildung durch berufene Fachleute. [...] Es wird höchste Zeit. Es geht um Deutschlands Jugend. Es geht um den Wert und um die Geltung der deutschen Kunst.[31]

Bezeichnend scheint mir, daß Kästner nicht nach Abstrafung der scheinbaren oder wirklichen Jungnazis ruft, sondern Erziehung anmahnt. Er begreift natürlich, daß pure Restriktion hier sehr schnell als Widerspruch zum demokratischen Prinzip von Meinungsfreiheit und Toleranz aufgefaßt würde – paradoxerweise freilich von ihrerseits Intoleranten.[32]

Kunsterziehung ist in diesem Sinne nur ein Teilbereich. Die nötigen Erziehungsprinzipien umreißt Kästner in einer Reihe weiterer Artikel; immer wieder betont er, daß autoritäre, auf blinden Gehorsam und Unterordnung hin drillende Erziehungsmethoden der Vergangenheit mit-, wenn nicht hauptverantwortlich für das Unheil des ›Dritten Reiches‹ gewesen seien. Eine bedeutende Rolle erkennt er dabei bereits der Lehrerausbildung im Wilhelminismus zu[33]:

31 Ebd., 32 f.
32 So hat er auch schon im November 1945 über jugendliche *Pfiffe im Kino* sibyllinisch angemerkt: »Man beginnt also, von den in Aussicht gestellten demokratischen Rechten und Pflichten mit gespitztem Mund Gebrauch zu machen ...« (*Pfiffe im Kino*, NZ vom 8. November 1945; VI, S. 488). Etwa ein halbes Jahr nach der *Augsburger Diagnose* gewinnt er übrigens anläßlich eines Vortragsabends zur modernen Kunst eine beruhigendere Perspektive: »Der Gewinn des Abends lag woanders. Er brachte die Erfahrung ein, daß das seinerzeit durch angemaßte Gewalt abrupt unterbrochene ›unendliche Gespräch‹ [über künstlerische Qualität] wieder aufgenommen worden ist. Und daß bereits heute die junge Generation mit tiefem Ernste daran teilzunehmen versucht. Der Hoffnung, daß es so kommen werde und müsse, beginnt, zaghaft noch, die Erfüllung zu folgen« (*De gustibus est disputandum*, NZ vom 9. August 1946, nicht aufgenommen in Werkausgaben).
33 »So wurde das Rückgrat geschmeidig gemacht und, war das nicht möglich, gebrochen. Hauptsache war: Es entstand der gefügige, staatsfromme Beamte, der sich nicht traute, selbständig zu denken, geschweige zu handeln« (*Zur Entstehungsgeschichte des Lehrers*, in: *Pinguin*, Juni 1946; II, S. 77).

In seinen *Gedanken eines Kinderfreundes* mahnt er einen Geschichtsunterricht an, der sich nicht mehr auf militärische Aktionen als Zeichen historischer Größe ausrichtet:

> Denn es geht um Deutschlands Zukunft. Es geht uns nicht nur, aber ganz besonders um Deutschlands Zukunft. Und wie sich diese Zukunft gestalten wird, hängt nicht zuletzt davon ab, wie wir die Kinder lehren werden, die Vergangenheit zu sehen. Gibt es denn nur im Kriege Tapferkeit? Werden denn Völker nur durch Schlachten groß? Oder klein? [...] Ich habe zwar keine eigenen Kinder. Aber ich fordere trotzdem einen neuen Geschichtsunterricht.[34]

Es paßt in diesen antiheroischen Rahmen, daß er in *Der gordische Knoten*[35] den schöpferischen Knotenerfinder dem gewalttätigen Alexander vorzieht oder in dem kurzen Beitrag *Chaplin I*[36] empfiehlt, den Humoristen und »nicht den Staatsmännern, die den Völkern Unglück aufluden, Denkmäler [zu] errichten«. Wenn auch in scherzhafter Übertreibung drückt sich hier die Forderung nach echten statt der falschen Vorbilder aus,[37] damit verbunden aber auch der grundsätzliche Gedanke: »Man kann nicht gegen, sondern nur für etwas erziehen!«[38] – ein Satz, der bis heute das Dilemma jeder bloß antifaschistischen Erziehung verdeutlicht.

Indem Kästner sein besonderes Augenmerk auf die Jugend richtet, reagiert er auf die Selbstverständlichkeit, daß die Zukunft Deutschlands unauflöslich mit der jungen Generation verknüpft ist. Insofern ergänzen sich seine Beiträge in der *Neuen Zeitung* und in der Jugendzeitschrift *Pinguin* auf ideale Weise. Gerade im Bezug auf die Generationenfrage bestehen Querbezüge.[39] Allen Beiträgen Kästners ist das

---

34 NZ vom 1. Februar 1946; II, S. 42 f.

35 *Pinguin*, Mai 1946; II, S. 72-74.

36 NZ vom 25. Oktober 1945, nicht aufgenommen in Werkausgaben.

37 Vgl. dazu auch Aussagen in: *Gespräch mit Zwergen*, NZ vom 11. März 1946; VI, 529.

38 *Die Klassiker stehen Pate*, NZ vom 21. Oktober 1946; II, S. 84.

39 Liest man die betreffenden Artikel in seinen späteren Textzusammenstellungen *Der Tägliche Kram* und *Neues von Gestern*, wird man ohne die Quelleninformationen nicht jederzeit sofort schließen können, welcher Beitrag nun für welches Blatt verfaßt wurde (vgl. dazu auch Doderer, *Erich Kästner. Lebensphasen*, a.a.O. [Anm. 1], S. 182). Das hat nicht zuletzt damit zu tun, daß die Jugendzeitschrift *Pinguin* eindeutig auf ältere Heranwachsende zielt. Ebberts Überblick über die Inhalte der einzelnen *Pinguin*-Ausgaben (*Erziehung zu Menschlichkeit*, a.a.O. [Anm. 10], S. 343-367)

intensive Bemühen anzumerken, um der Zukunft Deutschlands willen den Bruch zwischen Generationen zu verhindern. Auch hier also wieder das Prinzip des Brückenschlags. So schreibt er im *Pinguin* gegen einen trennenden Wall zwischen Alten und Jungen an. Er schildert den Jüngeren seinen eigenen Werdegang, die Schwierigkeiten seiner Generation, und er endet angesichts vieler Gemeinsamkeiten: »Ist denn wirklich eine Chinesische Mauer da? Nein, ich kann es nicht glauben.«[40] Permanent wendet er sich gegen die Resignation und Verzweiflung und Fluchtsehnsüchte, die schon die Jugend ergriffen haben sollen:

> Die Lust verloren? Das klingt niederschmetternd. Es klingt, als ob jemand sagte: »Meine Eltern haben ihr Vermögen verloren, ich such mir morgen ein Paar neue!«[41]

Auch über ein Jahr später, 1948, beschäftigt er sich in beiden Zeitschriften mit der umgehenden Behauptung, die Dreißigjährigen seien eine verlorene Generation, und initiiert Stellungnahmen[42] zu dem Thema:

> Man müßte die Frage so gründlich prüfen, wie sich eine derartig subtile Frage überhaupt prüfen läßt. Denn von der Frage hängt die Antwort ab, und von der Antwort weitgehend die deutsche Zukunft.[43]

Im Juli 1948 referiert er dann die Umfrageergebnisse und faßt zusammen, man dürfe die These von der verlorenen Generation und die damit verknüpften Zukunftsbefürchtungen ad acta legen: »Der Stein, der uns vom Herzen fällt, wiegt schwer.«[44]

---

bestätigt den Befund durch Auflistung von Artikeln wie *Neue Xenien, Wer ist Ernest Hemingway?*, *Soll man Männer oder Parteien wählen?*, *Ein Blick in unsere Zukunft: Die Welt des William Clissold (H.G. Wells), Nihilismus der Nibelungen*, allesamt nicht typisch für Zeitschriften, die Leser unter dem 17./18. Lebensjahr anzielen würden.

40 *Die Chinesische Mauer*, in: *Pinguin*, Februar 1946; II, S. 59.

41 *Über das Auswandern*, in: *Pinguin*, Januar 1947; II, S. 101.

42 Die darauf folgenden Zuschriften ziehen sich über mehrere Ausgaben; unter anderem beteiligen sich an der Debatte der Psychologe Felix Schottländer und der Philosoph Theodor Litt. Ihre Beiträge erschienen am 16. Mai 1948.

43 *Verlorene Generationen?*, NZ vom 22. April 1948; nicht aufgenommen in Werkausgaben.

44 *Die These von der verlorenen Generation*; in: *Pinguin*, Juli 1948; II, S. 176.

Halten wir an dieser Stelle einen Augenblick inne und fragen uns, was sich – über das Inhaltliche hinaus – hier mitteilt. Unbezweifelbar doch eines: der durchgängig beschwörend positive Ton. Wer Kästner als Lyriker und Romancier der Weimarer Republik in Erinnerung hat, der wird ihn in diesen Artikeln kaum wiedererkennen. Spott, Satire, Ironie, Hohn, vor allem aber Pessimismus und Resignationsgestus scheinen verschwunden. Der Mann, der 1930 auf die Frage: »Herr Kästner, wo bleibt das Positive?«[45] nur gereizt und bissig zurückgegeben hatte: »Ja, weiß der Teufel, wo das bleibt«, bemüht sich nun um permanentes Aufspüren und affirmatives Kommentieren eben dieses Positiven.

Man könnte eine quantitativ aufschlussreiche Sammlung von Sätzen anlegen, in denen er pathetisch Hoffnungen formuliert:

> Ob Europa diesmal »ganz« geblieben ist, wird sich erst herausstellen müssen. Wir hoffen es klopfenden Herzens.[46]

positive Bilanzen zieht:

> Wir können wieder beginnen, mit unserem Gewissen in Harmonie zu leben. Was auch sonst kommen mag – daß wir wieder das dürfen, ist ein Schicksalsgeschenk, über das wir uns an diesem Weihnachtsfest, erlöst aufatmend, aller Not zum Trotze freuen wollen.[47]

oder eindringlich Engagement anmahnt:

> Es muß gelingen, genug Kohle beizeiten heranzurollen. Es muß! Sonst ginge auf europäischem Boden die verheerendste Schlacht verloren, die jemals im Frieden geschlagen wurde.[48]

Ja, man könnte geradezu die Ausrufezeichen zählen, mit denen seine Aufsätze und Reportagen gespickt sind.

Welche Wandlung ist hier geschehen? Genau besehen keine, was Kästners ethische Grundposition anbelangt. Vordergründig spielen eher gattungsspezifische Unterschiede eine Rolle. Journalistische Publizistik bedingt nun einmal eine andere Sprechweise und Selbstpräsentation als neusachliche Lyrik oder ein Roman wie *Fabian*. Aber es ist mehr als das. Ich erwähnte eingehend neben der inhaltlichen die sozial-

---

45 *Und wo bleibt das Positive, Herr Kästner?*, I, S. 170.
46 *Ist Politik eine Kunst?*, NZ vom 21. Dezember 1945; VI, S. 509.
47 *Unser Weihnachtsgeschenk*, NZ vom 24. Dezember 1945; VI, S. 515.
48 *Reisebilder aus Deutschland*, NZ vom 12. Mai 1947; VI, S. 577 (dort unter dem Titel: *Reisender aus Deutschland*).

psychologische Maxime der Ermutigung als mindestens ebenso bedeut-sam. Mit dem materiellen, dem geistigen und kulturellen Aufbau mußte in den ersten Nachkriegsjahren ein seelischer Aufbau einhergehen. Kästners Artikel spiegeln das Bewußtsein wider, daß die mit 850 bis 1500 Tageskalorien lebende Bevölkerung eines in Trümmern liegenden Deutschland nicht melancholischer Provokationen und satirischer Attacken, sondern des Zuspruchs bedurfte.

Deshalb übrigens auch die immer wiederkehrende Betonung des Humors, die kleinen feuilletonistischen Schilderungen absurder All-tagssituationen im Gesamtchaos,[49] die uns heute eher bieder-belanglos erscheinen müssen, die Forderung nach Denkmälern »für Männer, über die wir so lachen können, daß wir unser Elend vergessen und die Not leichter ertragen«,[50] deshalb die kritische Betrachtung über die einäugige (deutsche) Literatur, der es an Humoresken und Komödien gebricht, denn:

> Es ist leicht, das Leben schwer zu nehmen. Und es ist schwer, das Leben leicht zu nehmen. Das gilt heute, mehr denn je, für alle Men-schen. Für uns Deutsche im besonderen.[51]

Beispielhaft für die absolut zeitgebundenen, geradezu sozialtherapeuti-schen Ansichten ist etwa die literarische Wertung, die Kästner an Anouilhs *Antigone* heranträgt:

---

49 Z.B. *Seltsame Begegnungen* (NZ vom 24. Mai 1946; Werkausgabe 1969, Bd. 8, S. 87 f.: Schilderung einer sächsischen Ruinenidylle in Frankfurt), ebenso: *Strohhut im Winter* (Schaubude, Februar 1947; II, S. 380 f.), *Das Lächeln als Hausmittel* (NZ vom 21. März 1948, nicht aufgenommen in Werkausgaben), *Kurzgefaßter Tagesablauf* (NZ vom 1. Dezember 1947, nicht aufgenommen in Werkausgaben), *Sorgen und Einfälle* (NZ vom 1. Juli 1948; Werkausgabe 1969, Bd. 8, S. 165-168).
50 *Chaplin I*, a.a.O. (Anm. 36).
51 *Die einäugige Literatur*, NZ vom 22. Februar 1946; II, S. 49. Vergleichbar auch die Schilderung von Publikumsreaktionen auf ein Münchener Thea-terstück im November 1945: »Ein Blick auf die Bühne – und das Publikum fühlt sich wie zu Hause! Es fühlt sich wie zu Hause und lacht aus vollem Hals und Herzen. Zugegeben, daß wir uns diese neue Mode, diese neue Wohnkultur und diesen neuen Lebensstil nicht gerade ausgesucht haben (und daß mir, während ich schreibe, die Finger vor Kälte steif werden), aber wenn wir erst darüber lachen können, ist viel gewonnen!« (*Münche-ner Theater*, NZ vom 26. November 1945; nicht aufgenommen in Werk-ausgaben)

So hinterläßt die Begegnung mit Anouilh, trotz seiner Kunst und Poesie, ein tiefes, rastloses Unbehagen. Und man hofft, aus dem Munde der gepeinigten europäischen Jugend bald kühnere, weniger resignierte Antworten ans Leben zu hören. [...] Das Leben ist, trotz allem und sogar heute, wahrhaftig mehr wert, als vor ihm davonzulaufen und den Kopf ängstlich im Mantel des Todes zu verstecken.[52]

Im Sinne dieser Abkehr von der Todesverfallenheit gibt es für Kästner nach 1945 auch keinen Unterschied zwischen Argumentieren, Appellieren und Tun: Konkrete Projekte initiiert er selbst, wirbt für sie oder beteiligt sich aktiv an ihnen.

– So regt er einen speziellen Reparationenfonds aus Künstlerhonoraren an;[53]
– er entwickelt die Idee der Einrichtung ständiger Kindertheater, die mittels einer Art Aufführungssteuer aus (tantiemefreien) Klassikerinszenierungen der großen Häuser zu finanzieren wären;[54]
– er wirbt beschwörend für Hilfsaktionen, durch die Kinder wieder zu ihren Eltern finden, die sie in den Wirren des totalen Krieges verloren haben,[55]
– und er unterstützt Jella Lepman bei ihren Bemühungen, eine Internationale Jugendbibliothek zu gründen.[56]

Immer also, wenn es um Gegenwartsbewältigung und Zukunftsperspektiven geht, präsentiert sich uns der (nur scheinbar) neue, »positive« Kästner. Natürlich ist der alte der bissigen satirischen Angriffe

---

52 *Eurydike in Heidelberg*, a.a.O. (Anm. 29); VI, S. 553. Ähnlich äußert er anläßlich der Eröffnung der Theatersaison 1946/47, das Stück *Tod im Apfelbaum* von Paul Osborn zeige die derzeit »einzige anerkannte Gottheit« im Theater und der Wirklichkeit, und er kommentiert diese Macht des Todes: »Manchmal wird es einem beinahe schon zuviel« (*Racine und die Dramaturgie*, NZ vom 14. Oktober 1946, nur in Werkausgabe 1969, Bd. 8, S. 133).

53 *Die Schuld und die Schulden*, NZ vom 3. Dezember 1945; VI, S. 503-505.

54 *Die Klassiker stehen* Pate, NZ vom 21. Oktober 1946; II, S. 83-87.

55 Im *Pinguin* gab es eine regelmäßige doppelseitige Rubrik *Kinder suchen ihre Eltern* mit Fotos (vgl. NZ vom 17. Juni 1946; VI, S. 553-557).

56 Vgl. *Von Rübezahl bis Micky Maus* (Artikel über internationale Jugendbuchausstellung, NZ vom 5. Juli 1946, nicht aufgenommen in Werkausgaben). Eingehendere Informationen hierzu bei Hanuschek, *Keiner blickt dir hinter das Gesicht*, a.a.O. (Anm. 1), S. 360 f.; Doderer, *Erich Kästner. Lebensphasen*, a.a.O. (Anm. 1.), S. 196-201; Andreas Bode, *Erich Kästner, Jella Lepman und die Internationale Jugendbibliothek München*, in: *Erich Kästner Jahrbuch 1999*, 2000, S.126-140.

nicht verschwunden. Wo von der unmittelbaren Vergangenheit, dem Nationalsozialismus, die Rede ist, schlägt er durchaus den bekannten Ton an. Mit Ironie und Sarkasmus begegnet er Personen, die sich im ›Dritten Reich‹ allzu willfährig erwiesen, sich nun aber zu rechtfertigen versuchen oder nahezu ungebrochen weiteragieren. Er attackiert unter anderem Leni Riefenstahl, Veit Harlan, den ehemaligen preußischen Kronprinzen, den Leiter der »Regensburger Domspatzen« und den Psychoanalytiker C.G. Jung.[57] Und natürlich konfrontiert Kästner die Betroffenen genüßlich zitierend mit ihren eigenen öffentlichen Aussagen während der Hitlerzeit.[58] In den gleichen Zusammenhang gehören auch Rückblicke auf grausige Grotesken wie die Rechnung des Volksgerichtshofs an die Witwe eines Hingerichteten[59] oder – nur ein Grad harmloser – auf publizistische Gesinnungsabsurditäten wie ein BDM-Fragebogen, in dem sich als Punkt 5 findet: »Ist Gott oder Hitler größer, mächtiger und stärker?«[60] Stets ist in solchen Beiträgen der unausgesprochene Gedanke präsent: »Glaubt nicht, das sei nicht möglich gewesen!« Es sind Beispiele, mit denen Kästner Legendenbildungen entgegenwirkt, die sich nach dem Sturz eines Regimes rasch einstellen.

57 *Politik und* Liebe, NZ vom 12. November 1945; VI, S. 489-492 ; *Harlan oder die weiße Mütze*, NZ vom 30. November 1945, nicht aufgenommen in Werkausgaben; *Spatzen und höhere Tiere*, NZ vom 9. September 1946; VI, S. 563-565; *Splitter und Balken*, NZ vom 8. Februar 1946; VI, S. 520-524.

58 Beispielsweise: »Professor Schrems [Leiter der Regensburger Domspatzen, DW], erkennt man, ist nicht nur eine musikalische Führerpersönlichkeit, sondern er weiß, beziehungsweise wußte auch darüber einleuchtend zu schreiben. [...] Als der Domchor später eine Balkantournee machte, griff er geradezu in die Weltgeschichte ein! 1941 bezeichnete der Professor als das, was ihm besonders unvergeßlich sei, »den gemeinsamen Einzug des Chores und der deutschen Truppen in die rumänische Hauptstadt Bukarest«. Man sieht es greifbar vor Augen: die Panzer, die Flugzeuge, die Spatzen, die Feldmarschälle und Professor Dr. Theobald Schrems – welch eindrucksvoller Einmarsch! Solche gemeinsamen Kriegs- und Biwakerlebnisse verpflichten« (*Spatzen und höhere Tiere*, a.a.O. [Anm. 57]; VI, S. 565).

59 *Eine unbezahlte Rechnung*, NZ vom 14. Januar 1946; dort auch Faksimile-Abdruck der Rechnung. Das Todesurteil war an Kästners Freund Erich Knauf vollzogen worden; II, S. 26 f. und 428.

60 »*Ist Gott oder Hitler größer?*«, NZ vom 20. Mai 1946; Werkausgabe 1969, Bd. 8, S. 85-87; ähnlich über die Umfrage eines Verlegers aus dem Jahr 1933 zur angeblich eingetretenen Befreiung des literarischen Lebens: *Briefe in die Röhrchenstraße*, NZ vom 5. August 1946; VI, S. 558-563.

Besonderen Stellenwert nehmen die beiden weitaus bekannteren Beiträge *Streiflichter aus Nürnberg*[61] und *Wert und Unwert des Menschen*
ein. Im ersten Fall bietet Kästner als Prozeßbeobachter kurze impres-
sionistische Schilderungen der Angeklagten. Bei den meisten hebt er die
Mediokrität der Erscheinung hervor – unbezweifelbar in der Absicht,
den Lesern, um mit Brecht zu sprechen, den »Respekt vor den großen
Tötern« zu nehmen[62], nicht zuletzt, weil aus Kästners Sicht der Nationalsozialismus ein Resultat deutscher Untertanenbewunderung für
hochstilisierte Führergestalten ist.

Der zweite große Artikel, *Wert und Unwert des Menschen*[63], entsteht unter dem unmittelbaren Eindruck der amerikanischen KZ-
Dokumentation »Die Todesmühlen«, die – als Schockvariante der Reeducation – in der US-Besatzungszone gezeigt wird. Schon im zweiten
Abschnitt notiert er:

> Ich bringe es nicht fertig, über diesen unausdenkbaren, inferna-
> lischen Wahnsinn einen zusammenhängenden Artikel zu schreiben.
> Die Gedanken fliehen, sooft sie sich der Erinnerung an die Film-
> bilder nähern. Was in den Lagern geschah, ist so fürchterlich, daß
> man darüber nicht schweigen darf und nicht sprechen kann.[64]

Er versucht sich – und die Leser mit ihm – einer Erklärung mit wissen-
schaftlicher Hilfe anzunähern:

> Wer Gustave Le Bons »Psychologie der Massen« gelesen hat, weiß
> ungefähr, in der Theorie, welch ungeahnte teuflische Gewalten sich
> im Menschen entwickeln können, wenn ihn der abgründige Rausch,
> wenn ihn die seelische Epidemie packt.

Aber er kommt zum Ergebnis: »Es ließe sich, meint der Gelehrte, verstehen. Es bleibt unverständlich.«[65]

Nun gibt es, übrigens auch in der Wissenschaft, einen Gestus des
Nicht-erklären-Könnens, hinter dem sich bisweilen nur das Motiv verbirgt, die eigene Moralität oder Humanität zu plakatieren; schnell ist
die Formel der Unfaßbarkeit zur Hand, und sie wirkt immer inflatori-
scher und wertloser, je größer der Abstand von den Ereignissen wird

---

61 NZ vom 23. November 1945; VI, S. 493-500.
62 Ähnlich gesehen auch bei Görtz/Sarkowicz, *Erich Kästner*, a.a.O. (Anm. 1),
   Bd. 6, S. 716.
63 NZ vom 4. Februar 1946; II, S. 67-71.
64 Ebd., S. 67.
65 Ebd., S. 68 f.

und je weiter Geschichts- und Sozialwissenschaft fortschreiten. Hier ist es anders: Als einer zeitgenössischen Reaktion unter dem unmittelbaren Schock der erstmals gesehenen Bilder fehlt Kästners Text jedes taktisch Stilisierte. Auch die Reaktionen anderer Zuschauer hält er fest, besonders jener, die von Propaganda sprechen.

> Was meinen sie damit? Daß es sich um Propaganda*lügen* handelt, werden sie damit doch kaum ausdrücken wollen. [...] Also meinen sie: Propaganda auf Wahrheit beruhender Tatsachen? Wenn sie aber das meinen, warum klingt ihre Stimme so vorwurfsvoll, wenn sie »Propaganda« sagen?[66]

Akzeptieren der Fakten, sich der Wahrheit stellen, auch wenn sie noch so schwer zu ertragen ist, das ist die Botschaft dieser Worte, und auch sie sind Bestandteil dessen, was ich eingehend als produktives Deutschlandbild Kästners bezeichnete.

Cum grano salis steht alles bisher Erwähnte in großer Übereinstimmung mit den Vorstellungen der Reeducationpolitik. Zugleich aber beginnt mit der Betrachtung der NS-Vergangenheit der Grenzbereich, in dem Kästner von amerikanischen Vorstellungen abweicht. Das Graufeld liegt da, wo er sich der heiklen Schuldfrage zuwendet.

Hans-Joachim Netzer, einer der damaligen Mitarbeiter, hat die Position der *Neuen Zeitung* folgendermaßen charakterisiert: »Bejahung einer moralischen deutschen Kollektivverantwortung für das ›Dritte Reich‹, aber Ablehnung einer formalen Kollektivschuld«.[67] Freilich in einem Umfeld, das weitaus radikalere Ansichten aufwies. So war zu vergegenwärtigen, daß der Reeducation im Prinzip bereits der Gedanke einer Kollektivschuld zugrunde lag; denn die Umerziehungsidee war ja nicht personen- oder auch nur gruppenbezogen, sondern galt einem ganzen Volk. Und die 14 Tage nach der deutschen Kapitulation herausgegebene Direktive Nr. 1 der US-Propaganda-Abteilung PWD, hatte gelautet:

> Der erste Schritt der Umerziehung wird sich ausschließlich darauf beschränken, die Deutschen mit jenen unwiderlegbaren Tatsachen zu konfrontieren, die die Einsicht in die deutsche Kriegsschuld und in die Kollektivschuld für solche Verbrechen wie die Konzentrationslager wachrufen.[68]

---

66 Ebd., S. 69.
67 Netzer, *Die Neue Zeitung*, a.a.O. (Anm. 16), S. 15.
68 Zit. nach *Droste Geschichtskalendarium* 3/1, a.a.O. (Anm. 11), S. 25.

Im übrigen wurden auch in der *Neuen Zeitung* Sigrid Undsets extrem pessimistischer Aufsatz über *Die Umerziehung der Deutschen* und Niemöllers Erlanger Bekenntnis abgedruckt.[69]

Kästner hat diese keineswegs klare Gesamtlage als einen permanenten Druck empfunden und – den Spielraum nutzend, den die *Neue Zeitung* unter Habe und seinem Nachfolger Wallenberg bot,[70] – umso eindeutiger seine Haltung dazu formuliert.

Bereits der Schluß des Artikels über die »Todesmühlen« nimmt eine Wendung, die den Generalvorwurf zurückweist:

> Nun, wir Deutsche werden gewiß nicht vergessen, wieviel Menschen man in diesen Lagern umgebracht hat. Und die übrige Welt sollte sich zuweilen daran erinnern, wieviel Deutsche darin umgebracht wurden.[71]

Was die übrige Welt anbelangt, so stellt er in einem anderen NZ-Artikel das Gedankenexperiment an, was geschehen wäre, wenn Hitler seine aggressive Eroberungspolitik im letzten Moment gestoppt hätte. Dann,

---

69 NZ vom 25. Oktober 1945, 15. Februar 1946.

70 Habe, *Im Jahre Null*, a.a.O. (Anm. 9), bezeichnet die NZ als »Insel in der Schellingstraße« (S. 116) und stellt durchgängig seine Abwehrkämpfe gegen die Insinuationen der US-Politik und der Militärregierung dar.

71 *Wert und Unwert des Menschen*, a.a.O. (Anm. 63); II, S. 71. Diesen Gedanken hatte er schon im Mai 1945 in sein Originaltagebuch notiert: »Sie sollen nur statistisch feststellen, wieviele Deutsche von den Nazis zugrunde gerichtet worden sind!« (VI, S. 838) Ebd. wehrt er sich auch gegen »Phrasen, auch wenn sie von Nichtfaschisten gesprochen werden und übers Meer kommen. [...] Da haben nun die drei großen Mächte der Erde fast sechs Jahre gebraucht, um die Nazis zu besiegen, und nun werfen sie der deutschen Bevölkerung, die antinazistisch war, vor, sie habe die Nazis geduldet! Deutschland war aber das am längste [!] von den Nazis besetzte und unterdrückte Land – nur so kann man die Situation einigermassen [!] richtig sehen« (VI, S. 838). Mir erscheint aufschlußreich, daß sich Kästner 1961 bei Herausgabe des *Notabene*-Bandes offensichtlich bemüßigt sah, diesen Aspekt nachträglich noch zu pointieren, daß der Rechtfertigungszwang für ihn also nicht vorüber war: »Die Sieger, die uns auf die Anklagebank verweisen, müssen sich neben uns setzen. Es ist noch Platz. Wer hat denn, als längst der Henker bei uns öffentlich umging, mit Hitler paktiert? Das waren nicht wir. Wer hat denn Konkordate abgeschlossen? Handelsverträge unterzeichnet? Diplomaten zur Gratulationscour und Athleten zur Olympiade nach Berlin geschickt? Wer hat denn den Verbrechern die Hand gedrückt statt den Opfern? Wir nicht, meine Herren Pharisäer!« (VI, S. 405 f.)

so glaubt er, hätte das Ausland sich bei den Morden im Inland nicht eingemischt und: »Ein paar Millionen wären noch draufgegangen.«[72]

Mit der schweren Last des Auslandsurteils setzt er sich besonders am Beispiel C.G. Jungs auseinander. Dieser hatte in einem Interview geäußert, alle Deutschen seien »bewußt oder unbewußt, aktiv oder passiv, an den Greueln beteiligt«.[73] Kästners Artikel beschreibt in bitterer Ironie die verheerende seelische Wirkung dieser Äußerung auf die in Deutschland gebliebenen Regimegegner. Hatten sie doch in der jetzigen Lage

> auf ein klein wenig Trost und Hilfe, Zuspruch und Mitleid gerechnet; auf nur eben so viel, daß sie die tödliche Erschöpfung ihrer Herzen überwänden. [...] Doch da drang die Stimme des Seelenforsches Prof. Dr. C.G. Jung aus der Schweiz herüber, und es klang, als habe der bedeutende Mann eine Trompete des Jüngsten Gerichts verschluckt. [...] Da verhüllten die Gegner des besiegten Regimes stumm ihr bleiches, müdes, verhungertes Haupt. [...] Die Welt, das war klar, würde sich nach diesem Richter richten.[74]

Dann aber fährt er fort:

> Die Welt richtete sich *nicht* nach diesem Richter, sondern nach einem anderen, nach dem amerikanischen Oberrichter Jackson. Man dürfe, sagte Jackson, *nicht* das ganze deutsche Volk für die Untaten des Regimes verantwortlich machen! Und die Welt glaubte *ihm*, obwohl er kein berühmter Seelenforscher war, sondern der amerikanische Hauptankläger in Nürnberg.[75]

Glaubte ihm die Welt wirklich? Die Worte Jacksons waren jedenfalls ein Strohhalm, an den sich Kästner klammerte und den er seinen Lesern wiederholt anbot.[76] Diesen Worten standen freilich andere, mindestens ebenso gewichtige, entgegen. Vor allem die Vorwürfe, die Thomas Mann erhob, als man ihn bat, nach Deutschland zurückzukehren. Es ist hier nicht möglich, auf die damit verbundene »Große

---

72 *Ist Politik eine Kunst?*, a.a.O. (Anm. 46); VI, S. 511.
73 *Splitter und Balken*, a.a.O. (Anm. 57); VI, S. 520.
74 Ebd., S. 520 f.
75 Ebd., S. 521.
76 So zitiert er sie auch in dem bekannten Artikel *Die Schuld und die Schulden*, a.a.O. (Anm. 53); VI, S. 501.

Kontroverse« einzugehen.[77] Kästners Antwort in der *Neuen Zeitung* mit dem bissig anspielenden Titel *Betrachtungen eines Unpolitischen*[78] ist allerdings ein nicht unbedeutender Beitrag dazu. In einer fiktiven Ansprache erklärt er »wißbegierigen deutschen Knaben und Mädchen«,[79] daß man dem großen Dichter die Haltung nicht verübeln dürfe; er sei ein bedeutender Künstler, aber eben nicht der Mann, den Deutschland jetzt brauche. Von daher könne er getrost in Amerika bleiben, während ein anderer Mann, der Schauspieler Bassermann, seine Rückkehr schon angekündigt habe. Bei dieser Nachricht »habe ich alter Schafkopf beinahe geheult«.[80] Es war nicht zuletzt dieser Artikel, der Chefredakteur Hans Habe in seinem Eindruck bestärkte, Kästner hege ein latentes Ressentiment gegen die Emigranten.[81] Nichts wäre falscher. Aber die Fehldeutung hat ihren Nachhall bis in die Gegenwart, wenn ausgerechnet im Nachwort der jüngsten Werkausgabe von »peinlichen Ausfälle[n] gegen Thomas Mann« gesprochen wird.[82] Der Artikel ist in seiner Haltung nur zu würdigen, wenn man die großen Hoffnungen berücksichtigt, die Kästner auf die Rückkehr und Mitarbeit der Emigranten setzt:[83] Nicht müde wird er, das herzliche Verhältnis, das bei gelegentlichen Wiederbegegnungen geherrscht haben soll, zu betonen, unablässig verweist er auf die Mitarbeitsbereitschaft. So läßt er in einem fiktiven Zwiegespräch einen Zweifler fragen:

> Werden die Emigranten *wollen*? [...] Werden sie nicht sagen, sie hätten damit nichts zu schaffen?

und er antwortet:

77 *Die Große Kontroverse. Ein Briefwechsel um Deutschland.*, hrsg. von Johannes F. Grosser, Hamburg 1963. Die Äußerungen der wichtigsten Exponenten der Debatte einschließlich Auszügen aus Thomas Manns offenem Brief bietet: »*Als der Krieg zu Ende war*«, a.a.O. (Anm. 24), S. 262-276.
78 NZ vom 14. Januar 1946; VI, S. 516-519.
79 Ebd., S. 517.
80 Ebd., S. 519.
81 Habe, *Im Jahre Null*, a.a.O. (Anm. 9), S. 101 f. Habe vertritt dabei die Ansicht, Kästner nehme in seinem Artikel »gegen die Heimkehr Thomas Manns Stellung«.
82 Nachwort von Mitherausgeber Hermann Kurzke, II, S. 416.
83 Der Kästner-Biograph Sven Hanuschek (*Keiner blickt dir hinter das Gesicht*, a.a.O. [Anm. 1], S. 330 f.) hat in dieser Hinsicht inzwischen einiges zurechtgerückt, formuliert aber keine eindeutige Stellungnahme für oder gegen Kästners Position in dem Streit.

Mit ihrer Heimat nichts zu schaffen? Und nichts zu schaffen mit deren Not? Das glaube ich nicht! Viele, weiß ich, wollen zurück und aufbauen helfen.[84]

Immer aber scheinen solche fast euphorischen Äußerungen grundiert von einem Bedürfnis nach Selbstversicherung, vom Zwang, Wünschenswertes durch Veröffentlichung festzuschreiben. Vor dem Hintergrund solch angstbesetzter Hoffnung mußte Thomas Manns Rückkehrweigerung und seine Verurteilung der Deutschen en bloc wie ein Schlag ins Gesicht wirken. Nur die ungeheure Enttäuschung erklärt den darauf folgenden Gegenangriff. Von heute auf diese Auseinandersetzung zurückblickend, scheint mir Kästners Position berechtigt, denn Thomas Mann hier die höhere Wahrheit zuzuerkennen, bedeutete letztlich, die Kollektivschuld zu fixieren. Und natürlich bedeutete es auch, Kästner selbst dieser Gruppe der Schuldigen zuzuschlagen.

---

84 *Die Schuld und die Schulden*, a.a.O. (Anm. 53); VI, S. 505. Ähnlich: »Das Schönste, was uns Langhoff berichtete, war dies: Unter denen, die zu Beginn des Dritten Reiches in die Verbannung gingen, sind viele, die ungeduldig darauf warten, daß man sie in die zerstörte, kranke Heimat zurückkehren läßt. (Noch ist es ihnen nicht erlaubt!) Sie brennen darauf mitzuhelfen. [...] Da saßen wir um den Sendboten der fernen Freunde geschart, und unsere Herzen klopften hoffnungsfroh« (*Besuch aus Zürich*, NZ vom 28. Oktober 1945, nicht aufgenommen in Werkausgaben). Oder: »Jetzt können wir das neue Notizbuch anlegen. Wir wissen wieder, mit welchen und mit wieviel Freunden und Kollegen wir künftig werden rechnen dürfen« (*Ein Deutscher antwortet*, NZ vom 4. November 1945, nicht aufgenommen in Werkausgaben). Anläßlich der Münchener Vorführung eines Schweizer Films: »So saßen die drei Männer, der Engländer, der Schweizer und der Emigrant, in der Mittelloge. Ihre Anwesenheit war ein augenfälliger Beweis dafür, daß sich die verrammelten Türen zur Welt langsam zu öffnen beginnen. Unter den Zuschauern war keiner, der das nicht, mit ein wenig Hoffnung im Herzen, bemerkt hätte« (*Die letzte Chance*, NZ vom 15. April 1946, nicht aufgenommen in Werkausgaben). Bei einem Besuch der Konstanzer Kunstwochen im Juni 1946 notiert er: »Die Grenzen atmen wieder. Sie sind wieder porös. Sie wurden wieder für Gedankengut passierbar. [...] Man unterhielt sich mit emigrierten Freunden, die nach Deutschland hereinschauten wie durch eine angelehnte Tür« (*Grenzpfähle und Grenzfälle*, NZ vom 10. Juni 1946; VI, S. 544). Der gleiche Tenor findet sich in der Artikeltrilogie: *Reise in die Gegenwart* (NZ vom 23. Juni 1947, VI, S. 582-587), *Reise in die Vergangenheit* (NZ vom 27. Juni 1947), *Reise in die Zukunft* (NZ vom 4. Juli 1947), die letzteren beiden nicht aufgenommen in Werkausgaben.

Nun gibt es, allen positiven Darstellungen zum Trotz, schon lange und auch wieder in den letzten Jahren, einen starken Zug, dem Autor wegen seines Verbleibens in Hitlerdeutschland und der damit verbundenen Kompromisse zu mißtrauen, wenn nicht ihn zu diskreditieren.[85]

Eine eingehende Auseinandersetzung mit allen entsprechenden Vorhaltungen würde den Rahmen dieses Vortrags sprengen, auch wenn sich – gerade am Paradefall Kästner – eine grundsätzliche Debatte über die Frage von Schuld und Verstrickung lohnen würde.[86] Ich beschränke mich auf einen Aspekt, die Denkfigur nämlich: Kästner hätte all dem entgehen können, wenn er sich zur Emigration entschlossen hätte. Darin steckt eine quasi automatische, aber falsche Vorstellung, die deutschen Schriftsteller und Künstler seien aus Protest ins Exil gegangen und von daher ein leuchtendes Vorbild als Repräsentanten eines unbeugsamen »anderen« Deutschland.[87] Sie gingen jedoch in weitaus überwiegender Zahl – wer wollte es ihnen verübeln –, weil sie mit ökonomischem Ruin rechnen und für Leib und Leben fürchten mußten. Und Thomas Mann selbst, der 1933 von einer Vortragsreise nicht mehr nach Deutschland zurückkehrte, zeigte im Exil nur verzögert ein offenes Engagement gegen Hitler und sein Regime.[88] Angesichts dieser

85 Besonders kritische, ablehnende Haltungen nehmen ein: Dieter Mank, *Erich Kästner im nationalsozialistischen Deutschland*, Frankfurt am Main 1981, Marianne Bäumler, *Die aufgeräumte Wirklichkeit des Erich Kästner*, Köln 1984; Andreas Drouve, *Erich Kästner. Moralist mit doppeltem Boden*, Marburg 1993, besonders S. 139-146 und 212-215. Materialreicher und zugleich gemäßigter: Jan-Pieter Barbian, *»... nur passiv geblieben«?*, in: *Die Zeit fährt Auto*, Ausstellungskatalog a.a.O. (Anm. 1), S. 119-142.

86 Dagmar Barnouw (*Gespenster statt Geschichte*, in: *Zuckmayer-Jahrbuch*, Bd. 5, 2002, S. 77-125, besonders ab S. 105) gehört zu den wenigen, die hier eine Gegenposition vertreten und vor überzogen-kritischen, letztlich ahistorischen Ansprüchen warnen.

87 Ein typischer Reflex dieser automatischen Denkweise scheint mir die Schlußformulierung bei Barbian, *»... nur passiv geblieben«?*, a.a.O. (Anm. 85), S. 142, wenn Kästner jenen »inkonsequent, fragwürdig und bis zu einem gewissen Grade auch unverzeihlich« Handelnden zugerechnet wird, »die sich nach der Machtübernahme der Nationalsozialisten nicht zur Emigration *entschlossen* hatten« (Hervorhebung: DW).

88 Vielleicht war es insgeheim das Bewußtsein dieses Umstandes, daß Thomas Mann dann im Sommer 1947 Kästner doch als einen der Hauptvertreter des neu zu gründenden deutschen PEN favorisierte. Zur Problematik der Exilentscheidung bei Thomas Mann und anderen vgl. Günter Scholdt, *Autoren über Hitler*, Bonn 1993, S. 764-773.

keineswegs so dichotomisch klaren Gesamtlage wirkt es mehr als befremdlich, wenn beispielsweise Hermann Kurzke, kurioserweise Mitherausgeber der Werkausgabe 1998, Kästner als »scheinheiligen Opportunisten« charakterisiert, der 1945 »gleich wieder auf der Siegerseite« gewesen sei.[89] Hier wird die doppelte Ungeheuerlichkeit unterstellt, Kästner habe im ›Dritten Reich‹ auf dessen Seite gestanden, und rede nun, nach dem Krieg, den Besatzern nach dem Mund. Davon kann keine Rede sein, zumal er deutlich Rechte einfordert, die die Reeducationpolitik als humane Prinzipien – abstrakt – formuliert hatte. Besonders im Jahr 1947 finden sich Beiträge, in denen er beklagt, daß er – als Schriftsteller und Publizist, der das Prinzip einer geistigen Öffnung Deutschlands verficht – allenthalben auf Mauern stößt. Die typischen Beobachtungen dazu macht er anläßlich des PEN-Kongresses in Zürich, zu dem er als Vertreter einer neu zu gründenden deutschen Gruppe angereist ist[90] und wo er auf Widerstände stößt, »als habe das ganze deutsche Volk, samt den Wächtern der Konzentrationslager, den Antrag gestellt, in den PEN-Club aufgenommen zu werden [...]«.[91]

Aber die Hauptschuld sieht er nicht bei den Wortführern dieser Ablehnung, sondern darin,

89 Kurzkes vernichtendes Resümee in summa: Kästner sei im ›Dritten Reich‹ und danach »zu glatt und zu schlau« gewesen, habe als »einer der großen Lieferanten der Unterhaltungsindustrie des Dritten Reiches« gewirkt, »mit den Wölfen geheult«, habe »gedeckt von Goebbels persönlich« den UFA-»Renommierfilm« *Münchhausen* geschrieben und mittels geliehener Pseudonyme von Autoren der Reichsschrifttumskammer finanziell komfortabel gelebt, zumindest aber gewußt »sich durchzuwinden«, also letztlich ein »scheinheiliger Opportunist«, der nach Kriegsende »gleich wieder auf der Siegerseite« gewesen sei. (Inhaltliche Kompilation aus den drei gedanklich und in den Formulierungen dicht beieinander stehenden Artikeln: *Erich Kästner vor und nach 1945. Unerbauliches zum 100. Geburtstag* , in: *Das Argonautenschiff*, Jg. 8, 1999, S. 321-327; *Zu glatt und zu schlau* [Rezension der Biographie Sven Hanuscheks] in: *Frankfurter Allgemeine Zeitung* vom 13. April 1999; *Der mit den Wölfen heulte* [Rezension der Arbeit von Stefan Neuhaus] in: *Frankfurter Allgemeine Zeitung* vom 3. Januar 2001). Ähnlich hart spricht auch Heinrich Detering von »Kollaboration« beim Münchhausen-Film, über dem »ein nicht abzuwischender Braunschleier« liege (*Gescheit und trotzdem tapfer*, in: *Erich Kästner Jahrbuch 1999/2000*, S. 21).
90 Publizistisches Resultat dieser Reise ist (vgl. Anm. 84) die dreiteilige NZ-Artikelserie *Reise in die Gegenwart* (23. Juni 1947*), Reise in die Vergangenheit* (27. Juni 1947) *und Reise in die Zukunft* (4. Juli 1947).
91 Ebd., *Reise in die Gegenwart*, VI, S. 584.

daß man Deutschland, zwei Jahre nach Kriegsende, noch immer unter Quarantäne hält, daß man kaum jemanden, er trüge denn Uniform, hereinläßt und niemanden, außer Parteipolitikern und Pfar-
rern, hinaus.[92]

Quarantäne und Generalverdacht – mag sein, daß beide angesichts des
beginnenden Kalten Krieges in den Hintergrund rückten, aber im Frühjahr 1948 zieht Kästner in der »Schaubude« mit seinen *Gleichnisse[n]
der Gegenwart* ein sehr resignatives Fazit. Im ironisierten Märchenton
hebt er an: »Es war einmal ein Land, in dem gab es keine Zündhölzer«,
um dann die Nachkriegsnotlage zu beschreiben. Schließlich fährt er
fort:

> Da wurden die Einwohner des Landes ziemlich traurig. Denn erstens
> fehlten ihnen alle diese kleinen Dinge, die das Lebens bekanntlich
> versüßen und vergolden. Zweitens wußten sie, daß sie selber daran
> schuld waren. Und drittens kamen immer Leute aus anderen Län-
> dern und erzählten ihnen, daß sie daran schuld wären. Und sie dürf-
> ten es nie vergessen. Die Menschen in dem Land hätten nun furcht-
> bar gern geweint. Aber Taschentücher hatten sie auch nicht [...].[93]

In dieser Parabel erscheint die deutsche Bevölkerung nun deutlich als
bedauernswerte Leidende. Und bezeichnenderweise sind es Kabarett-
texte, in denen Kästner diese Leidens- und Opferperspektive am deutlichsten präsentiert.

---

92 Ebd., S. 586. Am Rande des Kongresses kommt es auch zu einem Diskussi-
onsabend über Zuckmayers *Des Teufels General*, bei der er angesichts
einer Diskussion, an der auch deutsche Studenten beteiligt sind, ermuti-
gende Anzeichen sieht: »Es war eine wahre Lust, diesen gutgewählten Ab-
gesandten unserer Hochschuljugend zuzuhören. Ich gestehe, daß mich an
diesem Abend, drüben in der Schweiz, eine geradezu unbändige Hoffnung
erfüllte.« Aber er weiß: »Da ist nur eins – die Umwelt muß Gelegenheit haben, diese Jugend zu treffen! Kein noch so vernünftiges Projekt, Europa zu
befrieden, hat echte Chancen, solange nicht persönliche Begegnungen vor-
an- und parallelgehen. Die Entgiftung der noch immer unheilvollen Atmosphäre, die über dem Kontinent schwelt, ist anders nicht möglich« (*Reise in
die Zukunft*, a.a.O. [Anm. 84], nicht aufgenommen in Werkausgaben).
Einen anderen verhängnisvollen Quarantäneeffekt notiert er bei einem Besuch in Berlin: »Der immer noch unterbrochene Kontakt zwischen den
Bewohnern der verschiedenen Zonen hat zu einer fortschreitenden, nein,
zu einer galoppierenden Entfremdung innerhalb Deutschlands geführt«
(*Reisender aus Deutschland*, a.a.O. [Anm. 48]; VI, S. 578).
93 Schaubude, Januar 1948; II, S. 153.

Im *Deutschen Ringelspiel 1947* kommt der ältere Kriegsgefangene zu Wort, der ins Nichts heimkehrt, und ein Mädchen als Repräsentantin der »armen Jugend« beklagt ein Leben »ohne Glück und Ziel«.[94] Im *Lied einer alten Frau am Briefkasten*[95] lebt eine Mutter nur von der Illusion, es könne vom vermißten Sohn doch noch ein Brief eintreffen, im *Lied vom Warten*[96] seufzt die Frau des schon zwei Jahre lang Kriegsgefangenen stellvertretend:

[...]
Wir warten stumm,
daß sich die Welt unser erbarme.
Schickt sie doch heim.
Schickt sie doch endlich heim in unsre Arme!

Das wohl wirkungsvollste und am meisten beachtete Beispiel ist das *Marschlied 1945*[97] gesungen von Ursula Herking. Es ist das Lied einer Flüchtlingsfrau, eines weiteren repräsentativen Typus' der Zeit:

[...]
Ich trage Schuhe ohne Sohlen.
Durch die Hose pfeift der Wind.
Doch mich soll der Teufel holen,
wenn ich nicht nach Hause find.
In den Fenstern, die im Finstern
lagern, zwinkert wieder Licht.
Freilich nicht in allen Häusern.
Nein, in allen wirklich nicht...
Tausend Jahre sind vergangen
samt der Schnurrbart-Majestät.
Und nun heißt's: Von vorn anfangen!
Vorwärts marsch! Sonst wird's zu spät!
Links zwei, drei, vier,
links zwei drei-
Vorwärts, marsch, von der Memel bis zur Pfalz!
[...]
Denn wir hab'n ja den Kopf, denn wir hab'n ja den Kopf
noch fest auf dem Hals![98]

94 Schaubude, Februar 1947; II, S. 108-114.
95 Schaubude, 12. April 1946; II, S. 44 f.
96 Schaubude, Februar 1947 und *Pinguin*, Mai 1947; II, S. 119-121.
97 12. April 1946, im Eröffnungsprogramm der »Schaubude« in ihren neuen Räumen; II, S. 52-54.
98 Ebd., S. 53 f.

Immer wenn in der Kästner-Literatur von diesem Lied die Rede ist, wird auch aus Ursula Herkings Memoiren zitiert:

> Als ich den letzten Ton [...] gesungen hatte, sprangen die Menschen von den Sitzen auf, umarmten sich, schrien, manche weinten, eine kaum glaubliche ›Erlösung‹ hatte da stattgefunden.[99]

Es dürfte nicht schwer zu erklären sein, was an dem Lied so erlösend war. Es traf die Gefühle der Menschen, verlieh ihnen im Ausdruck des Leids Trost und Hoffnung, eine Art von Autonomie, die ihnen die realen Verhältnisse im Alltag nicht gestatteten.[100] Die Militäradministration beäugte solche Beiträge mißtrauisch. »Wie denn, marschieren die Deutschen schon wieder?«, soll der amerikanische Theateroffizier mißverstehend gefragt haben.[101] Auch auf das *Lied vom Warten* wurde zwiespältig reagiert. Es gefiel offensichtlich nicht, daß der Beifall des Publikums dem Gedanken galt: »Schickt die Kriegsgefangenen heim!«[102] Selbst Hans Habe, der sich in seiner Chefredakteurs-Rolle großer Liberalität rühmte, sah den Kabarettautor Kästner als jemanden, der die Hand biß, die ihn fütterte.[103]
Durfte angesichts der Millionen Opfer, die Weltkrieg und Massenvernichtungslager in deutschem Namen gefordert hatten, Kästner stellvertretend für die Deutschen deren Leid klagen? Für mich sind auch

---

99 Zit. nach Görtz/Sarkowicz, *Erich Kästner*, a.a.O. (Anm. 1), S. 269.

100 Diese Sichtweise formulierte am Beispiel der Kästnerschen Rollenlyrik der 1920er Jahre Helmut Lethen (*Neue Sachlichkeit 1924-1932*, Stuttgart 1970, S. 49), aus marxistischer Warte allerdings als Kritik. Mir erscheint unter den Zeitverhältnissen des Jahres 1946 solcher Trost sozialpsychologisch als ein ausgesprochen positives Element.

101 Zit. nach Hanuschek, *Keiner blickt dir hinter das Gesicht*, a.a.O. (Anm. 1), S. 343; ähnlich Luiselotte Enderle, *Erich Kästner*, Leck/Schleswig 1966 (rororo-monographie Nr. 120), S. 85.

102 Zit. nach Meike Wagner, *Satire in Trümmern*, in: *Die Zeit fährt Auto*, Ausstellungskatalog, a.a.O. (Anm.1), S. 161.

103 Habe, *Im Jahre Null*, a.a.O. (Anm. 9), S. 134 f.: »Während mein Feuilletonredakteur Erich Kästner in der ›Neuen Zeitung‹ jene vollständige Freiheit genoß, die ihm allein die amerikanische ›Besatzungsdiktatur‹ gebracht hatte, wurde ich eines Abends in die ›Schaubude‹ eingeladen – das Programm war nicht zuletzt von Kästner bestritten worden. Wie groß war die Überraschung, die mich hier erwartete! Die Hälfte des Programms war ein einziger unwilliger Temperamentsausbruch gegen die Amerikaner.«

diese Rollengedichte[104] Teil der dringend nötigen psychologischen Aufbauarbeit, die Kästner leistete. Schließlich war er sich der Dialektik
wohl bewußt, wenn er in seinem berühmten Artikel *... und dann fuhr*
ich nach Dresden von den »*zwei* Feuer[n] der Schuld und des Leids«[105]
sprach, durch die Deutschland gegangen sei, und wenn er den geläuterten Blick für das Wesentliche aus dieser unauflöslichen Doppelheit ab-
leitete. Nur – und hier liegt der entscheidende Unterschied – es mag für
ihn ein Volk der Täter gegeben haben, aber kein Tätervolk, eine, wie
ich finde, sehr wichtige Differenzierung.

Werfen wir zuletzt noch einen kurzen Blick auf die Themen Bürokratie und Entnazifizierung. Sie stehen in engem Zusammenhang mit den
vorangegangenen Überlegungen. Auch in dieser Hinsicht biederte sich
Kästner wiederum nicht der »Siegerseite« an. Gerade die behördliche
Gängelung, Hand in Hand mit dem überbürokratisierten und deshalb
zwangsläufig fehlschlagenden Entnazifizierungsverfahren veranlaßte
ihn, auch hierzu kritisch Stellung zu nehmen. So läßt er in seiner kurzen
Serie *Neues aus Schilda*[106] Absurditäten der behördlichen Regulierun-
gen, auch in Entnazifizierungsfällen, anklingen. Da solche Entscheidungen – wiewohl von deutschen Beamten gefällt – ihren Ursprung in
den Besatzeranordnungen fanden, liegt der Schluß nahe, daß er hier die
Gefahr einer unheilvollen Allianz aus preußischem Bürokratismus und
US-Gesinnungsperfektionismus sah. Satirisch nimmt er aufs Korn, daß
eine aktive Nazi-Gegnerin aufgrund der juristischen Nicht-Klärung
ihres Falles sich zur Mitläuferin erklären muß, um wieder eine Anstellung als Lehrerin zu bekommen,[107] oder er verfaßt ein »Satyrspiel« auf
eine Entscheidungsfrage wie »Darf ein Minderbelasteter als Bezirks-

---

104 Mit Gedichten dieser Art hatte Kästner bereits in der Weimarer Republik
immer wieder gesellschaftlich repräsentativen Typen eine Stimme verliehen (vgl. Walter, *Zeitkritik und Idyllensehnsucht*, a.a.O. [Anm. 3],
S. 221-224).
105 II, S. 91. Die Bedeutung dieser Begriffskoppelung hebt in der gesamten
Literatur zu Kästner meines Wissens lediglich Dagmar Barnouw hervor
(*Erich Kästner und die neue Zeitung*, a.a.O. [Anm. 1], S. 152 und *Ge-*
spenster statt Geschichte, a.a.O. [Anm. 86], S. 116).
106 NZ vom 21. März und 26. Mai 1947.
107 Ebd., 21 März 1947 (Werkausgabe 1969, Bd. 8, S. 164, dort falsch da-
tiert: Anfang 1948).

schornsteinfeger tätig sein?«[108] Freilich übt er seine Kritik dabei immer im humoristischen Gewand und formuliert absichernd im Bezug auf die Entnazifizierung: »Unlösbare Aufgaben sind unlösbar. Man hätte die vorliegende Aufgabe auf gelungenere Art nicht lösen können.«[109] Eine solche Äußerung spiegelt zwar einerseits die Publikationsbedingungen der damaligen Zeit wider, andererseits macht sie jedoch auch deutlich, daß Kästner nicht simplifizierend Hitlerdiktatur und US-Besatzung gleichsetzt.[110] Unmißverständlich hat er später unter dem Titel *Deutschland 1948* eine *Adresse an die Großmächte* formuliert:

> Man kann ganz ruhig drüber sprechen:
> Auch wenn ihr die Kausalitäten verehrt
> und wenn ihr der krassen Gerechtigkeit huldigt, –
> neue Dummheiten werden durch alte Verbrechen
> höchstens erklärt,
> bestimmt nicht entschuldigt.[111]

Von der Öffnung zur Welt bis zur Kritik an der Verengung im Gesinnungsbürokratismus – mit diesen Punkten wäre der Kreis abgeschritten, in dem sich Kästners Auseinandersetzung mit der Situation Nachkriegsdeutschlands vollzieht. Es mag hier unterbleiben, noch einmal die einzelnen Stationen der Strecke aufzuführen. Aber da eingangs von einem produktiven Deutschlandbild des Autors die Rede war, sollten wir abschließend doch die resümierende Frage nach dem spezifisch Produktiven stellen. Die Antwort fällt im Grunde recht einfach aus: Mit seiner Tätigkeit als Redakteur, Herausgeber und Autor hat Erich Kästner den Aufbau eines neuen, demokratischen und lebensfähigen Deutschland nicht nur öffentlich begleitet, sondern inhaltlich und mental *gefördert*. Dies aber ist ein Stück Arbeit, das der würdigenden Erinnerung wert bleibt.

108 *Wer fürchtet sich vorm schwarzen Mann*, in: *Pinguin*, Oktober 1948; II, S. 177-181; ähnlich in: *Gespräch mit Zwergen* (NZ vom 11. März 1946), wo Kästner auf einen seiner fiktiven Helferzwerge verzichten muß, weil er »in der NS-Zwergenschaft eine gewisse Rolle gespielt haben [soll]« (VI, S. 526).
109 Ebd., II, S. 177.
110 Vgl. dazu oben, Anm. 103, Habes ironische Bemerkung zur angeblichen Einstellung Kästners gegenüber der »Besatzungsdikatur«.
111 *Kurz und bündig*; I, S. 281.

Volker Haase

»Will man nicht 70 Millionen ausmerzen oder kastrieren ...«

Ein Beitrag zu Franz Carl Weiskopfs deutschlandpolitischen Vorstellungen im Exil

Franz Carl Weiskopf (1900-1955), der kommunistische Schriftsteller, Essayist, Germanist und Diplomat, hat während seines New Yorker Exils seine Ansichten über Deutschland in Romanen, Rezensionen, literaturhistorischen Arbeiten und privaten Äußerungen ausgesprochen. Diese Stellungnahmen sind bislang nicht genügend beachtet worden, wie überhaupt eine haltbare Forschung zu Person und Werk an sich, nach einer jahrzehntelangen Instrumentalisierung in der DDR-Kulturpolitik, noch weitgehend aussteht. Solche Ausgangsbedingungen machen es erforderlich, eine Untersuchung zu Weiskopfs Deutschland-Bild der Exiljahre mit einer umfangreicheren Vorbemerkung zu beginnen, die der Richtigstellung einiger biographischer Fakten dient. Im Mittelpunkt der Analyse steht daraufhin der Roman *Himmelfahrtskommando* als Weiskopfs ausführlichste und vielschichtigste literarische Auseinandersetzung mit den Fragen einer deutschen Kollektivschuld und Umerziehbarkeit, die bislang gleichwohl am meisten vernachlässigt worden ist. Ziel des vorliegenden Aufsatzes ist es, die Argumentation des Romans nachzuvollziehen und dabei diskursive wie konkrete intertextuelle Bezüge zu erhellen, um zu zeigen, wie die politische und kulturpolitische Position, die Weiskopf während seiner Exilzeit in den USA bezogen hatte, vor allem mit der Programmatik der »Bewegung Freies Deutschland« in Mexiko korrespondiert. Denn gerade aus dieser programmatischen Korrespondenz heraus wird die Leistung und Aporie von Weiskopfs Deutschland-Bild zu erklären sein.

1. »Inmitten des Stroms« oder »erbarmungslos zwischen den Fronten«? Einige biographische Vorbemerkungen

Weiskopf war nach dem Reichstagsbrand aus Berlin in seine Heimatstadt Prag zurückgekehrt und nach dem Münchner Abkommen über Paris nach New York gelangt. Offiziell nur der Einladung zu einem Kongreß der »League of American Writers« und einem PEN-Treffen folgend, verbrachte er hier, von Juni 1939 an, das gesamte nächste

Jahrzehnt. Spätere Kommentierungen, daß dieses Verbleiben in den Vereinigten Staaten unwillentlich durch die politischen Umstände des Kriegsausbruchs erzwungen worden war,[1] fallen in den Bereich biographischer Legendenbildung.[2] Daß sich Weiskopf in Kenntnis der sowjetischen Säuberungspraxis vielmehr bewußt für die Westemigration entschieden hat, liegt schon angesichts seiner zeitweilig engen Beziehung zum Kreis um Willi Münzenberg nahe.[3] Auch Weiskopfs frühere Diffamierung als »Rechtsabweichler«, die sich im Umfeld der Charkower Konferenz auf seine Position in der Debatte um einen ›proletarischen Roman‹ bezogen hatte,[4] dürfte ihn 1938, angesichts der drohend ähn-

[1] Vgl. u.a. Franziska Arndt, *F. C. Weiskopf*, Leipzig 1965, S. 58 f.; Lenka Reinerová, *Es begann in der Melantrichgasse. Erinnerungen an Weiskopf, Kisch, Uhse und die Seghers*, Berlin, Weimar 1985, S. 53. Auch Günter Caspar, der Weiskopf-Preisträger des Jahres 1985 (vgl. *Mitteilungen der Akademie der Künste*, Jg. 23, 1985, Nr. 4, S. 5-7), hat 1990 noch an dieser Version festgehalten, indem er von ungeklärten »Komplikationen« schrieb, aufgrund derer Weiskopf an den genannten Veranstaltungen nicht hatte teilnehmen können: vgl. Bodo Uhse / F. C. Weiskopf, *Briefwechsel 1942-1948*, hrsg. von Günter Caspar, Berlin 1990, S. 21.

[2] Inzwischen hat Alexander Stephan, *Im Visier des FBI. Deutsche Schriftsteller in den Akten der amerikanischen Geheimdienste*, Stuttgart, Weimar 1995, S. 343, auf diese Frage unwissentlich eine überraschende Antwort gegeben: laut der hier zitierten FBI-Akte Weiskopfs, die am 12. Juni 1939 eröffnet wurde und in der Folge auf ca. 1.000 Seiten anwachsen sollte, befand sich dieser zur fraglichen Zeit als Asylbewerber auf Ellis Island. Seinen Antrag, ihm schon zu diesem Zeitpunkt eine dauerhafte Aufenthaltsgenehmigung zu erteilen, begründete er dort mit seiner jüdischen Abstammung.

[3] Vgl. Marcus G. Patka, *Zu nahe der Sonne. Deutsche Schriftsteller im Exil in Mexiko*, Berlin 1999, S. 30, 33, 37: Weiskopf hatte nach seiner Rückkehr nach Prag die Chefredaktion in Münzenbergs *AIZ* übernommen. In dessen Umfeld verkehrten nach dem Reichstagsbrand auch die späteren Dissidenten Gustav Regler und Arthur Koestler sowie der im Prager Hauptprozeß 1952 hingerichtete Otto Katz. Münzenberg selbst hatte sich schon seit Oktober 1936 »unter zahlreichen Ausflüchten geweigert, nach Moskau zum Rapport zu reisen, der ihm nichts Gutes verheißen hätte«. Sukzessive von Walter Ulbricht entmachtet, hatte auch er im Herbst 1937 schließlich mit der Partei gebrochen.

[4] Vgl. *Internationale Pressekorrespondenz* (Berlin) 1930, Nr. 93, S. 1324, zitiert in: Gerhard Friedrich, *Proletarische Literatur und politische Organisation. Die Literaturpolitik der KPD in der Weimarer Republik und der proletarisch-revolutionären Literatur*, Frankfurt am Main 1981, S. 177 f.

lichen Rhetorik im 3. Moskauer Schauprozeß,[5] hinreichend alarmiert haben. Ferner ist die Behauptung, daß seine Ausreise aus den USA bis 1949 wider seinen Willen verzögert worden sei, weil die Prager Nachkriegsregierung vor dem sozialistischen Umsturz so rege Kommunisten wie ihn außer Landes halten wollte und ihm aus demselben Grund von den USA kein Ausreisevisum bewilligt worden wäre, unhaltbar.[6] Vielmehr erhellt ein Brief an den zur Heimkehr sogar persönlich von Klement Gottwald eingeladenen Egon Erwin Kisch schon 1946 Weiskopfs ganz freien Entschluß, in Amerika zu verbleiben, um in der sich abzeichnenden Nachkriegsordnung Europas nicht zum deutschsprachigen »Schutzjuden« und »Bürger zweiter Klasse« zu werden.[7]

Tatsächlich blieb ihm eine Rückkehr nach Prag durch die Übernahme tschechoslowakischer Gesandtschafts- und Botschafterposten in Washington, Stockholm und Peking bis zum März 1952 erspart. Die Angst vor neuen stalinistischen Säuberungen traumatisierte Weiskopf jedoch offensichtlich in nicht geringerem Maß als seinen Freund Bodo Uhse im mexikanischen Exil;[8] jedenfalls gab Weiskopf seine bis dahin entstandenen Tagebücher, wie die Überlieferung einer letzten, herausgerissenen Seite mit Notizen während der Überfahrt vermuten läßt,

---

5 Vgl. Robert Conquest, *Der große Terror. Sowjetunion 1934-1938*, München 1992, S. 476-502.

6 Vgl. Reinerová, *Es begann in der Melantrichgasse*, a.a.O. (Anm. 1), S. 54 f. Dagegen Stephan, *Im Visier des FBI*, a.a.O. (Anm. 2), S. 348: Nachweislich hatte Weiskopf im Herbst 1945 abermals um eine permanente Aufenthaltsbewilligung ersucht. Als »enemy alien« war er aber noch im Januar 1947, also bis zu seiner Ausstattung mit diplomatischer Immunität, für eine behördliche Ausweisung vorgesehen gewesen. Zudem war er vor seiner tatsächlichen Rückkehr schon einmal ganz ungehindert nach Europa gereist und hatte dort u.a. auch in Prag und Berlin Station gemacht: vgl. hierzu z.B. den Brief an Lion Feuchtwanger vom 27. Februar 1948, in: Akademie der Künste zu Berlin, Archiv F.C. Weiskopf (im Folgenden abgekürzt mit der Signatur ADK-FCW9, Nr. 322; abgedruckt in: Herold von Hofe / Sigrid Washborn, *Lion Feuchtwanger. Briefwechsel mit Freunden 1933-1958*, Berlin 1991, Bd. 2, S. 87-90, wo Weiskopf von einer insgesamt dreimonatigen Abwesenheit aus New York berichtet.

7 Vgl. ADK-FCW, Nr. 331.

8 Vgl. Renata von Hauffstengel, *Mexiko im Werk von Bodo Uhse. Das nie verlassene Land*, New York u.a. 1995, konkret zu Uhses Angstträumen S. 121 f.; zur Selbstzensur in den Exiltagebüchern S. 48-51; zur Beschlagnahmung dieser Aufzeichnungen noch 1963 auf Verlangen Alexander Abuschs vgl. ferner Patka, *Zu nahe der Sonne*, a.a.O. (Anm. 3), S. 188.

während oder kurz nach seiner Rückkehr auf den alten Kontinent vorsätzlich verloren.[9] Alle weiteren Aufzeichnungen bis zu seinem Tod 1955, die von ihm und seiner Witwe mehrfach hinsichtlich der wechselnden politischen Verhältnisse ›korrigiert‹ worden sind, zeugen von einem nur mehr psychoanalytisch deutbaren Muster sukzessiver ideologischer »Anpassung«.[10] Christa Wolfs Ahnung, daß unter ihren einstigen Vorbildern auch Weiskopf »erbarmungslos zwischen den Fronten zerrieben« wurde, wobei er »auf Nachsicht der Nachgeborenen allerdings nicht rechnen« könne,[11] ist damit verifizierbar geworden. Seine Tagebücher belegen aber auch, daß Weiskopf den weiteren ideologischen und politischen Nachkriegsentwicklungen eigentlich orientierungslos gegenüberstand. Hiervon zeugt der Interpretationsmodus historischer Parallelisierung, in dem er sich u.a. die sowjetisch-chinesische Einmischung in den Korea-Konflikt mit dem Einsatz der Internationalen Brigaden im Spanienkrieg zu plausibilisieren versuchte,[12] ebenso wie die abwartende Angewiesenheit seines tagespolitischen Urteils auf parteioffizielle Berichterstattungen, wie z.B. zum 17. Juni 1953.[13]

Dies hat ihn allerdings nicht von propagandistischen Kundgebungen für das Ulbricht-Regime abgehalten;[14] für die Revision seines abgelehn-

---

9 Vgl. ADK-FCW, Nr. 490 (undatiertes Einzelblatt).

10 Vgl. ebd., Nr. 490-506. Die Tagebücher befanden sich während der DDR-Zeit im SED-Parteiarchiv unter Verschluß und haben bislang, nach ihrer Überstellung ins Archiv der Akademie der Künste, noch keine genauere Sichtung erfahren: die genannten Registratur-Nummern sind erst auf meine Anfrage hin vergeben worden. Eine Demonstration der zahlreichen Überarbeitungen auf dem originalen Textträger durch Weiskopf und seine Witwe würde den Aufwand einer historisch-kritischen Untersuchung erfordern und den Rahmen einer eigenen Arbeit verlangen.

11 Christa Wolf, *Third Street*, in: NDL, Jg. 43, 1995, Nr. 2, S. 7-31, hier: S. 17.

12 Vgl. ADK-FCW, Nr. 495, 22. September 1950.

13 Vgl. ebd., Nr. 502, 20. Juni 1953: Weiskopf äußerte sich zu den Ereignissen des 17. Juni erst drei Tage später, als im *Neuen Deutschland* der Aufstand offiziell als vom Adenauerstaat betriebene Zersetzungsmaßnahme erklärt worden war. Weiskopfs weitere Stellungnahmen am 25./26. Juni folgen abermals den Kommentierungen im *Neuen Deutschland* des jeweils gleichen Tages.

14 Vgl. u.a. Franz Carl Weiskopf, *Des Nachbars Wort zu den Wahlen* sowie: *Die Stimme der Vernunft*. (Typoskripte zu den Beiträgen im Prager Rundfunk, 1./18. September 1953, anläßlich der westdeutschen Wahlen), in: ADK-FCW, Nr. 16 f. Entsprechend bemerkt dann Alfred Kantorowicz,

ten DDR-Einbürgerungsgesuches war er umso mehr »willens«, sich »verkaufen zu lassen«.[15] Als Mitglied der Partei, der Akademie der Künste und des Präsidiums im Schriftstellerverband, wie auch als Leiter der Literaturzeitschrift *Neue deutsche Literatur*,[16] demonstrierte er gegenüber der Ostberliner Regierung dann vollständige Linientreue. Nicht ahnend, daß auch in Berlin ein Schauprozeß vorbereitet wurde,[17] versuchte er so, der Säuberungshysterie der Prager Slánský-Affäre zu entgehen. Durchaus waren für seine Verdächtigung in diesem inszenierten Agentenprozeß so glaubhafte Indizien gegeben, daß auch die Presse in Westdeutschland und der Schweiz nach seiner Abberufung vom Pekinger Botschafterposten mehrfach über sein »Verschwinden« spekulierte.[18]

Deutsches Tagebuch, 2 Bde, hrsg. von Andreas W. Mytze, Berlin 1978 f., hier: Bd. 2, S. 435 f., unter dem 23. November 1953: »Die Weiskopfs sind wieder im Land – längst vorangekündigt durch unzählige selbstverfasste Notizen über ihr stets gesinnungsgetreues Tun, Denken und Schreiben. Hier, in Ulbrichts Landen, habt ihr wahrlich euere Heimat, euer Zuhause gefunden. [...] Die hochherrschaftliche Wohnung in der Stalin-Allee, wohin ihr gehört, ist gut geheizt. Der Parteiverlag hofft sehnlichst auf die Erzeugnisse des ›sozialistischen Realismus‹, die ihr in euerem Gepäck habt. Der Stuhl in der Akademie steht bereit. Ihr habt uns noch gefehlt.«

15 Vgl. ADK-FCW, Nr. 501, 9. November 1952; Nr. 503, 3. Dezember 1953: Johannes R. Becher legte Weiskopf mit diesen Worten eine demonstrative Bereitschaft zur Übernahme eines politisch relevanten Publikationsorgans nahe. Tatsächlich versah dieser dann neben Willi Bredel die Chefredaktion der *Neuen deutschen Literatur*. Zur Kontrollpraxis der Einbindung von Schriftstellern in politische Ämter vgl. Werner Mittenzwei, *Die Intellektuellen. Literatur und Politik in Ostdeutschland 1945 bis 2000*, Leipzig 2001, S. 82.

16 Vgl. Simone Barck / Martina Langermann / Siegfried Lokatis, »*Jedes Buch ein Abenteuer*«. *Zensur-System und literarische Öffentlichkeit in der DDR bis Ende der sechziger Jahre*, Berlin 1997, S. 364 f.: Die *NDL* war »Austragungsort oder ›Spiegel‹ wichtiger literaturtheoretischer Debatten, die der Festlegung und Propagierung kulturpolitisch gesetzter Normen literarischer Produktion und verbindlicher Kriterien zur Bewertung von Literatur dienten.«

17 Vgl. Hermann Weber, *Schauprozeß-Vorbereitungen in der DDR*, in: Hermann Weber / Dietrich Storitz (Hrsg.), *Kommunisten verfolgen Kommunisten. Stalinistischer Terror und »Säuberungen« in den kommunistischen Parteien Europas seit den dreißiger Jahren*, Berlin 1993, S. 436-449.

18 Vgl. ADK-FCW, Nr. 500, 24. April 1952; Nr. 501, 20. September 1952. Vgl. Stephan, *Im Visier des FBI*, a.a.O. (Anm. 2), S. 352, wonach eine kurz-

Die Gründe dieser Gefährdung liegen vor allem in seinen engen Beziehungen zur vormaligen KPD-Sektion in Mexiko. Wie viele seiner aus dem dortigen Exil zurückgekehrten Freunde, war Weiskopf schon aufgrund seiner Entscheidung für die Westemigration und seiner Interkulturalität zwischen jüdischer Abstammung, osteuropäischer Staatsangehörigkeit und deutscher Muttersprache als »Kosmopolit« verdächtig.[19] Über die »League of American Writers« und die ihr nahestehende »German American Emergency Conference« hatte er zudem wesentlichen Anteil an der überseeischen Rettung von KPD-Mitgliedern und Interbrigadisten,[20] die infolge des deutsch-sowjetischen Nichtangriffsabkommens in französischen Konzentrationslagern interniert und schließlich vom Auslieferungsparagraphen des deutsch-französischen Waffenstillstandsvertrages bedroht worden waren.[21] So bestand über Weiskopf zeitweise auch eine wichtige Verbindung zu den Spanienveteranen in Le Vernet.[22] Ebenso wie Bodo Uhse und Otto Katz alias André Simone,[23] arbeitete Weiskopf dabei vor allem mit Noël Fields Mar-

zeitige Verhaftung Weiskopfs auch den Erkennungsdienst der US Army (CIC) beschäftigt hatte.

19 Vgl. ADK-FCW, Nr. 502, 26. Februar 1953: »Siebeneinhalb Stunden Parteikontrolle, die dreigliedrige Kommission ziemlich stur, interessiert sich überhaupt nicht für Ideologie oder Theorie. [...] Eines der Kommissionsmitglieder [...] sieht kosmopolitische Gefahren oder Tendenzen im Deutschsprechen in der Familie. Ich stelle fest, dass ich immer ein deutscher Schriftsteller war, dass die Partei das wusste, als sie mich zum Diplomaten machte. Schweigen.«

20 Vgl. Hans-Albert Walter, *Deutsche Exilliteratur 1933-1950*, Bd. 2: *Europäisches Appeasement und überseeische Asylpraxis*, Stuttgart 1984, S. 351 f.

21 Zur Gefahr der Säuberung besonders für ehemalige Interbrigadisten vgl. Pierre Broué, *Rolle und Funktion von ›Säuberungen‹ im Rahmen des kommunistischen Herrschaftssystems*. In: Weber/Storitz, *Kommunisten verfolgen Kommunisten*, a.a.O. (Anm. 17), S. 538-546, hier: S. 545. Zur Problematik des Hitler-Stalin-Paktes als Ursache der Masseninternierung vgl. Hans-Albert Walter, *Deutsche Exilliteratur 1933-1950*, Bd. 3: *Internierung, Flucht und Lebensbedingungen im Zweiten Weltkrieg*, Stuttgart 1988, S. 34-41, 178-202; Klaus Sator, *Das kommunistische Exil und der deutsch-sowjetische Nichtangriffspakt*, in: *Exilforschung. Ein internationales Jahrbuch*, Bd. 8, 1990, S. 29-45.

22 Vgl. u.a. *Freies Deutschland*, Jg. 2, H.2 (Januar 1943), S. 20, wo Weiskopf u.d.T. »Er winkt zurueck ...« aus einem an ihn adressierten Brief Rudolf Leonhards aus dem Lager zitiert.

23 Vgl. Walter, *Deutsche Exilliteratur 1933-1950*, Bd. 2, a.a.O. (Anm. 20), S. 351 f.

seiller Büro der Unitarier direkt zusammen.[24] Aufgrund der Verbindung zu Field, der seit dem ungarischen Rajk-Prozeß 1950 als »Anwerber aller in den Westen emigrierten Kommunisten für den amerikanischen Spionagedienst« inszeniert wurde,[25] konnte später auch Paul Merker als SED-Politbüromitglied abgesetzt und als Hauptangeklagter für einen Berliner Prozeß inhaftiert werden.[26]

Merker hatte Simone, der die mexikanische KPD-Gruppe im März 1941 ohne Moskauer Autorisierung gegründet hatte und dann im Prager Hauptprozeß hingerichtet worden ist,[27] Ende 1942 im Amt des Sektionsleiters abgelöst.[28] In der Folge hatte er am systematischsten innerhalb der »Bewegung Freies Deutschland« an der Ausformulierung eines politischen Nachkriegsprogramms gearbeitet. Mit Merkers Leitartikeln für die Zeitschrift *Freies Deutschland* ebenso wie in seiner zweibändigen Schrift *Deutschland – Sein oder Nichtsein?* war die kommunistische Exilkultur Mexikos,[29] besonders unter dem starken Einfluß der jüdischen Massenemigration, in zunehmenden Gegensatz zu Moskau geraten.[30] In das seit Oktober 1947 installierte Kominform-System Shdanows paßte seine Vision eines national souveränen Staats- und Wirtschaftssystems unter der Führung einer vereinigten Linken als demokratischer Koalitionspartei dann ebenso wenig hinein wie das vergleichbare Modell, das Klement Gottwald ab 1946 im »tschechoslowakischen Weg zum Sozialismus« zu praktizieren versuchte. In der Privatkorrespondenz mit Bodo Uhse befürwortete Weiskopf einen solchen Kurs noch im Januar 1948;[31] im selben Briefwechsel hat sich aber

---

24 Vgl. Walter, *Deutsche Exilliteratur 1933-1950*, Bd. 3, a.a.O. (Anm. 21), S. 320.
25 Vgl. Georg Hermann Hodos, *Schauprozesse. Stalinistische Säuberungen in Osteuropa 1948-54*, Frankfurt am Main, New York 1988, S. 57.
26 Vgl. Wolfgang Kießling, *Paul Merker in den Fängen der Sicherheitsorgane Stalins und Ulbrichts*, Berlin 1995.
27 Vgl. Patka, *Zu nahe der Sonne*, a.a.O. (Anm. 3), S. 69-84.
28 Vgl. Rudi Beckert, *Die erste und die letzte Instanz. Schau- und Geheimprozesse vor dem Obersten Gericht der DDR*, Goldbach 1995, S. 195.
29 Vgl. Paul Merker, *Deutschland – Sein oder nicht sein?*, 2 Bde, Mexico City 1944/45.
30 Vgl. Wolfgang Kießling, *Partner im »Narrenparadies«. Der Freundeskreis um Noël Field und Paul Merker*, Berlin 1994, vor allem S. 189-206.
31 Weiskopf an Uhse, 5. Januar 1948, in: Uhse/Weiskopf, *Briefwechsel 1942-1948*, a.a.O. (Anm. 1), S. 303: »Wenn die Tschechoslowakei in Ruhe gelassen wird, ist damit zu rechnen, dass in zwei, drei Jahren der allgemeine Lebensstandard weit über dem von 1939 sein wird.«

auch seine Reaktion auf den unmittelbar folgenden Umsturz des Prager
Systems zur Moskauer Vasallendiktatur dokumentiert: für die UN-
Sicherheitsratsintervention gegen den drohenden Unabhängigkeits-
verlust der Tschechoslowakei findet Weiskopf sogleich nur noch spötti-
sche Worte.[32]

In den diplomatischen Dienst der ČSR war Weiskopf nach Kriegsende mit dem Bekenntnis zur demokratischen Nachkriegsregierung getreten. Durch ihren sofortigen Verrat ist er nach dem Putsch in der
reorganisierten Parteihierarchie unter Slánský rasant aufgestiegen.[33] So
verwundert es nicht, daß er von Mitarbeitern der tschechoslowakischen Botschaft in China dann zur selben Zeit denunziert worden ist,
als Slánský in Prag wegen »mangelhafter Kaderpolitik« als KPČ-Chef
abgesetzt wurde.[34] Weiskopf selbst blieb, abgesehen von einigen Ver-
hören und ›Parteikontrollen‹, verschont. Dabei legt auch eine Lektüre
der Tagebuch-Schichten als Befund einer Traumatisierung nahe, Alfred
Kantorowicz' *Porträt eines Überlebenden* für begründet zu halten, in
dem Weiskopf als »der ›Typ‹ des leisetreterischen, heimtückischen, in-
trigierenden, in allen Sätteln gerechten Opportunisten« karikiert ist,
der schon vom New Yorker Exil aus nicht vor denunziatorischen Berichten nach Moskau und Berlin zurückgeschreckt habe.[35]

32 Weiskopf an Uhse, 19. März 1948, ebd., S. 313.
33 Vgl. Stephan, *Im Visier des FBI*, a.a.O. (Anm. 2), S. 348: auch in Weiskopfs
   FBI-Akte ist, unter dem Datum des 24. Dezember 1948, »his rapid promotion since coup stressed« registriert worden.
34 Vgl. Weiskopfs Rückblick auf den »Jauchetank des Pekinger Botschafts-
   gesindels« in: ADK-FCW, Nr. 502, 11. Juni 1953. Vgl. auch das *Die Metamorphose* betitelte Kapitel in Eduard Goldstücker, *Prozesse. Erfahrungen
   eines Mitteleuropäers*, München, Hamburg 1989, S. 205-212, hier S. 206:
   »Allmählich trafen die Absolventen des Schnellkurses der Staatssicherheit
   in Prag ein, die man in diplomatische Positionen oder als Kuriere einge-
   schleust hatte, um über ihre im voraus festgelegten ›Erfahrungen‹ zu berichten. Auf einer Plenarsitzung der Parteiorganisation gaben sie diese zum
   besten. Jener, der gerade aus Peking zurückgekommen war (später langjäh-
   riger Botschafter in Bonn), schrie, es wäre höchste Zeit, ›das bourgeoise
   Nest, das Weiskopf leitet, auszuräuchern‹.«
35 Vgl. Kantorowicz, *Deutsches Tagebuch*, a.a.O. (Anm. 14), Bd. 1, S. 113-
   126. Das »Porträt« steht hier unter dem Datum des 12. August 1946, als
   sich Kantorowicz auf der Reise zurück nach Europa befand. Zur Problematik des übersteigerten Tons von Kantorowicz' Funktionärskritiken, woraus auch der eigentliche Stellenwert des Tagebuchs als »Rechtfertigungs-«

Dieses Schwimmen »Inmitten des Stroms« (Weiskopf nennt so den zweiten Teil seiner Trilogie *Kinder ihrer Zeit*)[36] hat sich auch in literaturtheoretischen Anpassungsmanövern und umfangreichen Textüberarbeitungen niedergeschlagen. Bei einer eingehenderen Beschäftigung mit dem Werk bedarf dieser Umstand heute besonderer Aufmerksamkeit, zumal es plausibel scheint, daß sich Weiskopf gerade aufgrund seiner Anpassungswilligkeit als Integrationsfigur im parteioffiziellen Kontinuitätsmythos der DDR vor *und* nach dem Kurswechsel Anfang der 1970er Jahre so gut eignete und zugleich für eine Gegeninstrumentalisierung durch die innermarxistische Opposition um Hans Mayer in Leipzig und Eduard Goldstücker in Prag in Frage kam.[37] In und nach diesen kulturpolitischen Frontstellungen hat besonders der Roman *Himmelfahrtskommando* keine genügende Beachtung gefunden.

und »Verdrängungsarbeit« erhellt, vgl. Michael Rohrwasser, *Der Stalinismus und die Renegaten. Die Literatur der Exkommunisten*, Stuttgart 1991, S. 105-128. Hierfür spricht auch Kantorowicz' Verschwiegenheit darüber, daß er sein amerikanisches Transitvisum nicht zuletzt Weiskopfs Engagement zu verdanken hatte und diesen mehrfach erfolgreich um finanzielle Unterstützung angegangen war: vgl. den Briefwechsel in: ADK-FCW, Nr. 329. Wie weit Weiskopf allerdings wirklich gehen konnte, zeigen Tagebuchaufzeichnungen über seine Lektionen in »Staatsdisziplin«, die er zur Zeit der Slánský-Affäre aus Angst, selbst bezichtigt zu werden, dem Botschaftspersonal gerade auch in Sachen der »pflichtgemäßen Meldungen« erteilt hatte: vgl. ADK-FCW, Nr. 499, 3. Februar 1952; Nr. 500, 17./18. Dezember 1952.

36 Vgl. die Anspielung von Kantorowicz, *Deutsches Tagebuch*, a.a.O. (Anm. 14), Bd. 1, S. 115; den Anlaß zu seinem Weiskopf-»Porträt« habe demnach Hanns Eisler gegeben: »H. fragte: ›Ich möchte nur wissen, wie Weiskopf es zustande bringt, immer mit dem Strom zu schwimmen, ohne sich auch nur nass zu machen?‹«. Entsprechend bezeichnet Kantorowicz die »Gesammelten Werke« Weiskopfs auch als »fünf Kilo Schleim« (ebd., S. 126).

37 Vgl. dazu Volker Haase, »*Wenn ich willens wäre, mich verkaufen zu lassen ...«. Franz Carl Weiskopfs Werk zwischen den Zeiten*, Dresden (unveröffentlichte Examensarbeit) 2003.

2. »*Und so ist noch Hoffnung da für uns Deutsche*«.
»*Das Problem der sogenannten Umerziehung*«
im Exilroman ›Himmelfahrtskommando‹

Himmelfahrtskommando war zwischen Frühjahr 1942 und Herbst 1943 entstanden und im Jahr darauf unter dem Titel *The Firing Squad* zuerst dem englischsprachigen Publikum zugänglich gemacht worden.[38] Das Buch hat, ebenso wie Weiskopfs *Dawn Breaks* und der durch ihn zum Bestseller gemachte Roman *Das Siebte Kreuz* von Anna Seghers,[39] im Exilland eine bemerkenswerte Rezeption erfahren, denn zugleich mit der New Yorker Originalausgabe war eine Buchklub-Auflage erschienen.[40] Der Erfolg erklärt sich nicht allein aus dem von Weiskopf selbst konstatierten kurzzeitigen Mangelangebot an Kriegsromanen amerikanischer Autoren.[41] Entscheidend war offenbar vielmehr, daß Weiskopfs Ich-Erzählung laut Verlagsankündigung die Innenperspektive des deutschen Soldaten zu erschließen versprach:

> Perhaps no other novel of our time has so brilliantly and sensitively penetrated the mind and heart of the German soldier. This is, to be sure, first and foremost a story – intensely dramatic, stirring the reader with all the excitement of sheer melodrama although written by a kind of realism that one naturally demands of a treatment of so significant a theme. But it is more than a story; it is a revelation of the kind of characters, of the fears and hatreds, of the weaknesses and ambitions that have gone into the making of the German Army.[42]

Was Weiskopf in der Exil- und unmittelbaren Nachkriegszeit den anerkennenden Vergleich mit Remarques *Im Westen nichts Neues* eintrug,[43] paßte dann allerdings nur schlecht zur Literaturdoktrin des So-

---

38 Vgl. Franz Carl Weiskopf, *The Firing Squad*. New York 1944.

39 Vgl. Alexander Stephan, *Ein Exilroman als Bestseller. Anna Seghers' The Seventh Cross in den USA. Analyse und Dokumente*, in: *Exilforschung*, Bd. 3, 1985, S. 238-259. Zum Erfolg von *Dawn Breaks* vgl. u.a. Lenka Reiner, *F. C. Weiskopf: Dawn Breaks*, in: *Freies Deutschland*, Jg. 1, 1942, H. 10 (August), S. 31.

40 Vgl. Franz Carl Weiskopf, *The Firing Squad*, New York 1944.

41 Vgl. Franz Carl Weiskopf, *Amerikanische Kriegsromane.* »*Umschaltung auf Kriegsproduktion*« *oder immer noch* »*Geschäft wie gewoehnlich*«, in: *Freies Deutschland*, Jg. 1, 1942, H. 10 (August), S. 24 f.

42 Umschlagtext in: Weiskopf, *The Firing Squad*, a.a.O. (Anm. 40).

43 Vgl. Hutchington International Authors Ltd., in: *Central European Observer* (London) vom 4. Januar 1946.

zialistischen Realismus, die dem ›antifaschistischen‹ DDR-Gründungs-
mythos mit der Forderung nach ›positiven Helden‹ Nachdruck verlieh.
Interessanterweise entzündete sich 1956 der Streit um den hiervon ab-
weichenden ›harten Stil‹ in der Kriegsliteratur zuvorderst an Karl
Mundstocks Erzählung *Bis auf den letzten Mann*,[44] die wesentlich als
eine Reminiszenz an Weiskopfs Roman aufzufassen ist.[45] Dessen Neuauflage im Rahmen der »Bibliothek fortschrittlicher Schriftsteller« hatte
die Verlagszensur im März 1951 vorerst einmal mit dem üblichen
Scheinargument des Papiermangels abgewiesen.[46] Auf den Plan, *Himmelfahrtskommando* nachträglich in einer Fortsetzung zu ›positivie-
ren‹, verfiel Weiskopf im Folgejahr, als er für die Revision seines Ein-
bürgerungsgesuches auch eine Selbstverpflichtung zum Verfassen von
SED-Auftragswerken signalisierte:[47]

> Seit ein paar Tagen geht mir ein Gedanke im Kopf umher: wie wäre
> es, wenn ich eine Fortsetzung von »Himmelfahrtskommando«
> schriebe? Ich könnte Holler [die Hauptfigur] im Jahr 1946 oder
> 1947 aus der sowjetischen Kriegsgefangenschaft heimkehren lassen.
> In seinem Heimatort sind die Deutschen schon seit geraumer Zeit
> ausgesiedelt, er hat in der USSR antifaschistische Schulungskurse
> mitgemacht und dürfte vielleicht in der Tschechoslowakei bleiben,
> aber er entscheidet sich, nach der Ostzone auszuwandern. Dort wird
> er als Lehrer einem Neusiedlerdorf zugeteilt. [...] Auf diese Weise
> könnte ich einen Roman mit deutschem Thema schreiben und mich
> dabei auf bereits vertraute Figuren stützen. Natürlich müsste ich
> Material sammeln, Beobachtungen im Lande selbst anstellen usw.[48]

---

44 Vgl. Karl-Heinz Hartmann, »*... dem Objektivismus verfallen.*« *Der Streit
zum »harten« Stil in der Kriegsliteratur der fünfziger Jahre*, in: Klaus R.
Scherpe / Lutz Winckler (Hrsg.), *Frühe DDR-Literatur. Traditionen, Institutionen, Tendenzen*, Hamburg, Berlin 1988, S. 132-145.

45 Vgl. Karl Mundstock, *Bis auf den letzten Mann*, in: *Neue deutsche Literatur*, Jg. 4, 1956, H. 3, S. 90-108: Dessen Figur des Obergefreiten Hollerer
wird bereits ihrem Dienstgrad und Namen nach als Komparativ des Ober-
schützen Holler aus Weiskopfs Roman zu erkennen gegeben.

46 Vgl. ADK-FCW, Nr. 299, Brief Weiskopfs an die Geschäftsleitung des Par-
teiverlags Dietz vom 22. April 1951.

47 Vgl. ADK-FCW, Nr. 501, Tagebucheinträge vom 20. Dezember 1952 und
9. Januar 1953, wonach Weiskopf sich von einem Mitarbeiter Ulbrichts im
»Zentralkomitee« der SED »interessante Anregungen« für seine künftige
Literaturproduktion in der DDR geben ließ.

48 Vgl. ebd., Tagebucheintrag vom 27. Dezember 1952.

Den kanonisierbaren Anschluß der DDR-Literatur an das Goethesche Modell des Bildungsromans schrieb, mit der Geschichte des Hitlerjungen Werner Holt, aber erst Dieter Noll.[49] Eine glaubwürdige Weiterentwicklung früherer Figuren zu ›sozialistischen Persönlichkeiten‹ konnte dem nach 1949 politisch verunsicherten Weiskopf indes nur in seiner aus Prager Jugenderinnerungen schöpfenden Trilogie *Kinder ihrer Zeit* gelingen.[50] In diesem Fall ermöglichte sein um Selbstinszenierung nicht verlegenes intertextuelles Spiel mit den *Buddenbrooks* Thomas Manns und den Österreich-Romanen Joseph Roths eine ideale Vereinnahmung in der »Vollstrecker«-Theorie, der zufolge die bürgerlich-›humanistische‹ Realismustradition direkt vom Sozialismus beerbt und ideologisch korrigiert worden sei.[51] Demgegenüber ist *Himmelfahrtskommando* – zusammen mit dem autobiographischen, von avantgardistischen Früheinflüssen beeinflußten Roman-Debüt *Das Slawenlied* – durch die DDR-Germanistik als künstlerisch minderwertig marginalisiert worden.[52] Eine grundlegende Neusichtung dieser beiden Werke ist auch durch die bundesrepublikanische Germanistik nicht erfolgt und steht bis heute aus. Für die Frage nach einer Deutschlandkonzeption des Exilschriftstellers Weiskopf ist der Roman *Himmelfahrtskommando* deshalb so bedeutsam, weil er für das im Krieg stehende NS-Deutschland ein sozialpsychologisches Deutungsmodell entwarf, das auf die Behandlung ›der‹ Deutschen nach dem Krieg applizierbar sein sollte. Dieses Modell setzt ihn zur Exilbewegung »Freies Deutschland« in Mexiko in ein spezifisches Verhältnis, das im Folgenden untersucht werden wird.

Himmelfahrtskommando fingiert die Lebensbeichte des Sudetendeutschen Hans Holler, der zunächst in einem Prager Wach- und Sicherheitsbataillon dient und nach seiner Verwundung vor Stalingrad seine Erlebnisse im deutschen Heer und an der ›Heimatfront‹ reflektiert. Die eigentliche Handlung beginnt in der Prager Atmosphäre nach dem Attentat auf den Wannsee-Konferenzleiter, RSHA-Chef und stellvertretenden »Reichsprotektor« Reinhard Heydrich. Das Titelmotiv denunziert die Beteiligung regulärer Wehrmachtstruppen an Kriegsverbrechen im

---

49 Dieter Noll, *Die Abenteuer des Werner Holt*, Bd. 1: *Roman einer Jugend*, Berlin 1962; Bd. 2: *Roman einer Heimkehr*, Berlin 1963.
50 Vgl. Franz Carl Weiskopf, *Gesammelte Werke*, Bd. 1 ff., Berlin 1960.
51 Vgl. z.B. Arndt, F.C. *Weiskopf*, a.a.O. (Anm. 1), S. 22 f., 68.
52 Vgl. z.B. Helga Tille, *Die Kunst der Charakterisierung im epischen Schaffen F.C. Weiskopfs. Eine Untersuchung an den Genres Erzählung, Reportage, Anekdote und Roman*, Halle 1967, S. 380.

Umfeld des ›vergeltenden‹ Massakers an der Zivilbevölkerung von Lidice und im Krieg gegen die Sowjetunion. Vor diesem Hintergrund entwickelt Weiskopf den Erklärungsansatz einer Mittäterschaft aus anfänglicher Autoritätsgläubigkeit, systematischer schuldhafter Verstrickung und kollektiver Vergeltungsangst:

> Bei jenem ersten Mal, aber auch noch lange Zeit nachher wußte ich es mir nicht zu erklären, warum Soldaten eines gewöhnlichen Truppenteils [...] aufgefordert wurden, sich zur Teilnahme an Erschießungen zu melden. Was sollten überhaupt diese Himmelfahrtskommandos so weit hinter der Front? Und gab es für solche Aufgaben nicht genug SS-Verbände zur besonderen Verwendung? Erst viel später lernte ich begreifen, daß dahinter der wohlerwogene, kühl und mit aller Gründlichkeit zur Ausführung gebrachte Plan steckte, jeden Soldaten, jeden Deutschen mit hineinzuziehen in den Kreis des Verbrechens, der wie ein verwunschener Reifen die Anstifter, die Mittäter und Mitwisser zusammenhält und von der übrigen Welt absperrt. Und wir ließen uns alle mit hineinziehen.[53]

Der Ich-Erzähler erkennt darin schließlich einen Präzedenzfall für das Funktionieren des gesamten NS-Systems:

> Erst jetzt weiß ich, daß dieses allgemeine Schuldgefühl in uns mit Absicht erregt und wachgehalten wurde, als Teil eines ausgetüftelten Systems, daß ich ›Kraft durch Furcht‹ nennen möchte. Ja, genauso wie sie uns aneinander und an das verruchte System ketteten durch die Untaten, die wir mitbegingen oder mitansahen und nicht verhinderten – genauso zwangen sie uns zu Gehorsam, Ausrichtung und Disziplin durch jenes immerwährende Gefühl einer Schuld, durch jene ewige Furcht vor einer unberechenbaren strafenden Gewalt, durch jenen Zustand nie endender Unsicherheit, wie ihn das Führerprinzip mit seiner Willkür und seiner Forderung nach blindem Gehorsam hervorbringt.[54]

Dabei verdeutlicht v.a. die Schilderung eines Heimaturlaubs Hollers bei seinen Verwandten in der Kleinstadt »R ...«, daß für den Autor diese Komplizenschaft nicht erst in der aktiven Kriegsteilnahme beginnt,

---

53 Franz Carl Weiskopf, *Himmelfahrtskommando*, Berlin 1952, S. 38. Ein Vergleich mit der englischsprachigen Erstausgabe ergab, daß die deutschsprachigen Auflagen in diesem Fall zuverlässig sind, d.h. ohne ideologische ›Korrekturen‹ erschienen.

54 Ebd., S. 173.

sondern letztlich den Großteil aller Deutschen betrifft, die zu Denunzianten, Sklavenhaltern, Kriegsprofiteuren sowie zu Nutznießern von Parteiämtern und der Rassengesetzgebung geworden seien.[55] So repetiert auch der sich selbst zum »Flugsand« zählende Protagonist sein Sündenregister, das mit seiner Beteiligung an der Strafexekution unschuldiger Zivilisten, der Beihilfe zur Plünderung privater Haushalte und dem zusehenden Gewährenlassen von Vergewaltigern gefesselter Minderjähriger angefüllt ist.[56]

Die Annahme einer ›von oben‹ geplanten Konditionierung zum Gehorsam durch Schuldgefühl und Angst spricht dabei den Einzelnen von Verantwortung nicht frei. Für Weiskopf existiert die ›Schicksalsgemeinschaft‹ allenfalls als sich selbst erfüllende Prophezeiung; stets habe die Möglichkeit bestanden, durch Desertion und Widerstand dem Teufelskreis zu entgehen.[57] Hollers »Streifzug durch die Soldatenwirtschaften und Bordelle« wird zum Beweisgang einer ganz selbstverschuldeten Preisgabe moralischer Autonomie in Abstumpfungen durch Alkohol, Sex und Fatalismus.[58] Den politischen Mythos einer ›genetisch‹ deutschen Doppelnatur versucht Weiskopf in tiefenpsychologischen Einsichten der Figuren selbst zu entlarven; so wenn Hollers Bruder Gerhard sich das Aufkommen der verbotenen Zweifel am ›Endsieg‹ mit dem Repertoire der klassischen Psychoanalyse erklärt:

> Ich habe mal auf der Hochschule in einem von diesen jüdischen Büchern etwas über Bewußtseinsspaltung gelesen, und gottverdammich, ich bin manchmal versucht ... So was ist natürlich unmöglich, glatterdings unmöglich für einen Leutnant und Parteigenossen der Alten Garde ... Aber unmöglich oder nicht, sie ist da, diese idiotische Spaltung.[59]

Vermeintlich deutsche Seelenkompliziertheit weicht so dem Einblick in die Freudsche Apparatur, worin verdrängte Wahrheiten gegen ein nationalsozialistisch konditioniertes Über-Ich rumoren. Noch unter den sich selbst bis zum Schluß für wirklich überzeugt haltenden NS-Funktionären begegnet man daher dem im Grunde anständig gebliebenen Deutschen. »Hoffnung« auf Umerziehbarkeit besteht also nicht allein,

---

55 Vgl. ebd., S. 68 f., 83, 123 f., 15, 36.
56 Vgl. ebd., S. 284.
57 Vgl. ebd., S. 238, 292.
58 Ebd., S. 43.
59 Ebd., S. 181.

weil »es drüben auch die *andern* gibt: die unverrohten Herzens geblieben sind«.[60]

Angedeutet hatte Weiskopf diese Überzeugung schon in seinem ersten Exilroman, der 1937 in Zürich unter dem Titel *Die Versuchung* erschienen war und im hypertextuellen Spiel mit *Kleiner Mann – was nun?* nicht zuletzt auch Weiskopfs Auseinandersetzung mit Hans Falladas Autorschaft vor und während der NS-Zeit darstellt.[61] Weiskopf hatte hier verschiedene Motivkomplexe der NS-Unterstützung zu differenzieren versucht, was im Rezensionswesen der frühen DDR dann allerdings nicht ins Konzept der propagandistischen Aktualisierung dieses Textes gegen den wiederbewaffneten Adenauerstaat paßte.[62] Symptomatischerweise ist daher auch in der Verfilmung dieses Romans durch Konrad Wolf die Nebenfigur des im Röhmputsch-Szenario ermordeten Klaus Karger gestrichen worden.[63] Denn gerade mit der Thematisierung eines gegen die saturierte Vätergeneration gerichteten, politisch naiven Jugendidealismus im ›linken‹ Flügel der ›Bewegung‹ war Weiskopf über die in der frühen DDR kanonisierte Faschismusanalyse der KPD-Orthodoxie hinausgegangen. Dabei hatte er den ökonomistischen Ansatz nicht bestritten, sondern lediglich zu ergänzen versucht.[64]

Mit *Himmelfahrtskommando* setzt er diesen Versuch offensichtlich fort. Auch hier wird u.a. die frühe Begeisterung des erwähnten Gerhard Holler für die Uniformität in den NS-Organisationen auf seine schwere Jugend in den Weimarer Krisenjahren zurückgeführt.[65] Zugleich soll in der Charakterisierung weiterer Figuren aber auch eine ›Typologie‹ der kleinen Mitläufer und -täter gegeben werden, die zusätzliche Motive der NS-Unterstützung ›soziologisch‹ differenziert. So wird mit der Figur

---

60 Ebd., S. 292. (Hervorhebung V.H.).

61 Zum hier verwendeten Intertextualitätsbegriff vgl. Gerard Genette, *Palimpseste. Die Literatur auf zweiter Stufe*, Frankfurt am Main 1993.

62 Vgl. ADK-FCW, Nr. 271 (Ausschnittsammlung der Rezensionen).

63 Vgl. Konrad Wolf (Regie), *Lissy*, DEFA 1957; vgl. Irina Rubanowa, *Ein Frauenschicksal*, in: *Film und Fernsehen*, Jg. 1976, Nr. 7, S. 3 f.: »Wolfs Film ist alles andere als eine Illustration des Romans. Gemeinsam mit Alex Wedding, der Witwe Weiskopfs, schrieb er das Drehbuch; sie konzentrierten die Sujetlinien, sonderten weniger wesentliche Handlungsstränge aus.«

64 Vgl. Wolfgang Krämer, *Faschisten im Exilroman 1933-1939. Zur Darstellung der NS-Massenbasis und der Motive faschistischen Engagements*, Pfaffenweiler 1987, S. 78-88.

65 Vgl. Weiskopf, *Himmelfahrtskommando*, a.a.O. (Anm. 53), S. 174.

Joachim von Chabruns das ›preußische‹ Selbstverständnis der unbedingten Gehorsamspflicht für das moralische Versagen der adeligen Eliten in der NS-Kriegspolitik verantwortlich gemacht. Und hinter der Mordbereitschaft des treuliebenden Familienvaters Alois Seelke verbirgt sich das nicht minder zweifelhafte Ethos der dem deutschen Berufsbeamtentum zugeschriebenen »Ordnungsliebe«. Hingegen scheint der Berliner Eckkneipenwirt Klobocznik in seiner freiwilligen Beteiligung an Erschießungskommandos nur der ordinären, ›klassenlosen‹ Logik der Selbsterhaltung zu folgen.[66]

Entscheidend für eine vorsichtige Abgrenzung dieser Mitläufertypen von wirklichen Tätern ist in Weiskopfs Roman offenbar das Moment sekundärer Sozialisation in den NS-Organisationen, welche die Primärerziehung mehr oder weniger zu überlagern scheint. So soll schließlich auch einleuchten, warum unter Hollers Geschwistern zugleich eine moralisch integre Widerstandskämpferin und sittlich depravierte »Hartschädel« zu finden sind.[67] Zwar wird in der sadistisch pervertierten Figur Dietz für eine faktische Hauptschuld der Totenkopfverbände argumentiert. Jede trennscharfe Kategorisierbarkeit führt der Text aber zugleich ad absurdum, indem er auch und vor allem die Kriegsverbrecherkarriere dieses späteren Rottenführers schon in den Mannschaftsrängen der Wehrmacht beginnen läßt.

Weil es Weiskopfs selbst erklärtes Ziel war, in diesem Buch zu zeigen, »*wie* aus gutmütigen Schmidts und Müllers Bestien von Maidanek werden, aktiv oder auch nur durch Gewährenlassen«,[68] resultiert selbst die extreme Inhumanität dieses ehemaligen Rassenkundestudenten,[69] die ihn für eine Versetzung zur SS qualifiziert, letztlich erst aus seiner nationalsozialistischen Muster-*Erziehung*. Jeder Politik der *Umerziehung* räumt diese von *Himmelfahrtskommando* ausgesprochene »Überzeugung, dass Menschen ebenso zu Barbaren wie zu nützlichen Mitgliedern der Gemeinschaft erzogen werden können«, den höchstmöglichen Kredit ein, denn:

> Will man nicht 70 Millionen ausmerzen oder kastrieren, dann muss man sich zu der Erkenntnis bequemen, dass es notwendig sein wird,

---

66 Vgl. ebd., S. 22 f., 38 f.
67 Vgl. ebd., S. 12.
68 Brief Weiskopfs an Ernst Sommer vom 11. Oktober 1944, abgedruckt in: Vera Riegerová (Hrsg.), *Franz Carl Weiskopf und Ernst Sommer. Unbekannte Briefe*, in: *Weimarer Beiträge*, Jg. 14, 1968, H. 5, S. 1037-1050, hier: S. 1042 f.
69 Vgl. Weiskopf, *Himmelfahrtskommando*, a.a.O. (Anm. 53), S. 23.

neben und mit jenen Millionen zu leben, die eine passive Schuld auf sich geladen haben. Wie aber will man mit ihnen leben, wenn man nicht versucht, ihnen das menschliche Gesicht wiederzugeben. Gewiss, sie selbst müssen dieses Gefühl zurückhaben wollen und durch Taten ihren guten Willen beweisen, aber dürfen wir uns nun Passivität erlauben? Und ist es nicht die Pflicht des Schriftstellers, auf seinem Feld und mit seinen Mitteln Erkenntnissen zum Durchbruch zu verhelfen? Zum Beispiel der Erkenntnis, dass die Barbarisierung eines Volkes nicht biologische, sondern historische Ursachen hat und dass deshalb auch eine Entbarbarisierung herbeigeführt werden kann? Ist es nicht das Vorrecht und die Aufgabe des Schriftstellers zu entdecken, zu enthüllen, zu demechanisieren –, die Komplexität des Lebens zu zeigen, den Prozess statt des bloßen Zustandes?[70]

Gerade wo aber Weiskopf – von diesem exklusiven Standpunkt des ›antifaschistischen‹ Schriftstellers aus – ein Kontinuum psychosozialer Determination andeutet, verliert seine Argumentation einer Verantwortlichkeit der Mitläufer aufgrund der Optionen von Widerstand und Flucht zwingend an Plausibilität. Tatsächlich hat er den Vorwurf des in London exilierten Sozialdemokraten und sudetendeutsch-jüdischen Autors Ernst Sommer, mit *Himmelfahrtskommando* ein »Plädoyer für die Deutschen« verfaßt zu haben, mit der zitierten Erklärung vom November 1944 nicht wirklich entkräftet. Interessanterweise hatte aber Sommer *Himmelfahrtskommando* noch Anfang September desselben Jahres zustimmend rezensiert:

Es wird immer schwierig sein, Deutsche in unseren Tagen zu zeichnen, nicht als Phantome, sondern als eine Abart lebender Menschen, mit einer Abart von Gefühl, Empfindung, Hoffnung und einem Rest von Scham, die in Manchen von ihnen steckt. Heute scheint es beinahe unmöglich. Dennoch ist es in diesem Buch Weiskopfs gelungen. [...] Beinahe zuviel Glauben verrät dieses meisterhafte Buch, zuviel Verstehen, zuviel Hoffnung. Setzt aber Gerechtigkeit nicht voraus, dass man neben der Anklage auch die Verteidigung hört, neben den erschwerenden auch die Milderungsgründe, neben dem Tatbestand auch seine Voraussetzungen? Weiskopf waltet seines Amtes mit göttlicher Unparteilichkeit. Er hasst ein System, aber bemitleidet, die ihm zum Opfer gefallen sind. Er klagt Verbrecher an, aber er prüft,

70 Brief Weiskopfs an Ernst Sommer vom 8. November 1944, a.a.O. (Anm. 68), S. 1044 f.

wie weit sie frei waren. [...] Er prüft die verborgenen Motive. Er ist unparteilich wie die Geschichte selbst. [...][71]

Damit hatte sich Sommers Besprechung in eine Serie wohlmeinender Rezensionen im *Freien Deutschland* zu Romanen eingereiht, die vor dem Hintergrund der Umerziehbarkeitsdebatte gerade das sozialpsychologische Moment in der literarischen Faschismusdarstellung geltend zu machen versuchten und u.a. auch von Weiskopf selbst in dieser Hinsicht gewürdigt worden waren.[72] Wie sehr Sommer zeitweise mit dem mexikanischen Exillager sympathisiert hatte, erweist auch die Editionsgeschichte seines im August 1943 vorgelegten Romans *Der Aufstand der Heiligen*. Denn im Verlag »El libro libre« war dieses Buch über Antisemitismus und Judenverfolgung auf Vermittlung Weiskopfs nur herausgebracht worden, weil Sommer die Änderungswünsche Abuschs und Merkers akzeptiert hatte, den Ghetto-Aufstand durch eine Verbindung zur Roten Armee zu motivieren.[73] Zu verstehen ist Sommers abrupter Haltungswandel gegenüber *Himmelfahrtskommando* als politische Neuorientierung im unmittelbaren Vorfeld jener offeneren Auseinandersetzung, in die Anfang 1945 das *Freie Deutschland* in Mexiko mit dem Londoner Exillager geraten war und in welcher Wilhelm Koenen gegenüber Paul Merker genau die Kritik Sommers an Weiskopf wiederholte, die Verantwortlichkeit der Deutschen unzulässig zu relativieren.[74]

Die Nähe, in die Weiskopf damit zu den Ansichten der Merker-Gruppe in Mexiko gerät, darf indes nicht darüber hinwegtäuschen, daß dort ein tiefer gehender Konsens in den Fragen nach den tatsächlichen NS-Ursachen und der Konzeption eines Nachkriegsdeutschlands

71 Ernst Sommer, *Psychologie der Barbarei. The Firing Squad von F.C. Weiskopf*, in: *Zeitspiegel* (London) vom 2. September 1944.

72 Vgl. u.a. Franz Carl Weiskopf, *Frankreichs Bauern – Hitlers Soldaten* (über Vladimir Pozner, *First Harvest*), in: *Freies Deutschland*, Jg. 2, 1943, H. 8 (Juli), S. 30; Georg Lukács, *Verstehen und Hassen* (über Adam Scharrer, *Der Landsknecht*), in: *Freies Deutschland*, Jg. 3, 1944, Nr. 3, S. 29; Anna Seghers, *Zu Bodo Uhses Roman ›Leutnant Bertram‹*, ebd., S. 31.

73 Vgl. Patka, *Zu nahe der Sonne*, a.a.O. (Anm. 3), S. 149.

74 Vgl. Lieselotte Maas, »*Unerschüttert bleibt das Vertrauen in den guten Kern unseres Volkes*«. *Der Kommunist Paul Merker und die Exil-Diskussion um Deutschlands Schuld, Verantwortung und Zukunft*, in: Thomas Koebner / Gert Sautermeister / Sigrid Schneider (Hrsg.), *Deutschland nach Hitler. Zukunftspläne im Exil und aus der Besatzungszeit 1939-1949*, Opladen 1987, S. 181-189.

längerfristig gar nicht bestand. Uneinigkeiten akzentuierten sich umso schärfer, je deutlicher sich das Kriegsende abzeichnete und die politischen Wortführer des *Freien Deutschlands* ihre teilweise konkurrierenden Ansichten in Buchform niederzuschreiben begannen. Im bewegungseigenen Verlag »El libro libre« setzte sich dabei Alexander Abuschs späteres DDR-Standardwerk *Der Irrweg der Nation* schon aufgrund der höheren Position in der Parteihierarchie gegen Bruno Freis Manuskript durch. Frei ergänzte aber in diesem, ähnlich wie Weiskopf mit seiner Mitläufer-Typologie, den ökonomistischen Ansatz viel stärker um den Hinweis auf »Die Verpreussung Deutschlands«.[75] Der von Weiskopf ebenfalls aufgenommene Akzent auf der Bedeutung des NS-Erziehungsprogramms und der vor allem in SS-Kreisen grassierenden Rassentheorie findet sich hingegen in Paul Merkers zweibändiger Schrift *Deutschland – Sein oder Nichtsein?* wieder,[76] die übrigens auch Thomas Manns »Bewunderung« als künftiges Lehrbuch der Deutschen errungen hatte.[77]

Die konzeptionellen Binnendifferenzen innerhalb der mexikanischen Emigration waren nicht zuletzt durch die exilpolitische Zielsetzung der Bewegung selbst bedingt, auf amerikanischem Boden für eine möglichst breite Fortführung der Pariser Volksfrontpolitik zu werben. Im Grunde hatte schon Freis Leitartikel in der ersten Ausgabe des *Freien Deutschland* gezeigt, daß aus dem angestrebten Grundkonsens, mit dem vor allem auch die ›bürgerlichen‹ Teile der deutschen Emigration gewonnen werden sollten, am Ende kaum mehr als unverbindliche politische Begrifflichkeiten hervorgehen konnten.[78] Im *Freien Deutschland* wurden die Gegensätze freilich als vermittelbar darzustellen versucht. Diese Funktion erfüllt offensichtlich auch eine Kurzbesprechung von Karl Barths Publikation *Wie können die Deutschen gesund werden?*, die sicher nicht zufällig unter Weiskopfs Empfehlung von Merkers Buch an das amerikanische Publikum abgedruckt worden ist.[79] Dabei besteht die Übereinstimmung Weiskopfs mit Barth nicht nur in der Überzeugung, daß gerade in der Grauzone zwischen zwei Minderheiten der aktiven Regimegegner und Überzeugungstäter der als Mitläufer schuldig gewordene, aber umerziehbare deutsche Normalfall an-

75 Vgl. ebd., S. 152.
76 Vgl. Merker, *Deutschland – Sein oder nicht sein?*, a.a.O. (Anm. 29), Bd. 2, S. 17-106.
77 Vgl. *Freies Deutschland*, Jg. 5, 1946, H. 1 (Januar), S. 29.
78 Vgl. Patka, *Zu nahe der Sonne*, a.a.O. (Anm. 3), S. 100 f.
79 Vgl. *Freies Deutschland*, Jg. 5, 1946, H. 2 (Februar), S. 30.

zutreffen ist. Der Schweizer Theologe hatte darüber hinaus auch, eben-so wie Weiskopf mit *Himmelfahrtskommando*, klargemacht, daß we-der soziologische noch ökonomische oder kulturgeschichtliche Ansätze *im Einzelnen* zu einer befriedigenden Erklärung des Nationalsozialis-mus führen würden:

> Sie alle enthalten ja gewiss auch viel Beachtliches und Nachdenkli-ches. Es ist aber vielleicht nicht unnütz zu bemerken: den Charakter einer Offenbarung hat keine von ihnen. Sie erklären ja alle nicht, warum es gerade in Deutschland zu den genannten Erscheinungen und den entsprechenden Folgen kommen musste. Es wäre darum wohl gut, wenn ihre Anhänger sich darauf einlassen würden, sie we-nigstens miteinander zu vergleichen und durch einander zu ergänzen und nicht etwa zu meinen, mit der einen oder andern dieser Erzäh-lungen *die* Auskunft über die Deutschen in der Hand zu haben.[80]

Weiskopfs *Himmelfahrtskommando* ist daher nicht zuletzt auch als Versuch einer Einigung von partiell divergierenden Deutschlandbildern der politisch führenden Köpfe im mexikanischen Exil zu würdigen. Daß er dies letztlich in Form einer bloßen Summierung versuchte, macht jedoch zugleich die innere Widersprüchlichkeit des Romans aus. Die genauere Verortung seines Standpunktes soll im Folgenden in einer Betrachtung der intertextuellen Inszenierungsweisen dieses Romans ge-schehen.

3. »Den Walküren auf diesen Bildern waren mit Rotstift übergroße Brustwarzen angemalt«. Zur Bedeutung des deutschen »Kulturerbes« in ›Himmelfahrtskommando‹

Ein Ausstieg aus dem Teufelskreis schuldhafter Verstrickung gelingt erst mit dem Eingeständnis der verdrängten Schuld selbst, das seiner-seits in einer Mitleidserfahrung beginnt. Diese Lehre formuliert indes nicht erst der Wehrmachtssoldat Hans Holler in Weiskopfs Roman, sondern bereits Richard Wagner in seiner psychologisierenden Inter-pretation der durch Wolfram von Eschenbach überlieferten mittelalter-lichen Gralsgeschichte.

Tatsächlich hat der promovierte Germanist Weiskopf den Erkennt-nisweg Hollers nicht nur mit intertextuellen Verweisen auf Goethes

---

80 Karl Barth, *Zur Genesung des deutschen Wesens. Ein Freundeswort von draußen*, Stuttgart 1945, S. 21.

Wilhelm Meister, Thomas Manns *Zauberberg* und Remarques *Im Westen nichts Neues* gepflastert.[81] Über ein relativ dichtes Netz von Schlüsselmotiven hat er ihn auch und zentral am Parzival-Stoff entlang inszeniert. Direkt von Wolfram von Eschenbach adaptieren konnte der Roman dabei das Gleichnis der wiederaufbrechenden Wunde,[82] die durch vaterlose Kindheit bedingte Ausgangskonfiguration des Helden zum »Toren«,[83] die für seinen Weg bedeutsame Schuld des Onkels,[84] die Sozialisationsinstanz eines matrilinearen Gegenpols zur gesellschaftlich vorgegebenen Militarisierung[85] und das Motiv des leidenden Mutterherzens.[86] Als signifikant auf Wagner verweisender Motivkomplex tritt noch ein törichter Tiermord hinzu, der eine Initiation in das aus Mitleid gewonnene Schuldverständnis bedeutet,[87] sowie die Probe verführerischen Vergessens dieser Schuld durch einen walkürenhaft-ambivalenten Frauentypus.[88]

Dabei erfolgt die Adaption der genannten Motive vornehmlich im Modus zeitgeschichtlicher Aktualisierung: aus der Lanzen-Wunde wird eine Granatsplitter-Verletzung, aus der Herrscherfigur des Onkels Amfortas »Helmut«, der »Stabsleiter«, und aus der sündhaften Verführung durch Kundry ein Inzest des Helden mit seinen Cousinen. Der matrilineare Pazifismus kehrt wieder in einer nonkonformistischen Mutter und im Widerstandskampf der Schwester Barbara, die vaterlose Kindheit durch die Vorgeschichte vom Tod des k.u.k. Richtkanoniers Sebastian Holler im Ersten Weltkrieg. So entspricht auch die Erbschaft der nie beschriebenen Tagebuchseiten durch den jüngsten Sohn Hans der vorenthaltenen Erinnerung an Gamurets Ende: verhinderte Überlieferung bedingt in beiden Fällen die Gefahr einer fatalen Wiederholung der Geschichte aus ihrer Vergessenheit heraus, die in *Himmelfahrtskommando* als Verdrängung der »Lehre von 1918« erscheint.

Die Bezugnahme auf Wagner erfolgt im Roman aber noch auf einer weiteren Ebene. Denn Weiskopf führt besonders mit ihr zugleich den Mißbrauchscharakter des NS-Klassikerkultes vor. Dem Entartungs-

81 Vgl. Weiskopf, *Himmelfahrtskommando*, a.a.O. (Anm. 53), S. 9 f., 259, 271.
82 Vgl. ebd., S. 260.
83 Vgl. ebd., S. 10.
84 Ebd., S. 77.
85 Vgl. ebd., S. 207, 258.
86 Vgl. ebd., S. 78.
87 Vgl. ebd., S. 55 f.
88 Vgl. ebd., S. 15 f., 76, 100.

begriff der nationalsozialistischen Kulturpolitik entgegnend, wird dieser besonders in der Person des heimlich junge Katzen totquälenden,[89] sadistischen Gesinnungstäters Dietz ins Bild der Perversion gebracht, der übrigens für die Gültigkeit seines nationalsozialistischen Musterweltbildes Nietzsche und Hölderlin gleich neben dem kanonisierten NS-Vordenker und rassistischen Wagner-Interpreten Houston Stewart Chamberlain zu Zeugen beruft:[90]

> Dietz hatte seinen Spind geöffnet und frisierte sich vor dem herzförmigen, mit Hakenkreuzornamenten verzierten Spiegel, der innen an der Spindtüre hing. Über und unter dem Spiegel klebten einige zwanzig aus Zeitschriften ausgeschnittene Bilder. Dietz nannte sie seine Gemäldegalerie. Ich sah, daß er in ihrer Anordnung und Auswahl wieder einmal Veränderungen vorgenommen hatte: in den unteren Reihen gab es lauter neue Nacktfotos, und oben das Porträt Görings im Mantel des Deutschen Ritterordens war nicht mehr von Jagdszenen flankiert, sondern von Darstellungen der germanischen Götterwelt. Den Walküren auf diesen Bildern waren mit Rotstift übergroße Brustwarzen angemalt.

Solcherart noch mehrfach,[91] nimmt der Roman gerade am Beispiel der Wagner-Rezeption die Vermutung Saul Friedländers vorweg, wonach schon zeitgenössisch eine pseudospirituelle »Verbindung der Kitsch-Ästhetik mit dem Thema des Todes« im NS-Alltag wahrnehmbar gewesen sei.[92]

Gerade auch Wagner zum ›humanistischen Erbe‹ zu zählen, das von der NS-Ideologie nur verfälscht worden sei, war eine kulturpolitische Stellungnahme ersten Ranges, die abermals Weiskopfs konzeptionelle Nähe zur mexikanischen Exilbewegung beleuchtete. Im Herbst 1943, als Weiskopf seinen Roman beendete, hatte das *Freie Deutschland* über die Festaufführung von Wagners *Götterdämmerung* berichtet, die in Moskau anlässlich der sowjetischen Rückeroberung von Smolensk gegeben worden war.[93] Der Artikel verweist zustimmend auf Thomas

---

89 Vgl. ebd., S. 218.
90 Vgl. ebd., S. 43.
91 Vgl. ebd., S. 62, 86 f., 162.
92 Saul Friedländer, *Kitsch und Tod. Der Widerschein des Nazismus*, München 1986, S. 19.
93 Vgl. [ohne Autorschaftsangabe], *Daemmert der Tag oder leuchtet die Lohe?*, in: *Freies Deutschland*, Jg. 2, 1946, Nr. 12 (November), S. 4.

Manns Essay von 1937,[94] in welchem es darum gegangen sei, »den demokratisch-volkshaften Wagner dem faelscherischen Zugriff der Nazis« zu entziehen und »den revolutionaeren Gehalt des ›Ring‹« zu entdecken. Dieser FD-Beitrag ist aufgrund einer doppelten Simplifizierung auffällig. Denn die Wagner-Auffassungen Thomas Manns und der sowjetischen Kulturpolitik waren, schon jede für sich genommen, höchst ambivalent. So hatte sich Ernst Bloch bereits 1939 in einem Vortrag über die »Wurzeln des Nazismus« gerade gegen die Befürchtung eines protofaschistischen Wagners im »Realschul-Verstand« Thomas Manns empört, der mit einer Fehlrezeption in *Bruder Hitler* der NS-Ideologie zu historischer Glaubwürdigkeit geradezu mitverholfen habe.[95] Und aus der stalinistischen Wagner-Rezeption, die ihren politisch instrumentalisierten Höhepunkt bis zum Bruch des deutsch-sowjetischen Nichtangriffspaktes erfahren hatte, waren *Parsifal, Tristan* und weitgehend auch der *Ring der Nibelungen* von vornherein wegen ideologischer Inkompatibilität ausgeschlossen gewesen.[96] Denn dogmatischer gehandhabt als gemeint, galt hier der von Anatolij Lunatscharskij skizzierte »Weg Richard Wagners«, wonach dessen Schaffen in ein progressiv-revolutionäres Früh- und ein pessimistisch-reaktionäres Spätwerk nach der 1848/49er Revolution zu gliedern sei.[97]

Wagner war bis Anfang der 1970er Jahre auch in der DDR nicht als ›erbfähig‹ anerkannt, nachdem er dort, gemäß den Intentionen von Johannes R. Bechers »Kulturbund zur demokratischen Erneuerung Deutschlands«, zunächst durchaus als Integrationsfigur für den Wiedervereinigungsgedanken und die Untrennbarkeit einer gemeinsamen

94 Vgl. Thomas Mann, *Richard Wagner und der ›Ring der Nibelungen‹*, in: ders., *Gesammelte Werke in dreizehn Bänden*, Frankfurt am Main 1990, Bd. IX, S. 502-527.
95 Zitiert in: Joachim Radkau, *Richard Wagners Erlösung vom Faschismus durch die Emigration*, in: *Exilforschung. Ein internationales Jahrbuch*, Bd. 3, 1985, S. 71-105, hier: S. 86.
96 Vgl. Dorothea Redepenning, *»Verfälschung durch die Faschisten«* zur *»Verwirklichung des Mythos«. Richard Wagner in der Stalin-Ära. Eine Dokumentation anhand der Tages- und Fachpresse*, in: Saul Friedländer / Jörn Rüsen (Hrsg.), *Richard Wagner im Dritten Reich*, München 2000, S. 230-247, hier: S. 230.
97 Anatolij Lunatscharskij, *Der Weg Richard Wagners*. (1930), in: ders., *Musik und Revolution. Schriften zur Musik 1930-1933*, Leipzig 1985, S. 244-257. Lunatscharskij hatte freilich zugleich gewarnt vor einem Ausstreichen des ›späten Wagner‹ durch den »Rotstift des Zensors«, der damit »die Welt nur ärmer macht«.

deutschen Kultur zu verstehen gegeben worden war.[98] Diese anfängliche Nachkriegswürdigung erhellt auch eine auffallende Zurück-
haltung bei der Bewertung Wagners in Georg Lukács' monumentaler
Kulturgeschichte eines deutschen »Sonderweges« in den »Irrationalismus«, die im November 1952 unter dem Titel *Die Zerstörung der Vernunft* beendet worden war.[99] Doch auch hier übernimmt Lukács am
Rande allzu fraglos die Einschätzung des NS-Ideologen Alfred Rosenberg, wonach neben Nietzsche, Lagarde und Chamberlain nur eben
Wagner noch zu den direkten geistigen Wegbereitern der nationalsozialistischen Weltanschauung zu zählen sei.[100] Im Manuskript *Wie ist
Deutschland zum Zentrum der reaktionären Ideologie geworden?*, das
1941/42 im Moskauer Exil entstanden war, hatte Lukács sein Wagner-
Verständnis deutlicher formuliert. Hierin erscheint Wagners Biographie geradezu als symptomatischster Befund einer generellen Wendung
Deutschlands in den »Irrationalismus«,[101] dessen »radikalster« Vertreter dann Rosenberg selbst gewesen sei.[102] Zwar fordert Lukács kein
»Verwerfen der deutschen Kultur mit Bausch und Bogen«. Doch wie
im Fall »einer prinzipienlosen Amnestie« des deutschen Volkes, wonach »die Hitlerzeit als eine ›plötzliche‹ akute Erkrankung« erscheine,
verurteilt er andererseits ein ausnahmsloses »Acceptieren d. grossen
deutschen Kulturwerte«. Denn für ihn entsteht, einen künftigen Neo-
faschismus riskierend,

---

98 Vgl. Marion Benz, *Die Wagner-Inszenierungen von Joachim Herz. Eine
Studie zur theatralen Wagner-Rezeption in der DDR*, Erlangen, Nürnberg
(Univ. Diss.) 1988, S. 26-29.

99 Vgl. Georg Lukács, *Die Zerstörung der Vernunft. Der Weg des Irrationalismus von Schelling bis Hitler*, Berlin 1955.

100 Vgl. ebd., S. 457, 565: Lukács zitiert hier aus Rosenbergs *Gestalten der
Idee*. Zur tatsächlichen Ambivalenz der Wagner-Aneignung im NS, die
besonders im Hinblick auf den *Parsifal* auch aus den Schriften Rosenbergs offensichtlich wird, vgl. Reinhold Brinkmann, *Wagners Aktualität
für den Nationalsozialismus. Fragmente einer Bestandsaufnahme*, in:
Friedländer/Rüsen, *Richard Wagner im Dritten Reich*, a.a.O. (Anm. 96),
S. 109-121.

101 Vgl. Georg Lukács, *Wie ist Deutschland zum Zentrum der reaktionären
Ideologie geworden?*, Budapest 1982, S. 32: »[...] es genügt hier auf das
eine Beispiel Richard Wagners hinzuweisen«.

102 Vgl. zu dieser Einschätzung Rosenbergs auch schon ders., *Wie ist die faschistische Philosophie in Deutschland entstanden?* (1933), Budapest
1982, S. 104 f., 143 f.

auf diesem Boden die völlige Depolitisierung, Entgesellschaftlichung der ideologischen Kritik: nicht nur Dürer oder Schubert können ganz unabhängig von dieser Entwicklungslinie Deutschlands betrachtet werden, sondern auch Schopenhauer und Richard Wagner, Nietzsche und Heidegger.[103]

Schon vor dem Hintergrund der Expressionismus-Debatte von 1937/ 38 ist anzunehmen, daß Lukács in dieser Kritik auch die Mitarbeiter des *Freien Deutschlands* Anna Seghers und Ernst Bloch ins Visier genommen hat. Tatsächlich hatte Bloch schon im zitierten Wagner-Vortrag mit dem Hinweis auf die Internationalität des Faschismus-Phänomens eine spezielle Mitschuld der nationalen Kulturgeschichte am NS ausgeschlossen. Sein Artikel im *Freien Deutschland* vom April 1942 nahm diese Argumentation wieder auf: die vor allem an Wagner und Nietzsche erprobte »heillose Mode, dem Nazi sogenannte Vorläufer kultureller Art zuzutreiben«, sei letztlich NS-Propaganda und führe nur dazu, sich selbst um »deutsches Kulturerbe« zu betrügen.[104] Bereits im Januarheft desselben Jahres war im *Freien Deutschland* auch Weiskopfs *Bekenntnis zur deutschen Sprache* erschienen, mit dem dieser auf die Aufforderung der tschechischen Exilzeitung »New Yorkse Listy« reagiert hatte, zum Zeichen des Protests gegen das nationalsozialistische Regime »aus der deutschen Sprache und Literatur auszutreten«:

[...] ist die deutsche Sprache vielleicht schuld an nationalsozialistischer Barbarei? Warum sollte sie fuer die Schandtaten des Nationalsozialismus bestraft werden, – sie, deren Fleisch und Seele auf eine barbarische Weise von Hitler vergewaltigt wurden? Ist die deutsche Sprache nicht die Sprache Heines, Goethes, Beethovens, Bachs, Marxens und Kants? Haben nicht auch Dobrovsky, Macha und der junge Masaryk Deutsch geschrieben? Durch meinen Hass gegen den Faschismus lasse ich mir doch nicht die Erkenntnis vernebeln, dass der Faschismus keine deutsche Spezialitaet ist und dass zwischen Nazis und dem deutschen Volk derselbe Unterschied besteht, wie zwischen den Petainleuten und dem franzoesischen Volk, den Vlajka-Anhaengern und den Tschechen, den Chamberlains und den Englaendern, den Fascisti und dem italienischen Volk. Ganz zu schweigen davon, dass jeder, der heute das deutsche Volk und den Nationalsozialismus

---

103 Lukács, *Wie ist Deutschland zum Zentrum der reaktionären Ideologie geworden?*, a.a.O. (Anm. 101), S. 18.

104 Vgl. Ernst Bloch: *Der Nazi kocht im eigenen Saft*, in: *Freies Deutschland*, Jg. 1, H. 6 (April 1942), S. 17.

fuer identisch erklaert, damit nur neues Material fuer die Goebbels-
propaganda schafft, die zeigen will, dass es nicht um die Vernichtung
des Faschismus, sondern des ganzen deutschen Volkes geht. Als
deutscher Schriftsteller gegen Hitler aufzutreten [...] scheint mir der
einzig wuerdige und richtige Weg fuer einen deutschen Schriftsteller
aus der Tschechoslowakei zu sein.[105]

Damit teilt Weiskopf, bei frappierender argumentativer Übereinstimmung, die für Bloch resümierte und gegen Lukács stehende »Annahme,
dass Kultur unpolitisch, aber dennoch für oder gegen den Nazismus zu
gebrauchen sei«.[106] Diese Ideologisierbarkeit von Literatur aufgrund
ihrer prinzipiellen hermeneutischen Offenheit verdeutlicht sich übrigens auch die Hauptfigur Holler in Weiskopfs *Himmelfahrtskommando*
bei einer Privatlektüre des Hölderlin-Gedichts *Der gute Glaube*:

> Ich las die Zeilen mehrmals hintereinander. Ich wußte nicht, was von
> ihnen zu halten war. Bald erschienen sie mir voller Hoffnung, bald
> wieder bestätigten sie meine heimlichen Ängste. Je öfter ich sie las,
> um so dunkler wurde ihr Sinn.[107]

Daß aber Weiskopf, ebenso wie Bloch, aus dem ›Kulturerbe‹ keinen
Sonderfall Wagner ausgeschlossen sehen will, zeigt auch das erste Kapitel in seinem *Abriß der deutschen Literatur im Exil 1933-1947*, wo
er diesen ohne biografische Binnendifferenzierung ganz in die eigene
»Ahnreihe« deutscher Exilanten aufnimmt, die seit Ulrich von Hutten
gegen die herrschende Reaktion gekämpft hätten.[108]
  Übrigens spielt auch Hutten in *Himmelfahrtskommando*, neben der
aktualisierenden Lektüre von Ernst Moritz Arndts *Katechismus für
den deutschen Wehrmann* und Goethes *Wilhelm Meister*, eine entscheidende Rolle bei der *geistigen* ›Heilung‹ Hollers im sowjetischen Gefan-
genenlazarett.[109] Denn aus den Schlußversen im Zueignungsgedicht

105 Vgl. Franz Carl Weiskopf, *Bekenntnis zur deutschen Sprache*, in: *Freies
    Deutschland*, Jg. 1, H. 3 (Januar 1942), S. 29.
106 Vgl. Radkau, *Richard Wagners Erlösung vom Faschismus durch die Emi-
    gration*, a.a.O. (Anm. 95), S. 86.
107 Weiskopf, *Himmelfahrtskommando*, a.a.O. (Anm. 53), S. 154.
108 Vgl. Franz Carl Weiskopf, *Unter fremden Himmeln. Ein Abriß der deut-
    schen Literatur im Exil 1933-1947*, Berlin, Weimar 1981, S. 14.
109 Vgl. ders., *Himmelfahrtskommando*, a.a.O. (Anm. 53), S. 9 f.: »Vor ein
    paar Tagen hat mir mein Bettnachbar aus Goethes ›Wilhelm Meister‹ vor-
    gelesen; da steht ein Satz darin, der könnte heute und über uns geschrie-
    ben sein [...]«; S. 250: »Die gemütliche Ruhe war mit einem Schlage da-

des 1521 erschienenen *Gesprächsbüchlein*, die Weiskopf auch dem besagten Kapitel seiner Exilliteraturgeschichte voranstellt und die 1943
zugleich das Titelblatt der Novemberausgabe des *Freien Deutschlands*
geziert hatten,[110] gibt Weiskopf seinem Helden das markante Diktum:
»Ich hab's gewagt!«, als Entscheidungshilfe zur Desertion zu bedenken.[111] Damit stimmt auch Weiskopfs Hutten-Bild insgesamt deutlich
mit dem des *Freien Deutschlands* überein, das Bruno Frei im März
1944 entwickelt hatte.[112] Denn auch hier wird Hutten als »Vorkaemp-
fer des freien Deutschland« begriffen, der die Standesurteile seiner Herkunft überwunden und im Bürgertum für eine »Volksfront« »gegen die
Maechte der Reaktion« geworben habe; im Kampf gegen Hitler sei die
historische Konstellation nun aber wiedergekehrt.

Wie sehr dieses Verständnis Huttens allerdings Freis Bestreben folgt,
ihn von der nationalsozialistischen Kulturgeschichtsschreibung zu rehabilitieren, erweist eine irritierend ähnliche Argumentation Alfred
Rosenbergs anläßlich des 450. Geburtstags von Huttens im Mai
1938.[113] Denn der NS-Ideologe hatte »den gefaehrlichen Vorkaemp-
fer« durchaus nicht einfach »mit einigen schoenen Spruechen im gold-
geschnittenen Zitatenschatz eingesargt«, wie Frei behauptet. Vielmehr
war auch hier Huttens Vision einer nationalen Einigung per »Volks-
bewusstsein als Grundlage aller Bindungen« zum »Vermächtnis« erklärt worden, um die *eigene* Auffassung der »Zwei Deutschlands« und
die Konsequenz einer »anderen Revolution« in einen historischen Legi-
timationszusammenhang zu bringen.[114]

---

hin. Ich wollte das Buch weglegen, aber ein innerer Zwang erlaubte mir
das nicht [...]. Mich ergriff eine Art Panik. Die Sätze, die ich eben gelesen
hatte, klangen nach, und auf einmal schien mir, als spreche hier nicht ein
alter, längst vermoderter Schriftsteller, sondern jemand, der heute lebte
und den ich kannte.«

110 Vgl. *Freies Deutschland*, Jg. 2, H. 12 (November 1943), S. 1.
111 Vgl. Weiskopf, *Himmelfahrtskommando*, a.a.O. (Anm. 53), S. 238.
112 Vgl. Bruno Frei, *Ulrich von Huttens gescheiterte Mission*, in: *Freies
Deutschland*, Jg. 3, 1944, H. 4, S. 19-21; vgl. Weiskopf, *Unter fremden
Himmeln*, a.a.O. (Anm. 108), S. 11.
113 Vgl. Alfred Rosenberg, *Ulrich v. Huttens Vermächtnis*, in: ders., *Tradition und Gegenwart. Reden und Aufsätze 1936-1940*, hrsg. von Karlheinz
Rüdiger, 5. Auflage, München 1943 (Blut und Ehre IV), S. 116-127.
114 Vgl. ebd., S. 287-316; Alfred Rosenberg, *Der Mythus des 20. Jahrhunderts. Eine Wertung der seelisch-geistigen Gestaltenkämpfe unserer Zeit*,
München 1934, S. 105.

Wer gegen diese Geschichtsinterpretation bestehen wollte, kam an einer Auseinandersetzung mit der NS-Rhetorik des ›Völkischen‹ nicht vorbei. Im *Freien Deutschland* widmete sich diesem Thema u.a. Anna Seghers unter Titeln wie »Deutschland und wir« oder »Volk und Schriftsteller«.[115] Nachdem sie sich bereits im erstgenannten Artikel mit der politisch unrechtmäßigen Verwendung der ›sozialistischen‹ und ›nationalen‹ Terminologie beschäftigt hatte, präzisierte sie in letzterem Weiskopfs Freispruch der deutschen Kulturgeschichte vom Verdacht der NS-Vorbereitung mit dem Hinweis, daß auch die nationalsozialistische Vereinnahmung der »Klassiker« eng an eine demagogische Verfälschung des Volksbegriffs gebunden sei. Diesen habe daher der »antifaschistische Schriftsteller« von der Blut-und-Boden-Propaganda wieder zu reinigen. Eine literaturpraktische Umsetzung dieser Forderung ist Weiskopfs zeitgleich verfaßter Roman *Dawn Breaks*. Vorweggenommen worden ist hierin die reale Rebellion der Slowaken gegen die deutschen Okkupationstruppen. In Weiskopfs Fiktion schöpft dieser Aufstand seine Kraft gerade aus den Volksmythen des nationalen kulturellen Gedächtnisses; auch zunehmende Übergänge des Erzählens zu kollektiven Redeformen versuchen, das Bild einer *gegen* den Faschismus eingeschworenen Volksgemeinschaft atmosphärisch zu verdichten.[116]

So macht für Weiskopf die Forderung Blochs, konsequent *jedes* deutsche »Kulturerbe« aus der NS-Vereinnahmung zu rehabilitieren, auch vor der Rechtfertigung einer vom *Mythos* beeinflußten alternativen Erzählweise zur realistischen Roman-Tradition nicht halt. Für eine solche hatte sich Weiskopf bereits in der um 1930 im Umkreis des »Bundes proletarisch-revolutionärer Schriftsteller« geführten Literaturdebatte ausgesprochen, in welcher er übrigens ganz ähnliche gattungstheoretische Ansichten vorgetragen hatte, wie dann Seghers, Brecht und Bloch zur Expressionismusdebatte.[117] Für die Moskauer

---

115 Vgl. Anna Seghers, *Deutschland und Wir*, in: *Freies Deutschland*, Jg. 1, H. 1 (November 1941), S 7 f.; dies.: *Volk und Schriftsteller*, ebd., Jg. 1, H. 12 (Oktober 1942), S. 16-18.

116 Vgl. Franz Carl Weiskopf, *Gesammelte Werke*, a.a.O. (Anm. 50), Bd. 3.

117 Vgl. Franz Carl Weiskopf / Kurt Hirschfeld, *Um den proletarischen Roman* (Typoskript zur Sendung im Berliner Rundfunk, 13. Juni 1930), in: ADK-FCW, Nr. 14; Hans-Jürgen Schmitt (Hrsg.), *Die Expressionismusdebatte. Materialien zu einer marxistischen Realismuskonzeption*, Frankfurt am Main 1973, konkret zu Bloch S. 180-191, 258-263; zu Seghers S. 264-301; zu Brecht S. 302-336.

Emigration hingegen galt der Mythos, in strenger Anlehnung an Marx, nur als zu entlarvende Form gesellschaftlicher Realitätsverschleierung, und demgemäß verstand auch Lukács den von ihm gezeichneten deutschen Sonderweg in den Irrationalismus schon 1933 dezidiert als Geschichte der bürgerlichen Mythenbildung und ihrer sozialpsychologischen Wirkung:

> Der Mythos wird aus einem Notbehelf, aus einer Verlegenheitslösung zu dem bewussten Zentralgedanken der Philosophie des niedergehenden Bürgertums. [...] Die Propagandaerfolge des Nationalsozialismus beruhen darauf, dass seine dunkelsten, widerspruchvollsten und verworrensten Mythen, gerade in ihrer chaotischen Wesensart, erfolgreich alle schlechten Instinkte des Kleinbürgertums in einer verzweifelten Lage, in einer Ohnmacht dieser Lage gegenüber, in einer Unwissenheit über die Gründe dieser Lage auslösten.[118]

Wie in *Dawn Breaks*, greift Weiskopf indes auch in *Himmelfahrtskommando* auf ein mythisches Erzählmuster als Modell des Erinnerns zurück, das er hier aber gegen ein schuldhaftes Vergessen ausspielt. Analog zur Überlieferung Homers, wird auch im Diktat des blind geschossenen Hans Holler die Geschichte eines epochalen Vernichtungskrieges als Lehre für die Nachwelt episch präsent gehalten. Kontrastierend bezeugen die fehlenden Tagebuchnotizen des im vorherigen Weltkrieg verlorenen Vaters die Tragik der Überlieferungslosigkeit als Beginn katastrophaler Wiederkehr. Weiskopf rehabilitiert also das mythische Erzählen als *literarisches* Formular zyklischen Gedenkens. Was er verurteilt, ist nur die *politische* Instrumentalisierung dieser Erinnerungskultur, wodurch die Funktion authentischer Selbstvergewisserung eines Volkes korrumpiert wird; entsprechend versucht er die ideologisch »heruntergekommene Form des Mythos«[119] mit der Montage eines KdF-Rundfunkvortrages bloßzustellen, der in der Bayreuther Selbstkundgebung einer »ewig deutschen Seele« zugleich die »nationalsozialistische Vision in Richard Wagners Werken« erkennen will.[120] Ähnlich

---

118 Lukács, *Wie ist die faschistische Philosophie in Deutschland entstanden?*, a.a.O. (Anm. 102), S. 245 f.
119 Friedländer, *Kitsch und Tod*, a.a.O. (Anm. 92), S. 43.
120 Weiskopf, *Himmelfahrtskommando*, a.a.O. (Anm. 53), S. 46 f; Vgl. übrigens Rosenberg, *Der Mythus des 20. Jahrhunderts*, a.a.O. (Anm. 114), S. 433 f., 459, 479-481: Rosenberg hat hier die NS-Ideologie selbst als mythisches Gebilde bezeichnet, gerade den Mythos aber als einzige existentiell sinnstiftende, »organische« und »typenzüchtende« Ordnungs-

wie bei Thomas Mann,[121] besteht dabei das von Weiskopf vorgeschlagene Verfahren, den Mythos als politisch neutrales Modell der Selbst- und Welterklärung wiederzugewinnen, in seiner Psychologisierung. Das ideologiekritische Potential dieser ›Arbeit am Mythos‹ führt der Roman in Gerhard Hollers wiederkehrendem Alptraum vor, der seine verdrängten Zweifel am ›Endsieg‹ zu Bewußtsein zu bringen vermag:

> Ich habe jetzt manchmal so einen komischen Traum. Man soll an Träume nicht glauben. Gewiß, aber … na ja, also ich sehe da immer wieder eine Sache, die ich mal in Wirklichkeit beobachtet habe: bei einem Gewitter ist ein Bach aus seinen Ufern getreten und hat einen großen Armeisenhaufen überschwemmt. Im Traum sehe ich die Ameisen ins Wasser marschieren und wegtreiben, immerzu ins Wasser marschieren und wegtreiben. Und dann ertappe ich mich dabei, wie ich denke, daß sie Passagiere ins Blaue sind, oder ins Schwarze.[122]

Denn im Bild dieser Auflösung des Ameisenheeres erfährt nichts Geringeres als Ovids *Metamorphose* vom unbesiegbaren Volk der Myrmidonen eine Aktualisierung und Umkehr per Traumarbeit.[123] Einmal mehr wird an solchem Rekurs auf den Mythos in der »Frage nach der sogenannten Umerziehung« ersichtlich,[124] wie sehr an die korrespondierenden Deutschlandbilder Weiskopfs und der Emigration in Mexiko kulturpolitische Vorstellungen geknüpft waren, die östlich des ›Eisernen Vorhanges‹ dann bis in die 1970er Jahre tabu geblieben sind.

---

macht verstanden. Diese habe sich einst den alten Griechen in der »Götterwelt Homers« und heute dem deutschen Volk durch den »Lebenerzeuger« Richard Wagner offenbart.

121 Vgl. Dieter Borchmeyer, *Renaissance und Instrumentalisierung des Mythos. Richard Wagner und die Folgen*, in: Friedländer/Rüsen, *Richard Wagner im Dritten Reich*, a.a.O. (Anm. 96), S. 66-91, hier: S. 84-87.

122 Weiskopf, *Himmelfahrtskommando*, a.a.O. (Anm. 53), S. 180.

123 Vgl. Ovid, *Metamorphosen*, übersetzt von Thassilo von Scheffer, Bremen 1948, S. 190-197: Im VII. Buch berichtet Aeacus, König von Aegina, von einem Traum, in dem die Körper seiner an der Pest gestorbenen Leute als Ameisenformationen dort wieder auferstehen, wo Jupiter zum Zeichen einen Blitz hingeschleudert hatte. Das neue Volk, das sich durch besondere Zähigkeit auszeichnet, findet Aeacus am nächsten Morgen tatsächlich vor: »Diese nun, gleich an Jahren und Mut, nimm mit dir zum Kampfe«.

124 Brief Weiskopfs an Ernst Sommer vom 8. November 1944, a.a.O. (Anm. 68).

Da diesen Vorstellungen zufolge das deutsche »Kulturerbe« ausnahmslos durch *Interpretation* ebenso für oder gegen den Nationalsozialismus einstellbar war wie ›die‹ Deutschen selbst durch *Sozialisation*, schrieben sich die Schriftsteller im Umkreis des *Freien
Deutschlands*, und unter ihnen auch Weiskopf, eine besondere Kompe-
tenz als Volksaufklärer und künftige Umerzieher zu. Nach seiner Rückkehr aus den USA und seiner Einbürgerung in die DDR hat Weiskopf
diesem Anspruch nicht gerecht werden können. Seine Versuche, sich
dieser Aufgabe in Form von SED-Auftragswerken zu stellen und sich
dabei auch der rigide gehandhabten Kunstdoktrin des Sozialistischen
Realismus zu beugen, scheiterten sämtlich im Stadium erster Versuche.[125] Wie sehr allerdings der Berliner Kurs seit 1951 seinen eigenen,
mit der Emigration in Mexiko konform gehenden Literaturauffassun-
gen der New Yorker Zeit zuwiderlief, wird ersichtlich aus der Bedeutung seines apologetischen Exil-Aufsatzes über Franz Kafka für die
Kritik durch die innermarxistische Opposition um Hans Mayer und
Eduard Goldstücker.[126] Die Tragik von Weiskopfs Existenz als DDR-
Autor bestand in seinen letzten Lebensjahren darin, daß gerade er, dem
in der Zeit der Westemigration das Außergewöhnliche gelungen war,
mit kulturpolitischem Sendungsbewußtsein erfolgreiche Werke zu aktuellen Fragen verfassen, sich erst und gerade in seiner sozialistischen
Wahlheimat genötigt sah, nur noch historische Romane zu schreiben.

125 Vgl. ADK-FCW, Nr. 104-121.
126 Vgl. Penka Angelova, *Die Rolle von Kafkas Werk für die Selbstbewußt-
werdung von Literatur und Literaturwissenschaft*, in: Norbert Winkler /
Wolfgang Kraus (Hrsg.), *Franz Kafka in der kommunistischen Welt*,
Wien u.a. 1993, S. 1-20, hier: S. 4 f.: »Die Rezeption von Kafkas Schaffen
in den fünfziger und sechziger Jahren steht unter dem Einfluß von Franz
Weiskopfs Aufsatz.«

Hans-Ulrich Wagner

Briefe zur deutschen Situation

Deutschlandpolitische Vorstellungen im Umfeld
der sogenannten Großen Kontroverse um Thomas Mann

1963 veröffentlichte Johannes Franz Gottlieb Grosser, Luftfahrtmanager, Raumfahrt-Experte, Kosmologe und Collane des Ritterordens St. Georg, einen 160 Seiten schmalen Kleinoktav-Band mit dem Titel *Die große Kontroverse* und dem Untertitel: *Ein Briefwechsel um Deutschland.* Der 1915 in Chemnitz geborene ehemalige Offizier im Generalstab, Literat, Publizist und Verleger in der Nachkriegszeit traf darin eine persönliche Auswahl von Dokumenten des Streits um Thomas Mann in der Nachkriegszeit. Johannes Franz Gottlieb Grosser, mit Walter von Molo befreundet und mit mehreren der beteiligten Diskutanten von damals brieflich im Kontakt, sah mehr als eineinhalb Jahrzehnte nach Kriegsende in der Veröffentlichung eine »kulturpolitische Notwendigkeit«, den »jungen Leute[n] von heute« eine der wichtigsten geistigen Auseinandersetzungen nahezubringen. In Grossers Augen war in und mit diesen Streitgesprächen eine »Bewältigung der jüngsten deutschen Vergangenheit im Politisch-Literarischen« erfolgt. Sein einleitendes Fazit fällt in mehrfacher Hinsicht schillernd und irritierend aus:

> Die deutsche Emigration hat durch die große Kontroverse unbewußt und von den Wortführern ungewollt den Stachel des Abseitigen, des Abgekehrten, des Nichtzurückfindens verloren, gerade weil Thomas Mann nicht im landläufigen Sinne zurückfand. Die politische Untugend der Deutschen, Emigranten als Verlorene, als halbwegs Ausgeschlossene, als heimatlos Gewordene und dem Volk Entfremdete zu empfinden und innerlich abzuwehren, wurde fast unbemerkt bewältigt.[1]

Dieses Urteil verdient besondere Aufmerksamkeit. Allein der Zeitpunkt dieses literaturpolitischen Postulats spricht den realen Verhältnissen Hohn. Die sich in der bundesrepublikanischen Nachkriegszeit erst nach und nach entwickelnde Exilforschung zeigte später auf, daß

---

1 J.F.G. Grosser (Hrsg.), *Die große Kontroverse. Ein Briefwechsel um Deutschland*, Hamburg u.a. 1963, S. 7.

Ende der 1950er, Anfang der 1960er Jahre von einem öffentlichen Bewußtsein für die Exilanten und ihre Erfahrungen, von einer Anerkennung und Wertschätzung, geschweige denn von einer Integration der aus politischen und rassischen Gründen aus Hitler-Deutschland Geflohenen keine Rede sein konnte. Grosser postulierte also 1963 ein Aufeinanderbezogen-Sein und suggerierte eine Identität der Deutschen. Die Aufteilung der Deutschen in zwei Gruppen – die »deutsche Emigration« und die »Deutschen« – wird dabei von ihm allerdings keineswegs aufgehoben. Seine Behauptung besteht lediglich aus habituellen Zuschreibungen und Bewertungen von unbewußten Handlungen. Die Nicht-Emigrierten, hier gleichgesetzt mit den »Deutschen«, haben ihm zufolge »fast unbemerkt« eine »politische Untugend« aufgegeben, nämlich die ihrem Volk Entfremdeten als Ausgeschlossene und Heimatlose zu »empfinden«. Während die nicht als personelle Subjekte, sondern nur mit dem Abstraktum bezeichnete »deutsche Emigration« offensichtlich ein für Ärgernis und Schmerz sorgendes Potential »unbewußt« und »ungewollt« »verloren« habe. Grosser entwickelt also ein hochgradig aufgeladenes Ideologem, mit Hilfe dessen eine Integration postuliert wird und so die durch die nationalsozialistische Propaganda nachhaltig vorgenommene Stigmatisierung der Flüchtlinge trotz seiner merkwürdigen Einschränkungen durch nicht näher aufgezeigte psychologische Vorgänge überwunden werden soll.

Der Blick auf das einleitende Vorwort zu der bis heute maßgeblichen Edition der Dokumente des Thomas-Mann-Streits zeigt bereits, wie der literarisch-publizistische Schlagabtausch um die Rückkehr bzw. Nicht-Rückkehr von Thomas Mann, in zahlreichen »offenen Briefen« seit Herbst 1945 ausgetragen, mitten hineinführt in deutschlandpolitische Debatten. Über ein gutes Jahrzehnt hinweg beteiligten sich Vertreter der jungen Kriegsheimkehrer-Generation, der während der Nazizeit in Deutschland gebliebenen Intellektuellen und Schriftsteller sowie Emigranten und Remigranten an dieser Frage. Eine Gesamtdarstellung der tatsächlichen oder vermeintlichen »großen Kontroverse« steht trotz mancher Ansätze dazu noch immer aus.[2] Im folgenden sollen einige

---

2 Aus der Vielzahl von Aufsätzen zum Thema Thomas-Mann-Streit in der Nachkriegszeit seien für den vorliegenden Zusammenhang genannt: Hans Rudolf Vaget, *Deutsche Einheit und nationale Identität. Zur Genealogie der gegenwärtigen Deutschland-Debatte am Beispiel von Thomas Mann*, in: *Literaturwissenschaftliches Jahrbuch*, Jg. 33, 1992, S. 277-298; Gerhard Kurz, *»Innere Emigration«. Zur öffentlichen Kontroverse zwischen Walter v. Molo, Thomas Mann und Frank Thieß*, in: Karin Böke u.a.

ausgewählte Streiflichter auf bislang weitgehend unbeachtete Momente und Positionen geworfen werden: Stimmen aus Deutschland, die um die Frage nach der nationalen Identität kreisen, und Stimmungen in Deutschland, die nationalpsychologische Befindlichkeiten und Denkmuster aufzeigen.

»Ich gehöre zu den schlechten Patrioten, die jetzt weniger vom
Mitleid als vom Zorn (noch immer) geplagt werden« –
Gottfried Steins »Briefe zur deutschen Situation«

Im Januar 1946 erreichte ein Brief den Nordwestdeutschen Rundfunk in Hamburg, der sich äußerst kritisch mit der Position auseinandersetzt, die Frank Thieß in seiner Erwiderung auf Thomas Manns Neujahrsansprache eingenommen hat. Im März 1946 ging vom selben Verfasser ein Brief an den »verehrten Herrn Dr. Thomas Mann«, der den Emigranten die Situation in Deutschland erklärt. Von beiden Briefen hätten wir keine Nachricht, wenn sie nicht kurze Zeit darauf als Offene Briefe publiziert worden wären. Ihr Verfasser ist Gottfried Stein, seine kleine, in einer Auflage von 15.000 Exemplaren erschienene Broschüre trägt den Titel: *Thomas Mann und wir. Zwei Briefe zur deutschen Situation.*[3]

Gottfried Stein (1893-1969) ist heute ein weitgehend unbekannter Autor, allenfalls wenigen Fachwissenschaftlern als Korrespondenzpartner von Friedrich Georg Jünger, Ernst Jünger und Leopold Ziegler ein Begriff. Seine Veröffentlichungen aus der kurzen, eruptiven Phase in den Nachkriegsjahren lassen sich zwar leicht recherchieren, sie finden im Rückblick auf die Jahre nach dem Ende des Zweiten Weltkrieges

(Hrsg.), *Öffentlicher Sprachgebrauch. Praktische, theoretische und historische Perspektiven. Georg Stötzel zum 60. Geburtstag*, Opladen 1996, S. 221-235; Leonore Krenzlin, *Große Kontroverse oder kleiner Dialog? Gesprächsbemühungen und Kontaktbruchstellen zwischen »inneren« und »äußeren« literarischen Emigranten*, in: *Galerie. Revue culturelle et pedagogique*, Jg. 15, 1997, No. 1, S. 7-25; Antonia Grunenberg, *»Und was tatest Du?« Schriftsteller und politische Macht nach 1945. Zum Streit zwischen Thomas Mann und Walter von Molo*, in: Gerd Langguth (Hrsg.), *Autor, Macht, Staat. Literatur und Politik in Deutschland*, Düsseldorf 1994, S. 110-130.

3   Gottfried Stein, *Thomas Mann und wir. Zwei Briefe zur deutschen Situation*, Essen 1946.

aber wenig Beachtung.[4] Dabei kann der in der Eifel geborene Stein stellvertretend für eine bestimmte Haltung in Deutschland stehen, denn er gehört zu denjenigen, die im NS-Regime sehr konkreten Beschränkungen unterlegen waren und sich nach dem Sturz Hitlers zu Wort meldeten. »Lieber Herr Jünger«, schrieb er am 30. Dezember 1945 an Friedrich Georg Jünger,

> wir sind es also jetzt, die sich ›Heil‹ zurufen können. Aber da wir zu diesem unseligen Volk gehören, kann ich nur sagen: ewig schade, daß es uns nicht vergönnt ist, die Übeltäter und die großen Verräter zu richten. Das Amt steht den Siegern zu.[5]

Gottfried Stein, in einem katholischen Elternhaus aufgewachsen, hatte als Lehrer für Deutsch, Griechisch und Latein in Frankfurt am Main gearbeitet. 1921 hatte er seine Frau Johanna, eine Jüdin, geheiratet, so daß sein ganzes Bestreben im Dritten Reich ihrem Schutz galt. Stein gelang dies, indem er aus Frankfurt wegzog und abgeschieden in der Eifel lebte. Seine beiden ältesten Söhne konnte er im Frühjahr 1939 noch nach England in die Emigration schicken. Beruflich sah sein Schicksal im ›Dritten Reich‹ so aus: Als Lehrer wurde er bereits im Oktober 1933 entlassen. Anlaß für die Nazis waren nicht nur die Mitgliedschaften in der SPD, im republikanischen Lehrerbund und in der Arbeitsgemeinschaft sozialistischer Lehrer, sondern auch eine 1930 an der Frankfurter Musterschule gehaltene Rede, in der Stein zum Ende der französischen Besetzung des Rheinlandes ein flammendes antimilitaristisches Plädoyer gehalten hatte. Diese Rede war damals auf Betreiben seines Vorgesetzten auch veröffentlicht worden. Stein versuchte im ›Dritten Reich‹ als Publizist zu arbeiten, wurde jedoch wenig später aus der RSK ausgeschlossen. Unter Pseudonym und mit der Deckung von befreundeten Schriftleitern konnte er über Vögel, über Hunde und über Wein schreiben, gelegentlich kleine Artikel in der *Frankfurter Zeitung* unterbringen. Die Lebensumstände dieses gezwungenermaßen »Stillen im Lande« waren von ständigen Gefahren geprägt, seine finanzielle Situation nachhaltig gefährdet.[6]

4 Gottfried Stein, *Tyrannei. Chronik und Abrechnung*, Essen 1946; Gottfried Stein, *Gedanken über die Schuld*, Essen 1946.
5 DLA Marbach, Nachlaß Friedrich Georg Jünger, Gottfried Stein an Friedrich Georg Jünger, 30. Dezember 1945.
6 Die biographischen Angaben entstammen den Personalakten Gottfried Steins im Stadtarchiv Frankfurt am Main (III/2-81. 210.083) sowie der Veröffentlichung seines Sohnes Oswald Stein, *Abgebaut. Eine Familie erlebt das Dritte Reich*, Frankfurt am Main 1992.

Als das Ende des ›Dritten Reichs‹ absehbar war, begann Stein im Frühjahr 1945 in Form einer Chronik seine »Abrechnung« mit der »Tyrannei«. »Unsere Tyrannen« haben »das Volk zu einem Werkzeug ihrer dunklen Pläne« erniedrigt (7), heißt es im April 1945.[7] Nur allzu gern habe man sich belügen lassen, wollte man die Wahrheit nicht erkennen, »gesunder Menschenverstand, den man nicht in der Schule lernen kann, gehört offenbar nicht zu den nationalen Vorzügen der Deutschen« (13). Noch vor dem Ende des Krieges weiß Stein:

> Seid also vorsichtig, wenn ihr jetzt allenthalben im Lande denen begegnet, die mit der Miene des gekränkten und im Tone der Entrüstung ausrufen: »Wir sind belogen worden!« – Traut ihnen nicht! Sie sind nicht alle so dumm wie sie jetzt scheinen möchten. Viele von ihnen haben ein schlechtes Gewissen. (16)

Über seine eigene Situation führt Stein keine Klage. Seinem Briefpartner Friedrich Georg Jünger gegenüber offenbart er eine distanziert-mokante Einstellung:

> Gott, wie gut hatte ich's bei allen Schikanen der Nazis, daß ich mit dem ganzen Saustall nichts zu tun kriegte. Ich habe mich immer gewundert, daß »sie« mir die Ruhe und die Abseitigkeit »gönnten«. Schließlich hätten sie mir natürlich gerne meine Frau weggenommen und wie eine Freundin von uns und meinen Schwager in Auschwitz umgebracht. Aber da erwies ich mich als der bessere Stratege.[8]

Das Ende des Regimes wird ihm zum Impuls, es ist »eine Art Beschwörungszauber, auf den ich verfiel – es war wohl, weil es mir ewig unglaubwürdig bleibt, diese Jahre erlebt und auch noch überlebt zu haben«.[9] Die anhaltende Debatte um die Rückkehr von Thomas Mann, die seit August 1945 in den Zeitungen, Zeitschriften und Rundfunkprogrammen geführt wird, unterstützt diese Aufgabe. Im Januar 1946 seziert Stein die Stellungnahme von Frank Thieß mit folgenden Argumenten:[10] Zunächst einmal sieht er in der Einladung bzw. Aufforderung an Thomas Mann, nach Deutschland zu kommen, ein unzulässiges »moralische[s] Druckmittel« (10), das jetzt, nachdem Thomas

---

7 Stein, *Tyrannei*, a.a.O. (Anm. 4).
8 DLA Marbach, Nachlaß Friedrich Georg Jünger, Gottfried Stein an Friedrich Georg Jünger, 18. April 1946.
9 Ebd.
10 Stein, *Thomas Mann und wir*, a.a.O. (Anm. 3).

Mann abgelehnt hat, als offener Haß des Emigranten auf Deutschland interpretiert werden kann. Stein schreibt:

> So, nachdem sie das aus dem Munde des anerkannten und erfolgreichen deutschen Schriftstellers Frank Thieß gehört haben, fühlt sich nicht nur der Nazi und der Nazi-Verbündete und jener gefährliche Patentpatriot, der den deutschen Vorteil mit der deutschen Ehre verwechselte, in ihrer Verurteilung bestärkt; sondern auch mancher nachdenkliche und anständige Deutsche, der sich bislang bemühte, Thomas Manns Haltung zu verstehen und zu würdigen, wird sich jetzt geneigt zeigen, der Masse der Kurzsichtigen und Opportunisten zuzustimmen und Thomas Mann einen Renegaten nennen. (10)

Steins zweites Argument: Er widerspricht der Behauptung von Thieß, Thomas Mann hasse Deutschland. Stein führt aus, Thomas Mann hasse den Nihilismus und er hasse die Nazi-Tyrannen. Auf dieser gemeinsamen Basis dürfe jeder nach einer neuen geistigen Lebensform suchen, Thomas Mann für sich ebenso wie die in Deutschland Gebliebenen. Beide sollen aufeinander hören. Weiter geht Steins Forderung nicht. Im Gegenteil: Er pocht auf das Recht des Künstlers zu entscheiden, was für sein Werk gut sei; Mann habe das Recht, seine notwendige innere Ruhe zu bewahren, er müsse und er dürfe sich nicht durch das Chaos in Deutschland künstlerisch erschüttern lassen. Schließlich ein drittes Argument: Stein wirft Thieß explizit vor, er glorifiziere das Leiden und trage dazu bei, die Klärung der deutschen Situation zu vernebeln:

> Statt vom Zorn hat Frank Thieß vom Leiden gesprochen. Man kann auch vom deutschen Leiden sprechen, mit Recht. Hinter beidem aber, über beidem, über Zorn und Leid, als Ursache zu beidem, steht die deutsche Schuld. Sollten die Geistigen in Deutschland es sich nicht erlauben können, davon noch manches Mal zu sprechen, weil es in Deutschland auch dort, wo die Nazis nicht einbrachen, unbeliebt ist, davon zu hören? (16)

Stein geht an dieser Stelle noch einen Schritt weiter. Für ihn steht nämlich Thomas Mann für etwas ganz Bestimmtes, für den »Geist«, für die »kritische Leidenschaft«, für das Kosmopolitische, für das Essayistische (19). Der Gegensatz dazu ist für Stein: das deutsche Gemüt, das der deutsche Spießer hegt und pflegt, jener Hang der Deutschen zur Sentimentalität. Steins Hauptvorwurf an Thieß ist es, daß dieser regelrecht auf Stimmenfang bei seinen Hörern gehe, indem er den Haß auf Deutschland unterstelle, und daß er mit der Glorifizierung des deut-

schen Leidens gezielt das Gemüt und die Sentimentalität anspreche. So
sei keine Klärung der deutschen Situation möglich:

> Aber was den deutschen Hörer angeht, so sollte, meinen wir, dieser
> dem deutschen Leid als Argument in Argumentationen nicht be-
> gegnen. [...] Weil es die Klärung im deutschen Volk erschwert, weil
> es die Klärung der deutschen Situation verhindert. Denn die Deut-
> schen – weil die Sentimentalität zu ihren nationalen Eigenschaften
> gehört – lieben das, was »rührt« und »ergreift«. Und man kann sich
> ja auch des Leidens als eines taktischen Mittels gegen eine unbequeme
> Einsicht bedienen. Vom Leiden sprechen, auf Leiden sich berufen
> und am Leiden leiden – das kann heute die Technik des Unbewußten
> sein, die Erkenntnis der Schuld und den Entschluß zur Umkehr zu
> verhindern. (17)

Gottfried Steins Broschüre ist durch die Analyse jenes gefährlichen
Hangs zur deutschen Sentimentalität bemerkenswert, durch seinen
Hinweis auf das Selbstmitleid und die weit verbreitete Vorstellung von
einem Aufrechnen der Schuld. Stein greift dabei einen Grundgedanken
für seine kleine Streitschrift auf, den er an anderer Stelle ausführlich
darlegte: In den *Gedanken über die Schuld*, einer der so zahlreichen
Broschüren, die in Deutschland nach 1945 erschienen,[11] weist er zwar
eine von »Übereifrigen draußen« vorgetragene »Kollektivschuld« zurück, bekennt sich aber zu einer Verantwortung der Nation bzw. des
Volkes, Verbrechen und Verbrecher zuzulassen: »Eine ganz andere Frage
ist die nach den Gründen, aus denen es möglich wurde, daß eine aktiv-
verbrecherische Minderheit des deutschen Volkes durch ihre Untaten
die Welt in Entsetzen stürzte« (17). Scharf weist er auch in diesem Zusammenhang den Versuch vieler Deutscher zurück, sich als Opfer zu
stilisieren:

> Härter als mit den Übereifrigen draußen müssen wir mit den Deut-
> schen ins Gericht gehen, die [...] das »Volk« als unschuldig hin-
> stellen möchten, indem sie nachdrücklich betonen, das »Volk« sei
> selber ein Opfer des Terrors gewesen [...]. Das wäre der schäbige
> Versuch, sich durch Scheinlogik ein Alibi vor der Geschichte zu er-
> schleichen (4).

Gottfried Stein setzte in dieser Zeit auf eine »Wiedergeburt des Menschen aus der Tiefe des Humanen«, wie er sie in der Person Ernst Jüngers verkörpert sah, und bekannte sich zu einem »neuen Konservativis-

---

11 Stein, *Gedanken über die Schuld*, a.a.O. (Anm. 4).

mus«, wie er ihn bei Karl Otto Paetel ausgeprägt fand.[12] Stein war damit einer der wenigen in der Debatte, die Thomas Mann nicht angegrif-
fen haben, sondern ihn zu rechtfertigen versuchten, die ihn in Schutz
nahmen und Verständnis für ihn und seine Haltung zeigten. Er wurde
über diese publizistischen Äußerungen hinaus mit dem Thema Thomas
Mann wenig später noch einmal beruflich konfrontiert. Der ehemalige
Pädagoge Stein war im Mai 1946 in Frankfurt wieder angestellt worden und kurze Zeit später kommissarischer Leiter des städtischen Kul-
turamtes geworden. Er hatte in Spruchkammerverfahren mitgearbeitet
und verschiedene leitende Aufgaben bei der Neuordnung des hessischen Schulwesens übernommen. 1949 wurde Stein in den Ausschuß
gewählt, der über die Vergabe des Frankfurter Goethepreises entschied.
Er gehörte zu den Befürwortern, die mit viel taktischem Geschick die
Wahl des umstrittenen Schriftstellers durchzusetzen vermochten, und
er wurde zum »Ghostwriter«, der im Goethe-Jahr 1949 für Frankfurts
Oberbürgermeister Walter Kolb die Festrede auf Thomas Mann
schrieb.

»Wir schämen uns eines Geistes, der uns mit Füßen tritt« – *Die »junge Generation« gegen Thomas Mann*

Walter von Molo (geb. 1880), Frank Thieß (geb. 1890), Gottfried Stein
(geb. 1893), Wilhelm Hausenstein (geb. 1882), Manfred Hausmann
(geb. 1898), Hans Grimm (geb. 1875) – viele Protagonisten in der
»großen Kontroverse« sind Vertreter einer älteren Schriftstellergene-
ration, sind Autoren, Publizisten und Intellektuelle, die während der
nationalsozialistischen Herrschaft in Deutschland geblieben waren. An
der Kontroverse um Thomas Mann beteiligte sich aber auch die »junge
Generation«. Es war eine heterogene Gruppe, die im Literaturbetrieb
der Nachkriegsjahre mit dem Epitheton »jung« klassifiziert wurde, obwohl ihre Vertreter sowohl um die 20 Jahre als auch zum Teil sogar
über 40 Jahre alt sein konnten. Das Verbindende war nicht das Alter,

---

12 Stein setzte sich mehrfach publizistisch für Ernst Jünger ein. Am 9. September 1948 nahm er neben Manfred Michler und Frank Thieß an der
»Nachtprogramm«-Sendung des NWDR-Köln über Ernst Jünger und dessen »Friedensschrift« teil; am 4. August 1949 sendete der NWDR-Köln seine Sammelrezension *Für und wider Ernst Jünger*, in der Stein vor allem auf
Karl Otto Paetels Jünger-Studie *Die Wandlung des deutschen Dichters und
Patrioten* einging (Manuskripte im Historischen Archiv des WDR).

sondern eine gemeinsame Erfahrung. Man zählte sich zur Kriegsgeneration, die von der Front und aus der Gefangenschaft nach Hause zurückgekehrt war. Rüdiger Proske und Walter Weymann-Weyhe prägten
in den *Frankfurter Heften* die griffige Formel: »Wir aus dem Kriege«.[13]
Wie verhielt sich diese »junge Generation« im literarischen Feld der
Nachkriegszeit, und welche deutschlandpolitischen Vorstellungen hegte
sie?

Exemplarisch wird dies an dem »jungen« Hamburger Autor und
Publizisten Herbert Lestiboudois deutlich. 1907 in Hamburg geboren –
also am Ende des Zweiten Weltkriegs fast 40 Jahre alt – wird er bei sei-
nen Veröffentlichungen immer als Vertreter dieser »jungen Genera-
tion« vorgestellt. Auch er selbst schreibt sich diese Rolle zu, wie sein
Gedicht *Junge Generation* zeigt, das Paul Lüth in die Anthologie *Der
Anfang. Anthologie junger Autoren* aufnahm.[14] Der in der Lüneburger
Heide wohnende Lestiboudois weist unabhängig vom Alter typische
Merkmale der sogenannten »jungen Generation« auf: Schulzeit und
Orientierungsphase fallen mit dem Ende der Weimarer Republik zusammen; mit dem Beginn des ›Dritten Reichs‹ entstehen erste journalistische Texte, aber auch erste Konflikte mit der Gestapo. Zur entscheidenden biographischen Station wird das fünfjährige Fronterlebnis. Wie
eine Eruption entlädt sich danach der Schreibzwang, ein ungeheurer
Mitteilungsdrang hat sich aufgestaut. Die – wie sein Verlag über ihn in
den *Literarischen Miniaturen* schreibt – »endliche Befreiung des Obergefreiten von allen diesen Übeln im Juli 1945« wird zum Ausgangspunkt für eine kurze, intensive Schaffensphase.[15] Ein Gedichtband
1946 (*Da schweigen die Trompeten*), der erwähnte Essayband, zwei
Prosaarbeiten 1947 und 1948 (*Ninon* bzw. *Chronik eines ländlichen
Lebens*) werden veröffentlicht sowie eine Vielzahl von Zeitungs-, Zeit-
schriften- und Anthologiebeiträgen. Lestiboudois ist erfüllt von einer
»Wiedergeburt des Menschen aus dem Geiste«, von einer Beseelung
dessen, was die Kulturnation Deutschland einmal ausgemacht hat:

---

13 Rüdiger Proske / Walter Weymann-Weyhe, *Wir aus dem Kriege. Der Weg
   der jüngeren Generation*, in: *Frankfurter Hefte*, Jg. 3, 1948, H. 9 (September), S. 792-803.
14 Herbert Lestiboudois, *Junge Generation*, in: Paul E.H. Lüth (Hrsg.), *Der
   Anfang. Anthologie junger Autoren*, Wiesbaden 1947, S. 46.
15 Herbert Lestiboudois, *Literarische Miniaturen. Bilder, Köpfe und Glossen*,
   Hamburg 1948, S. 201. – Lestiboudois' biographische und publizistische
   Spuren verlieren sich Ende der 1950er, Anfang der 1960er Jahre.

meine Seele wimmerte um eine Heimat, wimmerte um Deutschland
[...]. Denken Sie nicht falsch von mir – Nationen, Landesgrenzen,
Vaterländer, es ist so dumm, so sinnlos. Sie wissen, was ich meine – –
die Seele Deutschlands! Da lag sie unter Trümmern, zuckend und
zerfetzt, geschändet und besudelt. War es noch faßbar, denkbar,
fühlbar, daß einst Goethe, Hölderlin, Beethoven, Mozart – Deutschland waren? Da lag die Seele Deutschlands – zertreten und zerschlagen, in Schutt und Asche und Verlorenheit!

Beim Versuch einer Inventur fühlt sich Lestiboudois von den »Emigranten« verraten, von den »weisen Gouvernanten, die von draussen
her sprachen«.[16]

Dieser Herbert Lestiboudois führte Anfang des Jahres 1946 eine der
wohl schärfsten Attacken gegen Thomas Mann. Der streitbare »junge«
Autor schrieb seine Stellungnahme als Offenen Brief an Frank Thieß,
als Reaktion auf dessen NWDR-Sendung gegen Thomas Mann vom
Jahreswechsel 1945/46. Lestiboudois' Brief wurde mehrfach in den
von den britischen Besatzungsbehörden herausgegebenen Tageszeitungen abgedruckt.[17] »Es gibt keine Brücke von uns zu ihm«, lautet sein
Fazit, und das Zentrum seiner Argumentation umschreibt er mit den
Worten: »Wir schämen uns eines Geistes, der uns mit Füßen tritt in
unserer großen, inneren Not!« Die harte, unerbittliche Absage an den
Emigranten Thomas Mann wird geführt mit dem Rekurs auf die Erfahrungen in der Kriegs- und jetzt in der Nachkriegszeit: »Wir, die wir das
Leid früh kennenlernten.« Dieses Schlüsselerlebnis wird zu einer Qualifikation. Sie wird Thomas Mann abgesprochen, wobei deutliche Anlei-
hen an den Sozialneid gemacht werden, etwa wenn darauf verwiesen
wird, daß es Thomas Mann im Exil gut gehe, er reich sei und vom
Clubsessel aus argumentiere. Diese Leid-Erfahrung als eine positive
Qualifikation der »jungen« deutschen Generation unterstreicht Lestiboudois dergestalt, daß dieses Leid »menschlicher« gemacht habe.
Thomas Mann hingegen hasse Deutschland, er beschmutze es und er
disqualifiziere sich dadurch. Die Kriegserfahrung wird zum trennenden

---

16 Die Zitate stammen aus den unveröffentlichten Briefen von Herbert Lestiboudois an Hermann Hesse im Schweizer Literaturarchiv Bern (30. Juni
1944; 2. Juli 1944; 31. März 1946). Eine Publikation zu diesem Briefwechsel ist in Vorbereitung.

17 U.a. in: *Neue Westfälische Zeitung* (Oelde) vom 22. Januar 1946; *Ruhr-
Zeitung* (Essen) vom 6. Februar 1946. – Abgedruckt bei Grosser, *Die große
Kontroverse*, a.a.O. (Anm. 1), S. 92-94.

Erlebnis, der Bruch zwischen »junger Generation« und dem Prototyp des Emigranten vollzogen.

Dies unterstreicht auch ein weiterer Brief eines »Jungen«, den Johannes Franz Gottlieb Grosser in seiner Edition wiedergibt, das Schreiben von Wolfgang Monecke an Frank Thieß vom 7. Januar 1946. Monecke, damals ein junger »Student der Philosophie«, begründet seine Absage an Thomas Mann explizit mit einem nationalen Argument: »Denn ich kann und will es nicht als Zufall empfinden, daß ich als Deutscher in Deutschland geboren bin und so den Charakter seiner nationalen Identität trage.« Die Frage »Wo ist Deutschland?«, um die es bei Thomas Manns Silvester-Ansprache 1945 und in Frank Thieß' Erwiderung ging, wird von Monecke mit der »Liebe« zu diesem Land verknüpft und beantwortet. Thomas Mann hingegen sei von »Haß« verblendet, und der Briefschreiber »tadelt« den Emigranten: »Anmaßung und Hochmut, Mangel an Liebe und Ehrfurcht werfen Staub auf die leuchtenden Farben seines künstlerischen Werkes.«[18]

Dieser Haß gegen Deutschland wurde Thomas Mann mehrfach unterstellt und zum Ausgangspunkt für die Absage an den Emigranten. Für große Teile der jungen Kriegsgeneration war mit dem Ende des Zweiten Weltkriegs zwar ein Regime gestürzt worden, aber deswegen noch keineswegs die Idee des Vaterlandes oder der Nation desavouiert. Unbeeindruckt von dem sonst allgemein herrschenden Ideologieverdacht konnten diese politisch-gesellschaftlichen Werte lautstark verteidigt werden.

Die Auseinandersetzung von Herbert Lestiboudois mit Thomas Mann stand keineswegs isoliert, sondern verband sich mit einer Diskussion, die parallel in den ersten Nachkriegsmonaten geführt wurde. Obwohl der Calwer Pastorensohn Hermann Hesse kein Emigrant war – er lebte seit 1912 in der Schweiz und war seit 1923 Schweizer Staatsbürger – wurden seine Offenen Briefe nach Deutschland in der Nachkriegszeit ebenfalls als Äußerungen eines Außenstehenden, als Botschaften »von außen« empfunden. Dabei stand gerade die Frage des Nationalen im Mittelpunkt der Debatte, die sich von Herbst 1945 bis Anfang 1947 spannte. Unter der Überschrift *Hermann Hesse an die Deutschen* erschien in deutschen Tageszeitungen ein Ausschnitt aus seinem Rigi-Tagebuch.[19] Hesse, der damit auf die zahlreichen Briefe rea-

---

18 Abgedruckt bei Grosser, *Die große Kontroverse*, a.a.O. (Anm. 1), S. 88-91; Zitate, S. 89 und 91.
19 *Hermann Hesse an die Deutschen* erschien zuerst im September in der *Neuen Schweizer Rundschau*; danach abgedruckt u.a. in der *Süddeutschen*

gierte, die er bereits im Umfeld der »Großen Kontroverse« erhalten hatte, knüpfte darin explizit an seine antinationalistische und pazifistische Haltung an, wenn er den Deutschen zurief: »Ihr könntet den Wahn jedes Nationalismus, den ihr ja im Grunde längst schon hasset, durchschauen und euch von ihm befreien«. Diese Forderung nach einer »Loslösung vom Nationalismus« blieb nicht unwidersprochen, als Liesel Elten mit ihrer *Antwort der Jugend an Hermann Hesse* in der Tageszeitung der Sowjetischen Militäradministration darauf reagierte.[20] Ganz auf der damaligen politischen Linie der sowjetischen Militärverwaltung betont die junge Frau ihr Deutschtum:

> Daß es auch mich zu einer Antwort darauf zwingt, kann ich nur damit begründen, daß ich eine unter ungezählten jungen Deutschen bin, die ihr Deutschsein ganz bewußt und vielleicht zum erstenmal überhaupt so rein empfinden angesichts der namenlosen Not, in die ihr Volk durch eigene Schuld geraten ist.

Liesel Elten verknüpft die Solidarität mit dem notleidenden deutschen Volk, ihr Bekenntnis zum Deutschsein mit dem Aufbauwillen und der Aufbauleistung. Nur wer nicht abseits steht, nicht außen vor bleibt, sondern inmitten des deutschen Volkes handelt, verdient Achtung:

> Und wir müssen endlich Deutsche sein um all der Namenlosen willen, die Deutsche waren, besser und tiefer und reiner, als wir es gewesen sind, und die dafür in den Kzs ihr Leben hingegeben haben. Auch sie sind nicht geflohen in eine beseligende Abgewandtheit, sondern haben, ihrem wachen Gewissen sich stellend, auf sich genommen, was das Schicksal ihnen bereitet hatte [...].

Die Grenzlinie wird nicht zwischen Emigranten und In-Deutschland-Gebliebenen gezogen, doch zum Prüfstein wird die Haltung in der gegenwärtigen Situation. Wer hier weiterhin als Außenstehender auftritt,

---

Zeitung (München) vom 15. Januar 1946 und im *Weser-Kurier* (Bremen) vom 9. Februar 1946.

20 Liesel Elten, *Antwort der Jugend an Hermann Hesse*, in: *Tägliche Rundschau* (Berlin), Februar 1946. – In der redaktionellen Einleitung hieß es: »[...] Ohne uns hier näher mit der Ansicht Hermann Hesses auseinanderzusetzen, der nicht nur das Verwerfliche verwirft, sondern auch die gesunde patriotische Kraft eines Volkes, das sich erneuern will und muß, sei die Stimme eines jungen Mädchens veröffentlicht, das in einem offenen Brief an den Dichter der Befremdung der Jugend Ausdruck gibt über seine Absage an die Not- und Volkseinheit aller Deutschen.«

wer sich nicht mitten hinein in die Notlage des Nachkriegsdeutschlands begibt und sich nicht aktiv am Wideraufbau beteiligt, hat in den Augen dieser »jungen Generation« seinen Anspruch auf geistige Führerschaft verwirkt.[21]

Diese Argumentationslinie zeigt sich deutlich in einer Umfrage, die nur kurze Zeit später, im Juni/Juli 1947, von der »Media Analysis Section« der amerikanischen Besatzungsmacht unter insgesamt 82 deutschen »opinion leaders« in Bayern durchgeführt wurde. Gefragt wurde nach der Einstellung zu Thomas Mann. Diese Meinungsumfrage, die anläßlich der Europa-Reise des prominenten Schriftstellers im Sommer 1947 anberaumt wurde und das Interesse der Siegermächte an der öffentlichen Meinung in Deutschland widerspiegelt, zeigte, daß viele der jüngeren Befragten sich vehement gegen jegliche »herablassende Gebärde« verwahren. In den Äußerungen Thomas Manns erblicken sie den Versuch einer Bevormundung, gegen die sie Einspruch erheben. Beispielhaft kann hierfür die Antwort von Dr. Wiebe stehen, einem 35jährigen Studienrat und Lektor für Englisch an der Universität Würzburg:

Auf die Frage, ob ich es für wünschenswert halte, dass solche Persönlichkeiten nach Deutschland zurückkehren, kann ich nur antworten: Wen nicht die Sehnsucht nach der Heimat, die ihm nie fremd geworden ist, unaufgefordert zurückkehren lässt, wer nicht den Wunsch verspürt, den Unglücklichen daheim mit seinen erhalten gebliebenen Kräften zu helfen und sie aufzurichten, wer erst dringlicher wohlformulierter Aufforderungen bedarf, um – wenn überhaupt – am Ende wohlgefällig und gönnerhaft von seinem Altar herabzusteigen und mit herablassender Gebärde seinen ›guten Willen‹ zu bekunden, der möge lieber bleiben, wo er so lange war. Den brauchen wir nicht, damit er uns sage, was wir hätten tun oder lassen sollen, um wieder in Gnaden in den Schoss der Völker aufgenommen zu werden [...]. Wir müssen zusehen, dass wir uns ganz allmäh-

---

21 Die Auseinandersetzung mit Hermann Hesse setzte sich in den nächsten Monaten fort. Vgl. Hermann Hesse, *Brief nach Deutschland*, in: *Die Neue Zeitung* (München) vom 2. August 1946 bzw. ders., *Antwort auf Schmähbriefe aus Deutschland*, in: *Neue Zürcher Zeitung* vom 13. August 1946. Auch Herbert Lestiboudois beteiligte sich daran noch einmal: *Ein Ruf an Hermann Hesse*, in: *Aufbau*, Jg. 2, 1946, S. 958 f.

lich aus eigener Kraft wieder freimachen und mit Geduld und Be-
harrlichkeit einen neuen Platz an der Seite der Völker erringen.[22]

Häufig taucht diese tiefe Enttäuschung der Frontgeneration auf, als
man eine spontane Rückkehr in den Monaten nach Kriegsende von
Thomas Mann erwartet hatte. Mittlerweile jedoch haben die Kriegs-
heimkehrer mehr und mehr Vertrauen in ihre eigene Kraft gefunden,
sie sind voller Elan und Tatkraft am Wiederaufbau. Sie fühlen sich von
der NS-Vergangenheit moralisch nicht belastet und verbitten sich daher
jegliche Belehrung.

Die Forderung nach Solidarität mit der »jungen Generation« erhob
die Zeitschrift *Der Ruf*, als sie zeitgleich, im Sommer 1947, Stellung zu
Thomas Mann bezog. Ausgehend von der tiefen Enttäuschung, daß der
Träger der »Stimme der deutschen Humanitas« nicht zurückgekehrt
sei, analysiert ein Beitrag die Kette von offenen Briefen als Mißverständnisse und läßt dem großen Dichter und deutschen Weltbürger
eine – wenngleich kritische – Gerechtigkeit widerfahren. Aber nicht die
Auseinandersetzung mit ihm und seiner »Weltrolle als Schriftsteller«
wird von der jungen *Ruf*-Gruppe intendiert, sondern eine umfassende
solidarische Hilfestellung eingefordert.[23] Als positives Beispiel dient ihr
der in derselben Nummer abgedruckte Text des in Basel lehrenden
Theologie-Professors Karl Barth, in dem es hieß:

> Es muß doch auch dem größten Simplizissimus außerhalb Deutsch-
> lands mit der Zeit einleuchten, daß die jungen Menschen, die 1933
> als zwölfjährige Buben und Mädchen äußerlich und innerlich in die
> Gewalt des Nationalsozialismus gerieten, von vornherein anders zu
> behandeln sind als ihre unseligen Eltern, Lehrer und Pfarrer, die da-
> mals, vorher und nachher, als Erwachsene »umfielen«. Wenn irgend
> ein Teil der deutschen Nation die positive, liebevolle und sorgliche
> Aufmerksamkeit der ganzen heute so ratlos um dieses Volk herum-
> stehenden Welt verdient, dann dieser.[24]

Hinter dem redaktionellen Kürzel »DR« wird sich sehr wahrscheinlich
Alfred Andersch verborgen haben, der den Beitrag über Thomas Mann
schließlich in die konkrete Forderung an den Verleger Peter Suhrkamp
einmünden ließ, durch Neuausgaben die »junge Generation« doch bes-

---

22 Die amerikanische Meinungsumfrage wurde von Jost Hermand und
   Wigand Lange unter dem Titel editiert: »*Wollt ihr Thomas Mann wiederhaben?« Deutschland und die Emigranten*, Hamburg 1999; Zitat, S. 74 f.
23 *Ohne Thomas Mann?* in: *Der Ruf*, 2. Jg., 1947, Nr. 11 (1. Juni), S. 1 f.
24 Karl Barth, *Verlorene Generation?* in: *Der Ruf*, Jg. 2, 1947, Nr. 11 (1. Juni), S. 6.

ser mit den Texten Thomas Manns bekannt zu machen: eine Forderung, die Andersch erhob und der er sich selbst knapp ein Jahrzehnt lang widmete. Doch die weitgehende Unkenntnis von Thomas Manns politischen Schriften in der deutschen Nachkriegszeit war nur schwer zu beheben. Anderschs Rundfunkessay *Thomas Mann als Politiker* vom Januar 1950, in dem er ihn als den »führende[n] geistige[n] Fechter, das literarische Haupt des demokratisch gesinnten Teils Deutschlands« feiert und den »amerikanische[n] Bürger und deutschen Dichter« als »appeaser« tituliert, der »der Verständigung mit der Sowjetunion und sozialistischen Reformen im Westen das Wort« redet, blieb zunächst ungedruckt.[25] Sein Auftrag einen Monat später, für den S. Fischer Verlag eine Zusammenstellung der politischen Äußerungen Thomas Manns in Angriff zu nehmen, wurde nur zwei Monate später wieder zurückgezogen. Erst 1955 erschien der als Einleitung für die geplante Edition geschriebene Essay in Anderschs neugegründeter Zeitschrift *Texte und Zeichen*. Dabei ließ er die Begründung seiner Auswahl weg, die 1950 gelautet hatte:

> Die hier vorgelegten Dokumente zeigen den politischen Weg Thomas Manns von der ersten zusammenfassenden Äußerung gegen den Nationalsozialismus an bis heute. Die Notwendigkeit einer solchen Sammlung ergab sich durch die vielfachen Mißverständnisse, die aus dem politischen Wirken des Dichters nach dem zweiten Weltkrieg entstanden. Fast immer hat sich herausgestellt, daß diese Mißverständnisse auf das Fehlen der authentischen Texte Thomas Manns zurückzuführen waren [...]. So kamen Schiefheiten im einzelnen und ein allgemeines Informations-Vakuum zustande, in das Ressentiment, böser Wille und falsche Freundschaft einspringen konnten, in dem sich aber auch die echte und begründete Gegnerschaft – denn warum sollte es sie nicht geben? – nicht zu orientieren vermochte [...].[26]

25 Alfred Andersch, *Thomas Mann als Politiker*, Hessischer Rundfunk (Redaktion: Abendstudio), 24. Januar 1950. Typoskript HR Historisches Archiv; Zitate, S. 11 und 37.
26 Eines der beiden schon gesetzten, aber nicht veröffentlichten Exemplare von Thomas Mann, *Politische Dokumente. 1930-1950*, ausgewählt und eingeleitet von Alfred Andersch, Berlin: S. Fischer 1950, befindet sich in der Bibliothek des Deutschen Literaturarchivs Marbach; Anderschs Einleitungsessay erschien unter dem Titel *Mit den Augen des Westens (Thomas Mann als Politiker)*, in: *Texte und Zeichen*, Jg. 1, 1955, H. 1, S. 85-100.

Viele Ressentiments und Mißverständnisse in der Auseinandersetzung der »jungen Generation« mit Thomas Mann sind immer auch vor dem Hintergrund einer mangelnden oder ungenügenden Kenntnis der Position des Emigranten zu sehen.

»Ihm geht jedes Gefühl ab für die deutsche Mentalität« –
Protestbriefe gegen Thomas Mann im Goethe-Jahr 1949

Thomas Mann in den Nachkriegsjahren, das bedeutete, Katalysator für lautstark sich artikulierende Stimmungen in Deutschland zu sein. Die repräsentative Figur des »Praeceptor Germaniae« eignete sich hervorragend als Objekt von Projektionen unterschiedlichster Art. Das zeigen Briefe aus Deutschland, Protestbriefe, die sich erhalten haben und die im Goethe-Jahr 1949 pointiert Stellung beziehen. Zunächst einige dieser Stimmen aus Deutschland, ausgewählt aus einem Konvolut von Briefen deutscher Bürgerinnen und Bürger:

> Der Deutsche Thomas Mann war vollauf berechtigt, die Machthaber des Dritten Reiches mit allen ihm zu Gebote stehenden Mitteln zu bekämpfen. Dagegen werfe ich ihm vor, das Unrecht, das nach dem Waffenstillstand der deutschen Bevölkerung im Osten angetan wurde – nicht allein nach deutscher Ansicht –, stillschweigend geduldet zu haben [...]. Durch sein Schweigen beweist Thomas Mann, daß sein Haß sich nicht gegen die nationalsozialistischen Verbrecher richtete, sondern gegen das gesamte deutsche Volk [...]. Dem Amerikaner Thomas Mann steht der Goethe-Preis nicht zu, der Deutsche und Mensch Thomas Mann ist seiner Heimat nicht würdig

protestiert ein Mann aus Hamburg am 19. Mai 1949.

> Man braucht kein Nationalist zu sein, um nach all den gegebenen Vorgängen diese Verleihung nicht zu verstehen; schon ein einfach denkender, deutscher Mensch wird auch hier leicht so irre, wie an denjenigen, die sich berufen fühlen, das deutsche Volk zu verkörpern und uns bevormunden und ungefragt zu regieren

schreibt ein Mann aus Mannheim am 13. Mai 1949.

> Wahrscheinlich kommt auch noch seine Tochter, diese deutschfeindliche Hexe mit. Diese ganzen Emigranten sind nicht einen Armbrustschuss wert, noch viel weniger einen Schuss Pulver, wir haben die

Köpfe hingehalten und uns einsperren lassen, diese Gesellschaft hat
über den sicheren Zaun herüber geschimpft

wettert ein Mann aus Augsburg am 12. Mai 1949.[27]
Stimmungen in Deutschland im Goethe-Jahr 1949. Den Hintergrund bzw. den Anlaß zu diesen Schreiben bildete der Besuch von
Thomas Mann in Deutschland. Der Literaturnobelpreisträger will vom
23. Juli bis 16. August 1949 sowohl West- als auch Ost-Deutschland
bereisen. In Frankfurt am Main soll er den Goethe-Preis der Stadt in
Empfang nehmen. Es ist keine Rückkehr nach Deutschland, sondern
ein erster Besuch des Heimatlandes nach 16 Jahren Aufenthalt im Ausland. Thomas Mann wird seine *Ansprache im Goethe-Jahr* halten, die
dem »Vaterlande als Ganzes« gelten soll, zunächst in der Frankfurter
Paulskirche, einige Tage später auch im Weimarer Nationaltheater.
Die Stadt Frankfurt am Main war der Initiator dieser Reise. Im
Frühjahr 1949 hatte man sich entschieden, Thomas Mann den Frankfurter Goethe-Preis zuzuerkennen. Freilich hatte man sich im Verwal-
tungsrat der Stiftung des Frankfurter Goethe-Preises alles andere als
leicht mit dieser Entscheidung getan. In den Protokollen spiegelt sich
der Verlauf der internen Diskussion. Im Raum steht die Frage, ob man
eine »literarische Würdigung« vornehmen will. Dann läßt sich Zustimmung und selbst Einigkeit herstellen. Wird jedoch der »politische Fall«
Thomas Mann berührt, so scheiden sich die Geister. So lehnt beispielsweise Ernst Beutler, der Leiter des Freien Deutschen Hochstifts und des
Goethe-Hauses in Frankfurt, Thomas Mann als Preisträger ab, »weil er
menschlich nicht genüge«. Beutler war von den in seinen Augen unge-
rechtfertigten Äußerungen von Thomas Mann über die in Deutschland
gebliebenen Schriftsteller verletzt.[28] Erst nach zähen Verhandlungen
gelingt es, daß sich am 1. März 1949 eine Mehrheit für Thomas Mann

---

27 Diese und alle nachfolgenden Zitate werden lediglich anonymisiert nachgewiesen. Sie sind Briefen entnommen, die 1949 an Frankfurts Oberbürgermeister Walter Kolb bzw. an den Magistrat oder das Kulturamt der Stadt
Frankfurt am Main gerichtet wurden (Institut für Stadtgeschichte, Frankfurt am Main, Kulturamtsakte, Sign. 127).

28 Vgl. die Protokolle über die Sitzungen des Ausschusses zur Verleihung des
Goethe-Preises (Institut für Stadtgeschichte, Frankfurt am Main, Kulturamtsakte, Sign. 129). – Zur Rolle von Ernst Beutler bei der Preisentschei-
dung vgl. die Darstellung von Joachim Seng, »*Ich kann von Goethe nicht
anders sprechen als mit Liebe*«. *Thomas Manns Briefwechsel mit Ernst
Beutler*, in: *Jahrbuch des Freien Deutschen Hochstifts*, Jg. 1998, S. 242-
275.

entscheidet.[29] Die Bekanntgabe dieses Wahlergebnisses löste sofort ein großes Echo aus, im Nu entstand eine neue Phase der Kontroverse. Das betraf unmittelbar zeitgleich die Politisierung der deutsch-deutschen Reise, da beide Seiten, West und Ost, versuchten, diesen Besuch zu vereinnahmen. Doch nicht dieser in den Tageszeitungen mit Vehemenz geführte Schlagabtausch soll hier beleuchtet werden, sondern die Proteste, mit denen insgesamt mehr als 100 Bürgerinnen und Bürger im Frühjahr 1949 auf den bevorstehenden Frankfurt-Besuch reagierten.

»Eine Deutsche Mutter, im Namen vieler«, schreibt am 9. Mai 1949: »Mit Empörung haben wir im Radio gehört«, daß Thomas Mann den Goethe-Preis erhalten habe,

> hat doch derselbe 1945, als das Deutsche Volk am Boden lag, sich nicht gescheut, eben dieses Volk mit den übelsten Schimpf- und Schmähreden zu bewerfen. Dabei haben gerade die Deutschen tapfer und geduldig ihr Schicksal ertragen. Wir denken an unsere Frauen und Mütter, die unter den größten Opfern immer wieder eine Mahlzeit auf den Tisch brachten.

Thomas Mann wird als ein Kritiker gesehen, dessen Botschaften als unangemessen, als nicht gerechtfertigt gelten. Der Exilant ist ein Nestbeschmutzer. Umgekehrt pocht diese einfache »Trümmerfrau« auf die eigene Leistung, die dazu qualifiziere, die Einmischung von außen abzulehnen. Der zitierte Brief endet mit den Worten:

> Es gibt doch wohl wahrhaft Deutsche Dichter genug, die mit uns Leid und Not geteilt haben, und dieses Preises würdig sind. Thomas Mann soll ruhig in Amerika bleiben. Das Deutsche Volk braucht ihn nicht!

Hier taucht das Argument auf, daß der Dichter mit seinem Volk zusammen das gleiche Schicksal erleben und erleiden müsse. Am deutlichsten trat dieser »Entfremdungs-Topos« bei Frank Thieß auf. Thieß hatte 1945 in der Debatte allen das Mitspracherecht abgesprochen, die in den angeblichen »Logen und Parterreplätzen« saßen, und ließ im Bild der Tragödie nur gelten, wer auf der Bühne des Nazi-Regimes mit-

---

29 Die Geschichte des Goethe-Preises im Jahr 1949 beleuchten die Überblicksdarstellungen von Hanna Leitgeb, *Der ausgezeichnete Autor. Städtische Literaturpreise und Kulturpolitik in Deutschland 1926-1971*, Berlin 1994, S. 265-281 und von Bettina Meier, *Goethe in Trümmern. Zur Rezeption eines Klassikers in der Nachkriegszeit*, Wiesbaden 1989, S. 116-195.

agiert habe.[30] In den Augen von Thomas Mann freilich hieß das, in einem dämonischen Spiel »mitgetanzt« zu haben und »Herrn Urian aufgewartet« zu haben.[31] Dieser Topos der Entfremdung von Dichter und Nation als Schauplatz geschichtsmächtiger Ereignisse tauchte übrigens schon am Beginn der Exil-Geschichte auf. Bei Gottfried Benn heißt es in seiner *Antwort an die literarischen Emigranten* im Mai 1933:

> Ich muß Ihnen zunächst sagen [...], daß man über die deutschen Vorgänge nur mit denen sprechen kann, die sie auch innerhalb Deutschlands selbst erlebten. Nur die, die durch die Spannungen der letzten Monate hindurchgegangen sind, die [...] alles dies fortlaufend aus unmittelbarer Nähe miterlebten, Tag und Nacht mit ihm rangen [...], mit diesen allen kann man reden, aber mit den Flüchtlingen, die ins Ausland reisten, kann man es nicht.[32]

Wie stark 1949 das nationale Selbstbewußtsein bereits wieder war bzw. sich artikulieren konnte, zeigt ein weiterer Brief. Ein Bremer Generalkonsul schrieb an den Frankfurter Oberbürgermeister:

> In der Art, wie sich Thomas Mann über Deutschland und Deutsche geäussert hat, hat er gezeigt, dass er auch in seinem Innern und in seinem Denken kein Deutscher ist, und es wäre höchst bedauerlich, wenn die Denkungsart eines Thomas Mann über uns Deutsche und unser Deutschland Schule machen würde oder gar Beifall findet und Nachahmer.

Der Briefschreiber betont mehrfach, daß er kein Nationalsozialist sei, aber daß es im Nationalsozialismus Leute mit einem klaren Standpunkt gegeben habe. »Zu diesen hat jedenfalls Thomas Mann nicht gehört.« Weltmännisch politisch schließt der Konsul seinen Brief:

> Wir Deutsche haben keine Ursache, das Ansehen, welches wir noch in der Welt geniessen, und das liegt ja zu einem grossen Teil auf kulturellem Gebiete, durch einen solchen Mißgriff in der Person des Vortragenden oder Auszeichnenden in Gefahr zu bringen, denn das

30 Frank Thieß, *Innere Emigration*, in: *Münchner Zeitung* vom 18. August 1945; vgl. Grosser, *Die große Kontroverse*, a.a.O. (Anm. 1), S. 22-26.
31 Thomas Mann, *Warum ich nicht zurückkehre*, in: *Augsburger Anzeiger* vom 12. Oktober 1945; vgl. Grosser, *Die groe Kontroverse*, a.a.O. (Anm. 1), S. 27-36.
32 Gottfried Benn, *Antwort an die literarischen Emigranten*, in: *Deutsche Allgemeine Zeitung* (Berlin) vom 25. Mai 1933, S. 1.

Ausland würde natürlich auf eine vollkommen falsche Einstellung des gebildeten Deutschlands zu Thomas Mann schliessen.

Der Graben, den man zwischen Thomas Mann und sich selbst in Deutschland sieht, wird als groß und unüberbrückbar dargestellt. Thomas Mann steht für eine ganz andere »Lebensart«. Mehrere Professoren und Doktoren schreiben am 20. Mai 1949:

> Er hat in seinen Schriften den deutschen Menschen als minderwertig hingestellt und dadurch bewiesen, daß ihm jedes Gefühl abgeht für deutsche Mentalität. Er ist der Sprecher der dekadenten Lebensart, in der er nur allein Deutschland sieht [...]. Thomas Mann ist ein Vertreter jener Mächte, die Deutschland auch noch hassen, wenn es ohnmächtig ist, er ist ein Sprecher jenes Geistes, der nur verneint, der zersetzt, der zerwühlt und keine Harmonie kennt [...] *Darum weg mit Thomas Mann!!!* Wir hassen ihn und den von ihm verkündeten Geist.

Dieser geharnischte Brief der Professoren korrespondiert mit einer Karte, die von »mehreren deutschen Studenten« am 12. Mai abgeschickt worden ist: »Das deutsche Geistesleben protestiert gegen eine derartige Verhuntzung des Andenkens unseres grössten deutschen Dichters.« Danach wird gegen den »Judenlümmel« zu Felde gezogen, gegen den »literarischen Schmierfink«, »diesen Hundsfott«, »diesen Burschen«. Kräftig wird Sozialneid geschürt: »Thomas Mann, der den Krieg im sicheren, gut mit Nahrung versorgten Kalifornien verbrachte«. Die politische Weltverschwörung wird suggeriert:

> Thomas Mann, der bisher nichts anderes konnte, als das deutsche Ansehen in der Welt in den Dreck zu ziehen, der während des Krieges mit der jüdischen für Deutschland eingesetzten Vernichtungsgesellschaft Morgenthau unter einer Decke steckte und mit ihr konspirierte.

Das Ganze gipfelt in einer handfesten Drohung:

> Wir können ihm aber versichern, dass ihm diese 30 Stunden in Frankfurt sehr teuer zu stehen kommen werden. Wir werden ihm einen drastischen Denkzettel geben, den er mit in sein Apfelsinenland nehmen kann, um dort ein neues elegisches Zitronenlied à la Goethe zu verbrechen. Wir können nicht zulassen, dass einer, der sich deutsch nennt und das deutsche Volk derart beschmutzt hat, deutschen Boden, den Boden Goethes betritt. Also, Thomas Mann sei gewarnt.

Thomas Mann bekam diese Briefe nie zu Gesicht. Aber er wußte von der Stimmung in Deutschland, von der massiven Ablehnung, die sich hier – jenseits des veröffentlichten Mainstreams – äußerte. Zu Beginn seiner Deutschland-Reise notierte er am 23. Juli 1949 in sein Tagebuch: »Gefühl, als ob es in den Krieg ginge«.[33]

»Wo ist Deutschland?«

Der spätestens in der Exilzeit zur großen repräsentativen Figur des kulturellen Deutschlands avancierte Thomas Mann ist Objekt für unterschiedlichste Projektionen, an ihm werden verschiedene literatur- und gesellschaftspolitische Diskurse ausgetragen. Diese kreisen im wesentlichen um die Themenfelder »Legitimität von Exil«, das »Verhältnis von Geist und Macht« sowie den Bereich »Verantwortung und Schuld der Deutschen bzw. von Deutschland«. In all diesen Debatten geht es für die Autoren und Intellektuellen, die sich zu Wort melden, darum, sich im Literaturbetrieb der Nachkriegszeit Gehör und Platz zu verschaffen. Die neuen Strukturen und Organisationen der alliierten Besatzungszeit machten es möglich, daß von der Arbeitshypothese einer sogenannten »Stunde Null« aus gedacht und gearbeitet werden konnte. Das literarische Feld war durch den Zusammenbruch des ›Dritten Reichs‹ in vielerlei Hinsicht zumindest prinzipiell erst einmal offen. Als Schriftsteller, Publizist und Intellektueller mußte man sich neu positionieren. Prototypisch zeigt sich dies bei Frank Thieß und Walter von Molo: Beide sahen sich berechtigt und glaubten sich in der Lage, die deutsche Literatur zu repräsentieren. Deshalb stellte sich die große Enttäuschung bei Walter von Molo ein, als er erkennen mußte, daß er mit diesem Versuch nicht ernstgenommen wurde. Er zog sich aus der Debatte zurück. Deshalb trat eine bei Frank Thieß lebenslang gepflegte Schmollwinkel-Perspektive zutage, eine behutsam gepflegte Verletztheit, als *der* gleichwertige Partner nicht ernst genommen worden zu sein.

Die Frage »Wo ist Deutschland?« verbindet sich in den Nachkriegsjahren eng mit der Schuld-Debatte. Nur vordergründig geht es um die Frage nach der Rückkehr aus dem Exil. Viel entscheidender ist die Ver-

33 Zur Atmosphäre und zur Stimmung in den von Thomas Mann besuchten Städten vgl. auch den Bericht von Georges Motschan, dem »Reisemarschall« Thomas Manns auf der Deutschlandreise: *Thomas Mann – von nahem erlebt*, Nettetal 1988.

knüpfung mit der Diskussion um Verantwortung, um Schuld und Sühne, um politische Konsequenzen aus den Taten im ›Dritten Reich‹. Hier fällt in den veröffentlichten Stellungnahmen und mehr noch in den mentalitätsgeschichtlich so aufschlußreichen Briefen auf, wie selbstgerecht und larmoyant man auftritt, mit wieviel Überzeugung man auf den eigenen Opfer-Status rekurriert, und das mehrere Jahrzehnte vor der aktuell geführten Debatte um den Luftkrieg und Bombenterror, um das Vertreibungselend und die Nachkriegsvergewaltigungen. Es gab in Deutschland in den Nachkriegsjahren eine nicht zu gering anzusetzende Strömung, in der sich völkisches, nationalistisches und revanchistisches Gedankengut mischte. Als Hannah Arendt zur Jahreswende 1949/50 einige Monate lang durch Deutschland reiste, diagnostizierte sie in ihrem *Report from Germany* die völlige »Apathie« der Deutschen und deren ausgesprochenes »Selbstmitleid«. All das mache es den Deutschen unmöglich, Verantwortung zu begreifen, Schuldeingeständnisse zu übernehmen oder gar so etwas wie Empathie aufzubringen.

> Sie haben vielleicht selbst erlebt, daß wenn Juden über Gespräche mit Deutschen in der Nachkriegszeit berichten, daß sie, die Emigranten, die Überlebenden des Holocaust, nie von ihren Gesprächspartnern nach deren Schicksal befragt werden, sondern sofort beginnen, von ihrer Situation in den Bombennächten, in der Mangelwirtschaft, auf der Flucht zu berichten.

Für die emigrierte Philosophin war es das »Symptom einer tief verwurzelten, hartnäckigen und gelegentlich brutalen Weigerung, sich dem tatsächlich Geschehenen zu stellen und sich damit abzufinden«. In vielen der Briefe kehren diese Haltungen wieder und zwar folgendermaßen gewendet. Es ist von den »würdelosen Selbstanklagen« der deutschen Regierung die Rede; wortgewaltig lehnt man es ab, die »ganze Schuld der Weltverworrenheit« auf sich zu nehmen.[34] Viele Deutsche, die in Deutschland geblieben waren und die Kriegsereignisse miterlebt hatten, sahen sich als Opfer. Deshalb prangerte man jegliches Nachgeben, jegliche Wiedergutmachung, jegliches Schuld-Eingeständnis an; nicht selten betonte man gleichzeitig, daß die Geschichte des deutschen Volkes »Respekt« und »Achtung« verdiene.

---

34 Hannah Arendt, *Besuch in Deutschland*, Berlin 1993. – Arendts Bericht *The Aftermath of Nazi-Rule. Report from Germany* erschien zuerst 1950 in den USA.

Diese im Verlauf der »großen Kontroverse« immer wiederkehrende Selbstgerechtigkeit hatte Folgen für den Umgang mit den Emigranten bzw. den Remigranten generell. Vor dem Hintergrund eines Nationalismus, der den Begriff der Nation zum Wert an sich erklärt und ihn von seinen konkreten Ausprägungen, also den jeweiligen politischen Systemen ablöst, mußte der Flüchtling konsequenterweise zum Verräter, zum »vaterlandslosen Gesellen« werden. Nicht der Soldat beispielsweise, der in Hitlers Armee diente, hatte sich zu rechtfertigen, sondern derjenige, der vor den NS-Zwangsmaßnahmen ins Ausland geflohen war. In ihrer sozialpsychologischen Studie *Die Unfähigkeit zu trauern* weisen Alexander und Margarete Mitscherlich im Kapitel *Emigration als Makel* darauf hin, daß der Emigrant den »Neid auf die größere Schuldlosigkeit« weckt, weil er die Alternative zur angeblich unausweichlichen Wehrpflicht darstellt. Der Emigrant wird daher aus einem Abwehrmechanismus heraus abgelehnt.[35] Für viele Anfeindungen von Thomas Mann und vor allem für die verbalen Entgleisungen zu seiner Person dürfte hier ein Schlüssel zu finden sein.

Von Anfang an verbat man sich jegliche Äußerung des Emigranten, man verwahrte sich gegen die Einmischung von »draußen«. Im Verlauf der Debatte um Thomas Mann wird immer deutlicher, daß viele dem Exil von vorneherein jegliche Legitimität absprachen. Nur kurze Zeit bevor Grosser seine Zusammenstellung der »großen Kontroverse« auf den Markt brachte, fielen jene beachtenswerte Worte des damaligen Verteidigungsministers Franz Josef Strauß. Im Wahlkampf 1961 verstieg dieser sich zu der Frage an den SPD-Kanzlerkandidaten und Remigranten Willy Brandt: »Eines wird man doch noch fragen dürfen: Was haben Sie zwölf Jahre lang draußen gemacht? Wir wissen, was wir drinnen gemacht haben.«[36] Die Geschichte des schwierigen Umgangs mit Exil und Verfolgung erreichte in der bundesrepublikanischen Nachkriegsgesellschaft eher einen Höhepunkt, als daß von einer Klärung der Debatte die Rede sein konnte bzw. von einer Aufgabe, die »Emigranten als Verlorene, als halbwegs Ausgeschlossene, als heimat-

---

35 Vgl. Alexander und Margarete Mitscherlich, *Die Unfähigkeit zu trauern. Grundlagen kollektiven Verhaltens*, München 1968, S. 68.

36 Zu den Kampagnen gegen den SPD-Politiker Willy Brandt und dem Vorwurf, im Exil gegen Deutschland gearbeitet zu haben, vgl. Daniela Münkel, *Alias Frahm? Die Diffamierungskampagnen gegen Willy Brandt in der rechtsgerichteten Presse*, in: Claus-Dieter Krohn / Axel Schildt (Hrsg.), *Zwischen den Stühlen? Remigranten und Remigration in der deutschen Medienöffentlichkeit der Nachkriegszeit*, Hamburg 2002, S. 397-418.

los Gewordene und dem Volk Entfremdete« zu empfinden.[37] Daß J.F.G. Grossers Ideologem auch zeitgenössische Kritik von Nicht-Emigrierten erfahren konnte, zeigt abschließend die kleine Besprechung von Friedrich Sieburg in der *Frankfurter Allgemeinen Zeitung*. Er bescheinigte der Edition:

> »Die große Kontroverse« hat es nie gegeben. Nichts, aber auch nichts ist damals mit dem Hin und Her von Briefen, Aufsätzen, Meinungen und sonstigen Worten klargestellt worden […]. Was uns hier entgegentritt, ist aber ein Hadern Deutschlands mit sich selbst, es wird nie verstummen oder sich gar zur Harmonie wandeln.[38]

Dieses »qualvolle Selbstgespräch« um Deutschland ist – wie der Blick auf eine »Zeitgeschichte als Streitgeschichte« zeigt – bis heute nicht abgeschlossen.[39]

37 Grosser, *Die große Kontroverse*, a.a.O. (Anm. 1), S. 7.

38 Sbg., *Qualvolles Selbstgespräch*, in: *Frankfurter Allgemeine Zeitung* vom 31. August 1963.

39 Einen Überblick über die Kontroversen des Fachs Zeitgeschichte bietet Martin Sabrow u.a. (Hrsg.), *Zeitgeschichte als Streitgeschichte. Große Kontroversen nach 1945*, München 2003.

Alexandra Paffen

Die Geschichte einer Radikalisierung

Erika und Klaus Manns Überlegungen
zur Zukunft Deutschlands während der Kriegsjahre[1]

1940 erschien in den USA das Buch *The Other Germany* von Erika und Klaus Mann. Die beiden Geschwister versuchten darin die Entstehung des Nationalsozialismus zu erklären, vor allem aber wollten sie das amerikanische Publikum davon überzeugen, daß ein ›Anderes Deutschland‹ nicht nur existiert habe, sondern nach wie vor gebe: das Deutschland der Dichter und Denker, die innerdeutsche Opposition und die deutschen Exilanten. Sie glaubten zu dieser Zeit noch, genauso wie die meisten ihrer Kollegen, an die sogenannte Zwei-Deutschland-These, an einen Unterschied zwischen Hitler und den Nazis auf der einen und dem deutschen Volk auf der anderen Seite.

Diese Unterscheidung wurde nach dem Beginn des Krieges problematisch, und die Debatte unter Exilanten über das vergangene, gegenwärtige und vor allem das zukünftige Deutschland bekam einen neuen Impuls. Etwas simplifizierend kann man sagen, daß sich die Exilanten im Laufe des Krieges in zwei Lager aufteilten: Zur einen Seite gehörten Intellektuelle, wie Bertolt Brecht, Heinrich Mann, Lion Feuchtwanger und Paul Tillich, die am Konzept des ›Anderen Deutschlands‹ und der Zwei-Deutschland-These festhielten; sie waren der Meinung, Deutschland solle nach dem Krieg politisch autonom werden, und glaubten, eine wichtige Rolle beim Wiederaufbau spielen zu können. Auf der anderen Seite standen die sogenannten »Vansittartisten«, zu denen etwa Emil Ludwig und Friedrich Wilhelm Foerster gehörten; in diesem, bedeutend kleineren, Lager war man davon überzeugt, daß Deutschland nach dem Krieg alle Macht entzogen werden, sich einer gründlichen Entnazifizierung und einer völligen Umerziehung unter Leitung der Alliierten unterziehen müsse.

Auch Erika und Klaus Mann nahmen im Laufe des Krieges Abstand vom Konzept des ›Anderen Deutschlands‹. Erika Mann sympathisierte mehr und mehr mit den Gedanken Lord Vansittarts, und auch ihr Bruder blieb nicht unempfänglich für dessen Ideen. Wie konnte es dazu

[1] Ich danke der Niederländischen Organisation für wissenschaftliche Forschung (NWO) für ihre finanzielle Unterstützung.

kommen, daß zwei der überzeugtesten Wortführer des ›Anderen Deutschlands‹ fast zu dessen größten Gegnern wurden? Sprach es gegen die »Seriosität früherer Parolen« und die »Solidität eines politischen Weltbilds« der Geschwister, wie Günter Scholdt in seinem Buch *Autoren über Hitler* meint, oder kann man doch eine historisch plausible Entwicklung erkennen?[2] Im folgenden wird versucht, diesen radikalen Positionswechsel zu erklären.[3]

Der Anfang

Lange würde der Spuk ja wohl nicht dauern, so versicherten wir einander ohne rechte Überzeugung. Ein paar Wochen, ein paar Monate vielleicht, dann mußten die Deutschen zur Besinnung kommen und sich des schmachvollen Regimes entledigen. Aber bis dahin und für den Augenblick war man wohl im Ausland besser aufgehoben. ›Ich nehme nur einen Handkoffer mit‹, entschied Erika. Auch ich packte nur das Nötigste [...].[4]

Diese Haltung der Geschwister Mann, die Klaus Mann rückblickend in seiner Autobiographie *Der Wendepunkt* beschrieben hat, war bezeichnend für die ersten Jahre des Exils. Man richtete seinen Blick auf Deutschland und hoffte, daß sich das Naziregime nicht lange halten werde und man bald wieder in die Heimat zurückkehren könne. Bei jedem falschen Schritt Hitlers glaubte man an einen Aufstand des deutschen Volkes oder ein Eingreifen der übrigen Länder Europas.

Aber man bewegte sich laut Klaus Mann »auf vulkanisch unsicherem Boden«, und das wurde vor allem 1938 deutlich.[5] Im März annek-

---

2 Günter Scholdt, *Autoren über Hitler, Deutschsprachige Schriftsteller 1919-1945 und ihr Bild vom »Führer«*, Bonn 1993, S. 623.

3 Shelley Frisch hat bereits 1994 einen sehr interessanten, aber nahezu unbekannten Aufsatz über Erika Manns Verhältnis zum Vansittartismus und dem ›anderen Deutschland‹ geschrieben. Sie läßt aber Klaus Manns Gesichtspunkte sowie die Bemühungen der Geschwister um eine Volksfront völlig außer acht und basiert ihre Argumentation nur auf publiziertem Material. Im Endeffekt bietet sie keine umfassende Erklärung für Erika Manns Positionswechsel. Vgl. Shelley Frisch, *Erika Mann, ›Vansittartism‹ and the ›Other Germany‹. The Shape of a Debate in Exile*, in: David Barnouw (Hrsg.), *Vijfde Jaarboek van het Rijksinstituut voor Oorlogsdocumentatie*, Zutphen 1994, S. 97-119.

4 Klaus Mann, *Der Wendepunkt. Ein Lebensbericht*, Reinbek 1984, S. 286.

5 Ebd., S. 342.

tierte Deutschland Österreich, und nach der Konferenz in München folgte die Besatzung des Sudetenlands und schließlich der ganzen Tschechoslowakei. Trotzdem fanden die meisten Schriftsteller es »schwer, ja fast unmöglich, Europa aufzugeben«.[6] Erst im allerletzten Augenblick, mit der Besatzung Frankreichs 1940, und schon nach Kriegsausbruch, ließen die meisten Europa hinter sich und flüchteten u.a. nach Amerika, wo es allerdings nur sehr wenigen deutschen Schriftstellern gelang, Fuß zu fassen. Einige hofften noch immer auf eine Revolution des deutschen Volkes, andere auf einen Blitzkrieg.

Erika und Klaus Mann gehörten zu der kleinen Gruppe Exilanten, die schon vor Beginn des Krieges nach Amerika emigriert waren, da sie bereits 1936 das politische Klima in Europa als erdrückend empfanden. Für sie war Amerika also keine letzte Zufluchtsstätte, sondern eine bewußte Wahl und neue Herausforderung, was ihren Blick auf Deutschland geprägt hat.

Das andere Deutschland

Das Konzept des ›Anderen Deutschlands‹ hatte in den ersten europäischen Jahren des Exils noch nicht die konkrete, auf die Zukunft gerichtete Bedeutung wie in den Jahren während des Krieges. Man wollte unter diesem Namen eine klare Grenze zwischen »dem anderen, wahren Deutschland« der Exilanten und der innerdeutschen Opposition auf der einen sowie dem der Nationalsozialisten auf der anderen Seite ziehen. Vor allem versuchte man die antifaschistischen Kräfte in einer gemeinsamen Front zu vereinigen, um die Welt über das Naziregime aufzuklären. Gerade in den ersten Jahren war dies sehr wichtig, zumal die übrigen Länder Europas die vom Faschismus drohenden Gefahren noch nicht erkannt hatten.

Der Kampf um das Saargebiet Ende 1934/Anfang 1935 war einer der ersten Versuche zur Bildung einer Volksfront, wobei die SPD und die KPD ihre ehemaligen Differenzen zu überwinden begannen. Ein weiterer Versuch bestand im gemeinsamen Vorgehen im Spanischen Bürgerkrieg gegen Franco. Die erste große Volksfrontkonferenz fand Anfang 1936 unter Leitung Heinrich Manns in Paris statt, doch traten im Laufe des Jahres die unterschiedlichen politischen Zielsetzungen

6 Ernest Reinhold, *Martin Gumpert*, in: John M. Spalek und Joseph Strelka (Hrsg.), *Deutschsprachige Exilliteratur seit 1933: New York*, Bern 1989, S. 308.

schon deutlich hervor. Nach dem Hitler-Stalin-Pakt von 1939 war eine Zusammenarbeit mit den Kommunisten schließlich ausgeschlossen.

Erika und Klaus Mann waren von Anfang an, auch durch ihren Onkel Heinrich, am aktiven Kampf gegen den Nationalsozialismus beteiligt. Klaus Mann versuchte im Saarkampf mit dem Slogan »Seid gute Deutsche, schlagt Hitler!« die Saarländer davon zu überzeugen, daß auch Emigranten Deutsche seien und daß sie sich, genau wie die Saarländer, nicht von Deutschland, sondern von Hitler und dem Nationalsozialismus getrennt hätten.[7] Obwohl ihn die Ermordung Sergei Mironowitsch Kirows und die auf sie folgenden »Säuberungen« Stalins erschütterten, unterstützte er auch die Volksfrontversuche Heinrich Manns. Für ihn wie für seine Schwester zählte zu diesem Zeitpunkt aber nur der gemeinsame Kampf gegen den Nationalsozialismus: »An unserer Einigkeit könnte der Faschismus sterben.«[8]

Erika Mann versuchte deshalb in diesen Jahren auch ihren Vater zu einer klaren Stellungnahme überreden, weil er mit seiner halbherzigen Haltung zur »Zertrümmerung der Emigration« beitrage. Sie schrieb ihm:

> Was aber die Hässlichkeit und die Gefährlichkeit angeht, so liegt sie in der schrecklichen Spaltung der Emigration, die Du heraufbeschwörst, indem sie nun unter Deiner Schirmherrschaft in eine echte, ganze und in eine unechte, halbe (der du angehören willst) geteilt werden soll.[9]

Erika und Klaus Mann gingen im Sommer 1938 drei Wochen nach Spanien an die Front und waren begeistert vom »Wunder der antifaschistischen Einheit, – der Zusammenfassung aller Kräfte«.[10] Diese Erfahrungen beschrieben sie in ihrem ersten gemeinsamen, in Amerika veröffentlichten Buch *Escape to Life*. 1938 hatten sie von dem amerikanischen Prestigeverlag Houghton Mifflin den Auftrag bekommen, dem amerikanischen Publikum die deutsche Kultur im Exil zu präsentieren. Die Geschwister porträtierten Schriftsteller, Künstler, Schauspieler, Wissenschaftler, Musiker und Politiker des Exils wie Stefan Zweig, Erich Maria Remarque, George Grosz, Elisabeth Bergner,

---

7　Klaus Mann, *Zahnärzte und Künstler. Aufsätze, Reden, Kritiken 1933-1936*, Reinbek 1993, S. 255.

8　Ebd., S. 314.

9　Erika Mann, *Mein Vater der Zauberer*, Reinbek 1998, S. 104-107.

10　Erika Mann, *Blitze überm Ozean. Aufsätze, Reden, Reportagen*, Reinbek 2000, S. 153.

Albert Einstein, Arnold Schönberg, Bruno Walter, Heinrich Brüning. Einen besonderen Platz nahm das Porträt ihres Vaters ein, das sicherlich zu seinem Ruhm in Amerika beigetragen hat. *Escape to Life* wurde eine Hommage an das »andere Deutschland« der Exilanten und an die innerdeutsche Opposition.

Wie in ihren Vorträgen und Artikeln in diesen Jahren appellierten sie auch in *Escape to Life* zugleich an Europa und Amerika, sich gegen Hitler zu wappnen, und sie kritisierten unumwunden jegliche *Appeasement*-Politik. Und wie in der Zeit ihres europäischen Exils riefen sie die Exilanten dringend auf, eine gemeinsame Front zu bilden und sich über politische Gegensätze hinwegzusetzen: »Unsere Freunde in Paris, Prag oder Amsterdam zanken sich über ideologische oder taktische Nuancen; die lachenden Dritten aber sitzen in Berlin.«[11] Die »wahre, wirkliche« deutsche Kultur, das »bessere, echte« Deutschland sollte sich zusammenschließen und gegen Hitler auftreten, und gleichzeitig sein kultureller Reichtum geschützt werden, um zu überleben. »Uns ist aufgetragen«, heißt es in *Escape to Life*, »nicht nur das Schlechte anklägerisch zu entlarven, sondern auch das Gute nach unseren Kräften weiter zu betreiben«.

> Der Teil des deutschen Volkes, der frei ist, ist die Emigration. Sie muss den ›wahren Alliierten‹, Deutschland, in der Welt repräsentieren, und sie muss vor allem das Bild jenes Deutschlands für die Welt lebendig machen, das nach Hitler kommen wird: das Bild eines freien, demokratischen und friedlich-starken Deutschland.[12]

1939 bekamen die Geschwister aufgrund des Erfolgs von *Escape to Life* den neuen Auftrag, ein Buch über die deutsche Geschichte zu schreiben. Inzwischen war allerdings der spanische Bürgerkrieg zugunsten Francos entschieden und der Rest der Tschechoslowakei durch Hitler besetzt worden. England und Frankreich intervenierten noch immer nicht. Im August kam es dann zum Hitler-Stalin-Pakt, der eine weitere Spaltung unter den Exilanten auslöste. Das Buch der Geschwister, *The Other Germany*, wurde bereits im September 1939 vollendet, mußte aber nach dem Beginn des Krieges umgeschrieben werden und erschien daher erst Anfang 1940. Der Ton war nun viel skeptischer als in *Escape to Life*. *The Other Germany* war an ein amerikanisches Publikum gerichtet, und nach dem Beginn des Krieges war es wichtiger

11 Erika Mann / Klaus Mann, *Escape to Life. Deutsche Kultur im Exil*, Reinbek 1996, S. 218.
12 Ebd., S. 25, 384.

denn je, die Amerikaner davon zu überzeugen, daß es ein ›Anderes Deutschland‹ gab, eines das gegen Hitler war. Außerdem hofften sie, die amerikanische Regierung zur Intervention bewegen zu können. Die zentrale Frage »Are the Germans Nazis?« wurde konsequent mit »Nein« beantwortet. Wie in *Escape to Life* richteten sie ihre Hoffnung noch immer auf den »Ungenannten«, die innerdeutsche Opposition, eine Haltung, die Klaus Mann in seiner Autobiographie *Der Wendepunkt* rückblickend als naiv bezeichnete:

> Die deutsche Opposition nahm in unseren Artikeln und Manifesten gewaltige Dimensionen an: Es waren Millionen (wir bestanden darauf), die im Kampf gegen das verhasste System Leben und Freiheit riskierten. Wir flunkerten nicht: Wir *glaubten*. Unser echter, wenngleich naiver Glaube an die Stärke und den Heroismus der innerdeutschen Widerstandsbewegung gab uns den moralischen Halt, den Auftrieb, dessen wir in unserer Isoliertheit und Hilflosigkeit so dringend bedurften.[13]

Für Erika und Klaus Mann war es nach Kriegsbeginn schwer geworden, weiterhin einen Unterschied zwischen dem deutschen Volk und seinem Führer zu machen; sie hofften aber noch, daß das deutsche Volk bald gegen Hitler rebellieren würde und warnten:

> Should your compatriots delay this salubrious action too long, the delicate distinction between »nation« and »regime« will quickly be forgotten, by the statesmen as well as by the masses. If these Germans now miss their last chance […], if they insist on continuing to the bitter end the war they are supposed not to have desired […] then these Germans will come to be hated as a people has never before been hated![14]

Sie hofften auf Wiederstand, auf eine schnellen Sieg über Hitler durch die Alliierten, auf Frieden und auf eine *European Confederation*. Wer aber hörte zu diesem Zeitpunkt auf diesen Aufruf? Nicht die Amerikaner, die sich noch, wie Klaus Mann schrieb, in »wahren Ekstasen der ›isolation‹« befanden und auch nicht das deutsche Volk.[15] Vielleicht war es eine Art Selbstgespräch, ein Ausdruck der ersten Zweifel an der Ideologie des ›Anderen Deutschlands‹?

13 K. Mann, *Der Wendepunkt*, a.a.O. (Anm. 4), S. 295.
14 Erika Mann / Klaus Mann, *The Other Germany*, New York 1940, S. 295-296.
15 Klaus Mann, *Briefe und Antworten 1922-1949*, Reinbek 1991, S.415.

Der Vansittartismus

Nachdem Erika und Klaus Mann all die Jahre davon überzeugt gewesen waren und auch immer wieder proklamiert hatten, daß Hitler nicht mit dem deutschen Volk gleichzustellen sei, wurden im Laufe der Kriegsjahre ihre Zweifel immer stärker, und nach dem Hitler-Stalin-Pakt gaben sie ihre Hoffnung auf eine gemeinsame Front der Emigranten gegen den Nationalsozialismus ganz auf. Klaus Mann, der sich immer bemüht hatte, die Emigranten zu versöhnen und zu einigen, wurde im Oktober 1939 in der Pariser Emigrantenzeitschrift *Das Neue Tagebuch* als »Sowjet-Agent« denunziert, ein Angriff, über den die Geschwister empört und bitter enttäuscht waren. Wie sich später in der McCarthy-Ära zeigen sollte, konnten diese Art von Bezichtigungen in dem kommunistenfeindlichen Amerika schwerwiegende Folgen haben. Auch ihre Hoffnung auf einen Aufstand des deutschen Volkes erschien ihnen, je länger der Krieg dauerte, desto illusorischer. Im Gegensatz zu den meisten deutschen Emigranten fühlten sie sich wohl in Amerika, wollten amerikanische Staatsbürger werden und traten beide in die amerikanische Armee ein. Sie kehrten Deutschland und den Emigranten immer mehr den Rücken und sympathisierten zunehmend mit den Ansichten Vansittarts.

In September 1941 hielt Erika Mann auf dem 17. Internationalen PEN-Kongress in London eine besonders scharfe Rede über die Zukunft Deutschlands. Sie sprach über die nationalsozialistische Erziehung und die notwendige Umerziehung. Bereits 1938 hatte sie in Amerika ein Buch mit dem Titel *School for Barbarians* über die Erziehung der Kinder im ›Dritten Reich‹ veröffentlicht. Ihr zufolge war sie ausschließlich auf die Erzeugung eines Rassenbewusstseins und auf die Vorbereitung des Krieges gerichtet. Erika Mann wandte sich dann auch gegen die gerade durch Roosevelt und Churchill geschlossene Atlantik-Charta, in der ein milder Frieden und wirtschaftliche Sicherheit für das deutsche Volk vorgesehen waren. Roosevelt hoffte auf diese Weise das deutsche Volk dazu zu bewegen, sich selbst von seinem »Führer« zu befreien. Erika Mann aber glaubte nicht, daß ein milder Frieden »die Deutschen daran hindern würde, im geheimen einen weiteren Krieg zu führen«. Deutschland mußte in ihren Augen nicht nur vollkommen besiegt werden, sondern auch leiden. Nur durch den Schock der Niederlage, könne dem »geisteskranken« deutschen Volk geholfen werden. Es sei die Aufgabe der Alliierten, nicht nur die industrielle Produktion, sondern auch die Erziehung in Deutschland zu überwachen und völlig neu zu gestalten: »Es wird an uns sein, die Köpfe und Herzen der Deutschen mit neuen Ideen, neuen Hoffnungen und einem besseren Glauben zu füllen.«[16]

Wenn man die Äußerungen der Geschwister liest, sollte man immer das Publikum im Auge behalten, an das sie sie richteten. Erika Mann griff immer zu den härtesten Formulierungen, wenn sie sich an *exilierte* Deutsche wandte. Sie hielt zum Beispiel zur gleichen Zeit für die BBC auch Rundfunkansprachen an deutsche Hörer, in denen sie eine scharfe Trennung zwischen Volk und Führer machte und das deutsche Volk aufrief zu handeln:

> Worauf warten Sie, meine deutschen Hörer? Auf den Sieg doch nicht etwa, den Hitlersieg über eine ganze, große, freie, mächtige, reiche, geeinte und zum äußersten entschlossene Welt? [...] Auf freundliche Angebote von Seiten der Alliierten jetzt? [...] Aber niemand wird Ihnen etwas versprechen, niemand *denkt* an den Frieden, solange Sie selber nichts tun als warten. Deutschlands Schicksal muss in Deutschland entschieden werden – von Ihnen, durch Sie![17]

Während ihres Aufenthalts in London hatte Erika Mann als erste die Möglichkeit, Lord Vansittart zu interviewen, der in allen seinen Büchern ein deterministisches Bild der deutschen Geschichte gezeichnet hatte, dessen logisches Telos Hitler und das ›Dritte Reich‹ seien. An ihre Mutter schrieb sie: »Mein unendlich deutschfeindliches Interview mit Vansittart erscheint ganz groß in ›Vogue‹ und dürfte mir die Rückkehr ins Heimatland endgültig verunmöglichen.«[18] Obwohl Sie viele Passagen aus *Black Record* und *Lessons of My Life* als *contestable* empfand,[19] war sie mit Vansittart der Meinung, daß die Deutschen sich vollkommen ändern müßten, um sich nach zwanzig Jahren nicht erneut in einem Krieg zu befinden: »Deutschland müsse eher umerzogen als bestraft werden, aber umerzogen bis ins Mark.«[20]

Vansittarts Blick war, im Gegensatz zu den Vertretern des ›Anderen Deutschlands‹, in erster Linie auf die Opfer und nicht auf die Deutschen gerichtet. Seine Überlegungen fanden bei einer relativ kleinen Gruppe von Exilanten und Amerikanern, wie Emil Ludwig, Leopold

16 E. Mann, *Blitze überm Ozean*, a.a.O. (Anm. 10), S. 229-233.
17 J.F. Slattery, *Erika Mann und die BBC 1940-1943*, in: Eckhard Heftrich (Hrsg.), *Thomas Mann Jahrbuch*, Bd. 12, 1999, S. 330 f.
18 Erika Mann an Katia Mann, 24. November 1941 (Erika Mann-Archiv Monacensia München).
19 *The Nation* (New York) vom 11. März 1944.
20 E. Mann, *Blitze überm Ozean*, a.a.O. (Anm. 10), S. 252.

Schwarzschild und William Shirer, Anklang. 1944 verbanden sich u.a. Erika Mann, Shirer und Emil Ludwig in der *Society for the Prevention of World War III*. Diese gab einige Monate lang ein Bulletin heraus, für das auch Vansittart schrieb.

Die Zukunft Deutschlands

Seit 1943, dem Jahr der Niederlage der deutschen Armee bei Stalingrad und dem Ende von Mussolinis Herrschaft, begann man sich innerhalb der Exilantenkreise intensiv mit der Zukunft Deutschlands und der Frage zu beschäftigen, wie es nach Hitler weitergehen solle. In der Sowjetunion entstand das *Nationalkomitee Freies Deutschland*, das aus exilierten Kommunisten in Moskau und Kriegsgefangenen der Stalingrad-Armee bestand. Als Reaktion darauf versuchten u.a. die Sozialisten in den USA gemeinsam mit Thomas Mann ein entsprechendes Komitee zu bilden, der allerdings seine Mitarbeit ablehnte. Daß dies auf Anraten seiner Tochter geschah, wird durch ein bisher unveröffentlichtes Telegramm Erika Manns an ihren Vater bestätigt:

> Darling dadd nationwide Associated Press dispatch lists you as first of three leading members of Hagens »Friends of German Freedom« stop dispatch adds »committee fights for soft peace and economic measures favouring Germany which were repudiated by United Nations in Atlantic City« stop may I suggest that you wire Associated Press New York referring to dispatch of April 12th and denying membership [...] Great love E[21]

Auch Klaus Mann schrieb an seine Mutter: »Are there any new developments on the ›Free German‹ front – – as far as Dad is concerned? Of course, I still feel that he should not get mixed up with any of the Committees.«[22] Im März 1944 wurde dann der sogenannte *Council for a Democratic Germany* unter der Leitung von Paul Tillich errichtet, aber ohne Thomas Mann.

Sowohl das *Nationalkomitee Freies Deutschland* als auch der *Council for a Democratic Germany* gingen zu diesem Zeitpunkt noch immer von einem ›Anderen Deutschland‹ und der sogenannten Zwei-Deutschland-These aus. Exilanten wie Paul Tillich, Ernst Bloch, Bertolt Brecht,

---

21 Letterkundig Museum Koninklijke Bibliotheek Den Haag.
22 Klaus Mann an Katia Mann, 23. September 1943 (Klaus Mann-Archiv Monacensia München).

Lion Feuchtwanger und Heinrich Mann hofften noch immer auf einen Aufstand der Deutschen gegen Hitler und wollten beim Wiederaufbau ihrer Heimat helfen. Die Weltlage hatte sich inzwischen aber bedeutend geändert: Auf der Konferenz von Casablanca im Januar 1943 hatten Roosevelt und Churchill die bedingungslose Kapitulation Deutschlands gefordert, und im Oktober schloß sich die Sowjetunion dieser Forderung an. Ein sogenannter »milder« Frieden war damit ausgeschlossen.

Im Juli 1942 kam es zwischen den Vertretern des ›Anderen Deutschlands‹ und den Anhängern Vansittarts in der New Yorker Exilzeitung *Aufbau* zum ersten Mal zu einem öffentlichen Schlagabtausch zwischen Emil Ludwig und dem späteren Leiter der *Society for the Prevention of World War III*, Friedrich Wilhelm Foerster, auf der einen sowie Paul Tillich und Hannah Arendt auf der anderen Seite. Klaus Mann rekapitulierte einige Zeit später in der Zeitschrift *Tomorrow* die Debatte. Wie Ludwig wandte er gegen die Vertreter des ›Anderen Deutschlands‹ ein, daß das Naziregime gar nicht gegen den Willen des deutschen Volkes an die Macht gekommen sei. Auch war er Ludwigs Meinung, daß Deutschland gründlich umerzogen werden müsse. Andererseits versuchte er die Wogen zu glätten und Ludwig und Foerster gegen den Vorwurf des Antigermanismus zu verteidigen.[23]

Er selbst hatte allerdings längst keine Illusionen mehr: nicht in bezug auf die Deutschen im Exil und auch nicht im Hinblick auf das deutsche Volk. Bis jetzt waren sich, laut Klaus Mann, die führenden Politiker und Intellektuellen im Exil eigentlich über alles *uneinig* bis auf zwei Punkte: »dass die Nazis böse sind und die Deutschen gut«:

> Diese Patrioten im Exil werden sehr ungehalten und schlechtgelaunt, wenn jemand die Taktlosigkeit begeht, anzudeuten, das deutsche Volk könnte in gewissem Grade für die ungeheuerlichen Greueltaten verantwortlich sein.

Für Klaus Mann aber war es »schon seit langem töricht geworden, so zu tun, als opponiere die Mehrheit des deutschen Volkes entschieden [...], der von ihr gewählten Regierung«. »Jeder Monat, der seit September 1939 vergangen ist, hat die Zerstörung eines weiteren Traums mit sich gebracht.«[24]

---

23 Klaus Mann, *Auf verlorenem Posten. Aufsätze, Reden, Kritiken 1942-1949*, Reinbek 1994, S. 40-49.
24 Ebd., S. 44.

Seine Schwester war der gleichen Meinung und vertrat sie mit fast dem gleichen Wortlaut in der Debatte, die im *Aufbau* im Frühjahr 1944 über das Gründungsmanifest des *Council for a Democratic Germany* geführt wurde. Erika Mann hatte gezweifelt, ob sie ihre Reaktion, das *violent piece*, überhaupt veröffentlichen sollte, wurde aber von Golo Mann, Fritz Landshoff und Martin Gumpert dazu überredet.[25] Sie wandte sich gegen »die Apostel des anderen Deutschlands«, weil »ihrer These von der Verschiedenartigkeit der Nazis und der Deutschen – täglich von den Tatsachen aufs blutigste widersprochen« werde.[26] Carl Zuckmayer, der an den Vorbereitungen des *Councils* intensiv beteiligt war, aber nicht zu den Unterzeichnern des Manifestes gehörte, antwortete.[27] Obwohl er Erika Manns Anklage mißinterpretierte und seine Haltung gegenüber dem deutschen Volk sehr viel milder war, hielten beide an dem ›Anderen Deutschland‹ im Sinne der deutschen Kultur, des Deutschlands der Dichter und Denker, fest.[28] Erika Mann schrieb ihm, daß sie »allem, was wir als gut und achtenswert dort kannten, nicht weniger innig verbunden« sei als er. Dennoch richtete sie sich in ihrer offenen Antwort nicht persönlich gegen ihn, sondern gegen den *Council*.[29] Sie fand es mitten im Krieg in Amerika ausgesprochen ungeschickt, »Politik mit dem Gesicht zu Deutschland zu treiben« und eine Liste von Forderungen und Ansprüchen aufzustellen. So sollte zum Beispiel, wie es im Manifest des *Councils* hieß, verhindert werden, daß die deutsche Industrie unter alliierte Kontrolle geriet.[30]

25 »It's a violent piece – completely unforgivable and I hesitated before handing it over […]. In the end it was Golo, F, and Martin who talked me into releasing it.« Erika Mann an Klaus Mann, 12. April 1944 (Erika Mann-Archiv, Monacensia München).

26 Erika Mann, *Blitze überm Ozean*, a.a.O. (Anm. 10), S. 300.

27 Vgl. Gunther Nickel / Johanna Schrön, *Nachwort*, in: Carl Zuckmayer, *Geheimreport*, Göttingen 2002.

28 In einem bisher undatierten (wahrscheinlich Mai 1944), unbekannten Brief an Klaus Mann nannte Erika Mann Zuckmayers Antwort »a jewel cloaked in mayonnaise, while mine strikes me as fairly crisp« (Erika Mann-Archiv Monacensia München).

29 Vgl. dazu Ursula Langkau-Alex / Thomas M. Ruprecht (Hrsg.), *Was soll aus Deutschland werden? Der Council for a Democratic Germany in New York 1944-1945. Aufsätze und Dokumente*, Frankfurt am Main 1995, S. 35.

30 E. Mann, *Blitze überm Ozean*, a.a.O. (Anm. 10), S. 303.

Die Debatte wirft ein weiteres Licht auf die ungeheure Distanz zwischen Erika und Klaus Mann und einem großen Teil des (literarischen) Exils. Willi Jasper hat durchaus recht, wenn er schreibt:

> Vielleicht erklärt sich ein Teil der Verdächtigungen und des Mißtrauens der Alliierten gegenüber dem Anspruch der deutschen politischen Emigration, das ›Andere Deutschland‹ zu verkörpern, aus der Tatsache, daß insbesondere die Sozialdemokraten kein Hehl aus ihrem Nationalbewußtsein machten.[31]

Die Familie Thomas Manns fühlte sich bereits so integriert in die amerikanische Gesellschaft, daß auch sie diesen Standpunkt vertrat. Katia Mann ärgerte sich in einem Brief an ihren Sohn Klaus vom 19. Mai 1944 nicht nur über »Eri's Briefduell mit dem elenden, wehlweisen, unverschämten Zuck im Ofbo« sondern vor allem über »des widrigen patriotischen Treibens vieler – besonders der linken Vogerln« und schrieb:

> Je näher das Ende des Krieges rückt, desto aufgeregter werden die natürlich alle, und haben gar kein Gefühl dafür, dass sie, gerade wenn sie, wie sie stolz bekennen, sich vor allem und ausschließlich als Deutsche fühlen, sich absolut still zu verhalten haben, denn nicht in dieser Eigenschaft wurden sie hier aufgenommen, und das ward ja doch wohl noch nie erlebt, dass Angehörige der Nation, mit der man im mörderischsten aller Kriege liegt, sich, während dieser Kampf tobt, öffentlich in dieser Weise mausig machen dürfen.[32]

Erika Mann hatte ihre Schärfe nicht von einem Fremden.

---

31 Willi Jasper, *Entwürfe einer neuen Demokratie für Deutschland. Ideenpolitische Aspekte der Exildiskussion 1933-1945. Ein Überblick*, in: *Exilforschung. Ein internationales Jahrbuch*, Bd. 2, 1984, S. 290.

32 Katia Mann an Klaus Mann, 19. Mai 1944 (Klaus Mann-Archiv Monacensia München). Es ist bedauerlich, daß diese politisch sehr dezidierten Meinungen Katia Manns in den beiden Biographien, die im vergangenen Jahr erschienen sind, kaum zur Sprache kommen (Inge Jens / Walter Jens, *Frau Thomas Mann. Das Leben der Katharina Pringsheim*, Reinbek 2003; Kirsten Jüngling / Brigitte Roßbeck, *Die Frau des Zauberers, Katia Mann*, München 2003).

Epilog

Alle – die Vertreter des anderen Deutschlands, die Vansittartisten sowie Erika und Klaus Mann – waren sich über einen Punkt einig: das deutsche Volk sollte umerzogen werden. Für Erika und Klaus Mann, die schon so lange in Amerika lebten – Klaus Mann hatte schon 1943 die amerikanische Staatsbürgerschaft erhalten –, sollten, im Gegensatz zu den Vertretern des ›Anderen Deutschlands‹, die Alliierten diesen Auftrag erfüllen. Im Laufe des Krieges war die Exilantengemeinschaft in Exilanten und Immigranten geteilt. Erika und Klaus Mann gehörten zu den Immigranten. Wenn sie in diesen Jahren in ihren Vorträgen und Artikeln von »uns« oder »wir« sprachen, dann meinten sie Amerika und die Amerikaner, denn sie fühlten sich ihrer Heimat entfremdet und wollten in den USA bleiben. Die Anhänger des ›Anderen Deutschlands‹ konnten aber ihre Heimat nicht loslassen und wollten nach dem Krieg unbedingt in sie zurückkehren. Beide Gruppen, Exilanten wie Immigranten, sollten aber erfahren, was Klaus Mann das erste Mal erfuhr, als er wieder deutschen Boden betrat: »You can't go home again.«[33] Tragisch war, daß sich auch Amerika unter McCarthy nicht mehr als Heimat für ihn und seine Schwester eignete. Beide verließen daher die USA, kehrten aber nie mehr nach Deutschland zurück.

33 K. Mann, *Auf verlorenem Posten*, a.a.O. (Anm. 23), S. 224.

Norbert Grube

Deutschlandkonzepte des Journalisten und demoskopischen Politikberaters Erich Peter Neumann 1938-1949

Mit dem Namen Erich Peter Neumann werden heute die wenigsten einen der einflußreichsten politischen Berater Konrad Adenauers in den 1950er und 1960er Jahren verbinden, vielen ist er unbekannt. Damit teilt er das Schicksal der meisten informellen Ratgeber von großen Politikern, um deren Wirken sich zu Lebzeiten zwar Gerüchte ranken, die aber anschließend um so schneller vergessen sind. Der Hamburger Historiker Axel Schildt bedauert:

> Die Bedeutung solcher Personen der zweiten Reihe [...] ist noch weniger bekannt, weil sie zwar eine breite Wirkung entfalteten, im Unterschied zu den »großen Geistern« aber wenige originelle Ideen beisteuerten und deshalb die Biographen meist nicht für sich interessieren konnten.[1]

Genau das trifft auch auf Neumann zu. Er hat weniger eigene theoretische Konzepte entwickelt, als vielmehr Konzepte anderer rezipiert und umgesetzt.

An einen heute unbekannten politischen Berater hat der junge schlesische Journalist Hubert Neun am 1. Dezember 1933 erinnert, an Michael Gabriel Fredersdorf (1708-1758), den Kammerdiener und einflußreichen Berater Friedrichs des Großen. Neun schilderte knapp ein Jahr nach der Etablierung des braunen Führer(hof-)staats mit seinen zahlreichen denunzierenden Einflüsterern den phantastischen Aufstieg Fredersdorfs vom einfachen Querpfeifer und Soldaten zum einflußreichen Vertrauten des preußischen Königs und zeichnete dabei nicht das Bild eines linkisch-ergebenen Höflings, sondern das eines eigensinnigen, zugleich integren und loyalen »Querpfeifers«. Präfigurierend hat Neun, wie sich Erich Peter Neumann aus Tarnungsgründen in der NS-Zeit nannte, hier den Werdegang und das Selbstverständnis eines

---

1 Axel Schildt, *Zwischen Abendland und Amerika. Studien zur westdeutschen Ideenlandschaft der 50er Jahre*, München 1999 (Ordnungssysteme zur Ideengeschichte der Neuzeit 4), S. 12.

politischen Beraters dargestellt, das dem seinen während der Kanzlerschaft Adenauers ähnelte.[2]

Als Begleiter beim Aufbau des 1947 von seiner Ehefrau Elisabeth Noelle gegründeten Instituts für Demoskopie Allensbach initiierte Neumann maßgeblich die demoskopische Politikberatung in Westdeutschland, indem das Allensbacher Institut 1950 einen bis heute bestehenden Vertrag mit dem Presse- und Informationsamt der Bundesregierung (BPA) abschloß.[3] Für BPA und Kanzleramt wurde die politische Stimmung im Bundesgebiet ermittelt. Neumann präsentierte die Ergebnisse in kurzen Berichten zwei- bis dreimal monatlich und schuf mit der politischen Umfrageberatung ein heute zum modernen Regierungshandeln zählendes Standardinstrument.[4] Zusätzlich baute Neumann mit Adenauers erstem Staatssekretär Otto Lenz bis 1954 eine Vielzahl von politischen PR-Organisationen auf. Hierzu zählte zum Beispiel die Deutsche Korrespondenz, die Mobilwerbung, die Gesellschaft Freies Europa, die Vereinigung für staatsbürgerliche Erziehung, die Deutsche Reportagefilm oder der Verlag Staat und Gesellschaft, in dem seit 1956 die von Neumann und Lenz begründete, heute von der Konrad Adenauer-Stiftung herausgegebene Zeitschrift *Die politische Meinung* erschien. Die bis zum Beginn der Großen Koalition bestehenden PR-Gesellschaften warben, anders als viele nationalistische Propagandaorganisationen, für die Westbindungspolitik Adenauers, für den westdeutschen Wehrbeitrag, für den Zusammenschluß (West-)Europas, für Freiheit, Selbstbestimmung und soziale Marktwirtschaft. Außerdem gestaltete Neumann auf Grundlage demoskopi-

---

2 Hubert Neun, *Der politische Kammerdiener. Gedenken an den Querpfeifer Fredersdorf*, in: *Berliner Tageblatt* vom 1. Dezember 1933.

3 Gerhard Schmidtchen, *Die befragte Nation. Über den Einfluß der Meinungsforschung auf die Politik*, Frankfurt am Main 1965, S. 23-38; Klaus Gotto / Hans Günter Hockerts / Rudolf Morsey / Hans-Peter Schwarz (Hrsg.), *Im Zentrum der Macht. Das Tagebuch von Staatssekretär Lenz 1951-1953*, Düsseldorf 1989, S. 40, 107. Zum Aufbau des Allensbacher Instituts: Elisabeth Noelle-Neumann, *Über den Fortschritt der Publizistikwissenschaft durch Anwendung empirischer Forschungsmethoden. Eine autobiographische Aufzeichnung*, in: Arnulf Kutsch / Horst Pöttker (Hrsg.), *Kommunikationswissenschaft autobiographisch. Zur Entwicklung einer Wissenschaft in Deutschland*, Opladen 1997, S. 36-61.

4 Karl-Rudolf Korte, *Deutschlandpolitik in Helmut Kohls Kanzlerschaft. Regierungsstil und Entscheidungen 1982-1989*, Stuttgart 1998, S. 29 f., 494 f.

scher Erkenntnisse die erfolgreichen politischen Wahlkämpfe für Adenauer.[5]

Für den hier maßgeblichen Untersuchungszeitraum zwischen 1938 bis 1949 trat Neumann allerdings noch nicht als politischer Berater auf, sondern wirkte bis 1945 als Journalist u.a. für das *Berliner Tageblatt* und die Wochenzeitung *Das Reich*. Anders als weltanschaulich missionarische Publizisten oder berühmte Literaten veröffentlichte der junge Journalist Neumann in der NS-Zeit kaum konzeptionelle Entwürfe zur Zukunft Deutschlands. Auch nach 1945 wirkte er lieber in informellen, vertraulich verborgenen publizistischen und später politischen Netzwerken. Seine Aktivitäten im Hintergrund erschweren es heute, seine Deutschland-Vorstellungen oder gar -konzepte nachzuzeichnen.

1.1 Die Quellenlage

Die mühsame Rekonstruktion von Neumanns Deutschland-Bildern und -konzeptionen liegt nicht an einer zu schmalen oder gar unzugänglichen Quellenbasis – ganz im Gegenteil. Denn seine Frau Elisabeth Noelle hat seinen Nachlaß privat verwahrt und dem zu Dank verpflichteten Verfasser den Zugang und die Archivierung zugestanden. Dieser umfangreiche Nachlaß sowie die demoskopischen Berichte im Allensbacher Archiv bilden die Quellengrundlage für diesen Aufsatz und zugleich den Leitfaden zu anderen Archiven, in denen sich Unterlagen von und über Neumann befinden, etwa im Nachlaß Ernst Jüngers im Deutschen Literaturarchiv Marbach (DLA). Wichtigste Quellen sind:
- Neumanns Zeitungsartikel und Kriegsberichte zwischen 1938 und 1945
- seine Briefe an journalistische Weggefährten, Freunde und an Ernst Jünger
- sowie schließlich frühe demoskopische Untersuchungen des Allensbacher Instituts.

---

5   Eine Monographie über die politischen Werbeorganisationen von Lenz und Neumann steht noch aus. Hinweise dazu finden sich u.a. in: Arnulf Baring, *Außenpolitik in Adenauers Kanzlerdemokratie. Bonns Beitrag zur Europäischen Verteidigungsgemeinschaft*, München, Wien 1969, S. 1-12; Frank Bösch, *Die Adenauer-CDU. Gründung, Aufstieg und Krise einer Erfolgspartei 1945-1969*, Stuttgart, München 2001, S. 148-161; Günter Buchstab, *Engagierter Demokrat und begabter Kommunikator. Otto Lenz (1903 bis 1957) zum 100. Geburtstag*, in: *Die politische Meinung*, Jg. 48, 2003, Nr. 404 (Juli), S. 63-71.

1.2 Gliederung und Fragestellungen

Da Neumann heute weitgehend unbekannt ist, wird im folgenden Abschnitt 2 zunächst ein biographischer Überblick mit ideengeschichtlicher Fokussierung der Brüche in Neumanns Lebenslauf gegeben. Entscheidend sind hier seine 1946 angestellten Reflexionen über die Genese des Nationalsozialismus. Sie werden ebenso in Abschnitt 3 betrachtet wie Neumanns Rezeption von Ernst Jünger in den Jahren 1946 und 1947. Im vierten Abschnitt stehen nicht nur das Deutschland-, sondern vielmehr das Deutschenbild Neumanns von 1937 bis 1946 im Vordergrund, das sich in einer Gemengelage zwischen sozialistischen Anschauungen, volksgemeinschaftlichen Vorstellungen und Kritik an der Massengesellschaft ausprägte. Als Aufbauhelfer des 1947 von Elisabeth Noelle gegründeten Instituts für Demoskopie interessierte sich Neumann bereits seit Ende der 1920er Jahre für deutsche Mentalitäten, staatspolitische Einstellungen und Identitäten und weniger theoretisierend für Konzepte über Deutschlands Grenzen, Größe und Gestalt. Erste Lösungsansätze Neumanns für eine mögliche innere Nachkriegsordnung in Deutschland werden dann in Abschnitt 5 aufgegriffen, während Abschnitt 6 kurz seine außenpolitischen Vorstellungen zu Kriegsende skizziert. Sie werden gerade wegen Neumanns publizistischer Verteidigung der Westbindungspolitik Adenauers auf zugrunde liegende Reichs- oder Europagedanken oder abendländische Vorstellungen geprüft. Das abschließende Kapitel gibt Ausblicke, wie Neumanns Deutschlandvorstellungen dann in den 1950er Jahren sein Funktionsverständnis der demoskopischen Politikberatung und seine politischen Werbemaßnahmen prägten.

2. »Ich stand ganz links ...«[6] – Vom sozialistischen Journalisten zum Berater Adenauers

Neumann ist bislang in der kommunikations- und zeitgeschichtlichen Forschung eine Randfigur. Dort wird er zumeist als ein die öffentliche Meinung manipulierender Propagandist und Einflüsterer Adenauers präsentiert, der sein journalistisches Handwerk im Nationalsozialismus so erfolgreich getrieben habe, daß er 1940 zum Gründungsmitglied der Wochenzeitung *Das Reich* avancierte, wo er am 9. März 1941

---

6 Deutsches Literaturarchiv (DLA) Marbach, Nachlaß Ernst Jünger, Neumann an Ernst Jünger, 25. September 1946.

den antisemitische Wendungen enthaltenden Artikel *Wiedersehen mit Warschau* veröffentlichte.[7] Neumann scheint so für nationalsozialistische Kontinuität im westdeutschen Journalismus zu stehen.[8] Ein entsprechend eindimensionales Bild hat zuerst der Schriftsteller Robert Neumann 1965 in der Satire-Zeitschrift *Pardon* gezeichnet.[9] Es berücksichtigt allerdings nicht die vielfachen Brüche im Lebenslauf Neumanns.[10] Sein Lebensweg, sein Charakter waren wesentlich vielschichtiger und widersprüchlicher, so daß sich einfache Erklärungsmuster für sein Verhalten und seine weltanschaulichen Vorstellungen verbieten.

Unter dem Pseudonym Fedja Nemkin betrat der 1912 in Schlesien geborene junge Journalist aus kleinbürgerlicher deutschnational gesonnener Familie die links-publizistische Bühne in Breslau.[11] Er schrieb für diverse sozialistische Zeitungen in Schlesien, bevor es den kunst- und kultursinnigen Neumann 1929 an die avantgardistische »Schlesische

7 Otto Köhler, *Unheimliche Publizisten. Die verdrängte Vergangenheit der Medienmacher*, München 1995, S. 25 f., 29; ausgewogener Matthias Weiß, *Journalisten. Worte als Taten*, in: Norbert Frei (Hrsg.), *Karrieren im Zwielicht. Hitlers Eliten nach 1945*, Frankfurt am Main, New York 2001, S. 241-301. Vgl. das Interview mit dem Leiter des Umfrageinstituts Forsa, Manfred Güllner, in: *Die neue Gesellschaft / Frankfurter Hefte*, Jg. 47, 2000, Nr. 3. Dort unterstellt Güllner kenntnislos, daß Hubert Neun ein Tarnnamen der Nazis gewesen sei. Statt dessen war es ein Tarnnamen zum Schutz vor den Nazis: »Erich Peter Neumann, Hubert Neubert bei den Nazis genannt, hat ja Geld eingesammelt für Adenauer. Steht ja auch im Spiegel. [...] Neumann hatte eine [...] eigene Gesellschaft für Mobilwerbung. D.h. er hat Lautsprecherwerbung für die CDU gemacht.« Zu Neumanns Artikel *Wiedersehen mit Warschau* vgl. Hans Dieter Müller, *Facsimile-Querschnitt durch ›Das Reich‹*, München, Bern, Wien 1964, S. 12, 16, 66-69.
8 Diese Kontinuität hat zuletzt betont: Christina von Hodenberg, *Die Journalisten und der Aufbruch zur kritischen Öffentlichkeit*, in: Ulrich Herbert (Hrsg.), *Wandlungsprozesse in Westdeutschland. Belastung, Integration, Liberalisierung 1945-1990*, Göttingen 2002 (Moderne Zeit 1), S. 278-311, S. 286 f.
9 Robert Neumann, *Neben Ihnen wohnt einer*, in: *Pardon*, März 1965, S. 22 f.
10 Elisabeth Noelle-Neumann, *Geleitwort*, in: Uwe Hinkfoth (Hrsg.), *Fritz Schaper. Die Wiederentdeckung des Denkmals*, Katalogbuch zur Ausstellung im Museum Goch 30. Juli bis 3. September 2000, Konstanz, 2000, S. 7 f.
11 Biographische Angaben zu Neumanns Lebensweg enthalten: DLA Marbach, Nachlaß Ernst Jünger, Brief Neumanns an Jünger, 25.9.1946; Allensbacher Archiv, Nachlaß Erich Peter Neumann (im folgenden abgekürzt zitiert: NL EPN, Fragebogen zur Entnazifizierung Neumanns o.D. [1947].

Funkstunde« zu Intendant Friedrich Bischoff zog.[12] Neumann war ein Autodidakt ohne akademische Bildung, weniger ein Mann theoretisch-abstrakter Entwürfe, als vielmehr der journalistischen Praxis. Er suchte und fand schnell die Nähe zu vielen kulturellen, publizistischen und politischen Vorbildern, von denen er durch intensives Beobachten und Abschauen lernte. Bischoff war eines dieser Vorbilder, ein anderes Willi Münzenberg, Reichstagsabgeordneter für die KPD mit besonderem Draht nach Moskau zu Lenin und Stalin und als umtriebiger Verleger und Herausgeber kommunistischer Tageszeitungen auch roter Hugen-berg genannt.[13] Münzenberg lernte der aufstrebende Jungjournalist in Berlin kennen. Dorthin, in die Kulturmetropole der 1920er Jahre, zog es Neumann 1930, weg aus dem vermeintlich provinziellen Breslau, hin zur kommunistischen Zeitung *Welt am Abend*. Fasziniert von der Vielgestalt Münzenbergs,[14] der mit seinem bürgerlich-bohemehaften Lebensstil, seinen Multi-Funktionen als Politiker, Verleger, Filmrechte-Inhaber, Initiator der als überparteilich getarnten »Internationalen Arbeiterhilfe« (IAH) gerade die politisch links stehenden, jedoch un-dogmatischen Intellektuellen und Bürgerlichen beeindruckte, etablierte

12 Zur 1924 gegründeten Schlesischen Funkstunde vgl.: Winfried B. Lerg, *Die Entstehung des Rundfunks in Deutschland. Herkunft und Entwicklung eines publizistischen Mittels*, Frankfurt am Main 1965 (Beiträge zur Ge-schichte des deutschen Rundfunks 1), S. 220 f. Eine fundierte Biographie über die Vielgestalt Friedrich Bischoff fehlt, Hinweise bei: Heinz Rudolf Fritsche, *Nationalsozialismus und Widerstand im Schlesischen Rundfunk*, in: Lothar Bossle / Gundolf Keil / Josef Joachim Menzel / Eberhard Günter Schulz (Hrsg.), *Nationalsozialismus und Widerstand in Schlesien*, Sigma-ringen 1989, S. 121-136.

13 Tania Schlie / Simone Roche (Hrsg.), *Willi Münzenberg (1889-1940). Ein deutscher Kommunist zwischen Stalinismus und Antifaschismus*, Frank-furt am Main u.a. 1995; Babette Gross, *Willi Münzenberg. Eine politische Biographie*, Stuttgart 1967 (Schriftenreihe der Vierteljahreshefte für Zeit-geschichte 14/15); Michael Hochgeschwender, *Freiheit in der Offensive? Der Kongreß für kulturelle Freiheit und die Deutschen*, München 1998 (Studien zur Ideengeschichte der Neuzeit 1), S. 90; Arthur Koestler, *Frühe Empörung. Gesammelte autobiographische Schriften*, Bd. 1, Wien 1970, S. 467. Zur parteigebundenen Presse der KPD und zu Münzenbergs Medien-imperium vgl. Kurt Koszyk, *Deutsche Presse 1914-1945*, Berlin 1972 (Ge-schichte der deutschen Presse 3), S. 325-336.

14 »Münzenberg schätzte er sehr, ja, er bewunderte ihn geradezu.« Gespräch mit Elisabeth Noelle am 4. März 2003. Schriftwechsel zwischen Neumann und Münzenberg ist weder im Nachlaß Neumann, noch im Nachlaß Münzenberg überliefert. Auskünfte des Bundesarchivs Berlin vom 11. und 18. Juni 2002.

sich Neumann in der linkspublizistischen Szene Berlins, lernte Walter Mehring kennen[15] sowie den mit Bertolt Brecht und Gottfried Benn verkehrenden Feuilletonisten P. A. Otte, mit dem er zeitlebens verbunden blieb.[16] Auch gelang es dem knapp zwanzigjährigen Neumann, im letzten halben Jahr vor Hitlers Machtergreifung Beiträge in der von Carl von Ossietzky herausgegebenen Wochenzeitschrift *Die Weltbühne* zu publizieren.[17] Die Nähe zum politisch renommierten und publizistisch erfolgreichen Herausgeber der *Weltbühne* schien Neumann – wie schon bei Bischoff oder Münzenberg – gesucht und gefunden zu haben. Das bekannte Photo von der Demonstration namhafter Schriftsteller und Publizisten für Carl von Ossietzky vor dessen Haftantritt in Berlin-Tegel im Mai 1932 zeigt am linken Bildrand auch einen hageren jungen Mann mit strähnigem Haar: Erich Peter Neumann.[18]

Trotz seiner sozialistischen Ausrichtung verfaßte der Jungjournalist Neumann kaum politische Meinungsartikel. Er schrieb vorwiegend als beobachtender Berichterstatter im sachlich-deskriptiven Stil nach dem Vorbild von Siegfried Kracauers soziologischen Beschreibungen der »Angestellten«,[19] irrte allerdings mitunter, wenn er detailgenau recher-

---

15 Den Hinweis auf die freundschaftliche Verbindung Neumanns zu Walter Mehring verdanke ich Elisabeth Noelle, 19. Dezember 2001. Schriftwechsel mit Mehring befindet sich im Nachlaß Neumann nicht.

16 Zu Otte: Friedrich Luft, *Die Stimme der Kritik*, Manuskript zur Radiosendung im RIAS am 22. Juni 1986; Karl Korn, *Lange Lehrzeit. Ein deutsches Leben*, Frankfurt am Main 1975, S. 235, 244.

17 Erich Peter Neumann, *Fünfundzwanzig gegen einen*, in: *Die Weltbühne*, Jg. 28, 1932, Nr. 41, S. 559 f.; ders., *SA manövriert*, in: *Die Weltbühne*, Jg. 28, 1932, Nr. 46, S. 720-722; ders., *SA – kehrt marsch!*, in: *Die Weltbühne*, Jg. 28, 1932, Nr. 52, S. 932-934.

18 Vgl. Gerhard Kraiker / Elke Suhr, *Carl von Ossietzky*, Reinbek 1994, S. 90. Neumann ist oberhalb von Lion Feuchtwanger zu erkennen. Elke Suhr, *Carl von Ossietzky. Eine Biographie*, Köln 1984, S. 176. Gunther Nickel danke ich für Informationen zu dem Photo, das sich auch im Nachlaß Neumanns befindet. Schriftwechsel Neumanns mit Ossietzky ist nicht überliefert, Auskunft der Bibliothek der Carl von Ossietzky-Universität Oldenburg vom 13. Juni 2002.

19 Allensbacher Archiv, Abt. Verlag für Demoskopie: Neumann an den *Spiegel*-Chefredakteur Hans Detlev Becker, 4. Januar 1960: »Die Angestellten von Siegfried Kracauer gehörten Anfang der dreißiger Jahre zu den Büchern, die auf die journalistische und politische Intelligenz einen starken Eindruck machten. Mich hat die Schrift als ganz jungen Menschen, damals geradezu in Rage versetzt, und die Erinnerung an die Lektüre hat mich fast dreißig Jahre lang nicht mehr verlassen.«

chierte Einzelfälle, etwa über Konflikte in der Berliner SA 1932, generalisierte.

Nach der Machtübernahme der Nazis am 30. Januar 1933 geriet Neumann ins Visier der SA, die wiederholt seine Wohnung in der Casanovastraße in Berlin-Friedenau demolierte, so daß Neumann schließlich zurück nach Breslau flüchtete und sich 22jährig als junger Familienvater unter dem Decknamen Hubert Neun bzw. Neumann eine neue journalistische Existenz beim *Berliner Tageblatt* aufbaute. Dort wirkte er von 1934 bis 1935 als Breslauer Korrespondent, bevor er ab 1936 für zwei Jahre als Dresdner Korrespondent aus Sachsen berichtete. Hier kam er 1937/38 in die Nähe der »Heimatstolz«-Propaganda des sächsischen Gauleiters Mutschmann. Seit vielen Jahren gilt Neumann als propagandistischer Berater von König Mu[20] – ob zurecht, wird zu zeigen sein. (s. Abschnitt 4). Neumann war journalistisch tätig in zwei zu Polen und der Tschechoslowakei gelegenen sogenannten Grenzlandregionen, die intensiv im Zentrum einer zwischen Friedenssignalen und aggressivem Nationalismus wechselnden NS-Propaganda standen.[21] Hierzu wahrte er mit seinem sachlichen, teils glossenhaften Schreibstil eine gewisse Distanz, doch blieben seine Deutschlandvorstellungen von seiner journalistischen Tätigkeit im Nationalsozialismus nicht unbeeinflußt. Polen- und tschechenfreundliche Artikel im Zuge der Friedensbotschaften nach dem deutsch-polnischen Friedensvertrag von 1934 wechselten sich ab mit Vorwürfen gegen die Polonisierung Oberschlesiens und gegen die wirtschaftliche und kulturelle Unterdrückung der sudetendeutschen Minderheit in der Tschechoslowakei.[22] Die Auf-

---

20 Hans Dieter Müller, *Porträt einer Deutschen Wochenzeitung*, in: *Facsimile Querschnitt durch ›Das Reich‹*, München, Bern, Wien 1964, S. 7-19, hier: S. 12.

21 Jutta Sywottek, *Mobilmachung für den totalen Krieg. Die propagandistische Vorbereitung der deutschen Bevölkerung auf den Zweiten Weltkrieg*, Düsseldorf 1976, S. 56 f, 124, 143. Zum großpolnischen Nationalismus mit antisemitischen Zügen: Frank Golczewski, *Das Deutschlandbild der Polen 1918-1939. Eine Untersuchung der Historiographie und Publizistik*, Düsseldorf 1974, S. 235, 247.

22 Vgl. die von Hubert Neun verfaßten Artikel: *Volk an der Grenze. Die Deutschen in Ost-Oberschlesien*, in: *Berliner Tageblatt* vom 31. Januar 1934; *Kleinlicher Alltag. Behördliche Schikanen gegen die Sudetendeutschen*, in: *Berliner Tageblatt* vom 26. August 1936; *Über die einstige Grenze ins Böhmerland*; in: *Berliner Tageblatt* vom 3. Oktober 1938; *Grenzland – gestern und heute*, in: *Berliner Tageblatt* vom 25. Oktober 1938. Dagegen glossierte er nationalistische Aufwallungen um das geteilte Schle-

teilung Schlesiens zwischen Deutschland und Polen durch den Versailler Vertrag lehnte Neumann als widernatürliche und willkürliche Grenzziehung ab, doch sein Wunsch nach Revision dieser Regelung unterschied sich vom nationalistischen Revanchismus. Vielmehr hoffte er auf transnationale, überstaatliche Gebilde an der deutschen Ostgrenze (vgl. Abschnitt 6).

Nach der Schließung des *Berliner Tageblatts* 1939 holte ihn Eugen Mündler zur Gründungsredaktion der geplanten Wochenzeitung *Das Reich*, die dieses Konzept entwarf.[23] Mit dem *Reich* plante Goebbels eine international angesehene Qualitätszeitung, um so den Leserschwund bei der Parteipresse auf- und das gebildete Bürgertum einzufangen, dem Ausland das kulturelle Deutschland vorzuspiegeln und zugleich die deutsche Vorherrschaft in Europa publizistisch zu untermauern. Die Redakteure hingegen erhofften sich, mit dem *Reich* journalistischen Spielraum für eine freiere Berichterstattung zu erhalten, und verstanden sich außerhalb oder abgehoben vom totalitären Staatszugriff als journalistisch-elitäre Avantgarde, gemäß dem *Reich*-Werbespruch »Das Reich sieht die Welt von der hohen Warte«. Der umtriebige »Filou«, so erinnerte sich der Redaktionskollege Karl Korn an Neumann, bewegte sich versiert auf den vielen informellen, zumeist in vertraulichen Runden der Berliner Eckkneipen gehandelten Informations- und Nachrichtenbörsen und erzählte spöttisch lust- und risikovoll »die neuesten Gags aus dem nationalsozialistischen ›Überbau‹«.[24] Doch die Hoffnungen und das Selbstverständnis der *Reich*-Redakteure trogen. Die Wochenzeitung hatte einen »ungeheuren« Erfolg und ging über das von Goebbels beabsichtigte Maß hinaus. Nach der ersten Probenummer vom 15. März 1940 wurden nach nur knapp eineinhalb Jahren zahlreiche Ursprungs-Redakteure entlassen und an die Kriegsfront geschickt. Auch der behende innenpolitische Ressortleiter Neumann geriet in politische Turbulenzen, nachdem er einen Artikel seiner Lebensgefährtin Elisabeth Noelle über dienstverpflichtete Arbeite-

---

sien in: Es spricht Schlesien: In Sachen Knoblauchwurst, in: *Berliner Tageblatt* vom 1. April 1934: »Ganz richtig und ganz schlesisch ist nur die ›Polnische‹ [...]. In Sachen Knoblauchwurst plus Schlesisch-Polnischer wird es niemals Meinungsverschiedenheiten geben, in Schlesien bestimmt nicht.«

23 Koszyk, *Deutsche Presse 1914-1945*, a.a.O. (Anm. 13), S. 403-405; Norbert Frei / Johannes Schmitz, *Journalismus im Dritten Reich*, München 1989, S. 110; Elisabeth Noelle, Handschriftliche Notiz an den Verfasser o.D.; NL EPN Tagebuch 1960: Notiz Neumanns vom 11. Februar 1960 zur Gründungsgeschichte des *Reichs*.

24 Korn, *Lange Lehrzeit*, a.a.O. (Anm. 16), S. 257.

rinnen durchgehen ließ. Im Herbst 1941 wurde er als Mitglied der Pro-
pagandakompanie an die Ostfront versetzt.[25] Als diese von der Roten
Armee immer weiter westwärts getrieben wurde, entkam Neumann als
Infanterist im März 1945 bei einem Angriff russischer Verbände im
Oderbruch nur knapp dem Tod. Daraufhin desertierte er und pendelte
mit gefälschten Papieren durch das sich auflösende Deutsche Reich.[26]
Nach Kriegsende gelangte er nach Tübingen. Dort hatte Elisabeth
Noelle, ehemalige Redakteurin beim *Reich* und bei der *Frankfurter
Zeitung*, mit ihrer Familie Zuflucht gefunden. Die bei Emil Dovifat mit
einer Dissertation über die Umfrageforschung in den USA, über George
Gallup, promovierte Zeitungswissenschaftlerin versuchte nun die Demoskopie auch im Nachkriegsdeutschland zu etablieren und gründete
unter tatkräftiger Mithilfe ihres Ehemannes Erich Peter Neumann –
beide heirateten im November 1946, im Mai 1947 – das noch heute be-
stehende Institut für Demoskopie in Allensbach. [27]

3. Die Beurteilung des Nationalsozialismus zwischen anthropologisch-metaphysischen Erklärungen und individueller Schuld

Neumanns Deutschlandbild ist stark geprägt durch seine Erfahrungen
in der NS-Diktatur und nach dem Zweiten Weltkrieg durch seine Überlegungen zur Entstehung des Nationalsozialismus. Deshalb ist zu-

25 Frei/Schmitz, *Journalismus im Dritten Reich*, a.a.O. (Anm. 23), S. 114.
   Elisabeth Noelle, *Im Hotel ›Märkischer Adler‹. Alltag bei dienstverpflich-
   teten Wienerinnen*, in: *Das Reich* (Berlin) vom 9. März 1941.
26 Die Desertion Neumanns ist dargestellt in: Matthias Menzel, *Die Stadt
   ohne Tod. Berliner Tagebuch 1943/45*, Berlin 1946, S. 150: »Hubert kam
   am späten Abend aus der Gegend Küstrin. Er hat sich fortgelogen, und er
   wird nicht mehr zurückgehen. So wenig es ihm je gelegen hat, Soldat zu
   sein, so unheimlich hat ihn der Tod vor Berlin erschreckt.« Hinter dem
   Pseudonym Matthias Menzel verbirgt sich Neumanns Freund und journalistischer *Reich*-Kollege Karl Willy Beer.
27 Elisabeth Noelle, *Meinungs- und Massenforschung in USA. Umfragen über
   Politik und Presse*, Frankfurt am Main 1940 (Zeitung und Zeit N.F., Reihe
   A, 16); Elisabeth Noelle-Neumann, *Lehrer und Schülerin – ein Doppelpor-
   trät*, in: Bernd Sösemann (Hrsg.), Emil Dovifat, *Studien und Dokumente
   zu Leben und Werk*, Berlin, New York 1998, S. 17-32; Elisabeth Noelle,
   Die letzte Kerze. Das Verbot der Frankfurter Zeitung im August 1943, in:
   Frankfurter Allgemeine Zeitung vom 27. Juni 2002, S. 8 f.

nächst ein Blick aufschlußreich, wie Neumann in der unmittelbaren Nachkriegszeit die Genese der NS-Diktatur beurteilte.

Den NS-Staat sah er nach 1945 als eine totalitäre Form unter vielen, nicht als eine einzigartige Diktatur mit ausgeprägtem Vernichtungs-apparat und -willen gegenüber Juden, politischen Oppositionellen oder sozialen Minderheiten. Die NS-Diktatur war für ihn vielmehr die Präfi-guration künftiger Diktaturen in anderen Ländern, und er fand mit der stalinistischen Sowjetunion bereits ein konkretes Pendant.[28] Entspre-chend dieser Sichtweise bezeichnete Neumann 1946 die Sowjetunion und die Sowjetische Besatzungszone als Territorien oder Einflußzonen des roten Oberförsters, dabei anlehnend an Ernst Jüngers *Marmor-klippen* von 1939, worin bekanntlich der Oberförster in unverkennba-rer Parallele zu Hitler in seinem Gebiet eine Schreckenstyrannei errich-tet hatte. Die Bezeichnung »roter Oberförster« zeigt an, daß Neumann Intensität und Umfang der nationalsozialistischen und sowjetischen Diktaturen für vergleichbar hielt.[29]

Denn beide Diktaturen beruhten auf einer – technisch organisierten und durchgeführten – Aktivierung der Massen. Der NS-Staat sei die Perfektion des Massenstaats gewesen, so befand Neumann 1946 ge-genüber seinem Freund, dem Maler und Graphiker Otto Gerster.[30] Er war zwar mehrheitlich nicht demokratisch in freien Wahlen legitimiert, gab sich aber gleichsam autorisiert und scheinlegitimiert durch den Rückhalt der verführten Massen, die die Gleichschaltung des öffent-lichen Lebens und die Eingliederung in die nationalsozialistische Volks-gemeinschaft weitgehend hinnahmen. Ohne die durch ständige Propa-ganda und Appelle erreichte Aktivierung der Massen, die Neumann als Politisierung auffaßte, hätte Hitlers Bewegung nicht so viele bewegen und erfassen können, und – so ist hinzuzufügen – hätten Lenin und Stalin nicht die Kollektivierung der russischen Gesellschaft erreicht.

---

28 NL EPN: Neumann an Hellmut Schlien, 11. Juni 1946. Schlien war eben-falls Publizist und arbeitete zusammen mit Neumann beim Tübinger »Weihnachtsberg« mit, vgl. Abschnitt 5.

29 NL EPN Neumann an Schlien, 14. Juni 1946; Ernst Jünger, *Auf den Mar-morklippen*, 18. Auflage, Stuttgart 2001.

30 NL EPN Neumann an Otto Gerster, 8. August 1946. Gerster lernte Neu-mann im Zweiten Weltkrieg kennen. Sie blieben freundschaftlich verbun-den. Gerster, Graphiker und Dozent an den Kölner Werkschulen, gestaltete im Auftrag Neumanns zahlreiche politische Werbeplakate und -schriften. Vgl. Michael Euler-Schmidt, *Otto H. Gerster (1907-1982). Einblicke in ein Lebenswerk*, Köln 1991.

Während der junge Neumann bis zur »Machtergreifung« durch die
Nazis positiv-idealistisch »einem in seiner Naivität und Idealität
schrankenlosen Fortschrittsglauben hingegeben [...] das zunehmende
Einverständnis [der Masse] mit dem Sozialismus, dem Kollektiv, einer
klassenlosen Ordnung«[31] erwartete, gelangte er 1946 nach seinen Erfahrungen mit der NS-Diktatur zu einem realistischeren, jedoch mit
kräftigem Kulturpessimismus durchzogenen, negativen Menschenbild:
»Und dann kam die Depression, dass dieselbe Masse, für die wir uns in
sozialistischen und marxistischen Idealen erhitzten, sich genau so zeigte,
wie Le Bon sie geschildert hat, feig, korrupt, nicht der Mühe wert.«[32]
Sein ursprüngliches Bild vom aufgeklärten, politisch interessierten und
urteilsfähigen Bürger war grundlegend erschüttert.

An seine Stelle trat der bei Neumann eindeutig negativ besetzte, zugleich unscharfe Begriff der Masse im Sinn von politisch uninformier-
ter, opportunistischer, verführbarer Menschenmenge, über die eine politische Führung verfügen, auf die sie sich aber nicht verlassen kann. Auf
die Entstehung von Massengesellschaften wirkten egalisierend ein die
Technisierung der Arbeit und die Maschinisierung des Alltags, die umfassende Politisierung und Propaganda sowie vor allem der religiös-
moralische Werteverfall. Diese Faktoren bildeten für Neumann den
Nährboden für den Nationalsozialismus, der besonders möglich wurde,
»weil das Volk oder die Völker ihrer Götter beraubt waren, weil sie
Goetzen vorgetäuscht bekommen hatten an deren Statt«.[33] Dieses

---

31 Erich Peter Neumann, *Einführung*, in: Siegfried Kracauer, *Die Angestellten. Eine Schrift vom Ende der Weimarer Republik*, Allensbach, Bonn
   1959, S. XIII-XIV.
32 NL EPN: Neumann an Friedrich Bischoff, 4. Juli 1946; Gustave Le Bon,
   Psychologie der Massen, mit einer Einführung von Walther Moede, 6. Auflage, Stuttgart 1938, S. 49 f. Neumann reduziert hier allerdings Le Bons
   Massenbegriff in statischer Perspektive auf eine dumpfe Menschenmenge.
   Das ist sie nach Le Bon auch potentiell, allerdings könne sie durch Ideen
   (wie etwa den Sozialismus) oder durch charismatisch-autoritäre Führer
   einen Entwicklungssprung hin zur schöpferischen, kulturellen »Rasse« machen. – Mit ihrer Konzeption der öffentlichen Meinung als soziale Haut
   geht Elisabeth Noelle-Neumann weit über Le Bons Massenbegriff hinaus:
   während öffentliche Meinung geprägt ist durch Isolationsfurcht und so den
   Zusammenhalt einer Gesellschaft sichert, ist die Masse gekennzeichnet
   durch spontane, emotionale, wankelmütige, normverletzende Aufwallungen, vgl. Elisabeth Noelle-Neumann, *Die Schweigespirale. Öffentliche Meinung – unsere soziale Haut*, 6. Auflage, München 2001, S. 155-163.
33 NL EPN Neumann an Hellmut Schlien, 27. August 1946.

Ursachenpotential für die Entstehung einer totalitären Diktatur gelte jedoch nicht nur für Deutschland, sondern potentiell für alle entwickelten Länder, die ebenso vom Technik- und Massenzeitalter erfaßt seien, besonders für die Sowjetunion.

Neumanns metaphysisch-philosophisch-anthropologische Begründung der NS-Diktatur im automatischen Zeitalter ist kennzeichnend für zahlreiche konservative Intellektuelle und Publizisten.[34] Neumann stützte sich dabei spätestens ab 1943/44 auf die Publikationen der Brüder Jünger, die den Zusammenhang zwischen Technisierung und Ausbildung von Massenbewegungen, von Massengesellschaften postulierten. Neumann rezipierte 1946 sowohl Friedrich Georg Jüngers *Perfektion der Technik* als auch schon früher Ernst Jüngers *Totale Mobilmachung* als Erklärung für die weltumspannende Vernichtungskraft des Zweiten Weltkrieges.[35] Daß Ernst Jünger in den 1920er und 1930er Jahren die Technikmobilisierung und -beherrschung in Diensten nationalistischer Bewegungen und militaristischer Ambitionen stellte, erkannte Neumann wohl, hatte damit aber keine Bedenken, weil er Jünger nach den Erfahrungen des Zweiten Weltkrieges moralisch und religiös gewandelt sah (s. Abschnitt 5) und ihn für den »bemerkenswertesten Seismographen«[36] der Zeit hielt. Mit ihm beurteilte Neumann die Technik nicht erst seit den ersten Atombombenabwürfen auf japanische Großstädte als eine neue, die gesamte Erdkugel gleichermaßen erfassende Macht. Sie werde jedoch weitgehend ignoriert, weil zahlreiche Intellektuelle und Politiker weiter in eingefahrenen national- und sozialpolitischen Schemata dächten. Die unheilvolle zum Natio-

34 Axel Schildt, *Ankunft im Westen. Ein Essay zur Erfolgsgeschichte der Bundesrepublik*, Frankfurt am Main 1999, S. 158 f.; ders., *Deutschlands Platz in einem ›christlichen Abendland‹. Konservative Publizisten aus dem Tat-Kreis in der Kriegs- und Nachkriegszeit*, in: Thomas Koebner / Gert Sautermeister / Sigrid Schneider (Hrsg.), *Deutschland nach Hitler. Zukunftspläne im Exil und aus der Besatzungszeit 1939-1949*, Opladen 1987, S. 344-369; Jost Hermand, *Kultur im Wiederaufbau. Die Bundesrepublik Deutschland 1945-1965*, München 1986, S. 68 f., 247 f.

35 Friedrich Georg Jünger, *Die Perfektion der Technik*, 7. Auflage, Frankfurt am Main 1993. Die Erstausgabe dieses Buches erschien 1946; Ernst Jünger, *Die Totale Mobilmachung*, in: Ernst Jünger (Hrsg.), *Krieg und Krieger*, Berlin 1930, Reprint in: Sven Olaf Berggötz (Hrsg.), Ernst Jünger, *Politische Publizistik 1919-1933*, Stuttgart 2001, S. 558-582.

36 NL EPN: Neumann an Guenther Wandel, 23. Juni 1946. Wandel, Schriftsteller und Publizist im *Reich*, kannte Neumann aus Schlesien. Er wurde in den 1950er Jahren betriebswirtschaftlicher Mitarbeiter in Allensbach.

nalsozialismus führende Symbiose der Technisierung und Maschinisierung mit der Massengesellschaft vollzog sich für Neumann auf zwei Ebenen. Zum einen enthumanisiere der alltägliche Umgang mit der Technik die Menschen, weil diese durch die Bedienung technischer Apparaturen, z.B. eines schnellen schweren Autos oder von Schalthebeln in einem Elektrizitätswerk, Macht ausübten, der sie geistig-ethisch nicht gewachsen seien.[37] An die Stelle von Moral und religiösen Werten trete das im automatisierten Alltag vermeintlich gewonnene Machtbewußtsein durch Technikbeherrschung, die in Wahrheit lediglich Techniknutzung sei. Die enthumanisierten Massen werden daher für Ideologien anfällig und schließlich zum Mißbrauch der technischen Machtausübung verführt, wie der maschinell ausgeführte Völkermord gezeigt habe. »Nur der durch Machtausübung abgestumpfte Mensch kann Dinge begehen und ertragen, wie sie in den letzten Jahren begangen und ertragen worden sind.«[38] Diese Sichtweise besitzt Ähnlichkeit mit Carl Amerys Urteil, wonach die Aufklärung, die Bildung der Massen zu Hitler geführt habe, weil sie materialistisch-atheistisch bestimmt war.[39] Zum anderen benutzten die Staatsmänner und -führungen die Technik, um die Massen in mechanischer Weise zu beherrschen und im Kriegsfall alle Ressourcen total zu mobilisieren. Dies führe ebenfalls zur Entwertung der Humanität und zu Freiheitsverlusten, denn die Massen seien hier lediglich Objekte der quasi-maschinellen Massenführung, wie dies z.B. die Nazis mit dem Einsatz des Radios und den wiederholenden, dem mechanischen Hämmern gleichenden Propagandabotschaften bis zur Perfektion getrieben hätten. Die technische Massenführung kennzeichne allerdings nicht nur den NS-Staat, sondern alle hochindustrialisierten Staaten, die Sowjetunion ebenso wie die Westmächte, denen Neumann 1946 unterstellte, die Freiheit in propagandistischer Lüge nur vorzutäuschen, während sie in neuer Unfreiheit

> ihre Heloten oder Satelliten so abgerichtet haben, daß sie hysterisch schreiend eine vermeintliche Zustimmung geben. All das wäre kaum denkbar, wenn diese Mächte nicht mit technischen Methoden, oder besser: am Beispiel technischer Bewegungen geschult wären. Ihre Art zu überzeugen, ist das [maschinelle] Hämmern.[40]

37 NL EPN: Neumann an Josef [Nachname nicht zu ermitteln, Jugendfreund aus Schlesien], 25. September 1946.
38 NL EPN: Neumann an Guenther Wandel, 23. Juni 1946.
39 Carl Amery, *Hitler als Vorläufer. Auschwitz – der Beginn des 21. Jahrhunderts?*, München 2002, S. 23 f.
40 NL EPN: Neumann an Guenther Wandel, 23. Juni 1946.

Nur folgerichtig sei, daß die technisch fortschrittlichste Nation, die
USA, den Krieg durch erfolgreiche Mobilmachung ihrer materiellen wie
menschlichen Ressourcen gewonnen habe.

Angesichts dieser philosophisch-anthropologischen Interpretation
des Nationalsozialismus und der Betonung seiner äußeren Entste-
hungsbedingungen verwundert es nicht, daß Neumann eine Kollektivschuld der Deutschen für die NS-Verbrechen ablehnte und auch die
individuelle Schuldfrage hintan stellte, sie aber gleichwohl reflektierte.
Gegenüber Paul Sethe, ebenfalls Journalist beim *Reich* und später Herausgeber der *Frankfurter Allgemeinen Zeitung*, räumte er ein, wie unbewußt er sich mit seinen Kollegen in die NS-Presselenkung eingliedern
ließ, vor lauter journalistischer Betriebsamkeit nicht merkend, wie
schleichend und effektiv die Pressezensur die Redakteure beeinflußte.
Auch seine Fehleinschätzung über das vermeintlich schnelle Ende der
NS-Herrschaft gestand Neumann. Zugleich fügte er entschuldigend an:
»... wir schlidderten in eine unbekannte Lage, so, wie die Finanzleute
nach dem Weltkrieg in die Inflation geschliddert sind und Herr Brüning
in die Arbeitslosigkeit, in Neuland, dessen Möglichkeiten und Grenzen
schlechthin unüberschaubar waren.«[41]

Nach 1945 war Neumann zwar in Zusammenarbeit mit Carlo
Schmid mit dem Aufbau des Presse- und Rundfunkwesens in Württem-
berg-Hohenzollern betraut, doch in den Nachkriegs-Provisorien mit
den alliierten Kontrollen mochte Neumann nicht journalistisch tätig
sein, geschweige denn eine Lizenz zur Zeitungsgründung erwerben.[42]
Er fühlte sich nicht nur ausgelaugt und verbraucht, sondern in der
Nazi-Zeit politisch mißbraucht, wie er seinem ehemaligen *Reich*-Kolle-
gen, Jürgen Schüddekopf, gestand:

> Es nötigt mir Bewunderung ab, daß Sie wieder Gazetten machen. Ich
> kann es nicht, und ich tauge gegenwärtig wohl auch nichts; ich kom-
> me mir wie ein Mensch vor, der jahrelang zwei rechte Schuhe tragen
> mußte, weil er dumm genug war, sie sich andrehen zu lassen; nun da
> sie kaputt sind, und mir der erreichbare Laden nichts besseres bieten
> kann als zwei linke Schuhe, meine ich, es sei besser, eine Weile bar-
> fuß zu laufen, bis sich vielleicht doch ein passendes Paar findet.[43]

41 NL EPN: Neumann an Paul Sethe, 19. Juni 1946.
42 NL EPN: Neumann schrieb am 16. September 1946 an Karl Willy Beer, daß
er sich weder um eine Lizenz bemühe noch es für wesentlich halte, sich in
irgend eines der 156 Zeitungsobjekte einzumischen.
43 NL EPN: Neumann an Jürgen Schüddekopf, 10. August 1946. Eine Biographie über Schüddekopf (1910-1962), erster Feuilleton-Chef der *Welt* und
Leiter des Nachtprogramms des NWDR, steht noch aus.

Mit Friedrich Bischoff, dem ersten Intendanten des Südwestfunks in Baden-Baden und Neumanns früherem Mentor bei der »Schlesischen Funkstunde«, führte er eine intensive Kontroverse über die Verantwortung der Journalisten im ›Dritten Reich‹. Dabei fragte Bischoff:

> Hatte ein junger Mensch, der den inneren Auftrag fühlte, sich als Schriftsteller bzw. als Journalist zu erproben, das Recht, die Erprobung am untauglichen Objekt vorzunehmen, nämlich an der Politik, die der Nationalsozialismus 12 Jahre lang bis zur Katastrophe am deutschen Volk und an der Welt verübte?

Nach Bischoffs Ansicht habe sich der opportunistische Mitläufer schuldhafter verhalten als der von der NS-Ideologie Überzeugte:

> Wer sich zum NS aufrichtig bekannte, ist m.E., wenn er es ehrlich meinte, eher zu schätzen als jene jungen Leute, die, nur um ihre Schreibhand zu üben, in gewundenen Tiraden, welche ihnen immer eine Eselsbrücke ins Zwiespältige bauen sollten, die Blätter füllten. Unser Land hat seinen Niederbruch erlebt, weil der Geist marktgängig wurde und sich anbot und mit sich handeln ließ.[44]

Diesem Bild vom publizistischen Opportunismus widersprach Neumann. Der Geist sei nicht erst im Nationalsozialismus, sondern bereits mit den Weimarer Regierungswechseln marktgängig geworden:

> Selbst Theodor Wolf ist den Weg von Ebert zu Hindenburg, und von Brüning zu Papen, von Papen zu Schleicher gegangen. Was hätte ihn gehindert, zu Hitler zu gehen, wenn er – arisch gewesen wäre? Ich habe bis 1934 im BT jüdische Kollegen in den politischen Ressorts gehabt, und sie wären geblieben, weil sie, wie wir, meinten, daß der Spuk vergehen müsse.[45]

Doch Neumann machte es sich nicht so leicht wie es auf den ersten Blick aussieht. Der Vorwurf Bischoffs von der Marktgängigkeit des Geistes im Nationalsozialismus traf seine Überlegungen an der wundesten Stelle, nämlich welche Rolle der Geist im von den Alliierten kontrollierten und von sozialistisch gewandeten Intellektuellen dominierten Nachkriegsdeutschland einnehmen sollte. Diese Überlegungen führten Neumann zu Jünger – einem literarischen, ehemals nationalistischen Außenseiter.

---

44 NL EPN: Friedrich Bischoff, Südwestfunk-Zentrale Baden-Baden/Intendant an Neumann, 24. Juni 1946.
45 NL EPN: Neumann an Bischoff, 4. Juli 1946.

4. Gegen den NS-Massenstaat – für den sozialen Ausgleich in kleinen Gemeinschaften auf Basis christlich-bürgerlicher Ethik: Das Deutschenbild Erich Peter Neumanns 1937-1946

Nach Kriegsende be- und verurteilte Neumann die Masse als irrational, opportunistisch, willenlos, manipulierbar und damit anfällig für Demagogen. Parallelen zur *Dialektik der Aufklärung* sind unverkennbar.[46] Weil die Nazi-Diktatur die Verführbarkeit der Menschen offenkundig gemacht habe, äußerte er sich im ersten Nachkriegsjahr dezidiert demokratieskeptisch. Welche Etappen führten ihn vom Sozialisten in der Weimarer Republik zum Demokratieskeptiker im unmittelbaren Nachkriegsdeutschland?

Als junger Journalist hat Neumann den NS-Massenstaat fast in Rousseau-Manier in die Nähe eines Führerstaats gerückt, der getragen sei durch den allgemeinen Volkswillen, an den die Nazis ständig, symbolträchtig und erfolgreich appellierten und ihn sich propagandistisch zu eigen machten.[47] Sei früher der Gang bürokratischer Abläufe für den Großteil der Bevölkerung kaum nachvollzieh- und sichtbar gewesen, so führten nach der »Machtergreifung« Popularisierungen selbst komplexer politischer Entscheidungen und die ständige Ansprache an die Bevölkerung zu einer großen Bindung zwischen Herrschern und Beherrschten, zur (vermeintlichen) Einheit von Volkswillen und politischer Tat, von Massen und Führung.[48]

Neumann erkannte also bald nach 1933 das propagandistisch wirksame Prinzip der Volksgemeinschaft. Anerkannte er zugleich das klassenübergreifende, ja fast sozialistische Ordnungsprinzip der Volksgemeinschaft, die er in seinen *Weltbühne*-Artikeln noch wenige Monate zuvor aufgrund von beobachteten Flügelkämpfen und organisatorischen Defiziten in der Berliner SA für unrealistisch hielt?

46 Max Horkheimer / Theodor W. Adorno, *Dialektik der Aufklärung*, Frankfurt am Main 1969.

47 Hubert Neun, *Um Schlesiens Einheit*, in: *Berliner Tageblatt* vom 12. Januar 1934. Zur volonté générale als Ausdruck verdichteter öffentlicher Meinung: Noelle-Neumann, *Die Schweigespirale*, a.a.O. (Anm. 32), S. 116 f. Vgl. Hannah Arendt, *Elemente und Ursprünge totaler Herrschaft. Antisemitismus, Imperialismus, Totalitarismus*, München, Zürich 1996, S. 658, Anm. 2: »Diese pseudodemokratische Seite totalitärer Regime wird oft unterschätzt.«

48 Vgl. Neumanns undatierten Zeitungsartikel unter dem Titel: *Ich bin der Oberbürgermeister. Dresdens Stadtoberhaupt besucht Elendswohnungen/ Lebendige Gemeindepolitik/Rasche Hilfe stets unbürokratisch* (NL EPN).

1936 scheint er vom sozialistischen Idealismus einer klassenlosen Gesellschaft abgekommen zu sein. An dessen Stelle setzte er sozial-romantisch rückwärtsgewandte, vorindustrielle Vorstellungen von intakten Dorf- und Betriebsgemeinschaften, von harmonischen Sozial-gemeinschaften im Kleinen. Diese sah er u.a. realisiert in den von ihm ausgiebig bereisten und im *Berliner Tageblatt* beschriebenen erzgebir-gischen Kleindörfern mit ihrer ausgeprägten Hausindustrie, in der die Einheit von Handwerker und gefertigtem Produkt fortbestehe im Ge-gensatz zu den Entfremdungen der Arbeiter in der maschinell-arbeits-teiligen Welt der kapitalistischen Industrie.[49] Die in ihren Holzschnitze-reien vertieften Handwerker erreichten die Symbiose mit ihrem Werk um so mehr, weil die Dorfgemeinschaft dieser Tätigkeit über Genera-tionen und Klassen hinweg noch Respekt und Anerkennung zolle. So werde die handwerkliche Arbeit zur Volkskunst aufgewertet. Der ehemals auf die Weltstadt Berlin fixierte Linkspublizist zog sich in der NS-Zeit weltanschaulich in vormoderne Welten zurück und umging so publizistische Antworten auf durchaus erkannte Fragen nach dem Ver-hältnis zwischen Massen und NS-Führung. Sein Ideal der ganzheit-lichen, wenn auch nicht klassenlosen Dorf- und Arbeitsgemeinschaft transferierte Neumann dann auch auf industrielle Betriebe. Bedingung für eine wahre Gemeinschaft von Arbeitern und Firmendirektor sei eine authentische, über den normalen Arbeitsalltag hinausgehende Bin-dung zwischen Belegschaft und Betriebsführer, die gekennzeichnet sei von loyaler, freudiger, kompetenter Erfüllung des Arbeitsauftrags und Akzeptanz betrieblicher Hierarchien durch die Arbeiter einerseits so-wie erzieherischer Fürsorge, Respekt vor der Arbeitsleistung und Nor-menvorgabe durch den patriarchalischen Betriebsführer andererseits. Als Vorbild bis weit in die 1960er Jahre hinein diente Neumann hierbei der sächsische Unternehmer Friedrich Emil Krauss in Schwarzenberg.[50] Die Krauss-Werke produzierten Badewannen, Töpfe und Emaille-schüsseln. Sie wurden 1937 als nationalsozialistischer Musterbetrieb ausgezeichnet, und Neumann schien keine Schwierigkeiten gehabt zu

---

49 Vgl. Hubert Neun, *Im Schnitzverein von Schwarzenberg. Ein Weihnachts-berg entsteht*, in: *Berliner Tageblatt* vom 20. Dezember 1936; Hubert Neun, *Gustav Rössel lehrt das Schnitzen. Eine erzgebirgische Heimindu-strie und ihre Menschen*, in: *Berliner Tageblatt* vom 14. Februar 1937; *Zauberwerk aus Hauslatten. Bei den Spielzeugschnitzern im Erzgebirge*, in: *Berliner Tageblatt* vom 4. November 1936.
50 NL EPN: Neumann an Krauss, 8. April 1965: »Meister Krauss, [...] was habe ich nicht alles von ihnen gelernt«.

haben, die »sozialistische Arbeitsharmonie« in diesem Betrieb journalistisch als beispielhaftes Geben und Nehmen zwischen Fabrikbesitzer und Arbeitnehmern zu preisen.[51] Neumanns Ideal der Betriebsgemeinschaft fußte jedoch nicht auf gleichberechtigten Partnern oder war die Errungenschaft eines Arbeitskampfes von unten, sondern ging von oben, vom Betriebsführer aus. Die Arbeiter nahmen die vom Unternehmer vorgegebene Betriebsgemeinschaft und Sozialfürsorge anspruchslos, angepaßt und dankend an. Neumann wandte sich 1937/38 vom Kampf der Arbeiter für Klassenlosigkeit ab und einer patriarchalisch geprägten Klassenharmonie zu.

Die sozialpolitischen Elemente der volksgemeinschaftlichen Ideologie brach Neumann herunter auf ein sozial ausgleichendes Modell im Kleinen, in Dorf und Betrieb, ohne auf die dieser Ideologie inhärenten Ausgrenzungen und Vernichtungen von Unangepaßten und Minderheiten einzugehen.[52] Von hier aus ist es durchaus ein kleiner Weg für Neumanns Unterstützung der sozialen Marktwirtschaft in den 1950er Jahren im Großen, als er die von großen Unternehmen finanzierte Anzeigenserie der Gesellschaft für sozialen Ausgleich mit dem symbolischen Namen »Die Waage« mitgestaltete und demoskopisch auf Werbewirksamkeit untersuchte.[53]

51 H.N., *Einer von dreißig Auserwählten. Ein Klempner wurde Pionier der Hygiene – Besuch im NS-Musterbetrieb F.E. Krauss*, in: *Berliner Tageblatt* vom 2. Mai 1937; Hubert Neun, *Ein Chef geht durch sein Werk. Augenblicksbilder aus einem NS-Musterbetrieb – Der Weg zu Kameradschaft, Disziplin und Einsatz*, in: *Berliner Tageblatt* vom 9. April 1938. Zu Friedrich E. Krauss (1895-1977): Götz Altmann, *Von der Löffelschmiede zu den Krauss-Werken im erzgebirgischen Schwarzenberg*, in: *Sächsische Heimatblätter*, Jg. 46, 2000, Nr. 1, S. 31-42.

52 Hier soll nicht der Streit um vermeintliche Modernisierungspotentiale der NS-Sozialpolitik weitergeführt, sondern lediglich deren Wahrnehmung und Adaption durch Neumann aufgezeigt werden. Vgl.: Günther Schulz, *Die Diskussion über Grundlinien einer Nachkriegssozialpolitik im Nationalsozialismus: moderne versus traditionelle gesellschaftliche Leitbilder*, in: Matthias Frese / Michael Prinz (Hrsg.), *Politische Zäsuren und gesellschaftlicher Wandel im 20. Jahrhundert. Regionale und vergleichende Perspektiven*, Paderborn 1996, S. 105-123.

53 Allensbacher Archiv, IfD-Bericht 218 Die Waage. Beachtung einer Anzeigenserie. Umfrage im Auftrag der Gesellschaft für Gemeinschaftswerbung. Januar 1953. Zwischen 1952 und 1955 ermittelte das Allensbacher Institut in zwölf Umfragen die Werbewirkung der Waage-Anzeigen. Vgl. Dirk Schindelbeck / Volker Ilgen, *»Haste was, biste was!« Werbung für die soziale Marktwirtschaft*, Darmstadt 1999, S. 72-80.

Zurück zur Betriebsgemeinschaft am Ende der 1930er Jahre. Die Impulse des Betriebsführers Krauss erstreckten sich nicht nur auf das Arbeitsleben, sondern auch auf die kulturelle Werteerziehung. So bekleidete Musterfabrikant Krauss zugleich Entscheidungsämter im Heimatwerk Sachsen, einer von Gauleiter Mutschmann initiierten Propagandaeinrichtung, die die Ironisierung des sächsischen Dialekts und der sächsischen Lebensart bekämpfte und die Wirtschaftskraft, (Volks-)Kultur sowie Persönlichkeiten in Sachsens Geschichte und Gegenwart herausstrich.[54] Die Sachsenpropaganda ist im engen Zusammenhang mit der Grenzlandpropaganda zu sehen: die Grenzlandgebiete sollten national gestärkt ins östliche Ausland wirken – vor allem auf die deutsche Minderheit, aber auch ins Inland, wo die grenznahen Notstandsgebiete um Akzeptanz und ein besseres Image rangen.[55] Hierzu trug Neumann mit einer Biographie über den in Sachsen gebürtigen Entdecker der Homöopathie und Psychotherapie, Samuel Hahnemann bei,[56] wie der Korrespondent des *Berliner Tageblatts* überhaupt in landschaftlichen oder historischen Beschreibungen weniger Partei für die Partei nahm, sondern für die kulturelle Bedeutung und wirtschaftliche Leistungskraft Schlesiens oder Sachsens. Für das Heimatwerk Sachsen organisierten Krauss und Neumann 1937 eine große

54 Thomas Schaarschmidt, *Landesverein Sächsischer Heimatschutz und Heimatwerk Sachsen im Dritten Reich*, in: *Mitteilungen des Landesvereins Sächsischer Heimatschutz*, 2000, Nr. 3, S. 50-56; ders., *Kulturpolitik im Lande eines Kunstbanausen? Die sächsische Gauleitung und das ›Heimatwerk Sachsen‹*, in: Clemens Vollnhals (Hrsg.), *Sachsen in der NS-Zeit*, Leipzig 2002, S. 104-117.

55 H.N., *Sächsischer Heimatstolz. Ergebnisse der Gau-Kulturwochen in Stadt und Land*, in: *Berliner Tageblatt* vom 21. Oktober 1936; Hubert Neun, *Sachsens Selbstbewußtsein. Ein Land wirbt für seine Fähigkeit und Bedeutung*, in: *Berliner Tageblatt* vom 29. Dezember 1936; *Methoden der Heimatpflege. Statt »Gassensächsisch«: Sprecherziehung – Sachsen und seine Arbeit*, in: *Berliner Tageblatt* vom 18. Mai 1937; H.N., *Neue Formen der Heimatpflege. Erfahrungen mit dem Heimatwerk Sachsen nach 2jährigem Wirken*, in: *Berliner Tageblatt* vom 27. August 1938.

56 Hubert Neumann, *Hahnemann. Der Medicus als Rebell*, Dresden 1937 (Schriftenreihe Große Sachsen – Diener des Reiches 1, hrsg. vom Heimatwerk Sachsen). Diese Biographie enthält angesichts des Euthanasieprogramms der Nazis die mutige Verteidigung des psychotherapeutischen Ansatzes Hahnemanns: »[...] er hatte erstmals den kühnen Versuch unternommen, ein Irrenhaus zu schaffen, in dem Geisteskranke nicht nur eingesperrt, sondern auch genesen sollten« (S. 5, ähnlich S. 37).

Ausstellung von Weihnachtsschnitzereien aus dem Erzgebirge. Die Volkskunstschau *Feierohmd* zeigte in der sächsischen Provinzstadt Schwarzenberg eine Unzahl von handwerklich gefertigten Krippen, Schwibbögen und Weihnachtsfiguren und erfuhr einen Zulauf von über 300.000 Menschen, darunter Reichsinnenminister Frick und 25 Chefdiplomaten. Diese gewaltige Besucherzahl wurde nicht zuletzt durch aufwendige und geschickte Werbemaßnahmen erzielt, für die Neumann mitverantwortlich war.[57] Vorwürfen, er habe damit König Mu, den Dresdner Gauleiter Mutschmann, zugleich Schirmherr der Ausstellung, propagandistisch beraten, begegnete Neumann, er habe in einer Zeit des politischen Fanatismus und Atheismus Gegenstände aus der christlichen Weihnachtswelt ausgestellt, den Menschen eine hoffnungsvolle Perspektive geben und christliche Werte vermitteln wollen.[58] Dies geschah jedoch in den vom Nationalsozialismus instrumentalisierten Weihnachtsbildern und in den von Mutschmann vorgegebenen Bahnen des Heimatwerks Sachsen. Trotzdem wird man Neumann nicht ernsthaft zum engen Zirkel des selbstherrlichen sächsischen Gauleiters zählen können, zumal er die NS-Deutschtümelei und Heimatstolz-Aktionen in der von ihm veranlaßten und vom Kölner Anglisten Herbert Schöffler geschriebenen *Reich*-Artikel-Serie *Der Witz der deutschen Stämme* 1941 spöttisch ironisierte. Dadurch zog Neumann heftige Attacken der jeweiligen Gauleitungen auf sich.[59]

57 Vgl. Neumanns Kurzmeldungen im *Berliner Tageblatt*: *Frick besichtigt »Feierohmd«* vom 16. Dezember 1937; *»Feierohmd« wird verlängert* vom 31. Dezember 1937; *335000 besuchten »Feierohmd«* vom 21. Januar 1938.

58 NL EPN: Neumann an Krauss, 8. April 1965: »[...] es war im Dritten Reich ein Ausflug in eine andere Welt, Weihnachtsberge und Pyramiden und Krippen mit Nachdruck und Ehrfurcht vorzuführen – so viele Symbole des Friedens in einer unfriedlichen Welt.« Hubert Neumann, *Feierohmd*, in: *Sachsen. Zeitschrift des Heimatwerkes Sachsen*, Jg. 1, 1937, Nr. 3, S. 10-11:»›Feierohmd‹ ist Wirklichkeit. [...] Wir wissen wenig, aber wir wissen, daß es gut und ehrlich ist, was in diesen Räumen geschieht.«

59 Frank-Rutger Hausmann, *Jetzt wollen sie ihn auch noch aus der Karriere schießen. Was der Kölner Anglist Herbert Schöffler in »Das Reich« über den Witz der deutschen Stämme schrieb, amüsierte seinen Gauleiter nicht*, in: *Frankfurter Allgemeine Zeitung* vom 18. Juli 2001, S. 46. Korn, *Lange Lehrzeit*, a.a.O. (Anm. 16), S. 304 attestierte dieser Serie: »Der Erfolg war geradezu überwältigend, verstanden es doch unsere Mitwirkenden [...] in den Witz auch Absonderlichkeiten und Gemütsart der Stämme einzubringen.« Herbert Schöffler, *Der Witz der deutschen Stämme*, in: *Das Reich*

Die Idylle des sozial-harmonischen Ausgleichs brach für Neumann spätestens im Zweiten Weltkrieg zusammen. Daß – anders als Krauss – nur die wenigsten Unternehmer und Politiker soziale Verantwortung und Wertevermittlung übernahmen, notierte Neumann bitter angesichts der Kriegskatastrophe in seinem 1943 oder 1944 verfaßten Essay *Muß der Bürger sterben. Versuch über einen europäischen Prozeß.*[60] Danach führten nicht nur das Massen- und Technikzeitalter zum Werteverfall, wie Neumann nach 1945 in Anlehnung an Jünger meinte, sondern dafür trage das europäische Bürgertum weitgehend selbst Schuld, wobei unklar ist, ob er nicht das deutsche Bürgertum meinte, das er aus Gründen der Zensur hinter dem europäischen versteckte. Das Bürgertum habe das von der Antike über den Feudalismus getragene historische Erbe leichtfertig verspielt, indem es die tradierten Werte der Ritterlichkeit, der Redlichkeit, Gediegenheit, der Bildung und Tüchtigkeit, später dann der sozialen Fürsorge und Gemeinnützigkeit, preisgegeben habe. Statt dessen gebe sich ein Großteil des Bürgertums raffgieriger, egoistischer Profitmaximierung ohne soziale Verantwortung hin. Am Ende dieses dann die 1920er Jahre dominierenden Prozesses stehe die Wandlung vom ehrenhaften Bürger oder »königlichen Kaufmann«, wie Krauss ihn für Neumann verkörperte, zum gewissenlosen Bourgeois und die Gefährdung des sozialen Ausgleichs. Diese Enthumanisierung des Bürgers werde durch die Maschinisierung, Technisierung und Rationalisierung begünstigt, die eine Rücksicht auf die menschliche Arbeitskraft obsolet machen, und durch die »neue Demokratie«, die Nährboden sei für den wertelosen, wendigen Bourgeois. Diese deutlich antikapitalistisch gefärbte Sichtweise Neumanns entsprach fast einer marxistischen Geschichtsphilosophie, nur daß das Bürgertum hier nicht durch eine Diktatur des Proletariats abgelöst wurde. Zwar habe der Bourgeois mit seinem menschenverachtenden Kalkül den Zorn der Masse auf sich gezogen, die auch Bewegung (!) erhalten habe, weil nach Weltwirtschaftskrise und Inflation die verarmten, zur Masse degradierten Bürger aufbegehrten. Doch inwieweit dann aus dieser Bewegung eine neue (proletarische) Gesellschaftsform entstand oder welche Prägekraft die NS-Bewegung hierbei besaß, ließ Neumann in seinem Essay offen. Vielmehr nahm er im letzten Drittel

---

(Berlin) vom 12. Januar 1941, S. 8 f. Dies war der Auftaktartikel zur gleichnamigen Serie.

60 NL EPN: Dieser Essay ist undatiert. Die Entstehungszeit ist in die Jahre 1943 oder 1944 zu legen. Er liegt als 13seitiges Typoskript vor, einen Hinweis auf eine Veröffentlichung dieses Essays gibt es nicht.

seines Essays einen Perspektivwechsel vor: Das Bürgertum war nun
nicht mehr durch eigene moralische Fehlleistungen gefährdet, sondern
in europäischer Sicht durch den von außen drohenden imperialistischen Bolschewismus, der schon in der Sowjetunion alles bürgerliche
Wesen vernichtet habe. Dagegen müsse sich das europäische Abendland gemeinsam stemmen. Doch Neumann zweifelte, ob diese Einheit
des bürgerlichen Europa zustande kommen könne. So blieb ihm nur
die fatalistische Hoffnung, daß traditionelle Werte, etwa die Ritterlichkeit, auch nach dem Untergang von Gesellschaftsformen überdauern,
ja sogar in neuer Kraft wiedergeboren werden. Diese erwünschte Renaissance der Bürgerlichkeit erfolgte für Neumann 1943/44 noch immer in einem (national-)sozialistischen Massenstaat: »Das Bürgertum
mußte sterben, damit echte Bürgerlichkeit erhalten werden, hinein-
wachsen konnte in einen Sozialismus, der sich die Technik dienstbar
und die Masse zur Gefolgschaft gemacht hat«, so lautete die pathe-
tische Schlußformel in Neumanns Essay.[61] Von sozialer Harmonie wie
in Neumanns idealtypischen Dorf- und Betriebsgemeinschaften ist hier
keine Rede mehr, sondern von Führung und Gefolgschaft.

5. Neumanns Deutschlandmodell ab 1946:
Führung der Bevölkerung durch geistige Aristokratie

Die Renaissance wahrer, wertgebundener Bürgerlichkeit im Nachkriegsdeutschland nach zwölf Jahren NS-Diktatur blieb unter veränder-
ten Vorzeichen ein zentrales Anliegen Neumanns. Massengefolgschaft,
etwa in einem zum Schützengrabenformat geronnenen Sozialismus,
war ihm dabei 1946/47 anders als 1943/44 keine Antwort mehr.
Gleichwohl blieb er zunächst dezidiert demokratieskeptisch. Demokratisierung und Parlamentarisierung Westdeutschlands seien eine groteske »Poussage« mit der verantwortungslosen und irrationalen Masse,
eine »Liebedienerei vor dem Stumpfen, das heute Hüh und morgen
Hott schreit«.[62] Das demokratische System, so zeigte sich Neumann
1946 überzeugt, sei ein für Deutschland untauglicher westlicher Im-
port und durch das negativ ausgegangene Weimarer Experiment ein für
alle mal diskreditiert: »Mir kommt es so vor, als versuchten wir, ein
schmutziges Hemd noch einmal zu tragen. Die Methode des Parlamentarismus, die wir in der Weimarer Zeit übten, ist nun einmal bankrott

61 Neumann, *Muß der Bürger sterben*, a.a.O. (Anm. 60), S. 13.
62 NL EPN: Neumann an Gerster, 8. August 1946.

gegangen.«[63] Auch die Massenpolitisierung des Nationalsozialismus sei in einer Katastrophe geendet:

> In Deutschland ist mit bestem Menschenmaterial das grausame Experiment gemacht worden, 80 Millionen zu politisieren. Sie sind erbarmungslos in das Uhr- und Mühlenwerk einer organisatorischen Präzisionsmaschine geworfen worden, und man hat ihr Rückgrat zu Staub zermahlen. Man hat sie nicht mehr Straßen fegen lassen ohne politisches Examen, und jeder Handgriff war mit Dogma erfüllt.[64]

Wenn Neumann der Masse keine Rolle als politisches Subjekt zuwies, wen sah er dann für die Regierung und geistige Prägung Nachkriegsdeutschlands vor?

Die Alliierten waren es nicht. Fremd im Umgang mit ehemaligen Diktaturen bauten sie mit ihrer allein gültigen Moral lediglich neue Tabus und Unfreiheiten auf. Deutschland habe keine Zukunft, wenn es am alliierten Gängelband bliebe. Neumann sah Deutschland seines Selbstbestimmungsrechts beraubt und forderte es zurück: »Aber eines muß ihm bleiben: die Freiheit, aus seinem Elend das Beste zu machen.«[65] Die Alliierten allein schafften den Wiederaufbau nicht, so daß Deutschland unter dem mitteleuropäischen Lebensstandard liege, fast ohne Telefon und Kommunkationswege. Dadurch sei der Aufbauwille der Bevölkerung gehemmt und der Keim gesät für neue Revanchegefühle. Da Neumann zudem die deutsche Bevölkerung und besonders Geistesgrößen wie Ernst Jünger und Gerhart Hauptmann durch den moralischen Rigorismus der Alliierten und Emigranten unter Anklage oder Zensur stehen sah, bezweifelte er Sinn und Erfolg der westalliierten Reeducation-Politik. Den Westalliierten sprach er zudem das Recht ab, als Richter zu agieren, da sie selbst schuldhaft im Krieg verstrickt seien:

> Wie will man die junge Generation dieses Landes zu Ultra-Pazifisten erziehen, wenn man die Erdkugel vom Atom-Geklirr widerhallen

---

63 NL EPN: Neumann an seine in Venedig weilende Jugendfreundin Lisi, Sylvester 1946.
64 NL EPN: Tübinger Tagebuch, 10. Januar 1946.
65 NL EPN: Neumann an Lisi, Sylvester 1946. Neumann an Schlien, 11. Juni 1946: »Ich glaube, daß die deutsche Legalität, oder die Legalität der deutschen Existenz mehr und mehr außer Kraft gesetzt wird. Der kleine Mann wird nicht aufbauwillig werden, wenn man ihm mehr Willen zum Mißtrauen als zum Aufbau einimpft.«

läßt? Wie zu Antimilitaristen, wenn man in allen übrigen Ländern den Militär zum höchsten Repräsentanten des Staates macht?[66]

Enttäuscht von den Westalliierten hoffte er auf schnelle Überwindung des halt- und orientierungslosen Provisoriums in Deutschland und in Europa.[67] Er verharrte attentistisch zurückgezogen in Allensbach am Bodensee gegenüber dem Kloster Reichenau. Auch die Sowjetische Besatzungszone bot ihm kein Modell für die deutsche Neuordnung: Berlin sei »Neoschanghai«, also werte- und kulturlose Schwarzhändlerei, das von den »Rothäuten« – KPD und SPD – belagert werde.[68]

Den Emigranten sprach Neumann ebenfalls den Führungsanspruch im Nachkriegsdeutschland ab. Zu ihnen empfand er eine kaum überbrückbare Kluft, weil sie wie die Westalliierten mit moralischem Rigorismus agierten und mit ihren theoretischen Analysen aus dem Ausland Deutschland und die Deutschen nicht angemessen beurteilen könnten.[69] Ähnlich wie sie verharrten für Neumann die meisten Intellektuellen in rückwärtsgewandten idealistisch-sozialistischen Zukunftsvorstellungen, die er für sich überwunden hatte und denen er angesichts seines pessimistischen Urteils über die politische Willensbildung der Masse keine Perspektive gab. Das Gerede vom Sozialismus sei zudem nicht nur inhaltsleer oder floskelhaft, sondern vor allem opportunistisch. Es werde, so urteilte Neumann drastisch und bitter, mitunter gerade von den »Halbintellektuellen des Jahrmarktes der Ideologien« betrieben, die sich davon einen Karrieresprung in der sowjetischen Zone versprächen, wie von Wolfgang Harich,[70] von dem politisch wetterwendigen Wolfgang Weyrauch, der vor kurzem noch im *Reich* an seinem Aufstieg gebastelt habe,[71] oder auch vom sachkundigen Kritiker und Feuilletonisten Paul Rilla, mit dem Neumann lange befreundet war.[72]

---

66 Ebd.
67 NL EPN: Neumann an Ernst Jünger, 5. Juli 1946.
68 NL EPN: Neumann an Schlien, 14. Juni 1946.
69 NL EPN: Neumann an Schlien, 25. September 1946. Dies gelte vor allem für den sozialistischen Publizisten aus dem ehemaligen *Weltbühne*-Kreis Kurt Hiller.
70 NL EPN: Neumann an Ernst Jünger, 11. August 1946: Hier polemisiert Neumann gegen Harich, den »magenkranken Typ des Bohemiens, dem gewisse Anfangserfolge zu Kopf steigen«; Beer an Neumann, 3. Juli 1946.
71 NL EPN: Neumann an Ernst Jünger, 10. Juli 1946; Ernst Jünger an Neumann, 18.7.1946.
72 NL EPN: Neumann an Ernst Jünger, 11. August 1946.

Auch die Politiker könnten Nachkriegsdeutschland nicht prägen und lenken, denn sie seien lediglich wertelose Funktionäre ohne eigenes geistiges Format und Teil des Systems der technisierten Massengesellschaft.[73] So blieben die Politiker auf dem Stand eingefahrener, erfolgloser, mal politisch links, mal rechts stehender Konzepte zur Lösung der mehr als 80 Jahre ungelösten sozialen und nationalen Frage, ohne neue Herausforderungen zu erkennen.

Den Königsweg für die Neuordnung und Re-Orientierung Westdeutschlands sah Neumann in einer Neujustierung des Verhältnisses zwischen Elite und Masse. Deutschland bedürfe der ernsthaften Werterückbesinnung, -erziehung und -prägung der Massen durch einen kleinen Kern der wirklichen Elite. Wen zählte Neumann nun zu dieser nur vage definierten Elite? Vielleicht dachte er gemäß seinem Essay von 1943/44 an die wenigen wertebeständigen Bürger, vielleicht auch an sozial engagierte Unternehmer wie Friedrich Emil Krauss. Doch 1946 ging Neumann historisch einen Schritt zurück, indem er die Elite zur »geistige[n] Aristokratie« adelte.[74] Darunter verstand er wenige geistig hochstehende, aufrichtige, unbeugsame Persönlichkeiten, die nicht nur der Masse die bereits mehrfach genannten bürgerlichen Leitlinien und Werte zurückgeben könnten, sondern auch den orientierungslosen Politikern programmatischen Input geben sollten. Daher nannte Neumann die geistige Aristokratie auch mitunter politisches Kollegium.[75] Als geistige Impulsgeber für eine Renaissance christlich-humanitärer Werte gäben die Kirchen wichtige Orientierungshilfen für die glaubens- und haltlosen Massen. Zu dieser Wertevermittlung hatte Neumann zusammen mit Elisabeth Noelle selbst beitragen wollen, als beide – konzessioniert von der französischen Verwaltung und in Anlehnung an den

---

73 NL EPN: Neumann an Beer, 1. Juli 1946: »Es bestimmt ja meine Einstellung zur Politik dieser Tage, daß ich diejenigen, die an ihrem äußeren Verlauf beteiligt sind, mit Installateuren vergleiche, die im Erdgeschoß eines Hauses die Wasserleitung reparieren, während der Dachstuhl in Flammen steht.«

74 Ebd., Neumann an Josef, 25. September 1946. Auch der ehemalige Feuilletonchef der *Deutschen Allgemeinen Zeitung*, Paul Fechter, hing der an Jünger orientierten Idee einer geistigen Aristokratie an, vgl. Carl Zuckmayer, *Geheimreport*, hrsg. von Gunther Nickel und Johanna Schrön, 3. Auflage, Göttingen 2002, S. 111.

75 NL EPN: Neumann an Beer, 1. Juli 1946. Tagebuch, 10. Januar 1946: »Läßt man eine Gasanstalt von Fanatikern verwalten oder von Fachleuten? Laßt uns endlich die Staaten von Fachleuten regieren – nicht von Demagogen.«

sächsischen *Feierohmd* – im Dezember 1945 die Ausstellung »Weihnachtsberg« mit illuminiertem Weihnachtsmarkt in der Tübinger Altstadt und adventlichen Theateraufführungen und Konzerten organisierten und die friedvolle Weihnachtsstimmung in europäischer Perspektive vermitteln wollten.[76] In festlichem Rahmen fand so z.B. das Weihnachtsoratorium von Johann Sebastian Bach im Tübinger Schloß statt. Doch Neumann zweifelte bald an seiner Reeducation der christlich-humanistischen Art:

> Was tue ich, was geschieht mit mir? [...] Warum das – Lotterie für die Kriegsversehrten, Ausstellung, Markt und Weihnachtskonzert, Presse-Arbeit im Staatssekretariat und Mühen um die Fülle der Projekte [...]? Es kommt nicht einmal ein Tut dabei heraus. Die Deutschen wollen von all dem gar nichts wissen, und die wenigen, die Anteil nehmen, stecken so tief in Sorgen, daß sie mein Treiben als Illusionismus nehmen.[77]

Desillusioniert vom Attentismus der Deutschen, argwöhnte Neumann, daß die christlich-humanistische Werteoffensive ähnlich modisch verwässert werde wie der inflationäre Gebrauch von Spielarten des Sozialismus.

Mehr noch als die Kirchen war Ernst Jünger erste Wahl Neumanns als Vertreter der geistigen Aristokratie. Er sah in Jüngers Wandlung vom militaristischen, nationalistischen zum humanistisch-christlich geläuterten Schriftsteller eine Orientierungshilfe für alle und wohl speziell für seinen Weg vom Sozialisten zur christlich-bürgerlichen Mitte.[78]

---

76 NL EPN: Tübinger Notizbuch 1945/46: Die Projektskizze des »Weihnachtsbergs« o.D. nennt als Zielvorgabe, »die lebendigen Auswirkungen des Weihnachtszaubers auf den Alltag und das einfache Leben zu zeigen«. Die wöchentlich herausgegebene Weihnachtszeitung, für die Elisabeth Noelle verantwortlich zeichnete, sollte »die Menschen, vor allem aber die Jugend, veranlassen [...], sich in die Weihnachts-Friedens-Stimmung zu vertiefen. Sie soll die beste Weihnachtsliteratur der deutschen und europäischen Klassiker in schönen Auszügen in Erinnerung bringen und auch in guten Beiträgen lebender Autoren den Charakter und die Wünsche aus unserer Zeit spiegeln.« Vgl. Elisabeth Noelle-Neumann, ›Romeo und Julia‹ *nach dem Kriege*, in: Gustav Trampe (Hrsg.), *Die Stunde Null. Erinnerungen an Kriegsende und Neuanfang*, Stuttgart 1995, S. 219-222.

77 NL EPN: Tübinger Tagebuch 1945/46: 31. Oktober und 18. November 1945.

78 NL EPN: Tübinger Tagebuch, 1. November 1945: »Jünger konvertierte vom Monarchisten zum Revolutionär, und er steht nun auf den höchsten Zinnen eines humanitären Christentums.«

Ähnlich wie früher zu Münzenberg und Bischoff suchte und fand er ab
1946 engen Kontakt zu Jünger, der den Nazis nicht anheimgefallen sei,
sondern als einer der wenigen mit den *Marmorklippen* die NS-Tyrannei
schonungslos aufgedeckt habe. Dabei setze er gegen die Gewaltherrschaft eindringlich die Werte der zeit- und raumlos gültigen Geistigkeit,
der christlich-naturnahen Besinnung, Bildung, Belesenheit und versun-
kenen Beobachtungsgabe. Nur die reine Geistesmacht könne Tyran-
neien beseitigen. Das unterscheide Jünger mit seiner hellsichtigen
schöpferischen Kraft von den substanz- und wertelosen sozialistischen
Moden der genannten opportunistischen Halbintellektuellen. Jünger
sorge für Tabuaufbrüche in der Diskussion um Deutschlands und
Europas Zukunft, indem er die friedliche Neuordnung Europas durch
den Zusammenschluß und unter Führung aller wirklichen Geistesgrößen fordere. Neumann traf über Jünger ein ähnliches Urteil wie
Carl Zuckmayer in seinem Geheimreport: »Ohne Pazifist oder Demokrat zu sein«, so Zuckmayer,

> ist es ihm bestimmt ernst mit der Vorstellung einer Weltbeherr-
> schung vom Geist her und durch das Medium der höchstentwickel-
> ten und höchstdisziplinierten Persönlichkeit. Eine isolierte und sehr
> unbequeme Position – vielleicht bedeutsamer und mindestens inter-
> essanter als verwaschene Durchschnittsvorstellungen von Demokra-
> tie, sofern sie kein faßbares Konzept haben.[79]

Doch das Konzept der »geistigen Aristokratie« wurde von Neumann
nicht soweit konkretisiert, als daß es wirklich erprobt hätte werden
können. Vielmehr stand der geistige Vater dieses Konzepts, Ernst Jünger, durch die vehemente Opposition vieler Linkspublizisten gegen dessen nationalistische Vergangenheit isoliert dar, wie Zuckmayer es in
seinem 1943 verfaßten *Geheimreport* zutreffend voraussagte. Statt
also die »geistige Aristokratie« vorwärts weisend mit Leben zu füllen,
waren Jünger und seine Anhänger 1946 gegen die Vorwürfe von Harich, Weyrauch oder Rilla zur rückwärtsgewandten Verteidigung gezwungen, wonach Jünger ein nationalistischer Kriegstreiber und -ver-
herrlicher sei.[80] Neumann verteidigte Jünger publizistisch, indem er

79 Zuckmayer, *Geheimreport*, a.a.O. (Anm. 74), S. 102.
80 Wolfgang Weyrauch, *Von der germanischen Unschuld Ernst Jüngers*, in:
   Tägliche Rundschau (Berlin) vom 25. Juni 1946; Paul Rilla, *Der Fall Ernst
   Jünger*, in: *Die Weltbühne*, N.F., Jg. 1, 1946, Nr. 3; Wolfgang Harich, *Ernst
   Jüngers Ansicht vom Frieden*, in: *Der Kurier* (Berlin) vom 24. Mai 1946;
   ders., *Und noch einmal: Ernst Jünger*, in: *Tägliche Rundschau* vom 28. Juli
   1946.

eine Jünger-Biographie des ehemaligen Nationalbolschewisten und
anschließenden Emigranten Karl Otto Paetel mehrfach positiv rezen-
sierte.[81] Noch mehr allerdings fungierte Neumann als wesentliche
Schaltfigur, ähnlich einem Chef vom Dienst in Zeitungsredaktionen, im
weit verzweigten informellen Kreis der Jünger-Anhänger, die sich meist
die Öffentlichkeit meidend brieflich kontaktierten und vom Meister
mit Rundbriefen versorgt wurden.[82] Dahinter stand die mißtrauische
Skepsis gegenüber einer Massenöffentlichkeit, der man erst nach inter-
ner Verständigung über die Argumentationsstrategie begegnen wollte.
So ist z.B. Neumanns Rezension von Paetels Buch geprägt von Formulierungen, die Jünger in seinem ersten Rundbrief verwandte. Neumann
war zunehmend von der informellen Kommunikation mit Jünger und
seinen Anhängern fasziniert, weil er sich in einem elitären Kreis mit
Herrschaftswissen wußte, und sorgte für die Verbreitung der Rundbriefe und des Jüngerschen Schrifttums unter befreundeten Publizisten.[83] Zudem vermittelte er Kontakte der Brüder Jünger zu Carl Zuckmayer, den Neumann aufgrund seiner Verbindungen zur US-Regierung
als maßgebliche Figur für den künftigen deutschen Kulturbetrieb ein-

81 Erich Peter Neumann (Rez.), *Karl O. Paetel, Ernst Jünger. New York 1946*,
in: *Universitas*, Jg. 1, 1946, Nr. 7, S. 873-877. Ähnliche im NL EPN befind-
liche Rezensions-Typoskripte wurden in der *Welt* im September und in der
Schwäbischen Zeitung im November 1946 veröffentlicht. Wolfgang Elfe,
*Von den Schwierigkeiten, ein deutscher Patriot zu sein. Karl Otto Paetel
und Deutschland*, in: Koebner/Sautermeister/Schneider (Hrsg.), *Deutschland nach Hitler*, a.a.O. (Anm. 34), S. 190-198.

82 NL EPN: Neumann erhielt die ersten beiden Rundbriefe *An die Freunde*
von Ernst Jünger am 17. Juli und 9. August 1946. Im dritten Rundbrief
vom 1. September 1946 heißt es: »Auch die Vorlesung ist auf die kleinste,
organische Gemeinschaft zu beschränken, auf enge Freundeskreise, auf die
Familie. Die Viertelstunde, die zwei Menschen mir auf diese Weise widmen, ist wichtiger als ein Vortrag im Rundfunk, dem Hunderttausende zu-
hören.«

83 NL EPN: Neumann an Schlien, 28. August 1946: »Diese Zirkulare machen
mir besonderes Vergnügen, weil ich sie von der Pike bis zur Wirkung ken-
nenlerne. Ein beachtlicher Teil der besten Formulierungen, die darin verwendet werden, kenne ich schon aus persönlichen Anschreiben; die Rundbriefe geben dann eine Art Extrakt der vorangegangenen Korrespondenz.
Außerdem erhalte ich sie dann vom Autor in sämtlichen, verbesserten Fassungen. Daß sich diese Methode der Verständigung bewährt, lerne ich
dann aus dem Umstand, daß mir Abschriften von allen möglichen anderen
Leuten zuflattern [...].«

stufte.[84] Im informellen Jünger-Kreis lernte Neumann nicht nur eine
nichtöffentliche Kommunikationsform schätzen, die er später als demoskopischer Berater Adenauers selbst jahrelang anwandte, sondern
mit General Speidel auch den maßgeblichen Militärberater Adenauers
kennen, mit dem er dann in den 1950er Jahren politische Werbung für
den Bundeswehraufbau und die NATO gestaltete.[85]

6. »Aufstieg zur Sonne«: Europäischer Idealismus, deutscher Imperialismus, europäische Integration

Deutliche Bezüge zu Ernst Jünger enthalten auch Neumanns außenpolitische Deutschlandpläne. Dabei bezog er sich nach Kriegsende
explizit auf Jüngers Schrift *Der Friede*, die ab 1944 in Rundbriefen zirkulierte und das Zeitalter von nationalen Zusammenschlüssen, von
völkerverbindenden, gesitteten Imperien prognostizierte.[86] Wie Jünger
sah Neumann nur dann einen zukunftsweisenden Frieden zwischen
den europäischen Staaten als Vorstufe zur Bildung eines gemeinnützi-
gen Imperiums, wenn rückwärtsgewandte moralische Verurteilungen
der siegreichen Mächte ausblieben. Deutschland habe in den Abgrund
der geheimen Triebkräfte des Jahrhunderts gesehen. Dieser Abgrund
drohe jedoch potentiell allen hochtechnisierten Staaten mit Massengesellschaften, daher sei Deutschland kein Sonderfall, sondern gleichberechtigter Partner im zu bildenden imperialen Friedensreich mit einer
Weltregierung zur Sicherung vor diktatorischen Staaten. Mit diesem
Bild eines friedlichen Endzustands im einheitlichen Imperium europäi-
sierte, ja globalisierte Neumann sein im Kleinräumigen entwickeltes
Modell der sozialharmonischen Gemeinschaften:

84 NL EPN: Neumann an Friedrich Georg Jünger, 31. März 1947. Dieser Brief
   ist abgedruckt in: Gunther Nickel, »*Ihnen bisher nicht begegnet zu sein,
   empfinde ich als einen der größten Mängel in meinem Leben.*« *Der Briefwechsel zwischen Ernst Jünger und Carl Zuckmayer*, in: *Zuckmayer-Jahrbuch*, Bd. 2, 1999, S. 527-529.
85 NL EPN: Ernst Jünger vermittelte für Neumann den Kontakt zu Speidel. Zu
   einem ersten Treffen der beiden kam es am 30. August 1946, vgl. Ernst
   Jünger an Neumann, 5. August 1946, Speidel an Neumann, 2. September
   1946.
86 NL EPN: Neumann an Lisi, Sylvester 1946. Tübinger Tagebuch, 10. Januar
   1946. Die Friedensschrift befindet sich als 30seitiges Typoskript im
   NL EPN, vgl. Steffen Martus, *Ernst Jünger*, Stuttgart 2001, S. 164-166;
   Martin Meyer, *Ernst Jünger*, München 1990, S. 350-357; Paul Noack,
   Ernst Jünger. Eine Biographie, Berlin 1998, S. 195-199.

Findet man nicht den Weg zu einem europäischen Imperium, in dem Grenz-, Raum-, Ernährungs- und Nationalfragen gleichsam familiär gelöst werden, nicht auf Kosten des Einen, sondern auf Kosten Aller, nicht zu Nutzen Weniger, sondern zu Nutzen Aller, dann ist dieser Frieden wieder eine verlorene Bemühung, weil er nicht dauern kann, sondern nach gewisser Zeit zu neuen Konflikten führen muß.[87]

In den Kriegsjahren 1943/44 äußerte Neumann ähnliche Vorstellungen von bi- oder multinationalen Gemeinschaften, wie er sie idealtypisch zwischen Deutschland und Frankreich entstehen sah. Diese Gedanken standen allerdings klar im Szenarium des europäisch-abendländischen Abwehrkampfes gegen die als imperialistische Bedrohung gekennzeichnete Sowjetunion.[88] Der sowjetischen Gefahr, so Neumann, seien sich die meisten kontinentaleuropäischen Staaten und selbst manche Franzosen nicht bewußt, die vielmehr abwartend auf einen schnellen Sieg der Roten Armee gegen Nazi-Deutschland spekulierten. Auch die anglo-amerikanischen Mächte waren für Neumann 1943/44 keine aussichtsreichen Stützen für die Verteidigung Europas, da sie gleichgültig gegenüber seiner Kultur und seinen Werten nur die Gewinnmaximierung als Ethos kennen.

Neumann schien sich hiermit in den letzten Kriegsjahren der gängigen, etwa von der NS-Auslandsillustrierten *Signal* propagierten Relegitimierung des deutschen Angriffskrieges in eine hehre westeuropäische Verteidigungsschlacht gegen kulturlose, atheistische und wertelose bolschewistische Truppen zu bedienen.[89] Doch war es ihm mit der Hoffnung auf eine europäische Werteeinheit, auf Frieden unter den christlichen Nationen Deutschland und Frankreich ernster, als daß er damit für die sich ab 1943 abzeichnende Niederlage der Deutschen eine neue

---

87 NL EPN: Neumann an Schlien, 27. August 1946.

88 NL EPN: *Muß der Bürger sterben*, a.a.O. (Anm. 60), S. 9-11. [Hubert Neumann], *Erfahrungen mit Paris*, siebenseitiges Typoskript, veröffentlicht in: *Deutsche Allgemeine Zeitung* (Berlin) vom 29. August 1944; ders., *Der Soldat aus Wallonien. Begegnungen [mit] Leon Dégrelle*, undatiertes siebenseitiges Typoskript.

89 Axel Schildt, *Eine Ideologie im Kalten Krieg – Ambivalenzen der abendländischen Gedankenwelt im ersten Jahrzehnt nach dem Zweiten Weltkrieg*, in: Thomas Kühne, *Von der Kriegskultur zur Friedenskultur in Deutschland seit 1945*, Münster 2000 (Jahrbuch für historische Friedensforschung 9), S. 49-63. Martin Moll, *»Signal«. Die NS-Auslandsillustrierte und ihre Propaganda für Hitlers »Neues Europa«*, in: *Publizistik*, Jg. 31, 1986, Nr. 3-4, S. 357-400.

Kriegsmotivation geben wollte. Er erkannte bereits seit 1941 hoffnungsvolle Anzeichen, daß nicht der Krieg selbst, sondern sich im Krieg deutsch-französische Ressentiments abgebaut hätten.[90] Eine neue, ernsthafte, tiefe und ausgeglichene Nachbarschaft sah Neumann begründet, weil deutsche Besatzer immer weniger als Soldaten über die Franzosen herrschten, sondern in ihrer ursprünglichen Rolle des zivilen Berufslebens wirkten. So war für Neumann die Grundlage für eine neue symbiotische Gemeinschaft gegeben, ähnlich dem Modell der wertegebundenen sozial harmonischen Gemeinschaften in erzgebirgischen Dörfern oder patriarchalisch geführten Betrieben, indem viele Franzosen deutsche Tugenden, wie Anerkennung harter Arbeit, Verpflichtung gegenüber dem Staat oder Abkehr von Dekadenz, übernahmen, während die Deutschen französische Lebensart und Leichtigkeit und den Lebensnerv westlicher Großstädte wie Paris anerkannten. Dabei blieben französische Mentalitäten bestehen: das savoir vivre ebenso wie völkerpsychologisch klischeehaft begründete Eigenschaften, z.B. Hochmut oder oberflächliche, anschmeißerische Koketterie.[91] Zusammen, so könnte man sagen, sorgten Deutsche und Franzosen für die Renaissance der von Neumann verloren geglaubten Bürgerlichkeit. Im Jüngerschen Sinn hätte dann der zerstörerische Krieg Saat gelegt für die künftige Frucht des Ausgleichs, des Friedens. Eine tiefe, dauerhafte Partnerschaft Deutschlands zu Frankreich wurde angesichts der vielen Kriegsopfer und der drohenden deutschen Katastrophe 1944 zum wünschbaren, sinnstiftenden Ergebnis des Krieges. Diese Projektion hat Neumann metaphorisch eingekleidet in einem Kriegsbericht, in dem er einem deutschen Oberleutnant, im Zivilberuf Lehrer, im Anblick der doppeltürmigen Kathedrale von Reims die Worte entfahren läßt: »Es wäre ein schöner Gedanke, daß mein Sohn als Tourist hierherkommen könnte.«[92]

Anders als mit Frankreich schloß Neumann eine familienähnliche Gemeinschaft mit der sowjetischen Bevölkerung aus. Der Kriegsbe-

---

90 NL EPN: vgl. Neumanns Artikel *Die Boulevards sind wach. Maitage in Paris*, in: *Das Reich* (Berlin) vom 1. Juni 1941, S. 7; *Parteitag im Quartier Latin. Frankreich setzt sich mit der Zukunft auseinander*, in: *Das Reich* (Berlin) vom 29. Juni 1941, S. 4.

91 Wolfgang Geiger, *Das Frankreich-Bild im Dritten-Reich. Vortrag an der Johann-Wolfgang Goethe Universität Frankfurt am Main, Institut für Romanische Sprachen und Literaturen am 18.5.2000*, S. 12, 16 f.

92 NL EPN: Nn, *Gravelotte – Verdun – Paris. Die große Straße der Kriege*. Mitte August 1944, elfseitiges Typoskript ohne Hinweis auf Veröffentlichung.

richterstatter schilderte in dichten, detaillierten Beschreibungen des Alltagslebens hinter der Ostfront das Phlegma, die enorme Verarmung, die Entwurzelung, Enthumanisierung und Orientierungslosigkeit der russischen und ukrainischen Bevölkerung. Verursacher dieses Elends waren für Neumann die nihilistische bolschewistische Diktatur mit ihren Unterdrückungsapparaten und der Krieg allgemein, nicht jedoch die Zerstörungen und Vernichtungen durch die deutschen Angreifer. Die Durchdringung des sowjetischen Alltags und der Mentalität, geschweige denn der Naturgewalt des riesenhaften Landes durch die deutsche Wehrmacht, stellte Neumann als Kampf gegen Windmühlen dar und gab so indirekt Informationen über kaum zu lösende logistische Schwierigkeiten an der Ostfront in Kriegswintern. So machte Neumann deutlich, wie fremd sich für ihn Deutsche und entbürgerlichte, stalinistisch tyrannisierte Russen gegenüberstanden.[93] Die umhergestoßene einfache Bevölkerung verkam für ihn zum »Strandgut des Krieges«, zu animalisch trippelnden, abstoßenden, sozial deklassierten Massen. Paradigmatisch dafür standen Frauen und Kinder, die von roten Kommissaren zur lebensgefährlichen Spionage zwischen den Frontlinien mißbraucht wurden, und auch die russischen Kriegsgefangenen, deren unmenschliche Behandlung Neumann nach seiner Ankunft an der Ostfront erlebte und darüber brieflich berichtete.[94] In diesem Sinn ist auch sein vielfach kritisierter Artikel über das jüdische Getto in Warschau einzuordnen, in dem er über die Katastrophe im kriegszerstörten, von Flüchtlingen überfüllten und verslumten, enthumanisierten Warschau berichtete. Neumann wurde später vorgeworfen, mit diesem Artikel der NS-Ideologie vom Untermenschen das Wort geredet zu haben. Auf den ersten Blick gleichen auch die Beschreibungen der russischen Bevölkerung, ihre Darstellung als »Strandgut des Krieges« der NS-Propaganda, doch Neumann meinte damit nicht minderwertige Menschen aufgrund ihrer Herkunft und Rasse, sondern

93 NL EPN: Hubert Neumann, *Die Braut des Gefreiten. Scenen aus der Sowjetunion.* Anfang Dezember *[1941]*, Typoskript zur Veröffentlichung vorgeschlagen in *Das Reich* oder der *Deutschen Allgemeinen Zeitung* (DAZ); ders., *Hammer, Sichel, Tod,* undatiertes Typoskript; ders., *Der Lehrer und seine Frau. Porträt aus der Sowjetunion.* Ende Dezember *[1941]*, Typoskript zur Veröffentlichung vorgeschlagen in *Das Reich* oder der DAZ.

94 Hubert Neumann, *Sowjetspione. Aus drei Protokollen.* 23. *Februar [1942]*, Typoskript zur Veröffentlichung vorgeschlagen in *Das Reich*, *Signal* oder DAZ; ders., *Im Zwischenraum*, in: *Das Reich* (Berlin) vom 18. Oktober 1942.

die – befördert durch den Krieg zweier totalitärer Staaten – entmensch-
lichte, verwilderte, wertelose – nicht wertlose! – Masse. Diesem ver-
elendeten Zustand als Strandgut konnten alle Kriegsbeteiligten anheim-
fallen: auch die hungernden, frierenden, durch tausende Kilometer von
zu Hause getrennten deutschen Soldaten in der ukrainischen Steppe im
Winter 1942.[95] Die dieser Darstellung inhärente Kritik am Eroberungs-
krieg im Osten entging auch der deutschen Zensur nicht, die diverse
Artikel von Neumann verbot.[96]

Anders als mit der Sowjetunion konnte sich Neumann vor 1945
transnationale Partnerschaften mit Polen oder der Tschechoslowakei
vorstellen, vergleichbar der Vision von der deutsch-französischen Aussöhnung 1944. 1934 bereits schilderte er schwärmerisch-romantisie-
rend in seinem Artikel »Aufstieg zur Sonne« seine nächtliche Besteigung
der Schneekoppe im damals deutsch-tschechischen Riesengebirge, wobei er zusammen mit tschechischen Arbeitern, die von der anderen Seite
aufgestiegen waren, traumähnlich auf dem Gipfel im Morgengrauen,
abgehoben vom politisch-ideologischen Streit in den Niederungen, die
naturhafte Aufhebung staatlicher Grenzen erlebte.[97] Als vier Jahre spä-

95 Hubert Neun, *An der Donez-Front. Ein Bericht vom Südabschnitt*, in: *Das
    Reich* (Berlin) vom 8. März 1942, S. 3. Vgl. das Typoskript *Im Donez-Bek-
    ken. Ein Bericht von der Südfront*, 24. Januar 1942, und Neumanns Arti-
    kel *Das war General Winter. So haben sie ihn ertragen und geschlagen*, in:
    Signal, Jg. 3, Februar 1942. Strandgut des Krieges metaphorisierte den
    Krieg weniger als Naturgewalt, sondern eher als technikbedingte Katastro-
    phe wie nach einem Schiffsuntergang.

96 Gegen die Zensur des Artikels *Das war General Winter* protestierte am
    13. Februar 1942 vehement Neumanns Vorgesetzter General Hans Doerr
    bei Rittmeister Fritz Solm, Abteilung Wehrmachtpropaganda des Ober-
    kommandos der Wehrmacht: »Dieser Bericht ist gut und wahr. Wenn man
    ihn ablehnt, will man also das Schlechte und Verlogene haben« (NL EPN),
    vgl. Moll, »*Signal*«, a.a.O. (Anm. 89), S. 361, 378.

97 Hubert Neun, *Aufstieg zur Sonne. Nachtwanderung auf die Schneekoppe*,
    in: *Berliner Tageblatt* vom 19. Juni 1934: »Wir saßen in der Baude, die auf
    der tschechischen Seite der Koppe liegt. Die deutsche Baude war noch ge-
    schlossen. In einer Windung zieht die Grenzlinie; man steht immerfort in
    zwei Ländern, denn die Grenzsteine sind nur Markierungen, aber niemand
    wacht darüber, hier oben wird keine Grenze verletzt. Unheimlich schnell
    stieg die Sonne höher, wurde der Himmel blau. Wir gingen wieder hinunter,
    wie die meisten, die in der Baude saßen, denn wir hatten nur die Sonne
    sehen wollen: […] Der Weg ins Tal war fremd, obwohl wir vor einer Stunde
    hier gegangen waren. Das Geheimnis der Nacht war wieder verschwun-
    den.«

ter weite Teile der zerschlagenen Tschechoslowakei im Deutschen
Reich aufgingen, die Aufhebung der Grenzen also nicht nach gemeinsamer Willensbildung gleichberechtigter Nationen erfolgte, sondern als
Resultat von völkischer Ideologie und des imperialistischen Vorherr-
schaftsanspruchs des Deutschen Reiches über andere europäische
Nationen, stellte Neumann dies im *Berliner Tageblatt* als »Befreiung«
der Sudetendeutschen dar.

In den 1930er Jahren waren Neumanns Wünsche nach transnatio-
nalen Vereinigungen nicht wie später in den 1950er Jahren wirtschafts-
oder sicherheitspolitisch fundiert, sondern beruhten eher auf Vorstellungen von kulturnationalen und ethnischen Gemeinsamkeiten. In diesem
Sinn sah er bis 1946/47 in Deutschland und Frankreich die Kernvertre-
ter des europäischen Abendlandes, basierend auf gemeinsamen bürgerlichen und christlichen Werten, gleichsam als dritte Kraft zwischen der
Sowjetunion und den angelsächsischen Mächten. Seine antikapitalistisch
gefärbten Vorbehalte gegenüber England und den USA, die den ehemaligen Sozialisten erkennen lassen, zerstoben erst nach der endgültigen
Auflösung der alliierten Kriegskoalition 1948. Im Gefolge des beginnenden Kalten Krieges mit seiner bipolaren Weltordnung erkannte
Neumann dann in dualistischer Ost-West-Perspektive neue politische
Handlungsspielräume für Westdeutschland, während er die USA von
einer über Deutschland richtenden Besatzungsmacht hin zu einem Be-
schützer vor der Sowjetunion gewandelt sah. Neumann wurde zum en-
gagierten Verfechter der europäischen Einigung. Mit Staatssekretär
Otto Lenz gründete er 1951 die »Gesellschaft Freies Europa« und den
Auslands-Pressedienst »Deutsche Korrespondenz« sowie später ein
ganzes Geflecht weiterer Propagandaorganisationen, um energisch für
die Westbindung der Bundesrepublik zu werben und der westlichen
Auslandspresse das Bild des gewandelten Deutschlands zu präsentieren:
kanzlerdemokratisch, wirtschaftlich prosperierend, bündnistreu, der
Freiheit verpflichtet.

7. Schlußfolgerungen für Deutschland

Neumanns erkaltete Beziehung zur Politik[98] war damit wieder erwärmt, nun maß er den Politikern anders als noch 1946 weite Kompetenzen zu. Denn für Neumann kongruierten spätestens 1949 geistige

---

98 NL EPN: So Neumann an seinen Jugendfreund Josef, 25. September 1946.

Aristokratie und politisches Kollegium zur politischen Führung, der er die Geschicke für den sich abzeichnenden demokratischen Weststaat zuwies. Dabei wich sein kulturpessimistischer, negativer Massenbegriff einem positiveren Menschenbild, in dem zwar die Bevölkerung nicht gleich politisch klüger und versierter daherkam, die politische Kenntnis- und Interesselosigkeit aber als Ausdruck des Nachkriegssehnens nach Ruhe, Ordnung und Sicherheit akzeptiert wurde. Daß die Westdeutschen noch zahlreich den sicherheits- und sozialpolitischen Konzepten der Nazis anhingen und den Nationalsozialismus als gute, lediglich schlecht ausgeführte Idee bezeichneten, erklärte Neumann mit dem geringen Bildungsstand der Bevölkerung und der deshalb so hartnäckig erfolgreichen NS-Propaganda. »Die wenigen Jahre der Scheinblüte des Dritten Reiches sind nicht als Wechsel auf eine schlimme Zukunft verstanden worden, sondern als ein Meisterstück politischer Führung.«[99] Hier lag für Neumann nun die Aufgabe der neuen politischen Führung Westdeutschlands. Sie müsse die Bevölkerung durch die gefährlichen Phasen des Kalten Krieges und des Wiederaufbaus leiten und dabei für das neu errichtete, nun von Neumann nicht mehr angezweifelte System der parlamentarischen Demokratie offensiv werben, damit es das Vertrauen der politisch lethargischen Bevölkerung gewinne.

Politik muß vielleicht dekorativ und symbolträchtig sein, um den Menschen zu erwärmen. Sie muß simpel sein und selbst in der Banalität imponierend wie die Parteitage. Dann erwärmt man sich dafür, weil man übersieht, worum es sich handelt. Welcher Unterschied zwischen einer Reichstagssitzung mit schulfrei und Girlanden und den Tagungen des Parlamentarischen Rates in Bonn – genau der Unterschied übrigens, der darin zum Ausdruck kommt, daß die Weimarer Republik ein schlechtes Echo, der Nationalsozialismus aber trotz allem ein mehr als erträgliches Andenken besitzt.[100]

99 Allensbacher Archiv, IfD-Bericht 6: Das Dritte Reich, S. II.
100 Allensbacher Archiv, IfD-Bericht 6, S. 24. Neumanns Verständnis von Werbung um politisch vertikales Vertrauen befindet sich zwischen Diktaturerfahrungen und demokratischen Einstellungen, vgl. Ute Frevert, *Vertrauen – eine historische Spurensuche*, in: dies. (Hrsg.), *Vertrauen. Historische Annäherungen*, Göttingen 2003, S. 7-66. Politische Symbolik als Notwendigkeit, breite Loyalität zu erlangen: Thomas Mergel, *Überlegungen zu einer Kulturgeschichte der Politik*, in: *Geschichte und Gesellschaft*, Jg. 28, 2002, S. 574-606, hier: S. 594.

Die politische Führung und auch die Elite in Wirtschaft und Verwaltung müßten um die politischen Stimmungen der Bevölkerung wissen – nicht um nach dem wechselhaften Geschmack der Massen zu handeln, sondern um sich auf Vorbehalte, Wünsche und Ängste in der Bevölkerung bei der Vermittlung der Politik einzustellen und Überraschungen durch im Vorfeld nicht erkannte emotionale Aufwallungen zu verhindern.

1946 noch hoffte Neumann idealistisch: »Man müßte eine neue Möglichkeit ermitteln, die Menschen dazu zu bringen, politisch wieder ernst und wahrhaftig zu sein, nicht von der Hand in den Mund zu denken.«[101] Nun, diese Möglichkeit hatte er nicht gefunden. Als Alternative bot das Allensbacher Institut den künftigen westdeutschen Staatslenkern »die Möglichkeiten an, die mit Hilfe der Demoskopie wahrgenommen werden können, um den psychologischen Zustand der Masse zu analysieren«.[102] Dieses Verständnis von Demoskopie ähnelt der Forderung Gustave Le Bons:

> Die Kenntnis der Massenpsychologie ist heute das letzte Hilfsmittel für den Staatsmann, der sie nicht etwa beherrschen – das ist zu schwierig geworden –, aber wenigstens nicht allzusehr von ihnen beherrscht werden will.[103]

Die durch Umfragen gewonnenen Erkenntnisse sollten zwar nicht die Entscheidungen der politischen Führung vorwegnehmen oder gar ersetzen, aber als »diagnostischer Beitrag«, so der Untertitel der Allensbacher Studie zum Antisemitismus vom Herbst 1949, zur Therapie durch die politische Führung beitragen.[104] Die Demoskopie biete in der Nachkriegszeit »eine Momentaufnahme der gestörten Beziehungen zwischen den Deutschen und der Politik«.[105] Sie diene in dieser Phase

---

101 NL EPN: Neumann an Lisi, Sylvester 1946.

102 Allensbacher Archiv, IfD-Bericht 6, S. I. Vgl. Elisabeth Noelle / Erich Peter Neumann, *Antworten. Politik im Kraftfeld der öffentlichen Meinung*, Allensbach 1954, S. 17-26, 55-60, 63-68.

103 Le Bon, *Psychologie der Massen*, a.a.O. (Anm. 32), S. 6 f. »Alle Herren der Erde, alle Religions- und Reichsstifter [...], die hervorragenden Staatsmänner [...] waren stets unbewußte Psychologen mit einer instinktiven und oft sehr sicheren Kenntnis der Massenseele; weil sie diese gut kannten, wurden sie so leicht Machthaber.«

104 Allensbacher Archiv, IfD-Bericht 37: Ist Deutschland antisemitistisch. Ein diagnostischer Beitrag zur Innenpolitik. Herbst 1949. Die Studie entstand im Auftrag des gerade eingerichteten Bundeskanzleramts.

105 Allensbacher Archiv, IfD-Bericht 19: Das halbe Deutschland. Eine politische Umfrage. März 1949, o.S.

des staatlichen Aufbaus als Informationsmittel für die verantwortlichen Entscheidungsträger, die für die Besserung dieser Beziehung verantwortlich seien, und richte sich nicht in erster Linie als Aufklärungs-
mittel an die Bevölkerung selbst.[106] So nutzte z.b. 1948 Ludwig Erhard
Allensbacher Umfragen, um die Haltung der Westdeutschen zur Einführung der D-Mark zu erkennen und anschließend für seine Politik
der sozialen Marktwirtschaft auf der Basis demoskopischer Erkenntnisse politisch zu werben.[107] Dabei half Neumann, anknüpfend an seine
Vorstellungen aus den 1930er Jahren, tatkräftig mit, indem er in den
1950er Jahren politische Plakate oder Broschüren entwarf, die für den
sozialen Ausgleich eintraten, etwa zur Zeit der Konflikte um das Be-
triebsverfassungsgesetz das Plakat »Nicht Streik, sozialer Friede sichert
den Aufbau«.[108] Wenn man so will, übertrug Neumann das Modell des
sozialfürsorglichen, patriarchalischen Betriebsführers der 1930er Jahre
oder die zugedachten Aufgaben der geistigen Aristokratie auf die Ent-
scheidungseliten in der westdeutschen Kanzlerdemokratie. Direkte demokratische Einflüsse durch die Bevölkerung lehnte Neumann hingegen ab. Sie müsse erst eine neue Loyalität zum Staat entwickeln und
zu dessen Aufbau in sozialer Gemeinschaft beitragen.

Die Skeptiker gegenüber Repräsentativbefragungen haben später
kritisiert, daß das Allensbacher Demoskopieverständnis den Regierungen ein Herrschaftswissen zur Verfügung stelle, das die Demokratie
nicht befördere.[109] Neumann und Elisabeth Noelle hingegen sahen in

106 Erich Peter Neumann, *Politische und soziale Meinungsforschung in
Deutschland*, in: *Empirische Sozialforschung. Meinungs- und Markt-
forschung. Methoden und Probleme*, hrsg. vom Institut zur Förderung
öffentlicher Angelegenheiten, Frankfurt am Main 1952, S. 44-51, S. 45:
Allerdings kann die Demoskopie nicht nur »das Ohr der demokratischen
Obrigkeit«, sondern auch »Werkzeug der Öffentlichkeit sein [...], um die
Regierung [...] zu kontrollieren [...]. Es wird jeweils von der Opportuni-
tät und von geschichtlichen Umständen abhängen, nach welcher Seite die
Mitteilung von Daten, von Tendenzen der öffentlichen Meinung Wirksamkeit entfaltet«.
107 Allensbacher Archiv, IfD-Bericht 2: Sonderumfrage Währungsreform I
26.-30. Juni 1948. IfD-Bericht 3: Sonderumfrage Währungsreform II 17.-
22. Juli 1948 im Auftrag Ludwig Erhards.
108 NL EPN: Vertrauliche Aktennotiz von Neumann an Staatssekretär Lenz,
16. Mai 1952.
109 Ludwig von Friedeburg, *Zum politischen Potential der Umfrageforschung*, in: *Kölner Zeitschrift für Soziologie und Sozialpsychologie*,
Jg. 13, 1961, S. 201-216; Jürgen Habermas, *Strukturwandel der Öffent-*

der demoskopischen Beratung legitimierter Entscheidungsträger eine Stärkung der Demokratie und der fachlichen Elite in Politik und Wirtschaft, wovon die Bevölkerung profitiere. Ernst Jünger, auf den sich Neumann in seinem Deutschlandbild so stark bezogen hatte, hielt Neumanns demoskopische Tätigkeit für zu politzentriert und erkannte das Mißbrauchspotential von Bevölkerungsbefragungen: »Aber die Antworten hängen immer ab von der Musikalität des Befragenden. Ein immens reicher Privatmann könnte sich da absonderliche Genüsse verschaffen, jenseits der Politik, die ja nur grobe Fragen kennt.«[110] Neumann, wie im übrigen auch der Informationsabteilung der US-Zonen-Verwaltung, ging es jedoch nicht um absonderliche Genüsse. Die Demoskopie fungierte für ihn primär als demokratie-stützende Vermittlung zwischen der Masse und den Entscheidungsträgern, gleichsam als ein Instrument mit naturwissenschaftlicher Präzision, um extreme, irrationale und orientierungslose politische Stimmungen der Massengesellschaft im Zeitalter rasanter technischer Veränderungen rechtzeitig zu ermitteln.[111] Diese Funktionszuweisung fußte auf Erfahrungen des ehemaligen Sozialisten aus der Weimarer Republik, als sich die Reichsregierung Brüning im Frühjahr 1930 ohne demoskopische Unterrichtung nicht gegen den sprunghaften Anstieg der Wählerstimmen für die NSDAP habe wappnen können.[112]

Die Allensbacher Umfragen wirkten als Seismograph und lösten so Ernst Jünger ab, dem Neumann diese Funktion noch 1946 zugesprochen hatte.

lichkeit. Untersuchungen zu einer Kategorie der bürgerlichen Gesellschaft, 2. Auflage, Neuwied, Berlin 1976, S. 286.

110 Allensbacher Archiv, Verlag für Demoskopie: Ernst Jünger an Erich Peter Neumann, 10. Februar 1955.

111 Bernhard Plé, *Wissenschaft und säkulare Mission. ›Amerikanische Sozialwissenschaft‹ im politischen Sendungsbewußtsein der USA und im geistigen Aufbau der Bundesrepublik Deutschland*, Stuttgart 1990, S. 258 f. Zur politischen Funktion der Demoskopie vgl. die bald fertiggestellte Dissertation von Anja Kruke, *Meinungsforschung in der Konkurrenzdemokratie. Der Aufstieg der politischen Umfrageforschung und seine Auswirkungen auf den politischen Massenmarkt am Beispiel der SPD, 1945-1990*, in: Jörg Calließ (Hrsg.), *Die frühen Jahre des Erfolgsmodells BRD. Oder: Die Dekonstruktion der Bilder von der formativen Phase unserer Gesellschaft durch die Nachgeborenen* (Loccumer Protokolle, 2002, Nr. 25), S. 105-107.

112 Neumann, *Politische und soziale Meinungsforschung*, a.a.O. (Anm. 106), S. 44.

Carola Dietze

»Deutschlands Zukunft«

Ein Deutschlandkonzept Helmuth Plessners aus dem Jahre 1946[*]

Anfang des Jahres 1948 erschien in der *Hamburger akademischen Rundschau* ein Aufsatz mit dem Titel *Deutschlands Zukunft* von Helmuth Plessner.[1] Die Redaktion dieser Universitätszeitschrift, die seit Mai 1946 unter Leitung des späteren Germanisten Karl Ludwig Schneider – als Hamburger Repräsentant der »Weißen Rose« eine Symbolfigur des Widerstands – sowie des Anglisten Hans-Joachim Lang herausgegeben wurde, vermerkte zu diesem Artikel lediglich, daß der Beitrag einer Broschüre mit dem Titel *Debat over Duitsland* (Debatte um Deutschland) entnommen worden sei, die ein ›Comité voor actieve Democratie‹ (Komitee für aktive Demokratie) aus Amsterdam veröffentlicht habe.[2] Daß sich mit Helmuth Plessner hier ein Emigrant zu den Zukunftsfragen Deutschlands äußerte, wurde – anders als bei anderen Beiträgen von Emigranten im gleichen Heft – nirgends angegeben.[3] Das mag sogar auf Plessners eigene Initiative zurückgegan-

[*] Für Korrekturen, Anmerkungen und Kritik danke ich sehr herzlich Dr. Daniela Münkel und Henning Trüper. Gerda Huisman und Tonnis E. Musschenga danke ich für die schnelle Versorgung mit Kopien aus dem Plessner-Archiv.

1 Helmuth Plessner, *Deutschlands Zukunft*, in: *Hamburger akademische Rundschau*, Jg. 2, 1947/48, H. 7/8, S. 324-334, wieder abgedruckt in: Helmuth Plessner, *Gesammelte Schriften. 10 Bände*, hrsg. von Günter Dux, Odo Marquard und Elisabeth Ströker, Frankfurt am Main 1980-1985 [im folgenden zitiert als GS], Band VI, S. 225-241.
2 Vgl. Karl Ludwig Schneider / Hans-Joachim Lang, *Mitteilungen der Redaktion*, in: *Hamburger akademische Rundschau*, Jg. 2, 1947/48, H. 7/8, S. 423.
3 Zu Geschichte und Ausrichtung der *Hamburger Akademischen Rundschau*, die als eine der wenigen Nachkriegszeitschriften abseits des verbreiteten »Besinnungs«-Pathos mit Hilfe von Emigranten eine politische und moralische Neuorientierung versuchte, vgl. neben Angela Bottin (Hrsg.), *Hamburger Akademische Rundschau – Nachdruck, Teil 4: Begleitband. Berichte, Dokumentation, Register*, Berlin, Hamburg 1991 und Ingrid Laurien, *Politisch-kulturelle Zeitschriften in den Westzonen 1945-1949. Ein Beitrag zur politischen Kultur der Nachkriegszeit*, Frankfurt a.M., Bern, New York, Paris 1991 vor allem Claus-Dieter Krohn, *»Deutschlands*

gen sein. Denn nachdem im *Berliner Telegraf* über seinen der Broschüre
zugrunde liegenden Vortrag zwar wohlwollend, aber in der Sache unmißverständlich kritisch berichtet worden war, hatte er gezögert, seine
im niederländischen Kontext entstandenen Überlegungen ins Deutsche
übersetzen zu lassen.[4] Es war Josef König – Ordinarius für Philosophie
in Hamburg und ein Freund Plessners noch aus Weimarer Tagen –, der
ihm zu der Publikation riet und zusammen mit dem Altphilologen Bruno
Snell den Kontakt zur Universitätszeitung vermittelte, wohl in der Absicht, den Emigranten aus dem Abseits des Exils wieder stärker ins
Rampenlicht deutscher Wissenschaft zu rücken.

Helmuth Plessner hatte als sogenannter »Halbjude« gleich im April
1933 auf Grund des ›Gesetzes zur Wiederherstellung des Berufsbeam-
tentums‹ Vorlesungsverbot erhalten. Im September des gleichen Jahres
wurde dem Kölner außerordentlichen Professor für Philosophie die
Venia legendi entzogen. Nach einem vergeblichen Versuch, an der neugegründeten Universität Istanbul eine Anstellung zu bekommen, erhielt
er durch Vermittlung eines niederländischen Bekannten ein Stipendium
des *Academisch Steunfonds* (Akademischer Unterstützungsfonds), einer
holländischen Hilfsorganisation für entlassene jüdische Hochschulleh-
rer aus Deutschland. So emigrierte Plessner Anfang 1934 in die Niederlande, wo er am Physiologischen Institut Frederik J.J. Buytendijks an
der Universität Groningen einen neuen wissenschaftlichen Tätigkeits-
bereich fand. Aus Vorlesungen, die er hier für Hörer aller Fakultäten
hielt, entstand sein wohl bekanntestes Werk: die Deutschlandstudie
*Das Schicksal deutschen Geistes im Ausgang seiner bürgerlichen Epo-
che*, die 1935 in der Schweiz erschien und fast fünfundzwanzig Jahre
später in Deutschland als *Die verspätete Nation* neu aufgelegt wurde.[5]

geistige Reserven im Ausland«? *Emigranten in Nachkriegszeitschriften
1945-1949*, in: Claus-Dieter Krohn / Axel Schildt (Hrsg), *Zwischen den
Stühlen? Remigranten und Remigration in der deutschen Medienöffentlichkeit der Nachkriegszeit*, Hamburg 2002, S. 115-144, S. 135 ff.

4 Vgl. H.C., *Holland und das deutsche Problem. Leidenschaftslose Diskussion in Holland*, in: *Telegraf. Berliner Ausgabe*, Nr. 13/2 vom 16. Januar
   1947, S. 3. Die Vermutung, daß Plessner selbst einen Hinweis auf seine
   Emigration vermeiden wollte, läßt sich nicht mehr nachprüfen, da die Korrespondenz zwischen Plessner und den Herausgebern nicht erhalten ist. Für
   diese Auskunft danke ich Hans-Joachim Lang und Nina Schneider.

5 Helmuth Plessner, *Das Schicksal deutschen Geistes im Ausgang seiner bür-
   gerlichen Epoche*, Zürich, Leipzig 1935; Helmuth Plessner, *Die verspätete
   Nation. Über die politische Verführbarkeit bürgerlichen Geistes*, Stuttgart,
   Berlin, Köln, Mainz 1959, wieder abgedruckt in: GS VI, S. 7-223.

Als nach zwei Jahren die Gelder des *Steunfonds* zu Ende gingen, aber weder »der Hitler verschwunden« war noch Plessner »mit Carnegies und Gottes Hilfe ins Commonwealth oder nach USA« hatte wandern können, beantragte die Universität Groningen eine Anschubfinanzierung bei der Rockefeller Stiftung, die seinen Unterhalt für zwei weitere Jahre sicherstellte.[6] Danach wurde der Emigrant als Stiftungsprofessor für Soziologie von einer eigens dafür gegründeten *Stichting Sociologisch Instituut* (Stiftung Soziologisches Institut) angestellt. In diesem Amt konnte er auch nach dem Überfall der Wehrmacht auf die Niederlande im Mai 1940 noch für knapp drei Jahre verbleiben. Dann wurde er vom deutschen Besatzungsregime erneut entlassen. Plessner tauchte zunächst in Utrecht und später in Amsterdam unter, wo er von Freunden und ehemaligen Studenten, die jetzt im niederländischen Widerstand aktiv waren, mit falschen Papieren und Lebensmittelkarten versorgt wurde. Auf diese Weise überlebte er die letzten Kriegsjahre mit den anhaltenden Judenverfolgungen sowie den Hungerwinter 1944/45. Nach der Befreiung der Niederlande wurde er wieder auf seine Stelle als Stiftungsprofessor für Soziologie eingesetzt und 1946 auf das Ordinariat für Philosophie an der Groninger Universität berufen – sein Vorgänger und früherer Kollege Leo Polak war im Konzentrationslager Sachsenhausen ermordet worden. Im Jahre 1951 folgte Plessner einem Ruf auf den Lehrstuhl für Soziologie an der Universität Göttingen, wo er bis 1962 lehrte.[7]

6 Helmuth Plessner, *Unsere Begegnung*, in: M.J. Langeveld (Hrsg.), *Rencontre / Encounter / Begegnung. Contributions à une psychologie humaine dédiées au Professeur F.J.J. Buytendijk*, Utrecht, Antwerpen 1957, S. 331-338, wieder abgedruckt in: Helmuth Plessner, *Politik – Anthropologie – Philosophie. Aufsätze und Vorträge*, hrsg. von Salvatore Giammusso und Hans-Ulrich Lessing, München 2001 [im folgenden zitiert als PAP], S. 311-319, hier: S. 315.

7 Für nähere Einzelheiten und Nachweise verweise ich hier und für das folgende auf meine Dissertationsschrift, die sich in Vorbereitung befindet. Zu Plessners Biographie allgemein vgl. Monika Plessner, *Die Argonauten auf Long Island. Begegnungen mit Hannah Arendt, Theodor W. Adorno, Gershom Scholem und anderen*, Berlin 1995 sowie Kersten Schüßler, *Helmuth Plessner. Eine intellektuelle Biographie*, Berlin, Wien 2000. Speziell zum Exil vgl. meinen Beitrag *Der eigenen Wissenschaft treu bleiben. Helmuth Plessner im niederländischen Exil*, in: Hartmut Lehmann / Otto Gerhard Oexle (Hrsg.), *Nationalsozialismus in den Kulturwissenschaften*, Göttingen 2004.

Deutschland, seine Vergangenheit und seine Zukunft haben Helmuth
Plessner zeit seines Lebens stark beschäftigt. Immer wieder hatte er als
politisch interessierter Mensch wie als Patriot versucht, am aktuellen
politischen Geschehen teilzuhaben oder mit den ihm zur Verfügung
stehenden Mitteln darauf einzuwirken. Dabei schlug er recht unterschiedliche Wege ein: So meldete sich der 1892 geborene Heidelberger
Student im August 1914 sofort freiwillig zum Kriegsdienst. Wegen einer
Behinderung des rechten Arms wurde er jedoch ausgemustert – anfäng-
lich sehr zu seinem Leidwesen. Im Herbst 1917 nahm er an den Lauen-
steiner Kulturtagen teil, die von Eugen Diederichs, dem Eigentümer der
Zeitschrift *Die Tat*, veranstaltet worden waren, um die Neuordnung
Deutschlands nach dem Krieg zu diskutieren.[8] Während der Novemberrevolution 1918 versuchte er an der Universität Erlangen, einen Stu-
dentenrat zu gründen. Als dieses Vorhaben scheiterte, ging Plessner als
Sekretär des »Rates der geistigen Arbeiter« nach München. Bis Mitte
der 1920er Jahre trat er immer wieder öffentlich für die Weimarer
Republik ein: Er versuchte, um Akzeptanz für Demokratie, Politik und
offene Gesellschaft zu werben, stellte jedoch mit Sorge fest, »daß Verfassung und grundsätzliche Richtung der Politik des Deutschen Reichs
von der überwiegenden Majorität der Dozenten und Studenten unserer
Universitäten abgelehnt sind« und warnte vor einer zu geringen Wehrhaftigkeit der Weimarer Republik gerade gegenüber rechten Bewegungen: »Was aber in zehn Jahren sein wird, wenn nicht aus erhöhter
Wachsamkeit aller Verantwortlichen endlich der Wille zu Hilfe und
Heilung erwächst, davon macht man sich schwer eine Vorstellung«,
schrieb er 1921 in der *Frankfurter Zeitung*.[9]

8   Walter M. Sprondel, *Denkwürdigkeiten aus dem Leben des Helmuth Pless-
    ner. Vortrag zum Internationalen Kongreß: Helmuth Plessner – Exzentri-
    sche Positionalität*, Freiburg 2000, S. 9.
9   Beide Zitate aus Helmuth Plessner, *Universität und Staatsinteresse (Teil I)*,
    in: *Frankfurter Zeitung*, vom 20. Okt. 1921, S. 3. Vgl. weiter: Helmuth
    Plessner, *Politische Kultur. Vom Wert und Sinn der Staatskunst als Kultur-
    aufgabe*, in: *Frankfurter Zeitung* vom 3. April 1921; Helmuth Plessner,
    Politische Erziehung in Deutschland, in: *Die Zukunft*, Nr. 6 vom 5. No-
    vember 1921, S. 149-165 und vor allem Helmuth Plessner, *Grenzen der
    Gemeinschaft. Eine Kritik des sozialen Radikalismus*, Bonn 1924, wieder
    abgedruckt in: GS V, S. 7-133. Vgl. dazu auch Joachim Fischer, *Plessner
    und die politische Philosophie der zwanziger Jahre*, in: *Politisches Denken.
    Jahrbuch der Deutschen Gesellschaft zur Erforschung des Politischen Den-
    kens*, Stuttgart, Weimar 1992, S. 53-77.

Nach seiner Vertreibung von der Universität Köln im Jahr 1933 ließ es Plessner nicht zu einem Bruch mit seinem Herkunftsland kommen. Das drückt sich unter anderem darin aus, daß er während der Zeit seiner Emigration so viel Zeit wie möglich in Deutschland verbrachte. Da Plessner keine politische Verfolgung zu befürchten hatte, konnte er solche Besuche noch machen. In den Semesterferien und in der Zeit um Weihnachten verbrachte er regelmäßig einige Wochen bei seiner Mutter in Wiesbaden, und sogar nach Beginn des Krieges setzte er diese Reisen fort: das letzte Mal im Jahre 1944, indem er sich in einem Zug für Wehrmachtsangehörige unter die Soldaten mischte. Seine Einstellung zu Deutschland brachte Plessner im August 1934 – nach einem halben Jahr im Groninger Exil – in einem Brief an Josef König wie folgt auf den Punkt:

> Ich weiss nicht, ob echte Vaterlandsliebe sich zu dem Gefühl einer Generalhaftung für Dinge steigern muss, welche im Namen des Staates und Volks begangen werden. Mir scheint sich u.U. ausgesprochener Non-Konformismus mit Vaterlandsliebe besser zu vertragen.[10]

Nähe zu Deutschland bei gleichzeitiger Distanzierung vom NS-Regime und seiner Anhängerschaft – diese Haltung sollte grundsätzlich die weiteren Exiljahre hindurch für Plessner charakteristisch bleiben.[11]

Nach dem Einsetzen der Judendeportationen und dem zunehmenden Terror der deutschen Okkupationsregime auch in den westlichen besetzten Ländern wurde es für Plessner jedoch zunehmend schwieriger, diese Haltung zu leben. »Wir seufzen allemal unter demselben Elend, bitten um dieselbe Befreiung«, schrieb er Ende April 1943 seinem Freund und Gönner Frederik J.J. Buytendijk, der – genau wie Plessner selbst – inzwischen die Universität Groningen verlassen hatte,

---

10 UB Göttingen, Cod. Ms. J. König 195, Brief von Helmuth Plessner an Josef König vom 9. August 1934.

11 Carl Zuckmayer formulierte in seinen Memoiren eine ähnliche Haltung, wenn er von seinem hartnäckigen Bekenntnis »zu einem anderen Deutschland«, »zum wahren Deutschland« spricht, das man nicht mit der »Nazijauche« gleichsetzen dürfe (vgl. Carl Zuckmayer, *Als wär's ein Stück von mir. Horen der Freundschaft*, Frankfurt am Main 1997, S. 617 [zuerst 1966]). Zum Prozeß der Akkulturation in den Niederlanden, der bei Plessner gleichwohl stattfand, vgl. Carola Dietze, *Kein Gestus des Neubeginns. Helmuth Plessner als remigrierter Soziologe in der Wissenschaftskultur der Nachkriegszeit*, in: Bernd Weisbrod (Hrsg.), *Akademische Vergangenheitspolitik. Beiträge zur Wissenschaftskultur der Nachkriegszeit*, Göttingen 2002, S. 75-96, vor allem S. 77 ff.

um in Utrecht unterzutauchen: »Daß wir wieder frei atmen können
[...]. Ruhe, Recht und Gerechtigkeit und eine Welt ohne Haß, ohne
diese Bürde, die sich als Liebe zum eigenen Vaterland camoufliert.« Für
den Niederländer Buytendijk sei die Situation allerdings weniger kompliziert als für ihn selbst. Denn Buytendijk habe nur gegen eine Front
zu stehen, während er Deutschland zu gut kenne und seine historischen
Schwierigkeiten zu gut begreife, »um mit derselben Logik wie ›der Westen‹ gegen den Pangermanismus und das Deutsche« seine Position zu
beziehen.[12] Selbst in dieser Situation versuchte Plessner, die historischen
Problemlagen Deutschlands, die seiner Ansicht nach in den Nationalsozialismus geführt hatten und denen er mit *Das Schicksal deutschen
Geistes* eine eigene Studie gewidmet hatte, weiterhin zu berücksichtigen, und hielt an seinen patriotischen Ansichten im Kern fest.[13]

Dabei gab er sich hinsichtlich deutscher Kriegführung und Vernich-
tungspolitik keinen Illusionen hin. Das geht aus einem Artikel für die
Untergrundzeitung *Het Vrije Katheder* aus dem April 1944 hervor, in
dem sich Plessner mit der Schuldfrage sowie der daraus resultierenden
Behandlung Deutschlands nach dem Ende des Krieges auseinander-
setzte.[14] Ausgewiesen durch sein Buch *Das Schicksal deutschen Geistes
im Ausgang seiner bürgerlichen Epoche* hatte er in Utrecht begonnen,
im kleinen Kreis über die nationalsozialistische Ideologie zu sprechen
sowie Artikel in niederländischen Widerstandszeitschriften zu publizie-

12 Henk Struyker Boudier (Hrsg.), *Filosofische wegwijzer. Correspondentie
    van F.J.J. Buytendijk met Helmuth Plessner*, Zeist 1993, S. 122 ff., hier:
    S. 122 [meine Übersetzung aus dem Niederländischen]. Der Brief ist der er-
    ste erhalten gebliebene Brief an Buytendijk, den Plessner auf Niederlän-
    disch verfaßt hat. Eine vollständige Übersetzung findet sich in Wilhelm
    J.M. Dekkers / C.E.M. Struyker Boudier / H.M.A. Struyker Boudier, *Hel-
    muth Plessner und Frederik Buytendijk – ein »Dioskurenpaar«*, in: Bern-
    hard Delfgaauw / Hans Heinz Holz / Lolle Nauta (Hrsg.), *Philosophische
    Rede vom Menschen. Studien zur Anthropologie Helmuth Plessners*,
    Frankfurt am Main, Bern, New York usw. 1986, S. 139-153, hier: S. 152 f.
13 Carl Zuckmayer beschreibt im Rückblick wiederum eine ähnliche Zerris-
    senheit: »Und der Konflikt, die Niederlage des eigenen Volkes wünschen zu
    müssen, damit es von seiner Tyrannei befreit werde, erfüllte mich mit Ver-
    zweiflung. Ich wünschte den Untergang Hitlers und seiner Schreckensherr-
    schaft, aber kein zerstörtes, niedergeworfenes Deutschland. Doch wurde es
    immer deutlicher, daß das eine ohne das andere kaum denkbar sei. Ich fühlte
    mich in einem Zwiespalt verstrickt, von dem ich mich nicht befreien konn-
    te« (Zuckmayer, *Als wär's ein Stück von mir*, a.a.O. [Anm. 11], S. 603).
14 Helmuth Plessner, *Het probleem Duitsland*, in: *De Vrije Katheder*, Jg. 4,
    1944, H. 12, S. 1-3.

ren. Seine Antwort – die unter dem Motto Heinrich Heines: »Denk ich
an Deutschland in der Nacht / Dann bin ich um den Schlaf gebracht«
stand – machte Plessner sich nicht leicht. Er versuchte zu analysieren,
wie Hitler an die Macht gekommen war und wie er diese hatte festigen
können, er zählte Aktionen des Widerstands auf und beschrieb, wie
dieser gebrochen wurde. Selbst bei der Erklärung der Shoa war er um
Schonung der deutschen Bevölkerung bemüht: durch den »nationalistischen Siegesrausch« nach den ersten schnellen Kriegserfolgen sei das
deutsche Volk »wie benebelt« weitergelaufen »auf dem Weg des Ver-
derbens, geführt von gewissenlosem Abschaum, der es von Verbrechen
zu Verbrechen« gebracht habe, »von dem langsamen Todhungern
Zehntausender in den Konzentrationslagern und dem Erhängen unschuldiger Bürger bis zum Vergasen von Frauen, Kindern und Alten zu
Tausenden am Tag.«[15]

War das deutsche Volk also schuldig? Plessner blieb abwägend: ja
und nein. Unschuldig sei es insofern, als es systematisch terrorisiert und
belogen worden sei und »auch viele unter sich zählte, die aktiv, ja bis in
den Tod, den Nazismus bekämpft« hätten. Schuldig sei es insofern, als
es sich in seiner großen Masse mit Hitler arrangiert habe. Vor allem –
und hier half dann auch kein Abwägen und kein Erklären mehr – sei
das deutsche Volk insofern schuldig,

> als es in großer Zahl beim Anziehen der Uniform das Menschsein
> abgelegt hat, Juden quält, Frauen und Kinder ermordet, auf Befehl,
> manchmal auch aus eigenem Antrieb, die abscheulichsten Verbre-
> chen begeht allein aus Angst um das eigene elende Leben, als es für
> sich selbst die Grenze nicht zu ziehen weiß, bei deren Überschreitung
> das Menschsein seine Bedeutung verliert.[16]

In diesem Punkt stehe die Schuld des deutschen Volkes unwiderruflich
fest. Und dennoch weist Plessner gleich darauf auch auf die Schuld anderer Völker hin: So habe es in den Niederlanden kaum eine Reaktion
gegeben, als »Mussolini der Zivilisation ins Gesicht schlug, indem er
gegen schlecht bewaffnete Negerstämme Giftgas einsetzte«, man habe
der Bombardierung Guernicas durch deutsche Junker-Flugzeuge eher
zugejubelt, als daß sich Empörung oder Protest geregt hätte, und Hun-
derte von Niederländern hätten mitgeholfen, ihre jüdischen Landsleute
»in die polnische Hölle« zu transportieren.[17] Die deutsche Bevölkerung

15 Ebd., S. 1.
16 Ebd., S. 2.
17 Ebd.

ist schuldig, aber nicht alle Deutschen und nicht sie allein. So läßt sich Plessners Antwort auf die Schuldfrage zusammenfassen.[18]

Die Forderungen für die Kriegszielpolitik der Alliierten und die Behandlung Deutschlands nach dem Krieg, die Plessner im gleichen Artikel formulierte, folgten aus seinen Auffassungen in der Schuldfrage. So stand für ihn fest: »Der Nationalsozialismus muß vernichtet werden. Das ist unmöglich ohne die Vernichtung des heutigen deutschen Regimes und der entscheidenden Niederlage der heutigen deutschen Armee.« Zudem müßten nach dem Krieg Maßnahmen getroffen werden, um zu verhindern, »daß nochmals eine gleichermaßen grauenhafte Periode wie die heutige in der Geschichte Europas vorkommt.« Diesem Zweck diente Plessner zufolge die bedingungslose Kapitulation, die es ermöglichen solle, tiefgreifend in die deutschen Verhältnisse einzugreifen. Dabei müsse insbesondere verhindert werden, daß »raub- und machtlüsterne Gruppen ihren fatalen Einfluß noch einmal geltend machen könnten«. Schließlich müßten die Kriegsverbrecher streng bestraft werden.[19]

Alle diese Maßnahmen durften Plessner zufolge jedoch nicht dazu führen, daß Deutschland permanent »militärisch besetzt oder zerrissen, das deutsche Volk versklavt und unterjocht« werde, wie »einige Phantasten sich das in ihrem wilden Haß« vorstellten. Denn, so Plessner:

Man kann nicht ungestraft sechzig Millionen Menschen verteilt halten und unterdrücken, ebenso wenig wie es den Nazis gelingen wird, ungestraft halb Europa zu knechten. [...] Wollen wir wieder Ruhe bekommen in Europa, dann dürfen sich an unserer Ostgrenze nicht ein Land und ein Volk befinden, für das fortdauernd militärische Aufsicht notwendig ist, sondern dann müssen wir sicher sein können, daß da ein Land und Volk sind, die ebenso wie wir in Frieden und Wohlfahrt leben.

18 Diese Haltung in der Schuldfrage – das Ablehnen der Kollektivschuld-These verbunden mit einem Vorbehalt gegen die »pharisäische Selbstsicherheit« der übrigen Welt bei gleichzeitiger Aufforderung an die Deutschen, sich der kollektiven Haftung für den Nationalsozialismus nicht zu entziehen, auch wenn Einzelne nicht im eigentlichen Sinne schuldig geworden seien – ist typisch für Exilanten und »innere« Emigranten. Vgl. Thomas Koebner, *Die Schuldfrage. Vergangenheitsverweigerung und Lebenslüge in der Diskussion 1945-1949*, in: Thomas Koebner / Gert Sautermeister / Sigrid Schneider (Hrsg.), *Deutschland nach Hitler. Zukunftspläne im Exil und aus der Besatzungszeit 1939-1949*, Opladen 1987, S. 3001-329, hier: S. 323.

19 Ebd.

Deshalb sollten die Niederländer ihm zufolge helfen, dafür zu sorgen, daß Deutschland zu sich selbst komme, indem die deutschen demokratischen Kräfte zusammen mit progressiven Emigranten – anders als nach 1918 – wirklich eine Chance bekämen, das ökonomische und kulturelle Leben »auf eine gesunde, fortschrittliche Basis zu stellen«.[20] Mit diesen Überlegungen sah Plessner sich weitgehend in Übereinstimmung mit dem, was die Verantwortlichen der Anti-Hitler-Koalition – insbesondere Churchill, Roosevelt und Stalin, deren Reden er für eine illegale Zeitung übersetzt hatte – hinsichtlich ihrer Pläne für die Zukunft Deutschlands formuliert hatten.

Was in den letzten Kriegsjahren im Untergrund begonnen zu haben scheint, setzte sich nach dem Krieg in größerem Rahmen fort: Helmuth Plessner galt als Spezialist für Deutschlandfragen und wurde des öfteren eingeladen, über Deutschland zu sprechen. Er engagierte sich in der ›Europese Federatie Beweging‹ (Europäische Föderationsbewegung) und der ›Europese Actie‹ (Europäische Aktion) – speziell in deren Deutschlandkommission – und hielt für beide Organisationen Vorträge zu den Deutschland betreffenden Fragen. Zudem scheint Plessner von Anfang an bei der Groninger Abteilung der ›Nederlandsch Genootschap voor Internationale Zaken‹ (Niederländische Gesellschaft für internationale Fragen) beteiligt gewesen zu sein, einer regierungsnahen Organisation, die von Ministern, dem diplomatischen Corps, einer Reihe von Professoren sowie Repräsentanten aus dem Wirtschaftsleben getragen wurde und die die internationale Politik des Königreichs neu ausrichten sollte. Plessner wurde als Referent zur »deutschen Frage« in den illustren Kreis gebeten, hielt in dieser Funktion wiederum mehrere Vorträge und war 1947 und 1948 an der Vorbereitung einer Deutschland-Konferenz beteiligt.[21] Von all diesen Vorträgen und Stellungnahmen wurde allerdings nur einer veröffentlicht: das Eingangsreferat *Deutschlands Zukunft* auf der Landeskonferenz des ›Comité voor Active Democratie‹ aus dem November 1946.[22]

20 Plessner, *Het probleem Duitsland*, a.a.O. (Anm. 14), S. 2.
21 Zu den Entstehungskontexten und Zielsetzungen der Gesellschaft vgl. Nederlandsch Genootschap voor Internationale Zaken, *Prospectus*, s'-Gravenhage [1947] sowie D.J. von Balluseck, *A word about ourselves*, in: Louis G.M. Jaquet; (Hrsg.), *Intervention in International Politics. Texts of the lectures delivered at the conference organised by the Netherlands Institute of International Affairs on the occasion of its 25th anniversary on 19 and 20 November 1970*, The Hague 1971, S. 7-11.
22 Helmuth Plessner, *Duitslands Toekomst*, in: Het Comité voor Actieve Democratie (Hrsg.), *Debat over Duitsland. Voordracht van Dr. H. Plessner*,

In Anknüpfung an seine Artikel in der illegalen Presse zog Plessner hier die politischen Schlußfolgerungen aus seinem Bild der deutschen Geschichte, wie er es in *Das Schicksal deutschen Geistes im Ausgang seiner bürgerlichen Epoche* niedergelegt hatte. Der Geschichte entnahm er die Lehre, daß Deutschland zur Nation nicht geeignet sei. Es habe 1848 den Moment der Ausbildung eines bürgerlich-demokratischen Nationalstaats verpaßt. Die Kleindeutsche Lösung Bismarcks, also die Konzentration der deutschen Staaten unter einem übermächtigen Preußen und unter Aufgabe der Verbindung mit Österreich und den Donauländern habe nicht nur das Gleichgewicht in Europa gestört, sondern auch die Möglichkeiten der Deutschen selbst nicht berücksichtigt:

> Wenn man Bismarck etwas vorwerfen darf – und die Gegnerschaft gegen ihn blieb noch lange nach 1871 in West- und Süddeutschland sowie in Österreich beachtlich – dann ist es dies. [...] Bismarcks Wort ›Man muß Deutschland in den Sattel setzen, reiten wird es schon selber können‹ schien auf einem gründlichen Irrtum zu beruhen. Mit diesem Pferd konnte Deutschland nichts anfangen.[23]

Während Plessner im Jahre 1935 Deutschland als Nation zwar für »verspätet« gehalten hatte, aber in dieser Verspätung auch ein Potential sah, schien ihm im Jahre 1946 der Zug der Nationalstaatsbildung 1848 abgefahren. Deutschland war »zu spät« gekommen. Es sollte sich nun auf eine ihm gemäße Form der politischen Verfassung besinnen.

Jedoch hatte ihm zufolge nicht allein der Weg des nationalen Machtstaates Deutschland »in die größte Katastrophe seiner Geschichte ge-

---

Hoogleeraar aan de Universiteit te Groningen met d.o.v. gedachtenwisseling van prof. dr. H.J. Pos, prof. dr. P. Geyl, S. Tas, dr. M. van Blankenstein, dr. R.F. Beerling, Jef Last, prof. dr. J. Romein e.a., Amsterdam [1947], S. 5-15. Der Vortrag wurde zunächst ins Tschechische und danach ins Deutsche übersetzt. Vgl. Helmuth Plessner, *Co bude s Nèmeckem?*, übersetzt von Frantisek Rohai, Brno 1947 und Plessner, *Deutschlands Zukunft*, a.a.O. (Anm. 1). Zu weiteren Deutschlandkonzepten von Emigranten vgl. Koebner/Sautermeister/Schneider, *Deutschland nach Hitler*, a.a.O. (Anm. 18); Heinz Boberach (Hrsg.), *Exilpolitiker zur staatlichen Neuordnung nach Hitler. Texte aus den Jahren 1940 bis 1949*, Hamburg 1999 und Claus-Dieter Krohn / Martin Schumacher (Hrsg.), *Exil und Neuordnung. Beiträge zur verfassungspolitischen Entwicklung in Deutschland nach 1945*, Düsseldorf 2000.

23 Plessner, *Duitslands Toekomst*, a.a.O. (Anm. 22), S. 10 f.

führt«.[24] Stärker als in *Das Schicksal deutschen Geistes* bezog Plessner
in *Deutschlands Zukunft* wirtschaftliche und politische Gründe mit
ein. So machte er 1946 nicht zuletzt das Bündnis zwischen preußischen
Großgrundbesitzern und rheinisch-westfälischen Schwerindustriellen
verantwortlich – das »Zusammengehen dieser westlichen und östlichen
Wirtschaftskräfte«, das dem Reich Bismarcks seinen Stempel aufdrückt
habe und »die Bahn geebnet hat für die militärisch inspirierte Politik
des Monopolkapitalismus«. Darüber hinaus verwies er auf verfas-
sungs- und außenpolitische Gründe sowie auf Faktoren der politischen
Kultur, wenn er den Mißerfolg der Weimarer Republik als das Ergebnis
der »Halbheit ihrer Konstitution« und des »Sichbegnügens mit Ideologien« ansah, aber auch das ruhige Zusehen der Alliierten bei der
Wiederaufrüstung durch die schwarze Reichswehr und die »Inkonsequenz der alliierten Politik der Republik und der österreichischen Frage
gegenüber« als Gründe für ihr Scheitern anführte. Zudem habe der
Umstand, daß wesentliche Züge der Verfassung und der sozialökono-
mischen Struktur des Bismarckreiches erhalten geblieben seien, die
Reichspolitik in die Bahnen des Imperialismus zurückführen müssen.[25]
Soweit die Lehren aus der Vergangenheit.

Die Prognose, die Plessner 1946 für die Zukunft abgab, war pessimistisch, aber in mancher Hinsicht durchaus treffend:

> Wird die Politik des ›eisernen Vorhangs‹ Wirklichkeit, dann schlie-
> ßen sich der westliche und südliche Teil Deutschlands automatisch
> der ›Atlantic Community‹ an, oder wie wir die unter angelsächsischen
> Einfluß stehende Vereinigung des Westens auch nennen wollen.

In diesem Falle würden die Deutschen ihr Heil bei einer Wiederbewaffnung suchen, mit wessen Hilfe auch immer. Sie wurden darauf speku-
lieren, den einen gegen den anderen auszuspielen mit dem Ziel, im
Dienste der Sowjetunion oder der USA wieder eine Machtposition zu
gewinnen. Dieses Heil – so Plessners Befürchtung – würde jedoch nur
wieder auf ein »Heil-Hitler« hinauslaufen.[26] Und noch aus einem weiteren Grund hielt er eine solche Entwicklung für bedenklich: die alte
Gefahr des Zusammengehens der westlichen und östlichen ökonomischen Kräfte habe »einer für Europa nicht weniger bedrohlichen neuen
Gefahr Platz gemacht, die aus einem definitiven Bruch zwischen West
und Ost entstehen würde«. Bei einer solchen Spaltung Europas werde

24 Plessner, *Deutschlands Zukunft*, a.a.O. (Anm. 1), S. 234.
25 Ebd., S. 228 und 239f.
26 Plessner, *Duitslands Toekomst*, (Anm. 22), S. 6 und 8.

die Grenze mitten durch Deutschland laufen. Und eine solche Aufteilung Deutschlands, die er mit dem verglich, was Polen wiederholt erleiden mußte, würde – so Plessners Befürchtung im Jahre 1946 – »für
immer die Einheit des Landes zerstören und den Ostdeutschen vom
West- und Süddeutschen mehr oder weniger entfremden«.[27]

Mit solchen Zukunftsaussichten wollte sich der Patriot Helmuth
Plessner jedoch nicht abfinden. Er versuchte deshalb, Alternativen zu
entwickeln: ein Konzept für Deutschlands Zukunft, so die Vorüber-
legungen des Emigranten, müsse – um eine Chance zu haben – für die
Deutschen selbst attraktiv und von der momentanen Ausgangssitua-
tion her erreichbar sein. Es müsse ohne einen dritten Weltkrieg zwischen Ost und West auskommen – denn ein solcher Krieg werde
zwangsläufig in Deutschland ausgefochten werden. Darüber hinaus
müsse so eine Zukunftsplanung die Gewähr dafür bieten, »daß
Deutschland nie mehr die Möglichkeit bekommen darf, das zu werden,
was es unter Wilhelm II. und unter Hitler gewesen ist, nämlich eine für
die imperialistische Politik der Junker, der Industriebarone und der
Militärkaste empfängliche Großmacht«.[28] Schließlich dürfe Deutschland nicht länger in Europa isoliert sein.

Unter Berücksichtigung dieser Voraussetzungen entwickelte Plessner
seinen Lösungsvorschlag, der es ermöglichen sollte, mit der verhängnisvollen Entwicklung deutscher Geschichte ein für alle Mal zu brechen: betrachte man die Lehren aus der deutschen Geschichte, so Plessners Grundthese, dann »kann Deutschland sozusagen sein besseres Ich
nur wiederfinden und aufs neue zu stärken versuchen, indem es sich
von dem Ideal des Nationalstaates abwendet«.[29] Unter Berufung auf
das Potsdamer Abkommen und die dort angestrebte ökonomische Einheit Deutschlands schlug er deshalb eine »Föderation deutscher Staaten« vor, um das Auseinanderfallen in zwei Gebiete, die »gleichsam
durch eine Weltgrenze« getrennt sein würden, zu verhindern. Zugleich,
so hoffte er, könne eine solche Föderation ein Bindeglied zwischen Ost

---

27 Ebd., S. 6.
28 Plessner, *Deutschlands Zukunft*, (Anm. 1), S. 228.
29 Plessner, *Duitslands Toekomst*, (Anm. 22), S. 10. Die Vorstellung, daß ein
scharfer Trennungsstrich zwischen dem gegenwärtigen Moment und der
Vorgeschichte gezogen werden müsse, daß die Kontinuität der deutschen
Geschichte quasi unterbrochen werden müsse, ist Thomas Koebner zufolge
wiederum ein typisches Strukturmerkmal für Zukunftsentwürfe von Exilierten wie von innerdeutschen Autoren aus den Jahren 1945-49. Vgl. Koebner, *Die Schuldfrage*, a.a.O. (Anm. 18), S. 307 f.

und West darstellen, könne sich Deutschland einmal mehr als »ehrlicher Makler« anbieten mit dem Ziel, die Kooperation zwischen Ost und West auf sozialem, ökonomischem und geistigem Gebiet zu fördern. Das könne um so eher gelingen, je weniger sich die deutsche Föderation der einen oder anderen Blockbildung anschlösse. »Auch wenn Deutschland nicht unter die verschiedenen Besatzungsmächte aufgeteilt, wenn es nicht zu einem willenlosen Objekt der Politik seiner Sieger geworden wäre und eine Freiheit ähnlich der von 1918/19 behalten hätte«, so spitzte er seine Auffassung zu,

> auch dann noch hätte ich eine Föderation deutscher Staaten, die in ziemlich loser Beziehung zueinander stehen und in verschiedenen Richtungen eine Einschränkung der Souveränität, sowohl politisch als auch ökonomisch, akzeptieren und die sich sowohl dem Osten als auch dem Westen gegenüber offenhalten, für die beste Lösung der deutschen Frage angesehen.[30]

Eine deutsche Föderation sollte Plessner zufolge jedoch nicht einfach den Rückfall in den alten Partikularismus darstellen. Der Emigrant dachte eher an Formen regionaler Kooperation, vor allem mit den jeweils angrenzenden Nachbarländern: er konnte sich »vorstellen, daß Frankreich leichter mit einem verhältnismäßig selbständigen Rheinland, Hessen und Württemberg-Baden, daß die Benelux-Staaten leichter mit Westfalen-Oldenburg zusammenarbeiten werden als mit einem großen Staat, der bei ihnen immer wieder Mißtrauen erweckt«.[31] Zudem hätten Deutschland und auch der Westen das größte Interesse an einer Annäherung an das neue Polen, das die Verfügung über die früheren Kornkammern des Reiches zugesprochen bekommen habe. Vor allem aber sei eine deutsche Föderation die Voraussetzung für eine Einbettung Deutschlands in Europa:

---

30 Ebd., S. 9. Mit der neuen Ostgrenze habe er sich jedoch nicht abgefunden, wie Plessner im Anschluß an diese Ausführungen betonte: »Sie scheint mir eine Katastrophe zu sein. Man macht eine Annexion nicht dadurch erträglicher, daß man die Bevölkerung, die das Land seit Jahrhunderten bebaut und als Heimat geliebt hat, hinauswirft. Man vermeidet eine Irredenta an Ort und Stelle, aber man schafft eine Irredenta in den Herzen von Generationen. [...] Man hat es Deutschland damit äußerst schwierig, wenn nicht unmöglich gemacht, diese Ostgrenze anzuerkennen und den Weg zu einer Kooperation mit Polen zu finden« (Plessner, *Duitslands Toekomst*, a.a.O. [Anm. 22], S. 9).

31 Plessner, *Deutschlands Zukunft*, a.a.O. (Anm. 1), S. 239.

Auf diese Weise ein System regionaler Zollunionen oder teilweiser Internationalisierung von bestimmten Diensten, insbesondere des Verkehrs, ins Leben zu rufen, wird einfacher durchführbar sein, als das Ausarbeiten eines politischen Gebildes im Sinne der Vereinigten Staaten von Europa, bei dem die alten Staaten teilweise auf ihre Souveränitätsrechte verzichten müßten.[32]

Weil Plessner sich nicht vorstellen konnte, daß Frankreich, Großbritannien oder die Niederlande auf Souveränitätsrechte verzichten würden, blieb seiner Einschätzung nach nur die Lösung einer föderalen Struktur Deutschlands. Denn eins stand für ihn fest: »Deutschland muß in Europa aufgehen«. Doch wenn es nach ihm ginge, sollte dies »nicht stur verteilt auf Zonen oder Blöcke« geschehen, wobei Deutschland behandelt würde »als etwas, was nun einmal noch immer da ist, in Wirklichkeit jedoch nicht mehr da sein darf, von anderen in Schach gehalten«, sondern föderativ aufgebaut als der zentrale Teil Europas, der die Brücke zwischen Ost und West bilde.[33]

Die Chancen für eine solche Föderation sah Plessner Ende 1946 durchaus gegeben: das föderative Element habe in Deutschland eine

---

32 Plessner, *Duitslands Toekomst*, a.a.O. (Anm. 22), S. 7.
33 Plessner, *Deutschlands Zukunft*, a.a.O. (Anm. 1), S. 241. Während die Idee einer deutschen Föderation in der Nachkriegszeit gerade unter christlich-konservativen Autoren Hochkonjunktur hatte und in diesen Kreisen auch des öfteren von Deutschland als Mitte und Mittler Europas die Rede war, scheint die Vorstellung einer engen Anbindung der Regionen Deutschlands an ihre Nachbarländer und insbesondere auch die Begründung, die Plessner dafür gab, eher ungewöhnlich zu sein. Man beachte allerdings den Vorschlag Willy Brandts aus dem Jahre 1940, eine mittel- und osteuropäischen Föderation zu errichten. Vgl. dazu sowie auch zu den Ideen eines föderal aufgebauten Europa der Nationen Winfried Becker *Demokratie, Zentralismus, Bundesstaat und Staatenbund in den Verfassungsplänen von Emigranten*, in: Krohn/Schumacher, *Exil und Neuordnung*, a.a.O. (Anm. 22), S. 33-62 sowie die Beiträge von Klaus Voigt, *Europäische Föderation und neuer Völkerbund. Die Diskussion im deutschen Exil zur Gestaltung der internationalen Beziehungen nach dem Krieg*; Wolfgang Benz, *Konzeptionen für die Nachkriegsdemokratie. Pläne und Überlegungen im Widerstand, im Exil und in der Besatzungszeit* und Axel Schildt, *Deutschlands Platz in einem ›christlichen Abendland‹. Konservative Publizisten aus dem Tat-Kreis in der Kriegs- und Nachkriegszeit*, in: Koebner/Sautermeister/Schneider, *Deutschland nach Hitler*, a.a.O. (Anm. 18), S. 104-122, S. 201-213 und S. 344-369. Zu Willy Brandts Europaideen vgl. den Aufsatz von Klaus Voigt, vor allem S. 111 f.

lange Tradition und könne sich auf die Verschiedenheit der Landesarten und der lokalen Traditionen stützen. Gerade jetzt, nach Deutschlands Niederlage, die einen totalen Verlust der staatlichen Souveränität mit sich gebracht habe, sei die Möglichkeit für eine Abwendung vom Nationalstaatsgedanken und »für eine wirklich gründliche Korrektur des deutschen Geschichtsbildes und der Bismarcklegende« gegeben. Eine Möglichkeit der Selbstverteidigung bestünde für die Zentral- und Westeuropäischen Staaten sowieso nicht mehr, da die Großmächte über neue, ungeheure Energien verfügten. Die deutsche Jugend, so Plessners Einschätzung, sei wohl bereit, einen neuen Weg einzuschlagen, wenn ihr verdeutlicht würde, daß sie vom »Anachronismus des Reichsgedankens um der Verwirklichung der europäischen Zusammenarbeit willen Abstand nehmen« müsse, daß es nicht darum gehe, »dem deutschen Reich die Flügel zu beschneiden«, sondern darum, »mit den deutschen Kernländern einen Anfang zu machen, um Osten und Westen zueinander zu bringen«. Eine solche Vermittlungstätigkeit zwischen Ost und West werde die Deutschen als eine universalistische Aufgabe anziehen.[34]

Daß die Sowjetunion versuchen würde, ein neutrales und föderal aufgebautes Deutschland ihrem Machtbereich einzuverleiben, hielt Plessner für unwahrscheinlich. Es wollte ihm »einfach nicht in den Kopf, daß Bismarcks Wort über die Unmöglichkeit von Annäherungsversuchen gegenüber England: ›England will sich nicht lieben lassen‹, auch auf Rußland Anwendung finden sollte«. Daß Stalin sich mit nicht weniger als einer »deutschen Sowjetunion« begnügen würde, glaubte er nicht, sondern konnte sich sehr gut vorstellen, daß der UdSSR mehr an einem politischen Gebilde gelegen sei, das Anknüpfungsmöglichkeiten mit dem Westen biete, als an einem Deutschland nach sowjetischem Vorbild, das dauernd die Angst vor der Weltrevolution nähre. Für den Argwohn und das Mißtrauen der Sowjetunion müsse Deutschland Verständnis haben, so seine Forderung.[35]

Plessners Vortrag über *Deutschlands Zukunft* hatte am Sonntag, dem 3. November 1946 im Saal der ehemaligen Untergrundorganisation »Vrij Nederland« (Freie Niederlande) in Amsterdam stattgefunden. Dem *Berliner Telegraf* zufolge hatte die Veranstaltung einen »Massenbesuch« aufzuweisen.[36] Fragen der Deutschlandpolitik waren Ende 1946 in Holland von akutem Interesse. Nicht allein, daß der Krieg und

34 Plessner, *Deutschlands Zukunft*, a.a.O. (Anm. 1), S. 240.
35 Plessner, *Duitslands Toekomst*, a.a.O. (Anm. 22), S. 9.
36 H.C., *Holland und das deutsche Problem*, a.a.O. (Anm. 3).

der zunehmende Terror des deutschen Besatzungsregimes – der die Niederlande schließlich zum »Polen des Westens« hatte werden lassen – allen Teilnehmern der Veranstaltung noch lebhaft in Erinnerung gewesen sein wird: die Deportation der jüdischen Bevölkerung, das massenhafte Pressen von Zwangsarbeitern in großangelegten Razzien, die öffentlichen Hinrichtungen, das Ausrauben ganzer Institute, Fabriken und Städte sowie der Hungerwinter 1944/45.[37] Die Frage, welche politische Haltung man Deutschland gegenüber einnehmen sollte, war Ende 1946 noch zusätzlich brisant, weil die niederländische Regierung den Alliierten nur zwei Tage später ein seit Herbst 1945 diskutiertes Memorandum überreichen sollte, in der sie ihre Reparationsforderungen festlegte. Die von deutschen Truppen in Holland geraubten Werte waren auf 3,6 Milliarden Gulden geschätzt worden. Zur Entschädigung forderten die Niederlande nun unter anderem Bergwerkskonzessionen im Ruhrgebiet für die Dauer von 40 bis 50 Jahren und Gebietsabtretungen von ca. 1750 km², darunter die Insel Borkum, die Grafschaft Bentheim und Teile des alten Herzogtums Kleve.[38] So sind auch diese und ähnliche Pläne etwa von französischer und dänischer Seite als Hintergrund für den Vortrag »Deutschlands Zukunft« zu sehen. Vor allem die Idee einer regionalen Kooperation föderaler deut-

---

37 Zur Besatzungszeit in den Niederlanden vgl. umfassend Louis de Jong, *Het Koninkrijk der Nederlanden in de Tweede Wereldoorlog. Deel 1-14*, s'-Gravenhage 1969-1991. Zum Scheitern des Besatzungsregimes und der sich entwickelnden Gewaltspirale vgl. Konrad Kwiet, *Reichskommissariat Niederlande. Versuch und Scheitern nationalsozialistischer Neuordnung*, Stuttgart 1968 und J.C.H. Blom, *Nederland onder Duitse bezetting 10 mei 1940 – 5 mei 1945*, in: D.P. Blok (Hrsg.), *Algemene Geschiedenis der Nederlanden. Deel 15: Nieuwste tijd*, Bussum 1982, S. 55-94. Zum Hungerwinter vgl. einführend Henri A. van der Zee, *The Hunger Winter. Occupied Holland 1944-1945*, Lincoln, London 2. Aufl. 1998 sowie David Barnouw, *De hongerwinter*, Hilversum 1999.

38 Zu diesen Annexionsforderungen und den in den Niederlanden darum geführten Debatten vgl. Horst Lademacher, *Die Niederlande und Deutschland 1945-1949. Wirtschaftsfragen und territoriale Korrekturen*, in: Wilfried Ehbrecht / Heinz Schilling (Hrsg.), *Niederlande und Nordwestdeutschland. Studien zur Regional- und Stadtgeschichte Nordwestkontinentaleuropas im Mittelalter und in der Neuzeit. Franz Petri zum 80. Geburtstag*, Köln, Wien 1983, S. 456-511, besonders S. 478 ff. sowie den einführenden Überblick von Friso Wielenga, *West-Duitsland: partner uit noodzaak. Nederland en de Bondsrepubliek 1949-1955. Met een voorwoord van W.L. Brugsma*, Utrecht 1989, S. 34 ff.

scher Länder mit ihren Nachbarstaaten bei Erhalt des deutschen Territoriums diente Plessner dazu, sich implizit gegen solche Forderungen zu verwahren.

Die Hoffnung, daß sich eine Teilung Europas in zwei Einflußsphären verhindern ließe, war um die Jahreswende 1946/47 noch weit verbreitet. So hatte die niederländische Regierung in einem zweiten Memorandum, das den Alliierten im Januar 1947 überreicht wurde, ebenfalls die Sicherheit und den ökonomischen Wiederaufbau ganz Europas zum Ziel erklärt. Ein föderal aufgebautes Deutschland sollte in diesem Europa seinen Platz wieder einnehmen können, wenn durch ökonomische Dezentralisation, Entnazifizierung, Demilitarisierung und eine internationale Kontrolle des Ruhrgebiets gewisse Sicherheitsgarantien erfüllt wären.[39] Insofern schloß Plessner mit seinen Vorstellungen in einigen Aspekten durchaus an das an, was in den Niederlanden um diese Zeit diskutiert wurde.

Gleichwohl tat man sich auf niederländischer Seite mit dem Vortrag nicht leicht, denn in anderer Hinsicht liefen Plessners Thesen den niederländischen Einschätzungen und Debatten unmittelbar entgegen. Für das *Comité voor Actieve Democratie* hatte es ein Wagnis bedeutet, überhaupt einen Deutschen sprechen zu lassen. Plessner war gebeten worden, den Organisatoren seinen Vortrag vorab zuzuschicken, da das Thema für holländische Ohren delikat sei. Daß das Referat in die Publikationsreihe der Gesellschaft aufgenommen wurde, war auch nicht selbstverständlich, wie das Vorwort der Broschüre zeigt. Ausführlich wird dort auf Plessners Lebenslauf eingegangen, seine Entlassung in Köln, seine Exilierung, seine neuerliche Entlassung in Groningen referiert, auf seine Aktivitäten im Untergrund verwiesen und das Buch *Schicksal deutschen Geistes* genannt, das den Herausgebern als »Garantie« dafür galt, daß Plessner im Stande war, den deutschen Problem-Komplex von einem »europäischen Gesichtspunkt« zu beleuchten.[40]

In seinem Vortrag hatte sich Plessner jedoch einige Provokationen erlaubt: er hatte die Frage »Was ist der Deutschen Vaterland? Ist's Bai-

39 Vgl. Albert E. Kersten, *Nederland en de buitenlandse politiek na 1945*, in: D.P. Blok / W. Prevenier / D.J. Roorda / A.M. van der Woude / J.A. van Houtte / H.F.J.M. van den Eerenbeemt / Th. van Tijn / H. Balthazar (Hrsg.), *Algemene Geschiedenis der Nederlanden*, Haarlem 1982, S. 382-400, S. 387 sowie Friso Wielenga, *West-Duitsland: partner uit noodzaak*, a.a.O. (Anm. 38), S. 39f.
40 Het Comité voor Actieve Democratie (Hrsg.), *Debat over Duitsland*, a.a.O. (Anm. 22), S. 3-4, hier: S. 4 (*Ten Geleide*).

ernland, ist's Preussenland?« und die dazu gehörende Antwort: »o, nein, sein Vaterland muss grösser sein« sowie die Strophe »Deutschland, Deutschland über alles« und »Am deutschen Wesen soll die Welt genesen« zitiert, um das kulturalistische Deutschlandverständnis der Spätromantik und des Jungen Deutschland zu verdeutlichen, das unter anderem hinter seiner Idee einer deutschen Föderation stand. Darüber hinaus hatte er sich nicht gescheut, seinen Vortrag mit den Worten des Metternich-Beraters Friedrich von Gentz zu schließen: »Europa ist durch Deutschland gefallen, durch Deutschland muß es wieder auferstehen.«[41] Den niederländischen Zeitungsberichten zufolge soll Plessner im Vortrag seinem Publikum darüber hinaus noch erklärt haben, daß sich die Niederländer von der Erwartung verabschieden sollten, das deutsche Volk käme angesichts dessen, was es über die Welt gebracht habe, zu einem Schuldbekenntnis.[42] Daß der Vortrag in Ton und Inhalt niemals »auf die unangenehme Weise« gereizt hätte, die noch allen frisch in Erinnerung läge, sondern lediglich zur Diskussion habe reizen wollen – wie die Herausgeber in ihrem Vorwort festhalten –, wirkt angesichts dessen etwas beschwörend.[43]

Aus dem hochkarätigen niederländischen Publikum – in dem viele bekannte Personen des öffentlichen Lebens saßen, die von den Veranstaltern extra für die Diskussion mit Plessner eingeladen worden waren – wurden zudem eine Reihe triftiger sachlicher Einwände gegen das Referat vorgebracht: so wies man gleich mehrfach darauf hin, daß die Vorstellung, ausgerechnet das gerade erst besiegte Deutschland könne zwischen Ost und West vermitteln, völlig illusorisch sei. Ein Vermittler müsse stärker sein als diejenigen, zwischen denen er vermittelt, stellte der Sozialist Sal Tas aus Amsterdam fest. Es sei jedoch ausgeschlossen, Deutschland so stark zu machen, denn das Problem, sei doch gerade, wie man Deutschland auf menschlich zu verantwortende

---

41 Plessner, *Duitslands Toekomst*, a.a.O. (Anm. 22), S. 11 und hier S. 15 [im Original deutsch].

42 Vgl. Anonym, *Moet Duitsland federatie worden? Pleidooi van prof. Plessner*, in: *Trouw* (Amsterdam) vom 5. November 1946, S. 4 und Anonym, *De toekomst van Duitschland. Prof. Plessner bepleit federatie*, in: *Groninger Dagblad* vom 5. November 1946. Diese Passage fehlt in der veröffentlichten Fassung. Der Diskussionsbeitrag von Reinier F. Beerling geht jedoch auf diesen Gedanken ein. Vgl. Het Comité voor Actieve Democratie (Hrsg.), *Debat over Duitsland*, a.a.O. (Anm. 22), S. 15-19, S. 16 (*De Discussie*).

43 Het Comité voor Actieve Democratie (Hrsg.), *Debat over Duitsland*, a.a.O. (Anm. 22), S. 3-4, S. 4 (*Ten Geleide*).

Weise »entkräften« könne. Erst das würde Europa beruhigen.[44] Und mehrere Diskussionsteilnehmer stimmten den Philosophen Hendrik J. Pos und Reinier F. Beerling zu – beide gute Freunde Plessners –, die auf Grund ihrer eigenen Erfahrungen im Nachkriegsdeutschland bezweifelten, daß man dort bereit sein würde, den Einheitsgedanken aufzugeben. Zudem, so wurde eingewandt, könnte eine Föderalisierung gerade wieder den reaktionären Kräften eine Chance geben, wie bereits in Bayern zu beobachten sei.[45]

Weitere Einwände betrafen Plessners Darstellung des alten Reichsgedankens, den der Niederländer Pos – kaum erstaunlich – sehr viel weniger anziehend fand als sein deutscher Freund und Kollege. Der Historiker Pieter Geyl wiederum war hinsichtlich der demokratischen Traditionslinien in Deutschland sehr viel optimistischer als Plessner: Geyl zufolge waren diese Traditionslinien zwar schwach ausgeprägt und hatten sich gegen Bismarck nicht durchsetzen können; dennoch gab es sie und seiner Meinung nach wichen sie von denen des Westens auch gar nicht so weit ab. Dafür war Geyl sehr viel pessimistischer, was die sowjetischen Europapläne betraf.[46] In einem Punkt scheint man mit Plessner jedoch weitgehend einig gewesen zu sein: daß man – wie der Historiker Jan Romein ausführte – »Deutschland im Rahmen einer europäischen Föderation unterbringen müsse, wo es dann auch seine Rolle spielen könne«. Oder in den Worten Sal Tas': »Deutschland muß in einem europäischen Ganzen verwoben werden. Es muß zu einem planmäßigen Aufbau Deutschlands kommen als dem Kern eines planmäßigen Aufbaus von Europa.«[47]

Der Journalist des *Berliner Telegraf*, der die Debatte in Amsterdam mitverfolgt hatte, teilte die Kritik des niederländischen Publikums. Sein Artikel *Holland und das deutsche Problem. Leidenschaftslose Diskussion in Holland*, der Mitte Januar 1947 erschien, sollte über den Hintergrund der niederländischen Reparationsforderungen aufklären, die

---

44 Vgl. den Beitrag von Sal Tas sowie die im Tenor damit übereinstimmenden Beiträge von P. Geyl, M. van Blankenstein und J.B. Meijer; in: Het Comité voor Actieve Democratie (Hrsg.), *Debat over Duitsland*, a.a.O. (Anm. 22), S. 16 (*De Discussie*).

45 Vgl. die Beiträge von H.J. Pos, S. Tas, R.F. Beerling, J. Last, A. Mozer in: ebd., S. 15 ff. Der Hinweis auf Bayern findet sich in dem Diskussionsbeitrag von B. Rizouw, in: ebd., S. 17.

46 Vgl. die Beiträge Pos' und Geyls in: ebd., S. 15.

47 Vgl. die Beiträge von J. Romein, S. Tas und B.S. Polak in: ebd., S. 18, S. 16 und S. 19.

in den Wochen zuvor in der deutschen Presse immer wieder Thema
gewesen waren. So wurde breit auf die Erfahrungen des westlichen
Nachbarlandes unter deutscher Besatzung eingegangen und positiv
hervorgehoben, daß man angesichts dieser Vergangenheit doch auch in
Holland inzwischen »die Stimmen der Menschlichkeit und der Vernunft wieder zu hören« beginne. Am bedeutendsten erschien dem Berichterstatter dabei, »dass in den Kreisen der politisch Interessierten
das Problem Deutschland ernst und ohne Leidenschaft diskutiert«
werde. Dafür war ihm die Veranstaltung des *Comité voor actieve democratie* ein Beispiel. Nach einer kurzen Vorstellung der Person Plessners als Emigrant aus Köln und einer Zusammenfassung des Vortrags
schloß er sich der allgemeinen Kritik an, wenn er schrieb:

> [I]n der Diskussion kam deutlich zum Ausdruck, dass man eine sol-
> che Vermittlerrolle Deutschlands [scil. die Vermittlung zwischen Ost
> und West] weder für möglich noch für erwünscht achtet. Diese Rolle
> müsse vielmehr einer europäischen, mehr und mehr sozialistischen
> Föderation zufallen, in der ein föderales Deutschland seinen Platz
> finden müsse.

Im übrigen überwog in dem Artikel jedoch deutlich das Wohlwollen.
Plessners Idee einer gesamteuropäischen Zusammenarbeit erfuhr explizit die Zustimmung des deutschen Berichterstatters.[48]

Als die Druckfassung des Vortrags Anfang 1948 in deutscher Übersetzung erschien, hatte sich die politische Lage jedoch bereits grundlegend geändert. Konzepte für Deutschlands Zukunft, die von gesamteuropäischen Vorstellungen ausgingen, waren zu dieser Zeit schnell
veraltet. Schon mit der Bildung der Bizone am 1. Januar 1947 war ein
gewichtiger Schritt in Richtung einer Teilung Deutschlands vollzogen.
Mit dem Scheitern der Moskauer Außenministerkonferenzen im Frühjahr und der Londoner Tagung im November desselben Jahres war die
Koalition der Alliierten definitiv auseinandergefallen. Schon deshalb
mußten Plessners Überlegungen bei ihrem Erscheinen Anfang 1948 in
Deutschland als völlig illusionär erscheinen. Josef König, der die deutsche Übersetzung und Veröffentlichung des Vortrags maßgeblich mit
initiiert hatte, gestand das Unzeitgemäße des Aufsatzes ein, wenn er
nach Erscheinen des Heftes schrieb, daß der Aufsatz bei den gegenwärtigen Zuständen, die dadurch charakterisiert seien, »dass die mehr
oder minder kleinen Alltagsfragen aus Not in den Vordergrund tre-

---

48 H.C., *Holland und das deutsche Problem. Leidenschaftslose Diskussion in
   Holland*, in: *Telegraf. Berliner Ausgabe* vom 16. Januar 1947.

ten«, für seine Wirkung vielleicht noch etwas verfrüht sei.[49] Robert Wintgen, ein ehemaliger Kollege Plessners aus Köln, wurde deutlicher. Zwar habe er sich über den Aufsatz »Deutschlands Zukunft« sehr gefreut, »von ganzem Herzen und von ganzem Gemüte«. Plessner solle sich aber keinen Täuschungen hingeben; »die Zahl derer in Deutschland, die die Dinge so sehen wie Sie und ich, ist nur klein«.[50]

Wie richtig Robert Wintgen damit lag, sollte sich noch 1981 erweisen, als der Soziologe Helmut Schelsky dem Emigranten Plessner gerade aufgrund *Deutschlands Zukunft* unterstellte, ein »Deutschenhasser« gewesen zu sein: »Daß er [Plessner] als Emigrant Antifaschist war, daran ist nicht zu zweifeln«, so Schelsky in seinem Aufsatz *Die verschiedenen Weisen, wie man ein Demokrat sein kann. Erinnerungen an Hans Freyer, Helmuth Plessner und andere.* Aber, so fuhr er fort:

> er war mehr: Er war Deutschenhasser. Das erste, was ich nach 1945 von ihm las, war ein Vortrag mit dem Vorschlag, einen deutschen Staat überhaupt aufzulösen und die einzelnen Teile der westlichen Besatzungszone an die angrenzenden Länder zu verteilen, so Schleswig-Holstein an Dänemark, Nordniedersachsen an Holland, Nordrhein-Westfalen an Holland und Belgien, Hessen, die Pfalz und Teile Badens an Frankreich, weiteres an die Schweiz und Österreich – eine dilettantische machtpolitische Morgenthau-Planung.[51]

Schelsky war vermutlich nicht der einzige im Nachkriegsdeutschland, der Plessners Intentionen derart mißverstanden hat.

Mit seinen Überlegungen für Deutschlands Zukunft hatte Plessner sich demnach zwischen alle Stühle gesetzt. Denn in der Tat: wenn man sich das millionenfache Leid sowie das Ausmaß der Zerstörung vergegenwärtigt, die Deutschland über Europa gebracht hatte, erscheint die Idee einer deutschen Föderation, die die Gegensätze zwischen Ost und West überbrückt, als zutiefst anachronistisch. In Deutschland hingegen hatten sich die neugegründeten großen Parteien inzwischen auf breiter Basis gegen jegliche Form des »Separatismus« ausgesprochen.

---

49 Josef König an Helmuth Plessner vom 10. März 1948, Rijksbibliotheek Groningen, Plessner-Archief 142/136.

50 Robert Wintgen an Helmuth Plessner vom 15. April 1948, Rijksbibliotheek Groningen, Plessner-Archief 143/281.

51 Helmuth Schelsky, *Die verschiedenen Weisen, wie man Demokrat sein kann: Erinnerungen an Hans Freyer, Helmuth Plessner und andere*, in: Helmut Schelsky (Hrsg.), *Rückblicke eines »Anti-Soziologen«*, Opladen 1981, S. 134-159, hier: S. 137.

Nicht zuletzt aus diesem Grunde blieb eine weitere Rezeption der in dem Aufsatz enthaltenen Ideen aus.

Damit ist *Deutschlands Zukunft* von Helmuth Plessner durch das »spezifische ›Zwischen‹« charakterisiert, das Alfons Söllner zufolge für die Äußerungen von Emigranten zur Deutschlandfrage typisch ist. Auch bei Plessners Vortrag handelt es sich um einen methodisch nicht reflektierten Text, der einzelne Tatsachen thesenhaft überspitzt, hinsichtlich der behandelten Themen jedoch ein »verblüffend hohes Maß an Übereinstimmung« mit den Überlegungen von anderen Emigranten zur Deutschen Frage aufweist; um ein Dokument, das »in einem historischen Niemandsland stehengeblieben« ist, da es auf die politischen Entscheidungen seiner Gegenwart nicht einwirkte und auch später nicht mehr zur Kenntnis genommen wurde.[52] Und schließlich spricht auch aus *Deutschlands Zukunft* die »Betroffenheit der davongekommenen Opfer des Hitler-Regimes, die sich gleichwohl dem Zwang zur analytischen Distanz unterwerfen«. Das Bewußtsein der relativen Einflußlosigkeit vermag das theoretische Engagement nicht zu brechen und hat die Überzeugung von der Fortexistenz problematischer Kontinuitäten, den Wunsch, in Deutschland einen neuen Anfang zu befördern, nur noch brennender gemacht. Wie in den Deutschlandaufsätzen Franz L. Neumanns, Arnold Brechts oder Hannah Arendts spiegelt sich somit auch in Plessners Text »ein menschliches Drama [...], das hohen Symbolwert für das Emigrantenschicksal als solches hat«.[53]

In der unmittelbaren Nachkriegszeit war man in Deutschland in den wenigsten Fällen bereit, die Idee der Nation ad acta zu legen. Erst heute – wo allerorten von der Erosion des Nationalstaats die Rede ist und man in der Europäischen Union die Bedeutung der Regionen wiederentdeckt hat, mag Plessners Vision aus dem Jahre 1946 in den Bereich des Vorstellbaren rücken. In seiner Deutschlandstudie *Die verspätete Nation* hatte der Emigrant einst geschrieben – und der Historiker Reinhart Koselleck pflichtet ihm darin bei – daß die spezifische Problematik der deutschen Geschichte

---

52 Alfons Söllner, *Emigranten beurteilen die deutsche Entwicklung nach 1945*, in: Alfons Söllner (Hrsg.), *Deutsche Politikwissenschaftler in der Emigration. Studien zu ihrer Akkulturation und Wirkungsgeschichte*, Opladen 1996, hier: S. 251 f. und 270 ff. Zum utopischen Charakter solcher Zukunftspläne vgl. auch Thomas Koebner, *Einleitung*, in: Koebner/Sautermeister/Schneider, *Deutschland nach Hitler*, a.a.O. (Anm. 18), S. 7-10.

53 Alfons Söllner, *Emigranten beurteilen die deutsche Entwicklung nach 1945*, a.a.O. (Anm. 52), S. 271 und 251.

eine Lösung entweder im Sinne der vornationalen ökumenischen Reichsidee oder im Sinne der nachnationalen Organisation der Vereinigten Staaten von Europa verlangt, in jedem Falle eine Unzeitgemäßheit, weil von Vorgestern oder von Übermorgen.[54]

Von Vorgestern oder Übermorgen mußten deshalb auch Plessners Lösungsvorschläge aus dem Jahre 1946 sein.

---

54 Plessner, *Das Schicksal deutschen Geistes*, a.a.O. (Anm. 5), S. 27 und Plessner, *Die verspätete Nation*, a.a.O. (Anm. 5), S. 50. Zur Zustimmung Kosellecks vgl.: Reinhart Koselleck, *Deutschland – eine verspätete Nation?*, in: Reinhart Koselleck (Hrsg.), *Zeitschichten. Studien zur Historik*, Frankfurt am Main 2000, S. 359-379, S. 375.

Fritz Erich Anhelm

Zur Gründungsgeschichte der Evangelischen Akademien – ein protestantisches Deutschlandkonzept?

Am 31. Oktober 1956 sprach der damalige niedersächsische Sozialminister, Heinz Rudolf, die folgenden goldenen Worte:

> Wir sind einfach stolz auf Loccum. Diese Akademie ist unsere Akademie. Wir sind sehr dankbar für das, was sie für des Landes Wohlfahrt getan hat in den zurückliegenden zehn Jahren und wir glauben, daß noch neue und sehr fruchtbare Impulse für des Landes und für des ganzen Bundes Zukunft aus diesem Ort, aus dieser Stätte der Begegnung, herausfließen werden.[1]

Loccum feierte die erste Dekade seines Bestehens. Die Idee »Evangelische Akademie« hatte sich institutionell in den meisten Landeskirchen erfolgreich etabliert. So eine Erfolgsgeschichte liefert den Stoff, aus dem Gründungsmythen geschneidert werden. Und manchmal wird daraus ein prächtiges Gewand, das der Wirklichkeit aufhilft. Selbst Rudolf Augstein webte daran mit und erklärte bei einer Tagung in Tutzing, die Evangelischen Akademien seien das Beste, was die Kirchen nach 1945 gemacht hätten.

Nun möchte ich beileibe nicht das Qualitätssiegel in Zweifel ziehen, das er den Akademien anheftete. Aber wie es mit dem Mythos – wenn man den alten Griechen folgt – eben ist: Er teilt uns etwas mit, was dem rationalen Diskurs versperrt bleibt, etwas, dem also ein vorausgesetzter ethischer oder religiöser Wert zugesprochen wird. Diese Voraussetzung tut gut und will gepflegt sein. Und in der Wirkungsgeschichte Evangelischer Akademien hat sie durchaus einen motivationsstärkenden Platz. Auf unser Thema bezogen klingt das so:

> Das war eine Reaktion der christlichen Gemeinde in Deutschland, daß sie nach dem Zusammenbruch neben vielen Wegen der Erneuerung auch den der Evangelischen Akademien wagte. Dieser Weg ist unseres Erachtens als Auftrag Gottes in einer zerrütteten Welt zerstörten Lebens an alle Sparten des Lebens zu verstehen.

---

1 Rulf Jürgen Treidel, *Evangelische Akademien im Nachkriegsdeutschland. Gesellschaftspolitisches Engagement in kirchlicher Öffentlichkeitsverantwortung*, Stuttgart 2001, S. 31.

Adolf Wischmann, Akademiedirektor neben Johannes Doering in Hermannsburg und Loccum, schrieb es 1977 in der Festsschrift *25 Jahre Akademie in Loccum.* Der gesamte Artikel ist ein in Prosa abgefaßter Hymnus auf das gesegnete Wirken der Akademie für den Neubeginn und die besonderen Gaben aller ihrer Mitarbeiter und Mitarbeiterinnen und Gründungspersönlichkeiten.[2]

Wer die erhaltenen Protokolle der ersten Tagungen in Bad Boll, Loccum und den anderen Neugründungen liest, wird sich dem darin zum Ausdruck kommenden Enthusiasmus der Tagungsleiter und Referenten (es waren zumeist Männer) kaum entziehen können. Hören wir noch Johannes Doering mit seiner Geschichte über den Kairos der entscheidenden Minute zwischen ihm und Hanns Lilje in der Sakristei der Kirche des Hannoverschen Stefanstiftes:

Nachdem er [Hanns Lilje] die Schlußlithurgie gehalten hatte, besprachen wir an Ort und Stelle den Schlachtplan. Sein wacher Sinn erkannte schnell die einmalige Chance, im geistlichen Herzen des Landes eine neue, zukunftsweisende Aufgabe zu beginnen. »Fahren wir jetzt alle Antennen aus, Bruder Doering!« Das war mir aus dem Herzen gesprochen. Auf dem langen, oft nächtlichen Fußmarsch aus der Tschechoslowakei bis nach Wolfenbüttel, dann nach Hannover, waren Geist und Sinn vorausgeeilt, im neuen Amt, welches immer es auch sein möge, zu versuchen, die theologischen Wurzeln unserer heutigen Probleme freizulegen, damit unser Volk vielleicht noch einmal zu einer wirklichen Erneuerung von innen her tief genug ansetzen könnte. Was ist eine Kirche, die sich nach einem totalen Zusammenbruch ihres Volkes nicht mit allen Kräften um »des Landes Wohlfahrt« ... kümmert?[3]

Daß dies erst 1977 geschrieben wurde, nimmt ihm nichts von der Authentizität der Aussage. Denn die Vorträge der ersten Akademietagungen folgen genau diesem Anspruch, dem »Volk ... zu einer wirklichen Erneuerung« zu verhelfen, wie auch der fundamentalen Diktion dieser Sprache. Wer wollte heute diesen Impetus der Gründungsväter anzweifeln?

Er gilt genauso für die Gründungen von Evangelischen Akademien im Osten. Als der zuständige Dezernent im Landeskirchenamt der Sächsischen Landeskirche, Knospe, von einer Sitzung des 1947 gegrün-

2 Hans Storck (Hrsg.), *Mut zur Verständigung. 25 Jahre Evangelische Akademie in Loccum*, Göttingen 1977, S. 47.
3 Ebd., S. 14.

deten Leiterkreises (15.-18. März 1948) nach Dresden zurückkehrte, hielt er fest:

> Die Evangelische Akademie ist ein neuer Weg der Durchdringung unseres Volkes mit den Kräften des Evangeliums und der Verlebendigung der Gemeinde ... Der Weg der Evangelischen Akademie muß auch in der sächsischen Landeskirche beschritten werden.[4]

Wie es aber so ist ... es blieb und bleibt dem Dekonstruktivismus späterer Generationen vorbehalten, den geistigen und geistlichen Wurzeln dieser Erneuerungsbewegung und ihren Auswirkungen auf die gestaltete Wirklichkeit nüchtern nachzufragen.

Gab es ein Deutschlandkonzept Evangelischer Akademien?

Formulierungen wie »Dem Volk ... zu einer wirklichen Erneuerung« zu verhelfen, signalisieren geradezu, daß es Vorstellungen darüber gegeben haben muß, wie das geschehen könne. Vorstellungen gab es denn auch zuhauf. Sie wurden auf vielen Akademietagungen durch entsprechende Referate vorgestellt. Es wäre aber verfehlt, dahinter ein elaboriertes Konzept zu vermuten, das die beginnende Arbeit der Akademien umfassend bestimmte. Was sich an konzeptionellen Vorstellungen entwickelte, folgte dem, was die Akteure an Voraussetzungen mitbrachten und wie sie es und sich damit in die kirchlichen und politischen Entwicklungen der ersten Nachkriegsjahre einpaßten oder aber dazu auf kritische Distanz gingen.

Wie neuere Untersuchungen zeigen,[5] dominierte dabei die Einpassung in die unmittelbaren Umstände, die die Besatzungspolitik und die

---

4 Evangelische Akademie Meißen (Hrsg.), *Evangelische Akademie Meißen 1949-1999*, Meißen 1999, S. 15.

5 Rulf Jürgen Treidel, *Evangelische Akademien im Nachkriegsdeutschland. Gesellschaftspolitisches Engagement in kirchlicher Öffentlichkeitsverantwortung*, Stuttgart 2001; Leonore Siegele-Wenschkewitz, *»Hofprediger der Demokratie«. Evangelische Akademien und politische Bildung in den Anfangsjahren der Bundesrepublik Deutschland*, in: Zeitschrift für Kirchengeschichte, Jg. 108, 1997; Axel Schildt, *Zwischen Abendland und Amerika. Studien zur westdeutschen Ideenlandschaft der 5oer Jahre*, München 1999. Vergleiche auch Rulf Jürgen Treidel / Axel Schildt, *Nach der Katastrophe*, in: Wolfgang Vögele (Hrsg.), *Kann man eine Demokratie christlich betreiben? Politische Neuordnung und Neurorientierung der Hannoverschen Landeskirche in der unmittelbaren Nachkriegszeit. Loccu-*

Restrukturierungstrends auf die künftige Gestalt von Staat und Gesellschaft hin vorgaben. Dazu zählten insbesondere
- die Entnazifizierungsproblematik,
- die Eingliederung der Flüchtlinge und Vertriebenen und die Haltung zum Verlust der Ostgebiete,
- die West- bzw. Ostorientierung mit der Frage der künftigen Rolle Deutschlands in Europa und die Wiederbewaffnung,
- die Positionierung der Kirche im sich entwickelnden Parteiensystem und ihr Verhältnis zu Demokratie und Staat und
- ihre Stellung zu den sich neu herausbildenden Gewerkschaften und Arbeitgeberverbänden am Beispiel von Einheitsgewerkschaft und Montanmitbestimmung.

In all dem vermittelten sich über die Akademien weniger initiative Impulse als vielmehr Verstärkung oder Infragestellung von öffentlich diskutierten Mainstream-Positionen. Dies konnte an den Akademien allerdings auf traditionsschwere Deutungs- und Begründungsmuster zählen. Sie griffen auf das protestantische Welt- und Gesellschaftsbild zurück, das ein »ständisch geprägtes Gemeinwesen mit starker christlicher Prägung ausmalte« und »ganz gewiß keine pluralistische Demokratie, zu der man sich allerdings pragmatisch zu verhalten hatte, da sie durch die äußeren Umstände unumgänglich war«. So Axel Schildt 1998 in Loccum.[6]

Dieser Deutungsanspruch der Akademien äußerte sich zum einen zunächst weniger in der Wahl der Themen der Tagungen, sondern vielmehr in der Wahl der Zielgruppen, an die sich die Programme richteten. Landesbischof Wurm eröffnete die allererste Akademietagung am 29. September 1945 in Bad Boll mit den Worten:

> Was wir heute in Angriff nehmen, ist eine neue Arbeitsmethode der Kirche. Tagungen, Freizeiten, Schulungen sind gewiß nichts Neues auf dem Boden der evangelischen Kirche. Neu aber ist, daß wir mit Angehörigen bestimmter Lebensgebiete und Berufsarten die beson-

---

mer Protokolle 68/98, Loccum 1999; *Evangelische Akademien in der DDR*, in: *Bildung und Erziehung*, Jg. 56, 2003, H. 3. Zur Arbeit der Evangelischen Akademien in der DDR wird voraussichtlich 2004 eine größere Untersuchung erscheinen, die die Universität Jena (Lehrstuhl Erwachsenenbildung) 1999 bis 2003 durchgeführt hat.

6 Axel Schildt, *Nach der Katastrophe. Neuorientierung in Kirche und Gesellschaft*, in: Vögele, *Kann man eine Demokratie christlich betreiben?*, a.a.O. (Anm. 5), S. 23.

deren Fragen durchsprechen wollen, die ihnen als Christen durch die Aufgaben ihres Berufes gestellt sind.[7]

»Tage der Stille und der Besinnung für ...« so begann der Titel des Programms der ersten Akademietagung im Bad Boller Kurhaus und setzte sich dann in der inzwischen legendären Adressatenansprache fort: »... Männer des Rechts und der Wirtschaft«. Dann folgten Tagungen für die Kirchenbeamten, die Arbeiter und Handwerker, die Lehrer und Lehrerinnen, die Bauern, die Ärzte und Ärztinnen, die Dichter und Künstler, die Journalisten u.s.w. So war es auch in Loccum und den anderen Akademien. Wenn es ein Konzept gab, dann dieses: Über die Arbeit mit den Berufsgruppen sollte der Grund für ein christlich geprägtes Berufsethos gelegt werden, das in der gemeinsamen Verantwortung aller für Staat und Gesellschaft sein Ziel fand.

Zum anderen begründete sich der theologisch-ethische Deutungsanspruch aus den Biographien und Persönlichkeiten derer, die die Dynamik der Entwicklung der Akademien in Gang setzten und hielten. Es waren vor allem Eberhard Müller und Hanns Lilje, die hier die Akzente sehr bewußt so platzierten, daß der deutsche Faschismus als Katastrophe beschrieben werden konnte, die Verantwortung dafür aber nicht auch als persönliche Selbstprüfung adressiert werden mußte. Von der ersten Tagung in Bad Boll ist überliefert: »Das eigene Verhalten während des Dritten Reiches, das schuldhafte Versagen – vornehmlich der gesellschaftsrelevanten Berufsgruppen –, wurde nicht angesprochen, geschweige denn öffentlich erörtert.« Wohl aber die Entnazifizierung: »Viele Betroffene fühlten sich ungerecht behandelt und es gab massive Kritik an den undifferenzierten Verfahren.«[8]

Im Selbstverständnis der Gründerpersönlichkeiten war klar, daß die Vorläufertraditionen Evangelischer Akademien ihren Ort im Widerstand gegen den Nationalsozialismus hatten, Teil der Bekennenden Kirche waren oder ihr nahestanden. Dies ist sicher die eine Seite der Wahrheit, soweit es sich um die sog. Gemäßigte Bekennende Kirche handelte, die mit den »intakten« Landeskirchen verbunden war. Aber

7 Manfred Fischer, *Die Evangelische Akademie: eine Entdeckung. Die Gründung der Akademie und ihre Vorgeschichte*, in: Manfred Fischer, *Aufbruch zum Dialog. Auf dem Weg zu einer Kultur des Gesprächs. Fünfzig Jahre Evangelische Akademie Bad Boll*, Stuttgart 1995, S. 23.
8 Leonore Siegele-Wenschkewitz, *»Hofprediger der Demokratie«. Evangelische Akademien und politische Bildung in den Anfangsjahren der Bundesrepublik Deutschland*, in: *Zeitschrift für Kirchengeschichte*, Jg. 108, 1997, S. 241.

nicht einer der ersten Akademieleiter gehörte zur Bekennenden Kirche »dahlemitischer« Ausprägung.[9]

Die offizielle Geschichtsschreibung in späteren Fest- und Denkschriften über die Evangelischen Akademien blendete insbesondere die Kurzepisode Evangelischer Akademien 1933 im Rheinland aus, wo die Deutschen Christen kirchliche Bildungs- und Schulungseinrichtungen unter diesem Namen gründeten, die aber bald von der Gestapo verboten wurden. Erst 1973 wies der erste Direktor der Evangelischen Akademie in Hessen und Nassau, Hans Kallenbach, darauf hin. Und Hans Bolewski (Direktor in Loccum von 1950 bis 1972) schrieb 1992: »Die Mehrzahl derer, die später in den Evangelischen Akademien tätig waren, kam aus ... Kreisen des volkskonservativen Protestantismus.«[10]

In den ersten Protokollen von Akademietagungen läßt sich diese – demokratisch geläuterte – Orientierung an Volk und Nation kaum überlesen, ebensowenig wie ein kaum gebrochener kulturprotestantischer Grundton. Schildt merkt dazu an:

> Daß die antiliberale Vision einer Rechristianisierung des christlichen Abendlandes – in Äquidistanz zum seelenlosen Detroit ebenso wie zum kollektivistischen Moskau – keine Aussicht auf Realisierung hatte, wurde dann im Wiederaufbau immer deutlicher – in den 50er Jahren begann die Anpassung an die westliche Demokratie, die dann nach heftigen Konflikten in den 60er Jahren zur bejahten Selbstverständlichkeit avancierte.[11]

Lassen Sie mich dazu eine Anekdote aus persönlichem Miterleben beisteuern. Als Eberhard Müller zu seinem siebzigsten Geburtstag eine weitere Stufe des Bundesverdienstkreuzes in kleinem Kreise verliehen wurde und der Baden-Württembergische Wirtschaftsminister die Kunst des Kompromisses als hervorstechende Eigenschaft des ehemaligen Akademiedirektors und Vorsitzenden des Leiterkreises der Akademien gerühmt hatte, was dem Geehrten sichtlich Unbehagen bereitete, zitierte

---

9 Ebd.
10 Schildt, *Nach der Katastrophe*, a.a.O. (Anm. 6), S. 23.
11 Z.B. Treidel, *Evangelische Akademien im Nachkriegsdeutschland*, a.a.O. (Anm. 1); *Evangelische Akademien und Demokratie*, in: Vögele, *Kann man eine Demokratie christlich betreiben?*, a.a.O. (Anm. 5) sowie Schildt, *Nach der Katastrophe*, a.a.O (Anm. 6), aber auch die Artikel von Christoph Bausch, Christian Tröbst und Wilhelm Fahlbusch, in: Fischer, *Aufbruch zum Dialog*, a.a.O. (Anm. 7), sowie Johanna Vogel, *Kirche und Wiederbewaffnung*, Göttingen 1978.

der am Ende seiner kurzen Dankesworte das Lied über Florian Geyer:
»Geschlagen ziehen wir nach Haus, die Enkel fechten's besser aus.«

Das war sicher eine Reaktion auf die zweite Hälfte der 1960er und
auf die 1970er Jahre, die weder er, noch – wie ich ebenso aus persönlichen Begegnungen weiß – Hanns Lilje verstehen wollte und konnte.
Aber sie wirft auch ein Licht auf die Distanz, die sich zwischen Grün-
dungsmythos und den Entwicklungen in den Akademien und Gesellschaft insgesamt geschoben hatte.

Dritte Kraft oder Westorientierung / Rückkehr oder Verzicht

Diese Distanz wird besonders deutlich, wenn wir uns mit dem Inhalt
der Diskussionen beschäftigen, die die Anfangsjahre bestimmten. Dabei will ich mich exemplarisch auf zwei Felder beschränken, die Flücht-
lings- und Vertriebenenproblematik einschließlich des Verhältnisses zu
den verlorenen Ostgebieten und die europäische Perspektive unter Ein-
schluß der Westorientierung. Ich greife auf entsprechende Loccumer
Protokolle zurück, bin mir aber sicher, daß sich dies ähnlich auch an
den anderen Akademien abgespielt hat. Diese Auswahl habe ich deshalb getroffen, weil Fragestellungen wie die Positionierung von Kirche
und Akademien im sich neu herausbildenden Parteiensystem und die
Entwicklung ihres Verhältnisses zu Arbeitgebern und Gewerkschaften
bereits eingehend untersucht und nachzulesen sind.[12]

Ich beschränke mich auf zwei Tagungen und darin auf knappe Ausschnitte. Die erste fand als vierte Journalistentagung vom 19.-22. Mai
1950 in Hermannsburg statt und hatte in Begleitung von Ministerprä-
sident Kopf hohen Besuch, den Hohen Kommissar McCloy. Die zweite
hieß »Kirche und Deutsche Einheit« und ereignete sich vom 29. November bis 3. Dezember 1954 nun in Loccum. Sie war die 7. eines
Arbeitskreises, der sich mit der Vertriebenenproblematik beschäftigte,
aber die erste, die sich mit der deutschen Einheit befaßte.

Trotz des vorgegebenen Zeitrahmens von 1938 bis 1949 habe ich
diese Tagungen ausgewählt, weil sie beide einen Umbruch in den bis
dahin vertretenen Positionen zeigen, der uns das damalige Gedanken-

---

12 Das Protokoll der McCloy-Tagung wurde auch verarbeitet in: Axel Schildt,
*Zwischen Abendland und Amerika. Studien zur westdeutschen Ideenland-
schaft der 5oer Jahre*, München 1999, S. 120 ff.

gut und die Optionen vor Augen führt, zwischen denen orientierend zu entscheiden war.[13]

Auf der McCloy-Tagung referierte zunächst Hanns Lilje über die religiöse Bilanz des vorangegangenen Jahrfünfts als einer Zeit vollkommener »weltgeschichtlicher Benommenheit«, anders als nach dem Ersten Weltkrieg, als eine »hektische Lebendigkeit geistiger Auseinandersetzung« zu beobachten gewesen sei und die »gesteigerte Vitalität vor keinen geistigen Experimenten zurückschreckte«. Nun aber stehe »dem ausweglos erscheinenden Vakuum der Gegenwart nur geistige Resignation« gegenüber. Dann hebt er – eine Replik auf Spengler fehlt dazwischen nicht – das starke »Verlangen in allen Schichten ... nach Gemeinschaft« hervor, das nicht zuletzt auf das »Erleben der Kameradschaft« zurückgehe. Aufgabe der Kirche sei »die Wiedergewinnung der christlichen Gemeinschaft« und »eine Renovatio, eine Erneuerung des Glaubens aus franziskanischer Haltung heraus«.

Die Diskussion vermerkt, ohne eine Erneuerung des Pfarrerstandes habe alles Reden von der Renovatio keinen Sinn. Man könne einen Kairos auch nicht beliebig verlängern. Das abendliche Rundgespräch leitete Gustav Heinemann mit einer Rede über die »Gnade des Nullpunktes« ein, was Hanns Lilje dazu veranlaßte, davor zu warnen, »mit unserer Niederlage« zu kokettieren und daraus eine geistesgeschichtliche Mission zu begründen. Auch Hans Schomerus, der schon bei den 1933er-Gründungen eine zentrale Rolle spielte, war mit von der Partie und lenkte das Interesse auf »das geistige Kräftepotential« und das Christentum »als eines Flözes«, dessen man sich »zum Neubau bedienen könnte«. Hans Zehrer (erster Chefredakteur des Sonntagsblattes) wies in einer – wie es heißt – »sorgfältigen Untersuchung« die absolute Gültigkeit des Satzes nach: Europa wird christlich sein oder es wird nicht mehr sein. Sein Referat trug den Titel: »Abendland im Untergang?«. Fazit: Das föderative Gebilde des Westdeutschen Bundesstaates müsse in eine förderative europäische Union mit eingebracht werden.

Dann kam für zwei Stunden McCloy. Zehrer formulierte die entscheidende Frage: »Hat Europa die Möglichkeit als dritte selbständige Macht zwischen den großen Weltmächten zu existieren, eine Dritte Kraft zu bilden, die in Deutschland aufgeht und ist diese Dritte Kraft nicht notwendig, um die allgemeine Situation zu entspannen?« Dies hatte er neben einem Bekenntnis zum Nationalstaat schon in seinem

13 Beide unveröffentlichten, hektographierten Protokolle: Archiv der Evangelischen Akademie Loccum. Die folgenden Zitate sind – soweit nicht anders angegeben – diesen unpaginierten Protokollen entnommen.

Referat propagiert. McCloy reagierte – wie man heute sagt – ausgesprochen cool: Er wandte sich gegen den alten Nationalismus und meinte, der Begriff der Dritten Kraft dürfe nicht romantisiert werden. Im Wortlaut: »Es ist gleichgültig, ob man eine erste, zweite oder dritte Kraft darstellt. Ehe man von einer Dritten Kraft spricht, muß überhaupt erst einmal eine Kraft da sein.« Und dann später der Satz:

Wenn Sie die Dritte Kraft haben – und bisher haben Sie sie nicht – dann können Sie sich überlegen, welcher Macht Sie sich anschließen wollen. Dann ist das Problem aber keines der Dritten Kraft mehr, sondern dann geht es für Sie um die Entscheidung für den Christen oder Antichristen.

Eine Neutralität könne er sich für diesen Fall für Deutschland nicht vorstellen. Es gehe um die Entscheidung für das Gute und für das Böse. Deshalb sei die Auffassung von zwei Lagern, Rußland und dem Westen, beide kriegerisch gestimmt, und einer sich um den Frieden mühenden Dritten Kraft als Konzeption unzutreffend. Der Frieden werde nirgends mehr geliebt als in den USA.

Immerhin wurde er aus dem Publikum darauf hingewiesen, daß der Osten nicht mit dem Antichristen und der Westen nicht mit dem Christlichen identifiziert werden dürfe. Und er korrigiert sich: »Was ich meine ist, daß es zwischen der Freiheit und Unfreiheit, der Anerkennung menschlicher Würde und ihrer Mißachtung keine Neutralität geben kann.«

Schließlich kam die Frage, »inwieweit die europäische Aktivität von der evangelischen Botschaft getragen und gestützt« werden könne und »welche Rolle er der christlichen Kirche auf diesem Wege zur Gewinnung freier Menschen in einem freien Staat zuweisen« würde?

McCloy erkärte zunächst sich für nicht zuständig, fügte aber dann hinzu: »Ich meine, die Kirche könnte mehr tun. Vor allen Dingen denke ich dabei an das Gebiet der sozialen Frage.« Es war nun an Hanns Lilje, der Meinung entgegenzutreten, daß überhaupt keine Aktivität auf seiten der Kirche vorhanden sei. Und eins seiner positiven Beispiele war die in der Evangelischen Akademie geleistete Arbeit. Johannes Doering, der dabei war, ordnet diesen Besuch 1977 so ein:

Das kleine Hermannsburg wurde eines der meist besuchten Schaufenster deutscher Wandlung in der Welt. Auch im politischen Raum draußen, sonderlich in den Vereinigten Staaten, begann sich eine Veränderung im Verhältnis zu uns anzubahnen, deren Tiefe wesentlich von den Eindrücken, die bei uns empfangen worden waren, bestimmt wurde. McCloy und Lucius Clay und viele andere kamen zu sehen, was regt sich jetzt in diesem unberechenbaren Volk? Bei den amerikanischen Gästen aus dem politischen und militärischen Bereich beeindruckte mich sonderlich das spontane Bekenntnis zu unserer gemeinsamen Aufgabe und Verantwortung gegenüber aller Welt.[14]

Das war der Westen. Und nun zum Osten.

Auf der Tagung »Kirche und Deutsche Einheit«[15] referierte neben vielen anderen Klaus von Bismarck, damals Sozialreferent der Westfälischen Kirche in Villigst. Sein Thema hieß: Heimat und Rückkehr. Dazu legte er zehn Thesen vor, auf die ich hier nicht näher eingehen will. Denn die die Tagung wirklich bestimmende Ausseinandersetzung rankte sich um ein von Bismarck vorher auf dem Leipziger Kirchentag gehaltenes Referat, das in der These gipfelte: »Wir haben vor Gott kein Recht, das wiederzuerhalten, was er uns genommen hat.« Zunächst sprach der Reichsminister a.D. von Keudell von den Vereinigten Landsmannschaften der Sowjetzone mit Sitz in Bonn. Er bezog sich auf eine verkürzte Berichterstattung, aus der hervorgegangen sei, von Bismarck habe gesagt, »seiner persönlichen Ansicht nach könnten wir nicht ohne blutigen Krieg in die Heimat zurückkommen«. Diese Berichterstattung habe der Arbeit für die Wiedervereinigung geschadet. Inzwischen habe von Bismarck diese Mitteilung präzisiert. Danach habe er in Leipzig gesagt, »er sähe im gegenwärtigen Augenblick nach Lage der Dinge keine Möglichkeit, ohne blutigen Krieg in die Heimat zu kommen.« In dieser Form – so von Keudell – sei von Bismarcks »Auffassung natürlich verständlicher« und »stehe auch nicht im Widerspruch zu unserer Aufgabe«. Dann stellt von Keudell fest, von Bismarcks Bemerkungen über die Fürsorge für die Polen seien »Ausfluß persönlich empfundener, christlicher Verpflichtung«. Sie enthielten aber keine allgemein gültigen ethischen Forderungen. Deshalb spreche er sich dagegen aus, von Bismarcks Thesen in der breitesten Öffentlichkeit und unter den Landsmannschaften zu erörtern. Er sei davon überzeugt, daß die Vertreter der Presse diese Ansicht teilten.

14 Johannes Doering, *Der Anfang und die Anfänge*, in: Storck, *Mut zur Verständigung*, a.a.O. (Anm. 2), S. 14 f.
15 Unveröffentlichtes hektrographiertes Protokoll: Archiv der Evangelischen Akademie Loccum. Die folgenden Zitate sind, soweit nicht anders angegeben, diesem unpaginierten Protokoll entnommen.

Dem folgt das Mitglied des Forschungsbeirates beim Gesamtdeutschen Ministerium von Engelbrechten-Ilow, Vertreter der vertriebenen Landwirte. Auszug: »Das Recht auf Heimat, Haus und Hof kann keinem von uns Flüchtlingen strittig gemacht werden, auch wenn wir Vertriebene uns alle darüber klar sind, daß auf dem Eigentum eine große soziale Hypothek lastet.« Es schließt sich eine Rede über den Unterschied zwischen Eigentum und Besitz an und die Verantwortung und Verpflichtung, die sich mit Eigentum verbinde. Sie gipfelt in den zwei Sätzen:

> Wir Vertriebenen haben uns damit abgefunden, daß Gott einen Schutzengel mit dem Schwert vor unser Eigentum gestellt hat, so daß wir dieses Eigentum zurzeit nicht wahrnehmen können. Wenn Gott aber diesen Schutzengel mit dem Schwert wegnimmt, dann, Herr von Bismarck, stellen Sie sich nicht hin und wehren es uns, für unser Eigentum zu sorgen.

Von Bismarck ist und bleibt auf dieser Tagung in der Defensive. Aber er hält an seiner Grundposition fest:

> In christlicher Sicht müßte zum mindesten die volle Verantwortung für eine mögliche tödliche Enttäuschung der Tausende sich an diese Hoffnung klammernden Vertriebenen bewußt von denen getragen werden, die als Christen – und ich räume diese Verpflichtung und Möglichkeit durchaus ein – führend die Revision betreiben. Aber ein »Glaube« an die Heimkehr ist vom christlichen Glauben her nicht stützbar.

Damit war er ziemlich allein auf weiter Flur. Es dauerte noch zehn weitere Jahre, bis dann in Loccum die nach ihrer Veröffentlichung noch immer höchst umstrittene Ostdenkschrift der EKD erarbeitet werden konnte, und weitere fünf, bis Egon Bahr in Tutzing den »Wandel durch Annäherung« verkündete.

Die entscheidende Innovation

»Die entscheidende – von den Evangelischen Akademien mit vermittelte – Innovation im deutschen Protestantismus bestand in der Akzeptanz eines Parteiensystems und demokratischer Ordnungsprinzipien«, schreibt Rulf Jürgen Treidel am Ende seiner Untersuchung. Und er fährt fort: »Die von einigen Akademien geleistete ›Einübung in die Demokratie‹ – wie sie es nannten – auf Grundlage des Gesprächsprinzips trug zur Vermittlung eines neuen Verhältnisses zur Obrigkeit bei.«[16] Auch dies ist sicher wahr. Aber es hatte sich durch die national-konservative Grundhaltung derer hindurch durchzusetzen, die zu den Akteuren der ersten Stunde zählten. Daß dies gelang, ist am ehesten dem Gesprächsprinzip zu verdanken, das den Tagungen zugrunde gelegt war. Das Gesprächsprinzip forderte kontroverses Denken immer mindestens so weit heraus, wie es die jeweilige Zeit zuließ. Es hat sich denn auch gegen alle wechselnden Inhalte bis heute als konzeptionelle Grundlage der Arbeit Evangelischer Akademien in der politischen Kultur der Gesellschaft durchgehalten. Dialog, Diskurs, Mediation, Vernetzung – welche Form es auch annimmt – es sorgt für offene Horizonte. Das ist im guten Sinne gut protestantisch.

16 Treidel, *Evangelische Akademien im Nachkriegsdeutschland*, a.a.O. (Anm. 1), S. 228.

Wilfried Barner

Wo bleibt die junge deutsche Literatur?
Die Schriftstellerkongresse 1947 und 1948

Am 5. Oktober 1947, dem ersten sogenannten ›Arbeitstag‹ des deutschen Schriftstellerkongresses im Ostsektor des zertrümmerten Berlin, nach der Gedenkfeier zu Ehren der Toten (im Hebbel-Theater) unter der Ehrenpräsidentschaft der greisen Ricarda Huch, spricht die 48jährige Elisabeth Langgässer (im Deutschen Theater) über das ihr vorgegebene Thema »Schriftsteller unter der Hitler-Diktatur«. Und sozusagen das Korreferat über »Deutsche Schriftsteller im Exil« hält anschließend Alfred Kantorowicz. Zu Beginn sind Delegationen aus der Sowjetunion, Jugoslawien, den Vereinigten Staaten, Südafrika und der Tschechoslowakei begrüßt worden; auch ein Vertreter des internationalen PEN-Clubs in London hat gesprochen. Für die zuständige Besatzungsmacht sind vor allem die Repräsentanten der Sowjetischen Militär-Administration Deutschland (SMAD) anwesend.[1] Im Schlußabschnitt ihrer Rede formuliert Elisabeth Langgässer:

---

[1] Von den Ereignissen, den Kontexten und der Vorgeschichte dieses ersten Kongresses, deren Details zum Teil sehr aussagekräftig sind, kann im folgenden nur ein Bruchteil genannt bzw. zitiert werden. Die im Moment umfangreichste Dokumentation (auch mit Kommentaren, Protokollauszügen, Abbildungen u.a.): Ursula Reinhold / Dieter Schlenstedt / Horst Tanneberger (Hrsg.), *Erster Deutscher Schriftstellerkongreß 4.-8. Oktober 1947*, Berlin 1997; schmalere Dokumentation mit z.T. anderer Auswahl und umfangreichem Vorwort: Waltraud Wende-Hohenberger (Hrsg.), *Der erste gesamtdeutsche Schriftstellerkongreß nach dem Zweiten Weltkrieg*, Frankfurt am Main, Bern, New York, Paris 1988 (das Vorwort: S. I-XXIX). Weitere Informationen, auch mit unterschiedlichen Deutungen: Sigrid Bock, *Literarische Programmbildung im Umbruch. Vorbereitung und Durchführung des I. Deutschen Schriftstellerkongresses 1947 in Berlin*, in: *Jahrbuch für Volkskunde und Kulturgeschichte*, Jg. 22 (N.F. 7), 1979, S. 120-148; Ursula Reinhold / Dieter Schlenstedt, *Der erste Schriftstellerkongreß 1947. Umfeld und Positionen*, in: *neue deutsche literatur*, Jg. 38, 1990, S. 9-36; Anneli Hartmann / Wolfram Eggeling, *Kontroverse Ost/West. Der I. Deutsche Schriftstellerkongreß – ein Beginn des Kalten Krieges*, in: *Internationales Archiv für Sozialgeschichte der deutschen Literatur*, Jg. 17, 1992, S. 66-92; Anne Hartmann / Wolfram Eggeling, *Sowjetische Präsenz im kulturellen Leben der SBZ und frühen DDR 1945-1953*, Berlin 1998, bes.

Noch liegt ein fast unübersehbares Trümmerfeld des Geistes vor uns
[...]. Noch glaubt man vielerorts, eine Sprache und Ausdrucksweise
ungeprüft übernehmen zu können, die einmal in den Händen von
entsetzlichen Verbrechern und fürchterlichen Dummköpfen der Vernichtung und dem Untergang unseres Kontinents gedient haben, und
wie spielende Kinder gräbt man überall scharf geladenes Zeug aus
und ahnt nicht die unermeßliche Gefahr, die das falsch gebrauchte
Wort, die unentgiftete und unentschärfte Sprache in sich birgt. Man
glaube doch nicht, daß man neuen Wein in alte Schläuche füllen
kann – weder in die von 1933 noch in die von 1923! Vor allem aber
gönne man der Sprache eine Zeit der Ruhe und des Schweigens. Jeder Acker muß sich erholen und in dem Wechsel von Hackfrucht
und Getreide seiner Bestimmung entgegenreifen. Welches diese unsere Bestimmung sein wird, kann heute noch niemand sagen.[2]

Was Elisabeth Langgässer hier fordert, ist nicht weniger als eine Art
Moratorium der Sprache und damit auch der Literatur, ein vorüber-
gehendes Aussetzen, ein Sicherholen, eine naturhafte Selbstreinigung.
Eine »Zeit der Ruhe und des Schweigens« – wie ist das zu denken, und
was soll daraus entstehen? Ausdrücklich scheint der Referentin niemand widersprochen zu haben, auch in den späteren Diskussionen
nicht.[3] Sie bleibt eine achtbare Stimme, aber auch eine, in der sich jene
Lähmung manifestiert, die vor allem jüngere Autoren damals empfinden. Man kann auch von einer Haltung des Attentismus sprechen.
Schon Kantorowicz setzt, obwohl er vor allem vom Exil zu handeln
hat, die Akzente postulativ auf »Hoffnung«, auf »Chance«: »Es muß

S. 35-62. Reiche publizistische Dokumente (mit Kommentar) aus dem
Zeitkontext des Ersten Kongresses – auch ihn selbst betreffend – enthält
der Marbacher Katalog: Gerhard Hay u.a. (Hrsg.), »*Als der Krieg zu Ende
war*«. *Literarisch-politische Publizistik 1945-1950*, 4. Auflage, Marbach
1995; Skizze des Literarischen Lebens im Umkreis des Ersten Kongresses:
Wilfried Barner, *Geschichte der deutschen Literatur von 1945 bis zur Gegenwart*, München 1994, S. 3-30 (Westen), S. 116-130 (SBZ und frühe
DDR).

2   Wende-Hohenberger, *Der erste gesamtdeutsche Schriftstellerkongreß nach
dem Zweiten Weltkrieg*, a.a.O. (Anm. 1), S. 30; ebenso bei Reinhold/
Schlenstedt/Tanneberger, *Erster Deutscher Schriftstellerkongreß 4.-8. Oktober 1947*, a.a.O. (Anm. 1), S. 141. Der Text wurde später auch an anderen Stellen nachgedruckt. Jetzt gut greifbar in: Heinz Ludwig Arnold
(Hrsg.), *Die deutsche Literatur 1945-1960. Bd. 1: »Draußen vor der Tür«
1945-1948*, München 1995, S. 258-264.

3   Es ist jedenfalls in den überlieferten Dokumenten nichts dergleichen belegt.

uns gelingen, die junge Generation mit dem Bewußtsein von der Nobilität der geistigen Freiheit zu durchdringen.«[4]

Und schließlich, nach den großen Älteren wie Günther Weisenborn, Anna Seghers und anderen, tritt am dritten Tag mit dem 23jährigen Stephan Hermlin auch ein Vertreter der sich selbst vielfach so nennenden ›jungen‹ oder ›jüngeren‹ Generation auf, zusammen mit seinem Freund Hans Mayer erst kürzlich aus dem zuletzt schweizerischen Exil nach Deutschland zurückgekehrt (beide vorerst nach Frankfurt am Main; Hans Mayer ist auch mit nach Berlin gekommen).[5] »Wo bleibt die junge Dichtung?« lautet Hermlins Titel;[6] zunächst handelt er von Dichtung im engeren Sinne, von Poesie, von Lyrik; sie erlebe eine auffällige Konjunktur, freilich eine mit vorwaltend »epigonalen Zügen«.[7] Ihr stellt er die Forderung nach einer Literatur entgegen, die sich »dem Zeitpolitischen« zuwendet.[8] Mit dem nichtindividualistisch verstandenen »Freiheits«-Postulat und mit der Herauskehrung einer »praktisch-politischen Literatur im weitesten Sinne«[9] zieht er einen Horizont auf,

---

4 Wende-Hohenberger, *Der erste gesamtdeutsche Schriftstellerkongreß nach dem Zweiten Weltkrieg*, a.a.O. (Anm. 1), S. 37; ebenso bei Reinhold/ Schlenstedt/Tanneberger, *Erster Deutscher Schriftstellerkongreß 4.-8. Oktober 1947*, a.a.O. (Anm. 1), S. 146.

5 Hans Mayer arbeitete bis 1947 als Chefredakteur am Hessischen Rundfunk und als Dozent der Akademie der Arbeit an der Universität Frankfurt am Main (1948 erfolgt der Ruf nach Leipzig). Stephan Hermlin ist zunächst bei der *Frankfurter Rundschau* tätig und später, unter der Leitung von Golo Mann, ebenfalls dort beim Rundfunk (1947 zieht er nach Ostberlin).

6 Wende-Hohenberger, *Der erste gesamtdeutsche Schriftstellerkongreß nach dem Zweiten Weltkrieg*, a.a.O. (Anm. 1), S. 50-54; Reinhold/Schlenstedt/ Tanneberger, *Erster Deutscher Schriftstellerkongreß 4.-8. Oktober 1947*, a.a.O. (Anm. 1), S. 307-311; Arnold, *Die deutsche Literatur 1945-1960*, a.a.O. (Anm. 2), S. 316-321.

7 Wende-Hohenberger, *Der erste gesamtdeutsche Schriftstellerkongreß nach dem Zweiten Weltkrieg*, a.a.O. (Anm. 1), S. 51; Reinhold/Schlenstedt/Tanneberger, *Erster Deutscher Schriftstellerkongreß 4.-8. Oktober 1947*, a.a.O. (Anm. 1), S. 308.

8 Wende-Hohenberger, *Der erste gesamtdeutsche Schriftstellerkongreß nach dem Zweiten Weltkrieg*, a.a.O. (Anm. 1), S. 52; Reinhold/Schlenstedt/Tanneberger, *Erster Deutscher Schriftstellerkongreß 4.-8. Oktober 1947*, a.a.O. (Anm. 1), S. 309.

9 Wende-Hohenberger, *Der erste gesamtdeutsche Schriftstellerkongreß nach dem Zweiten Weltkrieg*, a.a.O. (Anm. 1), S. 53; Reinhold/Schlenstedt/Tanneberger, *Erster Deutscher Schriftstellerkongreß 4.-8. Oktober 1947*, a.a.O. (Anm. 1), S. 309.

der zwar einen dogmatischen ›Realismus‹ meidet, aber das ›Bündnis‹
mit den bürgerlich- humanistischen Intellektuellen noch ermöglicht. Im
übrigen spricht er uneingeschränkt von »Deutschland« (ohne Zonen),
von »deutscher« Literatur, »unserer« Literatur. Ricarda Huch hat zur
Eröffnung pointiert noch ein »einiges Deutschland« beschworen,[10]
Kantorowicz ein »neues Deutschland« oder auch ein »anderes, nicht-
nazistisches Deutschland«.[11]

Ich komme darauf noch zurück, greife aber für einen Moment voraus auf den Schriftstellerkongreß acht Monate später in Frankfurt am
Main, vom 19. bis zum 21. Mai 1948 aus Anlaß der Jahrhundertfeier
der Nationalversammlung in der notdürftig reparierten Paulskirche.[12]
Während dem dortigen Festakt der aus New York eingeflogene Fritz
von Unruh – Thomas Mann hat abgesagt – mit einer hochpathetischen,
stark ego-zentrierten »Rede an die Deutschen«[13] das Gepräge gibt,
schließt sich der Schriftstellerkongreß im Handwerkersaal an der Brau-
bachstraße (nahe der Paulskirche) eher wie eine Appendix an.[14] Den
›ostdeutschen‹ Autoren (wie sie dort überwiegend genannt werden)
sind die Interzonenpässe verweigert worden, so daß der Westen – es
sind auch Gäste aus Frankreich, England und den Vereinigten Staaten
anwesend – hauptsächlich unter sich bleibt. Mit Pierre Bourdieu zu
reden:[15] Das Feld der politischen, auch der militärischen Macht (das
schon in Berlin viele Abläufe prägte) hat unverkennbar seine Domi-

---

10 Wende-Hohenberger, *Der erste gesamtdeutsche Schriftstellerkongreß nach
   dem Zweiten Weltkrieg*, a.a.O. (Anm. 1), S. 18; Reinhold/Schlenstedt/Tan-
   neberger, *Erster Deutscher Schriftstellerkongreß 4.-8. Oktober 1947*,
   a.a.O. (Anm. 1), S. 101.

11 Wende-Hohenberger, *Der erste gesamtdeutsche Schriftstellerkongreß nach
   dem Zweiten Weltkrieg*, a.a.O. (Anm. 1), S. 34; Reinhold/Schlenstedt/Tan-
   neberger, *Erster Deutscher Schriftstellerkongreß 4.-8. Oktober 1947*,
   a.a.O. (Anm. 1), S. 145.

12 Dokumentation dazu mit ausführlichem Vorwort: Waltraud Wende-Hohenberger, *Der Frankfurter Schriftstellerkongreß im Jahr 1948*, Frankfurt
   am Main 1999 (das Vorwort: S. I-LI). Im Gegensatz zum Berliner (Ersten)
   Kongreß hat der Frankfurter (Zweite) in der Forschung weniger Beachtung
   gefunden. Zum Zeitkontext vgl. Barner, *Geschichte der deutschen Literatur von 1945 bis zur Gegenwart*, a.a.O. (Anm. 1), S. 17-19.

13 Der Text in: Wende-Hohenberger, *Der Frankfurter Schriftstellerkongreß
   im Jahr 1948*, a.a.O. (Anm. 12), S. 4-21.

14 Zu dem, was vorausgegangen war, vgl. das Vorwort, ebd., S. I-XXVI.

15 Grundlegend: Pierre Bourdieu, *Champ du pouvoir, champ intellectuel et
   habitus de classe*, in: *Scolies*, Jg. 1, 1977, S. 7-26; im weiteren gut orientie-

nanz über das literarische Feld bewiesen. Ungefähr in die Berliner Funktion von Ricarda Huch rückt als Ehrenpräsident der 70jährige Rudolf Alexander Schröder.

Keiner der Vorträge führt ›Exil‹ oder ›innere Emigration‹ im Titel (wenngleich faktisch auch davon mitunter die Rede ist). Es geht um die prinzipielle Aufgabe des Schriftstellers, besonders in der Gegenwart und in der künftigen »Demokratie« (dieses Stichwort ist unüberhörbar und natürlich geschichtsperspektivisch zugleich mit dem Tagungsort verknüpft). Unter den Älteren dominieren nicht wie in Berlin die Exilanten, sondern die in Deutschland Gebliebenen wie Schröder, auch Langgässer, dann Kasimir Edschmid, Leo Weismantel und andere. Wie steht es mit den Jüngeren? Mit einiger Überraschung liest man, daß im erweiterten Präsidium auch Hans Werner Richter sitzt (zu diesem Zeitpunkt gibt es die frühe Gruppe 47 schon).[16] Aber von irgendeiner nennenswerten Aktivität Richters ist nichts überliefert.[17] Auch Walter Kolbenhoff nimmt teil, ebenfalls einer der ganz frühen 47er. Er hält sogar ein Referat über den »Schriftsteller als Gewissen seiner Zeit«. Aber dazu ist offenbar nur eine kurze Pressenotiz vorhanden;[18] ihr kann man freilich die in Frankfurt damals ziemlich singuläre Forderung entnehmen, der heutige Schriftsteller müsse »tendenziös« sein.[19]

So fällt im Endeffekt dem 36jährigen Rudolf Hagelstange die eigenartige Rolle zu, als einer der ›Jungen‹ zu sprechen (er hat am Italienfeld-

rend: Joseph Jurt, *Das literarische Feld. Das Konzept Pierre Bourdieus in Theorie und Praxis*, Darmstadt 1995, S. 71-107.

16 Die erste Tagung (als die Gruppe ihren späteren Namen noch nicht trug) hatte vom 5. bis zum 9. September 1947 am Bannwaldseee im Allgäu stattgefunden, am 3. und 4. April 1948 bereits die dritte, in Jugenheim an der Bergstraße. Die reiche Literatur zur Gruppe 47 wird hier nicht aufgeführt, wegen der übersichtlichen Dokumentation (der Teilnehmerinnen und Teilnehmer, der Lesenden, der Berichte usw.) nur: Artur Nickel, *Hans Werner Richter – Ziehvater der Gruppe 47. Eine Analyse im Spiegel ausgewählter Zeitungs- und Zeitschriftenartikel*, Stuttgart 1994 (die Tagungsübersichten: S. 331-407).

17 Vgl. die Angaben bei Wende-Hohenberger, *Der Frankfurter Schriftstellerkongreß im Jahr 1948*, a.a.O. (Anm. 12), S. XXXIV (die dort zitierte Einschätzung der Rolle Richters durch Hans Mayer scheint stark durch die spätere Entwicklung der Gruppe 47 geprägt zu sein und weniger für die Frankfurter Teilnahme zu gelten).

18 Wende-Hohenberger, *Der Frankfurter Schriftstellerkongreß im Jahr 1948*, a.a.O. (Anm. 12), S. 45.

19 Ebd.

zug teilgenommen, Hermlin kam aus dem Exil – diese fundamentale Divergenz in den Voraussetzungen sei nur gerade genannt). Der Autor des *Venezianischen Credo* – noch 1945 in Verona als Privatdruck erschienen, dann wieder 1946 in Wiesbaden – hält ein flammendes Plädoyer für das »Gesetz der Liebe« und noch entschiedener für das »Recht der Freiheit«.[20] Und fast mehr noch exponiert er sich, als die Diskussion auf die Gründe für das Ausbleiben der Schriftsteller ›aus der Ostzone‹ kommt. Als Hans Mayer etwas vage erklärt, die Autoren seien »wegen materieller Schwierigkeiten« am Erscheinen gehindert, besteht Hagelstange in direkter Erwiderung auf »politischen« Gründen, die nicht durch »schöne Worte« vertuscht werden dürften.[21] Da blitzt für einen Augenblick eine Konstellation auf, die ein wenig an den spektakulären Auftritt des jungen, noch wenig bekannten amerikanischen Journalisten Melvin J. Lasky auf dem Berliner Kongreß erinnert: als er in Anwesenheit russischer Militär- und Autorenprominenz die stalinistische Unterdrückung von Schriftstellern in der Sowjetunion anprangert – und als der Kongreß darob um ein Haar geplatzt wäre.[22]

In Berlin, wo von den Hauptrednern ostentativ von ›Deutschlands Zukunft‹ gesprochen wird, erweist sich noch die Taktik der ›Bündnis‹-Politik à la Johannes R. Becher als erfolgreich (und wird durch den

---

20 Ebd., S. 38 (das Referat als ganzes trägt den Titel *Die unveräußerlichen geistigen Grundlagen der Dichtung*). Hagelstange hatte bereits an dem Berliner Kongreß teilgenommen, auch ein Referat gehalten (der zweite Satz: »Ich bin ein junger Mensch«), von seinen politischen Erlebnissen berichtet, auch von seiner Gefangenschaft, und hatte für die »Demokratie« plädiert: der Text findet sich bei Reinhold/Schlenstedt/Tanneberger, *Erster Deutscher Schriftstellerkongreß 4.-8. Oktober 1947*, a.a.O. (Anm. 1), S. 248-253. Mit seiner ›zentralen‹ Rolle in Frankfurt war dieser Auftritt nicht zu vergleichen.

21 Wende-Hohenberger, *Der Frankfurter Schriftstellerkongreß im Jahr 1948*, a.a.O. (Anm. 12), S. XXXI f.

22 Zu diesem Höhepunkt am dritten Kongreßtag, der sich am zweiten Tag vorbereitete, auch zur Person Laskys sowie zur Rolle von Alexander Dymschitz (vgl. unten Anm. 63) und von Johannes R. Becher dabei vgl. Hartmann/Eggeling, *Kontroverse Ost/West*, a.a.O. (Anm. 1), S. 78-88 (hierbei auch die Reaktionen prominenter sowjetischer Teilnehmer). Weiteres über die Genannten, dazu unterschiedliche Textversionen von Lasky bei Reinhold/Schlenstedt/Tanneberger, *Erster Deutscher Schriftstellerkongreß 4.-8. Oktober 1947*, a.a.O. (Anm. 1), passim (die Lasky-Texte: S. 295-301) Wende-Hohenberger, *Der erste gesamtdeutsche Schriftstellerkongreß nach dem Zweiten Weltkrieg*, a.a.O. [Anm. 1], S. 45-47.

noch präsenten Hauptstadt-Kontext auch symbolisch gestützt, konkret auch durch die SMAD und ihre Organe). In Frankfurt erhält Hans Mayers ›überbrückende‹ Position kaum Schützenhilfe durch andere. In beiden Fällen werden diese Gefechte durch wenige, um die 35 bis 40 Jahre alte ›Einzelkämpfer‹ ausgetragen. Die ›Älteren‹ halten sich überwiegend heraus. Die ›Jüngeren‹ – sofern überhaupt vertreten – wagen sich kaum hervor. Von dem weitgefaßten Begriff der damals vielberufenen ›jüngeren Generation‹, nicht primär einer biologischen, sondern einer Erfahrungsgeneration ist in den frühen Jahren nach 1945 in der Publizistik wie später auch in der Forschung oft gehandelt worden.[23] Nicht nur die legendäre Zeitschrift *Der Ruf* mit dem Untertitel *Unabhängige Blätter der jungen Generation*, herausgegeben von Alfred Andersch und Hans Werner Richter, auch etwa die frühen *Frankfurter Hefte*, herausgegeben von Walter Dirks und Eugen Kogon, sind voll von Artikeln über das ›junge‹ Thema. Hans Werner Richter ist, als er am Frankfurter Kongreß teilnimmt, schon fast 40 Jahre alt, Walter Kolbenhoff bereits darüber.

Für das Thema »Wo bleibt die junge deutsche Literatur?« muß der Generationenbegriff noch differenziert werden. In der publizistischen Semantik jener Jahre ist der Übergang von ›junge Generation‹ zu ›Jugend‹ oft fließend. Schon in Berlin wird wiederholt – meist mit Gesten der Hoffnung – von der »jungen Generation« gesprochen (so von Alfred Kantorowicz und Erich Weinert), die vielversprechenden »jungen Talente« hebt Arnold Bauer hervor. Und es ist bemerkenswert, daß der als westlicher Gast teilnehmende französische Generalinspekteur Eugène Théodore Hepp, zuständig für kulturelle Fragen, fordert, besonders die deutsche »Jugend« müsse angesprochen werden.[24] Und als weiterer Beleg für das ostinate Einreden prominenter Älterer auf die Nachwachsenden erwähne ich nur Ernst Wiecherts vielbeachtete »Rede an die deutsche Jugend« vom August 1945[25] – worauf bald schon im *Kurier*, der Tageszeitung für die französische Zone Berlins,

---

23 Neuere Orientierung gibt Hans-Gerd Winter (Hrsg.), »*Uns selbst mußten wir mißtrauen*«. *Die ›junge Generation‹ in der deutschsprachigen Nachkriegsliteratur*, Hamburg 2002.

24 Wende-Hohenberger, *Der erste gesamtdeutsche Schriftstellerkongreß nach dem Zweiten Weltkrieg*, a.a.O. (Anm. 1), S. 15.

25 Unter dem Titel *Rede an die deutsche Jugend 1945* noch im gleichen Jahr in München erschienen (als Heft 1 der ›Europäischen Dokumente‹). Jetzt wieder abgedruckt in: Arnold, *Die deutsche Literatur 1945-1960*, a.a.O. (Anm. 2), S. 76-80. Zur Geschichtssymbolik gehört, daß Wiechert im Juli

ein pfiffiger Anonymus mit einer pathostriefenden Parodie »500. Rede
an die deutsche Jugend« antwortet.[26]
  Zweierlei knüpft sich in den Berliner Referaten und Diskussionsbei-
trägen immer wieder an solche Apostrophen: daß zwar auch die ›Jugend‹ beziehungsweise die ›junge Generation‹ der Propaganda und der
Nazi-Erziehung mehr oder weniger unmittelbar ausgesetzt war, daß sie
sich aber zu großen Teilen dagegen wehrt, auflehnt (das ist im übrigen
auch ein Kernpunkt in Wolfgang Borcherts *Das ist unser Manifest* von
1947). Und die andere Erwartung: daß die Jüngeren im Hinblick auf
ein ›anderes Deutschland‹ am ehesten noch der ›Wandlung‹ fähig seien
(ein anderer, vielbeschworener Schlüsselbegriff in diesen Diskursen, der
nicht zufällig auch als Titel einer prominenten neuen Zeitschrift diente).[27] Auf beiden Schriftstellerkongressen taucht in diesem Kontext fast
zwangsläufig auch die operative Semantik von ›Umerziehung‹, ›rééduc-
ation‹, ›reorientation‹ auf, die ich nicht zu erläutern brauche. Der
›Kulturbund zur demokratischen Erneuerung Deutschlands‹, beim Berliner Kongreß besonders aktiv,[28] faßt institutionell die ›östlichen‹ Varianten zusammen. Was jedoch die ästhetisch-politischen Werte der zu
fördernden Literatur und die junge Generation angeht, so muß noch
die ausgeprägt begegnende ›Elite‹-Vorstellung reflektiert werden. Von
den »jungen Talenten« war schon die Rede; Günther Weisenborn gedachte jedoch auch der »gefallenen Elite«.[29]
  Nach Berlin kamen ja nicht nur Unvorbereitete. Zur noch im
Sommer 1945 eingeflogenen ›Gruppe Ulbricht‹ zählten mit Johannes
R. Becher und anderen solche, die im Moskauer Exil, verstärkt seit
1943, auch kulturpolitische, literaturpolitische Programme für die Zeit
nach der Besiegung Hitlerdeutschlands (zunächst sehr kontrovers) dis-

      1933 in der Münchner Universität schon die Rede *Der Dichter und die
      Jugend* gehalten hatte (und im April 1935: *Der Dichter und die Zeit*).
  26 Untertitel: *Eine Parodie, frei nach Ernst Wiechert*; ebenfalls in: Arnold, *Die
      deutsche Literatur 1945-1960*, a.a.O. (Anm. 2), S. 80-82.
  27 *Die Wandlung. Eine Monatsschrift*, unter Mitwirkung von Karl Jaspers,
      Werner Krauss und Alfred Weber herausgegeben von Dolf Sternberger (seit
      November 1945 in Heidelberg erscheinend).
  28 Zu den hier einschlägigen Funktionen des ›Kulturbundes‹ (dem die ameri-
      kanische Militärbehörde noch am letzten Tag des Schriftstellerkongresses
      jede Tätigkeit in ihrem Sektor untersagte) vgl. Hartmann/Eggeling, *Kon-
      troverse Ost/West*, a.a.O. (Anm. 1), bes. S. 37 ff.
  29 Wende-Hohenberger, *Der erste gesamtdeutsche Schriftstellerkongreß nach
      dem Zweiten Weltkrieg*, a.a.O. (Anm. 1), S. 21; Reinhold/Schlenstedt/Tan-
      neberger, *Erster Deutscher Schriftstellerkongreß 4.-8. Oktober 1947*,
      a.a.O. (Anm. 1), S. 105.

kutiert und fixiert hatten; ›Kader‹-Konzepte spielten dabei eine wichtige Rolle. Die im Exil entwickelten Programmziele gingen dann, wie neuerdings immer deutlicher herauspräpariert wurde,[30] unmittelbar in die Arbeit vor allem des ›Kulturbundes‹ ein. Die US-amerikanischen Pläne lassen sich hier nicht unmittelbar vergleichen.[31] Immerhin, die Sonderprogramme für junge nichtnazistische Publizisten und Schriftsteller in den Kriegsgefangenenlagern auf amerikanischem Boden,[32] mit den von Hochschuldozenten abgehaltenen Intensivkursen in Fort Getty, Fort Kearney usw. – diese Schnellbleichen in Sachen Demokratie, Geschichte, Literatur arbeiteten durchaus mit einem Elitekonzept. Man kann fast auch von jungen Kadern sprechen, die dann gezielt zur Förderung der reeducation nach Deutschland geschickt wurden: so Alfred Andersch und Hans Werner Richter von *Der Ruf* (der einen Vorläufer gleichen Haupttitels schon in den amerikanischen Lagern besaß)[33], unter anderen auch Walter Kolbenhoff, Walter Mannzen, und vor allem Gustav René Hocke, der junge gebildete Romanist (Schüler von Ernst Robert Curtius), alles frühe 47er. Hocke ist übrigens neben Kolbenhoff und Richter auch Teilnehmer am Frankfurter Kongreß. Aber auch sie, mit ihren über den Atlantik mitgebrachten Erfahrungen, werden dort als Anreger von Neuem noch nicht erkennbar.

Wo bleibt die junge deutsche Literatur? Wo bleibt die junge Dichtung? (Hermlins Titel in Berlin) »Warum schweigt die junge Generation?« – so Hans Werner Richter im *Ruf* schon am 2. September 1946.[34] Man könnte sie Erwartungsfragen nennen, wie sie charakteristischerweise nicht selten im Umkreis von Epochenschwellen formuliert werden,[35] zum Beispiel auch nach der Wende von 1989/90. So

---

30 Besonders durch die Analysen von Hartmann/Eggeling, *Kontroverse Ost/West*, a.a.O. (Anm. 1), und Hartmann/Eggeling, *Sowjetische Präsenz im kulturellen Leben der SBZ und frühen DDR 1945-1953*, a.a.O. (Anm. 1).

31 Ausgewählte Studien in: Thomas Koebner / Gert Sautermeister / Sigrid Schneider (Hrsg.), *Deutschland nach Hitler. Zukunftspläne im Exil und aus der Besatzungszeit 1939-1949*, Opladen 1987.

32 Immer noch grundlegend: Volker Christian Wehdeking, *Der Nullpunkt. Über die Konstituierung der deutschen Nachkriegsliteratur (1945-1948) in den amerikanischen Kriegsgefangenenlagern*, Stuttgart 1971.

33 Ebd., S. 17-20.

34 Hieraus und aus anderen *Ruf*-Artikeln knapp kommentierte Auszüge in: Hay u.a., »*Als der Krieg zuende war*« (Anm. 1), S. 100-108.

35 »Epochenschwelle« im Anschluß an Hans Blumenberg; dazu: Reinhart Herzog / Reinhart Koselleck (Hrsg.), *Epochenschwelle und Epochenbewußtsein*, München 1987 (Poetik und Hermeneutik XII).

Volker Hage am 10. April 1995 im *Spiegel*: »Nacht mit Folgen. Wo bleibt der deutsche Roman zur Wende?«[36] In den Jahren nach der deutschen Einigung begegnen immer wieder in den Feuilletons solche Titel. Auf tiefgreifende politische, gesellschaftliche Umwälzungen haben solche Fragen auch in früheren Epochen reagiert, etwa im Ersten Weltkrieg und danach – dort vor allem im Hinblick auf die Expressionisten-Generation. Warum diese Fixierung? Der Begriff der Generation ist in den historischen und den Sozialwissenschaften seit den 1920er Jahren auffällig favorisiert worden – man denke an Karl Mannheim, Richard Alewyn, Julius Petersen und andere –,[37] später als biologistisch kritisiert und danach neu etabliert worden. Für die Jahre nach 1945 (davon war schon kurz die Rede) avanciert er zu einem zentralen Verständnismuster: für ein künftiges Deutschland und insbesondere mit europäischer Perspektive. Die zitierte Äußerung des französischen Generals Hepp deutete schon in diese Richtung. Einer der Schlüsselaufsätze von Alfred Andersch im *Ruf* vom 15. August 1946 trägt den Titel: »Das junge Europa formt sein Gesicht«.[38] Ähnliches findet sich in den *Frankfurter Heften* und anderwärts.

Auf den beiden hier betrachteten Schriftstellerkongressen ist die Situation in bezeichnender Weise paradox. Die ›junge Generation‹ wird wieder und wieder apostrophiert, ja beschworen, und ist als *Gruppe* nicht eigentlich präsent, schon gar nicht als wahrnehmbare Avantgarde. Stephan Hermlin und Wolfgang Harich in Berlin, Hagelstange und dann Hocke, Kolbenhoff, Richter in Frankfurt bleiben vereinzelt, fast isoliert. Das ist für Hermlin nur insofern zu relativieren, als sein sozialistisch-humanistisches Konzept einer künftigen deutschen Literatur an das vage ›Bündnis‹-Programm der meisten in Berlin Versammelten anschließbar ist. In Frankfurt begegnet sich das diffuse ›Freiheits‹-Pathos des jungen Hagelstange (›Deutschland‹ kaum thematisierend) zwar verbal mit den politischen ›Freiheits‹-Forderungen Plieviers (die viel Aufmerksamkeit finden, zumal Plievier inzwischen von Moskau über Berlin und Weimar in den Westen gewechselt ist).[39] Aber der Zusam-

---

36 Abgedruckt in: Volker Hage, *Propheten im eigenen Land. Auf der Suche nach der deutschen Literatur*, München 1999, S. 144-149.

37 Die entscheidenden Stadien in Hans Ulrich Gumbrechts Artikel *Generation*, in: Harald Fricke / Klaus Grubmüller / Jan-Dirk Müller / Klaus Weimar (Hrsg.), *Reallexikon der deutschen Literaturwissenschaft*, Bd. I, Berlin, New York 1997, S. 697-699.

38 Vgl. Anm. 34.

39 Seine Frankfurter Rede *Über die Freiheit*: Wende-Hohenberger, *Der Frankfurter Schriftstellerkongreß im Jahr 1948*, a.a.O. (Anm. 12), S. 57-64; Plie-

menstoß Hagelstanges mit Hans Mayer wegen der Reiseverbote für die ostdeutschen Autoren verbleibt weitgehend auf der politisch-taktischen Ebene, trägt in Frankfurt für das Problem einer jungen deutschen Literatur nichts aus. Oder allenfalls rückt er einen prohibitiven Aspekt heraus: weil er schlagartig die frühen Wirkungen des Kalten Krieges signalisiert – und die weitgehende Unmöglichkeit des freien Austauschs auch jüngerer Autoren über die Zonengrenzen hinweg. Die Zwänge des politischen Feldes dominieren unverkennbar. Das Scheitern der einzigen gesamtdeutschen Ministerpräsidentenkonferenz in München schon 1947 und die beiden von der SED inszenierten Volkskongresse im Dezember 1947, dann März 1948 sind zwei auch nach außen hin sichtbare Signale dafür, daß bereits im Vorfeld des Frankfurter Kongresses auch ideologisch-administrativ die deutsche Teilung festgeschrieben wird.

Der westliche Zusammenschluß von Autoren, die sich als ›jung‹ verstanden, geschah nicht in Berlin, nicht in Frankfurt am Main, sondern – mit der Gruppe 47 – bekanntermaßen ostentativ in der Provinz.[40] Es sei nebenbei daran erinnert, daß der Namensvorschlag vermutlich von dem schon erwähnten gelernten Romanisten Gustav René Hocke stammt,[41] angelehnt an die in der spanischen Literaturgeschichte prominente ›Generation von 98‹ (»generación de noventa y ocho«), sich zusammenfindend nach den tief einschneidenden Erfahrungen des spanisch-amerikanischen Krieges, eine »Generation« (so nannte sie Azorín dann 1913), die den machtpolitischen Niedergang Spaniens und eine künftige Regeneration reflektierten. Historisches Analogiedenken in Generations-Modellen hat um 1947 eine erhebliche Rolle gespielt, nicht nur im Hinblick auf das schon erwähnte ›Junge Deutschland‹ (und seine Konnotationen erstrebter nationaler Einheit),[42] sondern auch etwa auf die generationenbetont vorgestellten ›Stürmer und Dränger‹: so bei Alfred Andersch in seiner programmatischen Schrift *Deutsche Literatur in der Entscheidung* (von 1947/

vier wehrt sich hier wie in der Diskussion dagegen, seinen ›Ortswechsel‹ ideologisch instrumentalisieren zu lassen.

40 Freilich spielten dabei auch ›praktische‹ Gründe mit (größere Ungestörtheit, niedrigere Preise usw.). Später kamen Bemühungen hinzu, Berlin nicht schlechthin auszuklammern (Tagung im Mai 1955, Gründung des ›Literarischen Colloquiums‹ durch Walter Höllerer und andere).

41 Es sei erwähnt, daß auch andere ›Herleitungen‹ existieren.

42 ›Junges Deutschland‹ ist bekanntlich keine Selbstbezeichnung, sondern eine politische Qualifizierung ›von außen‹ (durch den Bundestag).

48),[43] der in der »jungen Literatur« einen neuen »Sturm und Drang« beobachtet.[44] Auf beiden hier zur Rede stehenden Kongressen, aber auch im Umkreis der Gruppe 47 werden in diesem Zusammenhang drei konstitutive Momente erkennbar: das spezifisch ›Deutsche‹ der erfahrenen Katastrophe mit der unausweichlichen Konsequenz einer ›europäischen‹ Öffnung; die mitunter harsche Distanzierung gegenüber manchen predigerhaft auftretenden Älteren, auch einigen Exilanten; schließlich ein Stück Selbstermunterung innerhalb der ›jungen Generation‹, die gerade nicht die Unerfahrenheit herauskehrt, sondern ihre Zukunftsoffenheit (freilich auch nicht ohne ein Moment von Skepsis). Was indes die Hoffnung auf eine Literatur des ›ganzen‹ Deutschland angeht, so ist sie in Frankfurt – im Zeichen der evidenten politischen Zwänge – schon deutlich gedämpft.

Bei der Frage »Wo bleibt die junge deutsche Literatur?« ist eine andere implizit mitzudenken, die oft ausgeblendet wird: Was an neu Erschienenem ist in den Köpfen, in den Referaten und Diskussionen ausgesprochen oder unausgesprochen präsent? Einzukalkulieren sind auch die Schwierigkeiten der eben erst wieder anlaufenden literarischen Zirkulation. In Berlin darf man vor allem mit den Produkten des Aufbau Verlags und des Dietz Verlags rechnen: also Theodor Plieviers *Stalingrad*, Anna Seghers' *Das siebte Kreuz*, Johannes R. Bechers Exilgedichte und Albrecht Haushofers *Moabiter Sonette* sowie interessanterweise – oft übersehen – die Vorabdrucke im *Tagesspiegel*: etwa Hermann Kasacks *Die Stadt hinter dem Strom* und Ernst Wiecherts *Die Jerominkinder*. In Hamburg wiederum ist schon 1946 Elisabeth Langgässers *Das unauslöschliche Siegel* herausgekommen. Die spektakulären Theaterneuheiten bilden eine eigene Gruppe: Weisenborns *Die Illegalen* von 1946 in Berlin (dort im Aufbau Verlag auch als Buch), Zuckmayers *Des Teufels General* noch im gleichen Jahr in Zürich und Borcherts *Draußen vor der Tür* in Hamburg als Buch, erst 1947 auf der Bühne. Borchert wird, auch als Erzähler, erst allmählich bekannt. Junge deutsche Literatur?

Beim zweiten Schriftstellertreffen, in Frankfurt am Main, kennen einige schon Thomas Manns 1947 in Stockholm gedruckten *Doktor Faustus*, Erich Maria Remarques *Arc de Triomphe* (in Zürich verlegt),

---

43 Separat erschienen (als Broschüre 1948), abgedruckt in: Gerd Haffmans (Hrsg.), *Das Alfred Andersch Lesebuch*, Zürich 1979, S. 111-134.
44 Andersch setzt dies sogar in die Überschrift eines eigenen Kapitels (ebd., S. 129).

Gedichte von Marie Luise Kaschnitz (1947), Hans Erich Nossacks *Interview mit dem Tode* (1948). Sind die jungen Autoren nicht wenigstens in der Lyrik wahrnehmbar, und sei es mit ausgewählten Texten? Wir müssen die Zeitungen und Zeitschriften hinzunehmen; ich wähle stellvertretend ein Sonderheft der Kulturzeitschrift *Die Fähre*, die 1947 unter dem Titel *Junge Deutsche Dichtung* eine Anthologie herausbringt.[45]

Fast unwillkommen bestätigt sich bei der Lektüre der Texte, was Stephan Hermlin in seinem Berliner Referat an »epigonalen Zügen« der jungen Lyrik kritisiert hat, mit Sonetten und Stanzen, in »gestelzter« Sprache, inhaltlich das Konkrete meidend: »man flüchtet in die Metaphysik und nennt die Totschläger am liebsten Dämonen«.[46] Es gibt auffällige Gemeinsamkeiten in der kritischen Wahrnehmung der ›Jüngeren‹, auch im Umkreis der Gruppe 47. So spricht etwa Wolfdietrich Schnurre in einem *Ruf*-Artikel vom 1. April 1947, indem er »Gedichtmanuskripte heutiger, junger Menschen« mustert, von »stilistischer Geschraubtheit«, von »mangelndem Formgefühl und innerer Substanzlosigkeit«, oft im Schatten Rilkes, unfähig zur »Absage an die Tradition«.[47] Überraschend hochtönend und vage ist freilich Schnurres eigener Ausblick, gegen Schluß des Artikels: »Nein, das Alte ist abgetan. Vor uns liegt, wenn auch noch unter Trümmern verborgen, eine neue und morgendliche Welt.«[48] In solchen Zukunftsbeschwörungen kommt der 47er sogar dem Frankfurter Referenten Hagelstange wiederum nahe, der freilich auf seine Prinzipien »Liebe« und »Freiheit« eingeschworen bleibt. Es gelte, so Hagelstange, einen Raum zu erobern und zu bewohnen, »der aller Zonen- und Ländergrenzen spottet und in dem Bürger zu sein uns ein höheres Glück bedeuten darf als das, Ange-

---

45 Hierzu Kai Schlüter, *Die »Fähre / Literarische Revue«. Analyse einer Literaturzeitschrift der ersten Nachkriegsjahre (1945-1949)*, Frankfurt am Main 1984 (Archiv für Geschichte des Buchwesens XXIV, Lieferung 6 und 7 [1982]), bes. Sp. 1403-1414 (»Besorgnis um die junge Dichtung«).

46 Wende-Hohenberger, *Der erste gesamtdeutsche Schriftstellerkongreß nach dem Zweiten Weltkrieg*, a.a.O. (Anm. 1), S. 52; Reinhold/Schlenstedt/Tanneberger, *Erster Deutscher Schriftstellerkongreß 4.-8. Oktober 1947*, a.a.O. (Anm. 1), S. 308.

47 Abgedruckt bei Arnold, *Die deutsche Literatur 1945-1960*, a.a.O. (Anm. 2), S. 321-323 (»Alte Brücken – Neue Ufer«), hier: S. 321. Schnurre ist damals als Kritiker bei der *Deutschen Rundschau* tätig – daher seine Manuskriptkenntnisse.

48 Ebd., S. 323.

höriger einer mächtigen Nation oder Bewohner eines reichen Kontinents zu sein.«[49]

In solchen Projektionen und Freiheitspostulaten trifft man sich auf einem allgemeinsten Nenner auch mit den meisten Älteren, wie die Frankfurter Schluß-»Resolutionen« demonstrieren, die unter anderem für publizistische Freiheit (gegen Zensur) und für die administrative Achtung der Schriftsteller eintreten (bei den Ämtern und Behörden).[50] Aber die Literatur, die Gedichte, die für das Neue stehen, bleiben vereinzelt. Wie der Blick in die Zeitschriften und Anthologien zeigt, beherrschen sie noch nicht das Feld: also noch nicht die frühen Gedichte Erich Frieds (Texte, die 1946/47 in Zürich erschienen), oder die Kriegsgefangenen-Gedichte von Günter Eich, wie *Inventur*, das heute in kaum einer einschlägigen Sammlung fehlt. Auch im Schulunterricht dieser Jahre[51] werden einerseits die bewährten ›Klassiker‹ gelesen, andererseits die Inneren Emigranten wie Bergengruen, Binding, Britting, Carossa und Wiechert und *nicht* die Exilautoren oder gar die frühen 47er oder Texte des jungen Max Frisch und natürlich auch noch keine Wolfgang Borcherts, die heute für viele zur Signatur jener Jahre gehören.

Die beiden Schriftstellerkongresse von 1947 und 1948 demonstrieren gleichwohl nicht nur die Dominanz der Älteren und die Heterogenität ihrer Konzeptionen, die von der Kader- und der ›Bündnis‹-Politik – vor allem im Osten – bis zur tiefen Verunsicherung reicht (ich erinnere nur an Elisabeth Langgässer). Sie lassen bei aller Oberflächenhaftigkeit, die solchen öffentlichen Arrangements eigen ist, einiges von jenen komplexen Schwierigkeiten, ja Barrieren durchscheinen, vor denen die ›junge deutsche Literatur‹ damals steht. Nicht zuletzt aber ist überhaupt das Zustandekommen dieser beiden Kongresse in dieser frühen Phase alles andere als wahrscheinlich. Sie werden in der Regel als Factum oder Facta einfach hingenommen. Man kann aber doch auch fragen: Wie ist es eigentlich zu erklären, daß inmitten der deutschen Trümmerstädte, der auf weite Strecken zerstörten Eisenbahnwege, des Hungers und der Hamsterzüge, auch der immer noch nach Westen und

---

49 Wende-Hohenberger, *Der Frankfurter Schriftstellerkongreß im Jahr 1948*, a.a.O. (Anm. 12), S. 36.

50 Ebd., S. 89 f.

51 Zu den generellen Tendenzen vgl. Christoph Führ, »*Rückgriff auf Bildungstraditionen*«, in: Christoph Führ / Carl-Ludwig Furck (Hrsg.), *Handbuch der deutschen Bildungsgeschichte*, Bd. VI: *1945 bis zur Gegenwart, Erster Teilband*, München 1998, S. 6 ff.

Süden drängenden Flüchtlingsströme – daß angesichts solcher Zustände des Umfeldes schon im Oktober 1947 im Berlin der vier Besatzungsmächte und gerade sieben Monate später in Frankfurt am Main gleich zwei zonenübergreifende Kongresse mit prominenter auch internationaler Beteiligung veranstaltet werden?

Die Gründe sind benennbar. Sie sind höchst verschiedenartig und für Berlin und Frankfurt wiederum deutlich zu unterscheiden. In vielen Selbstäußerungen zunächst der Berliner Teilnehmer verknüpfen sich zweierlei Impulse: einerseits das Bewußtsein, daß die Schriftsteller als Anwälte des größeren Ganzen, nicht nur der Literatur, sondern der kulturell-politischen Zukunft Deutschlands stellvertretend die Initiative übernehmen müßten (vom »Vorposten«, vom »Auftrag« ist die Rede, nicht nur bei den Sozialisten).[52] Andererseits: der wiederholte zeithistorische Verweis auf die Symbolkraft und Ausstrahlung des großen internationalen Schriftstellerkongresses vom Jahre 1935 in Paris, mit ideologisch noch sehr breitgefächerten Teilnehmergruppen aus 37 Ländern, unter der Ehrenpräsidentschaft Heinrich Manns und intensiver Mitwirkung auch jüngerer Autoren.[53] Die Erinnerungsbilder davon tragen zwar überwiegend antifaschistische Vorzeichen oder auch solche der ›Volksfront‹, wie sie vor allem von den Angehörigen des ›Bundes proletarisch-revolutionärer Schriftsteller‹ (BPRS) vertreten wurden.[54] Doch sie dominierten in Paris nicht flächendeckend. ›Paris 1935‹ war naturgemäß für viele Exilautoren ein bedeutender Orientierungspunkt geworden.

Ein drittes Moment der Motivation und des Selbstverständnisses sei hier gleich hinzugesetzt, die beiden genannten mit aufgreifend und nicht zuletzt auch den jüngeren Autoren einleuchtend: der Berliner Schriftstellerkongreß von 1947 als »Parlament des Geistes«, wie das gleich bei der Eröffnung Günther Weisenborn formuliert[55] – andere

52 Schon zu Beginn spricht Ricarda Huch von der »Aufgabe der geistigen Führung«: Wende-Hohenberger, *Der erste gesamtdeutsche Schriftstellerkongreß nach dem Zweiten Weltkrieg*, a.a.O. (Anm. 1), S. 18; Reinhold/Schlenstedt/Tanneberger, *Erster Deutscher Schriftstellerkongreß 4.-8. Oktober 1947*, a.a.O. (Anm. 1), S. 102 (leicht variiert).

53 Friedhelm Kron, *Schriftsteller und Schriftstellerverbände. Schriftstellerberuf und Interessenpolitik 1842-1973*, Stuttgart 1976, S. 32 ff.

54 Dem 1928 gegründeten Bund gehörten unter den 1947 in Berlin Anwesenden schon früh u.a. Johannes R. Becher, Willi Bredel, Hans Marchwitza, Anna Seghers, Erich Weinert und Friedrich Wolf an.

55 Wende-Hohenberger, *Der erste gesamtdeutsche Schriftstellerkongreß nach dem Zweiten Weltkrieg*, a.a.O. (Anm. 1), S. 24; Reinhold/Schlenstedt/Tan-

nehmen das auf, wandeln es ab wie Arnold Bauer: »erstes deutsches Schriftstellerparlament«[56]; oder Hans Mayer: »erstes gesamtdeutsches Parlament«[57] (später, in *Ein Deutscher auf Widerruf*, 1982, hat er das kritisch wieder eingeschränkt).[58] Der in der Formel sich artikulierende Anspruch ist gewiß hoch, signalisiert immerhin die geglaubte oder ersehnte Chance eines konstruktiven Vorstoßes, solange ein demokratisch gewähltes politisches Parlament noch nicht existiert. Die inhärente Symbolik ist nicht gering einzuschätzen: das Zusammentreffen immerhin auf dem Boden der bisherigen Reichshauptstadt, und dann die geschichtsträchtige Nähe der Paulskirche. Nicht zuletzt referiert die Evokation des (›gesamtdeutschen‹) ›Parlaments‹ auf das in der deutschen Bildungsgeschichte starke Ideologem von der Vorreiterrolle der Literatur und der Poeten bei der deutschen Nationwerdung im 18. und 19. Jahrhundert (als ein Name für viele sei der des Gervinus genannt).[59]

Konnten angesichts dieser geschichtlichen Perspektiven die jungen Autoren einen legitimen, spezifischen Part übernehmen? Über die langen, bis in die Weimarer Zeit zurückreichenden literaturpolitischen Erfahrungen eines Johannes R. Becher und Erich Weinert oder im Westen eines Rudolf Alexander Schröder oder Fritz von Unruh verfügten sie nicht. Dafür konnten sie, wie etwa Stephan Hermlin, um so dringlicher »Zeitpolitik«-Nähe der neuen, jungen Literatur anmahnen und vor neuer, falscher »Innerlichkeit« warnen (das betraf junge Autoren, aber gewiß auch manche der Inneren Emigranten). Es ist bemerkenswert, daß in Frankfurt ähnliche Mahnungen auch etwa von Rudolf Alex-

---

neberger, *Erster Deutscher Schriftstellerkongreß 4.-8. Oktober 1947*, a.a.O. (Anm. 1), S. 109. Die Weiterentwicklung der Idee – und ihre administrativen Wandlungen – in der DDR hat Carsten Gansel verfolgt: *Parlament des Geistes. Literatur zwischen Hoffnung und Repression 1945-1961*, Berlin 1996 (mit umfangreichem Dokumentenanhang).

56 Wende-Hohenberger, *Der erste gesamtdeutsche Schriftstellerkongreß nach dem Zweiten Weltkrieg*, a.a.O. (Anm. 1), S. 86 (nicht bei Reinhold/Schlenstedt/Tanneberger, *Erster Deutscher Schriftstellerkongreß 4.-8. Oktober 1947*, a.a.O. [Anm. 1]).

57 Wende-Hohenberger, *Der erste gesamtdeutsche Schriftstellerkongreß nach dem Zweiten Weltkrieg*, a.a.O. (Anm. 1), S. XXVIII (nicht bei Reinhold/Schlenstedt/Tanneberger, *Erster Deutscher Schriftstellerkongreß 4.-8. Oktober 1947*, a.a.O. [Anm. 1]).

58 Hans Mayer, *Ein Deutscher auf Widerruf. Erinnerungen*, Bd. 1. Frankfurt am Main 1982, S. 391 f.

59 Zur Weiterführung des ›Fadens‹ über 1947 hinaus vgl. Gansel, *Parlament des Geistes*, a.a.O. (Anm. 55).

ander Schröder und von Kasimir Edschmid zu hören waren, nicht nur von Hans Mayer.[60]

Der Gedanke an ein erstes (und dann zweites) stellvertretendes Schriftstellerparlament mochte ein wenig kühn, noch ohne rechtes Fundament anmuten, wohl auch in den Augen Jüngerer.[61] Es war gleichwohl mehr an ›Stützendem‹ vorhanden, auch an institutionell-organisatorischer Erfahrung aus der Zeit der Nazi-Herrschaft: nicht nur als anspornendes Muster der schon legendäre Pariser Kongreß vom Jahre 1935, sondern auch Handfestes im Zusammenhang des ›Schutz-verbandes Deutscher Autoren‹, der in Berlin als einladende Institution auftrat, dessen Anfänge bis 1909 zurückreichten und der sich 1935 im Exil neu konstituierte und seit 1945 im Rahmen des FDGB tätig war, eng mit dem ›Kulturbund‹ verbunden und die Protektion durch die SMAD genießend.[62] Die SED bestimmte wesentlich die Arbeitslinien des Schutzverbandes. Und heute weiß man, daß sie auf Verschiebung des Kongresses drängte, um auf ihrem II. Parteitag Ende September 1947 erst noch ihre kultur- und literaturpolitischen Leitlinien unter Dach und Fach zu bringen.[63]

Von diesen Hintergründen, auch mancher rigider Interessenwahr-nehmung durch die SED wußten nicht alle, namentlich die aus West-deutschland Gekommenen, und auch manche der im Exil Gewesenen. Mitentscheidend für das Zustandekommen des Kongresses war das In-teresse des SMAD, der in dem Oberstleutnant Alexander Dymschitz (dem Leiter der Kulturabteilung, einem versierten Germanisten) einen effizient arbeitenden Kopf zur Verfügung hatte; dessen Spuren reichen bis in die ›Bewältigung‹ des erwähnten Lasky-Skandals hinein.

Die vielerlei Interessen an dem Berliner Kongreß, vom Schutzver-band über den Kulturbund bis zur SMAD, bilden in ihrer Synergie je-denfalls eine Teilantwort auf die Frage, warum eigentlich in der noch katastrophalen Gesamtlage des Herbstes 1947 ausgerechnet ein sol-

---

60 Wende-Hohenberger, *Der Frankfurter Schriftstellerkongreß im Jahr 1948*, a.a.O. (Anm. 12), S. 24 f., S. 34 (zur Pressenotiz ist der Kontext hinzuzu-nehmen).

61 Zumal ihnen jede eigenen Erfahrungen fehlten (Ansätze zur ›reeducation‹ in den amerikanischen Camps ersetzten das nicht).

62 Hierzu wiederum die Monographie *Sowjetische Präsenz* von Hartmann und Eggeling, a.a.O. (Anm. 1), S. 35 ff.; zur frühen Tradition des ›Schutz-verbandes‹: Ernst Fischer, *Der »Schutzverband deutscher Schriftsteller«* *1909-1933*, Frankfurt am Main 1980 (Archiv für Geschichte des Buchwe-sens XXI, Lieferungen 1-3).

63 Die Details bei Hartmann/Eggeling, *Sowjetische Präsenz*, a.a.O (Anm. 1).

cher Schriftstellerkongreß zustande kam. Für die wenigen Repräsentanten der jüngeren Generation halte ich dreierlei fest: Sie erfuhren durch die geballte Präsenz der Älteren und durch deren Berichte wie Diskussionsbeiträge oft erstmals Näheres über Ereignisse, Lebensbedingungen und politische Positionen im Exil. Analoges gilt für einzelne Bereiche der Inneren Emigration. Und sie erlebten beinahe physisch ihre Minderzahl, von den Älteren bald mit Hoffnung, bald mit Skepsis betrachtet. Die Jüngeren erfuhren zweitens in dem, was einige Ältere das »Parlament des Geistes« oder ähnlich nannten, wohl zum ersten Mal, daß sie sich in einer imaginierten, noch nicht definierten literarisch-politischen Elite befanden, die sich mit ihrer Zukunftsaufgabe noch auf »vorgeschobenem Posten« bewegte, wie das Günter Eich 1947 formulierte.[64] Und schließlich, drittens, drängte sich schon in Berlin der Eindruck auf, dass die Fäden für die Veranstaltungsfolge im Feld der Politik, der Macht, der Besatzungsmächte gezogen wurden. Recht eingeschränkt, nur geduldet bleiben Versuche einzelner jüngerer Autoren, nicht Autonomie, aber partielle Freiräume für die neue Literatur zu behaupten, so bei Hermlin durch »die Verweigerung des allzu bequemen Gegenstandes«.[65] In Frankfurt, bei Hagelstange, wird gegen alle Konformität »Freiheit«, ja das individualistisch verstandene »Gesetz der Liebe« eingefordert.[66] In der Paulskirchen-Stadt ist es aber gerade der 32jährige, also ›junge‹ Rowohlt-Lektor Kurt W. Marek, drei Jahre jünger noch als Hagelstange (später, 1957, als C.W. Ceram mit *Götter, Gräber und Gelehrte* bekannt geworden), der in einem Referat »Der Schriftsteller und die Wirklichkeit« durchaus unoriginell und nüchtern, aber zutreffend festhält, »daß die Zukunft unserer Literatur durch die Zukunft unserer Politik bestimmt wird«.[67]

Er mochte nebenbei an die Verweigerung der Interzonenpässe für die ostdeutschen Autoren denken, die den Verlauf und die Atmosphäre des Frankfurter Kongresses entscheidend geprägt, verändert hat. Auf die zwischen Berlin und Frankfurt liegenden Ereignisse im Feld der Macht-,

---

64 Aus: *Der Schriftsteller*, abgedruckt bei Arnold, *Die deutsche Literatur 1945-1960*, a.a.O. (Anm. 2), S. 323-325, hier: S. 325.

65 Wende-Hohenberger, *Der erste gesamtdeutsche Schriftstellerkongreß nach dem Zweiten Weltkrieg*, a.a.O. (Anm. 1), S. 53; Reinhold/Schlenstedt/Tanneberger, *Erster Deutscher Schriftstellerkongreß 4.-8. Oktober 1947*, a.a.O. (Anm. 1), S. 310.

66 Wende-Hohenberger, *Der Frankfurter Schriftstellerkongreß im Jahr 1948*, a.a.O. (Anm. 12), S. 38.

67 Ebd., S. 48.

Militär- und Parteipolitik hatte ich schon hingewiesen. Daß auf beiden Kongressen auch von den jungen Autoren konkrete Punkte der künftigen Politik nur andeutungsweise berührt werden, mag sich aus Vorsicht, Taktik und gewiß auch einem Moment von Unsicherheit erklären. Wie resonanzreich und zugleich riskant es in dieser Situation war, aus ›junger‹ Perspektive publizistisch ein Deutschland mit einer Demokratie unter humanistisch-sozialistischen Vorzeichen zu entwerfen, als eine »Brücke zwischen Ost und West«,[68] demonstriert die frühe Geschichte der Zeitschrift *Der Ruf* unter amerikanischer Zensur[69] ebenso wie das Scheitern von Ernst Kantorowicz' *Ost und West* auf sowjetischen Druck hin.[70]

Die Reflexionen auf eine junge deutsche Literatur haben in Berlin und dann in Frankfurt noch eine ganz andere Wendung genommen, die hier bisher ausgeklammert blieb. Eine aus heutiger Sicht vielleicht überraschende Konfrontation zweier Programmatiken, die unbedingt zur damaligen Situation gehört, ist die scharfe Entgegensetzung von *poésie pure* und *poésie engagée*. Schon in Berlin taucht sie auf, leicht polemisch getönt, bei dem jungen Hermlin, der einschlägige Debatten in Frankreich und dann in Genf kennengelernt hat. Es fallen auch einzelne Namen, etwa von Valéry und Malraux, aber auch von Majakowski.[71] Es geht um ein europäisches Problem, das natürlich auch deutsche Antworten verlangt, nicht zuletzt von den ›jungen‹ Autoren. Die Devise »Freiheit« rückt auch hier als diffuse Kategorie ins Zentrum. Hermlin: »Die jungen deutschen Dichter müssen [...] die Sache der Freiheit als ihre dringendste Angelegenheit betrachten.« Aber: »Es gibt keine Freiheit in der schrankenlosen Ungebundenheit des Individuums.«[72]

---

68 Vgl. Anm. 34.

69 Die Weisung an den Lizenzträger Curt Vinz, die Herausgeber Alfred Andersch und Hans Werner Richter zu entlassen, soll letztlich auf sowjetischen Druck hin erfolgt sein (weil die Blätter sich als zu »unabhängig« erwiesen hatten). Die vielfach zu lesende Version, *Der Ruf* sei »verboten« worden, ist falsch. Die Zeitschrift erschien weiter, nun aber herausgegeben von Erich Kuby.

70 Nach mannigfachen Pressionen mußte das Organ, das bewußt ›Brücken‹ bauen wollte, schon 1949 sein Erscheinen einstellen.

71 Wende-Hohenberger, *Der erste gesamtdeutsche Schriftstellerkongreß nach dem Zweiten Weltkrieg*, a.a.O. (Anm. 1), S. 53; Reinhold/Schlenstedt/Tanneberger, *Erster Deutscher Schriftstellerkongreß 4.-8. Oktober 1947*, a.a.O. (Anm. 1), S. 309.

72 Ebd.

Das liest sich – im Rahmen unseres Themas – bis in den Wortlaut hinein wie eine vorweggenommene Erwiderung auf Rudolf Hagelstanges Frankfurter Referat. In Berlin vertritt niemand, auch keiner der wenigen Jungen, die Position der *poésie pure*. In Frankfurt ereignet sich wiederholt das höchst eigentümliche Schauspiel, daß man sich erregt über die scharf gefaßte Antithese streitet, ja zerstreitet. Das wird auch in mehreren zusammenfassenden Berichten über den Kongreß herausgehoben.[73] Exponierter Vertreter der *pure*-Position ist Rudolf Hagelstange. Gegen sie argumentiert Hans Mayer, aber auch etwa Kolbenhoff.[74] Wie ist die Zentrierung ausgerechnet auf dieses Problem zu erklären? Es geht – mit wiederholtem Blick auf die großen literarischen Muster – um die künftige, besonders die junge Literatur. Natürlich handelt es sich, bei aller Formalität der Begriffe, um eine auch politisch tingierte These, wobei ›engagée‹ in der Regel mit ›links‹ oder ›sozialistisch‹ konnotiert wird (in dieser Diskurslinie werden später bekanntlich auch die meisten einschlägigen Debatten in der Gruppe 47 geführt). Zu der eigentümlichen Insistenz, mit der das Thema in Frankfurt ›durchgestritten‹ wurde, dürften mehrere mitdebattierende französische Gäste beigetragen haben, darunter Roger Caillois und Madame Malraux[75] – und natürlich Hans Mayers scharfzüngiges Engagement.

Charakteristisch ist für diese Debatte auf geschichtssymbolischem Frankfurter Boden, geführt im Horizont des Paulskirchen-Centenars, daß sie nur indirekt auch auf ein künftiges Deutschland zielt und daß sie fast völlig unter ›Westlern‹ geführt wird. Man kann lediglich vermuten, daß sie um einiges ›politischer‹ ausgefallen wäre, wenn Autoren wie Becher, Kantorowicz, Weinert und andere hätten teilnehmen können. Angesichts der auch in Frankfurt noch präsenten Zerstörungen, der Versorgungsengpässe und der Flüchtlingsströme nimmt sich der Streit zugleich wie ein sehr vorläufiges Ausmessen, Ausloten dessen aus, was Dichtung auch im Hinblick auf ein zukünftiges Deutschland leisten kann oder vielmehr leisten soll. Und es liegt eine besondere Pointe in der Tatsache, daß im Gegensatz zur Situation im Oktober 1947 die Möglichkeit eines »einigen Deutschland« – von der in Berlin

---

73 So von Gustav René Hocke (Wende-Hohenberger, *Der Frankfurter Schriftstellerkongreß im Jahr 1948*, a.a.O. [Anm. 12], S. 92), Hans Mayer (ebd., S. 96), Wilhelm Emanuel Süskind (ebd., S. 98) und Irene Zander (ebd., S. 99).

74 Vgl. die Notiz ebd., S. 45.

75 Wende-Hohenberger, *Der Frankfurter Schriftstellerkongreß im Jahr 1948*, a.a.O. (Anm. 12), S. XXXIV (André Malraux war nicht anwesend – als wohl politisch zu ›Prominenter‹).

Ricarda Huch sprach – in noch größere Ferne gerückt war. Die Erwartungen an die junge deutsche Literatur, in einer fast anomischen Übergangsphase, gingen notgedrungen ins Diffuse. Mit der aus Frankreich übernommenen Antithese von *pure* und *engagée* fixierte man sich auf Haltungen, Gesinnungen. In den Wende-Debatten 1989/90 mit ihren mancherlei ideologischen Abrechnungen[76] und geschichtlichen Rückblicken wurde wiederholt der Bogen zurück in die Übergangszeit nach 1945 geschlagen. Der von Ulrich Greiner in einem *Zeit*-Artikel vom 2. November 1990 verwendete Begriff der »Gesinnungsästhetik«[77] avancierte rasch zum beliebten polemischen Etikett. Als pauschale Herabsetzung der literarischen Leistungen in Ostdeutschland *und* im Westen war das Verdikt zwar bequem, aber auf fahrlässige Weise undifferenziert.

Indem man 1947/48 an die junge deutsche Literatur Erwartungen der Aufrichtigkeit, der Nichtkompromittiertheit und der Wahrnehmung neuer ›Freiheit‹ richtete, verlangte man im Grunde Gesinnungen, die von den meisten Älteren, die auf den Schriftstellerkongressen diskutierten, nicht gerade sehr überzeugend praktiziert worden waren. Im Hinblick auf ein neues, ›anderes‹ Deutschland bleiben diese beiden Kongresse auf symptomatische Weise widersprüchlich. Das symbolische Kapital der Literatur wird nur beschworen, ja durch ›Gesinnungs‹-Erwartungen schon gefährdet. Die wenigen Vertreter der ›jungen Generation‹ waren zwangsläufig überfordert, klammerten sich an unausdiskutierte Konzepte von ›Freiheit‹, mit einer Spannbreite vom puren Individualismus bis zur Bindung an ›Demokratie‹. Die meisten Älteren hegten ›deutsche‹ Erwartungen an die nationale Vorreiter-Rolle der Literatur, ohne sie selbst überzeugend einlösen zu können.

Was vermag in dieser herausgehobenen geschichtlichen Situation ein Kongreß, ein Schriftstellerkongreß zu bewegen, oder wenigstens als ›Vorschein‹ erkennbar werden zu lassen? Daß von den drei Schlußresolutionen des Berliner Kongresses[78] immerhin *eine* dem Antisemitismus

---

76 Vgl. den »Epilog: Abrechnen und Rechthaben« in: Barner, *Geschichte der deutschen Literatur von 1945 bis zur Gegenwart*, a.a.O. (Anm. 1), S. 923-938.

77 Abgedruckt u.a. in: Thomas Anz (Hrsg.), *»Es geht nicht um Christa Wolf«. Der Literaturstreit im vereinten Deutschland*, München 1991, S. 208-216.

78 Wende-Hohenberger, *Der erste gesamtdeutsche Schriftstellerkongreß nach dem Zweiten Weltkrieg*, a.a.O. (Anm. 1), S. 84 f.; Reinhold/Schlenstedt/Tanneberger, *Erster Deutscher Schriftstellerkongreß 4.-8. Oktober 1947*, a.a.O. (Anm. 1), S. 496-498.

galt, den zu bekämpfen die Schriftsteller sich verpflichteten, war zumindest ein Signal, auch für die jungen deutschen Autoren. Das Verstehensmuster ›erstes deutsches Nachkriegsparlament‹, wie es in Frankfurt mehrfach formuliert wurde, enthielt ein der Geschichte entliehenes Moment von Hoffnung, das nur in der Desillusionierung enden konnte. Von der ›jungen Generation‹ ausgehende Impulse, die später als ›neu‹ erschienen, blieben auf den beiden Kongressen eher verdeckt.

Wolfram Pyta

Die Deutschlandkonzepte Carl Schmitts

I.

Das Verhältnis Carl Schmitts zu Deutschland stellt den Beobachter vor einige Probleme. Denn Carl Schmitt hat sich mit seinen Äußerungen über Deutschland rar gemacht. Er hat kein intensives Reden über Deutschland gepflegt, sich nicht an diesem Gegenstand gerieben, auch nicht mit ihm gehadert oder mit ihm gerungen. Dieser Umstand ist in allererster Linie seiner Profession zuzuschreiben: Carl Schmitt war bekanntlich Jurist – und dort nicht nur ein bedeutender Verfassungsrechtler, sondern speziell in der NS-Zeit auch jemand, der Ausflüge ins Völkerrecht unternahm. Folglich strahlen die meisten seiner Schriften rechtswissenschaftliche Güte aus, sind für einen spezifischen juristischen Zweck verfaßt worden. Und da der vornehmste Gegenstand des Staatsrechts nun einmal der Staat ist, trat für Schmitt die Beschäftigung mit dem Kollektivsubjekt »Deutschland« in den Hintergrund.

Doch Carl Schmitt ist bekanntlich kein Etatist gewesen – im Gegenteil.[1] Als *politischer Denker* hat er vermutlich ungleich befruchtender und polarisierender gewirkt denn als Verfechter eines bestimmten juristischen Zugriffs auf den Staat. Der Staat war für Carl Schmitt nicht selbstgenügender Zweck; er stand vielmehr im Dienste einer größeren Aufgabe. Die wohl einflußreichste Schrift Carl Schmitts, *Der Begriff des Politischen*, begann schon in ihrer ersten Auflage mit dem berühmten Fanfarenstoß: »Der Begriff des Staates setzt den Begriff des Politischen voraus.«[2] Und gleich der zweite Satz machte deutlich, welches das Referenzsubjekt war, auf welchen der Staat wesensmäßig verwiesen wurde: »Staat ist der politische Status eines *Volkes*«. Damit ist zu-

---

1 Gegen jede etatistische Verengung Schmitts vgl. u.a. die glänzenden Ausführungen von Ulrich K. Preuß, *Carl Schmitt – Die Bändigung oder die Entfesselung des Politischen?*, in: Rüdiger Voigt (Hrsg.), *Mythos Staat*, Baden-Baden 2001, S. 141-167; vgl. auch Christoph Schönberger, *Der Begriff des Staates im Begriff des Politischen*, in: Reinhard Mehring (Hrsg.), *Carl Schmitt. Der Begriff des Politischen. Ein kooperativer Kommentar*, Berlin 2003, S. 21-44.
2 Carl Schmitt, *Der Begriff des Politischen*, in: *Archiv für Sozialwissenschaft und Sozialpolitik*, Jg. 58, 1927, S. 1-33, hier: S. 1.

gleich der archimedische Punkt des politischen Denkens von Carl Schmitt markiert: es kreise um das Volk, genauer gesagt darum, das Volk zu einem politisch handlungsfähigen Subjekt zu machen. Auf diese Weise gelangte die *Nation* in das Zentrum seines Koordinatensystems: Nation bezeichnet den geglückten Prozeß einer Vergemeinschaftung des Volkes dergestalt, daß das nunmehr innerlich geeinte Volk zu einem eigenständigen politischen Akteur herangewachsen ist.

Deutschland war damit für ihn mehr als ein rein staatsrechtlich zu qualifizierendes Gebilde mit einem abgegrenzten Staatsgebiet und einem bestimmten Staatsvolk – Deutschland war für Schmitt in erster Linie der Ausdruck einer lebendigen nationalpolitischen Vergemeinschaftung! In seiner 1928 erschienenen *Verfassungslehre* formulierte er unzweideutig: »Das Volk, die Nation, bleibt der Urgrund alles politischen Geschehens.«[3] Deutschland war daher die Pflicht zur Nationswerdung auferlegt, was gleichbedeutend damit war, daß sich das Volk als politische Einheit konstituierte. Schmitts staatsrechtliches Denken kreise daher um den archimedischen Punkt, welche Institutionen den gleichsam natürlichen Einheitswillen des Volkes am besten verbürgten. Dabei favorisierte er im Laufe der Zeit verschiedene Varianten: in der Weimarer Republik setzte er seine Hoffnungen in das Amt des Reichspräsidenten und speziell in die Reichspräsidentschaft Hindenburgs[4] – unter der NS-Herrschaft wurde er zu einem begeisterten Parteigänger des sogenannten »Führerstaates«, der genau dies in einem bislang unbekannten Maß zu gewährleisten schien. Das »Dritte Reich« schien den aus dem bürgerlich-liberalen 19. Jahrhundert stammenden Unterschied zwischen Staat und Gesellschaft endgültig aufgehoben und dem Volk seine innere Einheit wiedergeschenkt zu haben.[5]

Zumindest bis in die frühe Bundesrepublik hat Carl Schmitt an dieser Grundüberzeugung festgehalten. Sein Verständnis von Deutschland weist daher für den besagten Zeitraum keine Entwicklungsdynamik auf; es mußte statisch sein, weil Carl Schmitt nicht vom wandelbaren Staat, sondern von der »ewigen Nation« her dachte. Daher geriet sein Deutschlandbild auch nicht durch die politischen Turbulenzen der Jahre 1938 bis 1949 ins Wanken. Weder mußte er sich nach dem Anschluß Österreichs im Jahre 1938 umorientieren, noch erschütterte der staat-

---

3 Carl Schmitt, *Verfassungslehre*, Berlin 1928, S. 79, vgl. dort auch S. 231 f.
4 Siehe Wolfram Pyta, *Schmitts Begriffsbestimmung im politischen Kontext*, in: Mehring, *Carl Schmitt*, a.a.O. (Anm. 1), S. 219-235.
5 Hierzu siehe insbesondere seine programmatische Abhandlung: Carl Schmitt, *Staat, Bewegung, Volk*, Hamburg 1933, bes. S. 12, 15 und 27-32.

liche Zusammenbruch Deutschlands im Jahre 1945 das Fundament seines Denkens über Deutschland.[6] Und aus diesem Grunde ging Carl Schmitt in seinen Publikationen und in seiner privaten Korrespondenz kaum auf solche aktuellen Ereignisse ein. Bis 1945 operierte er von der festen Position eines Universitätsprofessors aus, der zwar seit 1936 politisch kaltgestellt war, sich aber weiterhin dem NS-Staat anzudienen suchte; nach 1945 verbarrikadierte er sich in seinem Plettenberger Exil hinter einer Mauer von Selbstmitleid und strafte die aktuelle Politik weitgehend mit Mißachtung.[7]

Was aber läßt sich aus einem Verständnis von Deutschland analytisch herausdestillieren, das allen Zeitläuften beharrlich trotzte und sich auf einen Urgrund zurückführen läßt? Was kann Schmitts Reflexionen über Deutschland so interessant machen, daß sich ein tieferes Eindringen darin lohnt? Versuchen wir uns der Beantwortung dieser Frage anzunähern, indem wir den politischen Denker Carl Schmitt in den Kontext seiner Zeit stellen.

Carl Schmitt hat im Jahre 1888 im sauerländischen Plettenberg das Licht der Welt erblickt – er gehörte damit zu einer Generation, die das 1871 errichtete Kaiserreich als politische Heimat empfand. Diese Generation der um 1890 Geborenen[8] war in besonderem Maße für die Vorstellung empfänglich, daß zwar die staatliche Einheit Deutschlands erreicht, aber die innere Nationswerdung noch lange nicht zum Abschluß gekommen sei. Speziell bildungsbürgerliche Zirkel stießen sich an der Zerklüftung der deutschen Gesellschaft, in der lebensweltlich abgeschottete Milieus, allen voran das der sozialistischen Arbeiterbewegung und das des kirchenfrommen Katholizismus, praktisch be-

---

6 In einer seiner raren Bemerkungen zur völkerrechtlichen Lage Deutschlands nach 1945 lehnte Schmitt vehement die Debellationsthese vom Untergang des Völkerrechtssubjektes Deutschland ab, wie sie von seinem Intimfeind Hans Kelsen vertreten wurde, vgl. sein Schreiben an Ernst Jünger vom 11. Juni 1948, abgedruckt in: Helmuth Kiesel (Hrsg.), *Ernst Jünger – Carl Schmitt. Briefe 1930-1983*, Stuttgart 1999, S. 228 f.

7 Vgl. Dirk van Laak, *Gespräche in der Sicherheit des Schweigens. Carl Schmitt in der politischen Geistesgeschichte der frühen Bundesrepublik*, Berlin 1993.

8 Eine solche generationelle Zuweisung auch bei Georg Kamphausen, *Charisma und Heroismus. Die Generation von 1890 und der Begriff des Politischen*, in: Winfried Gebhardt (Hrsg.), *Charisma*, Berlin 1993, S. 221-246; vgl. auch Thomas Vesting, *Die permanente Revolution*, in: Andreas Göbel / Dirk van Laak / Ingeborg Villinger (Hrsg.), *Metamorphosen des Politischen*, Berlin 1995, S. 191-202, hier: S. 193.

ziehungslos nebeneinander existierten, ohne daß sich die Wege ihrer Angehörigen im Alltag kreuzten. Daher fielen beim Bildungsbürgertum die »Ideen von 1914« auf besonders fruchtbaren Boden, weil diese zumindest im August 1914 die Nation als Stadium emotionaler und symbolischer Vergemeinschaftung über alle Schichten hinweg erfahrbar gemacht hatten.[9]

Carl Schmitt war ein typischer Vertreter des gebildeten Bürgertums, der sich für die Ideen von 1914 begeisterte, ohne daß er aber wie viele seiner Altersgenossen in chauvinistischen Tonlagen über das »perfide Albion« oder »das lasterhafte Frankreich« hergezogen hätte.[10] In diesem Zusammenhang wird nicht selten Schmitts angebliche Katholizität herangezogen, um Schmitt für die katholische Sache zu vereinnahmen und damit Abstriche an seiner nationalbürgerlichen Prägung zu machen. Gewiß besteht an der katholischen Prägung seiner sauerländischen Herkunftswelt kein Zweifel – aber ein wirklich substantieller Katholizismus läßt sich seit seiner Ehescheidung 1924 nicht nachweisen. Zweifellos mögen die Umstände dieses gravierenden Schrittes – Schmitt war auf eine aus Jugoslawien stammende Hochstaplerin hereingefallen – seine Abwendung von einem praktizierten Katholizismus beschleunigt haben. Daß Schmitt 1926 zum zweiten Male heiratete – mit Duska Todorovic wiederum eine Serbin – und sich damit nach katholischer Lehre selbst von den Sakramenten ausschloß, mag die Distanz zur katholischen Lebenswelt noch weiter vergrößert haben.

Aber darüber hinaus bedarf der Beachtung, daß Schmitts Lebensform sich ganz und gar nicht mit den damaligen katholischen Wertmaßstäben deckte, was zumindest aus seinen Tagebüchern der frühen 1930er Jahre ablesbar ist.[11] Schmitt pflegte keine lebensweltlichen Kontakte zu dezidierten Katholiken, schon gar nicht zu Geistlichen und hielt sich vom kirchlichen Leben völlig fern. Ebenso scheint er kaum Zeit mit Bibellektüre verbracht zu haben. Gewiß war er fasziniert von der römischen Kirche und der Unbeugsamkeit ihrer jahrhundertealten Überzeugungen – aber darin mischte sich vor allem Hoch-

---

9 Hierzu jetzt ausführlich Steffen Bruendel, *Volksgemeinschaft oder Volksstaat*, Berlin 2003.

10 Vgl. die zutreffenden Hinweise bei Helmut Quaritsch, *Positionen und Begriffe Carl Schmitts*, Berlin 1995, S. 58 f.

11 Die politisch relevanten Teile sind ausgewertet von: Wolfram Pyta / Gabriel Seiberth, *Die Staatskrise der Weimarer Republik im Spiegel des Tagebuchs von Carl Schmitt*, in: *Der Staat*, Jg. 38, 1999, S. 423-448 und S. 594-610. Die privaten Passagen dieses Tagebuchs unterstreichen Schmitts lebensweltliche Distanz zum katholischen Milieu seiner Zeit nachdrücklich.

achtung vor einer Institution, die sich nicht scheute, die profanen Weltanschauungen des 19. Jahrhunderts allesamt als Irrtümer zu verdam-
men. Ein Glaubenskatholik ist Carl Schmitt jedenfalls nicht gewesen[12],
allenfalls ein zum Katholizismus in seiner äußeren Form sich aus Tradition und Überzeugung hingezogen Fühlender[13] – eben wie ein Jude in
Glaubensdingen Agnostiker sein kann, ohne den kulturellen Wurzel-
boden der Religion seiner Väter preiszugeben.[14]

Und mit dieser ästhetisierenden Variante des Katholizismus war ein
dezidiertes Bekenntnis zur Nation mehr als vereinbar. Gerade katholische Aufsteiger, die eine Universitätskarriere anstrebten, neigten vielfach dazu, ihre katholischen Wurzeln dabei abzustreifen und sich nicht
zuletzt durch prononcierte Herauskehrung ihrer vaterländischen Gesinnung für das kulturprotestantisch gefärbte akademische Milieu zu
empfehlen. Dem in der tiefsten westfälischen Provinz geborenen Carl
Schmitt waren solche Mechanismen der Integration durchaus vertraut,
was u.a. dem Publizisten Wilhelm Stapel auffiel, der am 11. Juni 1933
einem Vertrauten seinen Eindruck über Schmitt schilderte: Schmitt »ist
Katholik, aber ohne Glauben, wie mir scheint. Die Zentrumsleute und
die Jesuiten hassen ihn wegen seines Nationalismus«.[15]

II.

Was aber ist an Schmitts Zugang zu Deutschland bemerkenswert, außer
daß er die Idee der Nation und damit die Vorstellung vom nationalen
Machtstaat in das Zentrum seiner politischen Ideenwelt stellte? Hob
sich Schmitt wesentlich von seinen ebenfalls nationalistisch angehauch-

---

12 So auch Felix Blindow, *Carl Schmitts Reichsordnung*, Berlin 1999,
S. 168 f.

13 Vgl. auch den entsprechenden Befund bei Manfred Dahlheimer, *Carl
Schmitt und der deutsche Katholizismus 1888-1936*, Paderborn 1998, vor
allem S. 548 und S. 570-583.

14 Schmitt selbst hat – vielleicht unter Anspielung auf die Zugehörigkeit zum
jüdischen Glauben – nach 1945 mehrfach betont, daß er Katholik »der
Rasse nach« sei; Tagebucheintragung vom 20. April 1948, in: Carl Schmitt,
Glossarium. Aufzeichnungen der Jahre 1947-1951, Berlin 1991, S. 131;
vgl. auch seine Eintragung vom 17. Juni 1948, ebd., S. 166.

15 Stapel an Erwin Guido Kolbenheyer, 11. Juni 1933, in: Siegfried Lokatis,
Wilhelm Stapel und Carl Schmitt – Ein Briefwechsel, in: Piet Tommissen
(Hrsg.), *Schmittiana*, Bd. 5, 1996, S. 27-108, hier: S. 48 f.

ten Standeskollegen ab, indem er einen eigenen Zugriff auf die deutsche Nation entwickelte?

Ich möchte diese Frage mit Ja beantworten! Denn Carl Schmitt ist einer der ersten gewesen, die die *ästhetische Dimension der Politik* und damit auch der Nationswerdung hervorgehoben haben. Allem Anschein ist Schmitt durch die Rezeption des französischen Syndikalisten und Theoretikers Georges Sorel[16] auf die ungeheure Mobilisierungskraft des Mythos aufmerksam geworden[17]: Mythen sind Großimaginationen, die in Vergemeinschaftungsprozessen eine herausragende Rolle spielen können, indem sie den Kern kollektiver Identität zum Ausdruck bringen. Der Mythos weist damit auf die zentrale Notwendigkeit von Großgemeinschaften hin, die Gemeinschaftlichkeit auf eine sinnlich erfahrbare Weise zu reproduzieren und zu perpetuieren.[18]

Doch die Rezeption der Sorelschen Mythentheorie war nur der erste Schritt auf dem Weg zu einem kultursoziologisch unterfütterten Konzept von Nation bei Carl Schmitt. Denn Schmitt erkannte die Konsequenzen, welche sich durch den Zwang nach symbolischer Expression für die Art und Weise politischer Herrschaftsausübung ergaben.[19] Politische Herrschaft konnte demnach nicht mehr nur in den Kategorien institutionell garantierter Ordnung gedacht werden – die ästhetische Dimension des Politischen schärfte den Blick dafür, daß Herrschaft immer auch der symbolischen Vermittlung bedurfte. Damit eröffnete sich für Carl Schmitt zugleich ein Zugang, um die personenzentrierte Form politischer Herrschaft zu erfassen: politische Führerschaft hatte demnach weniger mit Genialität und herausragenden rhetorischen Talenten zu tun als mit der Fähigkeit, eine einmalige Repräsentationsleistung zu

---

16 Vgl. Quaritsch, *Positionen und Begriffe Carl Schmitts*, a.a.O. (Anm. 10), S. 62 sowie Ruth Groh, *Arbeit an der Heillosigkeit der Welt*, Frankfurt am Main 1998, S. 104 ff.

17 Schmitt widmet Sorel Raum in seiner Abhandlung *Die geistesgeschichtliche Lage des heutigen Parlamentarismus*, München 1926, vor allem S. 80 f.

18 Hierzu aus kultursoziologischer Sicht u.a. Bernhard Giesen, *Voraussetzung und Konstruktion. Überlegungen zum Begriff der kollektiven Identität*, in: Cornelia Bohn / Herbert Willems (Hrsg.), *Sinngeneratoren*, Konstanz 2001, S. 91-110.

19 Wertvolle Anregungen bei Henrique Ricardo Otten, *Wie Realpolitik in den Mythos umschlägt. Die Sachlichkeit des Politischen bei Carl Schmitt*, in: Rüdiger Voigt (Hrsg.), *Mythos Staat. Carl Schmitts Staatsverständnis*, Baden-Baden 2001, S. 169-211.

erbringen.[20] Derjenige taugte zum politischen Führer, der die in der Gesellschaft umlaufenden Grundvorstellungen vom Politischen in seiner Person bündelte und verkörperte.

In gewisser Weise leistete Schmitt damit Schrittmacherdienste für eine kultursoziologische Erweiterung des von Max Weber kreierten Charisma-Konzeptes. Max Weber hatte bei der Einführung dieses Konzeptes noch im Banne des zeitgenössischen Geniekultes gestanden und die gläubige Hingabe amorpher Massen als selbstverständliche Unterwerfung unter die eindrucksvolle Persönlichkeit eines zur Führung berufenen politischen Propheten hingestellt.[21] Dabei rückt die Frage in den Hintergrund, ob nicht charismatische Herrschaft sehr viel stärker als ein Attributierungsverhältnis gedacht werden muß, bei dem eine kulturell entsprechend disponierte Gesellschaft nach einer personalen Projektionsfläche für bestimmte Leitideen Ausschau hält. Ohne an der Herrschaftsqualität des Charismatikers Abstriche zu machen, wird ein über Max Weber hinausgehendes interaktiv gewendetes Verständnis von Charisma sehr viel besser den symbolisch-ästhetischen Formen politischer Herrschaft gerecht als die Vorstellung einer verführbaren und auf Verführung wartenden Masse politisch Unmündiger.

Es lohnt sich, Carl Schmitt unter diesem Aspekt neu zu lesen und ihn mit der Brille der jüngsten kultursoziologischen Weiterentwicklung[22] des Charisma-Konzeptes zu betrachten, zumal Schmitt selbst sich ausdrücklich auf das Charisma-Konzept bezogen hat.[23] Der Charismatiker

20 Dazu auch ebd., vor allem S. 169, S. 176 f. und S. 198; vgl. auch Reinhard Mehring, *Pathetisches Denken*, Berlin 1989, S. 30 ff.

21 Die Anerkennung des charismatischen Führungsanspruches durch die Beherrschten sei »Pflicht der kraft Berufung und Bewährung zur Anerkennung dieser Qualität Aufgerufenen«: Max Weber, *Wirtschaft und Gesellschaft*, Tübingen 1922, S. 140.

22 Exzellente Weiterentwicklung des weberschen Ansatzes bei Jürgen Raab / Dirk Tänzler, *Charisma der Macht und charismatische Herrschaft*, in: Anne Honer / Ronald Kurt / Jo Reichertz (Hrsg.), *Diesseitsreligion*, Konstanz 1999, S. 59-77. Vorreiter dieser Neuakzentuierung ist der Konstanzer Soziologe Hans-Georg Soeffner, vgl. vor allem sein Buch *Die Ordnung der Rituale*, Frankfurt am Main 1992, vor allem S. 177-203.

23 Er hat dabei – historisch korrekt – allerdings dem ihm disziplinär näherstehenden Kirchenrechtler Rudolf Sohm die Urheberrechte für das Charisma-Konzept attestiert, vgl. seine Tagebucheintragung vom 18. September 1948: »Sohm ist der Vater der Lehre vom charismatischen Führer; es handelt sich nicht um Max Weber; es handelt sich um Rudolf Sohm« (Schmitt, *Glossarium*, a.a.O. [Anm. 14], S. 199).

kann nur dann Erfolg haben und auch auf dauerhafte plebiszitäre Resonanz stoßen, wenn es ihm gelingt, sich zum Träger und Verkünder einer politischen Botschaft zu machen. Wie Stefan Breuer in einer seiner vielen luziden Abhandlungen dargelegt hat,[24] war es in Deutschland die politisch hochkarätige Idee der Nation, die in institutionell-verfahrensmäßiger Hinsicht einer festen Veranschaulichung entbehrte. Die Idee der Nation war daher auf der Suche nach einer repräsentativen Anbindung, die wegen des Defizites an staatlich-verfassungsmäßiger Fundierung des Nationalen Formen personaler Expression begünstigte und damit eben auch Spielarten charismatischer Herrschaft.

Carl Schmitt hat diese Analyse geteilt und immer mit einer gewissen Wehmut nach Frankreich geblickt, wo die Französische Revolution die Nation dauerhaft in eine staatlich behütete symbolische Repräsentation überführt hatte.[25] Angesichts der so tief zerklüfteten deutschen Gesellschaft schien für Carl Schmitt nur eine politische Führerpersönlichkeit geeignet zu sein, die postulierte Homogenität des »Volkskörpers« zu veranschaulichen. Seine Vorstellung von Deutschland, die sich nicht verändern sollte, war die einer noch nicht zur vollen nationalen Reife gelangten Großgemeinschaft, die aufgrund schwerer historischer Bürden wie etwa des Konfessionsgegensatzes von der Homogenität des Volkswillens gerade im Vergleich zu Frankreich und England noch erheblich entfernt war.[26]

Infolgedessen hieß Carl Schmitt revolutionäre Umbrüche dann gut, wenn sie wesentliche Etappen auf dem Wege hin zur politischen Einheit darzustellen schienen. Juristisch hatte Schmitt ohnehin keine Schwierigkeiten, Revolutionen in sein System einzubauen, da sein dynamischer Verfassungsbegriff[27] stets den Verfassungswandel mitdachte und integrierte. Dem Deutschen Kaiserreich weinte Schmitt daher keine

---

24 Stefan Breuer, *Bürokratie und Charisma*, Darmstadt 1994, vor allem S. 129 und S. 132.

25 Carl Schmitt, *Die Formung des französischen Geistes durch die Legisten*, in: ders., *Staat, Großraum, Nomos. Arbeiten aus den Jahren 1916-1969*, hrsg. von Günter Maschke, Berlin 1995, S. 184-217; erstmalig 1942 publiziert.

26 Vgl. Schmitts Notat vom 25. November 1947: »In Deutschland hat bisher jeder Anlauf zur Einheit in Partikularismus, Sezession, Separatismus und itio in partes geendet« (Schmitt, *Glossarium*, a.a.O. [Anm. 14], S. 52).

27 Vgl. die scharfsinnigen Beobachtungen von Hans-Christof Kraus, *Verfassungslehre und Verfassungsgeschichte. Otto Hintze und Fritz Hartung als Kritiker Carl Schmitts*, in: Dietrich Murswiek u.a. (Hrsg.), *Staat – Souveränität – Verfassung. Festschrift für Helmut Quaritsch zum 70. Geburtstag*, Berlin 2000, S. 637-661, vor allem S. 659 f.

Träne nach – und die erste geglückte Revolution der Deutschen, die Novemberrevolution von 1918, hat er nüchtern auf das möglicherweise in ihr steckende einheitsstiftende Potential abgeklopft,[28] aber schnell verworfen. Dies mag auch daran gelegen haben, daß mit dem italienischen Faschismus ab 1922 ein politisches Modell zur Verfügung stand, das einer ebenfalls verspäteten Nation jenes Maß an innerer Geschlossenheit zu schenken und in dem der Duce Mussolini diesen Anspruch in symbolisch markanter Weise einzulösen schien.[29] Deutschland selbst schien mit dem seit 1930 eingeschlagenen Weg der Präsidialherrschaft auf einem ähnlichen Wege zu sein, weil der amtierende Reichspräsident Hindenburg nicht nur bloßer Funktionsträger war, sondern von seinem im Ersten Weltkrieg erworbenen Mythos zehren und damit seine Herrschaft auch symbolisch vermitteln konnte. Carl Schmitt hat in den frühen 1930er Jahren als Berater des strategischen Kopfes der Präsidialherrschaft, des politischen Generals Kurt von Schleicher, im Hintergrund eine durchaus beachtliche politische Rolle gespielt. Doch seine Hoffnungen auf Hindenburg zerschlugen sich, weil der Reichspräsident seine Autorität eben nicht bis zum letzten in die politische Waagschale warf und das Risiko einer Konfrontation mit der Hitler-Bewegung scheute.[30]

Damit aber änderte sich nicht Schmitts Hoffnung, daß eine andere Person in die Rolle Hindenburgs schlüpfen und dem deutschen Volk zur inneren Einheit verhelfen werde. Nach kurzem Zögern wandte er sich daher der bislang eher skeptisch beäugten NS-Bewegung zu, der er nun in Ermangelung des Reichspräsidenten einen erneuten »Anlauf zur Einheit«[31] zubilligte – eine Lösung, die sich von der Systematik seines Denkens und dessen fast schon obsessiver Fixierung auf die Verbürgung innerer Einheit geradezu aufdrängte.[32] Hitler nahm die systemati-

---

28 Die Revolution von 1918 erschien ihm als Nachholung der gescheiterten bürgerlichen Revolution von 1848, vgl. seine Tagebucheintragung vom 7. Februar 1948 (Schmitt, *Glossarium*, a.a.O. [Anm. 14], S. 92).

29 Vgl. die Hinweise bei Otten, *Wie Realpolitik in den Mythos umschlägt*, a.a.O. (Anm. 19), S. 200.

30 Schmitt vertraute daher am 27. Januar 1933 desillusioniert seinem Tagebuch an: »Der Hindenburg-Mythos ist zu Ende«, abgedruckt bei Wolfram Pyta / Gabriel Seiberth, *Die Staatskrise der Weimarer Republik im Spiegel des Tagebuchs von Carl Schmitt. 2. Teil*, in: *Der Staat*, Jg. 38, 1999, S. 594-610, Zitat S. 610.

31 Notat vom 25. November 1947 (Schmitt, *Glossarium*, a.a.O. [Anm. 14], S. 52).

32 Dazu die Ausführungen von Ulrich K. Preuß, *Carl Schmitt – Die Bändigung oder die Entfesselung des Politischen?*, a.a.O. (Anm. 1), S. 158-163.

sche Stelle ein, die bislang Hindenburg innegehabt hatte. Und Hitler
schien auch die zentrale Voraussetzung zu erfüllen, um der Idee der
nationalen Einheit zur Veranschaulichung zu verhelfen und sich über
diese Repräsentationsleistung[33] als charismatischer Führer zu bewähren. Schmitt attestierte dem sozialen Aufsteiger Hitler, daß er gerade
wegen seiner fehlenden Verwurzelung in einem der etablierten Milieus
zum Träger, Verkünder und schließlich Exekutor dieser Leitvorstellung
werden konnte. »Aus dem Dunkel des sozialen und moralischen und
intellektuellen Nichts, aus dem reinen Lumpenproletariat, aus dem
Asyl der obdachlosen Nichtbildung stieg ein bisher völlig leeres unbe-
kanntes Individuum auf und sog sich voll mit den Worten und Affekten
des damaligen gebildeten Deutschland.«[34] Ein wesentlicher Impuls
ging also von einer mythosbedürftigen und einheitsversessenen Gesellschaft aus, die nach einer Inkarnation ihres Großprojektes »nationale
Einheit« Ausschau hielt.[35]

Das Verhältnis Hitler und Deutschland war also nicht ein einseitiges –
keine trunkene Masse unterwarf sich dem allmächtigen Führer aus lauter Verbeugung vor dessen Genius. Hitler und Deutschland gingen vielmehr eine dialogische Kommunikationsbeziehung ein. Carl Schmitt
zeichnet nicht das Bild eines verführten deutschen Volkes, sondern entwirft die Vorstellung eines Volkes auf dem Seelentrip nationaler Selbst-
verwirklichung, das in diesen 12 Jahren tatsächlich einen flüchtigen
historischen Augenblick lang zu sich selbst gefunden zu haben schien.
Hitler wurde gewissermaßen von Deutschland »adoptiert«.[36]

III.

Auch die völkerrechtlichen Arbeiten Carl Schmitts lassen sich nicht
ohne Rekurs auf seine Grundposition verstehen, wonach die Konstituierung von Gemeinschaft immer auch ein symbolischer Akt ist. Für die
Zeitspanne von 1939 bis 1945 ist ohnehin der Völkerrechtler Carl

33 Vgl. auch Mehring, *Pathetisches Denken*, a.a.O. (Anm. 20), S. 75.
34 Notat vom 15. Mai 1948, Schmitt, *Glossarium*, a.a.O. (Anm. 14), S. 149.
35 »Die Idee bemächtigt sich eines Individuums und tritt dadurch immer als
   fremder Gast in Erscheinung. Der fremde Gast war Adolf«, Notat vom
   17. Mai 1948, Schmitt *Glossarium*, a.a.O. (Anm. 14), S. 151; vgl. auch
   Groh, *Arbeit an der Heillosigkeit der Welt*, a.a.O. (Anm. 16), S. 114.
36 Tagebucheintragung vom 1. Mai 1949, Schmitt, *Glossarium*, a.a.O.
   (Anm. 14), S. 239; vgl. auch den Eintrag vom 6. Dezember 1949, in dem
   Hitler als »Echo« bezeichnet wird, ebd., S. 283.

Schmitt von besonderem Interesse, weil er nach seiner politischen Kaltstellung durch die SS im Jahre 1936 auf die begriffliche Vermessung der internationalen Stellung des immer größer werdenden Deutschland auswich. Mit wachem Gespür für aktuelle Themen begleitete Schmitt die Expansion des Großdeutschen Reiches und legte 1939 als Frucht dieser Hinwendung die Schrift *Völkerrechtliche Großraumordnung mit Interventionsverbot für raumfremde Mächte* vor.[37]

Für Carl Schmitt war die Hinwendung zum Völkerrecht die konsequente Fortsetzung seines Ansatzes vom Vorrang des Politischen vor dem Staatlichen. Wenn er in seiner Staatsrechtslehre den Staat seiner ehrfurchtgebietenden Hoheit beraubte, konnten auch die Staaten als Subjekte des Völkerrechtes nicht ungeschoren bleiben. Insofern stand die »Überwindung des Staatsbegriffs im Völkerrecht«[38] auf seiner wissenschaftlichen Agenda: eine konsequent zu Ende gedachte Entstaatlichung des Völkerrechts durch die Aushöhlung der Vorstellung von der unantastbaren Souveränität der Staaten als einzig legitime Akteure im Kosmos der internationalen Beziehungen. Damit ging zugleich eine räumliche Erweiterung seiner Konzeption von Deutschland einher – Schmitts Ausführungen lesen sich teilweise wie ein völkerrechtlicher Begleitkommentar zur Expansionspolitik des nationalsozialistischen Deutschlands. Bereits im Herbst 1937 dachte er in diese Richtung; der sogenannte Anschluß Österreichs an das Deutsche Reich im März 1938, die Einverleibung des Sudentenlandes im Oktober desselben Jahres sowie die Zerschlagung des tschechischen Reststaates im März 1939 dürften ihn in seiner Absicht bestärkt haben, die Dynamik des deutschen Ausgreifens rechtswissenschaftlich zu legitimieren. Carl Schmitt scheint den Ehrgeiz besessen zu haben, die entscheidende juristische Argumentationshilfe für das im Entstehen begriffene »Großdeutsche Reich« zu liefern. So dürfte es kein Zufall sein, daß die prägnanteste seiner völkerrechtlichen Abhandlungen just im April 1939 erschien,[39] als sich die Konturen eines deutsch beherrschten Mitteleuropas bereits deutlich abzuzeichnen begannen.

---

37 Carl Schmitt, *Völkerrechtliche Großraumordnung mit Interventionsverbot für raumfremde Mächte*, Berlin, Wien 1939.

38 Ebd., S. 76.

39 Nämlich die aus seinem Beitrag für eine Ende April 1939 stattgefundene Tagung des »Instituts für Politik und Internationales Recht an der Universität Kiel« hervorgegangene Abhandlung *Völkerrechtliche Großraumordnung mit Interventionsverbot für raumfremde Mächte*, vgl. die redaktionellen Bemerkungen in der 4. Auflage, Berlin 1941, dort S. 5.

Schmitt wollte zweifellos mit seinen völkerrechtlichen Arbeiten das imperiale Ausgreifen des Deutschen Reiches rechtfertigen, indem er Deutschland einen gleichsam natürlichen Anspruch auf politische Hegemonie in Mittel- und Osteuropa attestierte. Dazu mußte er die natürliche Gleichheit der Mitglieder der internationalen Staatengemeinschaft beseitigen – und zwar dadurch, daß er eine Hierarchie der Völkerrechtssubjekte proklamierte.[40] Bestimmte aufgrund ihrer demographischen Leistung, der sogenannten »Volkskraft«, und ihrer politischen Geschlossenheit privilegierte Völker wie das von Hitler geeinte deutsche Volk besaßen demnach ein natürliches Anrecht auf eine ausschließlich von ihnen dominierte Einflußsphäre, in der es ihnen oblag, »Einmischungen raumfremder und unvölkischer Mächte zurückzuweisen«.[41]

Carl Schmitt erhob Deutschland damit in die Position eines politischen Gravitationszentrums, in dessen Umlaufbahn sich vor allem seine östlichen Nachbarstaaten zu bewegen hatten. Ein um die deutsch besiedelten Gebiete in Österreich, der Tschechoslowakei und Polen erweitertes »Großdeutschland« konnte demgemäß nur eine Etappe auf dem Wege zu einem deutsch beherrschten Großraum sein, der vor allem die Staaten und Völker minderer »völkischer Güte« im Osten Europas einschloß. Allerdings redete Schmitt keinem schrankenlosen rassenbiologischen Imperialismus das Wort, der die deutschen Siedlungszonen bis weit nach Rußland verschieben und im deutschen Osten eine völkische Musterherrschaft errichten wollte bei Versklavung der autochtonen Bevölkerung und bei Ermordung der dort ansässigen jüdischen Menschen.

Denn Schmitts Proklamierung einer deutschen Monroe-Doktrin[42] war insofern immer auch mit seinem Grundanliegen verknüpft, als daß in einem deutsch beherrschten Großraum die Herstellung politischer, ökonomischer und kultureller Einheit das dominierende Motiv war. Schmitt übertrug also das Postulat nach politischer Einheit im Innern auf die internationale Ebene – aber schränkte damit zugleich die Reichweite der deutschen Expansion ein. Denn der deutsch beherrschte Großraum konnte nur dann die Kriterien eines einheitlichen Kulturraums erfüllen, wenn die deutsche Expansion sich zügelte und beispielsweise eine Kolonisierung weiter Teile der Sowjetunion als homogenitätswidrig verwarf. Es war diese Selbstbeschränkung des deutschen

40 Vgl. ebd., S. 75.
41 Ebd., S. 88.
42 Die US-amerikanische Monroedoktrin von 1823 verehrte er als »Präzedenzfall eines völkerrechtlichen Großraumprinzips«, ebd., S. 23.

Vormachtstrebens auf ein kulturell anschlußfähiges Kerneuropa, das Schmitt die Kritik der SS-Juristen eintrug, die ganz zu Recht bemängelten, daß ein biologistisch fundierter Lebensraumgedanke in Schmitts Konzeption von Großdeutschland keinen Platz besaß.[43]

Schmitt legte sich bei der Definition des Umfangs des deutschen Herrschaftsgebiets bewußt Fesseln an, weil er das imperium germanicum vermittels gemeinschaftsstiftender Ideen mit kulturschöpferischem Leben erfüllen wollte. Und genau deswegen griff er zur begrifflichen Etikettierung dieses deutschen Empire auf einen Begriff zurück, der dazu geeignet war, mythischen Zauber auszulösen und damit symbolische Vergemeinschaftung zu befördern: *das Reich*. Schmitt war kein katholisch geprägter Reichstheologe, der an den alten universalen Reichsgedanken anknüpfen und damit katholische Abendland-Vorstellungen wiederbeleben wollte. Anderslautende Versuche[44] müssen sich den berechtigten Vorwurf gefallen lassen, die eindeutigen Aussage der Quellen umzubiegen.[45]

Schmitt adaptierte den Begriff »Reich« zum einen deswegen, weil er um seine symbolische Qualität wußte. Denn die Vorstellung vom »Reich« war in hohem Maße dazu befähigt, den archimedischen Punkt seines politischen Denkens – das Streben nach politischer Einheit – auf der ästhetischen Ebene zur Anschauung zu bringen. Es war mithin die im »Reich« steckende Repräsentationsleistung,[46] die das »Reich« zu einer Schlüsselkategorie bei der expressiven Bewältigung einer spezifischen Variante des Einheitsproblems werden ließ – nämlich der Herausforderung, wie auf der symbolischen Ebene dem Siegeszug der technisch-industriellen Moderne zu begegnen war, der die Grenzen des klassischen Nationalstaates transzendierte.[47] Die Expansion der dama-

---

43 Dazu ausführlich Blindow, *Carl Schmitts Reichsordnung*, a.a.O (Anm. 12), S. 85 f. und S. 94-106.

44 Trotz unbestreitbarer Verdienste krankt die Dissertation von Andreas Koenen an dem Versuch, Schmitt trotz entgegenstehender Quellenbefunde als einen Verfechter des katholischen Reichsgedankens zu interpretieren (Andreas Koenen, *Der Fall Carl Schmitt*, Darmstadt 1995).

45 Zum Umgang Koenens mit den Quellen vgl. nur die Anmerkungen bei Blindow, *Carl Schmitts Reichsordnung*, a.a.O. (Anm. 12), S. 35 f.

46 Schmitt definierte in Anlehnung an Kant und Hegel seine Vorstellung von Repräsentation schon in den 1920er Jahren wie folgt: »In der Repräsentation ... kommt eine höhere Art des Seins zur konkreten Erscheinung«, Schmitt, *Verfassungslehre*, a.a.O. (Anm. 3), S. 210.

47 Darauf verweist zu Recht Blindow, *Carl Schmitts Reichsordnung*, a.a.O. (Anm. 12), S. 108 f.

ligen Schlüsselindustrien über nationale Barrieren hinweg und die transnationale Vernetzung speziell der Energiewirtschaft nahm Schmitt mit wachen Augen zur Kenntnis – vermochte diese Entwicklung aber nur analytisch zu bewältigen, indem er sie als ein letztlich der politischen Hoheit unterliegendes Phänomen deutete. Schmitt machte sich also keineswegs zum Vorreiter einer Frühform der Globalisierungstheorie – er beschwor eben nicht die sich jeder Form politischer Herrschaft entziehenden Kräfte einer entfesselten Wirtschaft, sondern wollte den politischen Zugriff auf großflächige, die herkömmlichen staatlichen Grenzen sprengenden Wirtschaftsräume terminologisch durch die Einführung des Begriffes vom »Reich« sicherstellen.

Das Reich war also seine doppelte Antwort auf die Entstehung von Großwirtschaftssphären: es artikulierte die Verfügungsgewalt der Politik über die Ökonomie, welche Großwirtschaftsräume als »Leistungsräume« durch effiziente Raumplanung von Staats wegen organisierte[48] – und es signalisierte zugleich, daß die Ökonomie aus sich heraus keine Repräsentationsleistung zu erbringen vermochte und daher der symbolischen Kraft mythosbehafteter Begriffe bedürftig war.[49] Im Rahmen des Großraumkonzeptes sollte die begriffliche Offerte »Reich« den deutschen Satellitenstaaten signalisieren, daß Deutschland nicht als militärischer Eroberer in Knobelbechern und Stechschritt daherkam, sondern als Träger einer Kulturidee. Schmitt erkannte also das in der Reichsvorstellung steckende mythische Potential[50] und war bestrebt, es zur kulturellen Fundierung des deutsch beherrschten Großwirtschaftsraums gezielt einzusetzen.

In rechtssystematischer Hinsicht revitalisierte Schmitt den Reichsbegriff deswegen, weil er einen Terminus benötigte, der es erlaubte, »dem bisherigen Zentralbegriff des Völkerrechts, dem Staat, einen einfachen völkerrechtlich brauchbaren, aber durch seine Gegenwartsnähe überlegenen, höheren Begriff entgegenzusetzen«.[51] Der Reichsbegriff schien dafür prädestiniert zu sein, weil er aufs engste mit der deutschen

---

48 Konsequenterweise setzt Schmitts zentrale Abhandlung in der vierten Auflage mit einer Analyse der wirtschaftlichen Triebkräfte der freigesetzten Großraumdynamik ein, Schmitt, *Völkerrechtliche Großraumordnung*, 4. Auflage, a.a.O. (Anm. 39), S. 11-14.

49 Vgl. Blindow, *Carl Schmitts Reichsordnung*, a.a.O. (Anm. 12), S. 108 f.

50 Schon in seiner Kölner Antrittsvorlesung am 20. Juni 1933 hatte er auf die »mythische Kraft« der Reichsvorstellung verwiesen, vgl. Koenen, *Der Fall Carl Schmitt*, a.a.O. (Anm. 44), S. 16.

51 Schmitt, *Völkerrechtliche Großraumordnung*, a.a.O. (Anm. 37), S. 73 f.

Geschichte verwachsen war und sich daher qualitativ etwa vom britischen »Empire« abhob. Gereinigt von seinen geschichtsphilosophischen und theologischen Konnotationen[52] besaß der Begriff »Reich« zudem den Vorzug, die hegemonialen Ansprüche selbsternannter Kulturvölker auf den Begriff zu bringen. Der Terminus »Reich« charakterisierte »am besten den völkerrechtlichen Sachverhalt der Verbindung von Großraum, Volk und politischer Idee«.[53]

Was blieb von Deutschland aus Sicht von Carl Schmitt übrig, als im Mai 1945 nicht nur das Land selbst in Trümmern lag, sondern auch die anmaßende Idee eines deutsch beherrschten Großraumes? Die mangelnde staatliche Qualität des in vier Besatzungszonen zerrissenen Deutschland stellte für Carl Schmitt kein besonderes analytisches Problem dar, solange die deutsche Nation intakt zu sein schien. Schmitts Entthronung des Staates erwies sich daher als ausgesprochen hilfreich, um die vier Jahre andauernde Phase inexistenter deutscher Staatlichkeit zu meistern. Allerdings hat sich Schmitt in den ersten Nachkriegsjahren mit Äußerungen über die Lage der Nation rar gemacht, sich vornehmlich hinter einer Mauer wehleidigen Klagens verschanzt und sich in Selbstmitleid geflüchtet. Zieht man sein davon triefendes *Glossarium* zu Rate, dann blitzen immerhin hier und da einige Gedanken auf, die erkennen lassen, daß sein Welt- und Deutschlandbild ungebrochen war und daß er sich in seinen Grundaussagen bestätigt fühlte.

Schmitt deutete den sich anbahnenden und sich dann 1948 zuspitzenden Ost-West-Gegensatz mit den Kategorien seiner Großraumlehre. Die Machtübernahme der Kommunisten in der Tschechoslowakei im Februar 1948 empfand er als späten Triumph seines »Begriffs-Realismus«: Der Magnetismus der Großraumidee und damit die hegemonialen Ansprüche der bis nach Mitteleuropa vorgedrungenen Sowjetunion hätten sich als stärker erwiesen als der hehre Wunsch der Mehrheit der Tschechen und Slowaken nach einer westlich geprägten Demokratie.[54] Schmitt hat allerdings keine systematischen Betrachtungen darüber angestellt, was es für das künftige Schicksal Deutschlands bedeutete, daß der Ost-West-Gegensatz quer durch Deutschland lief und es spaltete. War es überhaupt möglich, daß sich die beiden Teile Deutschlands gegen die Sogwirkung stemmten, die von der östlichen bzw. westlichen

---

52 Schmitt wandte sich gegen eine geschichtsphilosophische oder theologische Schieflage seiner Verwendung des Reichsbegriffs, ebd., S. 73 f.
53 Ebd., S. 72.
54 Vgl. seine Eintragung vom 2. März 1948, Schmitt, *Glossarium*, a.a.O. (Anm. 14), S. 107 f.

Vormacht ausging? Deutschland war auf ein Völkerrechtssubjekt min-
deren Ranges reduziert worden, wie es durchaus den in Schmitts Großraumlehre angelegten Implikationen entsprach.

Aber dennoch scheint Schmitt es für möglich gehalten zu haben, daß
Deutschland zwischen West und Ost lavieren und sich einen Weg außerhalb der sich verfestigenden Blöcke wählen könnte. »Weder Osten
noch Westen«[55] war daher seine Grundeinstellung zur Stellung Deutschlands im internationalen Kräftefeld. Solange die innere Kraft zur Nationswerdung noch ungebrochen zu sein schien, solange zwar das äußere
Gefäß der Staatlichkeit zerbrochen, aber dafür die moralische Substanz
des inneren Einheitswillens noch vorhanden sei, solange brauche
Deutschland sich nicht an fremden Gestirnen zu orientieren, egal ob sie
im Westen oder im Osten ihre Umlaufbahn drehten.[56] Schmitts mar-
kige Worte vom März 1948 zeugen davon, wie sehr er als Repräsentant
des Geistes von 1914 an der Unantastbarkeit und zeitlosen Gültigkeit
der Idee der Nation festhielt: »Wir sind besiegt, zu Boden geworfen,
subjugiert, geviertelt und zertreten, aber wir sind in keiner wesentlichen Hinsicht vernichtet, auch nicht moralisch oder juristisch. Wir
sind okkupiert, aber nicht erobert. Erobern kann nur derjenige, der seine Beute besser kennt als sich selbst. Wer im Westen oder Osten sollte
uns also erobern können?«[57]

55 Eintragung in Schmitt, *Glossarium*, a.a.O. (Anm. 14), Eintrag vom 7. Juni
    1950, S. 304; vgl. auch seine Eintragungen vom 14. März und 3. April
    1948, ebd., S. 115 und S. 120.
56 Schmitt grenzte sich weltanschaulich von Ost wie West gleichermaßen ab,
    weil beide in der Geschichtsphilosophie der Aufklärung wurzelten und da-
    her von ihm verworfen wurden, vgl. dazu nur Carl Schmitt, *Die Einheit der
    Welt*, in: Schmitt, *Staat, Großraum, Nomos*, a.a.O. (Anm. 25), S. 496-505.
57 Eintragung in Schmitt, *Glossarium*, a.a.O. (Anm. 14), Eintrag vom
    14. März 1948, dort S. 115.

Jan Philipp Reemtsma

Arno Schmidts Nachkriegsdeutschland

»Nanu?!« rief ich! »Ich will Ihnen was sagen, Herr Bauer: *hoffent-lich* bleibt die Besatzung 50 Jahre! – Erzählen Sie mir doch nicht, daß Hitlers stets 98%ige Wahlerfolge gefälscht gewesen wären: das hatte er gar nicht nötig! Wie sie doch alle Gefallen an Achselstücken und fein ersonnenen Dienstgraden fanden, am dröhnenden Marsch-tritt und zackigem Gehorchen. (Führer befiehl: wir folgen!: Gibt es etwas widerlicheres als diese Bitte um einen Befehl?! Pfui Deubel, Deutsche: Nee!! –). Und jeder HJ-Anwärter, jeder SA-Schwengel oder OA (er zuckte!) hielt sich doch für durchaus führerverdächtig! –«
    »Hätten ja nichts Anderes gehört, die Armen?!«: »Erstens: doch!!« – Und dann: »Predigen Sie ihnen doch einmal das Ideal des stillen Menschen, des arbeitsamen Gelehrten! Daß es ihnen voll ge-nug sein soll, wenn sie die großen Werte deutscher Kultur erhalten können und weitergeben: die werden Ihnen was erzählen!« Nietz-sche hats genau gewußt: *und* gebilligt und mitempfunden! So gehört er zum rohesten Pöbel! : wie sagt er geschliffen: frage einen derben kleinen Igel auf der Straße, ob er etwa besser oder klüger werden wolle, und er wird ironisch lächeln; aber raune verheißend: willst du mehr Macht?!!!; hei, wie da die Äuglein leuchten!!)
    »Leider, Herr Bauer!: auch für die (die Alliierten) sind wir nur Ob-jekt; wenn sie uns in 5 oder 10 Jahren gegen Rußland brauchen wol-len, ziehen sie uns doch wieder Uniformen an, setzen uns die jetzt ausrangierten Berufstotschläger vor die Nase, und: auf geht's! »Üb immer Treu und Redlichkeit …«[1]

Wenn es auch ein wenig weit geht, von einer Deutschland*konzeption* Arno Schmidts zu sprechen – Schmidt war, wenigstens in politischen Dingen kein konzeptioneller Denker –, so haben wir doch hier auf en-gem Raum ein Bild Nachkriegsdeutschlands beisammen, das in seiner Ausrichtung und Prägnanz in vergleichbarer Zeit selten anzutreffen ge-wesen sein wird. Die Stelle findet sich in *Brand's Haide*, einem 1950

---

1 Arno Schmidt, *Bargfelder Ausgabe*, Zürich 1987 ff., Werkgruppe I, Bd. 1, S. 168 f. Alle Zitate aus Werken Schmidts werden im Folgenden nach die-ser Ausgabe unter Angabe der Werkgruppe in römischen, des Bandes in arabischen Ziffern sowie der Seitenzahl nachgewiesen.

verfaßten Roman, der 1946 spielt. Es ist ein Heimkehrerroman. Die 1. Person-Singular-Figur trägt den Namen ihres Verfassers, ist gleichfalls Schriftsteller und arbeitet, wie ihr Verfasser, an einer Biographie des Romantikers Friedrich de la Motte Fouqué. Sie kommt, wie ihr Verfasser, aus Brüssel, aus britischer Kriegsgefangenschaft und wird in einem niedersächsischen Dorf einquartiert. Ein Heimkehrer, durchaus unzufrieden mit seinem Schicksal, aber auch nicht eine Spur larmoyant.

> »Sie kommwoll aus Gefangenschaft? – Vom Iwan??«. »Nee«, sagte ich bluffig, widrige Erinnerungen kürzend: »Brüssel. Vom Engländer.« »Und? Wie waan die?«. Ich winkte ab: »Einen genommen und den Andern damit geprügelt. Etwas besser als der Russe natürlich.« Aber: »14 Tage lang haben wir manchmal keinen Stuhlgang gehabt. Um Juli haben sie uns Stille Nacht, Heilige Nacht singen lassen: eher durften wir nicht wegtreten.«[2]

Später dann:

> »Ich räumte meine Kiste aus (…) Dann richtete ich sie als Speisekammer ein: in eine Ecke das Brot; pedantisch daneben die Käse, die Margarine; auf die andere Seite den Brotbeutel am Strick (…) Handtuch hatte ich noch, ein Stück Seife (Lux: in dieser Hinsicht waren die Engländer ganz groß zu uns gewesen; auch wunderbare kanadische Zahnpaste und Rasierseife in Tuben)«[3]

So haben wir die Position, von der aus die erste Person Singular spricht: als Einzelner, der sich zwar Gruppen zurechnet, seine diesbezüglichen Identitäten aber wählt, nicht wie ein Ticket bucht.[4] Die Identität als Kriegsgefangener hat keinerlei Ressentiment zur Folge, dazu ist der Blick zu differenziert: Schikanen hier, gute Versorgung da – dies zeigt die Materialüberlegenheit der Alliierten, die den ganzen Krieg zu einem verrückten Unternehmen gemacht hat: »wunderbare Schuhe« hat ein englischer Soldat an, der sich nach dem Weg erkundigt, »US-made mit dicken Gummisohlen: hat unser Barras nie mitgekonnt.«[5]

Anders ist es mit der Identität als Flüchtling, die eine Seite vorher auftaucht, als ein Traum ihn und seine Geliebte zurück nach Schlesien versetzt: »tauchten die Füße ins feste Gras, spannten ein Zelt unter eine

---

2 I, 1, S. 117.
3 I, 1, S. 123.
4 Zum Begriff des »Tickets« vgl. Theodor W. Adorno, *Studien zum autoritären Charakter*, Frankfurt am Main 1973, S. 187 ff.
5 I, 1, S. 121.

Kiefer: zwischen Görlitz und Dresden«[6] – der ist nicht zu entkommen. Der 1. Person-Singular-Held ist aber kein Heimatvertriebener in einem aktuell-politischen Sinne, Rechtstitel werden nicht behauptet. In *Kaff* wird sogar die Pflege des Heimwehs betont nicht-toleriert:

> ›Laß'n doch von der Heimat träum' .....‹; (›Ich denke nich daran‹ konnte ich hier schnell einschalten; und sie, zu ihrem Schlesisch nickte nur: ›Ich weeß; Du bist hart.‹)[7]

Das Flüchtlingsschicksal wird mit keiner nationalen Identität verbunden. Vertrieben ist der Vertriebene als Mensch, nicht als Deutscher.

> Flüchtlinge!: ich sah mich fest im Kreise um, lachte grell: »Da kann ich Ihnen ein feines Beispiel geben, Ladies and Gents« (...) ich nahm die altgelben rieselnden Blätter heraus, bellte die Stimme: »1687« sagte ich und hob wütend die Oberlippe: »Austreibung der Huge-notten« – und las: Kurtze Nachricht von meiner Flucht aus Frank-reich«.[8]

Was die Schärfe des Tons ausmacht, ist die Identifikation mit den anderen Leidenden, mit denen ihn sonst nichts verbindet (nicht Zeit, nicht Ort); gemeinsam ist der Status des Objekts fremder Willkür, die Empörung dagegen, Verfügungsmasse Mächtigerer zu sein. Darin gehen auch die Rollen als Kriegsgefangener und Soldat auf. Von so beschaffenem Ort wird auf Deutschland geblickt und als Ort der Misere erkannt. Krieg und Niederlage sind darum verdient, weil der erstere zusammen mit dem politischen System gewollt war; der Krieg, das politische Regime des Nationalsozialismus werden dabei nicht als Verhängnis aufgefaßt, sondern sind Resultate bewußter Prioritätensetzungen – »The town is fearfully smashed, rather like a bad dream; well: They asked for it and they got it«,[9] heißt es über Berlin zu Beginn der Debut-Erzählung *Leviathan oder die beste der Welten*. Und damit ergibt sich die fundamentale Scheidung zwischen dem Erste-Person-Singular-Helden und dem übrigen zeitgenössischen Deutschland. Dieses liebt, was jener verabscheut: Hierarchien, Befehle, Machtausübung und Unterwerfung. Insofern ist der Soldat, Kriegsgefangene und Vertriebene ein Opfer des übrigen Deutschland, nicht von dessen Kriegsgegnern.

6 I, 1, S. 173.
7 I, 3, S. 20.
8 I, 1, S. 133.
9 I, 1, S. 35.

Diese Sicht wird in der eingangs zitierten Passage, die, wie gesagt, für einen politischen Dialog ziemlich einzig in der unmittelbaren Nachkriegsliteratur dastehen dürfte, pointiert ausgeführt und mit dem Fazit »Pfui Deubel, Deutsche: Nee!!«[10] versehen. Dennoch versteht sich der *Schmidt* des Buches durchaus als Deutscher – durch Zufall der Geburt, aber eben auch als Schriftsteller als Teil dessen, was man in anderem Kontext die »Kulturnation« genannt hat. Diese Identifikation schafft aber nur noch größeren Abstand:

> Dichter: erhältst Du den Beifall des Volkes, so frage Dich: was habe ich schlecht gemacht?! Erhält ihn auch Dein zweites Buch, so wirf die Feder fort: Du kannst nie ein Großer werden. Denn das Volk kennt Kunst nur in Verbindung mit -dünger und -honig [...] Kunst dem Volke?!: das jault vor Rührung, wenn es Zarewitschens Wolgalied hört, und bleibt eiskalt gelangweilt beim Orpheus des Ritters Gluck. Kunst dem Volke?!: den slogan lasse man Nazis und Kommunisten: umgekehrt ists: das Volk (Jeder!) hat sich gefälligst zur Kunst hin zu bemühen! –[11]

Die eingangs zitierte Stelle enthält außerdem noch eine politische Zeitdiagnose: dem zweiten wird ein dritter Weltkrieg der beiden Blöcke folgen, begonnen vom Westen als Wiederaufnahme des »Rußlandfeldzuges«, was zu einer Rehabilitierung der Wehrmachtsgeneralität führen wird. Hiermit ist das für Schmidt zentrale Problem Nachkriegsdeutschlands benannt: die Westbindung. Schmidt gehörte zu den vehementen Kritikern der Adenauerschen Politik, aber nicht weil diese, wie u.a. von der SPD behauptet, die Wiedervereinigung verhindere – der stand Schmidt durchaus reserviert gegenüber[12] – sondern eben weil sie für ihn eine Politik war, die konsequenterweise zur Wiederbewaffnung, Eingliederung in das über Atomwaffen verfügende westliche Bündnis und damit zur Vorbereitung eines apokalyptischen Krieges führen würde. Schmidt hat hier die Position vertreten, die für die westdeutsche Friedensbewegung bis zum Ende des Warschauer Paktes wahrnehmungsleitend gewesen ist.

Interessant ist dabei, daß Schmidt die Kritik der Westbindung nicht etwa aus der Idee einer gewissermaßen natürlichen Mittellage Deutschlands nebst daraus zu empfehlendem Sonderweg herleitete, sondern daß für ihn diese Kritik die eines politischen Zustands war, den er als

10 I, 1, S. 168.
11 I, 1, S. 137.
12 Arno Schmidt, *Zettel's Traum*, Stuttgart 1970, S. 467.

Resultat einer entscheidenden Weichenstellung zu Beginn des 19. Jahrhunderts zu erkennen glaubte. Die Schrift, in der er diese historisch-
politische Analyse vorlegte, ist das (nie gespielte) Theaterstück *Massenbach kämpft für Europa*, das einige Passagen aus dem Leben des
preußischen Offiziers Christian von Massenbach auf die Bühne bringt –
eines Offiziers, auf den Schmidt während seiner Arbeit an der Fouqué-
Biographie gestoßen war, und dessen mainstreamwidrigen Einsatz für
ein preußisch-französisches Bündnis gegen Rußland er für die große,
historisch vertane Chance Europas hielt. Im Vorspiel zu dieser *biographischen Revue* tritt ihr Verfasser als *Arno* auf und belehrt seinen
Schulfreund *Heinz* (sowie den Zuschauer) aufs Emphatischste:

> Freilich: Zollunion, wirtschaftliche Erleichterungen, Benelux und so –
> das geht allenfalls noch. Aber nicht mehr das, Heinz, was sich die
> meisten unter uns vorstellen, wenn sie »Europa« sagen: eine große
> geschlossene Einheit, die sich notfalls wuchtig, siegreich und selbst-
> verständlich den Riesenmächten im Osten und Westen ...[13]

Er wird durch die Lautsprecherstimme Wilhelm Piecks unterbrochen,
die die Gründung der DDR und die Oder-Neiße-Grenze als endgültige
Grenze im Osten verkündet, später dann von einem Gebetsrufer, der
aufruft, sich gegen »Bonn [...] sieben mal sieben Mal«[14] zu verneigen,
und schließlich von einem Zigarettenverkäufer: »Nein: ich will keine
Amis: keine Camel, keine Chesterfield, keine Lucky Strike; ich fluche
dem Westen wie dem Osten ...«.[15]

Und so ist die Position, die vertane Option beschaffen, von der aus
dieser Doppelfluch getan wird:

> Das hätte vor hundertfünfzig Jahren kommen müssen: wo Franklin
> noch mit rundem Hut Sympathien für das junge Amerika sammeln
> gehen mußte. Und Suworoff noch nicht allzuoft erprobt hatte, wie
> Rußlands Heere überall den Ausschlag geben konnten: damals ein
> einheitliches Europa von der Garonne bis zur Weichsel, vom Nord-
> kap bis Lampedusa – damals den technischen und kulturellen Vor-
> sprung ausgenützt; damals, mit dem Geist von 1789 die Ketten des
> Feudalismus geschmolzen: damals wäre die Einigung von Westen
> noch möglich gewesen. Ach was: *noch* möglich! Es war der *einzige*
> Zeitpunkt dafür in all den Jahrtausenden; denn nur in eben diesen

13 II, 1, S. 10.
14 II, 1, S. 11.
15 II, 1, S. 12.

Jahren 1790-1810 waren beisammen: der Feuerhauch der Freiheit, der die *Geister* hätte ergreifen können; der Praktiker, der die Einheit hätte *erzwingen* können; und vor allem eben: Amerikaner und Russen noch unterlegen.[16]

Schmidt läßt seinen Massenbach in immer erneuten Reden seine Vision von Europa und ihr Scheitern beschwören; ich stelle einige Passagen zu einem stückübergreifenden Monolog zusammen:

Ich sehe mit Entsetzen [...] wie sich unser kleiner Kontinent immer wieder unsinnig selbst zerreißt und schwächt: seinen gequälten Völkern *muß* endlich Ruhe werden, Ruhe um jeden Preis! – Ich, ein Mensch des Westens, klassischer Bildung voll und der des Rinascimento, muß wünschen und nach Kräften fördern, daß diese Einigung von der Mitte oder vom Westen her erfolge. – Und im Osten wächst und wächst Rußland wie eine Wetterwolke [...][17] Und die Totalteilung Polens ist das Gefährlichste, was wir machen können: dadurch tritt Rußland einen weiteren Schritt nach Westen vor bis an die Weichsel. – Griechenland ist nicht mehr: bald wird auch Deutschland nicht mehr sein. Es wird, zwischen Ost und West, das Schicksal Polens erleiden; geteilt werden![18] Polen wird geteilt. – Dann stehen wir mit Rußland Stirn an Stirn [...]. Rußland drückt mit seiner ungeheuren Macht auf das westliche Europa und tatarische Stämme bedrohen unsere Gefilde mit Überströmungen, denjenigen ähnlich, welche die Römerwelt vernichteten. [...] Es bleibt also für uns nur eins: [...] Frieden *und* Allianz mit Frankreich [...]. Das heißt aber dann logisch weiter: Frankreich, größer, volkreicher, wirtschaftlich entwickelter, und vor allem viel fortschrittlicher als wir, übernimmt die *Führung* Europas [...] die *Einigung* Europas. Noch kann von einem vereinigten Europa Rußland zurückgeschlagen werden.[19] Ich fürchtete von je Rußlands Unterjochungsgeist: dieser Geist gleicht einem Strome, der von den Iwanen ausgeht, und nun keine Ufer mehr kennt. Kein Jahrhundert vergeht, und die Russen belagern Straßburg und Mainz; Europa wird eine Wüste und Amerika tritt an dessen Stelle, setzt ihnen Bonaparte nicht einen Damm entgegen.[20] [...] man glaubt, den Geist des Westens bekämpfen zu müssen, und sieht nicht ein, daß in diesem Kampf We-

16 II, 1, S. 11.
17 II, 1, S. 18.
18 II, 1, S. 22.
19 II, 1, S. 27 f.
20 II, 1, S. 39.

sten *und* Mitte Europas ihren Untergang finden werden.[21] *Vereinzelt*
sind Alle verloren; *vereinigt* wenden wir das Schicksal. [...] Mit der
Bildung großer Nationalreiche wächst zwangsläufig der wilde Nationalismus: der Haß unter den Völkern Europas wird unüberwindlich
[...]. Und Rußland wächst indessen ins Unbezwingbare! [...] Unsre
Enkel *können* Europa nicht mehr gegen Osten und Westen halten,
wenn wir den Riesengestalten Zeit zum Wachstum ließen: *Verfluchen*
werden sie uns, zuckend, mit weißen Fäusten, mit avernischen Ge-
sichtern, wenn wir diese Stunde vorübergehen lassen!! *Erst* Europa:
dann Deutschland.[22] Ich will es in Millionen Quadrat*kilometern* aus-
drücken: [...] Preußen und der ganze deutsche Bund: 0,4 – – – Europa:
das ist mehr: 10 Millionen – – – Rußland –: 22 !! Es wird also nicht
»Eurasien« heißen, wie die sich einbilden; sondern [...] Asiopa.[23] Europa verfällt: seine Rolle ist ausgespielt! Da kommen Trümmer und
Ödeneien: die Wüste Europas. In hundert Jahren werden sie besu-
chen: Weimar, Berlin, London; wie sie einst besahen: Athen, Sparta,
Korinth. Was Hellas für Europa war, ist Europa für die Welt gewesen.
– Gewesen. – Sobald eine große Idee, ein neuer Eroberer im Osten auftritt, werden sie ihre Füße setzen: über Oder, über Elbe und Rhein, bis
an den Atlantik. Ihre Macht wird dann so gewachsen sein, daß Europa endlich wieder das wird, was es der geografischen Bildung nach ist:
das zerklüftete Westkap Asiens: und dann wird Alles wieder im Gleichen sein. Dann wird auch endlich Ruhe werden: Ich höre die Stimmen der Milliarden im Wahnwitz getöteter Europäer, gequälter Völ-
kersplitter von irrsinnigen Kriegslasten gebeugt: Euch soll, muß und
wird Stillung, und ein getrostes, wenn auch dürftiges Leben werden.
Es bleibt also in massiver Klarheit nur noch dies: Rußland! – Laßt uns,
immer Hoffende, annehmen, daß dann auch dieses Volk Europas Kultur begierig ergreifen werde.[24] Dennoch tut mir das Herz weh, [...]
wenn ich gedenke, wie nahe die Lösung von Westen her war! Und wie
Preußen, dieser verhaßteste, stumpfste Staat sie verhindert hat! –
Mein Europa! [...] Blaue Blusen werden sie tragen. Arbeitsblusen.
Und in Mietshäusern sind sie geboren, Treppen hoch, wie damals im
heiligen Jahr 89. Mit rostigem Dreck werden sie als Kind haben spielen müssen, und die Uniformen der Väter auftragen. Und geschunden
worden werden sie sein: in der Tagesfron, in den Irrsinnskriegen, hin-

21 II, 1, S. 51.
22 II, 1, S. 55.
23 II, 1, S. 87.
24 II, 1, S. 89.

ter Stacheldraht werden sie haben fluchen müssen, und oftmals wird
ihr einziger Besitz ein leerer Blechlöffel sein. – So möge sich ihr Zorn
sammeln; so möge ihr Geist aufschwelen wie ein rotes Licht: da wird
Vielen grauen vor meinen Enkeln! – Von Osten her. Europa entrüm-
peln. Da macht nur ganze Arbeit! [...] Es scheint dies also der Wille
des Schicksals zu sein!? – – Oder???[25] Meine Seele seufzt vor Jammer
um Europa; meine Ohren haben auf den Schlachtfeldern die
Totenschreie hören müssen: so viele, so viele!: So *soll* denn Rußland
kommen, und ein Ende machen!![26]

Das alles bedarf der Erläuterung im Grunde nicht. Sonderbar nur, daß
die tatsächliche Allianz der Bundesrepublik mit Frankreich und den
USA in Massenbachs Prognosen als Möglichkeit gar nicht vorkommt,
obwohl seine Beschwörung der Not der Stunde eigentlich auch etwas
Adenauersches hat: »Die Lage war noch nie so ernst« plus Aussöhnung
mit Frankreich plus Roll-back-Politik – in der Wirklichkeit nur eben
unter Vormacht der USA. Die Einigung Europas von Westen her steht,
soweit wir sehen können, als Resultat des gewonnenen Kalten Krieges
bevor. Auf der anderen Seite hätte Schmidts fatalistisches Einverständnis mit dem kommenden Sieg Rußlands auch etwas von Hitlers Testament: das Volk, das sich als stärker erwiesen habe, solle herrschen –
wenn diese fatalistische Perspektive nicht denn doch eine auf den vielleicht nur so zu erreichenden Frieden wäre. Der bleibt als Ziel allem
anderen übergeordnet, und das hat mit dem Darwinismus der Völker
nichts zu tun. Im Übrigen sollte man dieses Massenbachsche Gedankenspiel als das nehmen, was es ist: ein Gedankenspiel, angestellt anhand einer faszinierenden historischen Figur, vor dem Hintergrund
zweier Weltkriege, die doch zu großen Teilen innereuropäische waren.
Wie kann Europa pazifiziert werden? Ironischerweise gelang dies auf
genau dem Weg, den Schmidt (und viele seiner Zeitgenossen) für den
hielten, der mit großer Wahrscheinlichkeit zum Kriege führen müßte
(und daß er zum Krieg nicht geführt hat, heißt bekanntlich nicht, daß
diese Befürchtung gegenstandslos gewesen ist). Die Furcht vor einem
dritten Weltkrieg ist für Schmidt die beherrschende, andere politische
Überlegungen stets als zweitrangig erweisende. So kommentiert er Alfred Anderschs Protest gegen Frankreichs Algerienpolitik damit, daß
dieser Protest zwar moralisch richtig sei, man aber überlegen müsse, ob
die französische Afrika-Orientierung nicht bedeute, das europäische
Angriffspotential gegen den Osten so zu schwächen, daß noch eine

25 II, 1, S. 90 f.
26 II, 1, S. 100.

Galgenfrist vor dem nächsten Krieg bleibe. – Gesehen ist das alles aus der Perspektive dessen, der in einem Kriege war und den Krieg für das größte der Übel hält und post festum Claudius paraphrasiert: »Ich [...] zog die Knobelbecher aus und legte mich hin: in Mantel und Mütze, ohne Reue; ich war nicht schuld dran«[27] – und begehrt auch künftig nicht schuld daran zu sein.

Nation ist für Schmidt und die erste Person Singular seiner Bücher eine Zwangsgemeinschaft, die man allenfalls verhöhnt: »die eine Hälfte iss irre, die andre nich ganz bei Groschn: ich mag sie nicht!«[28] heißt es über die Deutschen. Das ist nur konsequent. Schmidts politische Zielperspektive ist, Europa als kriegsfreien Raum durch Vereinigung unter Hegemonie des Stärksten zu schaffen – sein politisches Herkommen ist ein vornationales Staatsverständnis. Seinen Massenbach läßt er seine territoriale Zugehörigkeit so beschreiben:

> Die Natur, – meiner und aller Dinge Mutter – weiß nichts von Deutschland oder Frankreich. Sie machte mich zum Menschen, nicht zum Bürger: Aber um ein Mensch zu sein, mußte ich von Jemand gezeugt und irgendwo geboren werden. Das Schicksal wollte es, daß dies zu Deutschland und von einem deutschen Bürger geschehen sollte [...].[29]

Die Rede, die noch etwas weiter geht, ist ein fast wörtliches Zitat aus Christoph Martin Wielands *Aristipp und einige seiner Zeitgenossen*. Wieland läßt in diesem in der griechischen Antike spielenden Roman den Titelhelden das Verhältnis von Staat resp. Stadt und Bürger begründen. Wielands Aristipp entwirft sich (wie sein Verfasser auch) als Weltbürger, der bestimmte Pflichten gegenüber der Stadt habe, die ihn beherberge. Sie schütze ihn bei Leib, Leben und Eigentum, er übernehme die Bürgerpflichten. Das sei ein symmetrischer Vertrag, der ohne Dankbarkeit und Zuneigung auskomme. Vor allem berühre dieser nicht die Freiheit, ihn zu kündigen. Vor allem im Falle eines Krieges sei kein Bürger verpflichtet, gegen seinen Willen zu bleiben und sein Leben zu riskieren. Es gehöre sich zwar, dem schützenden Staat Dienste anzutragen, sofern er ihrer bedürfe, »insofern nicht etwa eine höhere Pflicht – zum Beispiel gegen Europa; oder: nicht unrecht zu tun – dabei ins Gedränge käme.[30] Etwa im Falle eines (aussichtslosen) Eroberungskrieges:

27 I, 1, S. 124.
28 Arno Schmidt, *Die Schule der Atheisten*, Zürich 1994, S. 195.
29 II, 1, S. 42.
30 II, 1, S. 43.

Wir [...] müssen uns das Recht vorbehalten, mit allem was unser ist, auszuwandern, falls wir unter einem anderen Schutze sicherer und glücklicher leben zu können vermeinen: ein Vorbehalt, der überhaupt zu unserer Sicherheit nötig ist, weil zwar Preußen uns zur Erfüllung unserer Pflichten mit Gewalt anhalten kann, wir hingegen nicht vermögend sind, es hinwiederum zu dem, was es uns schuldig ist, zu zwingen.[31]

Bei Wieland, der den aufkommenden deutschen Patriotismus eine *Modetugend* nannte, ist das, ganz ähnlich wie bei Schmidt, aus der Perspektive des prinzipiell unabhängigen Intellektuellen gedacht, omnia sua secum portans. Zustimmend, mit wechselnder Quellenangabe, zitierte Schmidt, dieser dürfe weder Freund, noch Vaterland, noch Religion kennen.

Doch zurück zu Deutschland. Seine Teilung wird, wie bereits referiert, von Schmidt nicht besonders bedauert, im Gegenteil: sie trage zur weltpolitischen Stabilität bei, die durch eine Wiedervereinigung mit dem Übergang des neuen Deutschland zu einem der beiden Blöcke aus der Balance geriete. Auch die Bewohner des geteilten Deutschland würden von der Teilung profitieren. Gerade weil sie an der Frontlinie zwischen den Blöcken gelegen seien, müßten bestimmte Rücksichten genommen werden. So sei Westdeutschland vor der Machtübernahme der klerikalen Reaktion ebenso geschützt wie Ostdeutschland vor einer radikaleren Spielart des Kommunismus.

Seltn vergeht 1 Tag, an dem ich von unserer Regierung nicht gezwungen würde, mich der Existenz der DDR zu freuen: nich weil die'n ›Hort der Meinunxfreiheit‹ wäre – im Gegenteil; die Schriftschteller = drübn sind ganz arme Würstchn! – aber als schtändich zu berücksichtijende Gegengewichte gegeneinander sind die beiden großen Teil = Schtaaten unschätzbar: *nur das* verhindert den perfidesten Terror auf beiden Seiten: die = drüben könn' nich voll auf ›kommunistisch‹ drehen: ›Unsere‹ nich voll auf ›katholisch plus nazistisch‹ – so seh' ich's, so sag ich's![32]

Solche politischen Ansichten, über die man heute leicht den Kopf schütteln kann, bei denen man aber nicht vergessen sollte, daß sie eine Lagebeurteilung vor dem Mauerbau darstellten, mag man darum allenfalls als zeitbedingte Kuriositäten mäßig interessant finden. Interessan-

31 Ebd.
32 I, 3, S. 48.

ter ist zweifellos, daß Schmidt den ersten Roman geschrieben hat, der in den beiden deutschen Staaten spielte: *Das steinerne Herz*. Unter zeit-historischer Perspektive stünde bei einer entsprechenden Würdigung des Romans etwas ganz anderes an: wie in ihm eine westdeutsche Kleinstadt im beginnenden Wirtschaftswunder der 1950er und Ost-Berlin vor dem Mauerbau im Detail beschrieben wird, gerahmt von den teils angedeuteten, teils ausgeführten Lebensgeschichten der Hauptpersonen, z.B. dem Flüchtlingsschicksal der am Ende des Romans nach Westen übersiedelnden Line Hübner. Ästhetisch wäre zu reflektie-ren, daß es sich hier um den ersten von vier »Spaltungs-Romanen« Schmidts handelt: auf den Deutsch-Ost-West-Roman folgt die uto-pisch-satirische *Gelehrtenrepublik*, die gleichfalls in eine östliche und eine westliche Macht-Zone geteilt ist (und einen schmalen neutralen Streifen in der Mitte) und *Kaff auch Mare Crisium*, auf der Erde und auf dem Mond spielend, dieser in eine amerikanische und eine sowjeti-sche Zone geteilt, schließlich *Die Schule der Atheisten*, die in einem europäischen Reservat zwischen den beiden verbliebenen (westlichen und östlichen) Machtblöcken spielt. Um die Frage nach den Deutsch-land-Konzeptionen einigermaßen zu beantworten, muß im *Steinernen Herzen* natürlich die *Rede auf der Zonengrenze* zitiert werden, bemüht um Objektivität, auch darum, dem Status Quo mehr abzugewinnen als Fatalistisches, gar tendenziell Acherontisches, schließlich auch aus der Position des national und politisch unidentifizierten Intellektuellen ver-suchsweise die DDR für die (schon vertane?) Möglichkeit eines besse-ren Deutschland haltend, dabei auf die Richtigkeit der diesbezüglichen Friedenspropaganda hoffend-vertrauend:

Ich, breitbeinig zwischen Ost und West; verregnete Hände einge-tascht; auf dem Kopf die schwarze Tuchschüssel; der Wind blies die unrasierten Kiefer auf. Manchmal schob mich ein PKW beiseite: das Sekundenpendel des Scheibenwischers radierte immer über ein blas-ses Weibsgesicht.

Guter Rat an die DDR: ich möchte ihr gern helfen, weil die Leute drüben so rührend ehrlich arbeiten, weil sie tapfer gottlos sind; und gegen den Rüstungsalp Adenauer. Lebensmittelkarten gewiß; aber die gewährleisten oft auch billige Butter: die Meisten bei uns können sich *keine* kaufen! [...]

Aber: in einem neuen Staat müßte Alles neu sein! Auch in den Künsten: statt dessen hängt Ihr bürgerlichste Schinken in Eure Gale-rieen; Eure Schriftsteller wissen scheinbar nicht (oder dürfens nicht wissen), daß seit Gustav Freytag einiges in der Dichtung geschehen ist: formal, mein Fürst, formal!!; die Musiker (obwohl durch ihr Ausdrucksmittel doch beneidenswert getarnt) wagen wenig. Mit Euerm albernen Schlagwort vom ›Formalismus‹ diffamiert Ihr jede Pioniertat: anstatt den Tapferen jubelnd zu Euch zu holen, ihn zu fördern: zur größeren Ehre des Marxismus! Zeigen müßtet Ihr Allen neue Ausdruckskünste, gefährlich = bewegte, tapfer = eckige: daß sich die großen im Volk schlummernden Einzelnen daran entzünden könnten, und herausarbeiten:

jawohl: aus dem Volk heraus! – Was aber tut Ihr?!: Ihr setzt das Volk mit seiner plumpen Zunge, seinem Dickohr, seinem Guckkastenauge, zum Richter über Kunstwerke: hat doch Jeder in der Schule Lesen & Schreiben gelernt, versteht also *auch* was von Dichtung, gelt ja??

So seht ihr aus!!

(Und das mit den Wahlen: ändert ihr auch besser!). –

Dann, nach Westen gewandt, : »In einem neuen Staat . . . . .« (usw., genau wie oben: bloß statt DDR eben Bundesdiktatur: wer eine Volksabstimmung über die Wiederaufrüstung derartig brutal verhindert, verdient keinen anderen Namen! Also Ihr: raus mit dem Kruzifix aus der Linken, der Maschinenpistole aus der Rechten!)

Ich denke nicht daran, Euren Beifall zu briguieren, ob Ost oder West!: ›Nicht Ich, Ihr Athener, bin da, von Euch zu lernen: sondern Ihr seid da, von mir zu lernen!‹[33]

Die Haltung, die das sprechende Ich da einnimmt, ist ebenso selbstbewußt wie verloren. Man denke sich das ganze Szenario. Zwei Machtblöcke, dazwischen ein Land, geteilt in zwei einzelne, den jeweiligen Blöcken zugeordnet, zwischen diesen beiden, auf der Grenze von West- und Ostdeutschland, von Ost und West, gleichsam balancierend, das Ich des Romans, seine Belehrungen adressierend. Man mag sich an die bereits erwähnte Erzählung *Leviathan* erinnern: dort bleibt ein Zug voller Flüchtlinge nach Artilleriebeschuß mitten auf dem Viadukt über der Neiße stehen; der Viadukt bricht hinten und vorne zusammen, der Zug stürzt, bis auf den mittleren Waggon ab, der, mitten über dem Fluß auf dem letzten Pfeiler hängt – von dort aus wirft das Ich der Erzählung seine Aufzeichnungen dieser letzten Fahrt in die Luft. Aus solchen Konstellationen kann man vielleicht doch etwas wie eine schicksalhafte Identifikation erkennen, einer im Zuge einer denn doch als schmerzhaft empfundenen Marginalisierung. Hier soll nicht unterstellt werden,

33 I, 2, S. 105 f.

Schmidt habe im Grunde doch dem Ende deutscher Grandiositätsträume nachgetrauert – vielmehr kann man die folgen- und darum auch hilflose Grandiositätsgestik seiner Figuren versuchen, auch als individuelle Reaktionsbildungen auf einen kollektiven Bedeutungsverlust zu verstehen. Es gibt Figuren, die die NS-Vergangenheit hinter sich lassen wie einen alten Militärmantel und in die Zukunft der Bundesrepublik aufbrechen: das Ich von *Brand's Haide* (dem dazu die Geliebte nach Südamerika auswandern muß), und das aus dem *Leben eines Fauns* und das aus den *Umsiedlern*. Andere aber verschwinden. Im *Leviathan* kapituliert Hitler-Deutschland und das Ich der Erzählung springt in die Tiefe, in *Schwarze Spiegel* lebt der letzte Deutsche (resp. Mensch) in einem leeren Land. In den Antiken-Erzählungen *Alexander* versucht der Protagonist, sich eine Welt ohne Alexander, der, Sarissen hoch, die Phalanx fest geschlossen, eindeutig konnotiert ist, vorzustellen, in *Enthymesis* geht der Protagonist in Vereinzelung verloren. Im *Steinernen Herzen* ist das finale Weiterleben in der Bundesrepublik so weit nicht entfernt von einer Todesphantasie, und in den utopischen Romanen *Gelehrtenrepublik* und *Schule der Atheisten* ist Deutschland nach einem dritten Weltkrieg nicht mehr bzw. nur noch als politisch bedeutungsloses Kleinstreservat an der Eider vorhanden, in *Kaff auch Mare Crisium* wird (West)Deutschlands Nato-Beitritt als ursächlich für diesen dritten Weltkrieg, in dem es selbst völlig zerstört werden wird, prophezeit.

Die Genügsamkeitsutopie, von der in *Brand's Haide* die Rede war, die Deutschen sollten sich damit zufriedengeben, ihre Kulturgüter zu pflegen und weiterzugeben, entspricht dem Bild, das Schmidt seinen Massenbach entwerfen läßt: Hellenisierung Europas und Deutschlands. Die politische Macht ist anderswo, il faut cultiver nôtre jardin. Diese Idee ist Objekt der Satire in der *Schule der Atheisten,* wo, um die amerikanischen Regierungstouristen, von denen die Zukunft des Eiderreservats Tellinstedt abhängt, zu beeindrucken, Mythen und Märchen erfunden werden, Kulturgüter hergestellt (*manuscript of Hamlet typed by Shakespeare himself*) und Stimmung mühsam erzeugt wird, stets gefährdet durch den möglichen Ausfall des Vogelstimmenimitators durch Trunkenheit. All dies kann man wohl kaum noch unter den Begriff des »Deutschlandkonzepts« rechnen, es handelt sich um Modi der ästhetischen Reaktionsbildung auf die deutsche Katastrophe des 20. Jahrhunderts, und da findet sich das Interessante eben nicht im Diskursiv-Konzeptionellen.

Hier muß auch jene Textebene verlassen werden, auf der relativ umstandslos Figuren- und Autorenrede in eins gesetzt werden konnte. Das war bisher der Fall, wie sich im Einzelfall begründen ließe und generell aus der Übereinstimmung mit entsprechenden Äußerungen in diskursiven Texten rechtfertigen läßt. Es gibt bei Schmidt aber etliche Stellen, an denen es vor allem auf das ankommt, was mit dem, was die Figuren sagen (oder nicht sagen), *gezeigt* wird. Ein einfaches Beispiel ist etwa die Szene, in der das Ich des *Faun*, Dühring, in den letzten Kriegstagen bemerkt, daß sein Vorgesetzter bereits das Parteiabzeichen nicht mehr trägt. Der Leser sieht den Blick und muß aus der Willfährigkeit des Vorgesetzten, eine riskante Information weiterzugeben, schließen, daß der ihn auch gesehen hat – es geht um einen Vertrag: Sagst du mirs, sag ich später nichts. An anderer Stelle erleben wir in einer Art inneren Monologs die Gedanken Dührings, die eine Empfehlung für die Besetzung eines kurzfristig vakanten Büropostens betreffen. Die Gedanken zeigen Dühring als unkonventionellen, aller Autorität abholden Individualisten, der gewissermaßen nur durch eine biographische Panne im Landratsamt gelandet ist. Tatsächlich gibt er eine wohldurchdachte und am Wohl des Amtes orientierte Personalempfehlung. Den Zumutungen seiner Frau fügt Dühring sich als Demonstration seiner geistigen Unabhängigkeit. Schmidt demonstriert an dieser Figur, wie jemand sich an Umstände anpassen kann, die ihm politisch und persönlich zuwider sind, und dennoch vor sich selbst das Bild des Unabhängigen aufrechtzuerhalten in der Lage ist. An dem Soldaten im *Leviathan*, dessen Versuch, fanatische HJ-Kämpfer mit dem Satz »Wer noch einmal vom Erschießen spricht, hat eine Kugel im Bauch«[34] zur Raison zu bringen, zeigt, daß auch er aus dem Reiz-Reaktions-Schema des Krieges nicht auszusteigen vermag. Schmidts Nach-Kriegs-Gestalten sind wie ihre Umwelt vom Krieg kontaminiert und es gehört dazu, daß sie das meist nicht bemerken. Im *Steinernen Herz* steht das Foto eines jungen Offiziers in Wehrmachtsuniform – des gefallenen Bruders der Hauseigentümerin. Man pflegt daran vorbeizugehen. Als das Ich des Romans, Walter Eggers, in einem angrenzenden Zimmer mit dem rechten Arm die Deckenhöhe prüft (er vermutet dort einen Hohlraum) feixt deren Mann ihm zu: *Heil Hitler!* Das passiert en passant. In *Kaff auch Mare Crisium* ist das Roman-Ich, Karl Richter, plötzlich in einem Gespräch desorientiert, und zwar wegen des Anblicks eines Paars Holzschuhe. Erst später fällt ihm ein, dass ein Bekannter von ihm sich in KZ-Haft dadurch umgebracht hatte, daß er die Metallstifte aus den Holzschuhen in Urin aufgelöst und das Gemisch dann getrunken hatte. Die Liebesgeschichte in diesem Roman zwischen jenem Karl Richter

34 I, 1, S. 49.

und seiner Freundin Hertha Theunert ist determiniert von den biographischen Beschädigungen, die beide erlitten haben. Sie war als 16jährige auf der Flucht und wurde sexuell belästigt, er war Soldat. Beide wissen um den anderen bzw. die andere, es reicht aber zum Verstehen nicht, allenfalls hin zur Sottise (»A Wunder iss'iss ja dann nie, daß Ihr-Männer so geworden seit«[35]) oder zur routinierten Beschwichtigung (»Ich hab bloß so-drann denkn müssen –: Wie ich damals rüber kam –« [wo also jener Pollacke, mit seinem ungewaschenen Mittel-Finger; ich weiß.][36]), obwohl alles eigentlich am Tage liegt: sie wacht nachts aus Albträumen auf, ist sexuell spröde und empfindet jede diesbezügliche Forcierung seinerseits als Übergriff, er verwechselt Desillusioniertheit mit Aufklärung, und die Welt um ihn herum ist ein fortdauerndes Kriegstheater (»›Ostercappeln‹? – : ›War'n wa im Einsatz.‹; [ich; resigniert]. – ›Ibbenbühren‹?: Warn wa im Einsatz.: Resickniert. ›Rheine‹?: Warn wa im Einsatz! / [Sie schteuern. Ich ›Karl im Geheus‹.] ›Bentheim‹?! –. [Unt ich knirrschde mit den Zähn'n, daß Sie erschraak:!]: ›Da war ich, ›meine-Hertha‹, in-Gefangenschafft‹: 2 Tage & 3 Nechde.‘ [Dann ap; über Weetze nach Brüssel]«).[37] In *Goethe und einer seiner Bewunderer* wird die Beschreibung einer Baumreihe zu: »Schwarzer Güterzug. (Auf Stelzen). Ungleich beladen mit Kabeltrommeln; verhangenen Panzern; stand drüben; zerbombt; und wartete. Um mit uns weiterzufahren.« Und mitgedacht die Frage: »Fallen denn nur *mir* immer die Panzer ein?«[38]

Die beiden älteren Männer, die in *Kühe in Halbtrauer* mit der Kreissäge Holz zurechtsägen, damit es zur Winterzeit im Ferienhäuschen schön gemütlich ist, sind von solchen Assoziationen nahezu umstellt, wobei die Wirklichkeit alles tut, um nicht in Vergessenheit zu geraten: »Otje hatte billig 200 alte Militär=Bettstellen gekauft; und wir daraus die benötigte Anzahl eiserner Zaunpfähle ›gewonnen‹, einfach aber geschmacklos. (Und die Erinnerungen ›Militär‹ und ›Bettstellen‹ hatten wir noch gratis: jede einzelne davon hätte genügt, uns Halb=Greise bis an unser Lebensende zu beschäftigen!)«.[39] Im Dorfgasthof werden Anekdoten aus dem Krieg erzählt, im Fernseher läuft eine Sendung zum 20. Juli (*Und nicht Einer hatte für ›Kasernen‹ ›Soldatenställe‹ gesagt*), dann grölt erst der Preußische Parademarsch von 1910, darauf das

35 I, 3, S. 241.
36 I, 3, S. 195.
37 I, 3, S. 277.
38 I, 2, S. 215.
39 I, 3, S. 338 f.

Lied vom Schö-hö-hö-nen Westerwald. Als es ans Sägen geht, werden die beiden die Kriegsassoziationen gar nicht mehr los (*Ein Krach wie im Kriege? Oh ja!*) – nun es kann im Einzelnen nicht ausgeführt werden, die ganze Geschichte dreht sich um dies Thema.

Und noch ein anderes Thema irrlichtert im Hintergrund. »Ich habe diesen Monat«, so im Leviathan, »in Pirna ein KZ auf dem Marsch gesehen : Judenfrauen und ihre Kinder, alle fürchterlich abgezehrt, mit unirdisch großen Augen, daneben fluchende rotbackige berittene SS-Henker, in schweren graugrünen Mänteln, wehe!«[40] (Möglicherweise eine reale Erinnerung Schmidts oder seiner Frau an einen der Todesmärsche von Auschwitz nach Buchenwald, der an Görlitz vorbeiführte.) Und in Kaff geht der Weg nach Hause, nachdem die Wegweiser Ostercappeln bis Bentheim passiert sind, so weiter: »›Komm biek rechz rumm!‹ / (Und kreisend schteuern. Unt Schweign.) Lange. / (Am Juudn-Friethoff vorbei […].«[41] – In *Caliban über Setebos* ist das niedersächsische Dorf Schadewalde ganz sujetgemäß, geht es doch um eine Orpheus-und-Eurydike-Geschichte, ein Totenland (Schadewalde=Schattenwelt), dessen Fürst der Wirt O. Tulp ist, ein rückwärtsgelesener Pluto, von dem es heißt: »Hf-Tulp […] das'ss ooch so'n verdrehter Kunde der reichsde Mann in der Gegend unerhörtes Personal sämtliche Leute schtehn in der Kreide bei'm und s'iss doch bloß ä altbackener Nazi der am liebstn Alles umbringn möchte«[42] – wie es sich für Herrscher der Unterwelt irgendwie auch gehört. Sagen tut dies übrigens ein Jude, Reisender in Sachen Beschickung von Präservativautomaten, der, Wiedergänger des Offenbachschen Librettisten Halevy, *H. Levy*, der sich makaber genug in diese Welt untoter Toter einpaßt. Nur bei Nacht ist er unterwegs, »Grau; ganz in Grau; groß & gedunsn. Der Kopf so gut wie kahl […] Einer aus dem zuweilen Rauch kam.«[43]

Auch in *Zettel's Traum*, das voller politischer Sottisen ist, ist Deutschland nur noch Schauplatz für poetische Ereignisse sehr politikferner Art. Für das Spätwerk Schmidts hat sich die ganze Welt zu einem bizarren Ort umgewandelt, der mit den Mitteln Rabelais', Aristophanes' und Hieronymus Boschs zu beschreiben ist. Dort, wo Deutschland geographisch noch da ist (*Schule der Atheisten*), ist es ein abzuschreibendes Reservat ohne reale Kultur, oder wird, wie in *Abend mit Goldrand*, zugunsten Tasmaniens verlassen – die, die zu Hause bleiben, sind

40 I, 1, S. 51.
41 I, 3, S. 277.
42 I, 3, S. 518.
43 I, 3, S. 514 f.

Vergessene im eigenen Land. Das Thema ist das Ende der westlichen Kultur/Zivilisation – was nicht unwesentlich zu deren Selbstzerstörung beitrug, ist wie eine kaum noch festzuhaltende Erinnerung. So läßt Schmidt (Auslöser ist übrigens eine reale Reklame für Einbauöfen) in der *Schule der Atheisten* einen künftigen Nicht-mehr-Zeitgenossen über dem Namen der Reservatsöfen sinnieren: »und daß sämtliche Öfen in ihrer Unschuld zu dem Namen ›Eichmann‹ gekommen waren …« – hinzugefügt wird nur noch: »(si jeunesse savait)«.[44]

44 Schmidt, *Die Schule der Atheisten*, a.a.O. (Anm. 28), S. 30.

Gunther Nickel / Johanna Schrön

Nachtrag

Zur Edition der Spruchkammerakte Werner Krauß
im sechsten Band des Zuckmayer-Jahrbuchs

Von den im sechsten Band des Zuckmayer-Jahrbuchs veröffentlichten Beiträgen hat die Edition der Spruchkammerakte Werner Krauß die größte öffentliche Resonanz gefunden. In der *Stuttgarter Zeitung* wurde sie am 29. November 2003 ausführlich besprochen, sie war am 26. Mai 2004 Gegenstand einer fünfundvierzigminütigen Sendung im SWR, und bei den Ludwigsburger Schloßfestspielen fand am 27. Juni 2004 eine moderierte Lesung ausgewählter Dokumente durch Mitglieder der Stuttgarter Akademie für gesprochenes Wort statt. Bei der Vorbereitung dieser Veranstaltung sind wir auf einen Datierungsfehler gestoßen und von Peter Müller, dem Leiter des Staatsarchivs in Ludwigsburg, auf ein Versäumnis aufmerksam gemacht worden. Der Datierungsfehler: Das erste Dokument wurde nicht am 17. Februar 1946, sondern am 17. Dezember 1946 verfaßt. Das Versäumnis: In der Begründung des Spruchs der Berufungskammer vom 4. Juni 1948 wird nicht nur der Jud-Süß-Film nochmals ausführlich diskutiert, es wird auch deutlich, daß Krauß zwar offensichtlich klar war, an einem Propagandafilm mitgewirkt zu haben, nicht aber, daß dieser Film die historische Faktizität erheblich verzerrt. Wir nutzen unsere Korrekturnotiz dazu, um dieses Dokument nachzutragen.

Spruch der Berufungskammer I Stuttgart vom 4. Juni 1948
nach der Verhandlung am 31. Mai und am 2. Juni 1948

I. Gründe:

Der Betr. ist ein am 23.6.1884 geborener, verh. Schauspieler von höchstem künstlerischem Ruf, wohnhaft früher in Berlin und Österreich, nunmehr in Stgt.; sein Höchsteinkommen nach § 2 GebG. betrug im Jahre 1943 RM 83732, sein Vermögen beläuft sich auf etwa 50-60.000.– RM.

Er war von 1933/34 Vizepräsident der Genossenschaft deutscher Bühnenangehöriger und ab 1934 Mitglied der Reichsfilmkammer; außerdem war er seit 1935 Mitglied des Reichskulturamtes und gilt deshalb bis zur Widerlegung als Hauptschuldiger gemäss der Anlage zum Gesetz Nr. 104, Position A, H I 5, in Verbindung mit Art. 6 des Gesetzes Nr. 104.

Im Jahre 1940 schuf die Terra-Filmkunst G.m.b.H. einen mit »Jud Süss« betitelten Film, der alsbald nach seiner Herstellung innerhalb des deutschen Gewaltbereiches weithin verbreitet wurde. In diesem Film spielte der Betr. gegen ein Honorar von RM 50.000.– zwei Hauptrollen, nämlich die des »Rabbi Löw« und die des Süss'schen Sekretärs Levi, ausserdem zwei Nebenrollen.

Am 25.4.1947 beantragte der öffentl. Kläger bei der Spruchkammer Stgt. 11 Einreihung des Betr. in Gruppe I (Bl. 65 d.A.).[1]

In der mündlichen Verhandlung vom 9.4.1947[2] erkannte die Spruchkammer 11 Stgt. den Betr. als nicht belastet und stellte hierwegen das Verfahren ein (Bl. 79 d.A.). Am 12.7.1947 hob das Befreiungsministerium diese Entscheidung auf und verwies die Sache zur neuerlichen Verhandlung an die Spruchkammer 1 Stgt. (Bl. 73 d.A.).[3]

Am 28.8.1947 schloss sich die Israelitische Kultusvereinigung Württemberg dem Verfahren als Antragstellerin an (Bl. 143 d.A.).

Auf Grund mündlicher Verhandlung vom 23. und 24.9.1947[4] entschied die Spruchkammer I Stgt. am 29.9.1947, wie die Spruchkammer 11 Stgt. entschieden hatte (Bl. 306 d.A.).[5]

Gegen den ihm am 7.10.1947 zugestellten Spruch legte der öffentliche Kläger am 24.10.1947 schriftlich und unter Angabe von Gründen, somit frist- und formgemäss, Berufung ein.

II.

A. Zur Einstufung

1. Da der B. aus Klasse I angeklagt ist, hat er, im Hinblick auf die Vorschrift des Art. 34 des Gesetzes Nr. 104, in klarer und überzeugender Weise darzutun, dass er in eine für ihn günstigere Gruppe falle, und es sind an die von ihm vorgebrachten Einwendungen besonders strenge Anforderungen zu stellen. Der B. hatte also insbesondere nachzuweisen, dass er keinen der in Art. 5 des Ges. verzeichneten Tatbestände

---

1 Vgl. *Zuckmayer-Jahrbuch*, Bd. 6, 2003, S. 247.
2 Vgl. ebd., S. 249-251.
3 Vgl. ebd., S. 251-253.
4 Vgl. ebd., S. 259-302.
5 Vgl. ebd., S. 304-319.

verwirklicht habe. Solche Beweislast-Auferlegung bedeutet: Soweit die Umstände eines Falles die gesetzliche Vermutung lt. Art. 6 ohne Anhalts- und Unterstützungspunkte lassen, fällt sie in sich zusammen, und nur insoweit, als sich die Umstände des Falles zu solchen Punkten verdichten, wird die Auferlegung der Beweislast auf den Betr. praktisch.

Der Betr. Krauss hat nun kein Verhalten an den Tag gelegt, aus dem sich eine solche Verdichtung dahin ergäbe, der B. habe einen Tatbestand im Sinne des Art. 5, Ziff. 1-5 oder Ziff. 7-9, verwirklicht. Der Umstand jedoch, dass der B. an der Schaffung des Filmes »Jud Süss« wesentlich beteiligt war, zeitigte den verdichteten Verdacht, der B. habe der NS-Gewaltherrschaft ausserordentliche propagandistische Unterstützung gewährt, also den Tatbestand der Ziff. 6 des Art. 5 des Ges. verwirklicht.

Wenn nun der B. zu seinem Schutze vortragen lässt, auf Grund der Aufhebungsanordnung lt. Blatt 75 d.A.[6] sei ihm die Beweislast aus den Art. 6 und 34 des Ges. abgenommen, so geht er hierbei doppelt fehl: Dem Minister für politische Befreiung steht es zwar lt. Art. 6 des Gesetzes Nr. 104 zu, zu diesem allgemein gültige Ausführungsbestimmungen zu erlassen, keineswegs wird jedoch der Minister befugt, in einem Einzelfalle einer Kammer Anweisung über die Anwendung des Gesetzes zu geben. Sodann aber enthält die Aufhebungsanordnung an der hier inbetrachtkommenden Stelle nur solche Sätze, die sich genau mit der oben vorgetragenen Gesetzesanwendung der Berufungskammer decken; es heisst dort nämlich:

»Es besteht aber gegen ihn (nämlich den B.) die Vermutung, dass er zu den Hauptschuldigen im Sinne des Gesetzes gehört, da er Reichskultursenator war (vergl. Anl. zum Ges. Teil A H/I, Ziff. 5 i.V. mit Art. 6 des Ges.). Diese Vermutung zu widerlegen, ist Sache des B. (Art. 34 des Ges.). Die zur Widerlegung dieser Vermutung vom B. der Kammer vorgelegten Beweise sind umfangreich und beachtlich. Sie wären in ihrer Geschlossenheit geeignet, die Vermutung vollinhaltlich und überzeugend zu widerlegen, wenn nicht der B. selbst durch seine Mitwirkung in dem Film ›Jud Süss‹ die Vermutung der Art. 6 und 10 gegen sich bestärkt hätte.«

2. Im Verhandlungsstoff dieses Falles ist Manches zu finden, dessen Behandlung an sich dankenswert sein mag, das aber grundsätzlich nicht vor eine Kammer im Sinne des Ges. Nr. 104 gehört. Ob die Gesinnung des B. gegen die Juden diesen günstig oder ungünstig ist, ob er in

---

6 Vgl. ebd., S. 251 f.

Bühnenstücken oder Filmen Juden oder Nichtjuden darstellt, ob er, *wenn* er Juden darstellt, diese Rollen echt oder verzerrt spielt, das ist zur Entscheidung dieses Falles nicht in erster Linie von Belang; auch ist die Berufungskammer nicht befugt und schon gar nicht verpflichtet, in ihrem Spruch auf Belange des Kunstlebens Rücksicht zu nehmen. Die Kammer hatte im vorliegenden Fall nur zu prüfen, ob, und wenn ja, in welcher Weise der B. dadurch, dass er in dem von der Terra-Filmkunst G.m.b.H. geschaffenen Film »Jud Süss« zwei Hauptrollen spielt, nach dem Gesetz Nr. 104 verantwortlich ist.

3. Das Urteil in der Begründung des angefochtenen Spruches, der Film »Jud Süss« sei ein Hetzfilm, beruht offenbar nur auf Augenscheinnahme und auf Gefühl, allenfalls noch auf den Vorberichten zur Aufführung des Filmes in Nazi-Zeitungen; damit aber könnte jenes Urteil nur dann genügend verantwortet werden, wenn der hier in Betracht stehende Film ein reines Phantasieerzeugnis wäre; er ist aber, wenn auch ein Spielfilm, so doch eine Dichtung auf geschichtlicher Grundlage; demnach können und deshalb müssen, gemäss der Pflicht der Berufungskammer zur Erforschung der materiellen Wahrheit, *objektive* Feststellungen getroffen werden, von denen aus der Film auf seinen hier in Frage stehenden Gehalt hin geprüft werden kann, damit aber auch erst die Verantwortung des B. im Sinne des Gesetzes Nr. 104.

Zum Zwecke solcher Feststellungen hat nun die Berufungskammer aus nachstehend genannten Büchern folgende Stellen zur Kenntnis genommen:

a) C. Belschner, Geschichte von Württemberg in Wort und Bild 1912 (im Folgenden mit »B« bezeichnet), Seite 432-445;

b) Manfred Zimmermann, Josef Süss Oppenheimer, ein Finanzmann des 18. Jahrhunderts, 1874 (im Folgenden mit »Z« bezeichnet), S. 18, zweiter Absatz: von »Es war eine Zeit« bis S. 19 oben: »Witze machte.«, S. 19 unten, von »Es war damals« bis S. 21 unten: »Fähigkeiten brauchte.«, S. 48 unten, von »Es war eine Seite« bis S. 49, Ende des ersten Absatzes, S. 52 Mitte, von: »Der Herzog« bis S. 56 »als erprobt erfunden war, aus.«, S. 112 unten, von »Die Untersuchung« bis S. 115 oben: »verurteilt.«, S. 115 unten, von »Süss war« bis S. 126 Mitte: »die Zeche bezahlt.«, S. 128 mittlerer Abschnitt, zweiter Satz.

c) Curt Elwenspoeck, Jud Süss Oppenheimer, der grosse Finanzier und galante Abenteurer des 18. Jahrhunderts, 1926 (im Folgenden mit »E« bezeichnet), S. 35, von: »Als Wirtschafts-« bis Schluss, S. 149, von »Todesurteil« bis S. 156: »zugeführt hatte.«, S. 160, von »Mit Süss« bis S. 161 oben: »seiner Jugend.«, S. 161 unten von: »Mittags« bis S. 162 »wieder gehen.«, S. 167 unten, von »Auf Wunsch« bis S. 169:

»Spione waren.«, S. 169 unten, von: »Die Tunzenhofer Steige« bis
S. 174 »aus dem Staube.«, S. 178 von: »Schon während des Prozesses«
bis S. 179: »angerufen hat.«;

d) Selma Stern, Jud Süss, 1929 (im Folgenden mit »St« bezeichnet),
S. 43 oben, mit Ausnahme des Satzes: »War da nicht ... neuer Lügen?«,
S. 44 die ersten drei Zeilen, S. 64 unten, von »Wie in allem« bis S. 68:
»keine Teilnahme erfahren hätten.«, S. 71 unten, von: »Aus eben« bis
S. 73 oben: »überlassen werde.«, S. 81 unten, von »Dass aber« bis
S. 84 oben: »herabflehen.«, S. 103 Schlussabsatz bis S. 104 Schluss,
S. 108 Mitte, von »Süss bedurfte« bis »Verbrecher der Menschen.«,
S. 111, von »Als dieser« bis S. 112 »Regimenter geführt habe.«, S. 134
unten von: »In ihm lebte« bis S. 136: »verheiratete.«, S. 157 von »Dass
Süss« bis S. 158 oben: »offenbare.«, S. 172 bis »Wien.«, S. 175 zweiter
Absatz, S. 176 bis »erleben.«

Die angeführten Stellen lernte die Berufungskammer in folgender
Reihe kennen:
»B« S. 432-445; »Z« S. 18, S. 19; »St« S. 43; »Z« S. 48; »Z« S. 52;
»St« S. 157; »E« S. 35; »St« S. 64, 81, 103, 71, 111, 108, 134; »Z«
S. 112; »E « S. 149; »Z« S. 115; »E« S. 155, 160, 161, 162; »Z« S.
128; »E« S. 167, 171, 178; »St« S. 172, 175.

Ferner wurde aus dem Buche von O. Gerhardt, »Jud Süss, Mätres-
sen- und Judenregiment in Württemberg vor zweihundert Jahren«,
zweite Auflage, 1940, herausgegeben vom NS-Kurier-Verlag Stuttgart,
das zweite Kapitel zu einer negativen Feststellung verwendet.

Ausserdem gab der Vorsitzende der Berufungskammer aus seiner
persönlichen Kenntnis eine kurze Darstellung davon, wie sich nach der
religiösen Lehre der Juden diese in der nichtjüdischen Welt zu verhalten
haben. Dieser Bericht hatte folgenden Wortlaut:

»Nach einhelliger jüdischer Lehre hat Gott das jüdische Volk um
seiner Sünden willen des Heiligtumes und des Staatsgebietes verlustig
gemacht und unter die fremden Völker verstossen, wo das jüdische
Volk in seinem natürlichen Leben und in der Möglichkeit, seinen religiösen Pflichten zu genügen, aufs empfindlichste beeinträchtigt ist.

Das jüdische Volk hat, gleichfalls nach einhelliger jüdischer Lehre,
den Auftrag, das göttliche Wort in der Welt zu verkünden und das
Kommen des Reiches Gottes zu fördern. Hierbei ist zu unterscheiden:
der Auftrag, wie er nach Massgabe des Lebens zu erfüllen war, das die
Juden in eigenem Staate unter natürlichen völkischen Voraussetzungen
besassen, und der Auftrag, wie er zu verstehen ist für die Zeit der Verbannung der Juden aus dem eigenen Lande, das heisst der Zeit, da der
Zorn Gottes über dem Volke liegt, und die damit endet, dass Gott dem

Volke vergibt und es unter der Führung des erwarteten Messias in das alte Land zurückbringt.

Schon zwecks Erfüllung des Auftrages im Sinne des ersten Zeitabschnittes war, nachdem Palästina einmal vom Volke Israel erobert war, keine irgendwie gewaltsame Ausdehnung mehr geboten, vielmehr war bei sich bietender Gelegenheit den Heiden auf eine reine, geistige Art die Wahrheit des Judentums nahezubringen.

Während seiner Verbannung aus seinem Lande hat jedoch das Jüdische Volk nicht einmal sehr in der letzterwähnten Weise Mission zu treiben: Solches ist von den Rabbinern ausdrücklich untersagt, und die Aufnahme von Nichtjuden, die sich freiwillig zum Eintritt in das Judentum melden, ist ebenfalls durch rabbinische Vorschriften erschwert. Die Juden haben nunmehr *unter sich* das Wort Gottes rein zu bewahren für die Menschheit, die sich im Laufe der Zeiten nach der geheimnisvollen Fügung Gottes davon überzeugen wird, dass allein die jüdische Lehre wahr ist; diese Erkenntnis wird sich vollenden beim Kommen des Messias, und dem Verlangen der Völker nach dem Gehalt der jüdischen Lehre soll dann entsprochen werden können, eben Dank der Treue, mit der die Juden das Wort Gottes u. seine Ausdeutung durch die Leiden des Exils hindurch bewahrt haben.

Ist nun schon auf geistigem Gebiete eine Welteroberung durch die Juden nach deren gültigen Vorschriften geradezu unterbunden, so kommt erst recht nicht in Frage, dass die Juden die, wenn auch noch so geheim gehaltene Absicht hatten, die nichtjüdischen Völker auf materiellen, insbesondere auf wirtschaftlichen Gebieten, und mit materiellen, insbesondere mit wirtschaftlichen Mitteln zu unterwerfen. Eine solche Absicht hat nicht einmal zu Zeiten des alten jüdischen Staates bestanden, geschweige denn nach seiner Vernichtung.

Geboten ist vielmehr dem Juden, dass er sich dem Nichtjuden des fremden Landes gegenüber möglichst zurückhaltend benehme und zwar in erster Linie darum, dass der Jude das strenge und engmaschige Gesetz seiner Religion, dessen Befolgung im Exil noch erheblich schwerer ist, als im eigenen Lande, nicht verletze. Soweit aber der Jude mit den Nichtjuden in Berührung kommt, soll er in Gesinnung und äusserer Haltung lauter und redlich sein – »um die Wege des Friedens zu wandeln«, wie es ausdrücklich heisst –, und es besteht das Gebot, dessen Befolgung in jeder Synagoge an jedem Sabbat festgestellt werden kann, dass die Juden für das Wohl der Regierung des Volkes, unter dem sie leben, zu beten haben.

Die von judenfeindlicher Seite ausgegebene Losung, der Jude wolle seine ›Wirtsvölker‹ unterjochen und zwar insbesondere auf dem Wege der Anhäufung wirtschaftlicher Macht, beruht abgesehen von geflissentlicher Verleumdung, die hierbei eine Rolle spielt, auf zwei Grundfehlern: Der erste Fehler liegt auf psychologischem Gebiete. Die Sehnsucht, die Welt zu erobern, ist ein derart starkes Element in den Seelen nichtjüdischer Grossvölker, dass diese eine gleiche Absicht den Juden als Selbstverständlichkeit unterstellen, und eben diese Unterstellung ist falsch; die in einem Attila, einem Dschingis Khan, einem Tamerlan, einem Hitler, aber auch einem Alexander, einem Cäsar, einem Napoleon sichtbar werdende Begierde nach Weltherrschaft ist dem Triebleben des Juden vollständig fremd. Dazu kommt, dass die Juden zum Zwecke der Eroberung der Welt sich politisch zusammenschliessen müssten; die berühmte oder, wie die Judenfeinde meinen, berüchtigte Solidarität der Juden besteht aber ausschliesslich in den Zeiten ihres Leidens und für diese; geht es den Juden erträglich, so sind sie von einem aussergewöhnlichen Individualismus beseelt und an Politik nur unterdurchschnittlich interessiert.

Der zweite Fehler ist der: Die äusseren Umstände, die aus den Juden besonders starke Teilnehmer am Wirtschaftsleben gemacht haben, werden ausser Acht gelassen. Es steht damit aber so: Als Fremden, und insbesondere als lt. kirchlicher Lehre ausser dem Heil Stehenden, war den Juden von den nichtjüdischen, insbesondere von den christlichen Völkern die Erhaltung des materiellen Lebens in anderer Form, als in der des Handels einschliesslich der des Geldwesens, grundsätzlich verboten. Die beispiellose Lebensunsicherheit und Zuchtlosigkeit, die die Juden innerhalb der nichtjüdischen Umwelt zu erleiden haben, liess ihnen als einziges Machtmittel – nicht etwa zur Eroberung der nichtjüdischen Sphäre, sondern – zur Abwehr der unbeschränkt möglichen Angriffe der Nichtjuden nur eben den materiellen Besitz übrig. Diese Lage nutzten die grossen Herren der Nichtjudenheit planmässig aus, indem sie sich von den Juden einen mehr oder weniger fragwürdigen Schutz durch hohe Geldzahlungen abkaufen liessen, wobei noch besonders der Umstand ausgenutzt wurde, dass den Juden, anders als den Christen, das Zinsnehmen religiös erlaubt war. Der Schutzherr zwang also seine Schutzjuden, sich die nötigen Gelder zu beschaffen, wenn auch durch Massnahmen, durch die sich die Schützlinge verhasst machten. Dabei kam der fürstliche Schutzherr zu seinem Geld, und sein empörtes Volk hielt sich mit ungezählten Pogromen am jüdischen Besitz schadlos, indes seine Inhaber unter mannigfachen Vorwänden erschlagen und verbrannt wurden. Eben diese Ausgesetztheit gegenüber der ungezügelten Wut und Roheit der nichtjüdischen Menge oder auch der Willkür ihrer Fürsten zwang den Juden überdies, sich jederzeit zur

Flucht bereit zu halten, und so musste er darauf bedacht sein, solche Güter zu erwerben, die, unbedingt, beweglich, zur Flucht mitgenommen werden konnten, also Wertpapiere und Juwelen.

Nun sind die Juden als Südländer ohnehin auf Stadtleben und städtischen Wirtschaftsverkehr ausgerichtet; dass diese ihrer Begabung durch die vorerwähnten Exilsnotstände ausserordentlich gefördert wurde, liegt auf der Hand. Diese Zusammenwirkung ist die Grundlage für die Eigenart jüdischen Wirtschaftens. Der reiche Jude aber hat, wiederum nach einhelliger jüdischer Lehre, seinen Reichtum zu Werken der Nächstenliebe zu verwenden und zur Schaffung der materiellen Voraussetzungen dafür, dass, wie er selber, so auch seine Glaubensgenossen, der Befolgung der göttlichen Gesetze so gut wie irgend möglich obliegen können.«

Die Berufungskammer ist davon überzeugt, dass es eine sachlichere und genauere Darstellung der wesentlichen Züge in der Geschichte des Josef Süss Oppenheimer, als sie in den zuvor erwähnten Büchern enthalten ist, nicht gibt und nicht geben wird. Die Berufungskammer betrachtet daher den Inhalt der von ihr zur Kenntnis genommenen Buchstellen als geschichtliche Wahrheiten.

4. Auf deren Grund, sowie auf Grund des Berichtes des Vorsitzenden über die Stellung der Juden in der Welt nach den Vorschriften ihrer Religion, und nach Augenscheinnahme des von der Terra-Filmkunst G.m.b.H. geschaffenen Filmes »Jud Süss« durch die Berufungskammer stellt diese Folgendes fest:

Im Programm dieses Filmes wird erklärt, er beruhe auf geschichtlichen Tatsachen; in der Gerichtsszene des Filmes wird gerufen, was der Jude vorbringe, seien Lügen, Lügen, Lügen. In Wahrheit aber beruht der Film auf wenigen geschichtlichen Tatsachen und selber auf vielen Lügen:

Die am meisten herausfordernden Szenen, nämlich die der ersten Begegnung zwischen dem Herzog und Süss, die der Behandlung des Schmieds Rogner, die der Folterung des Landschaftsschreibers und der Vergewaltigung seiner Frau, sowie die des Verfahrens gegen den Landschaftskonsulenten Sturm sind frei erfunden. Obschon in der Begründung des über Süss Oppenheimer gefällten Todesurteiles und in dem Buche von O. Gerhardt (»Jud Süss«) zweifellos alles zusammengetragen ist, womit Oppenheimer belastet werden konnte, ist weder in diesem Buche noch in jenem Urteil irgend etwas zu finden, worauf sich die erwähnten vier Szenen stützen könnten.

Weiterhin ausser Acht gelassen sind im Film die politischen und wirtschaftlichen Verhältnisse, in die Oppenheimer gemäss dem Geist seiner Zeit und den sehr ausgeprägten Wünschen des Herzogs Karl Alexander eingriff; ausser Acht gelassen ist insbesondere, dass Oppenheimer, Nicht-Beamter und lediglich persönlicher Berater des Herzogs, der er war, im herzoglichen Finanzwesen gute Ordnung geschaffen hat, dass seine merkantilistische Monopolpolitik rechtlich und moralisch neutral war, und dass seine gewiss verwerflichen Massnahmen, nämlich die Erhebung eines Besoldungsgroschens, sowie die Erhebung von Steuern ohne Zustimmung der Landstände, die Einführung der Waisenkassenanordnung und der Ämterhandel, keine Ergebnisse einer besonderen persönlichen oder gar jüdisch-rassischen Niedertracht gewesen sind, sondern auch im Ausland von nichtjüdischen Machthabern häufig getroffen wurden; ausser Acht gelassen ist, dass die Herrischkeit Oppenheimers zusammentraf mit der Auflehnung des Herzogs und überhaupt der damaligen Landesfürsten gegen die Volksvertretungen; ausser Acht gelassen ist, dass Oppenheimer, der sich nicht an den württembergischen Hof gedrängt hatte, sondern dorthin von Karl Alexander in aller Form gerufen worden war, nur nach Massgabe seiner geschäftlichen Bedürfnisse und somit in bescheidenem Umfange Juden ins Land zog, sie aber in geschäftlicher Hinsicht genau so rücksichtslos oder rücksichtsvoll wie seine anderen Geschäftspartner behandelte und in persönlicher Hinsicht den Juden lediglich auf dem Gebiete der Wohltätigkeit entgegenkam, wie etwa durch Errichtung einer rituellen Garküche, keineswegs aber ihnen irgendwelche Vormachtsstellungen verschaffte; alle diese Ausserachtlassungen sind vorsätzlich; sie hätten im Verfolg der Absicht, einen geschichtlich wahren Film, wenn auch mit der üblichen dichterischen Freiheit zu schaffen, vermieden werden können und müssen.

Gänzlich verschwiegen wird in diesem Film die Tatsache, dass mit Oppenheimer zusammen eine Reihe anderer Personen das Land bedrückte, dass sie aber als Nichtjuden lediglich damit bestraft wurden, Stuttgart verlassen und nach Esslingen ziehen zu müssen.

Völlig verfälscht ist die Darstellung, wie sich Juden nach der Lehre der jüdischen Religion gegenüber Nichtjuden zu verhalten haben.

Es ist eine Lüge, wenn der Film Oppenheimer als den geistigen Vater des Staatsstreichplanes darstellt: Dieser stammt vielmehr vom Herzog und vom Wiener und Würzburger Hofe.

Es ist eine Lüge, wenn im Film Süss Oppenheimer bei seiner Hinrichtung das Volk um sein Leben anfleht: In Wahrheit hat er auf seiner Fahrt zur Richtstätte und insbesondere in seinen letzten Minuten in der Weise, wie sie für den sterbenden Juden kanonisch vorgesehen ist, andauernd laut und vor allem Volke Gott angerufen und verherrlicht.

Die Schluss-Szene des Filmes: Verhängung des Judenbannes über Württemberg, ist ebenso eine freie Erfindung, wie die in der Urteils-beratungs-Szene angeblich beschlossene Aufrechterhaltung der Vor-schrift der Reichskriminalordnung, nach der auf dem Geschlechtsver-kehr zwischen Juden und Nichtjuden die Todesstrafe stand, – erst durch die entsprechende hitlerische Gesetzgebung ist solche Strafver-folgung erneuert worden, seit mit der förmlichen Aufhebung der gan-zen Reichskriminalordnung auch jenes Strafgesetz auch offiziell ausser Kraft gesetzt worden war; rein tatsächlich war es schon zu Anfang des 18. Jahrhunderts nicht mehr in Geltung.

In diesem Film, der offensichtlich die angebliche Notwendigkeit und Weisheit des nazistischen sogenannten Berufsbeamtengesetzes und der nazistischen Nürnberger Judengesetze von 1935 beweisen soll, werden die Juden nicht nur als Fremde, sondern sogar, und dies erlogenerweise, insgesamt als Feinde, Verderber, Verführer und Zerstörer ihrer nicht-jüdischen Umwelt ausgegeben; sie werden als körperlich und seelisch minderwertig dargestellt, wobei geflissentlich ausser Acht gelassen wird, wieviel von der auffallenden und abstossenden Wirkung von Ghettojuden auf Nichtjuden in der negativ aussergewöhnlichen Lebens-haltung der Juden begründet ist, die ihnen durch die Jahrhunderte hin-durch von der nichtjüdischen Welt aufgezwungen wurde, und für die die Hitlerzeit wiederum ein deutliches Bild geboten hat. –

Der von der Terra-Filmkunst G.m.b.H. geschaffene Film »Jud Süss« geht also weit über den Rahmen der auch mit einer zulässigen dichteri-schen Freiheit behandelten geschichtlichen Wahrheit hinaus; er ist ein Hetzfilm von ausserordentlicher Verruchtheit.

Wer nun an der Schaffung dieses Films wesentlich beteiligt war, wie sein Dichter, sein Produzent, sein Regisseur und jeder seiner Haupt-darsteller, hat dadurch auf dem Gebiete der Judenverfolgung und der Juden-Ausrottung mindestens objektiv und theoretisch der nazisti-schen Gewaltherrschaft ausserordentliche propagandistische Unter-stützung im Sinne des Art. 5, Ziffer 6, des Ges. gewährt.

Wie nunmehr allgemein bekannt, hatte die nazistische Regierung für den Fall eines Krieges beschlossen, alle in ihrem Gewaltbereich befind-lichen Juden aus der nichtjüdischen Bevölkerung wegzuschaffen und zu töten; die entsprechenden Beschlüsse und Massnahmen sollten nach Möglichkeit dem deutschen Volke verborgen bleiben. Die Kammer ist nun der Überzeugung, dass Göbbels mit der Schaffung und Vorführung des Filmes »Jud Süss« in letzter Linie bezweckte, die ohnehin schon gewaltige Judenfeindlichkeit im deutschen Volke so zu verstärken, dass, wenn je die damals bevorstehenden Massnahmen gegen die Juden der nichtjüdischen Bevölkerung bekannt werden sollten, kein Mitleid mit ihnen und keine Empörung über ihre Behandlung das deutsche Volk beunruhigen sollte. Zudem wollte man mit dem Film ganz offenbar auch die noch nicht judenfeindlichen Menschen zu Judenfeinden machen, und einen Einzelfall des entsprechenden Erfolges stellt die Berufungskammer auf Grund des von der Zeugin Rothenberg glaubwürdig geschilderten Vorfalles (Bl. 421 d.A.)[7] als Tatsache fest. Dabei ist die Kammer auf Grund allgemeiner Lebenserfahrung der Überzeugung, dass dieser Vorfall nur einer von vielen seiner Art war; mindestens hat der B. den ihm auch hier obliegenden Gegenbeweis nicht erbracht. Der B. hat also die erwähnte ausserordentliche propagandistische Unterstützung sogar praktisch gewährt.

5. Der B. hat es für nötig befunden, in seinem Schlusswort den Inhalt eines Schreibens zu verlesen, worin er den englischen Schriftsteller Shaw über seine Meinung dazu befragt, dass der B. wegen seiner Mitwirkung im Film » Jud Süss« zur Verantwortung gezogen werde, sowie

---

7   »Ich bin die Witwe des Bankiers Siegfried Rothenberg, der am 29.2.1936 verstorben ist. Mein Ehemann war Jude; er wurde durch die Nationalsozialisten von der Börse ausgeschlossen und gezwungen, sein Bankgeschäft zu schliessen. | Die Erfahrungen, die ich schon zu Beginn des 3. Reiches mit den Nazis gemacht hatte, veranlaßten mich, deren Handlungen auch weiterhin zu beobachten. Daher verfolgte ich auch besonders alle kulturellen Veranstaltungen, die der Nazipropaganda dienten. | So besuchte ich auch eine Aufführung des Filmes ›Jud Süss‹, und zwar in einem Kino-Theater in Berlin-Neukölln. Es handelte sich hierbei nicht um ein Erstaufführungstheater und auch nicht um die erste Aufführung in diesem Theater. Die Vorführung des Films selbst verlief ohne Zwischenfälle, jedoch nach Ende des Films ereignete sich folgendes: In meiner Nähe sagte eine Frau laut: ›Diese verfluchten Juden, wenn ich bis jetzt noch etwas für sie übrig hatte, so hat jetzt dieser Film alles genommen. Diese Juden sind schuld an unserem Unglück. Dies verfluchte Judenpack müsste man aufhängen; der Führer hat gesagt, die Juden sind an unserem Unglück schuld.‹ Darauf fielen mehrere Besucher ein und erklärten ihrerseits auch, die Juden müssten aufgehängt werden. | Ich konnte es selbstverständlich nicht riskieren, eine gegenteilige Meinung zu äussern. Auch sonst wurde keine Stellungnahme dagegen laut. Dafür fiel mir auf, daß sehr viele Besucher sich im zustimmenden Sinne äusserten. | Wenn Herr Krauss heute behauptet, er habe beabsichtigt, durch seine Darstellung Mitleid mit den Juden zu erwecken, so steht das in schärfstem Gegensatz zu den Eindrücken, die ich bei einer ganz beliebigen Aufführung des Films ›Jud Süss‹ gewonnen habe. | Berlin, den 1. April 1948«.

die Antwort Shaws, die dahin geht: Kultur sei das Ergebnis des Zusammenwirkens der Masse mit ihrer Führung, und – dies ist zumindest der Sinn der folgenden Antwortstelle – es sei eine Torheit und ein Verbrechen, wenn nach der Machtergreifung durch eine neue Regierung diese die früheren Taten bestrafe. Herrn Shaw gegenüber würde die Berufungskammer es sich versagen müssen, den Irrtum seiner hier erwähnten Anschauung etwa anhand der »Kultur« darzulegen, die das Zusammenwirken der nazistischen Masse mit ihren nazistischen Führern geschaffen hat; erst recht hätte die Kammer für Herrn Shaw nur ein Schweigen der Verachtung dafür übrig, dass er sich herausnimmt, die Sühnung nazistischer Untaten als eine Torheit und als ein Verbrechen zu bezeichnen;[8] der B. aber wagte durch Anführung jener Äusserung Shaws vor der Berufungskammer deren Herausforderung dazu, dass sie ihn wegen schwerer Ungebühr in eine empfindliche Ordnungsstrafe nahm, und dass sie ihm, der offensichtlich die Auffassung Shaws zu seiner eigenen machte, schon deshalb als belastet im Sinne des Gesetzes Nr. 104 erkannte. Von all dem hat die Berufungskammer jedoch Abstand genommen, weil sie in diesem Benehmen des B. nur die Krönung der vielfachen und glaubwürdigen Bezeugungen sah, dass der B. ein unberechenbarer, einseitig gefühlsmässig antwortender Mann ist, der Rücksichten und Erwägungen als Hemmungen seiner Triebhaftigkeit weniger kennt, denn ein durchschnittlicher Mensch. Indem die Kammer die Eigenart des B. als Tatsache seelischer Art feststellt, stellt sie die ebenfalls durch zahlreiche glaubwürdige Zeugnisse bekundete weitere Tatsache fest, dass der B. bei seiner Mitwirkung im Film »Jud Süss« vor allem an seine Aufgabe als Künstler gedacht hat, dass jedoch seiner Vorstellung und seinem Willen ferne gelegen hat, dabei der NS-Gewaltherrschaft eine *ausserordentliche* propagandistische Unterstützung zu gewähren. Er hat daher bewiesen, dass er die subjektive Seite des Tatbestandes des Art. 5, Ziffer 6, des Ges. nicht verwirklicht hat und dennoch wegen einer Erfüllung dieses Tatbestandes nicht zur Verantwortung gezogen werden kann.

6. Bei ihrer somit erfolgten Abwägung der individuellen Verantwortlichkeit des B. gemäss Art. 2 des Ges. durfte jedoch die Berufungskammer als Tatsache feststellen und hat sie demnach als Tatsache festgestellt, was der B. selbst von seinem Wissen und Wollen bekundete: Er erklärt laut Blatt 25 d.A. unumwunden, er habe in dem Film »Jud

8 Dieses Schreiben ist faksimiliert wiedergegeben in: Werner Krauß, *Das Schauspiel meines Lebens*, Stuttgart 1958, S. 228.

Süss« einen Propagandafilm erkannt.[9] Wenn nun der B. in diesem Film
zwei Hauptrollen und zwei Nebenrollen zu gestalten übernahm, so hat
sein Vorsatz mindestens bedingtermassen die Vorstellung und die Billigung umfasst, dass er auf diese Weise durch Wort und Tat und durch
Einsetzen seines persönlichen Ansehens im kulturellen Leben einen
wesentlichen Beitrag zur Stärkung oder Erhaltung der nazistischen
Gewaltherrschaft im Sinne des Art. 7 II 1 des Ges. leistete.

7. Gegen seine ihn hiernach zukommende Einstufung in Gruppe II
bringt nun der B. zu seinem Schutze vor, es treffe ihn keine Verantwortung im Sinne des Gesetzes, denn er habe sich zur Mitwirkung im Film
»Jud Süss« nur deshalb bequemt, weil er sich in einem Notstand im
Sinne des § 52 des deutschen Strafgesetzbuches befunden oder wenigstens als befindlich erachtet habe. Den ihm hierfür obliegenden Beweis
hat der B. nicht erbracht: Allerdings hat er laut Blatt 24 d.A. die hinter
ihm stehende Gefahr als eine solche bezeichnet, dass er, sowie seine beiden Schwestern und sein Sohn, in tiefer, die Freiheit bedrohender Form
getroffen werden konnten, er hat jedoch auch vor der Spruchkammer
erklärt: »Wenn ich damals (nämlich 1940) gewusst hätte, welches
Elend hereinbricht, hätte ich mich damals endgültig geweigert, diesen
Film zu drehen« (Blatt 24 und Blatt 243 d.A.).[10] Vom Vorsitzenden der
Berufungskammer befragt, was für ein Elend er damit gemeint habe,
erklärte der B.: »Das Elend des jüdischen Volkes.« Auf die weitere Frage
des Vorsitzenden an den B., ob dieser bereit gewesen wäre, zur Ver-
hütung dieses Elends – soweit es an ihm lag – sogar die Konzentrationslagerhaft auf sich zu nehmen, erklärte der B., er wisse es nicht, es hätte
sein können, aber er wage nicht, darüber heute noch etwas Endgültiges
zu sagen. Der B. hat also nicht einmal behauptet, geschweige denn bewiesen, dass er zu jenem Opfer bereit gewesen wäre; er hat dies selbst
mindestens in Zweifel gezogen, wenn nicht gar sinngemäss verneint.
Dann aber hat der B. auch nicht den ihm obliegenden Beweis erbracht,
dass das Leid, das er zur Vermeidung des Elends der Juden auf sich zu
nehmen bereit war, auch noch das Übel einer Konzentrationslagerhaft
oder einer sonstigen Zwangsfesthaltung umfasste. Die Erklärung des B.
laut Blatt 24 d.A. steht damit nicht im Widerspruch, denn die Freiheit
eines Menschen besteht nach allgemeiner Erfahrung objektiv und sub-
jektiv keineswegs nur darin, dass er sich nicht wider seinen Willen in
einem bestimmten Raume aufzuhalten hat.

9 Vgl. *Zuckmayer-Jahrbuch*, Bd. 6, 2003, S. 305.
10 Vgl. ebd., S. 275.

Unter all diesen Umständen konnte sich die Berufungskammer nicht davon überzeugt halten, dass der B. aus seiner Weigerung gegenüber Göbbels, im Film »Jud Süss« mitzuspielen, ein Leid gefürchtet habe, von dem man sagen könnte, es schliesse in sich eine Gefahr für Leib oder Leben des B. selbst oder eines seiner Angehörigen.

8. Es hatte somit zunächst dabei zu verbleiben, dass der B. als Aktivist im Sinne des Art. 7 II 1 des Gesetzes zu erkennen war. Die Propaganda, die er für den NS durch Erregung von Widerwillen gegen die Juden getrieben hat, bestand zudem nicht nur darin, dass er überhaupt einprägsame Einzelrollen im Film »Jud Süss« gespielt hat, sondern auch darin, *was* er dabei zum Ausdruck zu bringen hatte. Dies ist allerdings zum Teil nicht geradezu aufreizend, einmal sogar von einer gewissen ansprechenden Wirkung (im Verhalten des Sekretärs Levi gegenüber Faber auf dessen Frage nach dem Grunde seiner Freilassung), aber schon die Gespräche der beiden Bewohner des Frankfurter Ghettos, die der B. darstellt, nehmen in ihrem Hinweis auf die beabsichtigte Ausbeutung der Nichtjuden durch die Juden gegen diese ein, und empörend sind nun die Reden, die Levi gegenüber Rogner und Sturm führt: Soll ja gerade in diesen beiden Szenen dargelegt werden, welche Rechtsverdreher jüdische Beamte und Rechtsanwälte seien; dabei sind nicht nur, wie schon festgestellt, diese Szenen frei erfunden, sondern es widerspricht auch dem Ergebnis jeder sachlichen Prüfung, dass Juden als deutsche Beamte oder Rechtsanwälte das deutsche Gesetz anders angewandt hätten als ihre nichtjüdischen Berufsgenossen.

Nun machte aber der B. noch geltend, er habe eine Anzahl von Opfern und Gegnern des NS wiederholt gefördert und unterstützt – diese Tatsache ist nachgewiesen und festgestellt –, und dieses sein Verhalten habe auf antinazistischen Beweggründen beruht. Auch für diese Tatsache oblag dem B. der Beweis. Seiner Erbringung entgegen stand die eigene nachdrückliche Erklärung des B. vor der Berufungskammer, er habe für Politik keinen Sinn, woraus zu entnehmen wäre, dass ihm dann eben auch der NS als solcher gleichgültig war und somit kein Gegenstand seiner Freundschaft aber auch nicht seiner Feindschaft; ferner war auf Grund einer Photokopie und der Einräumung des B. als Tatsache festzustellen, dass dieser laut Beiakten II, Bl. 33, ohne irgendwelchen Zwang hierzu ein Glückwunschdrahtschreiben an Hitler gesandt hat;[11] daraus vermöchte man sogar eine ausgesprochen nazifreundliche Einstellung des B. zu ersehen.

---

11 Bei der Beiakte II handelt es sich wahrscheinlich um die Akte der Reichs-
    filmkammer über Werner Krauß, die bei dem Verfahren vorgelegen hat,

Die Unterstützung und Förderung, die der B. Opfern und Gegnern des NS, insbesondere jüdischen Künstlern, wiederholt hat zuteil werden lassen, wäre danach lediglich als eine je und je aus individueller Freundschaft erfolgte Tat des B. anzusehen gewesen, unbeschadet seiner etwa grundsätzlichen Bejahung des NS. Nun hat jedoch die glaubwürdige Zeugin Klix sinngemäss erklärt,[12] und es wird von der Berufungskammer als Tatsache festgestellt, dass der B. sich führend und beschützend für diejenigen einsetzen wollte, die lediglich wegen ihrer jüdischen Rasse von den Nazis aus dem deutschen Kunstleben ausgestossen werden sollten. Zu berücksichtigen war dabei, dass der B. grundsätzlich nicht in Begriffen denkt und nicht solchen gemäss handelt; aus all dem ergibt sich, dass er, wenn auch ohne klaren Begriff hiervon, ein Grundbestreben des NS verworfen und sonach für sein Verhalten gegen verfolgte jüdische Künstler antinazistische Beweggründe gehabt hat. Demgemäss hat die Berufungskammer bei ihrer Entscheidung über die Zuweisung des B. in die Gruppen der Verantwortlichen zu seinen Gunsten berücksichtigt, dass er aus antinazistischen Beweggründen nachgewiesenermassen wiederholt Opfern und Gegnern des NS gefördert und unterstützt hat (Art. 39 II 4 des Ges.). Sie hat daher den B. abschliessend den Minderbelasteten nach Art. 11 I 1 eingereiht.

B. Zur Sühne

Der B. hat, wenn auch nicht in einem Notstand, so doch unter starkem Druck bei der Gestaltung des Filmes »Jud Süss« mitgewirkt; er spielt darin seine Rollen nicht in Verzerrung, auch nicht dort, wo das Dargestellte selbst empört; der B. hat vor der Berufungskammer keine Beschönigungsversuche gemacht und zudem erklärt, er schäme sich seiner Mitwirkung im Film »Jud Süss«; dies hat die Berufungskammer ihm nicht nur wegen seiner oben erwähnten Offenheit geglaubt, sondern auch deswegen: Der B. hat, wie er glaubhaft dartat, aus dem Berichte des Vorsitzenden der Berufungskammer erstmals die Geschichte des Josef Süss Oppenheimer kennengelernt; daraufhin hat der B. an der Augenscheinnahme des Filmes »Jud Süss« durch die Berufungskammer teilgenommen, und dies geschah, nach ihrer Überzeugung, weil er, nachdem er jene geschichtlichen Wahrheiten erfahren hatte, nunmehr

danach aber wieder zurückgegeben wurde. Dort war unter Nr. 33 vermerkt: »Telegramm Maria Bard, Werner Krauss an Hitler vom 17.06.1939«.
12 Vgl. *Zuckmayer-Jahrbuch*, Bd. 6, 2003, S. 295 f.

in ihrem Lichte den Film und seine eigenen darin gespielten Rollen auf
sich wirken lassen wollte, sodass als Ergebnis jener Wirkung das vom
B. abgelegte Bekenntnis verstanden werden muss.

Aus all diesen Gründen hat die Berufungskammer es für unnötig erachtet, dem B. noch eine Bewährungsfrist aufzuerlegen; damit entfielen
die Anordnung aller Sühnungen aus Art. 16 des Ges., die für die Dauer
der Bewährungsfrist Minderbelasteter in Anwendung gebracht werden
können, sowie die automatischen Folgen aus Art. 17 des Ges.

Dem B. eine Sonderarbeitspflicht aufzuerlegen, kam angesichts seines Alters nicht in Betracht.

Die Nationalsozialisten beklagen sich darüber, wie schwer sie durch
das Gesetz Nr. 104 beleidigt, bedrückt, entrechtet und gequält würden –
unvergleichlich Schlimmeres haben aber sie selbst in jeder dieser Hin-
sichten ihren schuldlosen Opfern zugefügt und unter diesen wiederum
in besonderem Masse den Juden. Diese waren in der Zeit, da der Film
»Jud Süss« entstand, bereits derart vogelfrei, dass die Schaffung und
Vorführung des Filmes als planmässige Aufreizung zum Massenmord
an den Juden bezeichnet werden darf und muss. Von jenen allgemein
bekannten Tatsachen und dieser auch ihr gültigen Bewertung ausgehend, hat die Berufungskammer trotz allen zu Gunsten B. sprechenden
Umständen nicht davon absehen können, ihm eine Sühnemassnahme
festzusetzen. Er ist, wie er glaubhaft dargetan hat, und was die Berufungskammer als Tatsache feststellt, durch seine politische Belastung
schon seit mehreren Jahren in seiner Berufsausübung und somit in seinen Einkünften erheblich beeinträchtigt; ihm als Sühnebeitrag zum
Wiedergutmachungsfonds zehn von Hundert der Vergütung zu bestimmen, die er für seine Mitwirkung im Film »Jud Süss« erlangte, erschien
der Berufungskammer nicht als ein Missverhältnis zwischen verhängter
Sühnemassnahme und wirtschaftlicher Beschränkung des B.[13]

Da sonach zwar von der Festsetzung einer Bewährungsfrist, nicht
aber auch von der Festsetzung einer Sühnemassnahme ganz abzusehen
war, entfiel auch schon die Möglichkeit, den B. gemäss § 2, Absatz 2,
des zweiten Änderungsgesetzes vom 25.3.1948 der Gruppe der Mitläufer zuzuweisen.

Die Anordnung einer Ersatzsühne gründet in § 1 der 17. DVO.

Da die Berufung des öffentlichen Klägers Erfolg hatte, hat der B. die
Verfahrenskosten der beiden Rechtszüge zu tragen.

---

13 Einem »Kontrollblatt für die Vollstreckung« zufolge hat Krauß den Betrag
von 5.000 RM am 16.6.1948 beim Finanzamt Stuttgart-Ost bezahlt.

Unter Abänderung der angefochtenen Entscheidung war daher zu erkennen, wie geschehen.

Die Beisitzer:	Der Vorsitzende:
gez.: Hans Schröder – Schnell	gez.: Dr. Hommel
Hans Otto Roecker	
Franz Michele Alland	
Sautter – E. Haller.	

In der Erwägung, dass zwar nach dem Gesetz Nr. 104 selber der B. an der Ausübung seines Berufes nicht gehindert ist, dass aber die Stellen, die über die Zulassung von Bühnen- und Filmkünstlern zu deren Berufstätigkeit zu entscheiden haben, dem B. dennoch hierin Schwierigkeiten bereiten könnten, hat die Berufungskammer folgenden

Beschluss

gefasst:

Herr Werner Krauss wird der Milde derjenigen Stellen empfohlen, die über seine grundsätzliche Zulassung als Bühnen- und Filmschauspieler zu entscheiden haben.

Die Beisitzer:	Der Vorsitzende:
gez.: Hans Schröder – Schnell	gez.: Dr. Hommel
Hans Otto Roecker	
Franz Michele Alland	
Sautter – E. Haller.	

Der Spruch ist rechtskräftig seit 4.6.1948
Stuttgart, den 9.7.1948

Anschriften der Mitarbeiterinnen und Mitarbeiter

Dr. Fritz Erich Anhelm, Evangelische Akademie Loccum, 31545 Rehburg-Loccum

Prof. Dr. Wilfried Barner, Seminar für deutsche Philologie der Georg-August-Universität Göttingen, Käte Hamburger Weg 3, 37073 Göttingen

Prof. Dr. Dagmar Barnouw, Department of German, University of Southern California, THH 402, Los Angeles CA 90089-0351

Carola Dietze, Max-Planck-Institut für Geschichte, Hermann-Föge-Weg 11, 37073 Göttingen

Dr. Heidrun Ehrke-Rotermund, Grenzweg 7, 55130 Mainz

Ulrich Fröschle, Technische Universität Dresden, Fakultät für Sprach- und Literaturwissenschaft, Institut für Germanistik/Neuere Deutsche Literatur, Zeuner Straße 1b, 01062 Dresden

Dr. Norbert Grube, Institut für Demoskopie Allensbach, 78472 Allensbach

Volker Haase, Am Flachsgrund 36, 01665 Klipphausen

Prof. Dr. Frank-Lothar Kroll, Technische Universität Chemnitz, Philosophische Fakultät, Lehrstuhl für Neuere und Neueste Geschichte, 09107 Chemnitz

Prof. Dr. Jan Philipp Reemtsma, Arno-Schmidt-Stiftung, Unter den Eichen 23, 29351 Eldingen

Prof. Dr. Günter Scholdt, Universität des Saarlandes, Literaturarchiv Saar-Lor-Lux Elsaß, Postfach 15 11 41, 66041 Saarbrücken

Alexandra Paffen, Universität Utrecht, Research Institute for History and Culture Muntstrasse 2a, NL-3512 EV Utrecht

Dr. Jörg Später, Historisches Seminar, Neuere und Neueste Geschichte, Werthmannplatz KG IV, 79085 Freiburg.

Dr. Gregor Streim, Freie Universität Berlin, Fachbereich Philosophie und Geisteswissenschaften, Institut für Deutsche und Niederländische Philologie, Habelschwerdter Allee 45, 14194 Berlin

Dr. Dirk Walter, Drosselweg 47, 66287 Quierschied

Anschriften der Herausgeber

Priv.-Doz. Dr. Gunther Nickel, Johannes-Gutenberg-Universität Mainz, Fachbereich 13, Philologie 1, Deutsches Institut, 55099 Mainz

Prof. Dr. Erwin Rotermund, Johannes-Gutenberg-Universität Mainz, Fachbereich 13, Philologie 1, Deutsches Institut, 55099 Mainz

Prof. Dr. Hans Wagener, University of California, Los Angeles, Department of Germanic Languages, Box 951539, Los Angeles, CA 90095-1539, USA

Register

Carl Zuckmayer
Deutschlandbericht
für das Kriegsministerium der
Vereinigten Staaten von Amerika

Hg. von Gunther Nickel, Johanna Schrön und Hans Wagener

Zuckmayer-Schriften. Im Auftrag der Carl-Zuckmayer-Gesellschaft
hrsg. von Gunther Nickel, Erwin Rotermund und Hans Wagener

308 S., 12 Abb., Leinen, Schutzumschlag
€ 28,– (D); € 28,80(A); SFr 49,70
ISBN 3-89244-771-3

»Natürlich kann eine Besatzungsarmee nicht erwarten, zum Objekt von
Liebe und Begeisterung zu werden. Andererseits kann ein besiegtes
Volk, dessen Machthaber zweifellos den Krieg angefangen haben, nicht
erwarten, daß ihnen von den Siegern nur Sympathie und volles Vertrauen entgegengebracht werden.«   *Carl Zuckmayer*

1946 reiste Carl Zuckmayer als ziviler Kulturoffizier im Auftrag des
Kriegsministeriums der Vereinigten Staaten von Amerika fünf Monate
durch Deutschland. Er verfaßte anschließend zwei Berichte über seine
Eindrücke, in denen er damals gängigen Einschätzungen couragiert
widersprach. Sein Engagement wurde daher sowohl von anderen Emigranten als auch von Mitarbeitern der amerikanischen Regierung äußerst argwöhnisch betrachtet – allerdings aus völlig entgegengesetzten
Gründen: In den Emigrationskreisen galt er als hoffnungslos reaktionär,
Mitarbeiter der amerikanischen Regierung verdächtigten ihn dagegen
kommunistischer Umtriebe.
Das Buch enthält neben den beiden Deutschlandberichten auch alle
anderen Texte Zuckmayers zur Deutschlandpolitik, die zwischen 1946
und 1949 entstanden sind. In ihrer Einleitung beschreiben die Herausgeber die Entstehungsgeschichte auf der Grundlage bislang unzugäng-
licher Briefe. Sie konfrontieren Zuckmayers Beobachtungen und Empfehlungen mit denen in anderen zeitgenössischen Deutschlandberichten,
untersuchen die Gründe, aus denen seine Vorschläge zu politisch-doku-
mentarischen Filmen nicht realisiert wurden, und sie zeigen, welche
Bedeutung Zuckmayers Stellungnahmen für die Erforschung der deutschen Mentalitätsgeschichte heute haben.

Wallstein
www.wallstein-verlag.de

Carl Zuckmayer
Geheimreport

Hg. von Gunther Nickel und Johanna Schrön

Zuckmayer-Schriften. Im Auftrag der Carl-Zuckmayer-Gesellschaft
hrsg. von Gunther Nickel, Erwin Rotermund und Hans Wagener

528 S., 38 Abb., Leinen, Schutzumschlag
€ 32,– (D); € 32,90 (A); SFr 56,–
ISBN 3-89244-599-0

Niemals hat ein Geheimdienst sein Geld sinnvoller unter die Leute
gebracht.

Klaus Harpprecht, Die ZEIT

Zuckmayer will verstehen, warum sich viele seiner Freunde mit den
Nazis eingelassen haben. Vor allem dies macht den Geheimreport zu
einem ungemein aufregenden literarischen Text.

Tilman Spreckelsen, FAZ

Der »Geheimreport« ist ein Triumph der Psychologie über die Gesell-
schaftstheorie.«

Gustav Seibt, Süddeutsche Zeitung

Es handelt sich bei diesem »Geheimreport« um das farbigste »Who is
who«, was sich denken läßt. Und es sollte ein Anstoß sein, Zuckmayer
neu zu entdecken. (...) Keine Diskussion um die Verstrickung in den
Nationalsozialismus sollte in Zukunft Zuckmayers Studie aussparen.

Tilman Krause, Die Welt

Eine mustergültig kommentierte Edition.

Krauses Klartext, Die Welt

Ein aufregendes Buch.«

Heiko Postma, Hannoversche Allgemeine Zeitung

Wallstein
www.wallstein-verlag.de